内容简介
GUOSHIGAIYAO

　　本书对中国古代史的概述，起自史前时期迄至清代。内容不同于以往的社会发展史模式，而是展现中华文明的发生、发展与演变，以此作为国史主线，演绎出新意。结构不同于以往的章节目三层框架，而是分设专题，推陈出新，删繁就简，突出重点。

　　本书结构的删繁就简，绝非以往多卷本通史的缩编。作者积三十多年执教与研究心得，广泛吸收海内外学者新成果，加以融会贯通，力求体现学术深度。书中既提炼百家之言，又构成一家之说，进行了"直通"（通史）与"横通"（断代史）兼备的前沿研究。同时，本书笔法简练，图文并茂，让人喜闻乐见。精选的插图，包括人物、文物、遗址、书影和手迹等，增添了可读性。

　　本书荣获全国普通高等学校优秀教材二等奖，不仅是大学公共基础课教材，而且可作为文史爱好者的自学入门读物。

博学·史学系列

国史概要

第四版

樊树志◎著

复旦大学出版社

目　　录
C O N T E N T S

导　　言

什么是历史？

这是一个既简单又复杂的问题。给历史下定义，就好比给文化下定义，可以有五花八门的说法。

不妨看看大师们是如何说的。

英国历史学家汤因比（Arnold Joseph Toynbee）说："历史是胜利者的宣传。我本人是经常意识到有必要降低胜利者宣传的重要性。"确实，以往的历史文献，尤其是官修史书，几乎难以摆脱"胜利者的宣传"的色彩，要消除这种色彩并非易事。汤因比的警示是鞭辟入里的，但太过于情绪化，未免失之偏颇。

英国历史学家卡尔（Edward Hallett Carr）说："历史是现在与过去之间永无止境的问答交流。"这种说法，与荷兰历史学家盖尔（Pieter Geyl）所说"历史是一场永无休止的辩论"，都极富机智与精辟的思辨意味。卡尔如此解释他的观点：只有借助于现在，我们才能理解过去；也只有借助于过去，我们才能充分理解现在。此话言之有理，但作为历史的定义，似乎不能令人满意。

看来还得求助于学究式的典籍。《大英百科全书》（1980 年版）对"历史"作如此解说："'历史'一词在使用中，有两种完全不同的含义：第一，指构成人类往事的事件和行动；第二，指对此种往事的记述及其研究模式。前者是指实际发生的事情，后者是对发生的事情进行的研究和描述。"这个定义说明了历史和历史学的联系与区别。

在古希腊文中，"历史"这个词的最初的含义是"调查与研究"，后来引申为"作为询问结果而获取的知识"。显然这是上述定义中的第二含义。比利时历史学家皮朗（Henri Pirenne）说："历史研究的对象是人类社会在空间和时间上的发展"，这句话把历史的双重含义包容在一起，"人类社会在空间和时间上的发展"指的是历史自身,而对"人类社会在空间和时间上的发展"的描述与研究,便是历史学。

这些明白浅显的道理,到了"后现代"的历史学家那里,就变得复杂多了。因为他们不满足于浅表层次的理解。

当代美国学者凯利(Donald R. Kelley)在《多面的历史》(*Faces of History*)一书中说:历史作为一个术语和概念,在欧洲人看来,是希腊人的产物,当然这并不是否认在有文字之前(Ante Litteram)就已存在历史实践,我们进入了各种观念诠释和利益互相冲突的危险地带。困难产生于"什么是历史"这一问题。他接着指出:历史的时空是无限的。那么,历史探询的本质又是什么呢?另外,丰富的形形色色的人类经验为历史学家从事职业提供了材料,用泰伦斯(Terence)的话来说,对于人类历史学家而言,"没有什么是陌生的"。此外,似乎存在着源自人类知觉的视野结构的传统二元论,即私人空间和公共空间的明显区别——一方面处于生活中心的家庭,人际关系和家庭经济,另一方面则是集市和广场的世界,法律的世界和政治的世界,乃至战争的世界。因此,历史既涵盖了权力的实用主义的关注,也包含了对趣闻轶事的兴趣——从要事到琐事、从高贵的(或低劣的)政治到低下的(或高贵的)文化。这样,历史的兴趣涵盖从摇篮到坟墓,是一个完整的周期,从家庭生活一直扩展到探险和殖民可及之处,局限只存在于后发之中——材料的可理解性以及历史学家的想象力之中。

德国学者耶格尔(Friedrich Jaeger)在《德国历史中的记忆文化》(*The Memory Culture History of the Germany*)中指出,历史意识并非只瞄向过去,历史恰恰是为了未来而回顾往事。"历史"这个意义构造物具有人的时间意识的双重意向延伸,一是经历和期待的延伸,一是保留和要求的延伸。通过历史的意义形成的心理实践,即历史的叙述,过去就获得了向未来迈进的当前历史的这个特性。只有当叙述把在过去形成的体验这样展现出来,使之在一个具有重要意义的现实关联中与当前结合在一起时,它才是历史的,才能通过对过去的体验的解说,实现时间定向的特殊功能。经过这样的历史,传统被传授下来,或者继续发生效力,或者受到批判。

当代西方学者对历史和历史学的重新思考,并非故作深沉,恰恰相反,它是有感而发的,反映了近年来史学理论的前沿探索,对于我们或许不无启迪。

在我们中国,历史学是一门源远流长的学科,可以说自从有了文字记载的历史以来,就有了历史学。殷墟甲骨文中的"史"字,其字形仿佛人的手在握笔记事。这个"史",就是商朝专门掌管记事的官员,即所谓史官。以后的内史和外史、左史和右史,都是掌管记事的史官。正如《礼记·玉藻》所说:"动则左史书之,言则右史书之。"史官们就这样为后人留下了历史记录或历史著作。孔子说他"述而不作,信而好古",其本意就是说他一生只整理历史而不创作,《诗》《书》《礼》《乐》《易》《春秋》,便是孔子整理历史的产物,也是孔门讲学的教材。其中最具历史意味的当首推《春秋》,它是孔子依据当时鲁国史官的编年史书,加以整理修订而成的一部春秋时代的史籍,成为后世编年史的滥觞。而解释《春秋》的"三传"——《左传》《公羊传》《穀梁传》,则大大丰富了这部春秋时代编年史的内涵。

西汉时司马迁撰写的第一部纪传体通史《史记》出现后,中国的历史学进入了一个新阶段,逐渐成为显学,蔚为大观。从此连绵不绝,留下了号称"汗牛充栋"的历史著作,其规模之宏大,品种之丰富,卷帙之浩繁,衔接之紧密,在世界文明史上绝无仅有。每一个中国人应该为此而感到庆幸和自豪。

与此形成强烈反差的是,在当代中国,历史学受到冷落,社会上出现了轻视与鄙薄历史的风气。在"高考指挥棒"的影响下,中学教育领域,历史久已成为一门不被重视的课程。大学的情况也不容乐观,开设历史课程的系科寥若晨星。这与半个世纪之前,中国通史是大学一年级必修课的状况,不可同日而语。难道随着现代化进程的推进,人们就可以不必学习历史了?非也。

越来越多的事实表明,政府官员和各类媒体中缺乏历史素养的奇谈怪论比比皆是,已经成为有识之士无法容忍的"公害"。

例如,一家大报,竟然刊文堂而皇之误导读者:北宋的徽宗和钦宗死于"漠北"。实在令人惊诧莫名! 徽、钦二帝的死地叫做五国城,就是现今黑龙江的依兰县,与"漠北"风马牛不相及。

例如,近年来某电视台播放的关于清朝帝王的电视剧,自诩为正剧,并非戏说。但是,缺乏历史常识的错误几乎俯拾即是。举一个最明显的例子:孝庄皇太后经常自称"我孝庄"如何如何,令人啼笑皆非。众所周知,"孝庄文皇后"是她死后的谥号,这个谥号的全称是:孝庄仁宣诚宪恭懿至德纯徽翊天启圣文皇后。她活着的时候,是决不可能知道自己死后的谥号是"孝庄"而把它当作自己的名字来叫,开口闭口"我孝庄"如何如何,荒唐至极。

例如,多年来上海有的政府官员和新闻记者经常脱口而出一句似是而非的话语:上海开埠以后,从一个荒凉的渔村发展成为一个国际化大都市。直至前几年,为了纪念上海开埠 160 年(1843—2003 年),沪上大报又在鼓吹:160 年前的"渔村"如何一跃而为国际化大都市? 据此,当然不必讥讽他们关于上海的历史知识等于零,但是说他们是想当然地以讹传讹是毫不为过的。160年前的上海根本不是什么"渔村"!上海早在700多年前的元代,即1291年就已经建立了县城(上海县),经历明代的繁荣,到了清代中叶开埠以前,早已成为经济发达的商业中心城市,1843年以前哪里还会是"渔村"呢?何况现今上海境内的松江早在唐代即已建立县城,嘉定则在宋代即已建立县城,青浦在明代也已建立县城,难道过了几百年统统倒退为"渔村"了?

这就是轻视历史所带来的恶果,或者说是一种惩罚。这种现象久已有之,于今为烈。在一个有着悠久历史的国度里,实在是不可思议的!

西方记者坦普勒(Robert K. Temple)的《中国——发现与发明之邦》中,有一段振聋发聩的话。大意是,英国著名中国科技史专家李约瑟(Joseph Needham)的研究,解开了西方人和中国人都未曾知晓的人类历史上最大的迷惘,当代世界文明是由中国文明和欧洲文明综合而成的。当17世纪西方传教士向中国皇帝敬献钟表时,中国人感到惊奇;殊不知最早发明机械表的正是中国人自己。欧洲的农业、造船、采油、多级火箭、大炮、降落伞、造酒、造纸、印刷、象棋、蒸汽机原理、天文学、十进制数学、算盘等,都是文艺复兴以来从中国进口的。没有中国的造船技术、指南针和其他发明,欧洲17世纪以来的各种发明创造和产业革命都根本不可能产生,也不会有英国骑士时代和殖民帝国时代。

读了这一段出自西方人对中国历史与文明高度评价的话,作为一个中国人,在自豪之余,难道不应该对自己历史知识的贫乏,而羞愧得无地自容吗?

轻视历史,不仅意味着数典忘祖,而且意味着否定自身存在的价值。因为现在正在发生的一切,即将成为历史而载入史册。我们每一个人都在创造历史。如果我们的后人也以轻视历史的态度来对待我们这个时代,那么我们这一代人作出的艰苦卓绝的贡献,就将变得毫无意义。

历史保存或铭记了那些重大事件和人物,尤其是民族传统中重大的事件和人物,因此它是谱系学的一种比喻形式的具体体现。与这种狭隘的关注主题相分离的是,历史需要一种说教功能作为特别的道德或政治教训资源。但是,更应强调的是,历史是一种自知的形式,或者说是探寻自知的形式,它不满意于狭隘的"满意",并且不期待具体问题的答案。它是一种智慧形式,即是一种在时间上拓展人类视野并超越地方经验和注意力的一种形式。在这种程度上,历史将始终成为人类生存环境的一个组成部分。

确实,历史是人类生存环境的组成部分,它每时每刻都在影响着人类的现在和将来。历史给人以智慧,教人以具有历史纵深感的深邃眼光去看待过去,看待现在,看待将来,而不被眼前方寸之地所局限,不至于成为鼠目寸光的庸碌之辈。只有深刻地认识过去,才能理解现在所发生的一切,才有助于选择一条正确前进的道路,才能展望美好的未来。历史并不是一些人眼中所谓的“老古董”。历史是常学常新的。从这个意义上讲,意大利历史哲学家克罗齐(Benedetto Croce)的名言“一切历史都是当代史”,实在是意味深长的。

一、史前史与传说时代

1. 古人类的起源

人类有文字记载的历史不过几千年,但是,有文字记载以前的历史,即史前史,却非常漫长。

人类的起源是史前史首要的重大课题。人类是由一种古猿演变而成的。人类从古猿分化出来,大约经历了1000万年的时间。1000万年前,地球上有很多猿类;500万年前,有了原始人类的留世遗存。在古人类的考古史上,1000万年和500万年这两个基本分界之间的时期,人类始祖与猿分离,向原始人类演进。然而,这只是古人类学家和考古学家的推论,有关这一演进过程的实物证据十分罕见。

上个世纪,在非洲发现的南方古猿化石,距今约400万年到100万年,已经清楚地显示了向人类进化的趋势,它已能直立行走。

发现的最早人类是"东非能人"。它是肯尼亚考古学和古人类学家路易斯·利基(Louis Leakey,1903—1972年)在东非坦桑尼亚的奥杜瓦伊峡谷发现的。"东非能人"的体质形态比南方古猿显得进步,能两足直立行走,并能制作石器工具,因此被判定为最早的人类。

路易斯·利基出生于英国传教士家庭,从小就到非洲的肯尼亚,在内罗毕附近一个非洲人部落长大。1931年他在坦桑尼亚北部的奥杜瓦伊峡谷发现了古人类骨架,当时断定为非洲最早的人类。1959年,他的夫人玛丽·利基在奥杜瓦伊峡谷又发现了举世闻名的"津吉人"的头盖骨,它的年代距今约175万年。这一发现不仅使利基夫妇成为家喻户晓的名人,而且推进了人类起源的研究。1978年,玛丽·利基在坦桑尼亚的莱托里发现了距今约380万年到359万年的原始人脚印。利基夫妇的次子理查德·利基,1972年发现了距今约180万年的直立人骨架;以后又发现了距今约160

万年的直立人骨架和头盖骨。1994年,理查德的妻子米芙·利基在距今410万年的遗址中找到了原始人的遗迹。利基家族为证明人类起源于非洲的科学假说,付出了两代人的努力。

2002年,一支由多国科学家组成的联合考古队,在中非国家乍得发现了距今700万年左右的迄今最早的人类头骨化石,被命名为"图迈人"。根据专家的研究,"图迈人"明显地表现出原始人类和现代人类的双重特征:它的脑壳仍然像猿类,不过脸形短,牙齿尤其是犬齿比较小,类似现代人的牙齿。由此,专家们推论,它或许就是人类的直接祖先。

众所周知,中国境内发现的直立人虽然时间晚于非洲,但是科学界对于中国古人类是否起源于非洲,颇有争议。

中国古人类学家吴汝康院士和吴新智院士,20世纪90年代在《人类学学报》发表一系列论文,探讨这一问题。他们认为,目前国际学术界较为普遍的看法是:大约距今700万年以前的非洲,开始出现了人的系统和猿的系统的分离;大约在距今250万年前,在非洲诞生了最早的人类——"能人";大约在距今200万年前,出现了直立人,它的化石在非洲和亚洲都有发现。

在中国的大地上,至今还没有发现"能人"的化石;所发现的最早人类属于直立人,即通常所说的元谋人、蓝田人、北京人及和县人等。当然,至今还有不少疑问,例如,一般认为元谋人的年代约为距今170万年,但也有人认为它的年代距今不会超过73万年。

可以确定的是,大约距今20万年前,出现了"智人"。与欧洲的尼安德特人同属于早期智人的,是中国的大荔人、金牛山人、丁村人、许家窑人以及马坝人等。与欧洲的克鲁马努人同属于晚期智人的,是中国的柳江人、资阳人和山顶洞人等。晚期智人即通常所说的"现代人类"。此前的直立人和早期智人大都灭绝,只有晚期智人在地球上繁衍生息,形成了现代人类的三大人种:欧罗巴人种,尼格罗人种,蒙古人种。

关于"现代人类"的产生,国际人类学界有两个学派、两种理论,即"多区起源论"和"单一起源论"。

多区起源论认为,地球上各地区的现代人类是从各地区的早期智人进化而来的,当然也不否认,在各自的进化过程中存在着不同地区的人类基因交流。

单一起源论是近年来呼声很高的一种理论,它主要依据分子生物学的研究,主张现代人类起源于非洲,称为现代人类起源的"夏娃理论"。简言之,目前地球上各个人种都是20万年前某一非洲女性祖先的后代,这个非洲女性祖先就被称为"夏娃"。这种理论认为,"夏娃"的后代离开非洲,扩散到欧洲和亚洲等地,取代了当地原有的早期智人;而欧洲和亚洲的早期智人并非现代人类的祖先,它们与现代人类之间没有什么关系。

复旦大学生命科学院的研究人员及其全球合作伙伴,2001 年在美国《科学》杂志上,披露他们对 12000 条染色体的研究成果,在东亚人身上发现了 79000 年前非洲人特有的遗传标记。这一课题的负责人金力认为,这是目前支持"东亚人非洲起源说"的最有力的证据,它进一步表明来源于非洲的人群完全取代了原来居住在亚洲的古人类。他们推论,东亚人的祖先大约是在 6 万年前从非洲到达东南亚一带,然后向北迁移至中国。

对于上述理论,可谓仁者见仁、智者见智,众说纷纭。1988 年美国《新闻周刊》把"夏娃理论"作为封面,引起轰动,成为该年度最畅销的一期。1993 年,"夏娃理论"作为最新研究成果,在日本专门举行了国际学术讨论会。但是,它也遭到西方一些学者的非议。他们指出,现代中国人和大洋洲人乃至欧洲人,都分别类似于本地区的古人类,而并不类似于非洲古人类。更重要的是,在地球的每个地区,都已经找到这个地区现代人类与该地区古人类之间的联系。

"夏娃理论"在中国也遭到古人类学家和考古学家的质疑。最有代表性的是吴新智院士,他指出:在中国大地上,从直立人到早期智人再到现代人类,众多的出土化石表明,存在明显的连续进化,东亚的蒙古人种是从当地的古人类发展而来的,并非来自非洲。例如,蒙古人种在头骨形态上,从直立人到现代人都存在着矢状脊和印加骨,都表现出上面部低矮,鼻区扁塌,上颌颧突等性状;在牙齿形态上,都具有铲形门齿与双铲形门齿,以及上颌门齿中断沟与下颌白齿转向纹,还有第三臼齿先天缺失等特征。此外,从中国的旧石器文化(与直立人及智人相对应)的发展过程来看,也存在着明显的前后连续性,根本没有出现过文化中断,根本不存在外来文化大规模取代当地原有文化的迹象。因此说非洲人取代了中国大地上的早期智人,成为中国人的祖先的推论是难以成立的。

2002 年,中国科学家对柳江人年代进行重新测定,结果表明,柳江人生活在距今约 7 万～13 万年之间,而不是原先所认知的 3 万年。这意味着,具有解剖学上现代人特征的柳江人——现代中国人的祖先,比人类学家原先所认知的更早地生活在华南地区。同时表明,中国现代人类的起源不晚于非洲和西亚,这就显然不支持中国现代人类起源于非洲的说法。上述美国《科学》杂志于 2001 年 5 月刊登的由中国和外国科学家共同撰写的论文宣称,通过基因研究得出结论,东亚人的祖先不是四五十万年前的北京人,而是来源于非洲的现代人,他们于 3.5 万～8.9 万年前,从非洲迁移到东亚地区。中国科学院古脊椎动物与古人类研究所研究员黄慰文认为,用基因研究结果推测人类进化过程,无论如何是间接的,而来自化石的证据是直接的。柳江人化石年代的测定,直接证明了在7万~13万年前或更早,柳江人已经在华南地区生活了,不可能是在这之后才从非洲迁移而来。

在中国境内,几十个地点发现的包括直立人以及早期智人和晚期智人的化石,构成了一条完整的中国古人类进化链,证明中国古人类体质特征发展的连续性。可以说,中国人的主体部分是东亚大陆的土著居民。

2007年度十大考古新发现中,名列榜首的"许昌人"头盖骨化石距今约8万~10万年,专家们的研究表明,"许昌人"与"北京人"的信息含量有很大的一致性,而且出土的石器、骨器都是本土文化,少见外来因素。2008年1月24日上海《东方早报》在报道这一新闻时,用了"'许昌人'早于山顶洞人,破'非洲起源说'"的标题,是很有眼光的。

"人类起源非洲说"日益面临"多区起源论"的挑战。科学的真相究竟如何,人们仍将拭目以待。

2. 石 器 时 代

考古学者按照人类使用工具的器质,把人类早期的历史区分为石器时代、青铜时代、铁器时代。

1836年丹麦学者C·汤姆森首先提出了石器时代、青铜时代、铁器时代的分期,奠定了史前考古学的基础。

1865年英国学者J·卢伯克又把石器时代区分为旧石器时代和新石器时代。

1892年英国学者A·布朗在旧石器时代和新石器时代之间划分了一个过渡时期——中石器时代。

1877年意大利学者G·基耶里克在新石器时代和青铜时代之间划分了一个过渡时期——铜石并用时代。

对于这种时代划分方法,中国古代学者早就有朴素的认识。东汉袁康撰写的《越绝书》,引用战国时代风胡子的话,把传说的三皇时代作为石器时代,从黄帝开始的五帝时代作为玉器时代,禹以后的夏商周三代作为铜器时代,春秋战国作为铁器时代。大量考古资料表明风胡子关于石器、玉器、铜器、铁器使用时代的看法是符合中国历史状况的。张光直在《中国青铜时代》(二集)中说:《越绝书》的这个分期法,正确地将中国古代文明演进经过的本质变化撮要出来,在历史现实中具有坚实可靠的基础。

石器时代一般区分为旧石器时代和新石器时代。

旧石器时代，人类开始出现，生产工具以打击石器为标志，从二三百万年前开始，到一万年前为止。在旧石器时代的大部分时间里，工具的制作一般是把一块大石头或燧石打成石片，所剩的石核用来作为石斧。到旧石器时代末期，石片被用作石刀或矛头。旧石器时代文化在世界范围内广泛分布，由于地域或时代的不同，文化面貌有相当大的差异。

发现于山西芮城县西侯度村附近的西侯度文化，距今约 180 万年，是中国目前已知最早的旧石器时代遗存。西侯度遗址位于黄河中游左岸高出河面约 170 米的古老阶地上。出土的石器包括石核、石片和经过加工的石器，

旧石器时代的石器（丁村人文化）

其制作方法包括锤击、砸击、碰砧，石器种类有刮削器、砍斫器、三棱大尖状器。西侯度文化的发现，提早了中国旧石器时代的历史，以及人类用火的历史。

发现于贵州黔西县沙井观音洞的观音洞文化，与北京人文化有明显的差别，但在个别因素上又有相似之处。观音洞文化与北京人文化分别是中国南方、北方旧石器时代早期有代表性的重要文化。两者之间的差别表明，早在旧石器时代早期，不同地区的文化已显示出复杂化、多样化的趋势。

旧石器时代中期可以丁村人文化为代表。生活在汾河流域的丁村人，使用的生产工具仍是木器和石器。他们从河谷和山沟里采集砾石，用交互打击的方法，制成各种砍砸用的石器。他们把石灰岩的厚而平的砾石，打制成大大小小的球形投掷器，以供打猎之用。丁村人所使用的大部分是石片石器，除单边刃和多边刃的砍砸器，还有尖状器、刮削器。丁村人的石器和西侯度遗址的石器有某些共同点，表明了两者之间的发展联系，但是，从石器的种类来说，丁村人的石器有了显著的增加，制作技术也有大幅度提高。丁村人不仅在体质上比北京人有了相当的发展，在石器制作上也比北京人有了相当的提高。

旧石器时代后期可以山顶洞文化为代表。从山顶洞人制作的装饰品，

可以推测他们已经使用相当进步的石器,因为这些装饰品的制作必须经过选材、打制、钻孔、研磨、着色等工序。尤其值得注意的是,山顶洞人已能制作骨针,针身圆滑,针尖锋芒毕露,针眼窄小。骨针的出现表明,当时的人类已能缝制兽皮衣服。山顶洞人的主要经济部门是渔猎,以采集作为辅助手段。他们获得食物后带回洞穴,燃起篝火,御寒并烧烤食物。山顶洞人的装饰品——小石珠,五颜六色,反映了原始艺术所达到的水平。山顶洞人还没有私有财产观念,他们共有的财产就是周围可供狩猎、捕鱼、采集的自然界,就是他们的集团自身。山顶洞人居住的洞穴分为"上室"和"下室",上室是公共住地,下室是公共墓地。墓地死者身上的赤铁矿粉粒和随葬品,反映了当时人们的原始宗教信仰——对生命和灵魂的一种虚幻认识。

在人类早期历史上,最后的 10 万年尤为重要,技术的进步是关键。集中表现为石器刃部的细加工,从安把到镶嵌装柄一系列复合工具的出现:带柄斧、梭镖、弓箭,延长了人的手臂,人类进入了一个新时代。以骨针为代表的缝纫技术的发明,不仅解决了皮衣的缝制问题,而且可以御寒,人们才可能离开洞穴走向平原,走向寒冷的北方,越过白令海峡走向另一个大陆,走向世界各地。汤因比在《人类与大地母亲》一书中说:旧石器时代晚期的技术革命大约开始于 4 万~7 万年前。它是技术史上划时代的革命。

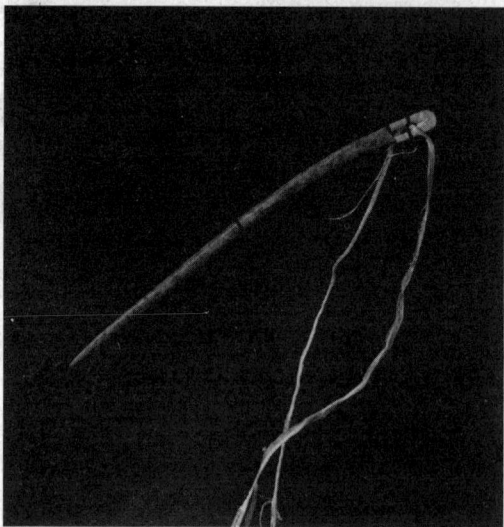

旧石器时代晚期的骨针(山顶洞人文化)

由旧石器时代向新石器时代过渡,出现了人类文明的曙光:农业起源,农牧业的分工,以及农牧业代替渔猎而成为社会经济的主要部分,随之出现了定居的村落——人类最早的聚落。进而发展到陶器的制作,家畜的饲养,半地穴式建筑和地面建筑的出现。

3. 史前文化的各种类型

大约距今一万年,人类进入新石器时代,农业、畜牧业产生,磨制石器以及陶器、纺织的出现,标志着人类进入到生产经济阶段。在此以前人类只是食物的采集者,而新石器时代的人类是食物的生产者。耕种土地、饲养禽畜为人们提供了可靠的食物来源,间或还有剩余。这种生态环境使人口可以较快增加,生活比较稳定,各种社会制度得以形成。这是一场巨大的社会和经济革命,这场革命的重要性与深远影响无论如何估价都不会过分。由"采集食物"进至"生产食物",被称为"产食革命"。相对于以后的工业革命,这场革命被称为农业革命。农业革命最明显的影响是产生了"定居"这种新生活方式,以及制陶、纺织、建房等新生产方式。考古学家伍德(R. Braid Wood)根据碳 14 测定,推测农业的诞生时间距今约 1 万~1.2 万年之间,其发生地点在近东的两河流域。

近人的研究证实,中国农业的起源,具有特殊的区域性和独立性,并非两河流域传入。大量考古成果表明,中国史前农业是独立起源、自成一体的。黄河流域是以粟为主的旱地农业的发源地,长江流域是以稻为主的水田农业的发源地。

七八千年前的人类聚落在各大文化区都有所发现,它们同中有异,显示了中华文明起源的多元化。

1977 年首次发现于河南省新郑县裴李岗的裴李岗文化,约为公元前5500 年至公元前 4900 年的农业聚落遗址,有房基、灰坑、陶窑,有石器、陶器、骨器工具及生活用品。石器以农具为主,包括耕作、收割工具——石斧、石铲、石镰,粮食加工工具——石磨盘、磨棒。陶窑的发现足以证明,制陶业已有一定的规模。以泥质红陶为主,夹砂红陶次之。陶器有杯、碗、盘钵、双足钵、双耳壶、三足壶、深腹罐等。由此可见,七八千年前,中原地区已经出现了比较稳定的农业定居生活,已进入了以栽培粟为主的旱地农耕阶段。

石磨盘、石磨棒(裴李岗文化)

1986 年在河北省徐水县发现的南庄头遗址,发现了一条小灰陶和草木灰层,出土了兽骨、禽骨、鹿角、螺蚌壳、木炭、石料,以及石器、骨角器、木板、木棒、夹砂红陶片。尤其引人注目的是谷物加工工具——石磨盘、石磨棒在遗址中的存在,说明当时已有农作物栽培。据碳14测定,它的年代为距今10510±110年至9690±95年(未作校正),把中国农业的起源上推到距今一万年左右。

黄河流域是中华文明的摇篮,因而分布在这里的仰韶文化、龙山文化最为引人注目。

仰韶文化因1921年首次发现于河南省渑池县仰韶村而得名,现已发现属于这一文化的大量遗址,以关中、豫西、晋南一带为中心,延伸至附近地区。西安郊区的半坡遗址,是公元前4800年至公元前4200年间的仰韶文化典型。遗址的总面积约5万平方米,包括居住区、制陶窑场和公共墓地。居住区周围有一条宽深各5~6米的壕沟,用于防卫。沟北边是村落的公共墓地,东边是窑场。在居住区和沟外的空地上,分布着各种形式的窖穴,是村落的公共仓库。在居住区大量房屋群中,有一座规模很大的长方形房屋,是公共活动场所,节日和宗教性活动都在此举行。村落中的成员共同生产、共同消费、互相协作,一起作息,过着平等而和睦的生活。

陕西省临潼县的姜寨遗址是仰韶文化的另一典型。姜寨村落遗址呈椭圆形,东西长210米,南北宽160米,面积33600平方米。中心部位是500平方米的广场,两侧边缘有南北对应的两个牲畜夜宿场。广场周围是门都面向广场的房屋群,其外环以既可排水又可防卫的壕沟;沟东是三片墓地,沟西位于临河东岸是烧陶器的窑场。显然,布局如此规整有序的村落,必定先有规划,且具备严格执行规划的保障措施。由此可见,居住在这一村落中的人群,是由一定规范维系起来的统一群体。与这种社会组织的严密性相呼应的是,社会生产也进入一个新阶段,姜寨遗址出土的小铜片,经鉴定为黄铜。这一发现说明,仰韶文化阶段已经出现了金属铜的冶炼,由石器时代向铜石并用时代过渡。人们把仰韶文化作为炎黄时代相对应的考古文化,不是没有一定道理的。

龙山文化因1928年首次发现于山东省章丘县龙山镇城子崖而得名,年代约为公元前2800年。龙山文化分布很广,因此同样是龙山文化,彼此间的地域性差异相当显著,特别是到了龙山文化的晚期,这种特点更为突出。以山东为中心的龙山文化是在大汶口文化的基础上发展起来的;中原龙山文化是继承仰韶文化而来的一个文化系统。

龙山时代人类的发明与成就,超越了前一时代,以下几方面是最值得注意的。首先是铜器的制造。中国发明铜器的时代也许早于龙山时代,但比较普及是在龙山时代。河北唐山大城的两件穿孔小铲，甘肃武威娘娘台的铜刀、铜锥，永靖大何庄一件残铜片，都是标准的红铜器。龙山时代仍处在铜石并用时代。其次是水井的开凿。河南洛阳矬李、河北邯郸涧沟、江苏吴县澄湖等龙山文化遗址中都发现了土井，河南汤阴白营还发现了深达11米的木结构水井，反映了人类在饮水和灌溉方面所作的新努力。再次是城防设施的出现。早年发现的历城城子崖、安阳后岗的夯土城墙，近年在河南登封王城冈、淮阳平粮台又连续发现夯土城墙，反映了人类由村落向城邦的过渡，在这一时代已初露端倪。

人类远古文明的摇篮遍布于世界各地。中国的黄河、长江两大流域得天独厚，几乎布满了文明起源的遗迹。因而中华文明的起源不是由一个中心向外扩散、传播的，而是萌发于多个中心。从这个意义上说，它是多元的。著名学者安特生（J. G. Anderson）称新石器时代的中国人为"黄土的儿女"，他的著作即以此为名（*Children of the Yellow Earth*）。以往学者在探讨中国文明发源时，多归功于陕甘高原的"原生黄土"和黄淮平原的"次生黄土"的因素。诚然，黄土地带的土壤具有许多优越条件，有利于农作物成长，因此可以说，黄土培育了黄河文明。但是其他地区的文明起源却与黄土无关，称新石器时代的中国人为"黄土的儿女"，至少是片面的。

1973年，浙江省余姚县河姆渡的村民为建造排涝站而深挖地基，意外地发现了先民们7000年前创造的遗迹。在遗址中发现了丰富的稻作遗存：稻谷、稻秆、稻叶，谷壳堆积一般厚度达20～50厘米，最厚的地方超过1米。出土时稻谷色泽金黄，谷芒挺直，隆脉清晰可辨。经鉴定，这些稻谷是人工栽培的晚稻。据碳14测定，河姆渡遗址第四层的年代大约距今7000年。同时出土的用水牛、鹿的肩胛骨制成的农具——骨耜，证明早在7000年前河姆渡的原始农业已进入耜耕阶段。

如今，河姆渡遗址博

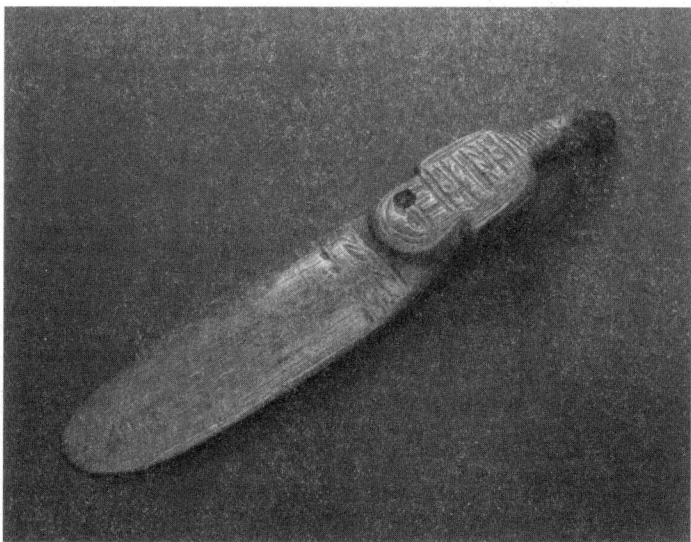

鸟形象牙圆雕（河姆渡文化）

物馆已在遗址现场建成,再现了 7000 年前先民们的村庄——干栏式建筑及生活、劳作的场景。这一再现远古场景的博物馆已于 1999 年 6 月 25 日正式对外开放。

太湖平原及其附近地区,从新石器时代以来,一直是水稻的主要栽培区。因首次发现于浙江省嘉兴市马家浜而得名的马家浜文化,约存在于公元前 4300 年至公元前 2200 年。属于这一文化的遗址如吴县草鞋山、青浦县崧泽,都有炭化稻谷的出土,既有籼稻,也有粳稻。草鞋山还出土了用野生纤维为原料的织物残片——中国已发现的最古老的纺织品实物。稍后的良渚文化(约公元前 3300—前 2200 年)的先民们又开辟了饲养家蚕和生产丝织品的新领域。吴江县(今改制为市)梅堰遗址出土的黑陶器上有浅刻蚕纹图案,表明当地人已从事养蚕。湖州市钱山漾遗址中出土的丝织品如绢片、丝带、丝线,经鉴定,原料都是家蚕丝。

据专家研究,马家浜文化时期上海地区的佘山、天马山、金山、奉贤的残丘曾经森林茂密,平原地带有大片低凹的湖沼,先民们生活于湖沼间的高冈上,从事渔猎与农业,随着植桑养蚕的盛行,经济水平大大提高。

1988 年在湖南省澧县彭山头遗址中,也发现了稻谷和稻壳,经碳 14 测定,距今约 8200 年至 7800 年,把中国稻作农业的起源又向前推进了 1000 多年。中国是亚洲栽培稻的起源地之一,它与另一个亚洲栽培稻的起源地(印度次大陆)是两个各自独立起源和演化的系统。

4. 炎帝、黄帝与传说时代

西方历史学家认为,现代学者面临的一个问题,就是如何把神话传说恢复到历史条件之下——如何从遥远的传说背后找回历史真实。

由于东西方文化的差异,人们对待先人的神话传说的态度截然不同。西方学者批评中国的历史教科书在讲史前史时注重考古资料,忽视对神话传说的发掘,是切中要害的。

其根本的原因在于,中国近代疑古思潮泛滥,对历史上的传说时代采取虚无主义的怀疑态度。要恢复传说时代的历史真面目,必须消除疑古思潮的影响。在文字发明之前,口耳相传的神话传说,是先民们对上古洪荒时代历史的一种夸张的记述,只要加以科学分析,便不难发现其中所蕴含的可靠历史资料。考古发现已日渐清晰地揭示出古史传说中"三皇"、"五帝"的活动背景,为复原传说时代的历史提供了条件。

战国时代诸子百家的著作中出现了有巢氏、燧人氏、伏羲氏、神农氏的传说。有巢氏"构木为巢,以避群害";燧人氏"钻燧取火,以化腥臊","教民熟食";伏羲氏"作结绳而为网罟,以佃以渔";神农氏"因天之时,分地之利,制耒耜,教民农耕"。反映了远古人类从建房、熟食到渔猎、农耕的发展过程。

传说中,伏羲氏与女娲是兄妹相婚而产生人类,以后他们禁止兄妹通婚,反映了原始血缘婚向族外婚的过渡。据说伏羲氏还发明了八卦——一种原始的记事方法。伏羲、女娲、神农是传说中"三皇"最流行的一种说法。传说中的"五帝"也有多种说法,黄帝、颛顼、帝喾、唐尧、虞舜便是其中的一种。

现时流行的"炎黄子孙"云云,其实是人们对中华文明始祖炎帝和黄帝的追溯与尊奉。世界各国原始时代普遍存在太阳神崇拜,中国远古的华夏族也崇拜太阳神,并以太阳族自命。大汶口文化圈发现了大量太阳族的族徽,是光芒四射的太阳的艺术抽象。当时各部族的首领,如太昊帝、少昊帝、炎帝、黄帝,无不是太阳或太阳大帝的称谓。

传说中的炎帝,号神农氏,生于姜水(今陕西岐山东,渭河的支流)流域,后东迁。他领导的氏族部落,发明了农业、医药、陶器。《易·系辞》说:"神农氏作,斫木为耜,揉木为耒,耒耜之利,以教天下。"《白虎通》说:"古之人民皆食禽兽肉。至于神农,人民众多,禽兽不足,于是神农因天之时,分地之利,制耒耜,教民农作。"自汉代以来,一般学者都认为神农即炎帝,有炎帝神农之称,首创木制的

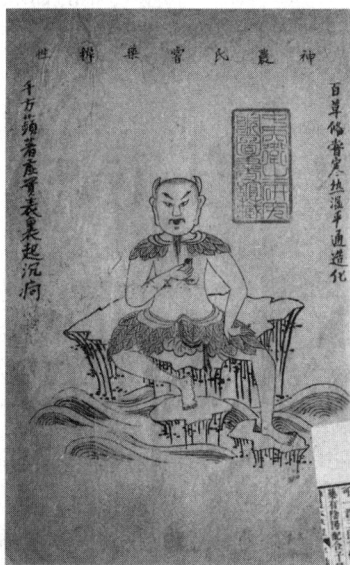

神农氏尝药辨性图

耒耜,被认为农业发明之始。传说中,炎帝发明了医药。唐司马贞《史记·补三皇本纪》说"神农始尝百草,始有医药",《世本》说"神农和药济人"。《淮南子》还说到神农为了搜寻治病草药,"尝百草之滋味,水泉之甘苦",结果"一日而遇七十毒"。炎帝还发明了陶器,《太平御览》引《周书》说"神农耕而作陶"。陶器是与农耕同时出现的,被誉为继火的使用之后的又一大创举。

由于生产工具的局限,当时还不能大规模"伐林启壤",开垦耕作,开辟土地的方法,大抵是先在土地上放火焚烧,用简单的木制农具耒耜松土,然后撒播种子,任其自然生长。古籍中有所谓"烧山林"、"烈山泽而焚之"的记载,便是当时的写照。神农氏之所以称为炎帝,其族民称"烈山氏",都反映了原始农业与火有密切的关系。因此之故,传说中神农氏时代的原始农业是一种游移性农业,由于土地肥力递减,必须不断更换耕地,经常迁徙。神农氏的这种游移性在传说中也有所反映,据说他起于厉山(即今湖北随县北之厉乡),后迁徙至河南,再迁至山东。

炎帝的后裔中,一支是烈山氏,其子名柱,会种谷物和蔬菜,被后人尊奉为稷神——谷物神。炎帝的另一支后裔是共工氏,其子后土,治理洪水成功,被后人尊奉为社神——土地神。水利是农业的命脉,原始农业时代更是如此。这种传说与农业文明密切相关,西周以后人们祭祀社神、稷神,以后又把社稷引申为天下、国家,其源盖出于此。

传说中的黄帝,比炎帝要晚。《易经》说:"神农氏没,黄帝、尧舜氏作。"黄帝号有熊氏,相传他作战时,曾训练熊、罴、貔、貅、貙、虎六种野兽参战,从文化人类学的视角看来,其实是以六种野兽为图腾的氏族部落参加战斗。图腾(totem)是印第安语,意为"他的亲族"。原始人相信每个氏族都与某种动物、植物或其他自然界事物有亲族或其他关系,便把它作为保护者或象征。这种早期的宗教信仰称为图腾崇拜(totemism)。

黄帝部落从北方南下到达黄河流域时,已发展成拥有六个部落的巨大部落联盟了。

传说中,黄帝时代发明了铜器。《史记·封禅书》说:"黄帝采首阳山之铜,铸鼎于荆山之下。"黄帝不仅发明了铜器,而且以铜编钟作为乐器演奏音乐,《吕氏春秋》说:"黄帝又命伶伦与荣将铸十二钟以和五音。"黄帝时代发明了舟车,《易·系辞》说:"黄帝、尧、舜垂衣裳而天下治……刳木为舟,剡木为楫;舟楫之利,以济不通……服牛乘马,引重致远,以利天下。"《古史考》说:"黄帝作车,引重致远。"

王仲孚《黄帝制器传说试释》,对传说中黄帝关于衣、食、住、行的创造发明作了探索。杵臼釜甑的制作传说,反映了谷物加工以及熟食器皿的进步;

衣冠扉屦的制作与"以衣裳别尊卑"的传说，反映了原始的纺织与缝纫的兴起，也显示了社会组织的意义；舟车制作的传说，表示原始交通工具的使用，以及人们活动范围的扩大。

黄帝时代比神农时代的农业有所发展，最突出的标志是，黄帝时代已发明了历法，使农业生产能适应季节与气候的变化。《史记·五帝本纪》说黄帝"时播百谷草木"，《史记正义》对此作这样的解释："言顺四时之所宜而布种百谷草木也。"这一点也可以从《尚书·尧典》找到印证：尧在位时，曾命人分别到四境实地观测星象，以定春、夏、秋、冬，随四季变化安排农业生产，所以播种收获皆有定时。传说中黄帝与蚩尤大战于涿鹿之野，反映了各农业部落初次联合起来共同对付草原游牧部落南侵的史实。

炎帝、黄帝时代的这些传说，并非穿凿附会的想象或虚构，它已被裴李岗文化、仰韶文化的考古发掘所证实，人们把仰韶作为炎帝、黄帝时代相对应的考古学文化，是不无道理的。

据说黄帝部落有姬、酉、祁、己、滕、葴、任、荀、僖、姞、儇、衣十二姓，其中比较突出的有姬、祁、任、姞四姓。姬姓相传为黄帝的嫡系，后来发展成相当大的一支。祁姓有传说中的陶唐氏，即唐尧所属的氏族部落。传说中黄帝的后裔夏后氏，是夏朝创立者的祖先；而黄帝后裔姬姓一支，则成了周朝的创建者。值得注意的是黄帝部落的十二姓中有一些北方的氏族部落——戎人、狄人，后来融合于华夏族。由于这些缘故，黄帝被尊奉为华夏族的始祖。

从黄帝时代到尧、舜、禹时代，持续了数百年。黄帝后裔进入黄河流域后，吸收夷人部落和羌人部落一部分结成新的部落联盟。

部落联盟由参加联盟的各氏族部落的首领组成联盟议事会，讨论重大事务，推举联盟首领。尧、舜、禹就是由联盟议事会民主推举产生的。

尧年老时，在联盟议事会上提出

黄帝像

继任人选问题，让大家讨论，众人推举了舜。舜继位后，征得联盟议事会同意，任命八恺管土地，八元管教化，契管人民，伯益管山林川泽，伯夷管祭祀，皋陶管刑法。国家的雏形更加明朗化了。由于禹治理洪水有功，当舜年老让位时，联盟议事会一致推举禹担任首领。

传说中尧、舜的"禅让"传统，被后人引为美谈。新近出土的郭店楚简《唐虞之道》写道："尧舜之行，爱亲尊贤。爱亲故孝，尊贤故禅。"又说："禅也者，上德授贤之谓也。上德则天下有君而世明，授贤则民举效而化乎道。"有的学者指出，五帝时代天下有"万国"、"万邦"，他们在各自建立邦国的同时，还曾联合起来建立地缘性联盟，盟主由强有力的邦国君长出任，随着实力的变化而发生权力的和平更替。这就是尧、舜、禹禅让的实质。后世儒家典籍把它加以美化，成为"天下为公，选贤举能"的大同社会，儒家津津乐道的理想社会。孔子说："大哉，尧之为君也，惟天为大，惟尧则之，荡荡乎民无能名焉。"孟子则"言必称尧舜"。在人们心目中，尧舜是道德完美的先圣先王。清末民初的疑古派宣称，尧舜是"无是公"、"乌有先生"，显然偏激得太过分了。当然今人不必拘泥于《大戴礼记·帝系篇》或《史记·五帝本纪》所说，尧为黄帝四世孙，舜为黄帝八世孙，但黄帝、颛顼、帝喾、尧、舜都是远古时代的部落盟主，是毫无疑问的。对照考古发掘的资料，尧舜时代大约相当于新石器时代晚期，当时黄河流域已是氏族社会活动频繁的地区，文明的萌芽已相当可观。

王仲孚《尧舜传说试释》指出，尧舜努力整治水患，以减少自然灾害，在与其他部落之间的对抗中，屡占优势或胜利，保障了中原部族的安全，发展农业，开发山林，使各部落过着安定的生活，他们的这种丰功伟绩是受到当时人们及后人景仰的根本原因。舜在未被推举为首领时，已是擅长农事的人，领导人民披荆斩棘，开辟农田，建筑聚落。因此关于舜的传说具有"农神性"——早期农业领袖的性质。尧舜禅让的传说，由此也可以得到一个新的解释。

如果把视野放宽一点，那么传说时代的内涵将会十分丰富多彩。比如说，发明八卦的伏羲氏的后裔太昊集团，居住于山东半岛至蓟辽一带，是一群以鸟为图腾的先民，由于祖先伏羲氏"作结绳而为网罟，以佃以渔"，所以他们以渔业为生计。风姓的太昊的后裔以凤鸟为图腾，其后居住于此的少昊承袭了这一传统。少昊集团中有凤鸟氏、玄鸟氏、伯赵氏、青鸟氏、丹鸟氏、五鸠、五雉、九扈，都以鸟为图腾。这一部落据说发明了弓箭，他们的英雄人物伯益、皋陶在历史上声名显赫。再比如，生活于太行山以东的祝融八姓，北以卫为中心，南以郑为中心，据说虞以前的陶唐氏就是祝融八姓之一。

到了夏商两代,祝融受夏族、夷族两面夹击,被消灭过半,只有偏居南方的一支,成为春秋时代楚文化的缔造者。前辈史家张荫麟笔下的这段传说竟是如此动人:"楚人的生活充满了优游闲适的空气,和北人的严肃紧张的态度成为对照。这种差异从他们的神话可以看出。楚国全族的始祖不是胼手胝足的农神,而是飞扬缥缈的火神;楚人想象中的河神不是治水平土的工程师,而是含睇宜笑的美女。楚人神话里没有人面虎爪、遍身白毛、手执斧钺的蓐收(上帝的刑神);而是披着荷衣,系着蕙带,张着孔雀盖和翡翠钺的司命(主持命运的神)。适宜于楚国的神祇不是牛羊犬豕的膻腥,而是蕙肴兰藉和桂酒椒浆的芳烈;不是苍髯皓首的祝史,而是采衣姣服的巫女。再从文学上看,后来战国时楚人所作的《楚辞》也以委婉的音节、缠绵的情绪、缤纷的词藻,而别于朴素、质直、单调的《诗》三百篇。"

二、夏与商
——历史时期的开端

5. 世界文明史上的中华文明

在考古学、历史学中,学者们通常用某某文化(如河姆渡文化、仰韶文化等)来标志一个时期。在这里的"文化"一词,带有特定的含义(与广义文化有别),通常是指还没有文字,社会发展水平较低的时期。根据美国学者斯塔夫里阿诺斯《全球通史》的表述,人类,只有人类能创造环境,即今日所谓的文化。这种文化包括:工具、衣服、装饰品、制度、语言、艺术形式、宗教信仰、习俗等。当文字发明并被广泛使用,科学技术已有所进步,社会经济进入一个新阶段,学者们便把那个文化称为"文明"(civilization)。在《周易》、《尚书》、《礼记》等古籍中已有"文明"一词,如"天下文明"、"浚哲文明"、"情深而文明",本意是指文采、光明,或文德、文教,与现代所谓"文明"的含义相去甚远。今日所谓文明,是指人类征服自然过程中所创造的物质与精神方面的成就,足以使人类从原始的社会形态中摆脱出来,跃上一个新阶段。文明的标志可以举出很多,最关键的莫过于文字。美国著名学者摩尔根(Lewis Henry Morgan)在《古代社会》中说:"文字的使用是文明伊始的一个最准确的标志";"没有文字记载,就没有历史也没有文明"。

埃及文明、美索不达米亚文明、印度文明、中华文明,是世界文明史上出现最早的四大文明。大体而言,在传说中的炎帝、黄帝时代之前,出现了埃及文明、美索不达米亚文明,在传说中的尧、舜、禹时代之前,出现了印度文明。

在哪个文明更为古老的问题上,学者们众说纷纭,莫衷一是。有的说埃及文明最早,有的说美索不达米亚文明更早,各有各的根据。我们宁可说两个文明都很古老,它们并不是交替发展而是并行发展的,有着各自的轨迹。

这两个文明都可以追溯到公元前 4000 年到公元前 3000 年，其艺术与科技成就已达到令人惊讶的高度。

印度次大陆则是另一个文明发源地。印度文明可以追溯到公元前 3000 年，到公元前 2500 年至公元前 2000 年之间已达到鼎盛状态，与稍早的埃及文明、美索不达米亚文明相比，毫不逊色。印度斯坦的平原，有印度河和恒河两大水系，水量充沛、土壤肥沃，印度文明的几个最有影响的中心出现在这里绝不是偶然的。印度河下游的摩亨佐—达罗和印度河中游的哈拉帕，是印度文明的两个主要遗址。哈拉帕的青铜时代文明，大约存在于公元前 2500 年至公元前 1750 年。迄今发现有文字的遗物达 2000 件以上，除印章铜板外，有些陶器和金属器上也有铭文。

文字的发明和使用是文明的标志，也是史前时期与历史时期的区分标志，学者们对此给予高度重视。

古埃及的象形文字从公元前 3500 年逐渐形成，一直使用到公元 2 世纪。这种文字通常被刻在庙墙和宗教纪念物上，因而在古希腊文中称为"神圣的雕刻"或"圣书"。这种象形文字由原始的图画符号演变而来，形成表意文字（意符）和表音文字（音符）。当时经常使用的文字符号约 700 个。中王国时代（公元前 2052—前 786 年）开始以芦苇笔作为书写工具。因而从象形文字中演变出一种简化的速写体——僧侣体。公元前 7 世纪，又演变出草书体——世俗体。

美索不达米亚文明中，定居于底格里斯河—幼发拉底河下游的苏美尔人是比较先进的。他们在公元前 3500 年至公元前 2600 年之间发明、使用象形文字，此后发展成为记写苏美尔语的楔形文字——音节符号和音素符号的集合体。苏美尔人用当地的平头芦秆在黏土泥板上压写字符，笔画呈楔形，所以叫作"楔形文字"。苏美尔文字后来为西亚各古代民族所采用。塞姆语系的阿卡德人、迦南人、巴比伦人、亚述人，印欧语系的赫梯人、波斯人等，都用苏美尔文字来记写自己的语言，形成不同的楔形文字。

印度早在哈拉帕文明时期就产生了象形文字，这是一种音节字，可以从右到左或从左到右书写。它们是写在印章、铜板、陶器、金属器上的铭文，约有 500 个文字符号，其中许多是两个以上符号合成的字符。研究者认为，这种铭文的语言可以定为原始达罗毗荼语。遗憾的是，这种文字随着哈拉帕文明的结束而绝迹。此后一直要到雅利安人迁入印度之后大约过了一千年才有文字系统。这种文字记述的语言，主要是雅利安语的梵语和俗语。

中国有文字可考的历史始于公元前 16 世纪，因为这时有了成熟的足够数量的文字——甲骨文。但是，文字的产生和发展是一个长期的过程。所以学者们孜孜不倦地从考古发掘的遗物中探寻中国文字(汉字)的起源。西安半坡遗址出土的陶钵口沿上有二三十种刻画符号,这是可以确知的最古的一种具有表意作用的文字符号。有的学者认为可能是"中国原始文字的孑遗",因而推测中国文字已经有了六千年的历史。介于仰韶文化与龙山文化之间的大汶口文化(距今约五六千年),也发现一些文字符号;距今约四千年前的龙山文化,已经出现了用三个偏旁构成的会意字,可以设想,当时已经出现了由更早的简单独体字演化成的复体字。裘锡圭对此持审慎的态度,一方面指出,"大汶口文化象形符号跟古汉字相似的程度是非常高的,它们之间似乎存在着一脉相承的关系";另一方面指出,"就汉字形成的历史来说,在大汶口文化原始文字和商代文字之间还存在一些重要的缺失环节。并且已发现的大汶口文化原始文字只是用作族名的一些单字,因此我们对当时的原始文字的全貌还是不清楚的"。

虽然中华文明晚于埃及文明、美索不达米亚文明、印度文明,但后先辉映,依然光彩照人。美国历史学家所写的《世界文明史》说得好:大约在印度的印度河流域文明繁荣了一千年之后,中国才开始出现高度的文明。然而,当这个远东文明一旦出现,它就延续到 20 世纪。中国文明尽管其形成较埃及、美索不达米亚或印度晚得多,但仍然是现存的最古老的文明之一。

中国的青铜时代大约从公元前 2000 年到公元前 500 年,这期间青铜器(主要是礼器与兵器)在考古遗物中占有显著的重要位置,而且可想而知是上层阶级生活中的一种中心事务。这也是区域性的王朝竞争显要权位的时期,即夏商周三代,西方学者们称为中国文明的形成期。

与埃及、美索不达米亚、印度等文明有着明显的不同,中华文明的摇篮是半干旱的黄土高原,而不是河流下游的冲积平原。夏商周三代的活动中心区域都在黄河中游一带,便是一个明证。何炳棣在《黄土和中国农业的起源》中指出:靠近黄河中游的高原上覆盖黄土——颗粒细小的肥土,土壤松软,使用原始的耒耜(木制农具)即可不费力地耕作,并且可以避免洪水的祸患。

6. 探索中的夏文化

传说中,黄帝的后裔夏后氏,是夏部落联盟的创始者。夏部落联盟发展为中国历史上第一个王朝——夏,当时大约是公元前 21 世纪(约公元前 2070 年)。从传说中的禹开始,到桀灭亡,共传十四世、十七王,约四百多年。夏的事迹,在后世文献中留传下来的,大抵是"太康失国"与"少康中兴"

之类传闻。由于缺乏当时的文字记载,夏文化便显得扑朔迷离,引来后人持续不断的探索。

对于夏文化的探索,可以追溯到汉朝的历史学家司马迁,他为了写《史记·夏本纪》,作了实地考察。在《史记·太史公自序》中,他如此回忆道:"年二十而南游江淮,上会稽,探禹穴。"鉴于《史记·殷本纪》关于商朝世系的记载,已被安阳殷墟出土的甲骨文证实为信史,由此推断,《史记·夏本纪》关于夏朝历史的记载,肯定是有所根据的。但这必须由考古发掘予以证实。

20世纪20年代,以田野发掘为基础的近代中国考古学的形成,为探索夏文化奠定了科学基础。30年代初,徐中舒首先根据仰韶文化分布地域与传说中夏代活动地域互相重叠,推测仰韶文化便是夏文化的考古表现。他在《安阳发掘报告》第3期(1931年)上发表了《再论小屯与仰韶》,提出仰韶文化为夏文化说。40年代末,范文澜又提出龙山文化为夏文化说。50年代末,徐旭生根据《左传》、《国语》、古本《竹书纪年》等文献中有关夏后氏都邑的记载,对分布于豫西、晋南的"夏墟"进行了实地考察调查,从而揭开了以田野工作为重点的探索夏文化的序幕。徐旭生发表了《1959年豫西调查"夏墟"的初步报告》,确定了此后夏文化考古的方向。

夏人活动的地区,西起今河南西部和山西南部,沿黄河东至今河南、河北、山东三省交界的地方,南接湖北,北入河北。今河南西部的河、洛流域是夏人居住的中心,夏的重要都城斟寻,就在嵩山西北的洛阳平原东部。夏人聚居的另一个地区,是今山西南部,特别是汾水以东今翼城附近,后世称为"夏墟"。

考古学家在今河南西部发现了一种"二里头文化",分布于豫西黄河南岸的陕州、荥阳、郑州,及洛河流域的洛宁、宜阳、洛阳、偃师、巩义等地。二里头文化介于龙山文化和商代前期文化之间,学者们倾向于认为,二里头文化从分布地区和时间序列来看,同传说中的夏朝所在的中心地区大致相符。据测定,偃师二里头文化第一期为公元前2080年至公元前1690年,在时间上也大体相当。

有的学者认为,偃师二里头文化的一、二期为夏文化,三、四期代表夏末的都邑文化。照目前资料来看,二里头类型文化是夏文化的可能性,在空间上是全合的,在时间上是很可以说得通的。这个问题的进一步了解,还要靠二里头类型文化早期和河南龙山文化遗址中青铜器的发现。二里头遗址三期文化开始大量出现的陶文的早期历史,与其在中国文字发展上的地位,也是需要进一步研究的问题。如果二里头遗址的宫殿基址与夏末的桀都(斟寻)有关,那么夏代诸王的其他都城,将来在二里头类型文化分布地域之内会有新的发现。夏朝的考古目前还只是开了个头。

偃师二里头文化第三期最辉煌，至今已发现两座宫殿遗址，这里可能是夏桀的都城斟寻。古本《竹书纪年》说"桀居斟寻"。学者们考证斟寻在今偃师县东北、巩县西南，或径直判定二里头就是夏都斟寻。历史地理学单纯孤立地论证斟寻地望，无法解答二里头是不是夏都，但一结合商汤都城尸乡，论证就坚强了。因为尸乡沟与二里头相距很近，商汤与夏桀又是并世之人，如果尸乡沟古城是商汤都城，二里头的宫殿遗址大概不可能也是商汤所建的都城。根据 1998 年 8 月的报道，偃师挖出中国古代第一都——为夏商两代划分提供明确界标。所说的就是偃师商城——位于河南省西北部、郑州之西 90 公里的偃师市郊。它的发现解开了夏商两代分界年代这一重大历史疑团。最有意义的是在大城内西南部发掘出一座小城，南北长 1100 米，东西宽 740 米，小城早于大城，小城是商王朝灭夏之初修建的，如作进一步研究，商灭夏的绝对年代大致可寻。

诸如此类发现很多。1976 年在河南登封告成镇王城岗遗址发掘后，有学者推论登封告成镇就是历史文献所说"禹居阳城"的阳城。1978 年起，对山西襄汾陶寺遗址的发掘，为了解"尧都平阳"，提供了实物资料。

总之，到目前为止，已经从考古发掘中找到了探索中的夏文化，它的上限可以定为河南龙山文化和山西龙山文化的晚期，偃师二里头遗址则属于夏文化的中晚期。夏朝的存在已在考古学上得到确证，不是某些疑古派学者所宣扬的夏王朝纯属子虚乌有的虚构。出土的不少铜块、炼铜渣、青铜器残片表明，夏朝已进入青铜时代。

禹治洪水，是夏文化探索中一个引人注目的问题。顾颉刚 1923 年 5 月在《努力》增刊《读书杂志》上发表《与钱玄同先生论古史书》，认为禹是"蜥蜴之类"的虫。顾颉刚说："时代愈后，传说的古史期愈长。时代愈后，传说中的中心人物愈放愈大。""禹是上帝派下来的神不是人。以虫而有足踩地，大约是蜥蜴之类。我以为禹或是九鼎上铸的一种动物。"顾氏所说，显然是从"禹"的字形来考证的。按："禹"字不见于甲骨文，最早见于西周中期铜器"禹鼎"，其字形像一个爬行动物：仿佛一条三足支地、尾巴上翘、张口反噬的鳄鱼

夏禹像

形状。但这不足以证明禹不是人而是动物。因此,上述一说遭到鲁迅的批驳,成为轰动一时的文坛奇闻轶事。按照文化人类学的观点看来,把一个民族或部族的首领人物,与该民族或部族所崇拜的图腾,混为一谈,显然是荒谬的。禹作为夏部族的首领,经过十三年艰苦卓绝的奋斗,率领民众治服了肆虐的洪水,因而受到民众的崇拜,把他看作神灵的化身——水中之王(龙)的化身,但是,这并不意味着禹就是"蜥蜴之类"的虫。

禹治洪水的传说,经过学者们的考证,已可看作信史。夏朝或夏朝以前,中原大地上确曾不止一次地洪水泛滥。甲骨文中的"昔"字,作会意结构,意为洪水之日;"灾"(简化字"灾")字也是会意结构,意为河流被壅为害。徐旭生《中国古史的传说时代》从中国最早的地理书《禹贡》中,在"兖州条"下发现两处讲洪水的记载。一是"桑土既蚕,是降丘宅土",是说洪水治平后,原来栽桑的土地又可以养蚕,人们从高地上下来,住到了平地上,可以印证禹治洪水以后的情况。另一是"作十有三载",与传说中"禹湮洪水十三年"相呼应。因此他的结论是:"洪水发生及大禹所施工的地域,主要是在兖州。"

经过几代人的探索,夏文化已经日趋明朗化了。然而问题依然存在。西方学者指出,某些中国学者把二里头遗址归属"夏"的做法,是难以接受的,甚至是误导的。对于这类质疑,或许还要假以时日才能辨明。

7. 从"大同"到"小康"

先秦诸子对于历史的追忆,反映出来的历史观,似乎是一代不如一代。他们所处的春秋战国时代最为糟糕,被称为"乱世"。此前的夏商周三代被称为"小康之世",虽不甚理想,但比乱世要好多了,所以是"小康"。"小康之世"以前的黄帝尧舜时代,最为理想,被称为"大同之世"。因此他们的政治理想就是,由"乱世"回归到"小康之世",进而重建"大同之世"。

"大同之世"与"小康之世"的根本区别就在于:前者是"天下为公"的社会,后者是"天下为家"的社会。先秦诸子在这样的语境下,谈论从"大同"到"小康",从"公天下"到"家天下",便有了特殊的现实意味。正如吕思勉所说:"在大同之世,物质上的享受,或者远不如后来,然而人类最亲切的苦乐,其实不在于物质,而在于人与人之间的关系,所以大同时代的境界,永存于人类记忆之中。不但孔子,即先秦诸子,亦无不如此。"

《礼记·礼运》说:"孔子曰:'大道之行也,天下为公。选贤与(举)能,讲信修睦。故人不独亲其亲,不独子其子,使老有所终,壮有所用,幼有所长,鳏、寡、孤、独、废疾者皆有所养。男有分,女有归。货恶其弃于地也,不必藏于己;力恶其不出于身也,不必为己。是故谋闭而不兴,盗窃乱贼而不作,故外户而不闭,是谓大同。'"它描绘了一个不分彼此、没有争斗的和谐而温馨的社会图景。这个社会到底是什么样子呢? 依据《春秋公羊传何氏解诂》等文献推测,当时存在共同生产共同消费的农村公社,选举年高德劭的人担任"父老"、"里正"。春、夏、秋三季,百姓外出种田;父老和里正在村口监督。到了冬天,父老在"校室"里教育儿童,里正则催促妇女从事纺织。在日常生活中,保持"出入相友,守望相助,疾病相扶助"的风尚。《韩诗外传》说,村社的基层由八家人家组成,是一个不分彼此的共同体:"八家相保,出入更守,疾病相忧,患难相救,有无相贷,饮食相召,嫁娶相谋,渔猎相得,仁恩施行,是以其民和亲而相好。"

自从禹建立夏王朝之后,情况便发生了根本的变化,由"大同之世"进入了"小康之世"。《礼记·礼运》说:"今大道既隐,天下为家。各亲其亲,各子其子,货力为己。大人世及以为礼,城郭沟池以为固,礼义以为纪。以正君臣,以笃父子,以睦兄弟,以和夫妇,以设制度,以立田里,以贤勇知,以功为己。故谋用是作,而兵由此起。禹、汤、文、武、成王、周公,由此其选也。此六君子者,未有不谨于礼者也。以著其义,以考其信。著有过,刑仁讲让,示民有常。如有不由此者,在执者去,众以为殃,是为小康。"

这种转变的关键,就是夏朝的建立者禹在移交王位时,传子而不传贤,从此"天下为公"变为"天下为家",公天下变为家天下。在传说中,尧、舜时有"禅让"的传统,尧老传位于舜,舜老又传位于禹,都是传贤不传子,即"选贤与(举)能"。禹在年老时,在部落联盟议事会上提议讨论继任人选,大家先举荐皋陶,皋陶死后又举荐伯益。但禹在暗中培植他儿子启的势力,企图由儿子继位,果然禹死后启杀了伯益,继承了禹的职位,从此出现了"家天下"的夏王朝。这是私有制、阶级分化、国家机器出现之后的必然现象。

《史记·五帝本纪》把尧描述为圣明之君,他发现舜精于农耕、善于制作陶器,有组织、领导才能,确认舜可托付重任,便命他摄政辅佐,自己告老,临终前把王位让给了舜,而不传无能的儿子。舜谦辞不就,避居别地。由于各路诸侯的拥戴,舜才返回,继承王位。舜到了晚年,发现禹治洪水有功,仿效尧的做法,让禹摄政,自己告老。到了临终之前,舜因儿子无能,命禹继承王位。禹也同样谦辞不就,避居别地,在诸侯的拥戴下才登上王位。这显然是后世学者对"五帝"时代清平盛世的美化,反映了春秋战国时代你争我夺、尔虞我诈的政治斗争形势下,人们对五帝时代的大同社会的无限向往之情。然而"大同"时代的王位继承制是禅让而不是世袭,是有历史依据的事实,绝非虚构,却是可以肯定的。杨希枚《再论尧舜禅让传说》指出:"传说,甚至神话,无论其内容如何怪诞,多少反映着某些社会背景,或者说,可以从其内容来了解它所涉及的某些社会制度、思想或信仰。尧、舜传说自不例外。"杨希枚认为,尧舜禅让传说至迟是春秋时代已经流传的古老传说,它普遍见于《论语》及战国以来儒、墨、道、法各学派的论著,绝非出于某一学派的伪托。

道家典籍对于这种社会变革也有所描绘。《抱朴子·诘鲍》说:"曩古之世,无君无臣,穿井而饮,耕田而食;日出而作,日入而息。泛然不系,恢尔自得;不竞不营,无荣无辱。山无蹊径,泽无舟梁。川谷不通,则不相并兼;士众不聚,则不相攻伐。""势利不萌,祸乱不作;干戈不用,城池不设。""身无在公之役,家无输调之费,安土乐业,顺天分地,内足衣食之用,外无势利之争。"进入夏朝之后,一切社会关系都颠倒过来了:"智用巧生,道德既衰,尊卑有序";"强者凌弱","智者诈愚";"见可欲,则真正之心乱;势利陈,则劫夺之涂开";"有司设则百姓困,奉上厚则下民贫";"闲之以礼度,整之以刑罚"。

夏王朝就是付出了沉重代价的"小康之世"的开端。考古发掘大体可以印证传说中的这种变化。

偃师二里头遗址发掘出不少铜渣、坩埚残片、陶范残片和小件铜器凿、锥、刀、鱼钩、铜镞等。经过化学分析,证明这些小件铜器已是青铜器,虽然带有某些原始性,但已反映了农业、手工业的发展。陶器中酒器的发现,说明当时已有一定数量的剩余农产品,可以用于酿酒。房基和墓葬情况,反映了基于私有制的贫富分化、阶级分化。有的房基长达 9～10 米,宽 5 米左右,地面坚硬,铺有薄层料姜石面。有的居址还发现了四边磨光的石柱础和柱子洞,这与地穴式半地穴式的房屋不可同日而语。尤其值得注意的是标志着国家机器的宫殿遗址的出现。这座宫殿遗址处于遗址中部,洛河自北流过,面积约 1 万平方米,有厚约 1～2 米的夯土台基,高出地面约 80 厘米,上面是排列有序的柱子洞和完整的墙基。台基中部偏北地方有一块高起部分,呈长方形,是一座面阔八间、进深三间、四坡出檐的殿堂,堂前是平坦的庭院,四周有彼此相连的廊庑。在殿堂对面,发现了东西向排列的柱子洞,是宫殿的大门。如果复原的话,一座规模宏大、气势庄严的宫殿建筑,巍然屹立,夏王朝的威仪便跃然而出了。

夏已进入了青铜时代,考古发掘证实了传说中禹的时代"以铜为兵",以及禹铸九鼎等,是可信的。但铜器用于农业生产的可能性很小。当时主要的农具还是木器、石器和一部分骨器、蚌器。农具有耒、耜等。耒是一根前端弯曲、有双尖的木棒;耜为宽刃形起土工具,有木、石、骨制三种。从禹治洪水的传说中可以看到当时已有原始的灌溉技术。《论语·泰伯》说,禹"尽力乎沟洫";《孟子·滕文公上》说,"禹疏九河","然后中国可得而食也"。这些均表明当时已知道开通沟洫、排洪泄涝,是农业生产的命脉。

夏人在不断积累农业生产经验的同时,天文历法知识也逐渐丰富。当时已有了明确的日、月、年的概念,把一年分为十二个月,以冬至后两个月的孟春之日作为一年的开始。同时还出现了以六十甲子(干支)记日的方法,夏朝后期的几个王,如胤甲、孔甲、履癸(桀),都以甲、癸等日干为名,便可窥知一斑。《左传·昭公十七年》引用《夏书》中的一段记载:"辰不集于房,瞽奏鼓,啬夫驰,庶人走",表明夏人观测到发生于房宿位置上的一次日食时击鼓奔走的情景。这是见于记载的世界上最早的日食记录。《竹书纪年》中有"夏帝十五年,夜中星陨如雨"的记载,是夏人观测到流星雨的最早记录。

孔子说:"殷因于夏礼,所损益可知也;周因于殷礼,所损益可知也。"孟子说:"夏后氏五十而贡,殷人七十而助,周人百亩而彻,其实皆什一也。"这两句话表明了一个意思:夏商周三代的制度虽有所损益,但也有所继承。周的田赋制度与夏有一脉相承的关系,顾炎武在《日知录》中说:"古来田赋之制实始于禹","周之疆里,犹禹之遗法也"。周的"疆里",也就是孟子所说的"经界"——井田上的土地划分,所以马端临在《文献通考》中推论"井田创造于禹"。禹在农田上开沟洫,把它与《考工记·匠人》所描绘的井田上的沟洫制度相对照,似乎可以推测:西周那种井田式样的沟洫其实肇始于夏。

从夏与商、周之间如此紧密的承袭关系来看,不仅表明夏已从野蛮时代走向文明时代,是可信的,而且表明夏在中华文明发展史上具有不容忽视的重要地位。

8. 商的起源与盘庚迁殷

中国有文字可考的历史是从商开始的,大约是在商朝建立的公元前1600年,迄今为止,已有3600年有文字可考的历史了。如果把商朝建立前的早商(或先商)时期包括在内,那么有文字可考的历史还可以上溯四五百年。

商,是一个有着悠久历史的子姓部落,长期居住在黄河下游。商的始祖名契,传说其母简狄吞吃了玄鸟(燕子)的蛋而生下了契。《史记·殷本纪》说:"殷契,母曰简狄,有娀(sōng)氏之女……三人行浴,见玄鸟堕其卵,简狄取吞之,因孕生契。"这种神话传说表明,商族把玄鸟(燕子)作为自己的崇拜对象;甲骨文中祭祀高祖王亥的卜辞,在"亥"字上加了鸟图腾符号,写作"畟",可作为一个旁证。

商与夏同时并存于世。依照神话传说,夏的始祖禹源于黄帝子孙颛顼这一支,而商的始祖契源于黄帝子孙帝喾这一支。依照《史记》的说法,夏商周三代的祖先禹、契、后稷,都在尧、舜的朝廷里服务。这样看来,夏商周都是自黄帝下来一直平行存在的两个集团。从比较可靠的历史资料来看,商在灭夏以前,早已有了他们自己轰轰烈烈的历史,即所谓先公先王时代。《诗·商颂·长发》说"相土烈烈,海外有截",表明商人曾在海外打过胜仗。据说,契曾随禹治水,后来商人冥又作了夏的水官,表明夏朝统治黄河中下游时,商一直臣服于夏。

从契到汤,传了十四世,正相当于夏朝。由汤完成了灭夏的事业,建立了商朝,共传十七世,三十一王,约六百年。

商人从事农业生产的同时,维持了强劲的游移性,从契到汤的四五百年中,他们集体迁徙了八次,大抵从山东到河北到河南。

商建都于亳(今河南商丘),消除夏的屏障,按照丞相伊尹的谋画,停止对夏的贡纳。夏的统治者桀大怒,发兵征讨。夏商两军大战于鸣条(今河南封丘)之野,桀大败,汤乘胜追击,灭亡夏。

商朝建立后,一度中衰,王室内部连续发生争夺王位的纷争,"兄终弟及"制度遭到破坏,都城也几经迁徙,统治很不稳定。到商王盘庚的时候,为了扭转局面,约于公元前 1300 年迁都于殷(今河南安阳西北),进行改革,"行汤之政",政治中兴。商的历史以此为转折点,《竹书纪年》说:"自盘庚迁殷,至纣之灭,二百七十三年,更不徙都。"这至少有两层意义:第一,表明统治日趋稳定;第二,表明定居农业已占主导地位。

盘庚所迁的殷地,无论对于经济、军事抑或社会生活,都具有优越的地理条件。殷都是沿洹水而建的,它便于用水和防卫。紧靠洹水南面是宫殿、宗庙区,迄今考古发掘了五十多座宫殿、宗庙遗址,比较集中地分布在小屯东北。它的东面、北面毗邻洹水,且地势较高,不仅在水源上占有利地位,而且可以防御洹水泛滥。宫殿区的西面、南面挖掘了环绕宫殿的壕沟,既可以分流洹水,又可与洹水连成一体作为防御设施。

时隔三千多年后,这一殷商古都——殷墟的发现,堪称 20 世纪田野考古的一大盛举。自从光绪二十五年(1899 年)甲骨文最初在河南安阳小屯村(即殷墟)发现之后,殷墟成为学者们关注的焦点。罗振玉确认今日之安阳河即郦道元《水经注》中的洹水,安阳河南岸的小屯即《史记·项羽本纪》所说的"洹水南殷墟"。这一考定,为殷墟的发掘奠定了基础。

1928 年至 1937 年,在李济、董作宾、梁思永、郭宝钧、石璋如等学者主持下,共计进行了 15 次殷墟遗址发掘工作,陆续发现大批甲骨、宫室、陵墓、宗庙,了解到殷人营造宗庙的隆重仪式(包括人祭人殉)。1950 年至 1977

年,又在殷墟遗址进行了 10 多次发掘。持续半个世纪的殷墟发掘工作,使湮没了 3000 多年的宫殿建筑基址、商王陵墓、贵族或平民墓葬,各种作坊、仓窖、工具、武器、礼器,先后重见天日。殷墟的范围很大,其总面积约 36 平方公里。洹河南岸,大体上以商朝王宫(今小屯村附近)为中心,周围环绕着手工业作坊、居民点和墓葬等;洹河北岸,以王陵(今武官村、侯家庄一带)为中心,有商王及贵族的陵墓和数以千计的人殉祭祀坑,周围有聚落和平民的墓葬,显示了不同阶级不同待遇的悬殊地位,这给研究商朝都城及商朝社会各个侧面,都提供了写实的依据。

根据 1999 年 6 月的报道,中国社会科学院考古研究所安阳考古队指出:盘庚迁殷之"殷"有新说。近年来,安阳考古队对殷墟外围进行发掘,特别在洹河之北花园庄一带取得了重大突破。花园庄商代遗址面积达 150 万平方米,堪称第二个殷墟。这个遗址的时代介于商代早期郑州商城二里岗及商代后期小屯殷墟之间,从夯土建筑基址、青铜器中鼎等王室礼器等方面推断,洹河北面花园庄遗址有可能是盘庚所迁的"殷"。至于小屯殷墟遗址,当属于商代后期的都邑,是武丁及其以后各王所居之地。2006 年第 30 届世界遗产委员会一致决定,河南安阳殷墟正式作为世界文化遗产,列入《世界遗产名录》。令人遗憾的是,过去一百多年间,至少有五万多件殷墟文物流失海外。

盘庚迁殷后,商朝政治、经济各方面都有所发展,特别是到武丁统治时期,达到了鼎盛时期,《诗经》中的《玄鸟》篇、《殷武》篇,便是对武丁的颂歌。武丁不断对外用兵,使商朝的疆域日趋扩大。

商朝行政制度,以及贵族官吏,有"内服"、"外服"之分。"内服"指王朝而言,"外服"指诸侯而言,表明当时的政治地理结构中,存在着商王直接管辖区和通过贵族官吏的间接管辖区。甲骨卜辞中,把直接管辖区称为"天邑商"、"大邑商"或"大邑";间接管辖区称为"四方"、"四土"。所谓"大邑商",大体包括今河南省大部、山西省南部、河北省北部及山东省西南部。所谓"四土",大体位于幽燕以南、汉水淮水以北、甘肃以东、苏皖以西。所谓"四方",是指边疆地区的方国、部落,如西北舌方、土方、马方,西面的羌、氐,南面的楚、百越,东面的人方(东夷、淮夷)。

参加早期殷墟发掘与研究的李济,1960 年所写的《古代中国文明》指出:从安阳发掘中人们可以认识到,"早在公元前第二千年纪就不仅完成了华北的统一,把新石器时代和青铜时代早期分为若干部落单位的华北合为一体,而且还有能力吸收来源于南方的许多重要的种族成分。商代人种植稻米,发展丝织;进口锡锭、贝壳和龟壳,在王家苑林中豢养象、孔雀和犀牛。

楚国的祖先曾与这个王朝的宫廷有接触,有证据表明,商代的某些题材曾成为楚人祖先文身的内容。四川和南方另一些地区的乐师可能在殷朝宫廷乐队里参加过演奏。以上种种,再加上明显的西伯利亚和蒙古来的北方成分,以及远到西亚乃至更远地区的西方成分的存在,使安阳成了一个国际性的文化中心,成了青铜时代中期东方一个极其独特的世界性城市。"

商朝历史中有两件起着负面影响的事,即人祭人殉和酗酒。

商王要向他的祖先和神灵"献俘",各地贵族要向王廷"献俘",透过商王贡献给他们的祖宗和神灵。这种"献俘"便是人祭,通常一次要杀数十人到数百人。人祭的方式,或以戈钩颈而死,或剖腹陈尸,或割取人头祭神。安阳小屯宗庙宫寝遗址南部的祭坛,就有用人、畜作为牺牲的遗迹。建造宗庙时,要活埋幼儿来奠基。每座宗庙的大门口,都活埋人殉。在宗庙的前面,有成排的活人连同车马一起殉葬。一些大墓往往要几十个上百个被杀殉葬的人。武官村的一座大墓,据碳 14 测定距今 3050±100 年,生殉、杀殉、杀祭的男女侍从达三四百人。

商朝贵族饮酒成风,而且愈演愈烈,不但消耗大量粮食,而且导致政治腐败。纣王帝辛在邢台以南、朝歌以北修建许多离宫别馆,有"酒池"、"肉林",饮酒作乐,通宵达旦。西周时的铜器铭文说,大小官僚"率肆于酒",个个

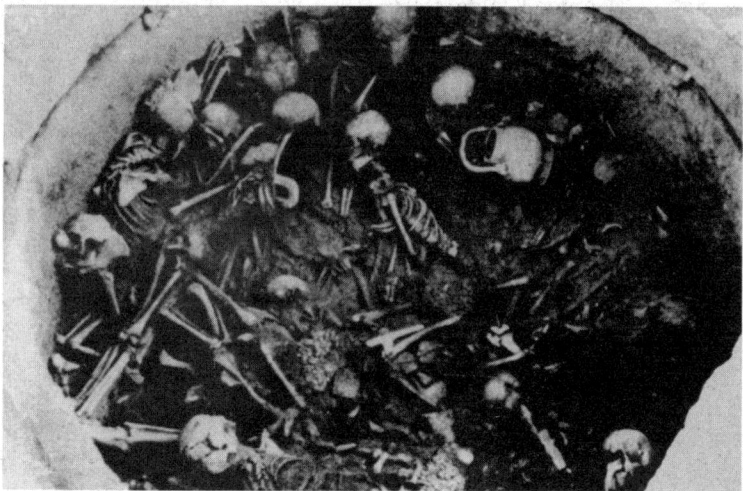

商朝殉葬坑

嗜酒成癖。甚至平民也不例外,出现了"庶群自酒,腥闻在上"的怪现象。到商朝末年,酗酒的风气发展到不可收拾的地步,以致周灭商后,专门颁布了禁酒的政令,其严重性于此可见一斑。

仅此两点,人们不难悟出商朝灭亡的原因来了。

20 世纪 90 年代中期,任教于美国奥克拉荷马中央州立大学外文系的中国籍教授许辉,在《奥尔梅克文明的起源》一书中提出一个振聋发聩的论点,引发一场考古学界的争议。许辉认为,当年中美洲第一个灿烂的古文

明,有可能是殷商末年一批渡海逃难的中国人协助建立起来的。就时间上说,奥尔梅克文明在公元前 1200 年前崛起,正好呼应了当年武王伐纣和纣王自焚,导致殷商王朝终结的年代。许辉的坚实证据是古文字,他从奥尔梅克的陶器、玉器、石雕上找到近 150 个文字符号,请旅美的中国古文字专家鉴定,大都肯定十分近似中国的甲骨文或金文。这个千古之谜的大胆假设,着实令人有耳目一新之感,是真是假,当然仁者见仁智者见智。

9. 青铜时代

青铜时代是区别于此前的石器时代以及此后的铁器时代的一个历史阶段。在中国,它大体是指公元前 2000 年到公元前 500 年这一历史时期。

青铜时代这个概念,最初是由丹麦国家博物馆馆长汤姆森(Christian Jürgensen Thomsen,1788—1865 年)所创用的。其后,英国考古学家柴尔德(Gordon Childe,1892—1957 年)在《青铜时代》一书里,对此作了科学的界定。

在青铜时代之前,中国远古先民已有使用金属的历史。在西安半坡的仰韶文化遗址曾发现一小片金属,在姜寨的仰韶文化遗址也发现过小金属圆片,它的成分为:65%红铜,25%锌。在山东的一个龙山文化遗址中发现一件铜锌合金物。这些发现表明,在史前时期烧制陶器的陶窑中,温度达到金属矿石的熔点时,金属铜及其化合物的出现是完全可能的。

最早的青铜器(礼器、兵器)发现于河南西部的二里头文化遗址中。四件礼器都是酒器中的爵,小型、薄体、素面、平底,其中一件用摄谱仪分析的结果是:92%红铜,7%锡。与爵一起还发现了青铜的戈头。它们已经具备中国古代青铜器的特征:块范铸造、铜锡合金,有特征的器物类型。

商王武丁的妻子妇好墓中,出土了两百多件青铜礼器、五件大青铜铎、十六件小青铜铃、四十四件青铜器具(包括二十七件青铜刀)、四个青铜镜、一件青铜勺、一百三十多件青铜兵器、四个青铜虎或虎头、二十余件其他青铜器,令人叹为观止。

商朝的青铜冶炼铸造工艺已达到相当纯熟的程度,有规模宏大的铜器作坊,有集中居住的炼铜工匠。冶炼青铜的主要原料是孔雀石,加入适当比例的锡和少量的铅。根据对后母戊大方鼎的化学分析,其成分是:84.77%铜,11.64%锡,2.79%铅。由于锡和铅的熔点较低,和铜熔合后,不但降低了熔点,而且铸造出来的器物比纯铜更为坚实耐用。

青铜器的种类很多,数量最多的是礼器,有爵、鼎、彝、盘、盂等二十余种,象征器主的身份和等级;其次是兵器,有戈、矛、戚、钺、刀、箭镞等;还有车马的青铜部件和佩饰。青铜器常铸有铭文，或标明器主的族氏和祭祀对象，或记载商王和贵族对器主的恩赐，或说明器物的用途。从社会学、政治学角度考察青铜器，它扮演着政治权力的角色，用来保障物质财富的分配方式。商王赏赐海贝或铜锡常常导致礼器的纪念性铸造，在铭文中留下了记录。在一本包含四千多件有铭文的商周青铜器图录里，有这种纪念商王赏赐的铭文的器物达五十件之多。显然，这反映了国家财富在社会上层的再分配。青铜文化的意义，也许正在于强化国家的机能。

　　青铜器尤其是礼器主要是王室与贵族使用的，制作很讲究，上面有浅浮雕的花纹，大都是动物纹样。用作铜器纹样的动物有两类：一类是自然界存在的动物，如凤鸟、象、虎、龟、熊、犀、鹗、牛、马等；另一类是自然界不存在的动物，亦即神话中的动物，如饕餮、肥遗、夔、龙、虹等。这后一类动物纹样自然最引人注目，古往今来的学者都对它们作过探究。所谓饕餮，据说是一种"有首无身，食人未咽，害及其身"的怪形野兽。所谓肥遗，据说是"一首两身"蛇。所谓夔，据说是一足龙——头尾横列中有一足的龙形兽。所谓龙，是古人最尊崇的神话动物，形状描述各异。所谓虹，据说是有角龙。不过铜器上的饕餮纹、肥遗纹、夔纹、龙纹、虹纹，只是一种约定俗成的指称或描述。

　　问题的关键在于，铜器上的这些纹样究竟有什么意义。张光直研究后作这样的推测：神话中动物的功能，是把人的世界与祖先、神灵的世界相互沟通。当时流行的与祖先、神灵沟通的巫师占卜术，就是以动物的骨骼为媒介的。青铜礼器在当时用于崇拜、祭祀祖先与神灵的

乳钉纹铜方鼎（商）

仪式,而且与死者一起埋葬。因此,铜器上的神话动物纹样,体现了器主这样一种意识:沟通人的世界与祖先、神灵的世界,以庇佑他们在人世间的权力和财产。

既然青铜礼器是协助巫师沟通神与人、天与地的,那么它上面的动物纹样便与通天地有关。《左传》记载楚庄王向王孙满问鼎的大小轻重,王孙满回答得很妙:关键在于德而不在鼎。以前夏朝有德的时代,远近各地把动物绘成图画,九州献来青铜,于是铸造了铜鼎,上面刻画了物的形象,百物具备,使人民知道了什么是助人的神什么是害人的奸。人民进入川泽山林,不会遇到不适合的神,不会遇到魑魅魍魉。因此便能上下(天地)相协,人民承受天的福祉。把这段话的精髓概括地表述出来,那便是:铸造铜鼎的目的,是透过上面刻画的象物纹样,使人知道哪些动物是助人的神,可以助人沟通天地。商朝青铜器上动物纹样的含义,于此可见一斑。它与王室、贵族的祖先、神灵崇拜有关,更与王室、贵族的权力、财产有关。

20世纪80年代末,考古界的重大发现:处于早商至商末的早期蜀国都城遗址——三星堆,出土一件大型青铜人像和几十件青铜人头像,向人们揭示了青铜文明罕见的一页。青铜人像通高2.6米,人高1.7米,面部造型逼真,浓眉阔目,高鼻大耳,头冠上有羽毛状饰物。这个人像身穿三层华衣,上有巨龙、拳爪、人面纹及云雷纹图案。学者们认为,它既是王者的象征,又具有宗教色彩。

由此,人们也就可以理解:为何发掘出如此众多的青铜礼器、兵器,唯独没有青铜农具!这种说法带有明显的夸张性,意在强调青铜器的本质。1989年,江西新干大洋洲发现一座商代方国诸侯大墓,墓中出土成套青铜农具——铲、耒、耜、犁、镰等。李学勤《比较考古学随笔》说:"以前学术界多认为古代不广泛使用青铜农具,由此足以祛疑。"

虽然已经进入了青铜时代,但商朝的农业生产还没有超越原始的粗放耕作阶段,农业生产的工具主要还是木器、石器、蚌器。农具的原始,决定了耕作方法的原始。火耕是常用的方法,卜辞中"贞焚"、"卜焚"就是火耕的记录。《说文解字》对"焚"字作这样的解释:"焚,烧田也,从火烧林意。"每到春耕时,农民便放火烧荒,然后用耒耜耕种。耒是木制双齿耕具,耜是木柄铲。甲骨文中"耤"字,表示一人手扶耒柄,用足踏耒

三星堆青铜人像

而耕。甲骨文中"劦田",是许多人在一块田地上集体耕作的意思,由于工具落后,大规模简单协作是唯一的选择。

由于农业是主要经济部门,也是主要财源,商王很重视农业生产。甲骨卜辞中常有祈求禾、黍、稷、麦、秜(稻)获得好收成的记录,也有向上帝、祖先、神灵祈求降雨、得到好年成的记录,又有督促"小耤臣"、"多尹"等官员去指挥田间生产的记录,以及商王本人参加耤田活动的记录。

作为商品交换的商业在当时已有了萌芽。商王和贵族经常以海贝赏赐臣下僚属,这种贝就是原始的货币,以"朋"为单位——十个贝一串,就是朋。商朝后期出现的铜贝,是中国最早的金属货币。商人较之其他附近地区的人更精通于商业,据《尚书》说,周灭商后,朝歌一带的商朝遗民"肇牵车牛远服贾",从事长途贩卖。后来把从事商品贩卖行业的人称为"商人"(即商朝人与经商的人),可能与此有关。徐中舒写于20世纪30年代的《殷周文化之蠡测》说:商人国亡以后,转而为商贾,必为异族压迫所致,与今之犹太民族相似。

10. 商文明:甲骨文,宗教观念,科学

文字是人类文明的标志。中国的汉字发展到商朝后期已基本成熟,甲骨卜器和青铜器上出现的文字数以千计。足够数量的文字,使历史进入了有文字可考的时代。

甲骨文是我们祖先的天才发明,具有不朽的品质和价值,无论怎样赞誉都不嫌过分,至今仍是东亚汉字文化圈的共同财富。

光绪二十五年(1899年)甲骨文最初在河南安阳小屯村(殷墟)被发现。1904年孙诒让著《契文举例》,始作考释。1928年以后,又有多次发掘,先后出土甲骨10余万件,为盘庚迁殷至纣亡273年间的遗物。这10余万件甲骨上共有4500字,目前已可解读的有1700字。在甲骨学史上,有四位前辈学者作出了重大贡献,被钱玄同推誉为"甲骨四堂":罗振玉(号雪堂)、王国维(号观堂)、董作宾(号彦堂)、郭沫若(号鼎堂)。

将近一个世纪来,我国内地共藏甲骨

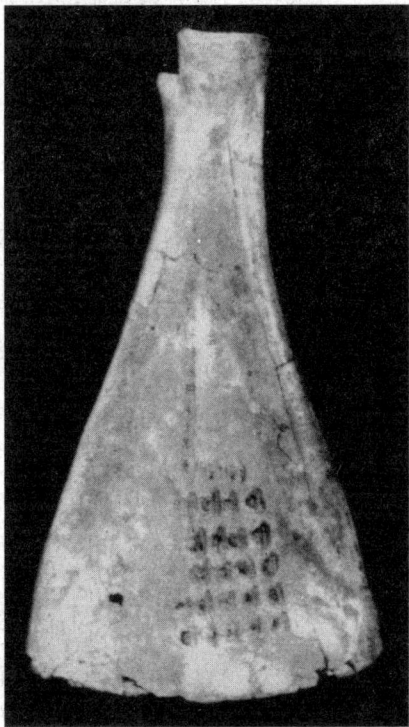

殷墟卜骨

97611 件,台湾、香港共藏甲骨 30293 件;国外(12 个国家)共藏甲骨 26700 件。国内外收藏甲骨合计达 154604 件。迄今为止研究甲骨学和殷商史的论著已有 5000 多种。

从甲骨文的结构来考察,它已具备了汉字的象形、指事、假借、形声、会意、转注,所谓"六书"的规律。

象形:⊙(日)、☽(月)、△(土)、⊞(田)、木(木)、禾(禾)、人(人)、虫(虫)、羊(羊)等。象形字是人类发明文字的最初阶段,日、月取天象,土、田取地理,木、禾象征植物枝干,人象征人体,虫象征其博首宛身,羊象征其角曲。所以许慎《说文解字》说:"象形者,画成其物,随体诘诎,日、月是也。"

指事:文字不单表实,而且表意。《说文解字》说:"指事者,视而可识,察而可见,上、下是也。"甲骨文的"上",写作二、⌣,"下"写作二、⌢,指示一短划的位置以表示方位。"末"写作木,指明树梢在哪里;"本"写作木,指明树根在哪里。

假借:象形、指事的文字不够用时,便"依声托事",即假借象形字之声,来表示同音的其他事物或动作的符号。如甲骨文之"来"(来),初为小麦名,后假借为往来之来。

形声:假借一多,同音字易混淆,于是添加偏旁,一半形符(意符)一半声符。如"盂"字写作盂,下为形,上为声;"祀"写作祀,左为意,右为声。

会意:二字意会,合成一字。如"明"写作明,意为日月相照;也写作明,意为月光照在窗上。

把上述方法扩大,或部分采用、近似变形,造就了后世约 2 万个汉字,成为世界上使用最广的文字。甲骨文在商文明中的地位,实在是不容低估的。

值得注意的是,当时已有毛笔书写的习惯,一些甲骨和陶器上都可以看到毛笔书写的朱墨之迹。周朝人追述:"惟殷先人,有典有册。"可见当时已有书写的典籍——用索带串编起来的简册(竹简),上面写着文字。"册"字的象形,本意指此。

宗教虽然晚出,但宗教观念由来已久。商人的宗教观念是万物有灵论。甲骨卜辞中有祈祷仪式与祭祀仪式的记录,反映了商人观念中,自然天象具有超自然的神灵,这种神灵直接对自然现象,间接对人事现象,具有影响乃至控制力量。诸神之中,有帝或上帝,此外有日神、月神、云神、风神、雨神、雪神、土(社)神、方神(四方之神)、山(岳)神、河神等。这些神,并非人格神,即使帝或上帝,在商人观念中,本意是帝在天上,即天神之意;至于土神、方神之类则是自然神,山神、河神则是带有自然神色彩的祖神。在商人看来,这些神都有灵(spirit)。帝或上帝主要具有自然权能与战争权能,在人事权能上仅作用于商王本身,而不作用于王以外的其他人。

商人尚鬼,《礼记》说:"殷人尊神,率民以事神,先鬼而后礼。"所谓"先鬼而后礼",是指优先处理人与神鬼的关系,而后处理人际关系(礼是人际关系的规范)。死去的先人在他们心目中占有极重要的地位,因此事无大小,都求告于祖先,他们用龟甲、兽骨进行占卜,就是沟通人与神(或祖先)之间的关系,占卜的结果体现了神和祖先的旨意。甲骨文之所以称为卜辞,就是占卜吉凶时刻写在龟甲、兽骨上的文字,它与宗教观念有着直接的关系。

既然在商人观念中自然天象具有超自然的神灵,因此他们对自然天象的变化特别关注。甲骨卜辞中有日食的记录:"日有蚀"、"日夕有蚀";也有月食的记录:"月有蚀"。表明当时已有比较完善的天文历法知识。董作宾根据甲骨卜辞著《殷历谱》,揭示了当时使用的阴阳合历,一年分为十二个月,小月二十九日,大月三十日,闰月称为十三月,全年平均 $365\frac{1}{4}$ 日。居然能使孔子已不甚了了的殷历重见于今日,而且殷商史事如帝辛征伐之事竟可按日排比,加以复原,令学术界推崇备至。

1973 年河北藁城台西村商朝遗址中,发现二三十枚桃仁、杏仁、李仁,及石镰(砭镰)一把。据专家考证,前者是医药,后者是医具(外科手术刀)。甲骨文中的"疾"字,有两种写法,一个像人卧在床上,一个像人卧在床上冒汗,可知当时人已知道疾病。把上述发现与此相联系,当时医药知识的面貌已隐约可见了。

三、西周与春秋
——Feudalism 时代

11. 周的起源与周朝的建立

周是一个古老的部落,大约夏朝末年活动于现今陕西、甘肃一带。传说中周的始祖弃做过夏朝的农官,可见它是一个精通农业的部落。周人是一个姬姓部落,和姜姓部落世代通婚,周的始祖弃就是有邰氏的女子姜嫄所生。姬姓的周人和以羊为图腾的姜姓,也许是一族的两部,他们居住在渭水流域,离"夏墟"不远。传说中,姜嫄在旷野里踏了巨人的足迹后怀孕,生下了弃。古人传说,修己因吞薏苡而生禹,苡与姒音同,故禹为姒姓;简狄因吞燕卵而生契,俗语卵为子,故契为子姓。夏、商如此,周也不例外,大体反映了上古先民对于人类起源的共同看法。

从时间上推断,契、弃为尧、舜、禹同时代人,此时华夏各部早已进入父系社会。弃为姬姓,此姓来自父方祖先,而非母方姜姓,也证明弃时早已是父系社会。

弃善于经营农业,后来被尊奉为农神后稷。相传烈山氏之子柱,又名农,能种植五谷,被尊奉为稷(五谷之神),弃继承了这一传统,"教民稼穑",被后人祀为农神后稷。他们在适合于生产黍、稷的黄土高原上经营农业,达到了前所未有的高度。

其间因为受到游牧部落戎狄的逼迫,周人一度放弃农业,到了后稷三世孙公刘时,"复修后稷之业,务耕种",定居于豳(今陕西旬邑)。从《诗经》的《大雅》、《公刘》篇可以看到,公刘领导族人,凭借农业的积储,不断开疆拓土,是一位成功的部族移殖领袖。自公刘起又传了九世,到了古公亶父时代,周人又受戎狄逼迫,从豳迁居到岐山之南的周原。可见周人长期徘徊于农业与游牧经济圈的边缘。关于这一系列迁徙的背景,据竺可桢研究,公元前1000年左右,中国地区有一段寒冷时期,寒冷的移动由东亚太平洋岸边开始向西渐进至欧亚大陆,同时又有由北而南的趋势。由竺氏的曲线,大致可以推测漠北与西北游牧民族为严寒所驱而南下的可能。黄土高原北面的游牧民族戎狄在商末周初大为活跃,导致周人为戎狄所迫而南迁,反映了气候条件的变化导致游牧与农业界线的南移。

周原土地肥沃,适宜农耕,周人在此定居下来,从此他们自称为周人。古公亶父在周原建都设官,所以后来的周人称他为"太王",推崇他为周朝的奠基人。

岐山是古公亶父以来周人的都城,近年在那里的凤雏村发掘了早周遗址,反映了当时大型建筑的情形。这个宫殿遗址以门道前堂和过廊构成中轴线,东西两边配置门房厢房,左右对称,整齐有序。堂前有大院,由三列台阶登堂,左右各有台阶登东西回廊。前堂是主体建筑,台基最高面宽六间。整个建筑有良好的排水设施,构成四合院的基本框架,开后世中国建筑正统布局的先河。

到古公亶父幼子季历即位时,周人已发展为以农耕为主要经济部门,并有宫室宗庙及比较制度化政治组织的阶段了。周人不仅在关中泾、渭流域建立了国家,而且光复旧域,把山西汾水流域的故地重新收入势力范围,诸戎的听命,使周人在今山西、陕西一带建立了威权,循黄河北岸东达殷商所在的华北平原已无大障碍。

商王文丁为了遏制周的势力,杀了季历。季历之子昌——后来的周文王——继位,在他治理的五十年中,一方面名义上保持商朝属国的地位,另一方面积极扩充实力作灭商的准备。在一系列战争之后,把势力深入到商朝的中心地区,继续向东发展,在沣水西岸建造了新的都城——丰京(今陕西长安西北)。文王迁都丰京后,对商转而采取进攻态势。文王迁都于丰,是颇有战略意义的举措,他们一面濒水高筑城墙,一面宣扬这里原本是夏禹的故土,打出禹的旗号,自诩为夏王朝的继承者与复仇者,为讨伐殷商找到了最佳的借口。文王临死前嘱咐太子发——后来的周武王,准备取商朝而代之。

周武王继位后,在盟津大会诸侯,检阅军队,作伐商前的大规模军事演习。商朝贵族微子、箕子和王子比干等人,对商纣王反复进谏,遭纣拒绝,比干被杀,箕子被囚,微子逃亡,商朝土崩瓦解。武王见时机成熟,率军渡过盟津,进抵牧野(今河南淇县南),距离商朝末年的都城朝歌仅七十里。沉迷于歌舞酒筵的纣王仓促应战,在牧野惨败逃回,登鹿台自焚而死。周武王乘胜占领朝歌,宣告商朝灭亡、周朝建立,时约公元前1046年。

许倬云《西周史》说:周以蕞尔小邦,国力远逊于商,居然在牧野一战而克商,一方面反映了商朝已腐朽透顶,不堪一击;另一方面也反映了周在克商过程中战略运用得当,顺应了民心。周人对如此迅速到来的战果有不可思议的感觉,必须从"上帝"、"天命"方面得到解释,说明商人独有的"上帝"居然会放弃对商的庇护,在血缘与族群关系以外的理由中阐明周膺受"天命"的原因。这就是,由于商王失德,上帝赐周以天命。《诗经》中有的篇章专门揭露商王罪恶:聚敛、强暴、酗酒、不用善人、不用旧人,以致内外怨愤;并指出:天命无常,能使国家兴起,兴国却未必善终,夏失天命而亡,商不以夏为鉴,也亡了。《诗经·大雅》的《皇矣》篇说:"皇矣上帝,临下有赫,监观四方,求民之莫。"周人自称从"上帝"那里得到特别的眷顾,周的天命是上帝弃商而给予西方新国(周)的。远古时代的"上帝"原是部落神,是商人尊崇的偶像,周人把它借用过来,作为政治宣传工具,从此"上帝"由部落神转化为中国的道德神。

从武王开始到幽王,共传十二王,约公元前 1046 年至公元前 770 年,史称西周。

12. 周公"制礼作乐"

周公,文王之子,武王之弟,名旦,因采邑在周(今陕西宝鸡东北),称为周公。

武王在克商不久患重病,逝世前遗命由周公继位。周公向天祷告,请代武王死,告天策文藏于金縢箱内。武王死后,各地纷纷叛乱,周公为了扭转危难局面,立武王幼子诵为周成王,自己执政称王,引起内乱。周公调动军队东征,平定武庚和管叔、蔡叔的叛乱,灭掉奄国,又派儿子伯禽平定淮夷、徐戎。张荫麟说:周公东征之后,周人的势力才达到他们的"远东"。就周人向外发展的步骤而言,周公东征比武王克商还重要。因此,他东征班师后,要赋诗纪念,这便是《诗经·东山》。此后,周公在分治殷民的同时,分封诸侯,大抵姬、姜两族进占膏腴、冲要之地,殷商遗民及其联盟各族则被赶到落后偏僻地区,造成周初一次民族大迁移。

周公鉴于武庚和管、蔡的叛乱,认为听任商遗民留在原地是危险的,于是决定营建洛邑,把"殷顽民"迁到那里,派军队镇守威慑。从此,周朝有了两个都城:西部的镐京称为宗周,东部的

周公像

洛邑称为成周。周公请成王到新都举行首次祀典,并开始亲政。此后周公归政于成王,自己留守成周。然而周公的下场是一个悲剧。周成王十一年,周公在失意中病死。在病危之际,他请求葬于周地,以表示对周的忠诚。成王却把他葬到周以外的地方,冠冕堂皇的理由是不敢把周公视作臣子,实际是不承认周公是忠臣。悲剧的根源在于,他是辅佐君王的摄政者,在天子的眼里,颇有"威权震主"之嫌。

周公在摄政七年中成绩斐然,影响最为深远的是制礼作乐。

"周公制礼"一说始见于《左传》:"先君周公制周礼。"以后,汉朝伏胜在《尚书大传》中说:"周公摄政,一年救乱,二年克殷,三年践奄,四年建侯卫,五年营成周,六年制礼作乐,七年致政成王。"《礼记》也说:"武王崩,成王幼弱,周公践天子之位以治天下。六年,朝诸侯于明堂,制礼作乐,颁度量,而天下大服。"从"周因于殷礼"的记载看来,周公在继承殷礼的基础上有所发展、创造,是毫无疑问的。

礼起源于原始先民的仪式活动,但最初的仪式活动并不是礼。在仪式活动发展成为礼的过程中,有一个重要环节——出现了一批专门掌管仪式活动的人员,仪式活动变为少数人垄断,成为体现少数人意志的一种活动。正如《国语》所说,颛顼以前"人人祭神,家家有巫史",从颛顼开始,任命少昊氏的大巫重为"南正"——专职"司天以属神",也就是说只有他和颛顼才管得天上的事情。于是,原始的宗教仪式活动便开始转化为礼。显然,礼的起源是以贫富分化、等级分化为前提的,反过来,礼的起源又促进了这种分化与文明的形成。由于特定的亲属制度和发达的祖先崇拜,礼一经产生便具有重视现实和人伦的特质,并因此而与其他民族的宗教仪式形成一种文化内蕴上的差别。

孔子说"殷因于夏礼,所损益可知也;周因于殷礼,所损益可知也",讲到了夏、商、周三代礼的承袭与变化。孔子又说"周监于二代,郁郁乎文哉,吾从周",并对春秋时代的"礼崩乐坏"极为不满。可以推知周公所制定的礼乐制度是一个处理等级社会人际关系的新伦理规范体系。所谓"礼崩乐坏"是指诸侯僭用天子之礼,各国卿大夫僭用诸侯之礼、天子之礼,以祭祀为例,依礼只有天子才能举行郊祭(祭天),诸侯只能祭其封国境内的名山大川,然而鲁国从僖公开始也举行郊祭,而季氏也举行旅祭(祭泰山)。祭祀用的乐舞,本来只有天子才可以用"八佾"(佾,音 yì,行列),诸侯用"六佾",大夫用"四佾",后来不仅鲁公"八佾以舞大武",连季氏也"八佾舞于庭"了,无怪乎孔子要高喊:"是可忍也,孰不可忍也!"

由此可见,礼的本质或确切含义是"异",即差异,用来确定社会中各等级之间——贵与贱、尊与卑、长与幼、亲与疏之间各有各的特殊行为规范,以显示贵贱、尊卑、长幼、亲疏之间的差异:贵有贵之礼,贱有贱之礼;尊有尊之礼,卑有卑之礼;长有长之礼,幼有幼之礼;亲有亲之礼,疏有疏之礼。这样,礼就规定了君臣、父子、兄弟、夫妇、朋友之间上下尊卑的关系,不得有所逾越。周礼十分繁琐,至今我们仍可从《礼记》中看到它的影子。相传周礼有五类:吉礼(讲祭祀)、凶礼(讲丧葬)、宾礼(讲交际)、军礼(讲征战)、嘉礼(讲吉庆)。每个贵族从出生到死亡,从人事到祭祀,从日常生活到政治活动,都处在与其身份相合适的礼之中。

士大夫阶层从出生、婚嫁到死亡,都有相关的礼仪。男子长大到青年时,要举行象征成年的冠礼。冠礼中,加冠三次,一次是爵弁,一次是皮弁,一次是玄端,分别是男子参加祭祀、视朔、朝会的首服。婚礼是生命礼仪。第一步是订婚,由男子用雁纳采,然后问名、纳吉、纳征、请期。丧礼是极为复杂的礼仪。丧礼的等级,因亲疏远近而有严格的区别,因此,丧礼也是确认社会关系的场合,丧礼所反映的社会关系意义远远大于个人情感意义,它一方面表现纵的社会等级,另一方面表现横的宗族联系。

周人的生命礼仪,都由族群人员共同参加,是一种群体性的行为规范,体现了社会等级所制约的人际关系,而礼便是这种人际关系的准绳。孔子在《论语》中说:"恭而无礼则劳,慎而无礼则葸,勇而无礼则乱,直而无礼则绞。"

周公把"尊礼"看作统治者行"德政"的重要内容,"德"是"小邦周"取代"大邑商"的合法依据,只有行"德政"才能"祈天永命"。这样至高无上的"天"变成了受道德支配、能为人事感应的"天",成为一种道德性监护力量。于是,对"天"的信仰也就转化为对"德"的追求。周公要求成王到新都洛邑举行祭祀、即位大典,然后主持政务。在即将还政的时刻,周公语重心长地说:王啊!你开始用礼节接见诸侯,在新都祭祀文王,这些礼节是非常有秩序而不紊乱的。我整齐地带领百官,使他们在旧都熟习仪礼之后,再跟从王前往新邑……你要仔细察看诸侯的贡享,也要记下那些未曾贡享的诸侯。贡享应以礼仪为重……如果人民不重礼仪,这样他们就会轻慢你的号令,使事错乱。

周公把礼关注的重心从神事转向人事。与殷人尊神尚鬼的做法不同,周人对鬼神采取敬而远之的态度,把注意力集中到现世人间,通过礼的实践以行人事。譬如说,周王自称"天子"——天帝之子,垄断对天的祭礼,用祭天的礼仪表明自己存在的合法性,并显示其威仪。周王的祭天礼仪是用以强化王权,天帝及其他受祭祀的神鬼存在的真实性,逐渐为周人所漠视。譬如说,周人祀奉的社神、稷神,已远远超出了土地神、谷物神的范围,举凡军国大事,如征伐、献俘、结盟以至禳灾,都要祭祀社神、稷神,因为社稷在周人心目中,已由土地神、谷物神演化成民族守护神,对它们的祭祀礼仪,其人事方面的内涵明显增强。

与礼相辅相成的是乐。礼讲差异,乐则讲和同,以音乐激起人们相同的情绪——喜怒哀乐,产生同类感。《乐记》说:"乐在宗庙之中,君臣上下同听之,则莫不和敬;在族长乡里之中,长幼同听之,则莫不和顺;在闺门之内,父子兄弟同听之,则莫不和亲……所以和合父子君臣,附亲万民也。"其作用是维系社会的团结。礼和乐两者不可或缺,否则社会就失衡。所以《乐记》说:"同则相亲,异则相敬……礼义立则贵贱等矣,乐文同则上下和矣……乐至则无怨,礼至则不争。"

周乐离不开《诗经》。《吕氏春秋》说,武王即位,命周公作《大武》。《大武》乐舞就是《诗经·周颂》的一部分。据专家考证,《大武》有舞有歌,舞分六场,歌分六章。舞的内容:第一场象征武王带兵出征,第二场象征灭亡殷国,第三场象征伐南国,第四场象征平服南国,第五场象征周公统治东方,召公统治西方,第六场象征班师还朝。它们分别是《诗经·周颂》中的《我将》篇、《武》篇、《赉》篇、《般》篇、《酌》篇、《桓》篇。《诗经·周颂》属于神巫舞乐、史诗,创作者是周公,这也是周公"制礼作乐"的辉煌成果。

孔子三十六岁时在齐国听到韶乐,竟然"三月不知肉味"。这种"乐",显然是与"礼"相辅相成的真善美。在孔子心目中,"韶乐"歌唱尧的禅让,可谓尽善尽美;而"武乐"歌唱周武王征伐天下,尽美而未必尽善。孔子说:"兴于诗,立于礼,成于乐。"意思是说,诗可以发兴,但需要用礼来规范、约束,用乐来协调和谐。

在政治与宗教的典礼中,用编钟与编磬演奏的音乐以及表演的乐舞,称为雅乐。除了历代君王留下来的乐舞,还有羽舞、干舞、皇舞、人舞等小舞和《诗经》"大雅"、"小雅"、"周颂"中的诗乐,乃至一些宗教乐舞。这种雅乐与周礼一样,具有严格的等级规范,维系着森严的政治秩序。

杨向奎《宗周社会与礼乐文明》意味深长地指出:没有周公不会有武王灭殷后的一统天下,没有周公不会有传世的礼乐文明,没有周公就没有儒家的历史渊源,没有儒家,中国传统的文明可能是另一种精神状态。此所以孔子要梦见周公,称赞说:"郁郁乎文哉,吾从周。"

13. "封邦建国"与宗法制度

周克商时,各部落方国向武王臣服的据说有六百五十二国。为了稳定被征服的地区,周朝实行大规模的分封制,当时称为"封建",即"封邦建国"

或"封建亲戚"。这种做法从武王时开始,到武王子成王时,由辅佐成王的叔叔周公旦进一步推行,共分封了七十一国,其中多数是周王室的同姓(姬姓)诸侯,少数是异姓诸侯,目的是"封建亲戚,以藩屏周"。这就是当时所谓"封建"。

100年前,日本学者在翻译 feudal system 或 feudalism 时,借用了周朝的"封建"一词,把上述西文译为封建制度、封建主义。西方学者认为,周朝建立以后的四五个世纪,与欧洲的 feudalism 时代十分相似。因此,本书的编者把西周与春秋称为 feudalism 时代。

周公营建洛邑,迁移殷和方国遗民到洛邑,只解决了部分问题;为了根本解决问题,他把殷和方国的贵族——"士"一级成员,分批配给一些主要封君,让封君带到远处封国去,使他们成为封国的"国人"。这是一种进步措施,可以扩大周的统治地区,特别是边远落后地区,分派封君到那里创建新的封国,是符合历史发展趋势的。

周王分封诸侯有一套隆重的策命礼。策命,又称"锡(即赐)命"或"册命",表示王与万邦的联系。策命礼在太庙进行,由周王向诸侯授予载有王命的文书(即策、册),文书记载了对受命者的封赠、任命。然后还有司空"授土",司徒"授民"的仪式。策命礼成之后,王与诸侯双方之间便在权利与义务方面形成一种制度,它包括:周王有权对诸侯国进行巡狩、赏罚,诸侯国有义务向周王述职,并向周王缴纳贡赋,而当诸侯国受到外来侵袭或发生内讧时,周王要给予保护或进行调解。

周公推行的分封制,既消解了殷遗民的势力,剪除了再次发生叛乱的潜在危险,又有效地建立了受中央政府调控的行政机构。分封制不仅达到了周人统治天下的目的,还在中国政治制度史上留下极其深远的影响,它意味着一种新国家政体在历史舞台上登场了。

"封邦建国"既是巩固和扩大周朝统治的手段,又是贵族内部财产和权力再分配的方式。《荀子》说:周公"兼制天下,立七十一国,姬姓独居五十三人"。虽然以姬姓贵族为主,但为了稳定大局,也分封一些异姓贵族,不过对他们是有所控制的。例如,周公把商朝早期国都商丘周围地区分封给商贵族微子启,称之为"宋",成为当时一个较大的异姓诸侯。与此同时,分封了许多诸侯对宋形成内外两个包围圈,从西、北、南三面加以监督。内层包围圈主要是异姓诸侯:姒姓的杞、嬴姓的葛、妘姓的鄅、姜姓的许、妫姓的陈等。外层包围圈主要是姬姓诸侯:曹、郜、茅、蔡等。据伊藤道治研究,西周封建的诸国,主要分布于七个地区。其一为王朝首都所在的渭水流域,其二为黄河汾水地区,其三为洛阳、开封、安阳三角地带,其四为成周的近畿,其五为鲁南、苏北、豫、皖一带，其六为豫南、鄂北一带，其七为鄂南、湘、赣至浙江。值得注意的是，姬姓诸侯的封国沿着殷周交通路线分布，大体与黄河流域主要农业生产区相吻合，反映了西周的东进目标是控制农业生产区。此外，这一举措带有明显的战略意义。营建成周以控御东方，对宗周起到拱卫作用，分封诸国则把这种拱卫作用向外延伸，筑城扼守，彼此呼应。

周对异姓诸侯的分封，一方面是为了安抚这些有功的、或是有亲戚关系的、或是有传统势力的异姓贵族，另一方面是为了利用异姓诸侯作为姬姓诸侯的屏障，控制东、北、南三方的戎狄蛮夷部落，从而巩固和扩大周朝的统治地区。周朝也分封了一些旁系姬姓贵族到较远地区，如汉阳的随、唐、曾等国，蓟的燕国，丹徒的宜侯等，深入到原来少数部族居住的地区，扩大中原文化的影响。

因此，我们不能因为后来秦始皇顺应历史潮流废除分封制，而否定分封制建立时期所具有的进步意义。

这种分封或封建的本质是分土分民，周王把土地和人民分给诸侯，叫做"建国"；诸侯再把土地和人民分给卿、大夫，叫做"立家"。这样就形成了金字塔形的封建体制。在这个体制中等级森严，一般说来分为六等：天子（周王）、诸侯、卿、大夫、士、庶人。这种封建体制与宗法有着密切的关系。

宗法制度是从氏族组织蜕变而来的血缘宗族关系基础上发展而成的，把贵族区分为"大宗"、"小宗"。周王自称为"天子"，既是政治上的共主（王），又是天下同姓的大宗，王位由嫡长子继承，世代保持大宗的地位（此点与商的"兄终弟及"不同）。嫡长子的兄弟们受封为诸侯，对周王而言处于小宗的地位。诸侯在其封国内又为大宗，其君位也由嫡长子继承，嫡长子的兄弟们分封为卿、大夫，又各为小宗。而卿、大夫在其本宗内的各个分支中又处于大宗的地位。政治上的共主与血缘上的大宗，紧密结合，形成了封建体制。说得直白一点，周天子（周王）把家族关系与封建制度结合起来，把政治领袖与家庭首脑合二为一。其精髓一直成为中国的传统被继承下来，虽然形式有所变化，但实质始终如一。

周朝的宗法制度，还保存在《礼记》中，并能在先秦其他典籍中得到印证。

丁山《宗法考源》指出："宗法者，辨先祖宗庙昭穆亲疏之法也。"宗族的每个成员除对大宗有尊奉和服从的关系外，还对一定近亲范围内的某些亲属有尊奉和服从关系。大宗或小宗权力的象征是他们主持的宗庙。普通族人祭祀祖先，一般须在大宗或小宗所主持的各级宗庙中进行，并由大宗或小宗主持祭祀仪式。除祭祀外，许多日常礼仪、社会活动也在宗庙中进行，如冠礼(男子成年礼)、婚礼、宗族成员的盟誓等。

相对于周王(大宗)而言,处于小宗地位的宗子们,既是族人依赖和服从的权威,也是国家借以管辖宗族人口的中介。宗子在宗族内部的广泛权力,已具有国家基层行政与司法权能的性质,他们普遍拥有自己的家臣,掌管宗族内部事务、治理所辖地区。既然周王授土授民给诸侯叫做"建国",诸侯授土授民给卿、大夫叫做"立家",当时人便称宗族为"家",意为与"国"相对立的团体,因而宗族成员常常只知效忠于"家",而不知效忠于"国"。"家"与"国"的对立,显然是一种具有离心力的负面因素,这已为后来的历史所证实。

周天子作为天下的共主,要治理王畿之地,必须有一个强有力的中央政府。这个中央政府由三公、六卿组成。三公即太师、太傅、太保,六卿即太史、太祝、太卜、太宰、太宗、太士。三公类似后世的宰相,六卿大都与宗教事务有关,如太祝管祭祀,太卜管占卜,太士管神职,太史管记录(史官),太宰管财务,太宗管宗族。六卿之外有五官:管农业的司徒,管工业的司空,管军事的司马,管爵禄的司士,管法律的司寇。后世的职官制度虽有变化,但往往保留这些称呼作为别名。以上说法大概是古籍中理想化的描述。杨宽《西周史研究》认为,西周中央政府有卿事僚和太史僚两大官署,前者首脑是太师太保,后者首脑是太史,都是公爵;六卿为司徒、司马、司工、司寇、太宰、公族,都是伯爵。

14. 农村公社与井田

农村公社是历史发展到特定阶段出现的。农村公社阶段,耕地或者以公社为单位共同耕种,或者分成小块,由公社在一定时间内分配给各个家庭去耕种。农村公社的土地是公有的,每年正月都重新分配一次,由各个家庭耕种,另一部分属于农村公社的公地,则由农村公社成员共同耕种。

西周时的邑、里,就是农村公社。邑、里所奉祀的社神,最早是与祖先崇拜联系在一起的,后来社神作为土地神,即按地缘而不是按血缘结成的农村公社的保护神。邑、里奉祀社神的地方称为"社",于是农村公社的组织也称为"社"。社神是邑、里中最重要的神祇,每年春秋及岁终举行隆重的祀典,用以祈年报功。平时遇有大事,祈祷丰收,消除灾害,也要祭社。社就成了人们公共宗教活动的场所,祭祀社(土地神)和稷(谷物神)。在社的祭场,有松、柏等大树,除了定期祭祀与求雨止雨、禳救日食等农事祭祀之外,还举行其他的公社内部公共性集会。

邑与社在先秦文献中是同义语。邑又和井田相关联,"四井为邑"是当时很普遍的现象,表明公社的土地分配方式就是井田制。《周礼》说:"九夫为井,四井为邑。"

关于井田,最具权威性的最早的追述者是孟子。当有人问及已经消失的井田时,孟子说:"夫仁政必自经界始,经界不正,井地不钧,谷禄不平,是故暴君污吏必慢其经界。"根据他的追述,井田的模式大致是这样的:"方里而井,井九百亩,其中为公田,八家皆私百亩,同养公田。公事毕,然后敢治私事。"

孟子的井田说,并不像汉儒所讲的那样刻板。人们从中大略可以体会到,它是领主给他的领民分配土地,并驱使他们代耕公田的一种方式。这种土地分配,一定要有整片领地,用农村公社组织形式,把若干家庭划分为一个单位,成为农村公社的基层组织。孟子所处的时代,领主土地关系已经崩溃,经界既已不正,井田当然无以自存,所以孟子对井田的追述带有理想主义的复古色彩。尽管如此,孟子的这一段话还是人们理解井田的最重要依据。他以后的学者对井田的描写,都没有越出这个框架。榖梁赤在解释《春秋》中"初税亩"三字时指出:"古者三百步为里,名曰井田,井田者九百亩,公田居一。私田稼不善,则非吏;公田稼不善,则非民。"足以与孟子所说互相参证。

西周的井田制,根据后人的追述,农村公社气息是相当浓厚的,它是历史的传承。农村公社定期分配份地的习惯,也继续保持着,称为"换土易居"。所以井田就有一定的疆界划分,井田四周有封疆,井田之内有阡陌,这种封疆阡陌就是为了便于定期分配土地、区别份地与公地而形成的。公社除了组织生产之外,还保留着"出入相友,疾病相扶助"的互助习尚。韩婴《韩诗外传》在谈到井田中八家的关系时,也这样说:"八家相保,出入更守,疾病相忧,患难相救,有无相贷,饮食相召,嫁娶相谋,渔猎分得,仁恩施行,是以其民和亲而相好。"这种描述,固然表现了儒家对井田的美化,但也反映了井田中农村公社传统的遗存。

西周时代的井田已经发生了变化,具有农村公社土地关系与领主土地关系的双重色彩。所谓公田,是指属于领主的土地;所谓私田,是指领主分给农奴的份地。"公事毕,然后敢治私事",即农奴必须先给领主无偿代耕公田,然后才可以经营自己的小块份地。民族学家对于现代西双版纳傣族的研究可以作为一个佐证。傣族的农村公社,表现在土地关系方面,是寨公田的占有与分配使用。寨公田,即寨内大家的田,凡在村社共同体内生活的人都可以分得一块份地。村社分田的时间,一般在备耕前。当权头人——村社成员称为寨公、寨母,也就是领主加封的"叭"、"鲊"、"先",负责管理村社成员迁移、管理土地、接纳新成员,代表领主摊派劳役、征收贡赋,相当于何休所说的那种父老、里正。村社内部还保留着村社议事会和村社民众会的残余,以及各种公共事务活动。但是农村公社原先"集体所有,私人占有"的土地,已经改变为领主所有的土地,农村公社成员变为农奴,由领主授予份地,农奴接受份地后,要负担劳役、官租。西周的井田,作为领主土地关系的体现形式,与上述西双版纳傣族土地关系是比较接近的。

周天子分封的诸侯,实际就是一批大领主。诸侯在其领地中拿出一部分土地分赐给自己的臣属,使之成为采邑主,即卿大夫阶层,是一批小领主,于是形成了土地的各级领主所有制,各诸侯邦国的土地所有权由诸侯(国君)与各级采邑主分割。

一些学者常以"普天之下,莫非王土"为依据,说明西周盛行土地国有制,这是一种臆测。所谓"普天之下,莫非王土"云云,只是形容周天子作为中央共主的崇高政治地位,有向诸侯征收贡纳的权力。事实上,各诸侯邦国的土地所有权不属于周天子,而属于诸侯。《左传》所说"封略之内,何非君土",比"普天之下,莫非王土"更真实地反映了当时的土地关系。然而周天子凭借崇高的政治地位,把全部土地和人民都视作上天赐予的财产,并据此制订了一套封赐制度,对诸侯的土地所有权有很大的制约,给土地关系蒙上了等级结构的色彩。

领主土地关系的特征,是农奴无偿地替领主代耕公田,然后才可以把自己那块份地上的收获归于已有。这种方式当时叫做"藉"或"助"。《春秋》鲁宣公十五年"初税亩",左氏、穀梁、公羊三家的注释都说,在此之前并无"税亩"这种剥削形态,而是"藉而不税"。所谓藉,是"借民力而耕公田"。这充分表明,"初税亩"之前实行的"助"法,是一种劳役地租。随着农业生产的发展,农奴助耕公田、无偿为公田服劳役越来越缺乏积极性,公田上的庄稼萎靡不振,私田上的庄稼肥美茂盛。助法已经不再适应生产的发展了。"宣王即位,不籍千亩","初税亩"出现,实物地租取代了劳役地租。井田制走到了它的尽头。

15. 春秋时代的列国争霸

周朝从成王、康王、昭王、穆王到共王,出现了太平盛世,以后逐渐衰微。公元前841年,国人暴动,厉王逃亡,朝政由诸侯共管,史称"共和行政"。这一年就成为共和元年(即公元前841年),是中国历史有准确纪年的开始。

近年来，随着夏商周断代工程的进展，这一局面将被打破。其中之一就是西周懿王元年，据古籍记载："懿王元年丙寅春正月，王即位。天再旦于郊。"现今的研究表明，"天再旦"就是由于日全食而使黎明时天亮了两次。凭借天文学的计算，推导出这一现象出现的时间是公元前899年4月21日。由此西周年代有了一个确切的坐标。厉王死，第十一代宣王即位，出现了短暂的中兴时代，很快就衰落于第十二代幽王手里。

公元前770年，周平王在一些贵族和诸侯护卫下，从镐京（今陕西西安）东迁到洛邑（今河南洛阳）。周初建立东都（即所谓成周），原是为了控御东方，周朝的真正基地仍在镐京（即所谓宗周）。西周末年宗周旧地天灾人祸不断，人心惶惶，而以洛邑为中心的东土有发展余地。东迁之初，宗周故地并未完全丧失，到后来周室衰微，号令不行，周王成了徒有其名的共主——其实力已不足以维持封建制度中的天下共主的地位。历史学家把这一年之后的周朝叫作东周，以区别于此前的西周。从此周朝失去了控制四方诸侯的力量，进入了一个动乱时期，即春秋（公元前770—前476年）。春秋时代共有一百四十多国，其中大的也有十几国。

春秋时代的列国，并不是严格意义上的国家，而是西周国家瓦解后的残余。因此，春秋列国在国家功能与结构方面，反而不如西周国家。西周时国家主权属于王室（周天子），列国都没有完整的主权。于是，从春秋到战国的发展过程中，列国必须逐步肯定自己的主权，到各自称王称霸时，各国才能完全不承认周王室的宗主权。

平王东迁之后，原有王权失去了约束力，于是各国受当地文化及利益的驱使，纷纷产生离心倾向。同时列国内部要充实国家的要素，必须在主权方面多所更张，加强了各国的离心力。这两股力量交互作用，是春秋时代形成列国体系的主要原因。

春秋时代的列国争霸，从本质上讲，是诸侯争当周王的代替者，争当中心或中央。在这一过渡时期，霸主制度为中国维持了相当程度的秩序，避免了无中心（中央）后的大混乱。所谓"春秋无义战"的观点是片面的，因为它没有摆脱周天子正统的立场。争霸的结果，一方面国家形态由西周瓦解后出现的不完整功能、结构，转变为完整的主权国家；另一方面国家形态摆脱了血缘组织的残余，转变为领土国家。这是了解列国争霸的关键或一种思路。

争霸的形式大抵是"挟天子以令诸侯"——打着周天子的旗号，积极发展自己的势力。其实周天子的天下共主地位早已名存实亡，先前的"礼乐、征伐自天子出"，一变而为"礼乐、征伐自诸侯出"，周天子不过是争霸的一个幌子而已。

首先建立霸业的是齐桓公。他任用管仲,改革内政,国力日趋强盛,吞并了一些小国。又以"尊王攘夷"相号召,打击夷狄。公元前651年,齐桓公大会诸侯于葵丘(今河南兰考),参加盟会的有鲁、宋、郑、卫等国的代表,周天子也派官员赴会。这次盟会规定,凡同盟诸国,互不侵伐,必须共同对付外敌。齐桓公由此成为中原霸主。

正当齐国争霸中原时,晋国勃兴。公元前636年,流亡在外十九年的晋公子重耳回国继位,是为晋文公。他整顿内政,发展经济,增强军备,争取霸业。这时周王室发生了王子带之乱,周襄王流亡外地。晋文公认为这是"取威定霸"的好机会,便联合其他诸侯,出兵击败王子带,护送襄王回国,于是晋国抓到了"襄王"这张王牌。公元前632年,晋与楚在城濮(今山东鄄城临濮集)发生大战,这就是春秋时期最大的一次战争。《左传》中关于城濮之战有十分生动的描述:晋军看到楚军来势凶猛,故意退避三舍(九十里)。楚军中许多人看到晋军撤退,也停止前进。楚将子玉刚愎自用,盲目冒进,士气大为低落。晋军抓住楚方将骄兵疲的弱点,首先集中兵力歼其右翼,然后吃掉其左翼,取得大胜。战后,晋文公在践土(今河南原阳西南)会盟诸侯,参加会盟的有齐、鲁、宋、卫等七国,周天子也被召来参加,并册命晋文公为"侯伯"。晋国因而成为中原霸主。

在晋国称霸中原时,楚国向东扩展,灭了一些小国,转向北方,争霸中原,控制黄河流域一些小国。楚庄王是一位雄才大略的君主,改革内政,国力大振。公元前606年,楚庄王征伐陆浑之戎,观兵于周郊,并派人向周王问九鼎之轻重,意欲吞并周室。此后几年中,楚庄王先后发兵击败陈国、郑国、宋国,晋国因派兵救郑时遭到惨败,当宋国求救时,畏缩不敢出兵。楚庄王因而成为中原霸主。

秦国在灭掉一些西方小国后发展起来,到秦穆公时向东争取霸业,遭到晋国的遏制,转而向西发展,成为西方一霸。

于是形成了这样的格局:西面是秦,东面是齐,长期争霸中原的主要是晋、楚。双方势均力敌,终于出现了结束大国争霸的"弭兵"局面。所谓"弭兵",就是双方妥协并划分势力范围,平分霸权。

在"弭兵"之后,争霸已近尾声,长江下游崛起了对立的两国——吴、越。吴王夫差击败越王勾践,然而越王勾践在卑身事吴时,下定决心东山再起,"十年生聚,十年教训",一举击败吴国,一时号称霸主,不过已是强弩之末了。

争霸的结果,种种政治力量分化改组,最后只剩下了燕、赵、韩、魏、齐、楚、秦七个大国和十几个小国,历史进入了战国时代。

从主流上看,这是一个进步过程。一方面新旧势力斗争中,旧势力不断削弱,新势力不断壮大;另一方面各族人民互相融合,蛮夷戎狄与华夏的界限逐渐消失。

由于各地区经济文化发展的不平衡,各诸侯国经济文化先进而自称华夏,他们把落后的小国或部族称为戎、狄、蛮、夷。戎、狄主要分布在黄河流域以北和西北地区,夷分布在今山东、安徽、江苏北部一带,群蛮和百濮分布于楚国南面。

春秋中期,随着中原各国的强大与争霸,戎狄蛮夷先后被征服、吞并,如西戎为秦所驱,赤狄、白狄为晋所灭,莱夷为齐所灭,濮夷为楚、鲁所灭,蛮为楚所灭。到春秋末年,戎狄蛮夷逐步被华夏所同化,华夷差别慢慢地消失了。

还有一点颇值得注意。东周的 550 年间,战争性质发生了巨大的变化。春秋时代军队规模小,战斗每每一天就结束。交战双方都很注意礼仪(军礼为五礼之一),战争成了艺术化的操练,显示出强烈的骑士风度。这样的美风,战国时代消失得无影无踪。战争变成了现代人理解的那样残忍,几十万大军对峙,野战的包围攻击持续几个月。一部分进入总动员体制,凡十五岁以上的男子都被征发到前线。阵亡与俘虏数量之多前所未见,活埋战俘常达几万、十几万,实在令人战栗。由此反衬出,春秋时代的列国争霸主要是政治较量。

16. 步入铁器时代

人类由青铜时代进入铁器时代是一大飞跃。中国在西周、春秋之际步入铁器时代。

可以肯定,商、周时代青铜冶炼和铸造技术的高水平发展,为此后冶铁技术的发明,提供了基本的技术与工艺基础。

商朝青铜器冶铸工艺已达到相当高度,出现了特别巨大而精细的青铜器物,从繁缛华丽的纹饰可以看出其技术与工艺水平之高超。西周青铜冶铸工场分布的广度超过了商朝,周王和各诸侯乃至一般贵族都有数量不等的大小铜器工场,因而青铜器的产量远远超过了商朝。西周青铜器上的铭文字数很多,宣王时的毛公鼎铭文长达 499 字,这需要极其精细的工艺水平为保障。春秋时代青铜器的纹饰雕镂趋向工整细致,一些美丽的新纹饰取代了呆板的旧纹饰,造型也日趋清新,青铜兵器更加轻便灵巧。

成熟的青铜文明呼唤新的铁器文明问世。

根据《左传》的记载，公元前513年，晋国的赵鞅、荀寅带了军队在汝水旁筑城，借此机会向国中征收军赋——"一鼓铁"，用来铸造刑鼎，著录范宣子所撰写的《刑书》。从这一史实可以推知两点：其一，要铸造如此庞大的铁鼎，一定要有较大的冶铁炉，并使用鼓风设备不断地把空气压送到冶铁炉里，才能使铁熔化成铁水，用来铸造铁器；其二，从这时把铁作为军赋征收的事实看来，铁在晋国已是普遍存在之物，当时已把铁看得同青铜一样，当作铸鼎的原料。要使冶铁技术达到这种水平，冶铁业一定有一段历史了，从而可以推测，中国冶铁技术的发明应该远在这时以前。

传说中春秋末年吴国的"干将"、"莫邪"宝剑，是用"铁精"作原料，以"金英"作渗碳剂，并且用含有磷质的头发和爪作催化剂而炼成的，可以肯定是钢剑。从已发现的考古资料来看，当时南方吴、越、楚等国的冶炼技术，是可能炼制钢剑的。1964年江苏六合县程桥镇1号东周墓出土了一个铁丸。1972年程桥镇2号东周墓又出土一条两端已残损的弯曲铁条。经过检测，铁条是用"块炼法"炼出的熟铁块锻制的，铁丸是用生铁铸造的。1975年湖南长沙杨家山65号墓出土一把钢剑，属于春秋晚期，含碳0.5％，在剑身断面上用放大镜可以看出反复锻打的层次。这时楚国既然已经能利用熟铁块渗碳制钢，反复锻打，制造钢剑，那么，与楚国相邻的吴国，在能够冶炼熟铁块、用生铁铸造器物的同时，能够炼制"干将"、"莫邪"之类的钢剑，就不足为奇了。由此可见，春秋末年吴、楚等国的冶铁技术已达到相当高的水平，有理由推论，中国冶铁技术的发展必然在这以前。

从商代中期和西周初期铜兵器用陨铁锻造刃部看来，当时还没有发明人工炼铁技术。目前考古发掘出土的铁器，最早的是春秋末期和战国早期的。尽管目前发现的春秋、战国之际的铁器不多，尽管这时铁工具还和青铜工具甚至木、石工具同时应用，但铁器制作已达到较高水平。

值得注意的是，商、周时代青铜冶炼和铸造技术的进步，大大提前了冶铸生铁技术的发明。杨宽《中国古代冶铁技术发展史》认为，从西周初期还使用陨铁制作铜兵器刃部来看，那时还没有发明块炼法。因此块炼法的发明，当在西周中期以后、春秋中期以前。很可能，西周、东周之交是"块炼法"的发明期而不是发展期。从春秋末年已有较高的冶铸生铁技术水平，以及春秋、战国之际已发明生铁柔化处理技术来看，冶铸生铁技术的发明至少在春秋中期。这一发明比欧洲提早了1900多年。

铁器逐步推广到各个生产领域，特别是农业生产领域大量铁制农具的使用，引来了农业生产技术的一场革命。《管子》说："农之事，必有一耜、一铫、一镰、一耨、一椎、一铚,然后成为农。"可见当时一户农民必备这几种铁制农具。考古发现表明,当时铁制农具如铲、锛、锸、镢已很普遍。铁制农具使用后,可以深耕,为牛耕的推广创造了条件。孔子的学生冉伯牛名耕、司马耕字子牛,晋国有力士名牛子耕。牛与耕相连,用作人名,可见当时用牛耕田早已司空见惯。铁制农具和牛耕标志农业生产技术的飞跃,使农业生产由集体共同经营发展为个别零细经营,使一家一户为单位的小农经济逐步形成,这是中国农业史上划时代的大变革。它的直接后果是土地的私有化,以及井田制的瓦解。

工商业也发生了变化。先前"工商食官"的格局被冲破,在官手工业之外,出现了私手工业。宋国的个体手工业者,有固定的住址、常来的主顾,操着世代相袭的职业。春秋战国之际的个体手工业者公输般(鲁班),以精湛的技艺闻名遐迩,被奉为木匠的祖师。

伴随手工业的私有化,商业也开始私有化,官商已不能垄断贸易,私商出现了。郑国的商人和政府约定:商人不背叛公家,公家不得干涉商人营业。郑商的足迹遍于黄河、长江。这种私商似乎颇有社会地位,孔子的学生子贡,周游列国做生意,并参与各国政治活动,能和诸侯们"分庭抗礼"。孔子能顺利地周游列国,子贡的经济资助起了很大作用。越国的大夫范蠡,弃官从商,周游于江湖之间,后定居于陶,成为"三致千金"的富商,号称"陶朱公",被后世商人引为楷模,"陶朱公"因而成为富商大贾的代名词。

战国铁双镰范

上述一系列变革表明,步入铁器时代之后,一个新的文明已经在华夏大地上放射出灿烂的异彩了。

17. 老子与孔子

美国学者伯恩斯(Edward McNall Burns)和拉尔夫(Philip Lee Ralph)合编的《世界文明史》指出:"由于一些无法解释的原因——或许仅仅由于巧合——在古代世界的三个相隔很远的地区,在大约同一时候都开展着高度的哲学活动。当希腊人正在探讨物质世界的性质、印度思想家正在思考灵

魂和神的关系时,中国的圣人正试图去发现人类社会和贤明政治的根本原则。"他们还指出:"中国的思想家对自然科学和玄学都没有多少兴趣,他们提供讨论的哲学是社会的、政治的和伦理的。从规劝和改良的语气来看,这种哲学无疑反映了一个屡起冲突、政治混乱的时期……哲学家们在晚周时期大动乱的形势下,力图提出稳定社会和安抚人心的原则。"这种极富哲学思辨的评述,对于理解老子与道家、孔子与儒家是有启迪意义的。

春秋时代社会剧烈变动,各派政治力量大分化大改组,社会中不尽如人意的弊端暴露无遗,思想家们力图提出稳定社会和安抚人心的原则,出于对现实的不满,他们不是向前看而是向后看,复古与怀旧成为一股思潮。老子和孔子便是这种思潮的代表。

老子即老聃,生卒年不可考,大约比孔子早几十年。他做过周的史官,见闻广博,熟悉种种典章制度;由于对世事感到厌倦,便西行出关去西部山中寻求清静。他应关令尹之请,写成《道德经》(即《老子》)。这是文字简略、字义晦涩、似是而非的著作,颂扬"道"而贬低"人",充满了浪漫的、神秘的、反理智的精神。他不但把"道"说得尽善尽美,而且把远古先民的原始生活理想化,认为没有文明,用结绳记事而不是用文字,极乐无知的生活远比现在美好。他鼓吹"无为",是针对当时社会变革中的"有为"而发的。他认为任何进步都会招致祸乱,生产发展会增长人们的贪欲,而贪欲是争斗的根源;文化提高会增长人们的智慧,而智慧是争斗的工具。因此他主张取消一切物质文明与精神文明,回到浑浑噩噩的"小国寡民"世界,"老死不相往来"的"无为"状态,即无是非无知识的人类童年时代。这显然是一种对现实绝望的复古主义。

然而老子在阐述其"无为"思想时,闪现出前所未见的哲学思辨火花。他指出世上的万事万物都是对立统一的,如正与奇、福与祸、刚与柔、强与弱、多与少、上与下、先与后、实与虚、荣与辱、智与拙、巧与愚。对立的双方不仅矛盾,而且可以互相转化,他说:"有无相生,难易相成,长短相形,高下相盈。"又说:"祸兮福之所倚,福兮祸之所伏。"他以这种方

老子像

式阐述的"道",给中国传统文化带来了深远的影响,因此后人把他创立的学派称为道家。西方哲学的热门话题:"世界从何而来?"在《老子》中概括为:"无,名天地之始;有,名万物之母";"天下万物生于有,有生于无";"道生一,一生二,二生三,三生万物"。在老子看来,"无"比"有"更具备根本的意义,"无"是天下万物的根源,也就是他反复论述的"道"。

1993 年,湖北荆门市四方乡郭店村一号战国楚墓出土了 800 多枚竹简,堪称近年考古的一大奇观。写在 800 多枚竹简上的 1 万多字的各种文献,其中属于道家的著作两种:《老子》(甲、乙、丙三组)和一篇佚著《太一生水》。学者们的兴趣集中在简本《老子》与今本《老子》的关系,以及简本、今本异文的历史文化内涵,及其在"老学史"上的意义。

和老子主张"无为"截然相反,孔子主张"有为"。孔子名丘,字仲尼,约公元前 551 年至公元前 479 年时人。他祖上原是宋国贵族,因内讧逃到鲁国。到孔丘时,家境破落,所以他自称"吾少也贱"。司马迁在《史记》中说,孔子的父亲叔梁纥六十四岁时与颜家少女"野合而生孔子",孔子是个私生子。以往学者本着为尊者讳的陈见,否认这点,其实是大可不必的。孔丘二十岁时当上了鲁国贵族季氏的家臣,担任管理仓库(委吏)、管理牛羊(乘田)的小差使。他受到良好的传统武士教育,熟悉礼、乐、射、御、书、数六艺,因此从小喜欢祭祀礼仪,长大善于射箭驾车,勇武有力。由于他通晓礼仪,三十岁时开始招收学生讲学。五十岁以后出任过鲁国的官职:工业部长(司空)、司法部长(司寇),总共不过三年左右,以后一直从事教育。

孔子虽然从政时间不长,但一直热衷于政治,总想当官,只是不合时宜,未能如愿以偿。因此他把郁积于心中的政见在讲学时抒发出来,不断评论时事,独行己见。从他身上折射出中国历史上知识分子的普遍心态。

孔子虽然对"大同"之世推崇备至,对"小康"之世有所微词,但在"小康"的夏商周三代中,对周公及西周情有独钟。孔子生活的鲁国,保存了西周的典章制度。周公的长子伯禽分封于当时的奄国,建

孔子像

都于奄(今山东曲阜),国号鲁。因此,周公制订的礼乐在鲁国有着深厚的土壤。孔子苦心钻研,沉醉于西周的礼乐文明之中,非常崇拜"制礼作乐"的周公,自命为当代周公。他十分不满于当时的"礼崩乐坏",对违反周礼的行为以及改革旧制度的举措,多持反对态度,明确提出:"非礼勿视,非礼勿听,非礼勿言,非礼勿动。"齐景公向他问政,他回答"君君,臣臣,父父,子子",以贵贱尊卑之礼抨击夺取政权的田氏。晋国铸刑鼎,他反对说:"晋其亡乎! 失其度矣。"这个"度",就是周礼的贵贱有序,晋国铸刑鼎,以法治国,就是"贵贱无序"。鲁国贵族季氏用了周天子的乐舞,他认为是"僭越";季氏推行"田赋"(征收土地税),他认为这违反了"周公之典"(井田制"藉而不税")。他一再表示:"郁郁乎文哉,吾从周。"这种捍卫礼乐文明的向后看的政治观点和思想方法,渗透了怀旧的保守主义倾向,给后世儒家以深远影响。与此相联系,孔子是畏天命的,他说:"君子有三畏:畏天命,畏大人,畏圣人之言。"基于这种观念,他对社会变革的态度必然是守旧的。在他看来,天命是不可违抗的,这就是他为什么要说"五十而知天命"的原因。因此他主张:"不怨天,不尤人,下学而上达,知我者其天乎。"

孔子是儒家的创始者,但儒或儒者早在孔子之前就已存在。根据许慎《说文解字》的解释,儒的本义是柔,是"术士之称"。墨子说,儒者特重礼仪、声乐,特别是丧礼,他们有一套繁杂的仪节与学问,又自视甚高,不从流俗。孔子在回答鲁哀公的咨询时,一口气列举了十六种"儒行",如"儒有席上之珍以待聘,夙夜强学以待问,怀忠信以待举,力行以待取……"最后总结说:"儒者有不陨获于贫贱,不充诎于富贵,不慁君王,不累长上,不闵有司,故曰儒。"由此可见,儒与儒家不是一个概念。冯友兰《原儒墨》说:"儒家与儒两名,并不是同一的意义。儒指以教书相礼等为职业之一种人,儒家指先秦诸子中的一学派。儒为儒家所自出,儒家之人或亦仍操儒之职业,但两者并不是一回事";"孔子不是儒之创始者,但乃是儒家的创始者"。

孔子为儒家构建了一个体大思精的政治伦理思想体系,具有普遍的永恒的价值,影响之深远,是中国任何一个思想家或学派所无法比拟的。

孔子主张"仁","仁者爱人",是他的思想核心。"克己复礼为仁",是政治理想;"己所不欲,勿施于人",是处理人际关系的准则;"节用而爱人,使民以时",是对执政者的要求。在孔子看来,"仁"和"礼"是相辅相成的,"仁"是"礼"的基础,只有把"仁"注入"礼","礼"才能永葆活力。

他长期从事教育,弟子三千,精通六艺者七十二人。他的教育思想已越出教育的范畴,而成为一种道德规范。如"学而不厌,诲人不倦";"三人行,必有我师焉,择其善者而从之,择其不善者而改之";"有教无类"等等。春秋晚期出现了私学，与官学并行不悖，为统治者培养政治家和战略家。孔子办学，为那些出身寒微、才干杰出的年轻人开辟了一条从政的途径。

他主张学生要学社会、学历史，所以他说自己"述而不作，信而好古"。近则夏商周三代，远至大同之世，无所不学。他整理的源自周朝巫史所掌的典册——《诗》、《书》、《礼》、《乐》、《易》、《春秋》，既是他学习历史的凭借，也是孔门讲学的教材，成为后世的儒家经典（即所谓"六经"），功不可没。

《诗》即《诗经》，包括风、雅、颂三部分。就其制作之初而言，与宗庙祭祀的乐舞有密切关系。今《诗》三百篇中，以《周颂》为最早，它原为宗庙祭祀时所唱乐歌，可能出自巫史之笔。而《玄鸟》、《长发》、《生民》、《公刘》等篇，作为商周史诗，则可能出于史官之手。据说原有三千多篇，孔子作了删削。

《书》即《尚书》或《书经》，是古代历史文献汇编。就其内容而言，是史官所记录保存的政府档案，孔子搜集了这些讲演、诏命、誓词等文献，经过整理编纂，改造成突出儒家民本主义精神的经典。

《礼》包括《周礼》、《仪礼》、《礼记》。《周礼》由孔门学者编纂而成，《礼记》（包括《大戴礼记》）是孔门后学讨论礼制的论文集。孔子处在"礼崩乐坏"时代，对礼加以改造，使礼、仪由外在的规范转为人心内在的要求，把强制性规定提升为自觉的理念，使伦理规范与心理欲求融为一体。

《乐》即《乐经》，已失传。

《易》即《周易》或《易经》，是一部巫史的占卜用书，借以预卜吉凶休咎。此书是周朝史官为断筮卦之凶吉逐渐集结而成的，也可以说是巫史们在占卜时所留下的记录。孔子对于《易》的贡献在于，把巫术占卜之书变为一部道德、政治、哲学之书，赋予了思辨色彩。

《春秋》是鲁国的编年史书，孔子作了删削修改。孔子在作《春秋》时，搜集了周朝与春秋列国的史书，编年纪事，迥然不同于以前的《春秋》，其目的不是交通人神，而是突出政治，正如他自己所说："我欲载之空言，不如见之于行事之深切著明也。"后来解释《春秋》的有《左传》、《公羊传》、《穀梁传》。

孔子死后葬在曲阜城北泗水旁，弟子们为他守孝服丧之后，散游各地，出于对他的道德学问的钦仰，以各种方式把它发扬光大。曾子、子思、孟子在他们的著作《大学》、《中庸》、《孟子》中，分别发挥了修齐治平之道。

孔子与儒家是一个老话题，也是一个新话题，恐怕值得永远探讨下去。

四、从战国到秦
——大一统中华帝国的建立

18. 各国的变法

"高岸为谷,深谷为陵"——《诗经·十月之交》中的这句话,早就被人引用来形容春秋时代社会的翻天覆地的变化,春秋末期"君子"陵夷,政权易手,先前的封建秩序早已荡然无存。《左传》昭公三十二年(公元前510年),史墨对赵简子说:"社稷无常奉,君臣无常位,自古以然。故《诗》曰:'高岸为谷,深谷为陵。'三后之姓,于今为庶,主所知也。"杜预注:"三后,虞、夏、商。"事实上,"三姓之后"应从更广泛的含义上去理解,春秋以来的贵族而今沦为庶民,已成为十分普遍的社会现象。社会结构的变化不能不引起政治制度、经济体制、观念形态等方面的相应变化。继春秋之后,中国历史进入了战国时代(公元前476—前221年)。这是一个社会大变动时期。春秋时代的世家大族几乎都已烟消云散,作为一个社会阶层而消失了,新的阶层取而代之。战国时代各国新兴的统治者,无不关注如何维护自己的威权。这一时代,纵横捭阖,波诡云谲,兼并战争不断,各国都必须集中一切力量为生存而奋斗。于是各诸侯国为了适应社会的大变动,纷纷进行变法。

魏国

公元前445年,魏文侯即位,任用李悝为相国,主持变法。李悝是法家的代表人物,主张以法治国。他收集各国现行法律,编成《法经》。这是中国第一部系统的法典,共分六编:盗法、贼法、囚法、捕法、杂法、具法。盗法针对侵犯私有财产,贼法针对侵犯人身(包括杀伤),囚法用于断狱,捕法用于捕亡,杂法用于惩罚轻狡、越城、博戏(赌博)、借假(欺诈)、不廉、淫侈、逾制等七种违法行为,具法是根据具体情况加重或减轻刑罚的规定。《法经》的本意是以法治来保障社会变革的有序进行,然而它的影响超越了魏国。商鞅从魏入秦,帮助秦孝公实行变法,便是依据这部《法经》行事的;以后的《秦律》、《汉律》都是在《法经》的基础上逐步扩充而成的。

李悝一方面是法家,另一方面又是农家,他在变法时很注意开垦荒地、兴修水利、发展农业生产,为此必须铲除旧的领主土地关系。孟子说"善战者服上刑","辟草莱任土地者次之",是针对李悝的。李悝主张"尽地力之教"——派官员督责农民加紧生产,增产者赏,减产者罚。为此必须杂种五谷——稷(小米)、黍(黍子)、麦、菽(大豆)、麻,充分利用空闲土地,多种蔬菜瓜果,栽树种桑,扩大副业生产。李悝还实行"平粜法",目的在于防止粮价太贵太贱,因为"粜甚贵伤民,甚贱伤农"。他主张采用"取有余以补不足"的手段,"使民适足,价平而止"。

人们从李悝所说的五口之家治百亩之田承担什一税这点,已明晰可见这种农民不再是领主土地上的农奴了;从"粜贱伤农"这点,约略可见小农经济已初步形成了。

赵国

山东临沂银雀山出土的竹简表明,早在春秋末年赵国就把百步为亩改为二百四十步为亩,这种新亩制有利于生产力的发展和小农经济的形成。

公元前403年,赵烈侯用公仲连为相国,进行改革,在"选练举贤,任官使能"、"节财俭用,察度功德"的同时,"以仁义,约以王道"。也就是说,按照法家的理论选拔人才、处理财政、考核臣下,按照儒家的理论教化民众。

此后,赵武灵王为了加强军力,改革军制——"胡服骑射",建立骑兵。他学习胡人的骑射与服式,并驳斥反对派说:"夫服者,所以便用也;礼者,所以便事也","法度制令各顺其宜,衣服器械各便其用"。这种因时制宜的改革,使赵国由此而日趋强盛。

楚国

公元前402年,楚悼王即位后,启用法家吴起,实行变法。吴起变法的指导思想是"损其有余而继其不足",即剥夺旧贵族的权力和财产,扶植新兴势力。凡封君子孙已传三代以上的,收回爵禄;裁汰无能无用之官,节约开支,供养"选练之士";把旧贵族迁移到荒凉地区,充实与开发那些地区。

吴起针对楚国官场的歪风邪气,大力整顿,明确规定:"使私不害公,谗不蔽忠,言不取苟合,行不取苟容,行义不顾毁誉";"塞私门之请,一楚国之俗";"破横散从(纵),使驰说之士无所开其口"。目的在于提倡公而忘私,禁止私门请托,不准纵横家进行游说,扰乱视听。

吴起变法使楚国迅速强盛，成效卓著。由于损害了以旧贵族为首的既得利益集团的利益，遭到了猛烈的反对，攻击吴起是"祸人"，楚悼王"逆天道"。一时间反对变法的舆论甚嚣尘上。楚悼王一死，守旧派发动叛乱，吴起被肢解而死。

吴起的死，显示了涉及社会制度各个方面的改革，阻力之大是难以想象的，改革家往往遭到不公平待遇，甚至没有好下场。守旧派的反扑，使变法的成就逐渐化为乌有。韩非说："楚不用吴起而削乱，秦行商君而富强。"殊不知，商鞅为此也付出生命的代价。

秦国

公元前 361 年，秦孝公即位，发布求贤诏令，征求"能出奇计"使秦强盛的贤才。商鞅就在此时从魏国前往秦国。

商鞅，本名公孙鞅，也称卫鞅，因在秦国变法有功，被封于商（今陕西商洛市商州区东南商洛镇），号为商君，故后人称为商鞅。

商鞅带了李悝《法经》，在秦国进行了两次变法，使秦国一跃而为强国。

他首先反驳了守旧派"法古"、"循礼"的主张，提倡"治世不一道，便国不法古"；"当时而立法，因事而制礼"。经过三年准备，于公元前 356 年进行第一次变法。（一）商鞅把李悝《法经》在秦国公布、实施，增加了连坐法——相互告发与同罪连坐。他还主张对轻罪用重刑，称为"以刑去刑"，目的在于张扬法律的威慑力。（二）商鞅废除旧的世卿世禄制度，实行依军功授田宅的新法，把军功分为二十等，论功行赏，授官赐田宅。（三）商鞅鉴于秦国地广人稀，实行奖励垦荒、重农抑商、奖励耕织的政策。凡从事耕织成效显著的人，可以免徭役；凡是从事商业、手工业不力而破产的人，连同其妻子儿女一同罚作奴隶。（四）焚烧儒家经典，禁止私门请托、游说求官。

公元前 350 年，商鞅进行第二次变法，涉及面更深更广。（一）废除秦国境内的井田制，把原来"百步为亩"的阡陌和百亩为顷的封疆统统破除，开拓为二百四十步为一亩，重新设置阡陌、封疆，并且正式承认土地私有和买卖的合法性。（二）把秦国的乡、邑、聚（村落）合并为县，作为地方一级行政机构。（三）为争取中原，向东发展，而把都城从雍迁到咸阳。（四）统一度量衡，颁布度量衡标准器。（五）开始按户按人口征收军赋，一家有两个成年男子必须分家另立户口，否则要加倍征赋，刺激一夫一妇为生产单位的小农经济。

商鞅变法是各国变法中最全面、最彻底、最有成效的，秦国从此富强，奠定了此后秦统一全国的基础。正如汉朝人王充在《论衡》中所说："商鞅相孝公，为秦开帝业。"

商鞅变法剥夺了旧贵族的特权,损害了他们的利益,遭到嫉恨,一场殊死的较量势不可免。因为太子犯法,商鞅对太子的师傅公子虔予以严惩,以示法不阿贵的严肃性,使矛盾更趋激化。公元前338年秦孝公死,太子即位为秦惠王。公子虔等人见时机成熟,诬告商鞅谋反,迫使他回到封地商邑,举兵抵抗。商鞅被秦兵杀死后,又处以车裂的极刑。商鞅的悲剧性结局,与秦国因商鞅变法而振兴,形成强烈的反差,令人深思。

与商鞅变法差不多同一时候,韩国任用申不害,齐国任用邹忌,先后变法,都取得了成效。尤其值得注意的是,齐国邹忌变法中,稷下学宫起到了决策咨询、舆论先行的作用。齐威王还任用军事家孙膑,讲求练兵,重振武备,收到明显的效果,齐和秦曾一度互相称帝(东帝、西帝),成为东西两强。

19. 百家争鸣:群星灿烂的时代

伴随着政治、经济方面激烈而深刻的变革,思想文化领域出现了各种思潮、学派的交锋与激荡,百家争鸣的繁荣局面。这是中国历史上一个群星灿烂的时代。正如吕思勉所说:"先秦时代的学术,是注重于矫正社会的病态的,所谓'拨乱世,反之正',实不仅儒家,而为各家通有的思想。"诸子百家都致力于矫正社会的病态,但所持论点各异,于是便有了争鸣与交锋,从中闪现出思想火花的无穷魅力。

所谓百家争鸣,指的是两种社会现象:一种是各个学派独立地阐述自己的学说思想,学派之间相互问难,进行辩论;另一种是游说诸侯。战国的诸子百家主张学以致用,为了救世,必须以其所学去游说诸侯,推出自己的政策主张、治国方略,不可避免与诸侯及其官员发生争鸣。因而各学派的巨子几乎都是伶牙俐齿、口若悬河的雄辩家,像韩非那样口吃,只是个别特例。孟子到处游说,能言善辩,一个叫公都子的人问他:别人都说您喜欢辩论,请问为什么? 孟子答:我是不得不辩论啊! 世道衰微,荒谬的学说、残暴的行为都出来了,臣杀君,子杀父,我要端正人心,消灭邪说,不得已而辩论的。

当时文人学士游说之风很盛,一个很平凡的士,通过游说,一经国君赏识,便可提拔为执政大臣。例如商鞅本是魏相国公叔痤的家臣,入秦游说秦孝公,做到了秦国最高官职大良造;张仪本是魏人,入秦游说,做到了秦惠王的相。商鞅入秦后与甘龙、杜挚关于"法古"与"反古"的辩论,便是一种"争鸣"。商鞅针对甘龙、杜挚"法古无过,循礼无邪"的主张,驳斥道:"前世不同

稷下学宫图

教，何古之法？帝王不相复，何礼之循？""治世不一道，便国不法古"，"反古者不可非，而循礼者不足多"，从而提出自己的主张："当时而立法，因事而制礼。"这显然是用既反对复古又反对安于现状的法家思想，批判儒、道两家的"法古"、"循礼"观点。孟子曾游说于齐、魏、滕、薛、宋、邹、梁等国，慷慨陈词，阐述儒家的理论和政见。他到魏国，惠王对他优礼有加，并向他请教治国之道。当魏惠王问他"何以利我国"时，孟子答："王何必曰利，亦有仁义而已矣！"实际上是用儒家的义利观批判法家的义利观。孟子在齐国，宣王任他为上卿，据说，他有车数十乘，随从数百人。这都是游说的结果，使当政者能采用其学说与主张，故能显赫一时。

百家争鸣的形成，与各国宽容的学术政策有很大关系，这在齐国的稷下学宫表现得最为突出。

齐国都城临淄是春秋战国时代首屈一指的大城市，城周五十里，有十三座城门。据《史记·苏秦列传》说，临淄有居民七万户，"其民无不吹竽鼓瑟，弹琴击筑，斗鸡走狗，六博蹹鞠者。临淄之途车毂击，人肩摩，连衽成帷，举袂成幕，挥汗成雨，家殷人足，志高气扬"。从齐威王的父亲田桓公开始，齐国在国都临淄西边稷门外的稷下,设立学宫,招徕各派学者前来著书立说,议论政治,称为"稷下先生",也称为博士。到齐威王、齐宣王时代,稷下学宫出现了盛极一时的景况,聚集了一大批学者,有事迹可考者如淳于髡、慎到、邹衍、宋钘、尹文、接子、田骈、环渊、荀卿等。齐国虽崇尚黄老之学,但不主于一家,对各家各派兼容并蓄,采取"不治而议论"的方针,使稷下学宫成为诸子百家争鸣和交流思想的中心。孟子与齐威王、宣王政见不同,还是受到礼遇,齐宣王曾多次向他问政,甚至像齐伐燕这样重大的决策,也征求孟子意见。后来孟子离开时,宣王还想挽留他,打算给他豪华的住宅和优厚的俸禄。邹衍本是齐国人,因不满于齐王,到了燕国,齐襄王当政时,他又回到稷下学宫。正是这种宽容的政策,使百家争鸣蔚为大观。

如果要深入追究的话,百家争鸣之风与士的演变有很大的关系。

士原是贵族的最低阶层,有一定数量的"食田",受过"六艺"教育,能文能武,战时可充当下级军官,平时可作卿大夫的家臣。春秋、战国之际,士发生了分化,既无田可食,又失去原来的职守,成为传授知识的教师,或主持仪式的赞礼人,于是士就成为知识分子的通称。当时的大气候和小气候都为学派的蓬勃发展和互相竞争提供了良好条件。官学垄断的局面被打破,私学兴起,聚徒讲学成为一时风尚,著名学者无不聚徒讲学,知识分子也把从师作为进入仕途的门径。另一方面,各国有权势的大臣都私家养士,培植学派。齐的孟尝君田文、赵的平原君赵胜、魏的信陵君魏无忌、楚的春申君黄歇、秦的文信侯吕不韦,门下食客动辄几千人。这些食客中,有各学派的士,为主人出谋划策,奔走游说,著书立说。于是,各学派之间互相诘难辩论,形成了百家争鸣的局面。

西汉初的司马谈把诸子百家概括为阴阳、儒、墨、名、法、道德六家,西汉末的刘歆又概括为儒、墨、道、名、法、阴阳、农、纵横、杂、小说等十家。这十家中,除了记录街谈巷语的小说家、讲合纵连横的纵横家、讲君民并耕和农业技术的农家以及综合各家学说的杂家,主要的是儒、墨、道、法、名、阴阳六家,而尤以儒、墨、道、法对后世影响最大。

儒家

孔子死后,儒家的继承人孟子最为引人注目。然而,孔子与孟子之间170年,由于资料缺乏,一直模糊不清。1998年,湖北荆门郭店战国墓葬的竹简被整理出版,提供了一个清晰的参照物。专家们认为,这批竹简文书属于思孟学派的著作,是早期儒家心性学说的重要文献。它的出土,弥补了孔孟之间思想传承的缺失一环。

孟子,名轲,邹人,生于公元前390年,卒于公元前305年。他是孔子的孙子子思的再传弟子,故他这一派又称思孟学派。他生活在中国历史上最不安定的时代,有鉴于此,他的政治伦理学——治国方略极具雄辩力、说服力、影响力,为孔子所不及。由于当时各国都在谋求富国强兵之道,关注相互间攻伐的胜负,孟子仍一味大谈夏商周三代的德政,不合时宜而郁郁不得志。孟子的游说几乎得不到任何人响应,梁惠王听不进他的话,"以为迂远而阔于事情",嫌他太迂腐;他对齐宣王大谈"仁术"与"恒产"之类统一天下的"王道",齐宣王笑而不言,甚至勃然变色,顾左右而言他。他所见到的梁惠王、齐宣王都是当时颇有权势的王者,如果肯稍稍迁就,那么立刻便可成为卿相。一个布衣学者发表一番意见,可以影响一国之命运,使后世知识分子可望而不可即。无怪乎战国一代最为后世文人学士所羡慕而津津乐道。明白了这一点,便可了解中国知识分子何以始终不走西方那种自然科学道路,何以总看不起天文历算医药音乐这一类知识,以为是雕虫小技,不肯潜心研究,因为他们有更大的追求——治国平天下。

儒家非常重视人类生活的群体性,并以伦理关系解释人类群体生活的特征,强调人与人应该互敬互爱,和谐共处。孟子主张效法先王,实行王道——仁政。他说,只有仁者才是人,仁是人的本性,人的本性就是亲亲。他的仁政是以夏商周三代为楷模的,在游说滕文公时,他指出:"夫仁政必自经界始"——仁政应该从恢复西周的井田制着手,因为井田制下人人都有一块份地,贫富分化不甚显著,这是仁政的基础。他认为能推行德治、仁政者就可以称王于天下,他对各国以富国强兵为目的的变法持强烈反对的态度,说他们是"暴君污吏",高唱"善战者服上刑,连诸侯者次之"。

孟子这种仁政学说虽然迂阔、保守,却显露出可贵的尊重人权的倾向。他所渴望的是:农民每家都有百亩之田、五亩之宅,可以"衣帛",可以"食肉",可以"无饥"。这种维持温饱的生存权,是最初步的人权。孟子在宣扬仁政时特别强调:"民为贵,社稷次之,君为轻。"又说:"君仁莫不仁,君义莫不义,君正莫不正。"民贵君轻,社会一切不仁不义不正,根源在于君主,这种带有民主色彩的见解是相当高明的,为后世儒家所不及。

从北宋开始,《孟子》一书升格为"经",取得儒家经典的地位,南宋朱熹把《孟子》和《论语》、《大学》、《中庸》合称四书。

墨家

墨家和儒家当时都号称显学,儒、墨显学之争是百家争鸣的发端。

墨子名翟,宋国人,长期居住于鲁国,生卒年约为公元前 467 年至公元前 376 年。他出身贫贱,生活俭朴,所谓"量腹而食,度身而衣",和孔子"食不厌精,脍不厌细"的态度截然不同。鲁国是儒家的基地,墨翟最初从孔门弟子学习儒家之业,后来批判儒家,另创墨家。他一生中除了著书立说、教授门徒,也曾游说诸侯,一度成为宋国的大夫,还到过卫、齐、楚、越等国。

墨子提出了十大主张:兼爱、非攻、尚贤、尚同、尊天、事鬼、非乐、非命、节用、节葬。用兼相爱反对儒家的爱有差等,用交相利反对儒家的罕言利,用非命论反对儒家的天命论,用事神鬼反对儒家的不事神鬼,用节葬反对儒家的厚葬,用非乐反对儒家的礼乐。墨子的非命、非乐旨在强调人力的作用,在动乱的社会中,"赖其力者生,不赖其力者不生";"强必饱不强必饥"。他不同意儒家的亲亲主张,提倡尚贤,即选拔贤人来治国,主张"不别贫富、贵贱、远迩、亲疏","虽在农与工肆之人,有能则举之",做到"官无常贵,而民无终贱"。他认为社会动乱的原因在于人与人之间不能互爱互利,因此提倡"兼相爱,交相利",以缓和冲突。由"兼爱"发展到"非攻",认为攻人之国最为不义。在这点上墨家与儒家是有共同语言的。蒙文通《论墨学源流与儒墨汇合》指出,儒墨同为鲁人之学,诵《诗》《书》,道仁义,则"六经"固儒墨之所共也。他还说:墨家以极端平等之思想,摧破周秦之贵族政治,"墨家之要义,一变而为儒家之大经;自取墨以为儒,而儒之宏卓为不可及也;非入汉而墨翟之学失其传,殆墨学之精入于儒,而儒遂独尊于百世也"。

墨子不仅是思想家也是科学家,他的门徒在数学、物理学、医学、逻辑学方面都有所建树。后期墨家走向独树一帜的道路,放弃政治,埋首于科学,作出了引人注目的贡献。令人不解的是,墨家因此不再成为显学而日趋衰微,因为在知识分子心目中,它已逐渐远离关注的焦点——治国平天下,理所当然地被人们淡忘、冷落。

道家

老子创立的道家,在齐国稷下各学派的交融中,分化改组,成为一个足以与儒、墨显学相抗衡的学派。齐国的稷下之学,把道家创始人老子同齐国尊奉的始祖黄帝结合起来,称为稷下黄老之学。所谓黄老之学是假托黄帝的名义,吸取老子的"虚静"、"物极必反"等思想加以改造,形成一个思想流派。由于这个学派的著作久已失传,人们对它的认识是模糊的。1973年长沙马王堆汉墓出土的帛书中,写在《老子》乙卷前面的《经法》、《十大经》等四种书,大抵是黄老学派的代表作。

稷下道家的代表人物有宋钘(jiān)、尹文、田骈、慎到。宋钘、尹文主张宽容,反对战争,国君必须做到"无为而能容天下"。田骈主张万物是齐一的,应付的最好办法是听其自然。慎到主张国君"无为而治"的同时,极力提倡法治,尤其要讲求"势",以权势制服臣民。他已经不是道家,而是从道家分化出来的法家。

真正发挥老子思想的是庄子。庄子,名周,约公元前369年至公元前280年时人。他在宋国家乡做过漆园吏,拒绝楚庄王的聘请,过着隐居生活。《庄子》一书把《老子》的简约哲言具体化为生动的哲理寓言,主张率性、适己,在文采斐然的汪洋恣肆中展现思想的博大精深。庄子认为,道是宇宙万物之源,是不可知的。世上本无事物,由道派生出天地、帝王、一切事物以及真伪是非。你有你的是非,他有他的是非,是非是难以分辨的。"彼亦一是非,此亦一是非",就是他的名言。在庄子看来,世俗的见解如儒家、墨家所宣扬的学说,都只是相对的是非,相对的是非不能作为绝对判断的标准。道是变幻不定的,分什么彼此,分什么是非?不如浑浑沌沌,一切听其自然。这是一种与世无争的消极思想,逃避现实,追求个人精神自由。必须做到无己、无名、无功,甚至忘记自身的存在,达到与天地万物浑然一体的境界,才能获得绝对的精神自由。庄子主张天人合一,以"天地与我并生,而万物与我为一"为最高精神境界。这种"无差别境界"是可望而不可即的。

法家

法家由于其务实精神,主张以严刑峻法治乱世,对政学治术有精深的研究,深受各国统治者赏识。法家中任法一派以商鞅为代表,讲究法律和赏罚的执行;用术一派以申不害为代表,讲究对官吏选拔、监督、赏罚及驾驭的方法;重势一派以慎到为代表,讲究运用国君的权势,保持国君的地位。韩非认为他们各有欠缺:秦用商鞅之"法",国富兵强,但"无术以知奸",因而秦强盛数十年而"不至于帝王";韩昭侯用申不害之"术",但法令不统一,使奸臣有机可乘,韩国"不至于霸王"。因此,韩非主张取长补短,把"法"、"术"、"势"三者结合为一体,并由此制订出治国方略。首先,要加强中央集权,"事在四方,要在中央。圣人执要,四方来效",必须用"术"剪除私门势力,选拔法术之士,"因任而授官,循名而责实;操杀生之柄,课群臣之能"。其次,以法为教,以吏为师,禁止私学。再次,厉行赏罚,奖励耕战,谋求国家富强。

韩非是韩国的贵族,他和李斯都是荀子的学生,讲究法家之学。他曾多次上书劝谏韩王,未被采纳。秦王政(即后来的秦始皇)读到他所著《孤愤》、《五蠹》等篇,极为赞赏。公元前234年,他替韩国出使秦国,向秦王上《存韩》书,这与雄心勃勃的秦王扫灭六国、统一天下的政治谋略是相悖的,秦王把韩非的《存韩》书交给李斯去处理。李斯对韩非入秦势必影响自己的仕途有所顾忌,于是因嫉而杀韩非,实在是一场历史的误会。韩非虽死,他的理论实际成了秦的官学。

20. 秦的大一统及其地理基础

春秋的列国争霸,战国的七雄兼并,预示着统一的大趋势。统一本身已无争议。孟子在当时指出,整个局势最后必定是"定于一",只有"不嗜杀人者能一之",这是针对兼并战争中"争地以战,杀人盈野;争城以战,杀人盈城"的情况而说的。显然,这位"亚圣"主张以仁政来统一,反对以暴力来统一,这种善良的愿望最终化作泡影。秦的大一统是由一系列充满暴力的战争来实现的,在当时情势下,这是实现统一的唯一途径。

战国初期的近百年中,秦国局处西方,不得参与中原各国之间的事务。商鞅变法后,秦一跃而成为七国中实力最强的国家。秦国的崛起引起了东方诸国的密切关注,联手抵制,要打破这一格局,除了战争,别无他途。秦惠王、秦武王时初试牛刀,到秦昭王时,实际上已开始了统一战争。秦昭王用魏冉为相,白起为将,屡获大胜。等到魏、赵、韩、楚、燕五国合纵攻秦时,由于燕将乐毅攻破齐国,秦、齐两国对峙局面被打破,从此秦成为唯一强国,其势一发而不可挡。

秦昭王时代的统一战争是残酷无比的。公元前 293 年伊阙之战,白起大胜韩、魏联军,斩首二十四万;公元前 279 年鄢之战,白起引水灌城,淹死楚国军民数十万;公元前 273 年华阳之战,白起大胜赵、魏联军,斩首十五万;公元前 260 年长平之战,白起坑杀赵军主力四十五万。正如孟子所说"杀人盈野"、"杀人盈城",但是其直接后果是严重削弱了这些国家的战斗力,奠定了此后秦国取得统一战争胜利的基础。

公元前 237 年秦王政斥逐了相国吕不韦,重用尉缭和李斯,加紧了灭亡六国的战争步伐。从公元前 230 年到公元前 221 年,陆续灭亡了韩、魏、楚、燕、赵、齐六国。从此"海内为郡县,法令由一统",中国历史上第一次建立了大一统的中华帝国。

在这一过程中秦王政显示了非凡的才能。秦王政之父秦庄襄王是秦孝文王的次子,由于大商人吕不韦的活动被立为太子。秦庄襄王即位后,吕不韦一跃而成为相国,封为文信侯,权势盛极一时。公元前 247 年,秦王政即位,年仅十三岁,一切由其母(即太后)做主,相国吕不韦继续大权独揽,并被尊称为"仲父"。据说,秦王政是生母邯郸姬与吕不韦的私生子,他即位之初,邯郸姬与吕不韦继续私通,并豢养"大阴人"嫪毐(Lào'ǎi),封为长信侯,门下宾客千余、家僮数千,结党营私,争权夺利。公元前 238 年,二十二岁的秦王政从咸阳到旧都雍的宗庙举行冠礼,嫪毐发动宫廷政变。秦王政平定叛乱,处死嫪毐,幽禁太后,免除吕不韦的职务,起用尉缭、李斯,发扬商鞅变法以来的政策,使统一大业有了成功的可能。这主要表现在以下几个方面。

第一,在商鞅废除井田制,承认土地私有与买卖合法化的基础上,于公元前 216 年颁布"使黔首自实田"政策,要土地所有者自报田亩数字,以便征收赋税,进一步从法律上肯定土地私有制,继续推行商鞅倡导的强本弱末(重农抑商)政策。

第二,在商鞅推行二十等爵制,奖励军功;推行县制,加强中央集权的基础上,在统一战争中兼并的新地区,普遍推行郡县制,并推行二十等爵制。秦王政听从李斯的主张,拒绝王绾、淳于越分封诸王的建议,以郡县制取代分封制。

第三,在商鞅变法的基础上,进一步统一法律、度量衡、货币、车轨、文字、历法,基本上以秦法秦制作为统一标准,至于文字则采用小篆和民间流行的隶书为标准。为了统一交通,下令拆除战国时代各大国在险要地区修建的关塞、堡垒和内地长城。

秦律竹简

其中最值得称道且影响深远的,莫过于文字改革。唐德刚在《胡适杂忆》中说:大秦帝国一旦统一天下,当务之急便是来个全国性的"文字改革"。第一步便是"篆字简化"——把"大篆"简成"小篆";第二步则是废除篆字,代之以效率极高的"隶书"。他感情洋溢地赞叹道:"这一个空前绝后的

由'篆'及'隶'的'文字改革'实在太伟大了。其惠百世不斩,余泽及于我辈!"

秦的大一统,反映了春秋战国时代的历史大趋势,具有坚实的基础。随着商业和交通的发展,中原地区与周边地区的联系与交往也比以往更为密切,正如《荀子》所说,当时已出现"四海之内若一家"的状况。各国的变法虽有程度不同的差异,但总体目标是一致的,这种同一性为建立一个中央集权国家奠定了基础。况且分裂割据不利于经济、文化的交流,各国各阶层都渴望统一。

除此之外,统一的地理基础也不容忽视。黄仁宇在《中国大历史》(*China, A Macro History*)中专辟一章,从地理环境的角度来分析这个问题,其标题就是"土壤·风向·雨量",给人以耳目一新之感。

黄仁宇认为,支持中央集权化的大一统的一个要素是土壤地理——黄土和黄河。像面粉一样细的黄土给耕作带来了方便,也带来了灾难——黄河的泥沙沉积。一般说来,河流的泥沙沉积率达到5%就是高的,亚马孙河在夏季的泥沙沉积率高达12%,然而黄河的泥沙沉积率高达46%,其支流在夏季时泥沙沉积率达63%,令人震惊。河床不断提高,决堤的危险不断威胁两岸,何况水量在雨季、旱季有大幅度变化,令人难以提防。这就需要强有力的中央集权的国家来统筹处理水利工程。《孟子》一书关于水利的谈话有十一次,都涉及洪水泛滥殃及邻国,暗示国家统一将带来安定与安全,因为治理黄河不能由流域的各国各自为政,必须通盘考虑。

这种分析是有历史根据的。战国时代,各国割据称雄,往往"壅防百川,各以为利"。例如齐和赵、魏以黄河为界,赵、魏地势高,齐地势低,河水常泛滥,齐就在沿黄河二十五里处筑了堤防,从此河水泛滥时"西泛赵、魏",于是赵、魏也在沿黄河二十五里处筑起堤防。在黄河两岸五十里间,河水时来时去,给人民生命财产带来威胁。各自为政的结果是,只顾自己的利益,遇到天旱就争夺水源,故意阻塞别国水源,遇到洪水就放水到邻国。这就是孟子所说的"以邻国为壑"。处于战争状态的各国,把决堤放水作为进攻或防御的手段,造成严重后果。从公元前332年到公元前272年的60年间,黄河三度为灾,便是明证。

黄仁宇认为,支持中央集权化大一统的另一要素是气象地理——风向与雨量。对风向(季风:东南风、西北风)与雨量的研究表明,15英寸的同雨量线,从中国的东北地区中部到中原地区,几乎与长城平行,弯向西南时,又恰好在中原与青藏高原的分界线上。它大体反映了游牧与农耕的边界。北方诸国为了抗击游牧民族入侵而修筑的土垒长城,以及秦统一后修筑的长城,都体现了国防的需要。与 15 英寸等降水量线几乎一致的国境线,是中国农业社会必须置于强有力的中央集权体制之下的一大标志。

历史事实表明,战国时代秦、赵、燕三国以北强大的游牧民族如林胡、楼烦、东胡、匈奴等不断南下侵扰,对农业区形成极大的威胁。为了抵御匈奴的侵扰,秦、赵、燕三国动用了五十万大军驻扎北方边境。由于各国忙于兼并战争,削弱了边防,匈奴乘机向南移动,占领了河套一带的草原。因此迫切需要统一的中央集权国家集中力量,强化北方边防。

葛剑雄《论秦汉统一的地理基础》,分析了黄河中下游能更早统一并进而成为统一周围地区的核心的原因,与黄仁宇的论述遥相呼应,相得益彰。他指出,黄河流域很早就形成中国范围内最大的农业区,春秋时期黄河流域还有不少残余的以游牧为主或半农半牧民族,经过战国时期的兼并与同化,这些民族不是迁出中原,就是留在原地被农业民族所同化。战国后期各诸侯国无不以农立国,以农竞争,为统一奠定了经济基础。他还指出了气候、地理方面的原因。据竺可桢等人的研究,三四千年前中国的气温比现在要高,至秦汉时期,黄河流域的平均气温比现在高 1～2 摄氏度。当时的黄河中下游地区气候温和,降水充沛,而长江流域还过于湿热,雨水过多,加上地势低下,茂密的原始植被还未曾被清除,疾病流行,使中原人望而生畏。此外,黄河中下游是黄土高原或黄土冲积平原,结构疏松,在生产工具简单的情况下,易于清除原始植被和开垦耕种,它比江南与近海地区更适合成为先民生存与繁衍的最佳环境。

地理环境对历史的重要影响是不容忽视的。世界文明史表明,文明的起源、发展与地理、气候有着密切关系,尼罗河流域、两河流域、印度河流域、黄河流域成为文明的摇篮便是显著的例证。美洲玛雅文明的衰落,则是地理环境变化对文明影响的一个反证。

21. 秦始皇:皇帝与中央集权体制

公元前 221 年,秦王政结束了长期的割据局面,建立了历史上第一个中央集权的统一王朝——秦。它是一个以咸阳为首都,东至大海,西至青藏高原边缘,南至岭南,北至河套、阴山、辽东的大一统王朝。他把传说时代三皇、五帝尊号中的“皇”与“帝”结合起来,自称“皇帝”,以显示自己至高无上的地位。他利用了当时已具有浓厚的政治色彩,而又保持了与远古神祇圣哲强烈联想的这个称呼,恰当地象征了一个人的政治成就,这种成就几乎是超人的。他自称“始皇帝”,后世子孙世代相承,递称二世皇帝、三世皇帝……虽然秦二世而亡，以后历代王朝统治者并没有废弃秦始皇创建的皇帝制度。

秦始皇把皇帝的"命"称为"制"，"令"称为"诏"，印称为"玺"，皇帝自称为"朕"。朕字在秦以前用为领格，一般人都可以用；用为主格，并限于帝王，始于秦始皇。他还制定了一套尊君抑臣的朝仪和文书制度。

为了替皇帝制度寻找理论依据，秦始皇把阴阳家和法家结合起来。他采用邹衍的五德始终说，自以为秦属于水德，必然要取代属于火德的周，并以十月为一年中的第一个月；用黑色为正色，礼服旌旗都用黑色；与水德相应的数是六，所以事物都用六来记数。秦始皇还确定了一套与皇帝地位相适应的祭典及封禅大典，不许臣民僭越。本来齐、鲁两国的儒生有一套"封禅"学说，到泰山顶上祭祀上帝叫作"封"，在泰山下小山（即梁父）祭祀叫作"禅"。泰山信仰的起源可以追溯到远古先民的山岳崇拜，高耸入云的山被看作上天之路，山上丰富的资源是人们生活所资，因此山就成了"万民之所瞻仰"的圣地。泰山的祭祀早就出现，大抵有旅祭、柴祭、望祭、地主之祭等。对泰山的封禅则始于秦始皇，它包括封泰山与禅梁父两部分，合称封禅泰山，以泰山为祭祀天地的场所和祭祀对象，来敬天神和地祇。

秦始皇像

公元前219年秦始皇出巡到泰山，召集儒生、博士议论"封禅"之事。秦始皇虽然没有采用儒生拟议的祭礼，毕竟还是举行了封禅礼，表示自己出于"天命"，成为儒家封禅学说的第一个实践者。

皇帝之下是由三公九卿组成的中央政府。三公即丞相、御史大夫、太尉。丞相协助皇帝处理全国政务；御史大夫是副丞相，协助皇帝掌管图籍章奏、监察百官；太尉协助皇帝掌管全国军事。三公之下有九卿：廷尉掌管司法，治粟内史掌管租税收入和财政开支，奉常掌管宗庙祭祀礼仪，典客掌管民族事务与对外关系，郎中令掌管皇帝侍从，少府掌管皇室财政与官手工业，卫尉掌管宫廷警卫，太仆掌管宫廷车马，宗正掌管皇室宗族事务。三公

九卿分工负责,一切事由皇帝裁决。

地方实行郡县制,把全国分为三十六郡,以后又增至四十余郡。郡设郡守、郡尉(军事长官)、郡监(监郡御史),郡尉是郡守的副职,郡监则直属于中央的御史大夫。郡下辖若干县,县按大小设县令或县长。县下有乡,乡设三老掌教化,啬夫掌赋税诉讼,游徼掌治安。乡下有亭、里,亭设亭长,里有里正。皇帝的政令,通过三公九卿,直达于郡、县、乡、亭、里。

这是一种前所未有的中央集权化体制,也是秦始皇最具历史意义的创制,即废除封建制度,建立郡县制度。其起因当然与战国时代的纷争有关,为了避免再度出现这种状况,只有不再实行西周的封建制度。更深层的原因在于封建制度本身的离心力,必然导致分裂割据的局面,不利于大一统国家的发展。中央集权的帝国体制取代地方分权的封建体制,其历史意义无论如何估价,都不嫌过分。以后中华帝国历史上虽然出现过封建体制的反动——逆潮流而动,但都没有好下场。西汉初年的封建同姓诸侯,导致吴楚七国之乱;西晋的封建同姓诸侯,导致八王之乱;明初的封建藩王,导致"靖难之役"的叛乱,便是明证。为了巩固这一体制,秦始皇采取了许多措施。

建造驰道与直道。从公元前220年开始建造以首都咸阳为中心的帝国公路——驰道,向东直通燕齐地区,向南直通吴楚地区。公元212年,又命将军蒙恬建造强化北方边防的公路——直道,它起于咸阳以北不远的秦皇夏宫云阳,朝北进入鄂尔多斯地区,然后跨越黄河的北部大弯道,抵达九原(今内蒙古包头西北)。

建筑长城。为了抗击匈奴的侵扰,秦始皇派蒙恬率三十万大军进攻匈奴,同时开始大规模地修建长城。它是在战国时代赵、燕、秦三国原有长城的基础上连接而成的。这条在北方连绵延伸、雄姿挺拔的边防工事,在当时或后世,无论在物质上抑或在精神上都具有无与伦比的价值。

开边与移民。北征匈奴之后,在新开拓的黄河以南直到阴山的广大地区内,设置三十四县,归三或四个郡管辖,陆续迁徙有罪官吏与内地民众前往开垦。以开拓百越为目标的南征取胜之后,在那里设置了闽中、南海、桂林、象等四郡,并把五十万罪徒谪戍到那里,戍边开发。

焚书坑儒。焚书坑儒的直接起因是公元前213年博士淳于越提出分封诸子的建议,秦始皇让大臣们讨论,于是引发了李斯与淳于越关于郡县制与分封制孰优孰劣的一场大辩论。李斯认为搞"私学"的人"不师今而学古","道古以害今",因而建议焚烧私人所藏《诗》、《书》等典籍,"以古非今者"要灭族。秦始皇批准了这一建议,其目的在于统一舆论,维护中央集权体制。

其实,"焚书"的主张,在《管子》和《韩非子》两书中早已经提出,李斯援引管仲、韩非的思想,由秦始皇下令付诸实施,把牵涉社会政治问题的《诗》、《书》之类予以销毁,只保留医药、卜筮、农业之类书籍,并且规定:"以法为教","以吏为师",百姓必须从官方发布的法令文件中学习社会政治,而讲解法令文件的是政府的官吏。所谓焚书,绝没有销毁全部书籍的意图,其实际损失也没有历来想象的那么严重。所谓坑儒,是处死私下诽谤秦始皇的方士与儒生四百六十余人,其本意在于维护皇帝制度的权威;不过手段似乎过于残酷,引来后人无穷无尽的非议。

此外,还有在建立秦朝过程中已陆续推行的统一文字、度量衡等措施。所有这一切努力,终于使中央集权体制渐趋完备,秦虽国祚短促,中央集权化体制却一直被历代王朝所沿袭和发展。秦始皇开创了皇帝制度及中央集权化体制,在历史上功不可没。

22. 秦始皇陵与"兵马俑"

秦始皇显然强烈地意识到他作为一个史无前例的统一大帝国的创建者非同寻常的作用,倾注全力励精图治,不敢稍有懈怠。《史记·秦始皇本纪》说:"天下之事无小大皆决于上,上至以衡石量书,日夜有呈,不中呈,不得休息。"这就是说,秦始皇作为历史上第一个皇帝,事无巨细都要亲自裁决,每天要批阅几百斤的公文,才能上床睡觉。公文之所以用重量计,是因为它们是写在竹简或木简上的缘故。究竟有多少字数,不得而知,不过从上文的语气中可以推测,这是一个超人的工作量,即此一端已可看出秦始皇勤于政事的程度了。

为了加强对帝国疆域的控制,炫耀皇帝至高无上的威权,他多次到东方、南方各地巡视,风尘仆仆,四处奔走。翦伯赞说,秦始皇在统一中国以后的十二年中(公元前221—公元前210年),前后出巡五次,几乎走遍了他的国土。看来,他的大部分时间都是在旅途中度过的。他最后一次巡视后,由海滨返抵京城咸阳的途中,突然在沙丘(今河北平乡县附近)患病身亡。时值公元前210年,是他即位的第三十七年,当皇帝的第十二年,终年五十岁。他的遗体被秘密地护送回咸阳,与此同时一个政治阴谋正在悄然展开。陪同秦始皇巡视的宦官赵高、丞相李斯、秦始皇次子胡亥,扣下了秦始皇弥留之际所写的遗诏——命正在北方边陲的长子扶苏立即返京继位,另外伪造命胡亥继位、指责扶苏不忠、令其自杀的假遗诏。于是,胡亥在咸阳即位,称二世皇帝。

秦始皇的灵柩埋葬在离咸阳不远的骊山宏伟陵墓里，这就是举世瞩目的秦始皇陵。

据《史记·秦始皇本纪》记载，秦始皇即位之初，就下令在骊山预建他的陵寝，统一全国以后，建陵工程更加扩大，征调七十万人，前后持续施工三十九年，直到秦亡，陵园还未全部竣工。墓高五十余丈，方圆五里，墓内有宫殿及百官位次，陈列各色"奇器珍异"，并"以水银为百川江河大海，机相灌输，上具天文，下具地理"。所谓"上具天文"，即秦陵地宫主宫室顶部有比较精确的天文星宿图像；所谓"下具地理"，是模拟中国地貌及三十六郡的地理位置。为了防止盗墓，特地命工匠制作了机关弩矢，有人接近，立即射击；用"人鱼膏"（鲸鱼的油脂）为烛，制作长明灯，使地宫如同白昼。秦始皇把生前的威风搬到了死后的地下宫殿之中。考古专家用先进的无损伤方法探知，秦始皇陵地宫中的墓室和宫墙均为石质结构，墓室东西长约 170 米，南北宽约 145 米；地宫内有极异常的汞（水银）反应，面积达 12000 平方米，证实了《史记》所说"以水银为百川江河大海"的真实性。

随着 20 世纪 70 年代中期秦始皇陵附近模拟军阵送葬的兵马俑坑的发掘，兵马俑与秦始皇陵引起了全世界的关注，先后有七十多个国家元首或政府首脑参观了秦兵马俑坑，他们对这一"世界第八大奇迹"表示赞叹之后，站在高大雄伟的秦始皇陵的封土上浮想联翩："看来，世界第九大奇迹就在这秦陵的地宫里。"国际上一些著名科学家对探索秦始皇陵地宫的结构产生了浓烈的兴趣。位于瑞士日内瓦的欧洲核子研究中心，在丁肇中教授领导下的三名科学家写了《应用于考古学的非破坏性探测和层析 X 线摄影学》论文，推测秦始皇陵地宫中有直径为 25 米的青铜环状物。

秦俑的发现震惊世界，令中外人士神往，人们像对于斯芬克司一样探求它的谜底。秦俑的气魄宏大，仅三个坑面积就达 2 万多平方米，好大喜功的秦始皇不会放过任何一个能显示皇帝尊严的机会，必

秦始皇陵兵马俑

然在地宫的营造上追求至高至大。据目前考古调查资料,秦始皇陵地宫上穴呈近似方形,东西宽 485 米,南北长 515 米,总面积达 249775 平方米,相当于秦景公墓上穴面积的 47 倍多,实为古代帝王陵墓之冠。秦俑的写实风格必然体现在地宫里,一切都模拟生前,地宫象征着生前的咸阳宫,一定有不少秦始皇生前喜爱的珍宝。随着各项工作的深入展开,秦陵地宫的神秘面纱将会慢慢揭开。

秦始皇陵随葬陶兵马俑的地下坑道建筑,位于今陕西省西安市临潼区西杨村西南,西边距离秦始皇陵陵园东垣墙 1 公里,正当陵园东门大道北侧。1974 年春,当地农民在一个偶然的机会中发现了深埋于地下的兵马俑,随即开始了正规的发掘,1977 年就地建成秦始皇兵马俑博物馆。现在已发现的一号俑坑是战车与步兵混合排列,二号坑由战车、骑兵、步兵及弩兵组成;按照古代军阵排列,一号坑为右军,二号坑为左军,未建成的四号坑为中军,三号坑有鼓车、礼仪性长兵器及祭祀活动遗址,为指挥部,即古代的军幕。这样就组成了一个完整的军阵编列体系,这组兵马俑阵位于秦始皇陵东侧,象征着秦始皇生前的宿卫军。

这三个坑共有陶俑陶马 8000 件,现已出土 1000 件,包括武士俑800 多个、陶马 100 多匹,以及木质战车、青铜兵器、车马器等。它们形象地展现了秦朝军队的兵种、编制、武器装备。主力是战车兵和依附于它的步兵,骑兵处于从属地位。木质战车与商周以来的单辕驷马战车没有明显差异。车上一般有武士三人,分别配备远射的弓箭、格斗的短剑和护体的盾甲。战车后面跟随步兵,使用长木柄的戈、矛、钺、戟。骑兵执剑或弓箭。这些与真人一般高大的兵马俑,不仅从全景看规模宏大、气势磅礴,而且从细部看每个人的衣着、表情各异,反映了秦的国力,也反映了当时达到的生产、科技、艺术水平足令今人叹服,让人想到秦的统一绝非偶然。

据 1999 年 8 月的报道,当时清理发掘的秦俑二号坑第二阶段考古工作主要集中在俑坑东北部弩兵区域。跪骑俑的彩绘保护良好(有赭石色、粉红色、朱红色、粉绿色、天蓝色、粉白色),不但真实地再现了当年秦兵马俑的原貌,而且为研究秦代军人服饰的颜色特点及彩绘艺术提供了实物资料。弥足珍贵的是从彩绘颜料的成分中发现一种纯紫色颜料——紫色硅酸铜钡,在自然界中尚未发现,是 20 世纪 80 年代科学家在合成超导材料时偶然得到的一种副产品。秦俑的紫色颜料如何制备,还是一个谜。

23. 徐福东渡之谜

秦始皇服膺法家,也深受道家、阴阳家的影响,他强烈地感受到创建大一统王朝的重任与个人生命短暂的矛盾,祈求长生不老。公元前 219 年他首次巡幸到山东海滨并在琅邪立碑时,遇到了鼓吹海上仙山可以找到令人万寿无疆的仙药的方士徐福(徐市),徐福请求派他去海上探险,寻找神仙居住的三个琼岛。于是出现了历史上十分壮观的一幕:徐福携带耕织冶炼等各种工匠,以及童男童女几千人,跨海东渡,一去不复返——传说他们在日本定居了下来。这是一个历史之谜。

司马迁在《史记》中提供了徐福实有其人,徐福东渡实有其事的记载,其中有两处最值得注意。

其一,《史记·秦始皇本纪》:"……齐人徐市(即徐福)等上书,言海中有三神山,名曰蓬莱、方丈、瀛洲,仙人居之。请得斋戒,与童男女求之。于是遣徐市发童男女数千人,入海求仙人。"

其二,《史记·淮南衡山列传》:"(始皇)又使徐福入海求神异物,还为伪辞曰:'臣见海中大神,言曰:"汝西皇之使耶?"臣答曰:"然。""汝何求?"曰:"愿请延年益寿药。"神曰:"汝秦王之礼薄,得观而不得取。"……于是臣再拜问曰:"宜何资以献?"海神曰:"以令名男子,若振女,与百工之事,即得之矣。"'秦皇帝大悦,遣振男女三千人,资之五谷种种百工而行。徐福得平原广泽,止王不来。"

比司马迁略晚的桓宽在《盐铁论》中也有相似的记载:"……及秦始皇览怪迂,信祯祥,使卢生求羡门高、徐市等入海求不死之药。当此之时,燕齐之士释锄耒,争言神仙,方士于是趣咸阳者以千数,言仙人食金饮珠,然后寿与天地相保。于是数巡狩五岳、滨海之馆,以求神仙蓬莱之属,数幸之郡县,富人以资佐,贫者筑道旁……"两人所见略同,可见此事绝非子虚乌有。

《史记》所说徐福"止王不来"的"平原广泽",据近代学者考证,似为日本,即后世史书所说的"澶洲"(即亶洲)。《三国志》记述黄龙二年(230 年)孙权派将军卫温、诸葛直率甲士万人浮海至夷洲、亶洲,卫温、诸葛直返回传言:"亶洲在海中,长老传言秦始皇帝遣方士徐福将童男女数千人入海,求蓬莱神山及仙药,止此洲不还,世相承有数万家。"《异称日本传》卷下摘抄《日本国纪》与新井白石《同文通考》,认为澶洲是指日本列岛之一本洲岛的中部,因为那里是传说中徐福祠、墓的所在。《日本国纪》说:"秦始皇遣徐福入海求仙,福遂至纪伊州居焉";"相传纪伊国熊野山下飞鸟之地,有徐福坟"。

《同文通考》说："现在熊野附近有个叫秦住的地方，据当地人传说是徐福的故居。距该地七至八里处有个徐祠（新宫），其间有古坟，属家臣坟，古迹至今尚存。这里既然住有秦的人，那么他们之间的来往也是必然之事。"

五代后周时，日本僧人弘顺来到中国，对僧人义楚说："徐福他们在日本的富士山麓，现在的子孙自称秦姓。"义楚把此事写入了有名的《义楚六帖》之中："日本亦名倭国，东海中。秦时，徐福将五百童男五百童女，止此国也。今人物一如长安。又东北千余里有山，名富士，亦名蓬莱。其山峻，三面是海，一朵上耸，顶有火烧……徐福止此，谓蓬莱，至今子孙皆曰秦民。"

清末曾任驻日参赞的黄遵宪在《日本国志》中记录了他在日本关于徐福遗迹的见闻："今纪伊国有徐福祠，熊野山有徐福墓，其明证也。日本传国重器三：曰剑，曰镜，曰玺，皆秦制也；君曰尊，臣曰命，曰大夫，曰将军，又周秦语也。"

这一切引起 20 世纪 30 年代以来学者的广泛兴趣，徐福研究的论著层出不穷，香港卫挺生最早涉及这一课题。影响较大的当推梁嘉彬，他在论文《吴志孙权传夷洲亶洲考证》中指出："秦始皇之遣徐福入海，求蓬莱神山仙药，事见史记秦始皇本纪、淮南王安传及封禅书，其他汉人著作亦有记载，匹夫之事而得入帝皇本纪，自系事实，非传说。第其在秦始皇末年（三十七年，公元前 210 年）入海后，在帝皇本纪内遂失其踪迹，故后人每以'传说'视之。其实其人与秦始皇事迹关系密切，其事自秦至汉，乃至六朝唐宋，记之不绝。日本愈秘其事而其事愈彰，内而宫廷，外而边徼，或留其迹，确有其人，确有其事，不可诬也。"据他考证，蓬莱即亶洲即今日本，徐福与日本开国关系密切，谓日本《新撰姓氏录》中，秦氏最多，神武天皇之曾祖天孙氏之同胞长兄，也是秦氏。梁嘉彬还著有《关于徐福史料之观察》、《中日先史关系的几个问题》、《从徐福碑有真假追踪蓬莱亶洲》等。关于徐福的研究，到 20 世纪 80 年代形成了一个新高潮。1982 年全国地名普查时，在江苏省赣榆县金山乡发现了徐阜村，1984 年 4 月 18 日《光明日报》发表署名文章《秦代东渡日本的徐福故址之发现和考证》，引起海内外强烈反响。1984 年 4 月 19 日《朝日新闻》刊登记者横堀克己从北京发回的报道：《传说中来日寻求长生不老药的道士徐福确有其人》，在日本引起轰动。日本新宫市市长以"徐福第二故乡"身份，致信赣榆县政府，要求结为友好城市，以徐福为纽带进行文化经济交流。

在日本熊野地方，对徐福的信仰历时千年以上，从不间断。即使在今天，新宫市每年二月和八月都要举行盛大的祭奠，每次活动都与徐福有关。

　　日本的弥生文化是由绳纹时代进入文明时代的里程碑，其主要特征是以渔猎采集为主的生产方式进化为以种植水稻为主的生产方式。日本考古学家根据大量的出土文物和遗址断定，促成这一转变的原因，是"秦汉归化人"对文明的传播。因此把徐福当"神"来祭祀，称之为"弥生文化的旗手"。发现弥生文化遗址的佐贺县的金立神社就是祭祀徐福的神庙，据说已有两千年的历史，每隔五十年举行一次徐福大祭，盛行不衰。中日两国一衣带水的关系可谓源远流长。

五、西汉与东汉
——帝国规制的完备化

24. 大一统帝国的重建

秦始皇的继承者秦二世昏庸残暴，"法令诛罚，日益刻深"，"赋敛愈重，戍徭无已"，人民怨声载道；当时人称，"欲为乱者，十室而八"。秦王朝濒临崩溃的边缘了。

公元前 209 年，担任屯长的陈胜、吴广等一行九百人被征发到渔阳（今北京密云西南）屯戍，行至蕲县大泽乡（今安徽宿州西南），遇上几天的滂沱大雨，无法按期抵达渔阳，按律将处死刑。于是陈胜、吴广铤而走险，揭竿而起。不久，这支队伍发展成拥有战车六七百辆，骑兵上千人，步兵数万人的大军。反秦的洪流一时间泥沙俱下，鱼龙混杂，被秦征服的六国旧贵族乘机而起，企图"报父兄之怨，而成割地有土之业"。有的独树旗帜，如田儋之流；有的加入陈胜的队伍，如张耳、陈余之流。张耳、陈余反对陈胜称王，要他拥立六国的后裔；投奔陈胜的孔子八世孙孔鲋也主张恢复秦统一前的六国体制。陈胜没有接受，自称为王，立国号为张楚。但是，贵族割据的分封制正在死灰复燃，秦始皇创建的大一统中央集权体制经受着严峻的考验。果然，不久武臣在张耳、陈余鼓动下，自立为赵王；田儋自立为齐王。陈胜失败后，秦嘉立楚国贵族景驹为楚王；响应陈胜起义的项梁，接受范增的建议，立楚怀王孙熊心为王。种种迹象表明，秦统一后，虽然以郡县制取代了分封制，确立了以皇帝制度为核心的中央集权体制，但基础并不牢固，法律秩序与政治制度并未深入人心。被打败的六国拥有各自的传统势力，在他们原先的辖区仍有相当大的生命力和号召力。

项梁的侄子项羽在反秦战争充当了这种政治动向的代表人物。他为了给六国贵族复仇，焚毁了秦始皇陵园及咸阳宫城，大火三月不熄。公元前

206年,他自立为西楚霸王,把梁楚九郡作为自己的直属领地,同时分封了十八个诸侯王,大都是六国旧贵族和项羽部将。原先各路军约定,先进咸阳者应封王于关中,项羽违反诺言,改封刘邦为汉中王,仅占汉中、巴蜀一带;另封秦朝降将章邯为雍王、董翳为翟王、司马欣为塞王,号称"三秦",以牵制刘邦。

刘邦,沛县(今属江苏徐州)人,曾任秦朝的亭长。秦制,十里一亭,设亭长,掌治安警卫、治理民事,多以服兵役期满者担任。陈胜、吴广起义后,刘邦在沛人的拥戴下聚众起义,后来投奔了项梁。

在反秦战争席卷之下,秦朝危在旦夕,李斯上书秦二世,揭露赵高有"危反之行"。秦二世听信赵高的诬告,把李斯腰斩,并诛三族。赵高果然有"危反之行",不久发动宫廷政变,强迫秦二世自杀,另立秦二世的兄子公子婴为秦王。子婴不愿听任赵高摆布,杀了赵高。

刘邦就在这时率军由武关进攻咸阳,于公元前206年进抵咸阳附近的灞上。刚当了四十几天秦王的子婴,在刘邦兵临城下时,捧着皇帝的印玺投降。秦朝灭亡了。项羽对刘邦先他攻下咸阳心有不甘,依仗军力优势攻破函谷关,屯军鸿门(今陕西临潼东北),与刘邦直接对峙。刘邦听取张良的建议,到鸿门与项羽言和求好。刘邦无力与项羽决战,只得听从萧何建议暂时忍耐,先到汉中就王位,待机反攻"三秦",可望进而统一天下。

项羽的分封,终于导致了割据战争。韩信向刘邦建议,利用将士"日夜企而望归"的心情,率军东向,与腹背受敌的项羽决一胜负。战争形势有利于刘邦,项羽派人向刘邦求和,双方约定以鸿沟为界:以西为汉,以东为楚。

公元前202年,刘邦大举进攻,并约韩信、彭越会师。项羽兵败,退至垓下(今安徽灵璧南沱河北岸),被汉军包围。夜深人静,汉军中高唱楚歌,项羽以为汉军尽占楚地。半夜时分,项羽无法入眠,起身饮酒,陪伴他的是宠妾虞美人和一匹名叫"骓"的骏马,听着四面袭来的楚歌,他慷慨悲歌:

> 力拔山兮气盖世,
> 时不利兮骓不逝,
> 骓不逝兮可奈何!
> 虞兮虞兮奈若何!

项羽反复高歌自己即兴创作的诗篇,虞美人在旁应和,其凄惨情景令一代英豪黯然泪下。走投无路的项羽,率八百余骑兵突围,至乌江(今安徽和县东北)自刎。

如果说项羽的分封是迎合六国贵族的复辟愿望,倒行逆施,终于自食其果;那么刘邦的分封异姓诸侯王是出于无奈,他为了击败项羽,分封了楚王韩信、淮南王英布、梁王彭越、赵王张耳、韩王信、燕王臧荼、衡山王(后改称长沙王)吴芮。然而,这毕竟埋下分裂的潜在危险。公元前202年刘邦重建大一统的帝国——汉,最初建都洛阳,不久迁至长安(今陕西西安西北),新王朝出现之后,这一矛盾日趋尖锐化。这七个异姓诸侯王的封地几乎接近于战国时期六国的全部疆域,他们自恃开国功臣,又拥有强大的兵力,与朝廷分庭抗礼。

燕王臧荼首先反叛。他是原燕国大将,迫于形势助汉击楚,但对于平民出身的刘邦称帝并不心服,刘邦刚登上帝位,他就起兵反叛。第二个反叛的是韩王信。楚王韩信在封国陈兵出入,被人告发,刘邦把他贬为淮阴侯。后来韩信阴谋反叛,被处死并夷三族。彭越由于没有检举劝他谋反的人,刘邦以"反形已具",把他枭首示众,夷三族。以后刘邦又把其他各王一一剪除,只有势力最弱的长沙王得以保存。

班固在《汉书》中说,各诸侯王的反叛是刘邦逼出来的,他们"见疑强大,怀不自安,事穷势迫,卒谋叛逆"。从韩信嘴里说出的"狡兔死,良狗烹;高鸟尽,良弓藏;敌国破,谋臣亡",给汉高祖刘邦勾画出一幅疑神疑鬼、寡恩刻薄的嘴脸。其实当时形势对于刚建立的汉朝而言是十分严峻的,不剪除这些异姓诸侯王,后果不堪设想,正如刘邦在当时所说:"天下匈匈,劳苦数岁,成败未可知。"刘邦的手段或许过于苛急,但不如此不足以稳定大局,不足以维护大一统的汉帝国。刘邦战胜英布后,路过家乡沛县,约请故人、父老、子弟一同欢饮。刘邦在宴会上酒酣气振,手舞足蹈,敲打乐器,引吭高歌:

> 大风起兮云飞扬,
> 威加海内兮归故乡,
> 安得猛士兮守四方!

歌中反映出重建大一统帝国的志得意满之情,也隐约流露出股肱之臣一个个被杀不免感慨系之的内心不安之感。

刘邦对历史的最大贡献是汉承秦制,维护了秦始皇开创的大一统中央集权体制。汉朝是中国历史上第一个由庶民建立的王朝,汉高祖刘邦是秦朝微贱的亭长,两名相国萧何、曹参不过是秦朝县政府中的低级小吏,大将军陈平是屠夫出身,另一大将军韩信年轻时做过乞丐,英布、彭越则是盗贼出身。这种庶民皇帝、布衣将相的格局,与六国贵族迥然不同,为汉承秦制提供了可能。

　　刘邦接受了皇帝的称号,皇帝之下设三公九卿与秦制完全一样。地方行政系统仍是郡、县、乡、亭、里。郡有郡守(后更名为太守)、郡尉等,分掌政治、军事、监察之权。县分大小,万户以上设县令,万户以下设县长,下设丞、尉,分掌文书、治安之权。基层组织是里,十里为亭,有亭长;十亭为乡,有三老(掌教化)、啬夫(掌诉讼、收税)、游徼(掌治安)。然而刘邦在继承秦的郡县制时,犹豫不决,进两步退一步,在郡县制与分封制之间采取折中主义。这似乎是鉴于秦朝短期间内过度集权化导致"孤立而亡",又要根绝战国的地域纷争温床,不得已推行的一种郡县与封建兼而有之的郡国制。异姓诸侯王,如楚王韩信、梁王彭越、赵王张敖、韩王信、淮南王英布、燕王臧荼、长沙王吴芮,在

汉高祖像

楚汉战争中已经形成,汉朝建立后,不过是承认既成事实而已。问题在于,汉高祖在消灭了异姓诸侯王之后,分封了九个同姓诸侯王——燕、代、齐、赵、楚、梁、吴、淮南、淮阳,封地大,权力重,俨然独立王国。这些王国与郡县同时并存,形成了奇特的郡国制。这种一国"两制",是历史的倒退,不久就遭到吴楚七国之乱的惩罚。

25. 黄老思想与文景之治

　　汉初庶民皇帝、布衣将相的格局,为政治革新提供了可能。
　　汉高祖刘邦鉴于秦朝用法家理论与政策治国,专任刑法,为政苛暴,导致二世而亡,当然不会继续采用法家思想。但是,出身低微、凭借武力打天下的他,一向对儒家持轻蔑态度,常骂儒生是"竖儒"、"腐儒"。秦末高阳儒生郦食其(Lì Yìjī)怀才不遇,托沛公(刘邦)麾下骑士引荐,骑士对他说:"沛公不好儒,诸客冠儒冠来者,沛公辄解其冠,溲溺其中。"把儒生的帽子解下来当作夜壶,对儒生蔑视到这种程度,郦食其仍要去谒见他。刘邦在高阳传舍召见郦食其时,正坐在床边让两个婢女为他洗脚,极其倨傲不恭。战败项羽后,刘邦说:"为天下安用腐儒!"透露了他何以总是瞧不起儒生的原因。不过他身边还是有一些并不死守儒家教条颇知变通的儒生,陆贾、叔孙通便

是其中的佼佼者。

刘邦当了皇帝后,陆贾常在他面前称赞《诗》、《书》,刘邦以为陆贾不明时势:"乃公居马上而得之,安事《诗》、《书》!"陆贾申辩道:"居马上得之,宁可以马上治之乎?"刘邦以为他言之有理,就让陆贾总结秦朝之所以失天下的原因。陆贾写成《新语》十二篇,说秦朝专任刑法是它迅速灭亡的主要原因,因而主张"行仁义,法先王",其要旨在于以"教化"劝善,以"法令"诛恶,实行"无为"政治:稳定得像没有什么事那样,安静得像没有什么喧闹声那样,有官府而不扰民像没有官吏那样,各村各户过着恬静的生活像没有什么人那样。刘邦十分欣赏。

叔孙通也是一个颇知变通的儒生,他为了不让刘邦厌恶,放弃儒生的宽袖大袍改穿短装。汉朝建立伊始,庶民皇帝与布衣将相不知君臣礼仪,诸将又和刘邦同起民间,属于"脚碰脚"之流,常在大殿上饮酒喧哗,拔剑击柱,使刘邦感到"威重不行",叔孙通就对刘邦说:"儒者难与进取,可与守成。"为此他制订了一套兼采古礼和秦仪的朝仪制度。叔孙通的朝仪实施后,效果很好,刘邦作为皇帝威风凛凛,不无得意地说:"吾乃今日知为皇帝之贵也。"

有鉴于此,汉初统治者需要兼容道、法、儒各家之长的治国理论,黄老之学适逢其会。

黄老之学本是战国时齐国稷下学宫的一派,是以道为主兼有法、儒的复合思想。这个学派主张,道生法,守道就是遵法,法和礼并用,从而达到"清静无为"。这种"无为而治",反映了人民厌恶暴政,渴望宁静安定的情绪。刘邦之所以欣赏陆贾的"无为"政治主张,原因就在于此。

推行黄老思想的著名人物是曹参。他在担任齐国相时,谋士们议论纷纭,莫衷一是,听说有一位盖公专门研究黄老之学,便把他请来,盖公说:"治道贵清静而民自定。"曹参照此办理,齐国果然大治。萧何死,曹参调到中央继任丞相,奉行清静无为思想,"萧规曹随","举事无所变更","一遵萧何约束",无为而治。无为而治,并非无所作为,而是遵照刘邦、萧何制定的制度、政策,不作更张。当时民谣说:"萧何为法,讲若画一;曹参代之,守而勿失。载其清靖,民以宁一。"刘邦死后,惠帝、吕后时期基本如此。

文帝、景帝时期仍一如既往。文帝本人"好刑名之言",长期担任丞相的陈平崇尚黄老之术,文帝的皇后窦氏也好黄老之学,强令其子景帝及其他子弟都读黄老学派的著作。

文景之治的出现,与黄老思想有着直接的联系,为政之道在于"禁网疏阔"、"务在宽厚"、"刑罚大省"。文景之治的另一特征是轻徭薄赋、与民休息。贾谊和晁错都认为农业生产没有恢复和发展的原因有二:一是赋税徭役太重；二是"背本趋末"。关键在于对农业的优惠不足，正如晁错所说："今法律贱商人，商人已富贵矣；尊农夫，农夫已贫贱矣。"文帝采纳他们的建议，在提倡农耕、抑制商人的同时，采取一些具体措施，把汉高祖规定的土地税十五税一 $\left(\dfrac{1}{15}\right)$，减为三十税一 $\left(\dfrac{1}{30}\right)$，有十几年还免收此类农田租税；人口税由每人 120 钱减为 40 钱；徭役从每年一次减为三年一次。农民得到休息，人口增加，家给人足，出现了前所未有的安定。景帝时依然遵循这种轻徭薄赋、与民休息的政策。到了景帝的晚年出现了空前富庶的景象——"京师之钱累百巨万，贯朽而不可校。太仓之粟陈陈相因，充溢露积于外，腐败不可食"。汉朝的统治之所以能沿袭这么长，这是很重要的一点。

黄仁宇《中国大历史》指出：中国从公元前一直到 20 世纪，中央政府能向每个农民直接征税，是世界上唯一的国家。这个说法很有意思地揭示了传统中国社会与世界各国的不同之处，关键在于中央集权体制。但直接征税必须有一个度，超过这个度，中央集权的王朝就难以维持，从本质上讲，轻徭薄赋应该是王朝中央政府的最佳选择，因为它可以导致家给人足、社会稳定。

西汉前期各代皇帝的才干、治绩，大体是与社会发展状况合拍的。创业的汉高祖刘邦，是流氓无赖出身的大英雄，豁达大度而又不脱秦汉之际社会下层人物特有的流气，率领一批草莽好汉、布衣将相打下江山。无为而治的文帝、景帝节俭治国，嫔妃们衣不曳地，宫中帷帐不用纹绣，营建宫室不用金银铜的装饰，匈奴发兵进犯，只令边兵固守，绝不发兵追击，怕打扰百姓。这都是从当时财力不丰、人民不富的实际情况出发的。景帝时宽刑法，减官吏，省徭赋，倡农桑，也是从连年遭灾歉收，人民衣食困难的状况着眼的。没有汉初七十多年的休养生息、积累财富而形成的国力，就不可能有汉武帝的大展宏图。从汉高祖到汉武帝，一直是在创业—守成—发展的上坡路上前进。

26. 汉武帝：中央集权体制的强化

汉高祖在剪除异姓诸侯王之后，分封了九个同姓诸侯王，并且宣布："非刘氏而立，天下共击之。"其目的显然想仰仗刘氏宗室的血缘关系，构筑皇权的屏障。为了限制诸侯王国的权力，他规定王国的相、太傅、内史、中尉等官吏必须由皇帝委派。汉高祖逝世后，诸侯王国与中央的矛盾逐渐明朗化，给文帝、景帝带来了很大的麻烦。这些王国的封地很大，最大的齐国领有七十三县,而中央的直辖区不过十五郡。王国可以经营盐铁、征收赋税、铸造钱币、任免官吏,独立倾向日益膨胀。文帝采纳贾谊的意见,把一些王国分小,以削弱其势力,又把自己的儿子封在梁国作为屏障。这当然不能解决问题。

御史大夫晁错是一位很有远见卓识的政治家,他向景帝提出"削藩"的主张。他说:现在削藩,诸侯王要反,不削也要反;削则反早祸小,不削则反迟祸大。景帝批准了晁错的削藩策,采取断然措施。于是,酝酿已久的诸侯王反叛终于以此为借口爆发了。

公元前154年,汉高祖的侄子吴王刘濞纠集吴、楚、赵、胶东、胶西、济南、淄川七国,发动武装叛乱。刘濞早就图谋反叛,取而代之,这时便打出请诛晁错、以清君侧的旗号,向中央摊牌。

吴楚七国之乱被平定后,景帝把王国的行政权、官吏任免权收归中央,王国的独立地位被取消,诸侯王成为只有爵位而没有实权的贵族,王国基本上相当于中央直辖的郡县了。

汉武帝继续实行景帝的削藩政策,颁布"推恩令",让王国只能衣食租税,不能过问政事。从此王国的封地愈来愈小,中央统辖的地盘愈来愈大。汉初郡国制带来的后果,至此终于消除。

汉武帝刘彻是秦始皇以来又一位雄才大略的皇帝,他的主要贡献在于,把秦始皇创建、汉高祖重建的中央集权体制进一步强化、完善,建立起空前强大的统一的中央集权大帝国。

第一,汉武帝为了提高皇帝的威权,有意裁抑丞相的职权,提高太尉职权,改太尉为大司马,又冠以大将军称号,大司马大将军分割了丞相的军权。另一方面,又任命一些高级侍从——侍中、给事中,可以直接与皇帝讨论国家大政方针;还参用宦官为中书,掌尚书之职——出纳章奏,操持机柄。于是形成一个宫内决策机构,称为"中朝"或"内朝",以丞相为首的政府机关则称为"外朝",只不过是执行一般政务

汉武帝像

而已。

第二,汉武帝为了加强对地方的控制,创设了刺史制度,分全国为十三部,每部派一名刺史,周行郡国,代表中央负监察之责。这种监察权包括"省察治状,黜陟能否,断治冤狱",以督察郡国守相、强宗豪右为宗旨。秦的郡级政区只有四十九个(内史和四十八郡),西汉增至一百零八个郡国,要中央直接管理太困难,刺史部的设置便成为解决这一难题最聪明的办法。刺史部就是监察区,一个刺史部包括若干郡国。然而刺史是小官,俸禄仅六百石,郡国守相是高官,俸禄二千石,以小官监察大官,既防止监察区变成一级行政区,又收到中央管理之效,可谓一举两得。

第三,为了改变汉初军队分散于全国各地而首都内外并无重兵的状况,汉武帝设立中央常备兵。先是设立期门军、羽林军,选拔陇西、天水等六郡的所谓"良家子"组成;后又训练阵亡战士子弟,称为羽林孤儿。中央常备军的建立,对于中央集权体制具有重要意义,它是历代王朝"内重外轻"(重中央轻地方)兵制的开创。

第四,汉武帝任命具有法家色彩的桑弘羊为治粟都尉,实行盐铁官营,打击少数地方豪强操纵盐铁经营,把生产与销售盐铁的权利收归国家垄断,以加强中央集权的基础。汉武帝采纳桑弘羊的建议,实行平准均输政策。平准法是由中央政府在首都长安设平准官,接受均输货物,按长安市场价格的波动情况,贵卖贱买,从而调剂供需、控制市场。均输法是由中央政府在各地设均输官,把应由各地运往首都的物资,由产地运往别处出售,再在别处收购物资易地出售,这样辗转贩卖,把关中所需物资运至长安。均输的功用,除了补给军需供应,支持都市消费,维持仓库积储,还包括赈济灾区贫民等内容,即所谓"流有余而调不足"。平准均输政策打击了商人囤积居奇、哄抬物价,由国家统一调剂运输,平抑物价。桑弘羊是当时一名理财家,他继承并发扬了李悝的理论,解决了农产品的市场贩卖,维护了农民的利益,而且有利于国家财政收入的增加,这就是所谓"民不益赋而天下用饶"。

汉武帝是雄才大略的皇帝,他在位的半个多世纪,使汉朝登上了顶峰。帝国已强大到足以向边陲地区及亚洲腹地不断地发动军事远征。从公元前135年至公元前119年,主要的兵力用在对付匈奴的威胁方面,从公元前112年起又向南方、西南方、东北方进军。从公元前133年起,在名将李广、卫青、霍去病等的指挥下向匈奴发起攻势,不久在西北边陲设置了朔方郡和五原郡。在此期间,张骞两次出使西域,完成探索中亚的史诗般功业。秦朝原来的防线向西延伸到敦煌附近的玉门关,为了保卫西北边境,防止突然袭击,也为了通商路线得到有效防护,建造了新的长城,直至由酒泉、张掖两郡组成的前沿阵地。快到武帝晚年时,已明显地出现了过度使用武力的迹象。皇帝的内兄李广利对大宛(费尔干纳)的战争,以败退敦煌而告终,其后以惨重代价才挽回了一点面子。以后,李陵在深入异域时几经奋战而兵败,李广利也被匈奴战败,像李陵那样被迫向宿敌投降。

向其他方面的军事行动显得较为顺利,公元前 111 年在云南和四川设立牂(zāng)柯郡、越嶲(xī)郡,公元前 108 年设立益州郡;远征南越的结果,建立了九个新郡,其中两个在海南岛(不久即废);向东远征的结果,在朝鲜半岛设立了四个郡。

一系列的伟大成就使汉武帝踌躇满志,忘乎所以,接连不断地发动了十几次战争,有些是必要的(如对匈奴),有些是不必要的(如对大宛)。大规模的战争,先后动员了二百多万兵力,造成人民无法忍受的苦难。汉乐府《战城南》明显地反映了人民的厌战情绪。战争使国库空虚,民力衰竭。汉武帝不仅好大喜功,而且奢侈无度,扩建上林苑(皇家花园),开凿昆明池,建造宫殿几十处;还不远万里率领大批随从去祭泰山,为此修建了驰道、桥梁、离宫别馆。汉武帝元封元年(公元前 110 年)封禅泰山时,先在梁父礼祠地主,接着在泰山下向东方祭天,然后上泰山封祀,又下阴道,禅于泰山下的肃然山,既祭天又禅地。把泰山看作神仙世界的通道与死后世界的都城,反映了汉人对天上世界与地下世界的想象。他先后八次封禅泰山,当他登上泰山顶峰时,汉王朝也在这时登上了世界的顶峰。

汉武帝死后,朝廷大臣提议给他“世宗”的庙号,意为开创新纪元的典范。这一提议遭到经学家夏侯胜的强烈反对,原因就在于,这位已故的皇帝发动的战争给百姓带来了灾难。杨联陞在《中国历史上朝代轮廓的研究》中指出:“一般来说,中国的传统是从一个朝代的创立者那里期望军事上的业绩,而从他的继承人那里期望内政上的成就,因而就区分出创业之君和守成之君。一个朝代中期的扩张主义皇帝常常因为他们的野心而遭到指责。”

27. “罢黜百家,独尊儒术”

汉初奉行黄老思想,无为而治,最大的贡献是培养国力,但不适合于统一大帝国的治理。汉武帝反对无为,主张有为。为了从意识形态方面维护中央集权体制,汉武帝采纳儒家出身的官僚建议,罢黜百家,独尊儒术。

　　文帝、景帝时期，由"无为"到"有为"，由道（黄老）到儒的转化已在悄然进行。建元元年（公元前140年）汉武帝即位，这位年仅十六岁的少年皇帝颇想有所作为，接连三次下诏向有识之士策问古今治乱之道和天人关系等。

　　景帝时曾任博士的大儒董仲舒，援引《春秋》"大一统"理论，在三次上书对策——所谓"天人三策"中，提倡以思想大一统来保持政治大一统。《春秋公羊传》隐公元年条说："何言乎王正月？大一统也。"（此处"大"是动词，意为尊崇）董仲舒由此发挥道："春秋大一统者，天地之常经，古今之通谊也。今师异道，人异论，百家殊方，指意不同，是以上无以持一统，法制数变，下不知所守。"因此，他主张："诸不在六艺之科，孔子之术者，皆绝其道，勿使并进。"所谓"六艺之科"，就是儒家的《诗》、《书》、《礼》、《乐》、《易》、《春秋》，也就是"孔子之术"。董仲舒的意思是要运用政权力量禁止其他各家学说与儒家学说"并进"。后世学者对这一段历史产生了一系列的误解。误解之一是，"罢黜百家，独尊儒术"是董仲舒一人促成的；误解之二是，从此禁绝了儒家之外的诸子百家。

　　其实，早在董仲舒对策之前，建元元年（公元前140年）汉武帝已经采纳了丞相卫绾的建议，罢黜专治申不害、商鞅、韩非、苏秦、张仪之言的贤良。建元六年武帝启用"好儒术"的田蚡为相，放手让田蚡把不研究儒家经典的太常博士一律罢黜，把黄老刑名等百家之言排斥于官学之外，以优厚待遇延揽儒生数百人进入政府。这一系列措施就是所谓"罢黜百家，独尊儒术"。武帝为了表彰儒学，立五经博士（专门研究《诗》、《书》、《礼》、《易》、《春秋》的博士），儒学从此成为官学。他根据董仲舒、公孙弘的建议，在首都长安建立太学（国立大学），教授五经，从学官弟子里选拔官吏。凡郡国俊才年十八岁以上，可保送至太学为博士弟子，学习一年以上可参加考试，甲科者为郎中，乙科者回原郡国为吏。他还令丞相设四科，来辟举"异德名士"，试用合格即授予官职。此外又不定期地"举贤良"，由他自己出题策问，应举者如对策得当即可授予官职。衡量的标准当然是儒家的经典。后来，郡县都设立学校，配备经师，教授儒家经典。经学成为"学而优则仕"的工具，经学特殊地位的确立，显示儒学的官学化正在逐步形成。

　　近年来，学者们对这一久有误解的课题进行了澄清。刘桂生在《近代学人对"罢黜百家，独尊儒术"的误解及其成因》一文中指出：汉武帝"罢黜百家，独尊儒术"，至少并非仅仅采用了董仲舒的建议；董仲舒要"罢黜"的不过是那些新来对策的专治杂学的人，并非禁绝儒家以外的各家；其用意只在于确立儒家在官学与朝廷政治中的地位，不许其他学派分沾，而不是禁止诸子百家在社会上流传；读书人若要研究，尽可自便，只是不能用来猎取功名富贵。如此而已。日本学者福井重雅在《董仲舒对策的基础研究》等论文中，也对传统说法提出异议，认为董仲舒第三策答问中那一段话（即"不在六艺之科，孔子之术者，皆绝其道，勿使并进"），不可能在建元五年（前136年）春"置五经博士"之前提出，因此这个对策的尊儒政策与五经博士的设置是全无关系的。中国思想史上最著名的儒教国教化问题，必须从别的视角导出新的解释。这是值得注意的新动向。

注释与阐述儒家经典的经学作为一门政治色彩极为浓重的正统学问，成为知识分子关注的焦点。朱维铮《孔子与中世纪儒学教育》一文指出，从汉武帝起，历代帝王所需要的儒术或经术，主要是用儒家经典的语言包装的统治术。他们只承认本朝开创或修订的制度符合天道，留给经学家的任务只是对此加以论证，以符合孔子所憧憬的不变的天道。董仲舒在"天人三策"中就说天和道都不会变，需要尊崇的是孔子的术，因为孔子最反对变更现存的统治秩序。后来担任宫廷首席教师的经学家夏侯胜说，通晓了经术，获得高官厚禄就像从脚底下拣起一粒菜籽那样容易。因为太学里五经博士对弟子的教育，都把"通经"——通晓官方核准的经典及其标准诠释看作实现"致用"的主要途径，即把善于附会经典所记的圣贤言论，为现政权进行辩护、粉饰，当作明白"经术"的考试标准。

由于这种特殊的政治背景，汉武帝以后，经学日趋昌盛，太学中的博士就是专治一经的经师，他们以诠释儒家经典为终身职业，皓首穷经，搞章句之学，一字一句的注解十分繁琐，一部经典的正文篇幅不大，解释它的文字竟长达百余万言。由于功名利禄之所在，人们乐此不疲。博士弟子由武帝时的五十人，递增至成帝时的三千人、东汉顺帝时的三万人。经学内部也分化出不同的派别——经今文派与经古文派的争论。原先博士讲解儒家经典所用文本，是用"今文"——当时通行的文字（隶书）书写的。汉武帝所立"五经"十四博士，都是今文经学家，由于当时通行全国，没有必要标明"今文"的名称。所谓古文，即战国时代的东方文字，汉代已不通行。这些用古文书写的儒家经典文本，一部分是汉武帝末年鲁共王刘余为扩建宫殿拆毁孔子故宅，在孔府墙壁中发现的，有古文《尚书》、《礼记》、《论语》、《孝经》等，孔子的后代孔安国向汉武帝献书，希望立于学官。到哀帝时，从事校勘群书的经学家刘歆向哀帝提出应当把古文经立于学官，作为太学中的教材，引起了一场争论，形成了今文经学与古文经学两大流派。今文经由官方在学校正式传授，古文经则在民间私人传授。

董仲舒是春秋公羊学大师，专门研究《春秋公羊传》，声称他的学说都是从这部经典中推导出来的。其实他所写的《春秋繁露》一书,吸收了当时颇为流行的阴阳家的阴阳五行学说,重新解释了《春秋》的微言大义,阐发"天人感应"思想。通过在天空或地上显示奇异的天象,天能向它的儿子——天子即皇帝——指出他施政不当的性质和程度。因此地必须服从天,卑必须服从尊,下必须奉上,臣必须忠君,这就是"礼"。礼的原则主要是"以人随君,以君随天","屈民而伸君,屈君而伸天"。董仲舒的尊君与大一统主张,最直接地反映了汉武帝时代中央集权帝国的政治需求。具体化为伦理道德,便是"三纲"——君为臣纲、父为子纲、夫为妻纲,以及"五常"——仁、义、礼、智、信。三纲五常对于整合社会不同阶层的价值观,对于农业社会人们的安身立命,提供了一个可资利用的行为规范和心灵归依。董仲舒认为儒家经典都是王道,而《春秋》则是"王道之大者",包含了万事万物兴衰的道理,规范了政治秩序、人伦道德。他把《春秋》的微言大义系统化,提高了《春秋公羊传》的地位,神化孔子和《春秋》。董仲舒使儒学走上了宗教化的道路,成为儒教。西方汉学家称董仲舒是"儒家的第一个神学家",是不无道理的。

汉武帝独尊儒术,其实是有保留的,对诸子百家也不是一概罢黜,《史记·龟策列传》说:"今上(武帝)即位,博开艺能之路,悉延百端之学,通一伎之士,咸得自效,绝伦超奇者为右,无所阿私。"这段话反映了汉武帝对"百端之学"是宽容的。汉武帝并不完全依赖儒士,在宗教方面,他相当依赖道家方士,在政治方面,他相当依赖法家。汉武帝并不真正懂得儒家之道,他所做的不过是让五经博士培养弟子,作为官员的候补。大儒董仲舒主张"限民名田",他根本不予理睬,倒是法家桑弘羊颇受重用,大力支持他推行"盐铁官营"、"平准均输"政策。儒家拘泥迂腐的作风,与汉武帝好大喜功的秉性格格不入,他一生的所作所为多与儒学大相径庭。他所用的大臣,大都是既精通儒术又深知刑法的人。

奉行黄老思想的汲黯曾当面揭穿武帝表彰儒术是"内多欲而外施仁义",实际是儒表法里。明末清初的思想家王夫之在《读通鉴论》中对此作这样的评论:汲黯"责武帝之崇儒以虚名而亡(无)实"。儒表法里也是后世统治者的治国秘诀。汉元帝在做太子时,见其父宣帝"所用多文法吏,以刑名绳下",便谏道:"陛下持刑太深,宜用儒生。"宣帝勃然变色斥责道:"汉家自有制度,本以霸王道杂之,奈何纯任德教,用周政乎?"从中透露出所谓独尊儒术的背后,"王道"与"霸道"即儒与法并用的秘密。个中奥妙颇堪寻味。运用政权力量控制意识形态,其实是法家的发明,商鞅、韩非、李斯都精于此道,秦始皇据此以镇压的手段控制意识形态,却不成功。汉武帝则用另一种方式来统一思想——以仕宦之路来引诱,凡是不属于"六艺之科,孔子之术"的,都杜绝其仕进之途,他立五经博士,开弟子员,设科射策,就是"劝以官禄"。此后一百多年,"传业者浸盛,支叶蕃滋,一经说至百余万言,大师众至千余人,盖禄利之路然也"。由于利禄之路的引诱,儒家教化逐渐普及,取得了极大的成功。毫无疑问,此后的儒家学者逐渐把儒学当作进入仕途的敲门砖了。这是经学最大的弊端,吕思勉说得好:"如郑玄,遍注群经,在汉朝,号称最博学的人,而其经说,支离灭裂,于理决不可通,以及自相矛盾之处,就不知凡几。此等风气既盛,治经者遂多变为无脑筋之徒。虽有耳目心思,都用诸琐屑无关大体之处。"

28. 王莽托古改制

好大喜功的汉武帝,轰轰烈烈的一生以悲剧告终,由于征伐匈奴的惨败,国内又呈现饥馑动乱景象,他的晚年是在忏悔痛恨中度过的。公元前87年,汉武帝巡行到周至,一病不起,在他虚度七十岁以后,永辞了他统治了五十四年的帝国,静静地躺在长安西北宏伟的茂陵地宫里。继位的是年仅八岁的昭帝刘弗陵,大司马大将军霍光等大臣按武帝遗诏辅政。由于同时辅政的金日磾(Jīn Mìdī)之死、上官桀被处决,形成霍光一人代小皇帝摄政的局面。昭帝八岁即位,在位十三年,死时还只有二十一岁,一切政务全由霍光裁决。霍光的外孙女为昭帝的皇后,而小女儿又是宣帝皇后,这样一来,他不仅是大权独揽的摄政大臣,而且是对内廷有举足轻重影响的外戚,从此开启了外戚干政的先例。不过,他与后世专擅朝政的外戚不同,颇有政治家的远见卓识。他的摄政时代与好战的武帝时代适成鲜明对照,以节约财政开支为特征,二十年间不断减税,对匈奴的政策由征战转变为和平交涉。

元平元年(公元前74年)昭帝去世,霍光拥立汉武帝的曾孙(武帝太子刘据的孙子)刘病已为帝,是为宣帝。霍光死后,宣帝亲政,奉行王道与霸道并用的治术,一方面减免农业税、人口税,以及贫困户的徭役;另一方面"信赏必罚,综核名实",以文法吏和刑名术监督各级官吏。他是武帝以后唯一能守成并稍有建树的皇帝,一度曾出现了所谓小康中兴局面。不过他也敏锐地预感到汉家天下将要败在笃信儒术、优柔寡断的儿子手里。事实确实如此,昭宣时代尚能维持武帝时鼎盛局面,以后相继即位的元帝、成帝、哀帝、平帝,一代不如一代,终于导致外戚在宫廷政治中作用逐渐扩大,王莽篡夺政权就是这种形势的产物。霍光摄政时外戚已初露锋芒,宣帝视霍氏家族如芒刺在背,霍光死后两年,由于阴谋告发,夺去了其妻子、家族多人的性命。东汉的史官在《汉书》中大发感叹:"威震主者不畜,霍氏之祸萌于骖乘。"这就是"威权震主,祸萌骖乘"这个典故的由来。

但外戚在宫廷政治中的支配地位沿袭不变,不过由霍氏变为王氏而已。王氏的外戚地位源于汉元帝的皇后王政君,即王莽的姑母。元帝死后相继即帝位的成帝、哀帝、平帝都是元帝之子,而成帝是王皇后所生,因此成帝时皇太后王氏的兄弟五人同日封侯,显赫一时,担任大司马大将军,轮流执政。王莽凭借王家声势,广泛结交权贵和经师,显出一副"谦恭俭朴"、"勤学博览"的儒雅风度,博得人们的好感。他当了大司马不久,哀帝即位,外戚丁、傅两家得势,王莽罢官,闭门韬晦。哀帝死,幼小的平帝即位,王太后临朝,王莽以大司马大将军身份掌握了大权,嗾使一些大臣建议立他的女儿为皇后,使他以大司马大将军兼国丈的特殊地位牢牢地控制了朝政。平帝死,王莽一手包办,拥立二岁的孺子婴当皇帝,自己称为"摄皇帝"。公元 8 年,王莽篡位,自立为帝,改国号为"新",从此新朝取代了汉朝。

从王莽步入政坛到当上皇帝,用了三十一年时间。这一段历史,在东汉官方钦定的《汉书》里,完全被扭曲了,把王莽写成乱臣贼子,他在篡汉前所做的好事一概成了虚伪做作。其实王莽在摄政期间的不少作为是可圈可点的,在抨击他的人看来或许是不可思议的。例如当时政界贪污成风,王莽不但不贪,还一次次把自己的家产分给下属和贫民,自己过着清苦的生活,夫人的穿着打扮像个仆人。又如他的儿子杀死一个奴婢,为了表示法不阿贵,王莽竟勒令儿子自杀。以上种种举措令百姓感激是可以理解的。有鉴于此,葛剑雄在《泱泱汉风》中说,如果政治家都愿意付出如此大的代价来作假,政治一定会清明得多。所以当时把王莽当成圣人、周公、当成救世主,虽有吹捧奉承的意味,但在他建立新朝之前,多数人还是出于真心诚意,否则,只靠刘歆等舆论高手是造不出那么大声势的。

然而汉朝遗留下来的社会问题十分严峻地摆在王莽面前,为了摆脱困境,他进行了一系列的改革。这种改革着眼点不是向前看而是向后看,被史家称为托古改制,其一切理论根据就是一部儒家经典《周礼》。王莽言必称三代,事必据《周礼》,为他提供经学依据的就是西汉末年经学大师刘向的儿子、后来成为新朝"国师公"的刘歆。还在平帝时,王莽就支持刘歆,把古文经立于学官,设博士官;又叫刘歆依据《周礼》建立明堂——一种用于"正四时,明教化"的上圆下方建筑,还建立称为辟雍的祭祀场所。王莽篡汉后,刘歆成为四辅臣之一,任为国师,位居上公,用古文经学为新朝建立一套不同于今文经学的理论,用来托古改制。《汉书·王莽传》说:"莽意以为制定则天下自平",因此热衷于"制礼作乐,讲合《六经》之说"。

托古改制所面临的首要问题便是长期困扰社会的土地问题和农民问题,即土地兼并及其所带来的贫富两极分化问题。早在汉武帝时董仲舒就把当时出现的"富者田连阡陌,贫者无立锥之地"的贫富两极分化,归结为井田制废除后土地可以买卖的结果。他的理想是恢复井田制,鉴于井田制一时难以恢复,他提出一个折中方案——"限民名田"。所谓"名田"即"占田",限民名田即限民占田,目的在于抑止土地兼并。在土地私有并可以买卖的前提下,企图限民名田,不过是经学家闭门炮制的平均主义理想,化作泡影是必然的。哀帝时的辅政大臣师丹重复董仲舒的理论,再次提出限田建议,得到哀帝许可,丞相孔光、大司空何武制定了限田限奴婢的具体条例,引起一阵社会震动后,终于不了了之。

王莽改制的步伐比董仲舒、师丹、孔光之流更大,不仅是限田,而且是恢复井田制。他在始建国元年(公元9年)颁布的诏令中,宣布"更名天下田曰王田",即取消土地私有制,一律收归国有,按照《周礼》所描绘的井田制,重新平均分配,人均不得超过一百亩,禁止买卖;并且严厉地规定:"敢有非井田圣制,非法惑众者,投诸四裔,以御魑魅。"这种倒退的主张本身就注定了它是没有出路的,如果按照井田制重新分配土地,全国的耕地远远不够分配,何况土地的私有和买卖是当时蓬勃发展的小农经济的基础,符合历史前进的趋势。倒行逆施得不到社会上任何阶层的支持,王莽不得不在王田令颁布的第三年再次颁布诏令,宣告"王田"可以买卖,不再依法处理,实际是承认土地国有化改革的破产。

在土地国有化改革的第二年,王莽根据刘歆的建议,推行一系列政府控制工商业的改革,其理论根据依然是《周礼》。改革的具体措施是五均六管。所谓五均的要点是:在长安、洛阳、邯郸、临淄、宛、成都等大城市设五均官,代表国家对工商业经营和物价进行控制,包括平抑物价,用成本价收购滞销农副产品,经营赊贷等。所谓六管的要点是:把盐、铁、酒、五均赊贷、名山大泽、铁布(币)铜冶等六种经济事业改由政府经营,实即国家专卖。五均六管并不是新发明,它是汉武帝时代平准均输、盐铁官营的扩大化,其本意是想重农抑商,但是官商行为违背市场规律,成为政府与商人争利的手段。何况主持五均六管的都是大商人出身的官员,唯利是图的本性促使他们营私舞弊,搞得一团糟,迫使王莽不得不在垮台前一年宣布废除这项改革。

此外,王莽按照《周礼》改革币制,把早已失去货币功能的原始货币重新推向市场,把货币分成五物(金、银、铜、龟、贝五种币材)、六名(黄金、银货、龟币、贝币、布、泉六种名称),二十八品(二十八种货币的交换币值),一方面行不通,另一方面换算比值不合理,搞得币制混乱不堪。他还按照《周礼》,大改官制、官名,甚至分封了两千多个公、侯、伯、子、男,连官吏都搞不清楚那么复杂的名称,使政府机构难以运转,贪污成风。

王莽企图按照儒家经典重建一个"大同"世界,一劳永逸地解决长期棘手的土地兼并、贫富不均、商人盘剥农民等社会问题。然而,要解决社会问题,倒退是没有出路的,倒行逆施的结果,不但无助于社会问题的解决,反而使它更加激化,加深了社会危机,引来了绿林、赤眉起义。王莽所建立的"新"朝,只存在了短短的十几年,如同流星般迅即消逝。光武中兴后,在东汉史臣的笔下,王莽终于成了西汉腐败政治的替罪羊。因此对于王莽的描绘众说纷纭:帝位篡夺者,最大的伪善者,舆论的操纵者,理想主义者,改革者,革命家等等,莫衷一是。费正清、赖肖尔在《中国:传统与变革》中指出,王莽的土地国有和放免奴婢的努力,使他得到了"中国第一个社会主义者"这一错置时代的称号。这是有所指的。著名学者胡适早在 1928 年就认为王莽是"一千九百年前的社会主义皇帝",他的失败是因为这样的人过早地在中国出现。美国历史学家毕汉斯(Hans Bielenstein)认为这是一种"浪漫主义的非历史性的解释"。他指出,王莽不是班固《汉书》所说的那个无能、狡猾、伪善和妄自尊大的蠢人,从积极方面衡量,王莽是机智而能干的;从消极方面衡量,王莽不过是一个过分依赖古文经学的有点迂腐的儒生。

29. 光 武 中 兴

当反对王莽的绿林军起义后,身居南阳的皇族刘縯、刘秀打着"复高祖之业"的旗帜,组成一支舂陵军,响应绿林起义。此后又有一支赤眉军起义。公元 25 年,赤眉军逼近长安时,刘秀在鄗县(今河北柏乡北)县城南面的千秋亭即帝位(汉光武帝),宣告光复汉朝,以这一年为建武元年。不久,刘秀攻下洛阳,在此定都。史家把以长安为都的前汉称为西汉,把以洛阳为都的后汉称为东汉。

刘秀,字文叔,南阳郡蔡阳县(今湖北枣阳西南)人,汉高祖八世孙,他的六世祖长沙王刘发是景帝之子,刘发子刘买封为舂陵侯。到他父亲刘钦时,家道中衰,刘秀只身闯荡社会,进入太学,专心攻读《尚书》,回乡后又经历了种种生活磨难,为他日后崛起提供了良好的基础。刘秀原本是一个没有远大理想的人,他虽游学京师,稍习经典,但并无宏大志愿,公开扬言:"作官当作执金吾,娶妻当娶阴丽华。"执金吾不过是负责京都治安的长官,品位不高;阴丽华却是出身南阳富家的绝色美人,在刘秀起兵次年,便成了他的妻室。刘秀成为东汉的开国皇帝是他自己也不曾预料的。刘秀重建汉朝,天下从乱走向治,从纷争走向统一,江山依旧,景况大变。王莽改制留下一个烂摊子,加之连年的内战,使元、成、哀、平以来不景气的社会,至此变得凋敝不堪,重建的汉朝已今非昔比。刘秀以他非凡的胆识才干,遵循"以柔道治之"的方略,创造了光武中兴的业绩。刘修明《从崩溃到中兴》把他的治术概括为简政以安民、进贤以励治、集权以统一,是极其精当的。

所谓简政,就是"解王莽之繁密,还汉世之轻法",废除王莽的繁苛法令,恢复汉初的法简刑轻,以达到"务用安静"的局面。为此,屡次发布大赦令,平反冤狱,释放犯人。光武一朝刑法宽松,社会安定。简政的另一方面是裁减机构与官员,裁减了十分之一的郡国、四分之一的县级区划、十分之九的官员,节省了财政开支,减轻了社会负担。

所谓进贤,就是健全人才选拔制度。首先恢复汉初的贤良方正制度,选拔官吏;其次把征辟制度加以发展,"征"即皇帝下诏特征某人为官,"辟"即地方官推荐某人为官。为了防止舞弊,下诏以"四科"取士,一为品德高尚,二为博通经史,三为熟悉法令,四为能力才干。刘秀"理国以得贤才为本"的原则,为东汉王朝网罗了一批有用之才,他求贤若渴,诚意邀请隐居山野的老同学严光(字子陵)到京都洛阳担任谏议大夫,严光不为所动,回到故乡,在富春江畔垂钓,颐养余年,一时传为佳话。

所谓集权,就是继承并发展汉武帝强化中央集权体制的方针。其一,西汉末年把刺史改称州牧,秩禄从六百石增至二千石,但职权未变,并无一定的治所。刘秀定制,州牧复称刺史,有固定治所,向十二个州派出十二名刺史,以"六条问事",每年年底回京报告,中央据此对地方官作出升降任免的决定。但是刺史权力过大,并且有了固定的治所,使州成为一级政区,为日后地方割据埋下了祸根,是始料不及的。其二,西汉末年,丞相、太尉、御史大夫所谓三公改称大司徒、大司马、大司空,由于外戚专权,例居大司马大将军之位,大司徒形同虚设。刘秀恢复大司马为太尉,把大司徒、大司空的大字去掉,但矫枉过正,"政不任下,虽置三公,备员而已"(仲长统语),把三公的职责移到本来替皇帝掌管文书的尚书台。但尚书令秩禄千石,三公秩禄万石,一个有权无位,一个有位无权,以此杜绝臣下作威作福。通过尚书台控制中央政府,削弱三公(太尉、司徒、司空)的职权,使之成为虚位,不授予实权,日常政府事务由尚书台处理,直接对皇帝负责。皇权的加强,相权的削弱,在东汉前期正面效应是明显的,到了东汉后期皇帝无能,其负面效应便日益凸显,终于导致外戚、宦官轮流挟主专权的后果,这也是当初始料不及的。

刘秀面临西汉末年的棘手社会问题——限田限奴婢,也就是限制土地兼并以及农民沦为奴婢的问题,王莽作了尝试没有成功,他力图以另一种方式来解决它。在东汉初建的十几年中,他六次下诏解放奴婢,三次下诏禁止虐杀奴婢,收到了明显的成效。但是在解决土地问题时却遇到强大的阻力。建武十五年(39 年),光武帝下诏"度田",即命州郡地方官检核垦田顷亩及农民户口年纪,如地方官夸大报告户口、垦田实绩,坐度田不实之罪。这是鉴于当时"天下田多不以实,又户口年纪互有增减",致使国家赋税收入受到损失这一实际情况,而制订的一项抑制豪强地主的措施。很明显,检核垦田顷亩对豪强地主不利,他们百般阻挠;地方长官或慑于豪强的压力,或出于自身利害的考虑,并不认真度田,故意扰乱,出现了地方官"优饶豪右,侵刻羸弱"的不公平现象,以及虚报度田实绩的欺瞒现象。京师洛阳及皇室发祥地南阳抗拒度田的势力最大,地方官束手无策。光武帝在批阅度田报告时,见陈留吏牍上写道:"颍川、弘农可问,河南、南阳不可问。"便诘问缘故,官员答道:"河南(即洛阳)帝城多近臣,南阳帝乡多近亲,田宅逾制,不可为准。"一语道出了近亲、近臣这些最大的豪强地主,尽管田宅逾制,但无法检核的尖锐矛盾。光武帝颇不以为然,派遣官员考察属实后,以"坐度田不实罪",处死了有关郡守十余人。虎头蛇尾,以后还是不了了之,垦田顷亩并未检核清楚。度田虽然没有根本解决土地问题,但对于促进荒地的开垦还是有作用的,建武十八年(42 年)汝南太守开垦鸿郤陂数千顷,不仅郡内殷富,而且利及他郡,便是最显著的事例。

对教育的重视,使光武帝成为中国历史上少数几个重视文治的帝王中的佼佼者。建国之初,他就下令恢复汉武帝的五经博士,《易》立四博士,《尚书》立三博士,《诗》立三博士,《礼》、《春秋》各立二博士,共十四博士,分别教授学生,并在洛阳建立大量图书馆,诸如辟雍、东观、兰台、石室等,营造文化氛围。在此基础上新建国立大学——太学。由国家奖励学问是从西汉开始的,太学始建于汉武帝。光武帝新建太学,规模更大。今洛阳太学遗址有两处:一处东西长 200 米,南北宽 100 米;与此邻近的另一处南北长 200 米,东西宽 150 米,有内外讲堂各一座,讲堂长十丈、宽八丈,讲堂附近建有太学生宿舍。太学生称为博士弟子或弟子,也称诸生,每年都要考试——射策和对策。与首都的太学相呼应,各地都办了地方学校——郡国学。全国上下重视教育蔚然成风。

刘秀本人精通经学,也爱好谶纬。汉朝思想的主要特点是儒家学说与阴阳五行学说相结合,以一种神秘主义的方式解释五经,于是形成了一种谶纬之学。谶是伪托神灵的预言,常附有图,也称图谶;纬是与经相对而得名的,是假托神意解经的书。谶纬之学兴盛于西汉末年,当时流传谶纬图书三十五种,东汉初年更为盛行,谶纬图书增至八十一种。刘秀不仅称帝时利用谶纬《赤伏符》,证明做皇帝合乎天命,而且在施政用人时也要引用谶纬,几乎言必称谶,事必依纬。中元元年(56 年)光武帝宣布图谶于天下,使谶纬成为与五经具有同等地位的法定经典。为此他下令在洛阳建造宣扬谶纬之学的礼教性建筑——明堂、灵台。明堂是宣明政教的场所,朝会、祭祀、庆赏、选士、养老等重大典礼都在此举行,坐落于洛阳平城门外,建筑呈上圆下方,有九室、三十六门、七十二窗。在这里,自然宗教与国家礼仪互相融合,互为表里。灵台是天文观测台,在平城门外明堂大路西侧,东对明堂,它的功能远远超越了观测日月星象,而与国家命运相关联。

中元二年(57 年),光武帝还没有来得及祀明堂、登灵台,就与世长辞。他的中兴大业为明帝、章帝所继承,水利专家王景治理黄河,出现了 80 多年没有灾害的盛况;匈奴侵扰问题得以解决,使南匈奴归附中原;班超出使西域,稳定了边境形势。他开创的东汉王朝,延续了 196 年。

30. 清议与太学生运动

明帝、章帝时代中兴气象继续发展,和帝以后,中兴气象消失,由盛转衰,外戚与宦官专权是一个关键。光武帝为了加强皇权、削弱相权,除了以尚书台控制中央机要,还在宫中任命一些宦官担任中常侍、黄门侍郎、小黄门、中黄门等官职,传达皇帝的诏旨,批阅尚书进呈的公文,使宦官权力陡然膨胀。从和帝以后,东汉的皇帝都是幼年继位,由母后临朝听政,而皇权加强、相权削弱,恰恰为外戚、宦官挟主专权提供了方便。

和帝十岁即位,窦太后临朝,她的哥哥窦宪以大将军出任侍中,掌内廷和外朝大权,他的三个弟弟同时封侯,掌握机要,窦氏党羽都成了朝官或守令,刘家天下几乎成了窦家天下。深居宫中与内外臣僚隔绝的和帝,利用宦官郑众掌握的部分禁军,剪除了窦氏势力。和帝为了酬谢郑众,封他为侯,让他参预朝政,开创了宦官封侯专权的先例。和帝死,临朝称制的邓太后不立和帝长子刘胜,而立才一岁的刘隆为殇帝,不到一年殇帝死,邓太后又立十三岁的藩王刘祜为安帝,掌实权的是邓太后和她的兄弟邓骘。邓太后死,安帝利用宦官李闰、江京剪除邓氏势力,而皇后阎氏的兄弟阎显等人也身居要职,形成宦官与外戚共同专权的奇特局面。安帝死,宦官孙程等拥立十一岁的济阴王(被废的太子)刘保为顺帝,杀阎显,把持朝政。顺帝为了抑制宦官,先后任命皇后梁氏之父梁商及其子梁冀为大将军。顺帝死,梁太后与梁冀先后立冲帝、质帝、桓帝,梁冀专擅朝政达二十年。桓帝利用宦官单超等人剪除梁氏之后,宦官独揽朝政,"手握王爵,口含天宪"。

如此循环往复,外戚和宦官走马灯似地交替把持朝政,结党营私,谋取小集团的利益,政治日趋腐败。外戚与宦官争夺权力的争斗,都拉拢一批官僚为帮手,形成朋党。当时的士人通过察举、征辟进入仕途,官僚利用察举、征辟的权力,与被举、被辟的门生故吏结成集团。一些累世专攻一经的官僚世家,门生故吏遍天下。于是,外戚、宦官与世家大族纠合在一起,左右政局。

官僚士大夫中也有一批独立不羁,不随波逐流的人,他们品评人物、抨击时弊,号称"清议",在腐败成风的当时,起到了激浊扬清的作用。顺帝阳嘉二年(133年),洛阳发生严重地震,顺帝下诏求言,李固在对策中直陈外戚宦官专权之弊,批评梁氏家族的显赫权势,建议削夺外戚的权力,还政于帝;他还注意到宦官权力太大,应该防止他们利用权力达到营私的目的。太史令张衡也呼吁应把威权归还给天子。顺帝汉安元年(142年),御史张纲与其他七名官员奉命分巡州郡,检查地方工作,其他七人皆出赴任,他独埋其车轮于洛阳都亭,感叹道:"豺狼当路,安问狐狸?"立即上疏奏劾大将军梁冀及其弟河南尹梁不疑,京师为之震动。

顺帝时太学生多至三万余人,他们熟读经书,又关心时政,在舆论上支持清议派,因而太学自然成为清议的中心。桓帝永兴元年(153年),冀州刺史朱穆弹劾贪污的地方官以及宦官党羽,遭致贬官。太学生刘陶等数千人游行到皇宫,上书请愿,迫使桓帝赦免朱穆。两年后,刘陶还上书把当前政治腐败的原因部分地归咎于皇帝本人,当今皇帝生活在闭塞状态之中,完全不了解国情。他请求皇帝注意秦朝之所以灭亡是由于皇帝丧失了权力,为了扭转局面,他建议让正直的官员掌握中央的权力。他知道这种直言劝谏决不会被采纳,不无感慨地写道:"臣敢吐不时之义于讳言之朝,犹冰霜见日,必至消灭。"灵帝时他出任谏议大夫,依然保持太学生时代的锋芒,上疏直陈"当今要急八事",认为"天下大乱,皆由宦官",遭宦官诋毁,下狱而死。

在标榜名教的太学生看来,国家命运系于阉宦之手是奇耻大辱。由于宦官专权,贿赂公行,原先的察举征辟制度遭到破坏,原先的贤良对策为不定期选举,举孝廉(孝子、廉吏)为定期选举,这时奔竞者多,流弊丛生,"孝廉"两字异化为获取参政资格的幌子,与孝子、廉吏本义相去甚远。太学生、郡国生徒的升官途径受阻,使他们愤愤不平,抨击讽刺道:

> 举秀才,不知书;
>
> 察孝廉,父别居。
>
> 寒素清白浊如泥,
>
> 高第良将怯如鸡。

太学生最为推崇的官僚,是敢于反对宦官的李膺、陈蕃、王畅等人,这从他们品评这些官僚的评语中流露得淋漓尽致:"天下楷模李元礼(膺)","不畏强御陈仲举(蕃)","天下俊秀王叔茂(畅)"。李膺作为"清议"派首领,抨击弊政不避怨嫌,"自公卿以下莫不畏其贬议",他与太学生领袖郭泰等结交,反对宦官专政,被人诬告"养太学游士,交结诸郡生徒,更相驰驱,共为部党,诽讪朝廷,疑乱风俗"。延熹九年(166年)桓帝按照宦官的要求,下令逮捕李膺及其"党人"二百多名,由于外戚窦武出面援救才于次年赦免回乡,但禁锢终身,不许为官。这是第一次"党锢"。

当时社会舆论都同情"党人",清议派把那些遭迫害的仁人志士称为三君、八俊、八顾、八及、八厨,引为社会楷模。史书上说:"海内希风之流遂共相标榜。""党人"范滂出狱还乡,南阳士大夫都出城迎接,车辆达几千辆之多,显然把他视作衣锦荣归的英雄。度辽将军皇甫规以不在党籍为耻,竟上表自请依"党人"治罪。可见在昏天黑地的年代,社会的良知并未泯灭。

桓帝死,幼小的灵帝即位,窦太后临朝,外戚窦武以大将军身份掌权,与太傅陈蕃合作,起用被禁锢的"党人",企图一举消灭宦官势力。宦官发动宫廷政变,劫持窦太后,挟制灵帝,窦武兵败自杀。陈蕃率僚属及太学生八十多人,冲入宫门,被捕后死于狱中。宦官乘机诬告"党人"谋反,大肆逮捕,甚至牵连到妻子、兄弟、朋友,凡是"党人"的门生、故吏、父子兄弟及其亲属,都免官禁锢。这是第二次党锢。

党锢事件毫无疑问是镇压持不同政见者的冤案,被诬为"党人"者,其实并没有结成什么"党",所谓"共为部党"云云全是诬陷不实之词。诚然,那些"党人"并非无可非议,但从主流上看,他们毕竟反映了社会舆论、传统道德,敢于向腐朽的政治权力挑战。尽管腐朽的政治权力可以剥夺"党人"的官职、自由乃至生命,却无法左右舆论,更不可能改变追随他们的知识分子的信仰。

上述中国历史上第一次带有党派色彩的政治斗争,也是第一次出现的学生运动,李膺、陈蕃、刘陶等人不畏强暴、伸张正义的气概为后人所景仰,正如《后汉书》所说:"咸能树立风声,抗论昏俗,而驱驰险厄之中,与刑人腐夫同朝争衡。"明末清初的顾炎武在《日知录》中,对遭到党锢之祸迫害的清流名士赞颂备至:依仁蹈义,舍命不渝,夏商周三代以来,风俗之美,没有超过这一时期的。

31. The silk road
——丝绸之路

"丝绸之路"这一名称是德国地理学家李希霍芬(Ferdinand von Richthofen)在 1877 年出版的《中国》一书中首先提出的,译成英文便是 The silk road。1910 年德国历史学家赫尔曼在《中国和叙利亚之间的古丝路》一书中,把丝绸之路延伸至地中海西岸。19 世纪末至 20 世纪初,外国探险家在中国西北地区发现大量与此有关的遗迹、遗物,使研究丝绸之路成为一门专门学问。

汉朝不仅农业有长足进步,手工业也令人刮目相看,纺织业尤其如此。男耕女织的农民家庭手工纺织业,多半生产麻布、葛布、绢帛,产品部分自给,部分作为商品出售。一些城市有发达的手工业作坊,从事大规模生产,制作各种精美的丝织品。

长沙马王堆发掘的轪(dài)侯妻子的墓室,随葬大量丝织品:绢、罗、纱、锦、绣、绮等,用织、绣、绘等花纹制作工艺,制作出动物纹、云纹、变形云纹、菱形几何纹等鲜艳夺目的丝织品。其中的纱,料质轻而薄,一件用素色纱做成的禅(dān)衣(单衣),衣长 128 厘米,袖长 190 厘米,但重量只有 49 克,令人叹为观止。

中国是丝绸之国,丝织品产量很大,除国内服用外,还销往匈奴、西域、中亚、西亚乃至欧洲。从那时起,从中国通向中亚、欧洲的商路,开始以丝绸而驰名世界。

西汉以来,人们把今甘肃玉门关、阳关以西的新疆、中亚以及更远的地方统称西域。狭义的西域则指天山南北,葱岭以东,玉门关、阳关以西地区。为汉朝沟通西域的功臣是张骞。

汉朝向西域扩展是和匈奴对抗的直接后果。汉武帝时张骞两次出使西域,第一次西使,旨在为汉联结大月氏(今阿姆河流域、阿富汗北)夹击匈奴;第二次西使,旨在为汉联结乌孙(今新疆伊犁河和伊塞克湖一带)夹击匈奴。目的都是为了"断匈奴右臂"。

敦煌壁画所见张骞通西域图

建元二年(公元前 139 年)张骞率一百多人的使团西行,被匈奴拘留达十年之久,终于抵达大月氏,并亲历了大宛(今乌兹别克费尔干纳)、大夏(今阿姆河南)、康居(今乌兹别克撒马尔罕)等地。当张骞返回首都长安时,使团只剩下了两人。张骞向汉武帝建议与西域各国建立正式的联系,汉武帝欣然同意,于是元狩四年(公元前 119 年)张骞奉命出使乌孙,随行三百多人,带去了给西域各国的礼物牛羊、黄金和丝织品。张骞成功地和乌孙、大宛、康居、大夏建立了联系,完成了探索沟通西域的史诗般功业。张骞归国后向汉武帝所提供的报告,对上述各国作了描述,为了解当时中亚提供了宝贵的依据。今人仍可从《史记·大宛列传》中看到当时的盛况。汉的使臣后来还到达奄蔡(今里海东岸)、安息(波斯即今伊朗)、条支、犁轩(今地中海东岸)。中亚、西亚各国经常派人到长安访问、贸易,汉朝为了发展同这些国家的往来与贸易,修筑道路,设置驿馆。汉朝丝绸的出口成为对外贸易的重要组成部分,由中亚、西亚运到罗马帝国,成了罗马元老院议员和其他贵族的夫人的珍贵服饰;罗马的铁制品、玻璃、金银由西向东,流入了汉朝。汉朝用丝绸向中亚换回马匹和玉器,并引进了新的作物和果品,如苜蓿、石榴、葡萄等。尽管有了丝绸之路,但罗马帝国和中国汉朝之间并没有直接的商业往来,它们之间的往来,全靠各种中间人,尤其是安息(即波斯)人的中转。

汉朝为了开拓这条丝绸之路所花的代价是巨大的。据张春树《汉代丝绸之路的开拓与发展》一文估计:仅汉武帝一代,对这些地区用兵,先后累计骑兵一百二十万人次、步兵九十万人次、后勤补给人员一千万人次,简直是令人难以置信的全国总动员。财力消耗更为惊人,单就开辟、经营河西来说,所费至少在一千亿钱上下,而当时国家全年收入仅四十亿钱。这样地倾注全国人力财力作军事扩张,开拓新地,而又持续如此之久,在中国历史上是空前绝后的。从汉武帝开始对河西作系统的经营,先是军事开拓,后是屯田开发,把屯垦与戍守合二为一。征伐大宛成功后,汉朝经营的地域已向西至敦煌以西、葱岭以东一带。都尉屯田区经过一段时间后变成后方已开发区,于是都尉区改制为县,若干县成为一郡,著名的河西四郡中的酒泉、张掖、敦煌三郡就是这样发展而成的。

丝绸之路上的汉代烽燧遗址

从当时的首都长安西往河西走廊有北、中、南三条路线,河西走廊西行的路线只有一条:由武威至张掖至酒泉,然后至敦煌。

从敦煌西去,经玉门关、阳关往西的商路有两条:一条是从鄯善沿南山(今昆仑山)北麓至莎车,西越葱岭(今帕米尔)到大月氏(zhī)、安息诸国,称为南道,再西去可抵达大秦(罗马);另一条是沿北山(今天山)南麓西行,越葱岭的北部西向,可以到大宛、康居、奄蔡诸国,称为北道,再往西可抵大秦。

这南北两条商路,是当时中国和中亚、西亚经济交流的大动脉,因为运往西方的货物主要是丝绸,所以后来被称为“丝绸之路”。罗马帝国的人民把汉朝的丝绸当作珍贵的物品,对东方“丝国”充满了憧憬和向往。

神爵二年(公元前60年)汉朝在西域设立都护,郑吉被任命为首任西域都护,都护衙门是汉朝驻西域军队的总指挥部,也拥有控制和调节西域各国的广泛政治权力。初元元年(公元前48年)汉朝在车师(今吐鲁番)

地区设立戊己校尉,管理屯田和防务,隶属于西域都护。有了这种可靠的保障,汉朝与西域的经济、文化交流日趋密切,西域的葡萄、石榴、苜蓿、胡豆、胡麻、西瓜、蒜、金桃等,陆续被引往东土;西域的马、骆驼也源源东来;汉朝的丝绸、铁器以及铸铁、凿井技术传到了西域。

东汉建立后,一方面由于忙于内部事务,另一方面为了节约财政开支,光武帝拒绝了西域各国重建西域都护的请求。汉与西域的通道被匈奴阻断。明帝时东汉发动了对匈奴的征讨。永平十六年(73年)班超随统帅窦固出击北匈奴,不久奉命率吏士三十六人赴西域。他攻杀匈奴派驻鄯善的人员,又废亲附匈奴的疏勒王,巩固了汉在西域的统治。章帝初,北匈奴在西域反扑,他在疏勒等地坚守。从章和元年(87年)到永元六年(94年),陆续平定莎车、龟兹(qiū cí)、焉耆,并击退大月氏的入侵,保护了丝绸之路的畅通。永元三年(91年)以后他任西域都护的十年中,东汉对西域的控制最为巩固,五十余国派遣质子带着贡赋前往洛阳。永元九年(97年)班超派甘英出使大秦,甘英西行一直到达条支海(地中海)边。那时中国的丝绸已输入大秦,主要是由安息人(波斯人)转运的,安息人恐怕开辟了从汉到大秦的通商道路,影响其传统的商业利益,故意向甘英夸大海上交通的险恶,致使甘英没有再向前进。甘英是历史上第一个探辟欧亚交通的人,功不可没。班超在西域奋斗了三十年,永元十四年(102年)回到洛阳,一个月后与世长辞。

西方学者赫德森在《欧洲和中国》第三章"丝绸贸易"中说,纪元后最初几个世纪,在罗马的塔斯丘斯街上有个中国丝绸市场。这种丝绸交易乃是古代最具深远影响的大规模商业……罗马上流社会需求丝绸的风尚,也存在于西班牙、高卢和不列颠,所以这一丝绸贸易就曳着其精美料子的线头,从太平洋到大西洋,横越整个旧大陆,形成了一个共同经济联盟。沿着丝绸之路源源不断西去的丝绸,在历史上留下了明显的影响。对于中亚诸国的首领们而言,拥有丝绸是高级地位的一种标志;对于罗马帝国而言,丝绸是一种奢侈的衣料,为了进口这些物品给罗马经济造成了相当大的负担。上世纪末至20世纪在丝绸之路沿线的考古发现,不仅证实了当时存在的一些古国,大量精美的丝织品、刺绣服饰的出土,依稀可以看到当年丝绸之路的繁华状况。在鄯善、车师、龟兹、乌孙、于阗以及尼雅河流域当地人的墓葬中,发现许多汉锦、丝绸、铁器、装饰品,表明当时中原与西域经济联系的密切程度。

丝绸之路之得名是因为中国所产丝绸最初是由这条道路运往地中海的西方世界,它的著名虽然由于通商,但它的更大贡献却是沟通东西文化交流,最显著的例子便是,中国发明的造纸术是由这条丝路传入近东再传至欧洲的,后来印刷术、火药的西传也是如此;佛教、伊斯兰教、基督教也由此路向东传入中国。因此可以说,丝绸之路是地理大发现之前一条改变世界历史与文明的大通道,它不仅沟通了东西方文明,而且促成了这两个文明的互相渗透。西方学者斯文赫定、斯坦因等,先后在楼兰废墟、婼羌、尼雅、和阗一带发现丝绸之路的遗迹、遗物,如毛笔、竹简、木牍、纸、残绢、古钱、汉镜、陶器、《战国策》残卷,以及梵文贝叶、佉(qū)卢文、窣(sū)利文的文书等。经过中外专家长期研究,佉卢文书之谜得以揭开,它用阿拉米字母拼写自己的文字,是印欧语系中古印度雅利安语的一种方言,最早流行于古犍陀罗地区(今巴基斯坦白沙瓦一带),公元2世纪传入大夏,以后传入塔里木盆地一带,成为那里的通行文字。1940年英国学者贝罗(T. Burrow)出版了《中国突厥斯坦所出佉卢文书译文集》,1988年中国学者林梅村出版了《沙海古卷——中国所出佉卢文书(初集)》。这一切都使丝绸之路的研究愈益趋向博大精深。

32. 小农经济的发展

汉朝小农经济非常发达,有田自耕的小农是全国编户齐民的基本部分。当时的编户齐民有"大家"、"中家"、"小家"之别。"大家"也称"上家"、"大姓",崔寔(shí)《政论》所说"上家累巨亿之资,斥地侔封君之土",大抵是豪强地主。"中家"是一些中小地主,当时有"百金,中人十家之产"的流行说法。居延汉简所载,礼忠有田五顷,小奴二人,大婢一人,另有马、牛、牛车、轺车等,家资约十五万钱,可算中家的一个典型。"小家"也称"下户",即自耕农,拥有数十亩田地,耕作自给。

1973年9月,湖北江陵凤凰山十号汉墓发掘出景帝二年南郡江陵县郑里廪簿,显示了自耕农家庭结构与耕地状况。该里25户共计105口,平均每户4口,能田成丁男女69口,合计耕地617亩,最多一户有田54亩,最少一户有田8亩,平均每户24.7亩,平均每能田成丁占田9亩。显然,先秦时代"五口之家,百亩之田"已经不是汉代自耕农的真实写照了。从上述郑里廪簿看来,一般自耕农的耕地不超过50亩。居延汉简所载农户徐宗,有田50亩、牛2头,可以看作较典型的自耕农。这种一家一户就是一个生产单位的小农,构成了社会的基础,不仅是国家租赋徭役(包括土地税——田租和刍藁,人口税——算赋和口赋,财产税——算缗,代役税——更赋)的主要承担者,而且是农业生产的主要承担者。

农业生产技术在汉朝有明显的进步,耦犁与耧犁,代田法与区(读作ōu,坎之意)田法可以作为标志。

据《汉书·食货志》记载,汉武帝晚年悔征伐之事,封丞相为富民侯,又下诏说,方今之务在于力农,任命农学家赵过为搜粟都尉(掌管军粮的官职)。赵过发明耦犁耕作法,"用耦犁,二牛,三人",即两犁并耕,前面两人牵两牛,后面一人掌犁,掘土可宽过一尺。耦犁的出现显示了前所未见的人力、牛力协作的扩大,大幅度地提高了劳动生产率。赵过的另一发明是耕播合一的耧犁,用一牛牵三犁,一面犁田一面播种,是中国农业史上最早的播种器。这种新技术,对于拥有较大面积耕地、较多畜力与人力的农家,是极有利的。

与耦耕具有同样意义的是代田法,《汉书·食货志》说:"一亩三甽,岁代处,故曰代田。"这就是说,把一亩土地分成三条甽,宽一尺、深一尺,甽上是陇(垄),也宽一尺。甽陇相间,把种子播在甽里,发芽长叶后,除去陇边杂草,拨陇土培附苗根,既抗风又抗旱,是旱地农作的好方法。它的特点是在一亩土地上实现甽陇相代的间作休耕法,即今年的甽明年便是陇,今年的陇明年便是甽,一亩土地整体上并不休耕,局部上却实现了休耕。代田法比不分甽陇的缦田法产量可以每亩多收一斛,理想的情况下可以增产一倍。

与代田法各有千秋的是区田法。它的优越性在于,在小面积土地上以精耕细作的方法提高产量。代田法必须使用两牛三人的耦犁耕作,才能开出深宽各一尺的甽、陇,单靠人力不能胜任。区田法则不然,它对于缺乏耕牛或在发生牛疫时期,收效尤为明显。《齐民要术》引《氾胜之书》详细介绍了汉朝的区田法。氾胜之,西汉成帝时任议郎,在三辅地区教农耕作。此书仅佚文三千余字,关于区田法的记载最有特色。坎种作为标准的区田法,是在一亩耕地上区划成一尺五寸见方的棋盘状,在一尺五寸见方的土地上,掘方六寸、深六寸、间隔九寸的"区"。一亩可作成3840区或3700区至1072

耧车模型

区不等,每区播种粟二十粒,加美粪一升。秋收时每区可收粟三升,一亩即达百斛。这当然是一种理想化的估计,不过可以获得高产是不成问题的。

关键在于它是一种高度集约化的经营方法,要求在小块土地上投入密集的劳动,是缺乏耕牛的小农经营土地的标准技术。它的特点是不需牛犁,依靠人力深耕、密植、足肥、勤灌,在小面积土地上获取高产,在防治牛疫、旱荒方面成效尤其显著,所以为后世所沿用。《后汉书·刘般传》说:"明帝永平年间……以郡国牛疫,通使区种增耕。"《晋书·段灼传》说:"邓艾欲积谷强兵,以待有事,是岁少雨,又为区种之法。"足见区田法经历了实践的考验,愈益显示其优越性。

小农经济是建立在土地私有制基础之上的,它的每一步发展,必然伴随着土地兼并,以及由此而来的贫富两极分化。"富者田连阡陌,贫者无立锥之地",乃是不可避免的正常现象,社会正是在这种矛盾运动中不断发展的。

秦至西汉前期,政府为了扶植自耕农经济,稳定社会秩序,对豪强地主采取抑制政策。西汉后期至东汉,情况不同了,政府对豪强地主采取妥协甚至纵容的政策,尤其是东汉初年度田遭到豪强抵制后,豪强势力的发展完全无所顾忌了。

其实,政策的转换乃是经济发展的产物。汉武帝时代以耦犁、楼犁为主要形式的铁农具与牛耕技术的发展,建立在两牛三人的耦耕技术上的代田法的推广,为豪强地主的大面积经营提供了强大的生产力。他们在土地、牲畜、劳动人手上的优势,使他们比自耕农处于有利地位,可以装备先进的耦犁、楼犁,实行两牛三人的耦耕,可以垦辟大片土地。这是豪强地主在西汉中期以后获得迅猛发展的重要经济原因。

崔寔《四民月令》一卷,仿效《礼记·月令》的体例,如实地记录了当时豪强田庄内逐月的农事安排,提供了豪强田庄经营的实录。崔寔,字子真,一名台,字元始,涿郡安平(今河北安平)人,桓帝、灵帝时代历任五原太守、议郎、辽东太守,后升任尚书,退隐后撰写了《四民月令》。

《四民月令》记述豪强地主的生活,把一年十二个月中的农事和祭祀、礼仪活动,逐月予以记录,涉及耕地、播种、育苗、收藏,也涉及织布、酿酒、制药,以及贩卖、收购,是研究东汉豪强田庄的宝贵资料。

田庄里种植的粮食有麦、稻、豆、黍等,蔬菜有瓜、瓠、葵、韭、葱、蒜、芜菁、芥等,经济作物有麻、桑、蓝等。家庭手工业主要是"治丝织帛"、"折麻织布",以及与此相关联的染色、缝纫,还有酿造、农具兵器制造、药材采制等,形成一个基本自给自足的半封闭式经济单位。在这里,粮食生产是主要经济部门,其次是桑麻栽培,再次是畜牧业、果蔬业、竹木业。家庭手工业中的纺织、酿造的产品主要为了自给,而不是为了出卖。不过农副业的剩余产品也进入商品流通领域。从月令中可以看到逐月进行的买卖记录,卖出的有粟、麦、黍、豆、麻、缣帛、弊絮、布之类,买进的有稻、粟米、小豆、麻子之类。

"农人"是田庄里的基本生产者,称为徒附,是农村中的贫弱下户,他们不同于奴婢,是佣耕——雇农,有自己的家庭和独立的经济。田庄里也有少量奴婢,称为缝人、女工、蚕妾,从事家庭手工业生产。

豪强在田庄里聚族而居,宗族内有共同的活动,围绕祖祢祭祀而展开。大祭是元旦之祭,族长在三天前作好准备,到了那天率族人祭祀祖祢,进酒降神。祭祀完毕,一族按尊卑大小在先祖前顺序列坐,向族长祝寿。祖祢之祭还在正月上灯之日、二月大社之日、五月夏至之日、八月祀泰社之日、十一月冬至之日举行,最后以十二月的腊祭而告终。此外还有墓祭、门祭、先穑(农业神)祭等。从祖祢之祭及与此相关的宗族公共活动来看,宗族聚族而居的纽带是家族宗法观念,从二月大社之日、八月泰社之日的社祭——祭祀土地神的活动,以及先穑祭这种祭祀农业神的活动中,可以窥知当时还残留着先秦时代的习俗。同宗的人,有相恤相助之义,使同一宗族内的阶级分化蒙上一层模糊色彩和温情脉脉的面纱。《四民月令》如此写道:在举行祖祢祭祀时,"乃室家尊卑,无大无小,以次列于祖之前。子妇孙曾,各上椒酒于其家长,称觞举寿,欣欣如也"。宗主还按不同的时节和亲疏关系,"存问九族,赈赡穷乏"。

《四民月令》所反映的豪强田庄,从规模上看是一种大地产经营,涉及农、林、牧、副、渔各业,但从经济学的视角加以审视,它依然是自给自足的小农经济,与同时代的自耕农相比较,只有量的差异而无质的区别。

考古发掘也为今人了解当时农村实态提供了例证。20世纪70年代中期发现的内蒙古和林格尔东汉壁画墓,墓主人是一个县级官吏,他的田庄坐落于丘陵、森林地带,有宅院、水井、车棚、打谷场、牛栏、羊栏、猪圈、马厩,人们在从事各种劳作:采桑、耕田、锄草,还有的在牧场上放牧马、牛、羊。河南灵宝张湾东汉墓的壁画上,画着十一口井、一个瞭望塔、四间仓库、三间磨坊、五间猪圈、一间羊栏、两间厨房。这是墓主人生前田园生活的写照。

东汉酿酒画像砖

正是这种蓬勃发展的小农经济,奠定了两汉时期繁荣盛世的坚实基础。

33. 科学技术新成就

日本的科学史权威薮内清精辟地指出:"在古代文明中,天文学一直属于高层次的科学,而且深深地染上了世界各种文明时代所具有的特色。构成中国天文学史主流的是历法研究和以占星术为目的的天文观测。"

自古以来,我们的先人就关心宇宙形态、地球在天空的位置以及它与其他天体的关系。春秋战国五百年间,政权更迭频繁,占星家们各事其主,大行其道,引起统治者对天象观测的重视。《春秋》记载,鲁文公十四年(公元前613年)秋七月,"有星孛于北斗",是世界上最早的关于哈雷彗星的记录。哈雷彗星每七十六年回归一次,从秦始皇七年(公元前240年)到清末,每次都有详细记录。近代西方天文学家曾利用这些连续观测数据,来推算哈雷彗星的轨道。古人相信天象和人世间的政事是互动的,天象会干预人间,人事也会感应上天,因此对天文学的研究一直不曾间断。

汉朝出现了解释这些问题的不同学说。其一是公元前 2 世纪提出的一种理论——盖天说,认为天是圆的,地是方的,天盖在地上,天像一个顶戴着的笠帽,地像一个倒伏的盆子;天每日旋转一次,形成了地球之上的苍穹;天有星座,北极星形成众星座围绕它转动的中心。其二是大约公元 1 世纪以后提出的浑天说,天被设想为围绕地球四周的空间的扩大,天的圆周可分成 $365\frac{1}{4}$ 度,大地则是一个球形。在张衡看来,"浑天如鸡子",天和地的关系就像蛋壳包蛋黄那样,天外地内。其三是汉末出现的宣夜说,认为地以外都是气体,天之所以呈蓝色,是距离我们太远的缘故。认识到天是无边无际的,各星座在它周围随意地、独立地运动;天体是漂浮在无限空间中的气球体,在没有日月星辰的部分也不是真空,仍有气体存在,不过不会发光而已。

这种天体学说,比流行于民间的天圆地方观念——圆天覆盖着方地,大大地前进一步。但天圆地方观念仍牢固存在,东汉初年建造的宣扬政教的明堂,设计成上圆下方形的建筑,就体现了圆穹包着方地的观念。

由于天人感应思想的影响,对天象的观测与王朝的政治密切相关,天象观测的仪器日益精巧。汉武帝时,落下闳改进了浑仪中的赤道装置,奠定古代浑仪的基本形式;以后,耿寿昌发展了"赤道仪",和帝永元十四年(102年),贾逵制造了"黄道仪",测定了二十八宿黄道距度和太阳月亮的运行度数;顺帝阳嘉元年(132 年)张衡制造了浑天仪,以铜质的空心圆球为主体,上刻日月星辰的位置,叫做天球,用水力运转。

天象观测的精确化,导致历法的修订。至迟从公元前 265 年起秦国就已采用颛顼历,秦统一后,全国通用颛顼历。汉承秦制,西汉初期仍沿用颛顼历,马王堆汉墓出土的《五星占》残篇记录了以颛顼历推算相符的部分五星会合周期;山东临沂银雀山汉墓出土的汉元光元年(公元前 134 年)历谱也是用颛顼历推算而得的。汉武帝元封七年(公元前 104 年)司马迁、落下闳等制定了新历法——太初历,把颛顼历的一年从十月开始,改为一年从正月开始。东汉章帝元和二年(公元 85 年)改用四分历,比以前的历法更加准确。

天文学的发展与数学密切相关,古代称为天文历算学。算经十书之一的《周髀算经》是西汉时代的天文历算著作,即天文数学著作,主要目的是阐明当时的盖天说与历法,使用了相当繁复的分数算法和平方算法,最早引用勾股定理(勾方加股方等于弦方)。算经十书中最重要的一种是《九章算术》,系统总结了先秦至东汉初年的数学成就。古代数学叫做算学或算术,算的本意是指用于计算的算筹,从汉墓中出土的算筹,使人们对它有了直观的认识。汉代已形成完整的算术体系,其代表作就是《九章算术》,至迟在公元 1 世纪时,已有了现存传本的内容。全书分九章(即算术的九个类别——九数):(1)方田——用分数四则算法和平面形求面积法计算田亩面积;(2)粟米——粮食的按比例交换的计算方法;(3)衰分——分配比例的算法;(4)少广——开平方和开立方法;(5)商功——立体形求体积法;(6)均输——管理粮食运输均匀负担的计算法;(7)盈不足——盈亏类问题解法;(8)方程——一次方程组解法;(9)勾股——勾股定理的应用和简单的测量问题解法。其中负数、分数计算、联立一次方程解法等,都是具有世界意义的成就。

在天文学上作出巨大贡献的张衡,在地学方面也有引人注目的成就。张衡,字平子,南阳西鄂(今河南南召)人,通五经贯六艺,官至太史令。他发明浑天仪,以漏壶的流水为动力,通过齿轮系统带动象征天壳的浑象一天旋转一周。他首次解释月食的成因,说明月光是日光的反照,月食是由于月球进入地影而产生的。东汉顺帝阳嘉元年(132 年),他发明了地动仪——世界上第一架测量地震方向的仪器。地动仪直径约 2 米,用铜铸成,像一个酒樽,中间有一个

地动仪

都柱(震摆),都柱周围并列八个方向的机械,外面有八个铜龙,按八个方向排列,每个龙嘴里衔着一枚铜丸,每个龙头下蹲着一个张口上承的铜蟾蜍。哪个方向地震,那个方向的龙头就吐了铜丸落在下面蟾蜍的嘴中,发出清脆的声音,就可知道地震的方向。他生活在谶纬盛行的东汉,却尖锐地抨击谶纬之学,主张应予禁绝,他的科学成就与这种反对神学迷信的精神是密切相关的。

传统医学在汉朝达到了一个新高峰。日本学者山田庆儿在《传统医学的历史与理论》中指出:汉代以前编著的医书乃至有关医学方面的文献一本也没有留下,因此如何认识中国医学起源的问题是一个谜。但是,1973 年长沙马王堆汉墓医书的发现,为我们认识中国医学的起源提供了可能性。山田把马王堆医书与《黄帝内经・素问》进行比较,提出了中国医学史的形成过程。他认为,在战国末期,正式出现了针疗法;到了西汉,进一步形成以针疗法为中心的医生集团和学派;在两汉之际,中国的医学体系基础正式形成。其代表人物便是张仲景与华佗。

张仲景,名机,南阳人。学医于同郡张伯祖,相传曾任长沙太守。当时伤寒病流行,死者枕藉,为此他钻研《内经》、《难经》(即《黄帝八十一难经》)、《胎胪药录》等医书,广泛收集有效方剂,撰写《伤寒杂病论》。后人把它分为《伤寒论》和《金匮要略》两书。《伤寒论》论述外感热病的治疗,包括 397 法、113 处方。《金匮要略》论述内科杂病的治疗,间或涉及妇科、外科。张仲景把《内经》以来的病因学说和脏腑经络学说加以发展,同四诊(望、闻、问、切)、八纲(阴、阳、表、里、虚、实、寒、热)等相结合,辨证施治,包括汗、吐、下、和、温、清、补、消八法,被医家视为准绳。

华佗,又名旉,字元化,沛国谯县(今安徽亳州)人,精内、外、妇、儿、针灸各科,尤擅外科。对"肠胃积聚"等病创用麻沸散,给患者麻醉后施行腹部手术,声誉鹊起。他还把西汉流行的强身除病养生法——导引(亦作道引,取"道气令和,引体令柔"之意),加以发展,创"五禽戏",作为养生祛病的锻炼身体方法。他以为人体运动可使血脉流通,病不得生,"譬如户枢,终不朽也"。

中国古代四大发明之一的造纸术出现在汉朝。在纸出现之前,书写材料是竹简、木牍、缣帛,价格昂贵且携带储藏都不方便,制约了文化教育事业的发展。根据近几十年的考古发现,汉武帝至汉宣帝时代,已有植物纤维纸。20 世纪 50 年代在西安灞桥汉墓发现的植物纤维纸是汉武帝时代的遗物。70 年代以来,在居延、扶风、敦煌、天水等地都发现了植物纤维纸,敦煌烽燧遗址中发现粗糙的黄纸、细匀的白纸,表明至迟在汉宣帝时代已掌握了麻纸的制作技术。东汉和帝时，担任尚方令的宦官蔡伦指导工匠们用树皮、麻布等为原料，制作出更适合书写的植物纤维纸，被称为"蔡侯纸"（蔡伦被封龙亭侯）。从此开创了一场书写材料的革命，由纸取代了简帛。中国的造纸术，此后东传朝鲜、日本，西传阿拉伯、欧洲，对世界文明作出了一大贡献。法国学者布罗代尔（Fernand Braudel）说：纸来自遥远的中国，伊斯兰国家是向西传播路上的中间站。最早的纸坊于12世纪初出现在西班牙，但欧洲造纸工业要到14世纪初才在意大利建立。

六、三国与两晋
——统一王朝消失的时代

34. 从东汉末的割据到三国鼎立

东汉王朝后期,整个社会秩序趋于崩溃,情况和罗马帝国在稍后一点时期内所发生的崩溃极为相似。灵帝中平元年(184年),爆发了以张角为首的黄巾起义。张角,冀州巨鹿人,太平道首领,自称大贤良师。太平道是道教中奉黄帝老子为教祖的一个派别。

道教源于古代巫术,是巫术与道家黄老学说相结合的产物。秦朝的神仙方士者流倡导的巫术,在民间获得普遍的信仰,讲究炼丹、长生,追求个人脱胎换骨。至迟在东汉初年巫术与道家已合二为一。先秦时代的巫,本来具有十分重要的地位,到汉代,巫已被排斥在"良家"之外,但在民间巫继续得到人们的信奉。巫与道教难于区分,称为道巫。东汉一代,谶纬迷信盛行,道教的各个派别正式形成。太平道教主张角与一般道士一样,也是一名巫医。在当时"巫"与"医"是二位一体的,《后汉书》中"巫医"一词屡屡可见。张角学过道教经典《太平经》,熟悉医学知识,精通医术,他行医的方法是巫术——手拿九节杖画符咒,教病人叩头思过,为之祈祷。所谓九节杖是具有九节的竹杖,被道教视为灵物,是施行巫术的法器。张角原本精通医术,他的两个弟弟(张梁、张宝)都是"大医事"——民间名医,屡屡使病人痊愈。他利用治病进行传教,假托符水咒语的奇效,使百姓相信他"托有神灵"。

当时以汉中为中心的三辅、巴蜀地区,流行"五斗米道",是道教的另一流派,因为信教者要出五斗米而得名。当张角在中平元年(184年)发动起义时,张脩也在巴郡发动起义。五斗米道的另一支蜀郡的张鲁,也以治病的方式传教。由于五斗米道提倡在道徒间实行互助,信道的农民很多。张鲁利用张脩起义的成果与影响,在汉中传布五斗米道,他自称"师君",下设"祭酒"。各部祭酒都在大路上建设公共宿舍,称为"义舍",内放米肉,称为"义米义肉",过路人住宿吃饭不要钱。这是一种近乎政教结合、劳武结合的以小农经济为基础的社会组织,在当时影响很大。原因在于东汉末年经济凋敝、灾害流行,人民生活无保障,五斗米道缓解了穷苦人民的生计问题,故而很受欢迎。这种现象源于道家的平均主义思潮——"损有余以补不足",在当时及后世都有很大影响。20世纪50年代后期,这种基于小农经济的平均主义"大同"理想出现了回光返照,便是一个明证。

黄巾起义延续了二十多年,使腐朽的东汉王朝陷于名存实亡的状态之中。但是他们要面临政府军与地方豪强的两面夹击,终于陆续失败,"黄天当立"化作了泡影。起义的主力——青州黄巾幻想取得曹操的合作,曹操利用这种心理,迫使青州黄巾接受他的收编。

在镇压黄巾起义的过程中,各地的豪强纷纷组织武装力量,修筑坞堡,占据地盘,形成了大大小小的割据势力:

袁绍占据冀、幽、并三州(今河北中南部、山东东北部、山西一带);

曹操占据兖、豫、青三州(今山东西南部、河南一带);

陶谦占据徐州(今山东南部、江苏北部);

袁术占据扬州北部(今长江下游、淮河下游);

刘表占据荆州(今湖南、湖北);

孙策占据江东(今长江以南东部);

韩遂、马腾占据凉州(今甘肃);

公孙度占据幽州辽东郡。

东汉王朝四分五裂,宦官与外戚两大集团矛盾斗争的结果,以同归于尽而告终,地方军阀董卓乘虚而入。董卓,并州牧,中平六年(189年)率兵入洛阳,废少帝,立献帝,专断朝政。曹操、袁绍起兵反对,他挟献帝西迁长安,自任太师(相国)。

曹操自从收编了三十万青州黄巾军以后,军事实力大增,以后又击败陶谦,把地盘扩展到海边。他把从长安逃出来的汉献帝迎到许昌,取得了"奉天子以令不臣"的地位,俨然成为名存实亡的东汉王朝的护法神。此后,又乘袁术与吕布互相攻击之机,各个击破。于是曹操成了在北方唯一能与兵多地广、号称四世三公门生故吏遍天下的袁绍相抗衡的势力。

曹操原本依赖袁绍,谋求自身发展。曹、袁矛盾的激化,是曹操把汉献帝迁往许昌,"奉天子以令不臣"以后,逐步加剧的。曹操很早就有"奉天子以令不臣"的念头,把汉献帝控制在手,以他的名义发号施令,削平其他割据者。曹操要摆脱袁绍的控制,这是一个最好的途径,因为曹可以利用皇帝名义对袁发号施令。袁绍对此十分恼怒,指斥曹操是"挟天子以令我"。双方的较量不可避免。建安五年(200 年)曹操在官渡(今河南中牟县南)之战中大败袁绍,这次以少胜多的著名战役对曹操统一北方起到了决定性作用。袁绍兵败后不久死去,为了彻底消灭袁氏势力,曹操乘胜出击,直捣袁氏势力投奔的乌桓,不仅铲除了袁氏势力,还改编了乌桓骑兵,成为他日后一支精锐部队。曹操回师途经渤海边时,赋诗明志,留下了千古传诵的名句:

老骥伏枥,

志在千里。

烈士暮年,

壮心不已。

踌躇满志的曹操以为可以一举统一南方,便挥师南下。江东的孙权与依附荆州刘表的刘备决定结盟,共御曹军。刘备派诸葛亮去柴桑(今江西九江)商议联手抗曹事宜。诸葛亮分析当时形势,指出:曹军远道而来,犹如强弩之末,又不习水战,孙刘合作定能取胜;曹操败后势必北撤,三分天下的局面自然形成。

建安十三年(208 年)冬,曹军战舰首尾相接,开到了赤壁(今湖北省赤壁市,另有嘉鱼赤壁说、黄州赤壁说、武昌赤壁说)。孙、刘联军不过五万,与号称八十万实际近二十万的曹军相比,处于劣势。但曹军长途跋涉,又水土不服,军中发生传染病,士气低落,初一交战,即败退到江北。曹操针对士兵不习水战的弱点,把战舰用铁链锁在一起,减少晃动。联军方面决定火攻,黄盖巧施诈降计,用十艘战舰满载浸透膏油的柴草,借着冬季少有的东南风向江北疾驶,接近曹营时,火烧油草,曹军措手不及,一时火焰滚滚、浓烟弥漫,锁在一起的战舰及岸上军营很快葬身火海。联军水陆并进,曹操大败而逃。这就是历史上著名的以少胜多以弱胜强的又一著名战役——赤壁之战。当时诸葛亮只有二十八岁,周瑜比诸葛亮大六岁,两人运筹帷幄,指挥得当,是取胜的关键。

赤壁之战后,果然如诸葛亮所预言,出现了三足鼎立之势。原先势力最弱的刘备乘机攻占湖南一带,又派诸葛亮、关羽据守荆州,自己进兵四川。不久,诸葛亮率张飞、赵云沿江而上,与刘备合围成都,取得了益州的立足之地。

在此之前,曹操修栈道,由陕西入汉中。刘备入川后,与曹操在汉中对峙。曹操采纳司马懿的建议,要孙权袭取关羽后方,孙权果然派吕蒙进攻公安,关羽败走麦城,被吴军所杀,荆州失守。诸葛亮原计划:一路从荆州北进南阳、洛阳,一路从汉中出关中,形成钳形攻势。这一计划被关羽败走麦城、刘备倾全力攻吴所破坏。

孙权害怕遭刘备报复,上书向曹操称臣,劝曹操代汉称帝。曹操识破他的用心,对左右说:这小子是想把我放在炉火上烤啊!曹操不想成为矛盾焦点、众矢之的,用厚礼安葬孙权送来的关羽首级。他至死没有称帝。

建安二十五年(220年)曹操死;其子曹丕废汉献帝,自立为帝,国号魏,建都洛阳。

第二年,刘备在成都称帝,国号汉。

公元229年,孙权称帝,建都建业(南京),国号吴。

三国鼎立局面至此正式形成。

35. 曹操与诸葛亮

三国的政治家首推曹操。过去的传统史家,把分裂与篡夺的罪名委之于他,虽然不能说毫无根据,但失之片面。其实曹操是主张统一的,他活着时始终不敢称帝,他死后儿子称帝,引起刘备、孙权相继称帝,复兴汉室终于成为泡影。

舞台上的曹操与历史上的曹操存在着极大的距离,甚至强烈的反差。这从社会学角度来研究,是小传统与大传统的区别。民间传说、小说、戏曲反映了小传统,包含着狭隘的正统论;大传统则是主流的意识形态,是功过是非的客观评说。鲁迅曾经说过,曹操其实是很有本事的,至少我很佩服他。这就是从大传统来观察的结果。

曹操(155—220年)字孟德,沛国谯县(今安徽亳州)人。他的父亲曹嵩是宦官曹腾的养子,灵帝时任太尉(国防部长)。曹操的这种出身具有二重性,一方面父亲身居显要之位,使他从小就接触社会上层,眼界开阔;另一方面,祖父是宦官,父亲"莫能审其生出本末",是个来历不明的人,"建安七子"之一的陈琳曾斥责曹嵩是"乞丐携养",曹操是"赘阉遗丑",因而受到社会名流的轻视,名士们始终瞧不起他。

曹操生性机警狡谲,有权术而又任侠放荡,从小到老,一直勤奋好学,博览群书。他的儿子曹丕说他"雅好诗书文籍,虽在军旅,手不释卷"。他特别爱好兵法,曾注《孙子兵法》,他的《孙子兵法注》是今存第一个注本;此外另著兵书十万余言,"因事设奇,谲敌制胜,变化如神"。他兼具政治家、军事家的素质,早年默默无闻,经过有影响的大人物、太尉桥玄引荐,得到了名士许劭的赞誉:"清平之奸贼,乱世之英雄"(亦作"治世之能臣,乱世之奸雄")。

与太学生首领郭泰齐名的许劭专门品评人物，是"月旦评"的主持人，在当时很有影响。许劭对曹操的评语是"乱世之英雄"，李膺的儿子李瓒也说"天下英雄无过曹操"。按当时人的理解，所谓英雄是指："聪明秀出谓之英，胆力过人谓之雄"，即"文武茂异"。曹操善于用人，唯才是举，知人善任。他反对当时征辟察举注重所谓名节德行、家世声望的陈规陋习，只要有真才实学，什么人都可以用。他的一些主要将领，或者提拔于行伍之间，或者发现于俘虏之中。曹操的将领基本来自扬州的丹阳、兖州的泰山以及河北的并、冀两州，以富于战斗力著称于世，手下五员名将（于禁、张辽、乐进、张郃、徐晃）也来自这些地区。他多次发布求贤诏令，强调要把那些有治国用兵之术的能人选拔出来，即使这些人有污辱之名、见笑之行，也在所不顾。

但曹操毕竟是曹操，爱才也忌才。一些名士瞧不起他，恃才傲物，不肯为他效力，他绝不容忍。名士孔融就因为对曹操"多侮慢之辞"，被加上一个莫须有的罪名处死；崔琰（yǎn）是当时士大夫众望所归，就因为对曹操不满，被诬告为"腹诽心谤"，关进监狱，剃去头发，迫使他自杀；名士祢（mí）衡曾当众辱骂曹操，曹操要杀他，又怕别人说自己不能容人，就借刀杀人，把他送到刘表那里，被黄祖所杀。这种独裁者的品格，颇为典型，在后世那些"乱世之英雄"身上时有所见。

曹操最大的政绩是把北方地区治理得很好，使经济得到明显的恢复与发展。其中最值得一提的是采纳枣祗、韩浩的建议，实行屯田，招募农民开垦荒地或让军队耕战结合。这是针对当时中原战乱频仍、灾荒流行、土旷人稀日甚一日的状况，而采取的唯一正确方案，解决了土地问题、粮食问题。在人口密度降低，生产力衰退，空荒地增多的情况下，屯田可以促进农业生产。因为屯田（无论民屯、军屯）带有某种集体性，有利于集约化耕种和水利工程兴建，汉代的区种法在屯田中得到推广，单位面积产量明显提高。

可以与曹操相比拟的政治家是诸葛亮。小说中、舞台上的诸葛亮，羽扇纶（guān）巾，一派仙风道骨，不但足智多谋，而且能呼风唤雨，有点类乎神仙道士。其实是人民心目中对这位奇才的一种美好的夸张。诸葛亮（181—234年）字孔明，琅邪阳都（今山东沂南县）人，少有逸群之才，英霸之器。东汉末为避战乱，随叔父隐居于南阳隆中（今襄阳隆中），从事农业生产，不想在这个乱世出来做官，所谓"不求闻达于诸侯"。刘备屯驻新野时，经徐庶推荐"此人可就见，不可屈致"，刘备三顾茅庐，请诸葛亮出来帮助他争夺天下。诸葛亮身在茅庐，其实对国家政治十分关心，对形势了如指掌，他给刘备分析形势作出决策的著名"隆中对"（《诸葛亮文集》称为"草庐对"）指出：

（一）对曹操，"不可与争锋"，因为他已拥有百万之众的军队，且又有"挟天子而令诸侯"那种声势；

（二）对孙权，"可以为援而不可图"，因为他三世据有江东，国险而民附；

（三）对刘备，占领荆州和益州，外结好孙权，内修政理，等待时机，可以成就霸业。

这就为刘备及其政权规定了总的政治战略。刘备从四处奔走，寄人篱下，发展到与曹、孙鼎足而立，完全是按照诸葛亮决策行事的结果。刘备是一个"卖履织席"出身的小人物，一跃而成为徐州牧是他一生的转折点，反映了他是一名惯于反噬的"枭雄"。然而他缺乏政治与军事的必要才能，使他"争盟淮隅"不成，终于丧失了徐州。作为枭雄的刘备后来取得荆、益二州，完全仰仗了诸葛亮的策划，至于三国鼎立的汉国，更是诸葛亮所写的历史，与刘备毫不相干。

建兴元年（223年）刘备死，子刘禅继位，诸葛亮辅佐执政。刘禅虽然无能，却很信任诸葛亮，一切政事全权托付于他。

诸葛亮信奉申、韩法术，治蜀注重法制，一方面对"专权自恣"的豪强"威之以法"、"限之以爵"；另一方面对下属将领官吏"赏罚严明"，"任人唯贤"，不论何人犯法都严惩不贷。为了持久作战，他重视经济，主张"务农殖谷"，开展屯田，且耕且战，四川地区出现了"田畴辟，仓廪实，器械利，蓄积饶"的景况。为了取胜，他注重兵器改革，对连弩（射箭机械）作了改进，一次可连发十支箭。1964年在四川郫（pí）县发现一件刘禅景耀四年（261年）制造的铜弩机，号称"十石机"，有600公斤的射击力。

在对待魏、吴两国关系上，诸葛亮始终坚持联吴攻魏。当刘备为了替关羽报仇欲攻江东时，他极力劝阻；刘备死后，他立即派使节到吴国，重新结盟。后来孙权称帝，许多大臣主张与吴断交，诸葛亮为了集中全力对付曹魏，顾全大局，还派人去祝贺。这是蜀汉政权能在危难形势下得以维持的关键。

他在发兵攻魏的名篇《出师表》中，回顾了自己"受任于败军之际，奉命于危难之间"，对于刘备临终托孤，常常抱着忧患心态，唯恐托付不效。在鞠躬尽瘁，死而后已心情的驱使下，他出师北伐，屯兵汉中，率军进攻祁山（今甘肃西和）取得胜利。当时魏与吴对峙，西方空虚，取胜的可能性是存在的。由于前锋参军马谡（sù）违反节度，在街亭（今甘肃秦安）打了败仗，丧失大好时机，诸葛亮只得退回汉中。

以后三年中，多次出兵，由于兵力不足，军粮困难，都不支而退。他创制

"木牛流马"运粮车,开展山区运输;并在渭水屯田,作持久打算。

关于"木牛流马",学者们一向有两种解释。一派认为,木牛流马就是独轮推车,《三国演义》中说得神乎其神:"木牛流马皆造完备,宛如活着一般,上山下岭务尽其便。"这是穿凿附会的小说家言。连毕生研究中国科技史成就卓著的李约瑟也认为木牛流马就是《天工开物》中的独轮车。另一派认为,木牛流马是一种能在崎岖山路步行的机械装置,木牛其形,流马其势,否则诸葛亮写的"木牛流马法",就没有必要说它"方腹曲头,一脚四足"了。南北朝的祖冲之首先把木牛流马复原成功,《南齐书·祖冲之传》说他"以诸葛亮有木牛流马,乃造一器,不因风水,施机自运,不劳人力"。这是符合诸葛亮本意的。20世纪80年代至90年代,中国大陆和台湾省的学者,先后复制出利用连杆机械原理的木牛流马模型,它是一种由人给予推力,便可自己行走的运载工具,适合于汉中运粮古道的特点,可以看作世界上第一批成功的机器人。

诸葛亮在距长安一百多里的五丈原(今陕西眉县)与魏将司马懿相持达一百多天,积劳成疾,于公元234年8月在军中病逝,不过五十四岁,正当盛年。遵照诸葛亮遗命,为他葬于汉中定军山(今陕西勉县西南)。当蜀汉退兵后,司马懿率军巡视诸葛亮部署的营垒,叹道:"天下奇才也!"

钱穆在《国史新论》中说:三国俨然一段小春秋,曹操、诸葛亮、鲁肃、周瑜,都以书生在大乱中跃登政治舞台,他们虽身居高职,依然儒雅风流,不脱书生面目。诸葛亮、司马懿在五丈原,陆抗、羊祜(hù)在荆襄的对垒,成为历史佳话,以前只有春秋时代有此高风雅趣。三国士大夫重朋友更重于君臣,诸葛亮肯为刘备鞠躬尽瘁,固然有汉贼不两立的政治观点,但更主要的是为三顾茅庐这段朋友间的肝胆真诚所感动,否则"苟全性命于乱世,不求闻达于诸侯",这是道家态度,不是儒家精神。

36. 西晋:从"禅让"故事到"八王之乱"

历史往往有惊人的相似之处。220年,曹操之子曹丕打着"禅让"的幌子,逼汉献帝让位,自己称帝(魏文帝)。没有料到过了四十五年,在266年,司马炎重演曹丕代汉的"禅让"故事,废魏元帝曹奂,自立为帝(晋武帝)。那些野心勃勃的权臣,既想篡位,又想逃避篡位的恶名,于是便上演"禅让"的闹剧:迫使皇帝主动让位,自己假惺惺推却一番,篡位终于美化成为禅让,双方都成为尧舜般的圣君。曹丕代汉便是如此,"汉魏故事"成了禅让的代名词。司马炎代魏,是"汉魏故事"的第一次翻版。

　　而奠定这后一次"禅让"基础的人物,便是司马懿。司马懿,字仲达,河内温县(今河南温县西)人,以其多谋略,善权变,颇为曹丕所信重。曹丕死,子曹睿继位,是为明帝。此人荒淫无耻,一点也不具备祖父、父亲的才干,受遗诏辅政的司马懿乘机专权。

　　司马氏是有名的世家大族,世代做东汉的将军、太守。司马懿则是一个极富谋略的能人,在对蜀、吴的战争中树立了声望。明帝临死前托孤,要宗室曹爽与司马懿一起辅佐八岁的曹芳。曹爽怕司马懿权重难以控制,削夺其兵权,把他由太尉调为太傅。司马懿装病闭门不出,暗中窥测时机,乘曹芳、曹爽出城上坟之机,发动政变,把曹氏兄弟及重要官员一网打尽。从此魏国的权力完全落入司马氏手中,魏帝成了司马懿、司马师父子任意摆布的傀儡。司马懿死后,司马师掌权,曹芳想剥夺司马师之权,反被司马师废掉,另立曹髦为帝。司马师死,其弟司马昭执政。曹髦不甘心受挟制,说:"司马昭之心,路人所知也!"发兵攻司马昭,结果被杀身死。司马昭另立曹奂为傀儡皇帝。魏国的曹氏政权实际已成为司马氏政权。

南朝墓室砖画《竹林七贤与荣启期》(修复图)

263年,司马昭派邓艾、钟会、诸葛绪分兵三路大举攻蜀汉。蜀汉方面毫无防御准备,文臣武将束手无策,后主刘禅采纳光禄大夫谯周的建议,向魏国投降,蜀汉政权至此灭亡。

司马昭灭汉后,加紧了废魏的进程。那时不少基于正统观念的士人都对司马氏的政治野心极为反感,又怕遭杀身之祸,不得已采取玩世不恭的态度,以逃避现实,明哲保身。所谓"竹林七贤"——嵇康、阮籍、山涛、阮咸、向秀、王戎、刘伶,便是其代表人物。他们有的崇尚虚无,轻视礼法;有的纵酒昏睡,放浪形骸。表面看来非常清高洒脱,内心却极其痛苦。司马氏分化瓦解,软硬兼施,要他们公开表示合作的政治姿态,山涛、阮籍、向秀等人不得不先后顺从司马氏。山涛在曹爽被杀后,隐居不出,在司马氏的压力下只得出来做官;阮籍生性高傲,放荡不羁,为了保全自己,故意装作"不与世事",终日酗酒,无奈司马氏软硬兼施之下,违心地写了"劝进表",替司马昭歌功颂德。后来阮籍竟做到"口不臧否人物"的地步,嵇康却全然不变,结果阮得终其天年,嵇则丧命于司马氏之手(嵇康因为与曹氏宗室联姻,不肯倒向司马氏)。山涛引荐他出来做官,他愤然写了一封绝交信,怒斥山涛,拒不接受:"但欲守陋巷,教养子孙,时时与亲旧叙离阔,陈说平生,浊酒一杯,弹琴一曲,志意毕矣。"司马昭捏造了罪名,把他杀死。嵇康死时才四十岁,临刑时还弹了一曲《广陵散》。原先曾和嵇康一起打铁(避祸的幌子)的向秀,见嵇康被杀,无可奈何地前往洛阳投靠司马昭。

司马昭苦心经营,取魏而代之的条件成熟了。265年司马昭死,其子司马炎重演曹丕代汉的"禅让"故事,废魏帝曹奂,自立为帝,改国号为晋,史称西晋。晋武帝司马炎并不以取代魏国为满足,他要统一全国。279年他分兵六路大举攻吴,益州刺史王濬率水师顺流而下。此时的吴国在孙权之孙孙皓统治下,早已成强弩之末,根本不堪一击。次年,晋军攻下建业,孙皓投降,吴国灭亡。刘禹锡有诗曰:"王濬楼船下益州,金陵王气黯然收。"三国鼎立的局面至此终于被统一的西晋王朝所代替。

从汉献帝初平元年(190年)董卓之乱以后出现的分裂割据,延续了整整90年(190—280年),至此又重新归于统一。然而这种统一是短暂的,到晋武帝的儿子惠帝统治的晚年,爆发了"八王之乱",统一局面再次崩溃,北方又陷入了分裂割据之中。

统一之所以不能持久,原因是复杂的、多方面的。从客观方面看,分裂的危机并没有消失,或者说统一的社会基础还不成熟,条件还不具备。曹氏代汉,司马氏代魏,固然避免了全面崩溃的危险,但社会危机的根本原因并没有矫正,社会依然是不安定的。

景元四年（263 年），平蜀后魏蜀合计户数仅 90 多万，当时食禄复除的特权阶层为数不少，实际上政府所能控制的不过 50 万户左右，连汉朝一个大郡的户数都不到。太康元年（280 年）灭吴后，西晋全国编户不到 250 万，比三国时有所增加，但与汉朝相比少得多了。为了使国家控制的户口与耕地有较大幅度的增加，西晋王朝实施了劝课农桑的政策，最大限度地动员人民开垦荒地，增加生产，在此基础上使户口逐渐增多，于是就形成了所谓"课田"制度。

课田的原则，在此以前的曹魏屯田中已有体现，淮南淮北的屯田，规定每个劳动力课田五十亩。这意味着在当时条件下一个劳动力可以耕种的标准面积。西晋政府在公布占田限额的同时，规定丁男课田五十亩，次丁男课田二十五亩，丁女课田二十亩，显然是一种历史的传承。与课田相联系的田租（四斛）、户调（绢三匹、绵三斤）当然也是这一传承的产物。那就是说，丁男之户必须耕种五十亩土地，并课取与五十亩土地相对应的田租、户调，如怠惰不勤，耕种不足五十亩，也得课取五十亩土地的田租、户调。

与课田令同时颁布的占田令，与劝农课耕的本意相抵消，甚至化为乌有。占田令规定国王公侯可占近郊田，大国五十顷，次国十顷，小国七顷，此外还规定品官各以贵贱占田，一品占田五十顷，二品占四十五顷，依次递减至九品十顷。占田令不仅没有限制他们的经济势力，反而助长了他们的势力继续膨胀。占田令名义上也规定男子一人占田七十亩、女子一人占田三十亩，在世家大族普遍占田逾制的情况下，那是根本无法实现的，只是纸面上的规定，实际上是否占有那么多土地，政府并不负责。因此按课田五十亩确定的田租（四斛）、户调（绢三匹、绵三斤），对于普通农户而言便是一种过于沉重的负担。西晋的土地问题较之王莽时代、东汉时代更加严重了，华北地区表面的平静之下掩盖着潜在的危机。

从主观方面看，以司马氏为首的西晋统治集团，贪婪、荒淫、奢侈，野心勃勃又糜烂透顶，重建的统一局面迟早要败坏在他们自己手上。晋武帝已有宫女数千，灭吴后又选取江南美女五千放入后宫。他的大臣都是贪鄙而矫情的两面派伪君子，一面自恃清高，轻视商人，一面却唯利是图，贪得无厌。司徒王戎身居三公之高位，暗中还做生意，种李子出卖，又唯恐买者得到好种，钻破李核才拿去上市。荆州刺史石崇靠劫夺行旅客商而成暴发户，晋武帝的舅父王恺见了眼红心嫉，要同石崇斗富比奢。王恺用麦芽糖洗锅，石崇用石蜡当柴烧，王恺用紫丝布做成四十里的步障（用以遮蔽风尘与视线的屏风），石崇用锦做步障长达五十里；王恺拿出晋武帝赏赐的二尺高的珊瑚来炫耀，石崇不屑一顾地把它敲碎，拿出六七个三四尺高的珊瑚让王恺挑选。晋武帝死,儿子惠帝继位。惠帝司马衷是个白痴,除了享乐,什么都不懂。天下饥荒,有人告诉他百姓饿死很多,他竟反问:"何不食肉糜?"素质如此卑劣低下的统治者如何能统一天下?

果然,晋惠帝时矛盾终于激化了。祸根是晋武帝种下的,他为了保持司马氏的一统天下,恢复古代的封建制,封建司马氏宗室二十七人为王。这些王公贵族都是野心家,只考虑小集团利益,置国家社会于不顾,网罗党羽,扩充军队,闹独立,搞割据。白痴皇帝司马衷刚一上台,就爆发了司马氏家族的大内讧:汝南王、楚王、赵王、齐王、长沙王、成都王、河间王、东海王为了争夺中央政权互相刀兵相见,演出了一场持续十六年之久的"八王之乱"(291—306 年),又把中原地区引入了分裂割据之中。诸王在混战中利用北方民族参加内战,使匈奴、羯等族武装力量长驱直入中原,从此乱上加乱,北方地区出现了空前的大动乱。

北方大动乱,人民大批渡江南下。当时掌握朝廷大权的东海王司马越派琅邪王司马睿到建邺(南京)作镇抚南方的工作。此时匈奴人建立的汉国派兵攻入洛阳,俘虏西晋的第三个皇帝——怀帝司马炽,不久又攻入长安,俘虏了西晋的第四个皇帝——愍帝司马邺。司马懿的曾孙司马睿便于 317 年在建邺称帝——晋元帝,建立偏安于江南的政权,延续晋的正统,史称东晋。

西晋虽然在历史上存在了半个世纪,但真正的统一局面只不过十年而已,短促得如同昙花一现。

37. 东晋:北伐与偏安

北方士族的代表人物王导,很早就看出中原的政治危机,劝琅邪王司马睿移镇江南,这是日后晋朝以东晋的形式中兴的关键之举。王导以分享政权的代价使江南吴人能够接纳南下的中原士人,又使南下的中原士人消除惶恐不安的心情在江南安顿下来。东晋设置了所谓"侨州郡",来安置从中原南下的"侨人",让他们占山占水而不必承担赋役,成为有别于土著编户的特权阶层。东晋之所以能立国,可以说全靠南下的中原门第,即琅邪临沂王氏、颍川鄢陵庾氏、谯国龙亢桓氏、陈郡阳夏谢氏四大家族。然而,南下的北方士族门第之家在取得了种种特权之后,逐渐忘却了自己的责任与义务,满足于偏安,逍遥度日。

东晋与先前的孙吴,都偏安于江南,但国策截然不同。吴国不愿归附于曹魏,也不奢望兼并蜀汉,但求割据江南,此一国策直至亡国未变。东晋则自命为中国的正统继承者,绝不承认别的王朝与它并驾齐驱,但是事实上它们存在着，不过东晋皇帝把它们视作"僭"、"伪"，非正统。因此东晋的国策别无选择，只能是北伐，以期光复，显示其正统地位。然而这近乎痴人说梦，东晋社会缺乏光复的坚实基础与动力。

一方面，江南的士族在孙吴灭亡后，依然拥有雄厚的政治、经济实力，他们对南迁的西晋宗室很冷淡，在北方南下士族王导等的精心策划下，才拉拢了一批江南士族的支持。这批南方士族在东晋偏安政权中分享到部分权力与光荣，得到事实上的独立，他们对于北伐与光复没有多大兴趣。

另一方面，追随西晋宗室南下的北方人民希望东晋能尽快北伐，收复故土，但掌权的北方士族到了富庶繁华的江南后，沉醉于骄奢淫逸的生活，并不打算有什么作为。上流社会中洋溢着醉生梦死的气氛和靡靡之音，男人崇尚化妆，文人竞相写作骈俪对偶、空洞无物的文章，毫无风骨可言，从此开创了所谓"六朝金粉"的社会氛围。这种绝望颓废的风气后来为南朝所继承与发展。在这种背景之下，要想由正统的东晋来统一全国，几乎是幻想。

东晋时代有过几次北伐，都以失败而告终，其根本原因就在于此。

首先北伐的是祖逖（tì）。他本是范阳郡遒县（今河北涞水东）人，在洛阳做官，洛阳沦陷后，率宗族部曲南下，寄居于京口（今江苏镇江）。建兴元年（313年）他率众渡江，在江中击楫发誓："祖逖不能清中原而复济者，有如大江！"晋元帝司马睿只给了他一些粮食、布匹，没有给他武器装备，让他自己去招兵买马，根本就没有诚意，也没有什么期望。祖逖在淮阴打造兵器、招募士兵，在北方汉族堡坞武装的支持下，打了一些胜仗，收复了黄河以南大片土地。当"光复"已初露希望时，晋元帝却患得患失，怕他势力太大难于控制，派戴渊总领北方六州军事，钳制他的北伐。致使祖逖于大兴四年（321年）忧愤而死，北伐半途而废，收复的土地又相继丢失。

第二个打算北伐的是庾亮。他是东晋皇室的外戚，晋成帝即位后，利用外戚地位当政，与南下的北方士族王导、王敦为代表的王氏势力争权夺利。当时社会上流行"王与马（司马氏），共天下"的说法，东晋皇室对王氏颇为不满。庾亮企图排斥王氏势力，想借北伐树立自己的威信，扩大势力。咸康五年（339年）镇守荆州的庾亮请求北伐，由于内部矛盾重重，未能实现。庾亮死后，其弟庾翼调兵遣将，打算北伐，迫于内部牵制，只得作罢。

第三个进行北伐的是桓温。桓温是东晋少有的名将，他任荆州刺史时，率军攻入成都，消灭了成汉政权，一时威名大扬。东晋朝廷为了抑制他，派外戚褚裒（póu）带兵掣肘；桓温多次提请北伐，都不予准许，却派清谈家殷浩贸然出师，一触即败，全军覆没。于是才有了桓温的北伐。永和十年（354年）桓温率军由江陵出发进攻关中，很快进抵长安附近，由于给养供不上，只得退兵。永和十二年(356年)桓温第二次北伐,收复了洛阳,他上书晋哀帝,希望迁都洛阳,再图进取。但东晋的上层分子久已安于江南的奢侈生活,根本无意迁回北方。在这种情况下,第三次北伐的失败,便是注定了的。从桓温上疏请求北伐到第三次北伐失败,经历了二十年,终于一事无成,并非对手太强大,而是东晋当局千方百计处处掣肘,怕桓温因此而尾大不掉,会危及他们偏安江南的既得利益。无怪乎桓温要"泫然流泪"了。

历史远比这复杂得多。桓温的崛起是由于军权的膨胀,其兵力来源一是徐州方面郗氏部队,郗超欲拥立桓温为帝,便把郗氏部队拱手相让;二是荆州方面庾亮、庾翼的部队。桓温北伐业绩虽辉煌,但心术可疑,名为北伐,实乃凭借军力以树己威,为篡位奠基,王猛在关中与他扪虱而谈时识破其心计。桓玄终于继承父志走上篡位道路,以身败名裂而告终。刘裕不但击灭了桓玄,而且北伐业绩更胜于桓温一筹,入川、克陕、灭南燕,创造了东晋北进的新纪录,然而这一切都是在为篡位作准备,所不同的是他竟然成功了。

东晋北伐的几度失败,诱使已经统一北方的氐族政权——前秦的苻(fú)坚发兵南下,打算一举消灭东晋。383年,苻坚发兵九十万(到达前线的只有二十五万),在兵力上占绝对优势,东晋方面谢石、谢玄只有八万军队迎击。然而奇迹出现了:晋军在淮水与洛涧交会处的洛口大破秦军前哨,乘胜前进,苻坚登寿阳城瞭望,见晋军阵势严整,前方的八公山上草木皆兵。先前口出狂言——投鞭可以断流,此时士气顿消。晋军进至淝水,要求秦军后退,以便渡河决战,苻坚企图乘晋军渡河时攻其不备,不料一退便不可止,兵败如山倒。淝水之战,晋军以少胜多,不但抵挡了前秦咄咄逼人的南下之势,而且一战而使前秦土崩瓦解。当时形势对东晋很有利,如乘胜北伐,收复中原并非无望。但东晋统治者忙于内部争权夺利,对"光复"毫无兴趣,谢石、谢玄也志在保全东晋,并无北伐的雄心壮志。

东晋从建立到灭亡的百年间,始终以政治舆论上的北伐高调掩盖其甘心偏安之实际。到后来,干脆连北伐的高调也不愿再唱下去了。然而,偏安于江南一隅的东晋王朝的国祚,居然能够绵延将近一个世纪,原因何在?清代学者赵翼在《廿二史札记》中说:"然东晋犹能享国八九十年,则犹赖大臣辅相之力。"

38. 魏晋风度与玄学

魏晋是一个动乱而迷惘的时代,名士们思治而不得,苟全性命于乱世,心态发生了畸形的裂变,对文化、思想、社会风气产生了巨大的影响。传统的无形约束消失了,法律的明文制裁无效了,对天下对自己陷入了绝望,对人生对未来丧失了信心,摆脱名教而自命通达,成了当时的流行风尚。对魏晋风度没有一个合理的诠释,便不能理解这个时代的文化与思想,不能发现怪诞外表掩盖下的闪光亮点。

《易经》讲垂衣裳而天下治,《周礼》讲服饰威仪与等级。因此,儒家一向讲究仪表端庄,儒冠儒服,循规蹈矩,道貌岸然。魏晋名士却一反常态,或者过分讲究化妆,使男人女性化,或者不修边幅、放浪形骸,走了两个极端。当时的名士追求阴盛阳衰的病态美,"士大夫手持粉白,口习清言,绰约嫣然",一副娘娘腔。玄学家何晏"粉白不去手,行步顾影",还喜欢"服妇人之服";诗人曹植洗澡之后都要涂脂抹粉,装扮一番;书法家王羲之为女性化的杜弘治那种"天姿国色"所倾倒,叹道:"此公面如凝脂,眼如点漆,真神仙中人也!"为此他刻意仿效,使自己也"飘如游云,矫若惊龙"。这种风气一直延续到南朝,梁朝全盛时,贵族子弟无不"熏衣剃面,傅粉施朱"。与此形成强烈对照的是,一些名士放浪不羁,故意颠倒美与丑的标准,来发泄心中的郁闷。他们接待宾客时故意穿破衣烂衫,"望客而唤狗";参加宴会时,故意不拘礼节,"狐蹲牛饮,争食竞割"。更有甚者,接待来客时,赤身露体,一丝不挂,美其名曰"通达"。"竹林七贤"之一的阮籍酒醉之后,脱光衣裤,坐在床上,叉开双腿,称为"箕踞"(坐时两脚伸直叉开,形似簸箕)。另一"竹林七贤"刘伶,在室内一丝不挂,面对来访的友人,竟说:"我以天地为栋宇,屋室为裈(kūn)衣,诸君何为入我裈中?"发展到后来,形成一种风气,邓粲《晋纪》说:"(谢)鲲与王澄之徒,慕竹林诸人,散首披发,裸袒箕踞,谓之八达。"有的人"故去巾帻,脱衣服,露丑恶,同禽兽"。凡此种种,都是对儒家礼教的背叛,其深层的原因在于,不满于黑暗的社会现实,又无力改变它,便佯狂而避世,当时人把他们看作疯子、狂人,其实他们内心十分清醒又极其痛苦,以怪诞的言行来宣泄不愿同流合污的心情。

这种心态的另一种表现形式是饮酒与服药。魏晋时代饮酒是一种社会风气,曹孟德的《短歌行》唱道:"对酒当歌,人生几何?……何以解忧,唯有杜康。"《世说新语》说:"名士不必须奇才,但使常得无事,痛饮酒,熟读《离骚》,便可称名士。"然而魏晋名士的饮酒并非一味附庸风雅,而是为了避祸。如阮籍大醉六十日,为女拒婚于司马昭之子,使其欲杀不能。钟会多次用敏感的时事话题来试探他,企图抓住把柄,都因为阮籍酩醉如泥而无从下手,幸免于难。阮籍经常酩醉的原因于此可见一斑。正如《晋书·阮籍传》所说:"籍本有济世志,属魏晋之际,天下多故,名士少有全者,籍由是不与世事,遂酣饮为常。"阮籍经常酣饮狂醉并非仅仅嗜酒成癖,其实是借醉逃避政治风险。他一方面无奈地向司马昭上劝进表,阿谀逢迎,另一方面写文章痛骂礼法之士,向往无君政治,处在这种矛盾之中,十分痛苦,只有一醉方休。刘伶也嗜酒如命,他自我表白:"天生刘伶,以酒为名,一饮一斛,五斗解酲(chéng)";他一生只写了一篇《酒德颂》,透露了饮酒的原因是有人向他"陈说礼法,是非蜂起",只有沉醉,才可无思无虑。依然是为避祸而饮酒。服药与饮酒有异曲同工之妙,都是一种麻醉一种刺激。当时名士盛行服食寒石散(五石散),从眼前讲,为了纵欲以忘却人间烦恼;从远处讲,为了长生不老,向往神仙生活,追求超脱。何晏"耽好声色,始服此药,心力开朗,体力转强",然而它有毒性,长期服食后药物反应强烈,内热难耐,冬天也要用冷水浇身才能缓解。所以魏晋名士多穿宽大的旧衣服,脚拖木屐,为的是服药后易于散热又不损伤皮肤。名士们如此自讨苦吃,目的无非是暂时忘却社会的烦恼和精神的痛苦。鲁迅的名篇《魏晋风度及文章与药及酒之关系》,对此有精辟而诙谐的论述。

名士们逃避现实同时保全自己的最潇洒又最安全的方式是山林隐逸,以洁身自好的高士风范保持正直的人格和气节,委婉地显示了与当权者不合作的态度。他们向往老子的"鸡犬之声相闻,民至老死不相往来"的小国寡民社会;向往庄子的"织而衣,耕而食","一而不党"(无所偏私)、"命曰天放"(自然放任)的境界;向往无君无臣、无忧无虑、衣食温饱的理想社会。陶渊明的《桃花源记》构建了一个具有诗情画意的乌托邦,从另一个侧面反映了这种倾向。当然它并非纯属虚构,而是当时中原地区占据山险平敞之地的堡坞共同体的理想化。陈寅恪《桃花源记旁证》指出:"陶渊明《桃花源记》寓意之文,亦纪实之文",士人隐逸的目的"或隐居以求其志,或曲避以全其道,或静己以镇其躁,或去危以图其安,或垢俗以动其概,或疵物以激其情"。社会的动乱不定,改朝换代的频繁进行,令人无所适从,与世无争的隐逸生活便成为士人的普遍追求。正如王安石诗所说:"世上那知古有秦,山中岂料今为晋。"

上述三种消极形式表现出来的魏晋风度,体现对现实的不满,从反传统的意义上说它是一种从不自觉到自觉的思想运动。这是一个畸形时代的产物。由于思想的解放,造就了可与春秋战国相比拟的群星灿烂的文化辉煌。玄学的出现是最值得注意的动向。

汉朝的经学,一失于迷信的谶纬,二失于繁琐的传注,三失于经生墨守家法,只以师传之说为是,三者的共性是拘泥,是僵化,是教条。重才轻德的曹操公开抛弃儒教伦理,使儒教日趋式微。几十年的动乱之后,重新开张的太学,已不再有先前五经博士的辉煌,仅仅成为逃避劳役的学生庇护所。研究儒家典籍的经学,专注于字义与读音,忽略了其中的普遍原理。与此相映成趣的是,佛教在社会上蓬勃发展,道家随着道教勃兴而愈来愈引人注目。经学化的儒教作为一种社会规范,在动乱的时代,适用的范围是极其狭窄的,既不能成为治国安邦的方略,也不能成为功名利禄的捷径,更不能成为消灾避祸的屏障,人们纷纷探寻代替它的东西,道教、佛教的兴旺是一个方面,玄学的出现则是另一个方面。当时的文人想借助道家的老庄思想使自己回归大自然,摆脱现实社会的扰攘纷争,但又不可能彻底摒弃儒家的经学,于是就出现了用道家思想诠释儒家经典的怪现象,援道入儒,儒道合流,形成了魏晋时期一种特殊的意识形态——玄学,使僵化的儒学获得了新的生命力。

魏晋名士喜好老庄,何晏有《无为论》,王弼有《老子注》,阮籍有《达庄论》,郭象有《庄子注》,嵇康则标榜"老子、庄周吾之师也"。他们以道家思想赋予儒家经典新的内涵,何晏的《论语集解》,王弼的《论语释疑》、《周易注》、《易略例》,阮籍的《通易论》,郭象的《论语体略》等,莫不如此,与两汉时代大相径庭。汉儒重家教、师法,注重家学渊源与宗派门户之见,魏晋名士学从己出,喜欢独立思考。王弼生长于正始年间,正是魏晋新思潮勃兴之际,士人们固然可以自由思想,却又倍感彷徨迷失和失去信仰的痛苦,便借谈玄说道来抒解心中的郁闷。这种大背景,使得才思敏捷的王弼,开魏晋玄学风气之先,独领一代风骚。于是披着儒家外衣的道家思想一时风靡天下,名士无不以谈玄成名,哲理之阐扬,应对之标准,师友之讲求,父兄之劝诫,无不以老庄思想为指针。玄学取代经学,老子取代孔子,形成了一场思想解放运动。

《晋书·嵇康传》载嵇康"不涉经学,又读《老》、《庄》,重增其放",就是玄学哲理指导社会风气,社会风气又推动玄学发展的显例。因此他敢于"非汤武而薄周孔",指斥"六经未必为太阳";高唱"越名教而任自然",对儒家政治伦理进行公开而大胆的挑战。高傲的阮籍会用青白眼看人,顺心的用青眼(黑眼珠)瞧,不顺心的则翻白眼,视而不见。《晋书·阮籍传》说他"见礼俗之士,以白眼对之","由是礼法之士疾之若仇"。阮籍却安之若素,这既出于对人生真谛的最终归宿的通达理解,也出于对传统礼俗惰性力量的挑战,他非常蔑视那些"惟法是修,惟礼是克",用礼法来约束自己的假名士,在《大人先生传》中,称他们为"裈中之虱"。

魏晋名士的批判武器是道家的"无",即自然主义。反映在文学上的建安文风,尚清峻,崇通脱。清峻即文章简约、立意严明,通脱即随心所欲、自然成篇,这便形成了"嵇康师心以遣论,阮籍使气以命诗"的文风。文尚情随顾忌就少,显然是重自然、轻名教的一种表现。东晋画师顾恺之不仅善写丹青,而且擅长画论,尤妙人物肖像,其神来之笔在于画龙点睛,反映了绘画中包含的哲学思辨,即末与本、形与神的辩证思维。他的《洛神赋图》以曹植名篇《洛神赋》为题材,艺术地再现洛神飘逸委婉之美,洋溢着无拘无束的浪漫情怀。书圣王羲之的行、草把书法艺术推向高峰,一扫汉隶沉稳、厚重的呆板笔法——这种笔法适应了儒家拘守家法的需要。王羲之崇尚老子的自然主义、庄子的达观通脱,使书法艺术解脱了礼法的束缚,从玄学中得到启发,形成柔媚矫健的风格,遒劲温婉,舒卷自如,可谓得自然之精灵,融巧思之堂奥,他的《兰亭序》被后世赞誉为"天下第一行书",绝非偶然。

王羲之《兰亭序》

魏晋风度与玄学是后人永久传颂的话题,新见迭出。旅美作家木心在他的名著《哥伦比亚的倒影》中如此写道:"滔滔泛泛之间,'魏晋风度'宁是最令人三唱九叹了;所谓雄汉盛唐,不免臭脏之讥;六朝旧事,但寒烟衰草凝绿而已;韩愈李白,何足与竹林中人论气节。宋元以还,艺文人士大抵骨头都软了,软之又软,虽具须眉,个个柔若无骨,是故一部华夏文化史,唯魏晋高士列传至今掷地犹作金石声,投江不与水东流,固然多的是巧累于智俊伤其道的千古憾事,而世上每件值得频频回首的壮举,又有哪一件不是憾事。"

七、北朝与南朝
——走向再统一

39. 五胡十六国时期的汉胡互化

西晋八王之乱以后,北方游牧民族南下,纷纷建立割据政权,中原陷入分裂状态,直到北魏统一,长达一百三四十年间,历史上称为五胡十六国时期(304—439 年)。

"五胡"即五个"骑马民族":匈奴、鲜卑、羯、氐、羌。"十六国"即这些骑马民族与汉族建立的政权:汉(其后是前赵)、后赵、前燕、成汉、前凉、前秦、后秦、后燕、西秦、后凉、南凉、西凉、北凉、南燕、北燕、夏。

匈奴人建立的有汉(前赵)、北凉、夏;

鲜卑人建立的有前燕、后燕、南燕、南凉、西秦;

羯人建立的有后赵;

氐人建立的有前秦、后凉;

羌人建立的有后秦;

汉人建立的有前凉、西凉、北燕。

五胡十六国,从表象上看是一个大分裂大动乱时期,深入探究起来,它其实应该说是由分裂走向再统一的时期。这一时期的第一次统一是后赵石勒实现的,他统一了除辽西的前燕和凉州的前凉之外的北方地区,是北方短期的小统一。石勒在河北地区劝课农桑,恢复经济,建立学校,发展文化,都很有成效。第二次是前秦苻坚统一了整个北方,是北方短期的大统一。《晋书·苻坚载记》说:"关陇清晏,百姓丰乐,自长安至于诸州,皆夹路树槐柳,二十里一亭,四十里一驿,旅行者取给于途,工商贸贩于道。"出现了一片升平景象。淝水之战后,前秦瓦解,北方出现了更大的分裂局面。但是由于长期的民族融合,胡人汉化与汉人胡化的同步进行,终于走向了北魏的第三次统一北方。

　　从这一视角观察历史，这一时期最值得称道的就是胡人汉化与汉人胡化，即汉胡互化。

　　北方游牧民族南下入居汉族农业区的过程是一个逐步汉化的过程，从东汉光武帝建武二十六年（公元 50 年）南匈奴开始入居山西，到西晋武帝泰始元年（265 年）匈奴部众的南迁过程持续了二百多年，匈奴逐步汉化。最突出的例子是刘渊——匈奴族政权汉的建立者。大约在曹操的晚年，匈奴贵族便因上代是汉朝皇帝的外孙，而改姓刘。刘渊在学习汉族传统文化方面很下功夫，师事上党崔游，学《毛诗》、《京氏易》、《马氏尚书》，尤其爱好《春秋左氏传》。据说他能背诵孙、吴兵法，《史记》、《汉书》、诸子百家无不综览，自命为汉初辩士随何、陆贾与名将周勃、灌婴四人才略抱负集于一身。304 年他起兵反晋，为了争取汉人支持，宣称自己是"汉氏之甥，约为兄弟"，因此他立国号为汉，自称汉王，追尊蜀汉

敦煌壁画所见汉化胡人

后主刘禅为孝怀皇帝。刘渊即汉王位后，任用他的儒学老师上党崔游为御史大夫。由此不难看出十六国的第一个政权建立者刘渊汉化程度之深。汉后来演化为赵，史称前赵。前赵的刘曜沿用刘渊之子刘聪的胡汉分治之制，他以皇帝的身份直接治理汉人，让其子刘胤以大单于（匈奴首领的称号）的身份治理本族，刘曜任命一批关中士族出任高官，又在长安设立太学和小学，招收匈奴、汉人子弟，年二十五岁以下、十三岁以上素质较好者一千五百人，选朝贤宿儒明经笃学者为老师，悉心培养。

　　羯人石勒脱离前赵，建立后赵。石勒汉化程度也很深，他认识到羯人力量有限，要巩固后赵必须争取汉人合作，尽量利用汉人的治理方略。他重用"博涉经史"的汉人张宾为谋主，言听计从，显示了很高的汉文化水平，他下令胡人不准欺凌衣冠华族（汉人），派人到各地劝课农桑；他不识字，却喜欢听人讲书、诵读史书，从中引以为鉴，虽在军旅戎马倥偬之中，也不稍懈怠；他设立太学和郡国学，培养包括胡羯将领子弟在内的人才；还立了秀才、孝廉试经之制，提倡儒学。

　　进入中原的氐族也深受汉文明的影响，前秦的苻坚即位后，重用汉族寒

门士人王猛,改革政治,发展经济、文化,对王猛主张"宰宁国以礼,治乱邦以法",十分欣赏。他广修学宫,亲临太学考试学生经义优劣,奖励儒生,以争取汉族士大夫的支持。他对博士王寔说:朕一月之内三次亲临太学,发现人才,躬亲奖励,目的在于,不使周公、孔子的微言大义在我手里失传,是不是可以追上汉武帝、汉光武帝了?王寔回答:陛下神武,拨乱反正,开庠序之美,弘儒教之风,汉武帝、汉光武帝何足道哉!

建立后秦的羌族,在关中与汉族长期杂居相处,姚苌起兵时得到汉人支持,后秦政权一建立就采用汉制。姚兴继位后,多方笼络汉族士人,延揽名儒到长安讲学,生徒多至万余;又经常和名儒们"讲论道艺,错综名理"。姚兴还招致龟兹高僧鸠摩罗什传播佛教、翻译佛经,并与鸠摩罗什互相考校佛经,佛教因此大为流行。在姚兴治理下,后秦一度强盛,曾控制西起河西走廊东至兖州、徐州等地。

何兹全说:西晋末年,随着士族上层的渡江,装在他们头脑里的玄学也被带过江去,原先影响甚微的经学士族留在北方,他们保持着汉朝讲经学重礼仪的旧传统。而胡族政权武力占据北方,要立国中原,必须熟悉儒学传统,崇尚中原文化,以汉法治汉人。胡族君主与汉人士族在这种背景下,进行了卓有成效的合作,儒学显示了强大的生命力与同化作用。

以往史家把十六国的建立归咎为"五胡乱华",显然是皮相之见。十六国的出现是北方民族大批入居内地,与汉族长期融合的结果。胡人的汉化与汉人的胡化是同步进行的。

十六国时期,随着骑马民族的南下,把畜牧及其他生产技术带到了中原地区。据贾思勰《齐民要术》记载,牛、马、骡、羊等牲畜饲养、役使方法,以及兽医术、相马术、畜产品加工术,如制作毛毡、奶酪、油酥,逐步为汉人所接受。鲜卑人叱干阿利制造"百炼钢刀",有龙雀大环,称为"大夏龙雀",十分锋利。匈奴人綦母怀文制造的"宿铁刀",是"烧生铁精以重柔铤,数宿则成刚(钢),以柔铁为刀脊,浴以五牲之溺,淬以五牲之脂,斩甲过三十札",锋利无比,据说后世制作钢刀乃其遗法。

随着胡汉杂居,大量胡物胡俗在中原推广。如胡床自北而南广为流行,促使高足家具的出现,改变了过去席地而坐的习惯。这是值得大书特书的变化。汉代以前中原人民习惯于席地而坐,即跪坐;若双脚前伸,叫作"箕踞",是极不恭敬的失礼行为。引进了称为"胡床"的椅子,人们才逐渐改变席地而坐的习惯。《后汉书·五行志》说:"灵帝好胡服、胡帐、胡床、胡坐、胡饭、胡箜篌、胡笛、胡舞,京都贵戚皆竞为之。"民风为之一变,这其中就包括

"胡床"与"胡坐"。近代以来在罗布泊、尼雅等遗址,发现了汉晋时期雕有犍陀罗纹样的椅子,就是所谓"胡床"。以后"胡床"不断演化,有了各种各样的名称:绳床、交椅、交床、逍遥座、折背样、倚床等。

《齐民要术》中所记的胡物有胡饼、胡椒酒（筚拨酒）、胡饭、胡羹、羌煮等。汉人逐步采用烧烤兽肉、用毡包头、用奶酪为饮料的胡人习俗。

胡歌、胡乐、胡舞、胡戏的流行,给文化增添了新的活力和色彩。北方汉族子弟学习胡语成为当时的时髦之举,久而久之,北方汉语中杂有"胡虏"之音。著名的《敕勒歌》唱道:

> 敕勒川,
> 阴山下,
> 天似穹庐,
> 笼盖四野。
> 天苍苍,
> 野茫茫,
> 风吹草低见牛羊。

据《乐府广题》记载,这首民歌是东魏时敕勒人斛律金奉高欢之命而唱的,"其歌本鲜卑语,易为齐语（汉语）,故其长短不齐"。斛律金是敕勒斛律部人,该族早先说敕勒语,这首民歌早已广为流传,提炼加工而成《敕勒歌》,斛律金把它译成汉语唱出来,其中充满了民族融合的历史沧桑感。

胡乐对中原音乐有深远的影响,胡笛、羌笛、琵琶的广为流行,与民族大迁徙有着密切的关系。随着民族大迁徙,漠北、西域以及其他边远地区音乐大量输入,鲜卑、吐谷浑、步落稽、高丽、龟兹、疏勒、西凉、高昌、康国、天竺等地的音乐,与中原汉族音乐交融汇合,使传统音乐更趋丰富多彩。西晋后期,

胡人顶杆杂技俑

天竺国送给凉州刺史张轨乐工二十二人,乐器一部,其中有笛子、琵琶、箜篌、五弦、铜鼓、皮鼓等,还带来了天竺调。前秦末年,吕光远征西域,又获得筚篥、腰鼓、答腊鼓,以及龟兹乐曲。人们不难从中窥知,当年中原胡歌、胡乐盛行的斑斓景象。

汉胡互化渗透到政治、经济、文化各个层面,缩小了民族差异,为鲜卑族建立的北魏统一北方奠定了基础。

40. 北魏文明太后、孝文帝的改革与汉化

建立北魏的拓跋氏是承担中国北方再统一使命的鲜卑族的杰出一部（即鲜卑拓跋部）。中国历史上骑马民族的影响是很不小的，鲜卑族便是其中之一。

拓跋部在中国北方边境出现时，没有房屋、文字，更没有法律，在与汉族商人接触之前也没有私有财产观念。魏晋之际，他们游牧到了阴山以南草原，成为三十六个鲜卑部族的首领，确立了领导权。公元4世纪初，他们自称可以动员"控弦骑士四十余万"，而当时的全部人口还不到一百万，堪称全民皆兵了。西晋王朝为了利用拓跋部的力量抵御北方游牧民族，容许它进入今山西长城内侧五县（马邑、阴馆、楼烦、繁峙、崞县）之地，从此开始了拓跋部的农业定居时期，其首领拓跋猗卢被晋朝封为代公和代王。拓跋什翼犍即王位后，用汉族士人为谋士，分置百官，以盛乐（今内蒙和林格尔）为都城，初具国家规模。376年，前秦苻坚攻灭了拓跋部的代国。淝水之战后，前秦瓦解，拓跋珪于386年纠合旧部，在牛川（今呼和浩特东）即王位，改国号为魏，拓跋珪就成为魏道武帝。魏这个国号早已出现过，周朝时是一个诸侯国名，三国时又有魏国（曹魏），王朝史家为了区别于前者，称拓跋氏建立的魏为北魏或拓跋魏。北魏道武帝定都平城（今山西大同）后，日趋强盛，到太武帝拓跋焘时结束了十六国混乱局面，于439年统一北方（黄河流域），与接替东晋的宋——南朝的第一个政权相对峙，历史进入了南北朝时期。

北魏统治者面临着这样一个严峻的问题：曾经一度统一北方的前秦淝水一战失败后迅速崩溃，北魏应如何巩固统治，而不至于重蹈覆辙，从道武帝到太武帝，都在为此而努力，矛盾的焦点集中在改革鲜卑旧俗和加速汉化上。在这方面作出重大贡献的是文明太后冯氏和孝文帝拓跋宏。

文明太后是北魏第四代文成帝的皇后，第五代献文帝在位时开始左右朝政，在她的控制下，郁郁不得志的献文帝传位给五岁的儿子拓跋宏。承明元年（476年）文明太后毒死献文帝，以太皇太后的身份临朝称制，成为5世纪80年代改革的最重要决策人，这和她的汉族出身有着密切的关系。

文明太后冯氏是北燕王室的后裔，长乐信都（今河北冀州）人，曾祖冯安于4世纪末迁徙至昌黎（今辽宁朝阳东南）。407年冯安子冯跋自立为北燕王，据有辽东一带，429年弟冯弘继位。不久，冯弘之子冯崇、冯邈争权，相率降于北魏，436年北燕为北魏所吞并。冯氏之父冯朗因事被杀，冯氏被没入宫中，由于其姑母已是魏太武帝的贵妃（左昭仪），冯氏才免于沦为奴婢。

454年冯氏被选为魏文成帝的贵人,两年后立为皇后。465年文成帝死,十二岁的献文帝继位,冯氏成了太后。466年她发动宫廷政变,杀了控制朝政的丞相乙浑,临朝听政。从476年文明太后专政到490年她死的十多年中,"事无巨细,一禀于太后。太后多智略,猜忌,能行大事,生杀赏罚,决之俄顷"。可见她是一个颇有政治才干的女强人,堪与后来的武则天相媲美。

当她第一次临朝听政时,就下诏在全国各地普遍建立学校,不仅表现出对文治的重视,而且规定学生"先尽高门,次及中第",正式承认汉人门第,迈开了汉化的第一步。476年第二次临朝听政时,她以孝文帝名义发布诏书:"自今已后,群官卿士下及吏民,各听上书,直言极谏,勿有所隐。诸有便宜,益治利民,可以正风俗者,有司以闻,朕将亲览,与三事大夫论其可否,裁而用之。"表示要大张旗鼓地开展一场政治改革运动。

文明太后决策的改革有以下几项。

(一)正式颁布官吏俸禄制度。北魏早期的官吏(无论中央或地方)无俸禄,弊端甚大。太和八年(484年)颁布官吏俸禄制度,按季发给俸禄,并且规定:从此以后,再有贪赃绢一匹以上者,立即处以死刑。均田令颁布后,又规定官吏按职级高低授予公田(俸田),作为俸禄的补充。这些举措对于遏制贪污腐化起到重要作用。

(二)颁布均田令。太和九年(485年)的均田令,旨在对无主荒地和所有权不确定的土地实行分配与调整(详见下节)。

(三)实行三长制。太和十年(486年)文明太后根据汉人官员李冲的建议,在地方基层建立三长制,即五家立一邻长,五邻立一里长,五里立一党长,以代替原先以宗族为单位的宗主督护制。如果从明元帝永兴五年(413年)算起,到太和年间,宗主督护制已实行了七十多年。客观地说,宗主督护制的实行一度缓和了鲜卑拓跋部与中原地区宗主豪强的矛盾,对北魏在中原的统治有利。但这是有限度的,正如李冲所说"旧无三长,唯立宗主督护,所以民多隐冒,五十、三十家方为一户",宗主荫庇近支宗族及非同族的依附者,不利于中央对地方的控制。为了进一步巩固北魏对中原的统治,必须摈弃这种落后的宗主督护制,建立完备的地方行政体制。当李冲提出废除宗主督护制建立三长制的建议时,文明太后大力支持,召见公卿百官前来议论,明确表态:"立三长,则课有常准,赋有恒分,苟荫之户可出,侥幸之人可止,何为而不可!"

(四)实行租调制。这也是根据李冲的建议于太和十年颁布的。规定一夫一妇(一户)每年向政府缴纳帛一匹(麻布之乡则为布一匹)、粟二石,这是按均田令一夫一妇受田已足的假定前提为依据的。改变了过去按大户征收的方法，比较合理，负担也较轻，由于许多荫附户口脱离了宗主，政府的租调收入反而有所增加。

太和十四年（490年）文明太后死，孝文帝亲政，进一步强化改革，重点是改革鲜卑旧俗，全面汉化。

首先，孝文帝于太和十八年（494年）把首都从平城迁到洛阳，形成了鲜卑人一次大规模南迁。促使孝文帝迁都的原因很多，而平城地区灾害频繁粮食短缺是关键。根源在于鲜卑拓跋部从盛乐向平城的迁徙带有相当的盲目性，要在塞上建都，必须用武力强徙大批人口充实这片久已荒芜之地，而当时以平城为中心的代都地区的自然条件决定了它对人口的承载力是有限的。为了摆脱这一矛盾，热衷于汉化的孝文帝便义无反顾地迁都洛阳。据专家推算，由平城一带迁入洛阳的移民约108万，其中包括文武百官及鲜卑兵20万，以及这些人的家属，此外也包括大批汉族百姓。这样大规模的南迁，由于北魏给予"代迁之户"许多优惠条件（如赐田、免租），进行得相当顺利。为了缓和部分鲜卑贵族"难于移徙"的情绪，孝文帝特许他们"冬则居南，夏便居北"，于是出现了一批每年都如候鸟般南来北往的"雁臣"。然而，南迁与汉化毕竟是大势所趋，孝文帝后来又规定，迁洛的鲜卑人，死后葬在洛阳，不许归葬代北，逐渐以洛阳为籍贯，割断与代北的联系。迁洛以后，鲜卑人分成迁洛阳、留住平城一带和六镇两部分，迁洛部分到六镇内迁时，大体上已汉化。一个统治民族经过三十年，就融化在被统治民族里，是孝文帝汉化政策的一大成功。

其次，改革鲜卑旧俗，推行全面汉化政策。孝文帝拓跋宏是引导鲜卑深入汉化的关键人物，他本人也是北魏诸帝中汉化色彩最浓的一位，汉文化修养很深，十分器重出身江南高门的王肃，认为鲜卑族必须汉化才能巩固政权，统一南北。《魏书》说他："雅好读书，手不释卷。'五经'之义，览之便讲，学不师受，探其精奥……才藻富赡，好为文章，诗赋铭颂，任兴而作，有大文笔，马上口授，及其成也，不改一字。"他以大儒自居，以儒学治国，集中表现在以下几个方面。

一是恢复孔子的"素王"地位，尊孔祭孔活动逐步升级，迎合中原士大夫的夙愿，笼络大批汉族士人。

二是实行礼治，改革鲜卑旧俗。太和十九年（495年）下令进行语言改革，禁止三十岁以下官员说鲜卑话，犯禁者一律降爵黜官。为此，他宣称："自上古以来及诸经籍，焉有不先正名而得行礼乎？今欲断诸北语（鲜卑语），一从正音（汉语）。"可见禁鲜卑语是实行礼治的一步，其他方面莫不如此。例如把鲜卑复音的姓氏改为音近的单音汉姓，皇族拓跋改为元，此外丘穆陵改为穆,步六孤改为陆,贺赖改为贺,独孤改为刘,贺楼改为楼,勿忸于改为于,纥奚改为嵇,尉迟改为尉,达奚改为奚等,一共 118 个复姓改为单姓。他还亲自拟定条例,规定鲜卑的穆、陆、贺、刘、楼、于、嵇、尉八姓,与汉人士族中范阳卢氏、清河崔氏、荥阳郑氏、太原王氏四姓门第相当,不得授予卑官,使鲜卑八姓也门阀化。再如孝文帝为了加速汉化,促使鲜卑人与汉人通婚,自己娶卢、崔、郑、王及陇西李氏之女入宫,又强令六个兄弟聘汉人士族女为正妃,元禧聘陇西李辅女,元幹聘代郡穆明安女,元羽聘荥阳郑平城女,元雍聘范阳卢神宝女,元勰聘陇西李冲女,元详聘荥阳郑懿女。皇族和汉人士族通婚,一般鲜卑人自然要效法,入居中原的鲜卑人很快被汉化融合了。

三是提倡以孝治国。孝文帝奖励天下孝悌,倡导尊老、养老风气。孝文帝以后,以孝治国成为北魏的传统,诸帝谥号多冠以"孝",宗室学《孝经》,皇帝讲《孝经》,成了每朝惯例。

孝文帝的全盘汉化政策,使胡族政权不但在政治上而且在文化上被中原文明所同化,《魏书》说:"礼仪之叙,粲然复兴;河洛之间,重隆周道。"他以诏令的形式定四海士族,以法律规定士族制度,使胡汉的分野转化为士庶的区别。孝文帝后期,汉人士族担任将相的人数从不到四分之一,上升到三分之一,经过宣武、孝明两帝的继续扶植,几乎达到胡汉各半的比例,不难看出华夷之别已非常淡漠。

北魏一代,从经学角度看,儒学无可称道;从政治文化角度看,儒学作用非凡:大大加速了民族融合的进程,也使中原传统文化得以发扬光大。在北方汉族士大夫眼中,割江而治的南朝已不再是正统所在了,只有北魏治下的中原才是传统文化的中心。梁武帝派陈庆之护送魏北海王元颢回洛阳,在接风宴会上陈庆之振振有词:"魏朝甚盛,犹曰五胡。正朔相承,当在江左。"当他亲眼目睹洛阳旧貌换新颜,一派欣欣向荣的气象后,回到梁朝对人说:"自晋、宋以来,号洛阳为荒土。此中谓长江以北,尽是夷狄。昨至洛阳,始知衣冠士族,并在中原。礼仪富盛,人物殷阜,目所不识,口不能传。"

北魏改革的结果,促进了民族融合,为统一奠定了基础。但是改革也引起鲜卑上层贵族相当大的敌意,他们对皇帝偏爱汉人士族有所反感,对削弱鲜卑贵族势力有所不满,宫廷政变与阴谋绵延了三十年。到 534 年,北魏分裂为东魏、西魏。东魏延续十六年,西魏延续二十一年,演化为北齐、北周。其后,北周吞并了北齐,隋又代周,继而灭了南朝的最后王朝——陈,完成了中国的统一。统一局面形成于隋,基础却奠定于魏。

通向再统一的道路,是由强有力的西方合并东方,再由强有力的北方合并南方,再现了秦统一的轨迹,难道是偶然的吗?

41. 均田制与府兵制

485 年北魏颁布了均田令,确定了一种被后人称为均田制的土地关系。这一制度可以看作中国历史上的一个里程碑,以后被北齐、北周所继承,直到统一的隋、唐帝国,仍在实施这一制度,前后持续达两个半世纪,仅就这一点就足以令人注目。

在传统农业社会,土地问题始终是一个棘手问题。从西汉到魏晋,不断有政治家思想家提出限制土地兼并、解决土地问题的方案,都不可避免地失败了。

为什么北魏的均田制能够付诸实施呢?这与当时特定的历史条件有关。西晋末年以来,北方长期战乱,人民流徙死亡,出现了大量无主荒地。北魏建立后,社会渐趋安定,流亡人口返回乡里,一方面大量荒地无人耕种,另一方面许多农民无地可种。均田令就在这种情况下出现了。

这种制度与鲜卑族进入中原后实施的计口受田有着渊源关系。北魏以旧都盛乐、新都平城为中心的广大地区,农业生产发展,畜牧业退居次要地位,需要大量移民。在这种背景下,按照劳动力分配土地,即计口受田,很自然地产生了。天兴元年(398 年)灭后燕,徙后燕民三十六万、百工伎巧十余万到京城,给内徙新民耕牛,"计口受田"。以后徙民、计口受田的记载几乎每年都有。徙民的作用在于争取农业劳动力,适应从游牧经济向农业经济过渡的特殊分工需要:鲜卑人进入中原,自己征战,徙民生产。把徙民安置在京城近旁,按劳动力分配土地,即计口受田,其目的是"无令人有余力,地有遗利"。

这种制度也与中原地区到处存在于堡坞共同体内部的农村公社式土地分配,有着渊源关系。这种"屯聚堡坞,据险自守"的共同体,位于空旷山险之处,宗主率宗族乡党避难于此,重新分配土地,乃是必不可少的措施。由于空旷山险之处存在大量无主荒地,而从别处迁来的宗族乡党离开了原籍,土地私有观念淡薄,于是按照劳动力平均分配土地,共同生产,共同消费。这就从另一个侧面为均田制提供了一种模式。《北史·李灵传》说,赵郡李灵之孙李显甫,"集诸李数千家于殷州西山,开李鱼川方五六十里居之"。这是中原豪族为适应鲜卑南下引起社会动乱的一种变换手段。《关东风俗传》指出,当时中原类乎赵郡李氏的情况很多,"一宗近万室,烟火连接,比屋而居"。举宗迁徙,屯聚于山险平敞之地,结成堡坞共同体,族长就是宗主,这就是当时盛行的宗主督护制的社会基础。李显甫为宗主,督护他的乡党,占据空旷新辟土地,实行计口受田的土地分配方式。后来向北魏文明太后提出均田制方案的李安世，出于赵郡李氏家族，绝不是偶然的巧合。他显然受到当时普遍存在的堡坞共同体那种按劳动力分配土地的特殊背景的影响。李安世上疏时提及古老的井田制，认为按照井田的分配方式，可以使"土不旷功，民罔游力"，没有荒地，也没有游手好闲之徒，人人都有一块耕地，国家也有租调可收。

于是有了太和九年(485 年)颁布的均田令："今遣使者，循行州郡，与牧守均给天下之田，还受以生死为断，劝课农桑，兴富民之本。"所谓"均给天下之田"，即均田，并非不顾土地关系的现状，重新分配土地，而是对荒地、无主地以及土地所有权不确定的土地，由政府按照劳动力加以分配。均田令的内容很复杂，最关键的要点是：十五岁以上的男子可以受露田(不栽树的土地)四十亩，妇女二十亩；男子每人还可受桑田(栽桑、枣、榆树的土地)二十亩，作为世业(可以世代相承)；不宜栽桑的地区，男子给麻田十亩，妇女五亩。

从均田令的规定来看，有几点值得注意：第一，耕地按劳动力(15～70岁)及代劳家畜(丁牛)分配，奴婢与良人一样分配土地；未到 15 岁不受田，超过 70 岁(谓之老)要退田；第二，桑田(或麻田)可以继承，也可以买卖；第三，买卖是有限制的，只有超过定额时才准出卖，不足时才可以买进；既不能以额内桑田出卖，也不能"买过所足"。

在地荒人少、生产力衰退的特定环境下，这种规定能使劳动者固着在土地上，有利于农业生产的恢复、发展，也有利于政府租调收入的增加，使北魏王朝在经济上获得成功。

但是，土地所有权是社会关系的产物，它不可能按照法令、制度的规定而一成不变。无主荒地或所有权不确定的土地经过分配，归农家长期占有、使用之后，其所有关系会逐渐发生变化。因而严格的还受制度是难以长期坚持的，此其一。其二，农家子孙的繁衍，按规定必须验丁受田。问题在于一个地区的耕地是有限的，当新增人丁达到一定限度时，就无法继续按照规定数量受田。其三，法令既然规定桑田可以买卖，必然要冲击露田不能买卖的规定。因此，均田令的条文，是对既有土地关系的反映，随着时间的推移，它与现实状况之间的差距会日趋明显，人们绝对不能把它刻板化，它本身也不可能持久不变地保持下去。

伦敦大英图书馆藏西魏大统十三年(547 年)计帐(原文不作"账")文书，向人们透露了从北魏至西魏时期均田令实施的具体情况。西魏规定的受田标准与北魏稍有不同：丁男(18～64 岁)麻田十亩，正田(即露田)二十亩；丁妻(结婚至 64 岁)麻田五亩；癃、老男(65 岁以上)、中男(10～17 岁)、小男(4～9 岁)及老女(65 岁以上)为户主者，受田与丁妻同；丁奴与丁男同，丁婢麻田五亩,正田十亩,丁牛正田二十亩(无麻田)。但计帐文书所反映的实际情况,却与上述规定有着很大的差距。且举数例如下:(一)叩延天富一户的受田情况:该户有一丁男、一丁妻,按规定可以受麻田十五亩、正田三十亩,实际上仅受田二十五亩,户主叩延天富受麻田十亩、正田十亩,麻田已足,正田少十亩;妻刘吐归受麻田五亩(已足)、正田未受。该户应受麻田十五亩,已受足;应受正田三十亩,只受十亩。值得注意的是,在受田不足的情况下,先满足可以继承、买卖的麻田,而将不足之数全划入应该还受的正田额中。(二)王皮乱一户的受田情况:与叩延天富基本相似,应受田四十五亩,实受田二十二亩,二十三亩未受;实受田二十二亩,包括麻田十五亩、正田七亩;麻田已受足,正田缺二十三亩。(三)侯老生一户的受田情况:应受田口有二丁男、一丁妻,另有一丁牛,应受田一百亩,已受田六十四亩,户主及妻麻田、正田均已受足,子麻田受足,正田少十二亩,牛一头未受田。

从残存的西魏大统十三年计帐文书看来,在均田制实施中,实受田数与应受田数有很大差距,并未完全按照法令条文规定办理,受田不足是当时一个带普遍性的问题。日本学者池田温在《中国古代籍帐研究》中,对西魏计帐文书中三十三户的受田情况分析统计表明:三十三户中,受田足额的六户,都是癃及老、小、中男为户者,没有丁男、丁妻,属于不课户,每户平均受田四十九亩三分;其余二十六户,都是丁男丁妻为户者,受田都不足,六户已受率达 72.5%,十三户已受率达 51.1%,七户已受率达 33.2%,平均已受率为 52.2%。因此仅仅从法令条文去认识均田制显然有片面性。

然而与均田制同时实行的租调制,却是以每户受田已足的假定前提为依据的。西魏大统十三年计帐文书中,课户分为上、中、下,调的负担一样,无论上中下户都是布二丈(一匹)、麻一斤,租则上户二石、下户一石七斗五升、下户一石。上户一夫一妇(即丁男丁妻)的租调负担为布一匹、麻二斤、租四石;下户一夫一妇,布一匹、麻二斤、租二石。户内如有丁婢(丁奴),应纳布一丈、麻八两、租四斗五升;户内如有耕牛,应纳布二尺、租一斗五升。这种租调征收率,与各户实际受田状况无关,也就是说,同一户等的丁男或丁妻,不论受田已足、未足,都是课取划一的租调。由此可见,均田制的实施致力于调整土地关系,但根本的出发点是便于政府向农户征收划一的租调。

这种均田制一直沿袭到北齐、北周、隋、唐,由于社会背景的变化,终于使它慢慢地成为不具有实质内容的空壳。《资治通鉴》的编者之一刘恕说:"魏、齐、周、隋,兵革不息,农民少而旷土多,故均田之制存。至唐承平日久,丁口滋众,官无闲田,不复给授,故田制为空文。"

府兵是兵农合一的军队。西魏宇文泰把十二军鲜卑禁旅改为六军,六军分别由六柱国率领。宇文泰本人和西魏宗室元欣名义上也是柱国,加上实际统兵的六柱国,共为八柱国。这是鲜卑早期八部君长大人统领的部落兵制的沿袭。

游牧族入居中原,把军队分布于各地,强占土地,一部分经营畜牧业,一部分经营种植业,把土地隶属于军府,形成领主式土地关系。兵农合一的府兵制就是这种特定土地关系的产物。其后由于大量汉族农业人口加入府兵,使之发生一系列变化。隋统一后,于开皇十年(590 年)下诏:"凡是军人可悉属州县,垦田籍帐,一与民同。军府统领,宜依旧式。"促使部落兵制非部落化,趋向于兵农合一的征兵制,进而与均田制结合起来,以受田方式维持一支兵农合一的军队。在此以前的府兵,一般是家属随营,列于军户;此后,军人编为民户,改属于州县管辖,政府可以随时点征民户从军,军人及家属都可以照均田令受田,但不纳租调。均田制和府兵制都是一种不稳定的过渡形态,难以持久。

府兵以受田为保障,受田既不足,府兵的维持就大成问题了。一般而论,一个府兵受田一百亩,虽无租调负担,但府兵自备兵甲衣粮,其兵役负担远远超过一个受田百亩的普通丁男。按照规定,租庸调全额相当于岁役五十日,卫士一年当兵两个月,超过了租庸调,何况还得自备戎具、资粮!因此,唐中叶由雇佣兵取代府兵,是大势所趋。

42. 门 阀 政 治

东晋的将领刘裕,在两次北伐中先后灭掉南燕、后秦,成为一个最有权势的人物。420 年,他逼晋恭帝让位,自立为帝,改国号为宋,建立了南朝的第一个政权。东晋王朝存在了 103 年(317—420 年),被宋所取代。

南朝的宋、齐、梁、陈继承了东晋的正统,与北朝相抗衡,从 420 年到 589 年,存在了 169 年。作为中原王朝正统的南朝,继承了东晋以来门阀政治的一切腐朽方面,那些帝王们几乎都是荒淫无耻之徒。例如宋的第五代皇帝刘子业,在位不过十八个月,便打破了一项历史记录——给他的异母姐山阴公主赏赐了三十个男妾。因为山阴公主曾对这个当皇帝的弟弟说:为什么陛下可以有后宫数百,我只有一个驸马?太不公平了。又如齐的第六代皇帝萧宝卷,为了追求幸福,用金箔制成象征佛教的荷花,贴在床上,让他的宠妃潘氏在上面以三寸金莲轻移舞步,仿佛观世音菩萨一样。据说中国历史上妇女缠足,始于这个萧宝卷的倡导。隋炀帝在谈及南朝时对大臣们说:"江东诸帝多傅脂粉,坐深宫,不与百姓相见,此何理?"大臣们说:"此其所以不能长世。"

这种无能的邪恶的君主,就是门阀政治与武人专政的产物。所谓门阀政治,是讲究门第阀阅的贵族政治,是东晋以来政治上的传统。日本的东洋史学先驱内藤湖南认为,六朝(吴、东晋、宋、齐、梁、陈)是贵族政治时代,六朝的贵族不是上古的氏族贵族,也不是欧洲中世纪的领主贵族,只是一种具有地方名门出身的贵族。由汉朝官僚经过多次蜕变而成长起来的六朝贵族,是士大夫集团——以儒学为核心的汉文化向地方普及而形成的新兴士大夫集团,累世为官而形成的望族,其基础是门第。

田余庆《东晋门阀政治》指出:没有东汉的世家大族就不可能出现魏晋的士族。世家大族虽然带有世代承袭的性质,但其身份地位与具有法律保障的世袭封君毕竟有所不同。无论东汉的世家大族,抑或魏晋的士族,其成员大都已经变换。促成这一变换的原因主要在政治方面:一是社会大动乱,二是频繁的易代纠纷。东晋士族——门阀士族的当权门户,有琅邪王氏、颍川庾氏、谯国桓氏、陈郡谢氏、太原王氏。门阀政治作为皇权政治在特定条件下的变态而出现于东晋一朝,具有三个条件:一个成熟的有力量有影响的社会阶层即士族的存在,一个丧失了权威但尚余一定号召力的皇统的存在,一个民族矛盾外部条件的存在。因此,东晋只有皇帝与士族共治天下,平衡和秩序才得以维持,于是乎形成了"王与马,共天下"的暂时局面,并被皇室与士族共同接受,成为东晋一朝门阀政治的模式。此后执政的庾氏、桓氏、谢氏,背景不同,都必须与司马氏共天下。

所谓门阀,有门与阀两层意思,门即门第、门户,阀即阀阅——"明其等曰阀,积其功曰阅",门阀即门第等级。当时又有"门地"之说,地指地望,即宗族的籍贯;以地望别姓氏,以地望别贵族,是当时社会等级结构的一个外部特征。例如西晋士族高门王氏,有太原王氏与琅邪王氏之分,当时太原王氏累世身居高官,成为首屈一指的高门,到了东晋,琅邪王氏有开国之功,历任宰辅,一跃而为侨姓士族之领袖、第一流的高门。这两个王氏的区别就在于地望,进入南朝,地望的划分更趋严格。

门阀政治的特点是,士族高门的子弟,凭借家世的显贵,可以坐至公卿。王湛出身太原王氏,"少以华族,仕至光禄勋";庾冰出身颍川庾氏,自称"因恃家宠,冠冕当世(当宰相)";陈郡谢混,"任借世资,超蒙殊遇(任尚书仆射)";至于琅邪王氏中王导这一支,到南齐王俭为止,"六世名德,海内冠冕",当宰相的接二连三。只要是士族高门,甚至白痴也可出任高官,当时有所谓"门地二品"之说,其意为单凭"门地"(门阀、地望)就可获得九品中正制中的高品——二品,由此进一步仕进、升迁。这种门阀政治带来了严重的弊端:一方面,高级士族凭门第而不必凭才能就可以成为高官,于是沉湎于清闲、放荡的生活,而不关心政治,拒绝担任繁杂而辛苦的官职,特别是军职,政治、军事才能日趋削弱;另一方面,只要门第不垮,荣华富贵唾手可得,养成了高级士族在王朝更迭的激烈斗争中,畏葸退缩,明哲保身,甚至见风使舵,随声附和,至南朝时登峰造极。

无论北方士族或南方士族,都纵情声色,过着骄奢淫逸的生活。他们把持高官显位,却崇尚清谈,对实际事务一无所知。某官负责管理骑兵,有人问他管多少马匹,他答道:"不知马,何由知数。"又问他近来马死了多少,他答道:"未知生,焉知死。"便是极典型的事例。从东晋到宋、齐三代,一百五十多年的悠闲生活,把那些号称"江南冠带"的士族高门劣根性发挥到无以复加的地步。他们"处庙堂之下,不知有战阵之急;保俸禄之资,不知有耕稼之苦;肆吏民之上,不知有劳役之勤"。士族风气愈来愈文弱,宽衣、博带、高冠、大屐,优哉游哉。许多人"出则车舆,入则扶持",一刻也离不开别人的侍候。梁朝的建康令王复从未见过马,见马嘶跳,竟误认为虎,惊恐万状。别人说这是马不是虎,他偏说:"正是虎,何故名为马乎?"士族子弟终日追求打扮,"熏衣剃面,傅粉施朱",不男不女,心态畸形。他们饱食终日,无所事事,"驾长檐车,跟高齿屐,坐棋子方褥,凭斑丝隐囊,列器玩于左右",甚至连汉魏以来士大夫必须掌握的一套传统文化知识也完全荒废,成了高级文盲,提笔只能写姓名,宴会上别人吟诵诗赋,他们只能"塞默低头,欠伸而已"。

士族为了维护其社会地位和特权,不仅把持官位不让庶族寒门插手,而且在婚姻上也有严格限制。士族高门只能和士族高门通婚,如果和士族以外人通婚,就被视为婚姻失类——门不当户不对,遭到舆论非难。因此士族非常重视家谱,讲究郡望,谱学成了一门新兴的学问。官吏职位高低,由士族家谱来遴选。宋文帝时,刘湛为选官而撰《百家谱》二卷;南齐时,王俭职掌吏部,又把它扩充为《百家集谱》十卷。从此,凡出任吏部官员者,都必须精通谱学,否则便难以称职。梁人徐勉撰《百家谱》二十卷,主持人事工作时能做到"彝伦有序"。陈朝吏部尚书孔奂,由于精通谱学,"详练姓氏","凡所甄拔,衣冠缙绅莫不悦服"。在这种政治气候下,出现了谱学巨擘贾、王二氏。东晋孝武帝命河东贾弼之撰《姓氏簿状》七百十二篇,集十八州一百十六郡士姓。自东晋历宋、齐、梁四朝,贾氏世传谱学,六代人中五代都有谱学著作。梁武帝命王僧儒在贾弼之《姓氏簿状》基础上撰成《十八州谱》(后改称《梁武帝总集境内十八州谱》)七百十卷,成为门阀政治集大成之作。

然而,门阀政治在南朝毕竟已是强弩之末,日趋衰微。士族腐朽不堪,不能担任武职,掌管军事,庶族出身的人便以武职为升官阶梯。南朝的四个开国皇帝——宋武帝刘裕、齐高帝萧道成、梁武帝萧衍、陈武帝陈霸先,都是庶族出身,先掌握军权而后取得政权。庶族出身的皇帝当然要提拔庶族官吏作为自己的辅佐,因为士族没有处理实际政务的能力,只能担任清闲之职,享受高官厚禄。刘宋时期,出身农家,"手不知书,眼不识字"的沈庆之官至侍中,都督南兖、徐、兖三州军事;小贩出身的戴法兴成了宋孝武帝的南台侍御史兼中书通事舍人,专管朝廷内务,权倾一时。萧齐和刘宋一样,任用寒人掌机要,中书通事舍人成为要职。出身寒微的纪僧真当了中书舍人,齐武帝为此对别人说:"人生何必计门户,纪僧真堂堂,贵人所不及也。"梁武帝虽然对士族十分宽容,给他们高官厚禄,还专设谱局,改订士族百家谱,但士族门阀已经无可奈何花落去,他也和宋、齐诸帝一样,在实际政务中不得不大批起用寒门庶人。

南朝寒门掌机要,对门阀政治是一大冲击,但它难以改变长期以来形成的颓靡局面。梁武帝醉心于崇佛,替僧尼们建造华丽的寺庙,为了在京城建康(今南京)的钟山建造大爱敬寺,一次施舍给寺院良田八十余顷。建康一地就有佛寺五百多所、僧尼十万多人。他为了倡导佛教,三次舍身同泰寺,每次都让臣下以亿万钱财赎他回宫。佛教的畸形繁荣,带来了严重的社会问题,男僧可收"白徒",女尼可收"养女",都不入户籍,不少农民为逃避赋役,纷纷投身佛寺,以致形成"天下户口,几亡其半"的状况。不久,腐朽的梁朝在侯景之乱中覆亡。梁武帝被侯景软禁,活活饿死。那些"肤脆骨柔""体羸气弱"的士族,在动乱中大批死去,门阀政治从此一蹶不振。侯景之乱使门阀政治遭到致命的打击,早已败象丛生的门阀政治迅速衰微。史籍如此描述当时的情况:"梁朝全盛之时,贵游子弟,多无学术","明经求第,则雇人答策;三九公宴,则假手赋诗","及侯景之乱,肤脆骨柔,不堪行步,体羸气弱,不耐寒暑,坐死仓猝者,往往而然"。昔日弥漫颓废气氛、号称六朝金粉之地的南朝都城建康,在侯景之乱中被烧掠一空,富庶的三吴地区,"千里绝烟,人迹罕见"。梁武帝的子孙们分别投靠西魏、北齐,相互火并。陈霸先取而代之,建立南朝的最后一个政权——陈,所能控制的地区仅限于江陵以东、长江以南的狭小地区,南朝已经摇摇欲坠了。要依靠正统的南朝来统一全国,岂非白日做梦!

43. 艺术与科学

西晋末年,中原上层社会开始接受佛教,佛教教义在世族豪门中广为流传。北方骑马民族的统治者也非常欣赏佛教,因为佛教倡言世界大同,并不歧视他们这些"蛮族"。于是佛教在中华大地上蓬勃发展,佛教艺术灿烂夺目。

南北朝时期的汉胡互化、民族融合,为艺术的发展提供了驰骋的空间和滋生的土壤。艺术成就集中地体现在与佛教密切相关的石窟造像与壁画中。中国人皈依佛教是复杂而有兴味的话题。佛教虚构出一个幻想世界,同现实世界对立;又臆造出人死后的灵魂生活,同人世间的生活对立。佛教关于天国三十三阶、地狱十八层的说法,体现了它的来世观,让那些受苦受难的人们把希望寄托于来世,因而不仅统治者大力提倡,一般百姓也自愿信奉。北魏末年,北方各地有佛寺三万多所,僧尼二百万人。形成于这一时期的云冈石窟、龙门石窟、敦煌石窟,至今仍在向人们显示,那个时代佛教对中国人生活的广泛渗透,令人吃惊。

云冈石窟在大同西北武州山,是北魏兴安二年(453年)开始建造的,前后历时一百多年,有大小四十多个石窟,十万个佛像,最大的佛像高达七丈,最小的佛像不到一寸。云冈的石刻造像气势雄健、质朴,有写实风格。云冈第十二窟佛籁洞,主题是庆祝释迦牟尼成道,塑造了释迦成道"四相"(四尊坐像)。第一尊是"出家相"——十九岁时出离王宫,入山修道;第二尊是"苦

云冈石窟

行相"——赤身露体瘦骨嶙峋，修婆罗门的苦行道；第三尊是"成道相"——在菩提树下，坐金刚宝座，悟四谛真义，终于成佛；第四尊是"转法轮相"——成道后五十年中，说法讲道、普度众生、弘扬佛法。为庆祝释迦成道的音乐舞蹈大典，艺术形象与实物素材都取之于现实生活，再现了一千五百年前鲜卑族的文化景观：人是鲜卑人，服是鲜卑服，舞是鲜卑舞，乐器也是游牧民族常用的"马上乐器"，充分反映了北魏在平城极盛时期的文化面貌，艺术价值与历史价值都极高。

龙门石窟

龙门石窟在洛阳城南的西山即龙门山，从北魏太和十八年(494 年)迁都洛阳后开始在此建造石窟，延续达四百多年之久。现存石窟 1352 个，佛龛 750 个，造像 10 万余尊，造像题记和碑碣 3000 余块，佛塔 40 余座。顾炎武《金石文字记》说："后魏胡太后崇信浮图，凿崖为窟，中刻佛像，大者丈余，凡十余处，后人踵而为之，尺寸可磨，悉镌佛像。"北魏开凿的石窟以古阳洞、宾阳洞、石窟寺、莲花洞为代表。古阳洞中，趺坐释迦世尊像，衣纹细薄贴肉；弥勒菩萨像龛口装饰的飞天，线条流畅；造像铭记字体遒劲，是书法珍品，现在流传的"龙门二十品"有十九品出于古阳洞。龙门古阳洞早期，列龛多有戴凤帽、身穿夹领小袖胡服、脚着浑筒靴的鲜卑供养人形象，与云冈石窟颇为相似，反映了北魏迁都洛阳前的文化风尚。后期列龛中供养人造像已改穿汉人传统服饰——褒衣博带，反映了鲜卑的汉化趋势。宾阳三洞中以宾阳中洞最为富丽堂皇，后壁的主像释迦牟尼佛，身穿褒衣博带式袈裟，面部修长，眉呈月牙形，鼻垂直，嘴角上翘含有慈祥微笑。旁有迦叶、阿难二弟子,文殊、普贤二菩萨侍立,迦叶形象严谨持重,阿难形象活泼开朗,极其生动自然。前壁入口的"帝后礼佛图"浮雕,分别以孝文帝和文明皇太后为中心,组成南北相对的礼佛行进队列,构图严谨,雕刻生动。这两幅雕刻艺术杰作于1934年被盗,现分别藏于美国堪萨斯城纳尔逊艺术馆和纽约市艺术博物馆。

敦煌原本是水草丰茂之地,地广人稀,汉武帝时代在此建郡以后,渐次开发,汉魏之际仓慈、皇甫隆两任太守治下,欣欣向荣,成为"华戎所交"的国际都会。佛教传入敦煌、莫高窟开凿,绝非偶然。敦煌石窟(莫高窟)开凿在敦煌东南25公里处的鸣沙山上,在绵延1600米的崖壁上,迄今保存了公元4世纪至14世纪历经千余年修建的各类洞窟700多个,壁画45000平方米,彩塑2400多身。规模宏大,内容丰富,艺术精湛的敦煌艺术宝库具有珍贵的历史、艺术、科技价值,1987年被联合国教科文组织确认为世界文化遗产。敦煌石窟是从前秦建元二年(366年)开始修建的,北朝时已辉煌无比。由于这里的石质比较松脆,不适于雕刻,所以石窟艺术表现为另一种形式——壁画和塑像。壁画的题材主要是佛说法图和佛本生(前生)故事。第257窟西壁的北魏"鹿王本生"壁画,讲述一个美丽的寓言故事:九色鹿从恒河中救起溺水的人。画的结构是由左右两端向中间发展,这种奇特的构图方法,具有戏剧高潮的效果,突出了善有善报、恶有恶报的主题。第254窟

莫高窟外景

南壁的北魏"萨埵太子本生"壁画,描绘了早期佛教艺术中萨埵饲虎的故事,把不同空间发生的不同情节浓缩于同一画面,构图严密,造型生动,具有强烈的悲剧气氛。这幅壁画中的飞天,是北魏飞天的代表作,上身裸露,体格健壮,腿部修长,颇有"天花乱坠满天虚空"的诗意。飞天原为古印度神话中的娱乐神和歌舞神,到了佛国世界作为佛的侍从、护法出现于天空。敦煌飞天不靠翅膀,没生羽毛,仅凭飘曳的衣裙、飞舞的彩带就凌空翱翔。第428窟北壁的北周"降魔变"壁画中,释迦牟尼被魔王驱使的妖魔和魔女包围,镇定自若,不为所动,以强烈对比的手法,表现出正义与邪恶的斗争,烘托出释迦牟尼的庄严、平静和慈悲。第259窟的北魏彩塑"佛",造型古朴凝重,体态健硕,文静端庄,眉目口角处怡然自得,流露出一种淡淡的神秘莫测而又难以言喻的微笑,使作品有一种含蓄的美感,透露出一种深邃大度、丰神超逸的风骨。莫高窟被人们誉为"世界最大的天然美术馆"是当之无愧的。随着时光的流逝,丝绸之路已被埋没在莽莽黄沙之中,莫高窟却因为干燥的沙漠气候被完好地封存起来,今日的人们才有幸瞻仰这个梦幻般的艺术殿堂。

与艺术奇葩相辉映的是科学成就,其杰出代表是祖冲之与贾思勰。

祖冲之(429—500年),南朝宋、齐时人,原籍范阳遒县(今河北涞水县北),字文远。他在曹魏数学家刘徽割圆术的基础上推算圆周率。刘徽认为,当圆内接多边形边数无限增加时,其周长愈益接近圆周长,圆内接多边形边数无限多时,其周长的极限即为圆周长。在这种思想指导下,他创立了割圆术——"割之弥细,所失弥小,割之又割,以至于不可割,则与圆合体而无所失矣"。他据此推算出圆周率值:π=3.14,后世称为"徽率"。祖冲之在此基础上继续推算,求出精确到第七位有效数字的圆周率值:

$$3.1415926 < \pi < 3.1415927$$

这远远走在世界前列。1000年后,15世纪的阿拉伯数学家阿尔-卡西(Al-Kashi)以及16世纪法国数学家韦达(Viete),才求出更精确的数值。

为了计算方便,祖冲之还求出用分数表示的两个圆周数值,一个是$\frac{355}{113}$,称为密率;一个是$\frac{22}{7}$,称为约率。直至16世纪,欧洲数学家鄂图(Valenfinus Otto)和安托尼兹(Ariaen Anthonisz)才得出这个密率数值。

祖冲之指出刘歆、张衡、刘徽、何承天的不足,改革历法,在宋大明六年(462年)完成了大明历。他首先把岁差的存在应用到历法中,这对历法推算精度的提高有重要作用。所谓岁差,是指由于太阳、月亮和行星对地球赤道突出部分的摄引,使地球自转轴的方向不断发生微小变化,这也就使冬至点在恒星间的位置逐年西移,每年的移动值就叫做岁差。虽然他所用的岁差常数比较粗略,但自此以后回归年和恒星年两个概念渐次为人们所接受,成为制定历法时必须考虑的因素之一。祖冲之完成大明历后,上表给宋孝武帝,要求推行新历,遭到宠臣戴法兴的反对,他无视祖冲之提出的"冬至所在,岁岁微差"的事实,以冬至点是"万世不易"的陈腐观点,指责祖冲之"诬天背经"。经历宋、齐两朝,直到他死后十年,才在他的儿子祖暅的坚决请求下,于梁天监九年(510 年)正式颁行大明历。

贾思勰,山东益都(今山东寿光市西南)人,曾任北魏高阳郡(治今山东淄博市临淄西北)太守。他所写的《齐民要术》大约成书于 6 世纪三四十年代之际,引用前人著作一百五十多种,总结了黄河中下游农业生产经验,是农学史上的重要著作,全书共十卷九十二篇,约十一万字。此书不但辑录了现已失传的《氾胜之书》、《四民月令》等书,还着重总结了《氾胜之书》以后北方旱地农业的新经验、新成就,标志着北方旱地精耕细作体系的成熟。在这以后一千年间,北方旱地农业技术基本上没有越出《齐民要术》所指出的方向和范围。在精耕细作、园艺技术、林木的压条与嫁接、家禽的饲养管理、良种选育与外形鉴定、农副产品的加工、微生物利用等方面,《齐民要术》都第一次作了全面的系统的总结。贾思勰主张"凡人家营田,须量己力,宁可少好不可多恶",贯穿了精耕细作求高产的思想,体现了民间谚语所说"顷不比亩善"的真谛。他还强调"顺天时,量地利,则用力少而成功多",掌握农作物的生长规律,依据天时地利的具体特点,合理使用人力,谋求事半功倍。他总结了轮作方法,指出:谷子换茬是为了防杂草,谷用瓜茬是利用瓜地施肥多的余力,把豆科作物和禾谷类作物、深根作物和浅根作物搭配起来,进行合理的复种和轮作,既可达到用地养地的目的,又可提高土地的复种指数。难能可贵的是,《齐民要术》首次说明了有性繁殖通过授粉来完成,类似的论述欧洲在 17 世纪 90 年代才出现。

八、从隋到盛唐
——统一王朝的再建

44. 隋的统一与创制

历史总是辩证发展的,统一中包含着分裂的因素,分裂中又孕育着统一的因素。从东汉末到隋初的四百年间,统一势力一直在增长,不管割据势力如何嚣张、游牧民族如何驰骋,最后还是归于统一。这表明,秦汉以来以汉族为核心的中华民族,已形成一个相当稳定的政治共同体,隋的统一是大势所趋。

历史有惊人相似之处,秦与隋都由分裂到统一,国祚短促,二世而亡,在历史上却有不可磨灭的功绩,汉承秦制与唐承隋制,便是明证。

577 年,北周武帝宇文邕(yōng)灭北齐,分裂多年的北中国归于一个政权统治之下。武帝死,宣帝宇文赟(yūn)继位,荒淫暴虐,一年后传位于其子静帝宇文衍。杨坚以左大丞相、都督内外诸军事名义,总揽朝政。杨坚是北周军事贵族,其父杨忠是北周重臣,其妻独孤氏是北方非汉族中势力最大的门第出身,其女又是宣帝的皇后,这种特殊身份,使他无可避免地卷入权力斗争的漩涡之中。他由隋国公一跃而为隋王,于 581 年废静帝自立,建立隋朝,取而代之犹如水到渠成,改朝换代在平静之中实现,这在中国历史上频繁的改朝换代中是不多见的。唐太宗曾说,杨坚是"欺孤儿寡母以得天下"。清朝历史学家赵翼也说,"古来得天下之易,未有如隋文帝者"。尽管他是篡立,但使全面统一获得实现,功不可没。开皇九年(589 年)正月,伐陈成功,统一南北,结束了自东汉末年以来整整四百年的大分裂局面。隋文帝杨坚有着汉族与鲜卑族混合血统,在他身上兼具汉人胡化、胡人汉化的双重色彩,这种汉人与胡人传统兼容的身份,使他轻而易举地征服了南方的陈朝,恢复了中华帝国的统一。

《剑桥中国隋唐史》认为,隋文帝开创了统一局面,又成功地巩固了统一局面,关键在于他发挥了混合意识形态的作用。从十六国到北朝,南下的北方民族的汉化过程中,儒家思想起到了无可替代的作用,隋文帝致力于提高儒家思想的地位,以维护统一,提倡汉儒的思想、习俗、礼仪,包括帝王正统化的礼仪程序、恪守孝道的儒家伦理以及经学教育,使南北都能达成共识。与此相辅相成的是法家思想。隋文帝认识到治乱世必须用法,他的重要辅佐大臣高颎(jiǒng)被《通典》的作者杜佑赞誉为管仲、商鞅一类的人物,以法治国,进行制度改革与建设,成效卓著。他推荐给文帝的另一辅佐大臣苏威,其父苏绰是西魏建国者宇文泰的主要文职顾问,引用申不害、韩非的法家理论,使集权模式具体化,他制订了"六条诏书",以便"革易时政,务弘强国富民之道"。杨坚及其主要大臣都在北周当过官,受到苏绰改革与"六条诏书"的影响,苏

隋文帝像

威在隋初法律与制度建设中,贯彻了其父苏绰的法家主张。混合意识形态的另一方面是佛教思想。杨坚出生于寺庙,由一个尼姑养大,后来杨坚称她为阿阇梨(梵文音译,意为导师),其妻独孤氏一家也是虔诚的佛教徒。隋文帝杨坚的崇佛,不是个人的信仰,而是针对北周武帝灭佛引起百姓反感而采取的政治手段,他的许多与佛教有关的活动都显示了理想的君主和佛的捍卫者(转轮王)的作用,以及乐善好施的施主(大檀越)的作用。鉴于南北朝时期无论北方与南方佛教信仰都风靡一时,隋文帝的这种举措,显然有助于漫长的分裂局面的结束与统一局面的形成,正如他在一个诏书中所说:"朕皈依三宝,重兴圣教,思与四海之内一切人民俱发菩提,共修福业。"

在这种混合意识形态指导下,隋文帝推行廉洁政治、温和政治。所谓廉洁政治,就是政府要厉行节俭,不使财政开支过大,百姓负担过重。《隋书》说他:"躬节俭,平徭赋,仓廪实,法令行,君子咸乐其生,小人各安其业。"他提倡官吏廉洁奉公,严惩贪污,发现贪污,或示意别人行贿,一经查实,立即处以死刑。他以身作则,发现儿子秦王杨俊生活奢侈,勒令禁闭;太子杨勇奢侈好色,便改立杨广为太子。所谓温和政治,即法律要宽轻、疏简,主张立法要体现"以轻代重,化死为生"的原则,不搞严刑峻法,不使百姓处于高压

之下。北周后期，刑罚苛滥，以致"上下愁怨""内外离心"，杨坚下令"行宽大之典"，删略旧律，作《刑书要制》。建立隋朝后，他下令更定新律，废除鞭刑、枭首、车裂；开皇三年(583年)编定《开皇律》，总结汉魏律法，在北齐律基础上进行补充调整，形成完整的体系，曾经被东亚各国所仿效的唐律就是《开皇律》的继承与发展。在《开皇律》制订中，裴政(先后任梁、北周司法官吏)起了重要作用，他把北朝与南朝的法律综合成隋律，新颖而简化，一共只有五百条，仅是南梁律的四分之一，北周律的二分之一。王夫之《读通鉴论》说："今之律大略皆隋裴政之所定也，政之泽远矣。千余年间，非无暴君酷吏，而不能逞其淫虐，法定故也。"

隋朝建立后，为了巩固统一局面，加强中央集权，对政治制度、经济制度作了一系列改革和创建。

第一，三省六部制。开皇元年(581年)隋文帝一即位，就采纳大臣崔仲方建议，废除北周官制，恢复汉魏旧制。事实上，隋的大部分官署和职称都模仿北齐，而北齐制度则是北魏全面汉化政策的反映。不过恢复汉魏旧制的命令，表明隋朝有雄心使自己成为一个比南北朝割据政权更伟大的统一政权。中央设立内史省(中书省)、门下省、尚书省作为最高政务机关，内史省即中书省是决策机构，门下省是审议机构，尚书省是行政机构。尚书省长官是尚书令，副长官是仆射(yè)，下设吏部(掌铨选)、礼部(掌礼仪)、兵部(掌军事)、都官部(刑部，掌刑法)、度支部(民部，掌户口钱谷)、工部(掌营建)。这种三省六部的中央政权体制，为后世所沿用。地方的州、郡、县三级改为州、县二级。不过隋初还沿用旧制，在重要的州及其邻近地区设置总管，有并州(太原)、扬州、荆州、益州(成都)四大总管，到隋炀帝时才废除了总管，加强中央集权。

第二，科举制。为了削弱门阀政治，废除了地方长官辟举本地人士担任官吏的制度，明确规定九品以上地方官一律由尚书省所属吏部任免，每年由吏部进行考核。以后又规定，州县官吏三年一换，不得重任，不许本地人担任本地官吏。这样就把官吏的任用权集中到中央，改变了长期以来士族控制地方政权的局面。与此同时，选举权也集中到中央。随着士族门阀的衰落，九品官人法不再适应形势，于是废除了按照门第高低选用官吏的九品官人法，代之以科举制。科举制的特点是通过考试来选拔人才，首先设立秀才、明经等科，参加考试的有国子学、州县学的生徒，也有各州按规定举送的贡士，一律按才学标准录取，录取与任用权完全掌握在吏部手中。秀才科显然需要广泛的一般学识，除试策外加试各体文章，录取标准很高，隋朝三十多年中一共才录取了十多人。隋炀帝时增设进士科，放宽录取标准。明经科主要测试对某一儒家经典的熟悉程度,进士科只试策,主要考文才。一般士人可以通过明经、进士两科考试而进入仕途。科举制的设立开创了文官考试制度的历史,经过唐朝的发展,一直沿用到清朝。

第三,户籍制。隋朝建立伊始,户籍极为混乱。开皇二年(582年)以北齐、北周旧制为基础,制订户籍新法,把人口按年龄区分为黄(3岁以下)、小(3~10岁)、中(10~17岁)、丁(18~60岁)、老(60岁以上)。次年,把成丁由18岁改为21岁,有家室的丁男每年服役二十日,纳租粟三石、绸绢二丈、绵三两。清查户口不实作为一个尖锐问题提上了议事日程。开皇三年下令,州县官吏检查隐漏户口,称为"大索貌阅",即为了编定户籍,地方官每年要亲自查验户口、年龄、疾状,称为貌阅(或貌定、团貌),对户主的手实(申报)加以核对。大索貌阅为的是把隐漏户口检括出来,还要把"诈老诈小"者清查出来,把大功以下(堂兄弟以下)从户籍中分离出来,使大户分析为小户,增加赋役的承担对象。但大索貌阅成效有限,对于大批依附于强宗大族的隐庇户口仍无能为力。隋文帝便采纳尚书左仆射高颎的建议,实行输籍法——由中央政府制定"输籍定样",即划分户等的标准,发到州县,每年正月初五,县令派人下乡,依样确定户籍,强制隐庇户口向政府登记,旨在拆散大户,析出若干小户。经过历年检括,开皇九年(589年)隋朝旧境之内的民户由隋初的四五百万户增加到六七百万户,大业二年(606年)又增加到八百九十万户。

隋朝创建的一系列制度,大都为唐朝所继承,其影响是深远的。

45. 隋的"国富"与"国祚短促"

开皇二十年(600年)十月,隋文帝废太子杨勇,十一月立杨广为太子。仁寿四年(604年),杨广继位(隋炀帝),改年号为大业。大业前期,隋朝进入了极盛时期。

隋炀帝杨广是一位极有才华的统治者。他早年作为远征军统帅,在征服陈朝的战争中初露头角。他作为东南总管驻营江都(今扬州),在消除南朝对北朝的隔阂与偏见方面取得了成功,并且在东南地区另建一个可以取代建康的政治、文化、经济中心——江都。江都的迅速崛起,标志着再统一的成功,在这方面,杨广本人的文化素养是一个很重要的因素。他喜欢读书著述,常同文人学士一起交流,任扬州总管时,网罗王府学士近百人,从事文化工作,一直到他即帝位的近二十年间,编纂著述未尝稍停,共成书一百三十一部,一万七千多卷。杨广擅长诗文,堪称有成就的诗人和独具风格的散文家,颇为自负。他爱好图书字画,西京长安嘉则殿藏书三十七万卷,营建东都洛阳后,又命秘书监挑选三万七千多卷移至东都洛阳修文殿,另写副本五十套,分别送至西京、东都的宫廷官署,显示了统一王朝在文治方面的雍容大度。

隋炀帝从他父亲手中继承了一个统一和繁荣的帝国,倾全力于巩固帝国版图与扩大帝国影响,为此采取一系列举措。

(一)营建东都洛阳。隋文帝以汉朝古都长安为首都,在这块古老而破落的土地上重新建造一个硕大无比的大兴城,是世界罕见的都城。但是要由它来控制统一帝国,似乎有鞭长莫及之感。隋炀帝即位后,决定从长安迁都洛阳。迁都洛阳的主要原因是以洛阳为中心最便于控制全国,因为它是水陆运输的自然中心、储藏与转运物资的枢纽,以后成为沟通南北的大运河的交汇点与辐射点,便显示了它的这一优越性。洛阳因此成为隋朝最大的商业城市,有东市(丰都市)、南市(大同市)、北市(通远市)等商业区,如丰都市有一百二十行,三千余肆,市上"重楼延阁,互相临映,招致商旅,珍奇山积"。唐朝在将近三百年间也以洛阳为东都,更加证明营建东都洛阳在当时不失为一个明智远见之举。

(二)开凿以洛阳为中心的大运河。运河的开凿从隋文帝时代已经开始,开皇四年(584年),从潼关到长安,引渭水开凿广通渠,便利漕运,以充实京师仓廪;开皇七年,在扬州开山阳渎,为伐陈作准备。不过这些小规模运河对于统一大帝国而言,显然是不相称的。隋炀帝从大业元年(605年)到大业六年连续开凿了四条以洛阳为中心贯通全国的大运河:

通济渠——自洛阳西苑引谷、洛二水入黄河,自黄河(板渚)入汴水,引汴水达淮水(盱眙);

邗沟——自山阳(淮安)至于江都(扬州),入长江;

江南河——自京口(镇江)至余杭(杭州);

永济渠——引沁水至黄河,东入卫河,北至涿郡(北京西南)。

运河的开凿,把由西向东的五大水系——沽水(海河)、河水(黄河)、淮水(淮河)、江水(长江)、浙江(钱塘江)加以贯通,形成了南北向的人造运河与东西向的自然河流相互连接的水运体系,对于加强历经数百年开发已成为全国经济重心的江淮、江南地区的联系,加强北方边防的控制,具有深远的历史意义。这一运河网络把长江流域、黄河流域和今北京附近地区连成一体,从而使隋朝能够以南方的粮食和其他物资供养宏大的都城长安、洛阳,并给北方边境提供战略后勤保障,为南北的统一提供了具体而坚实的物质基础。

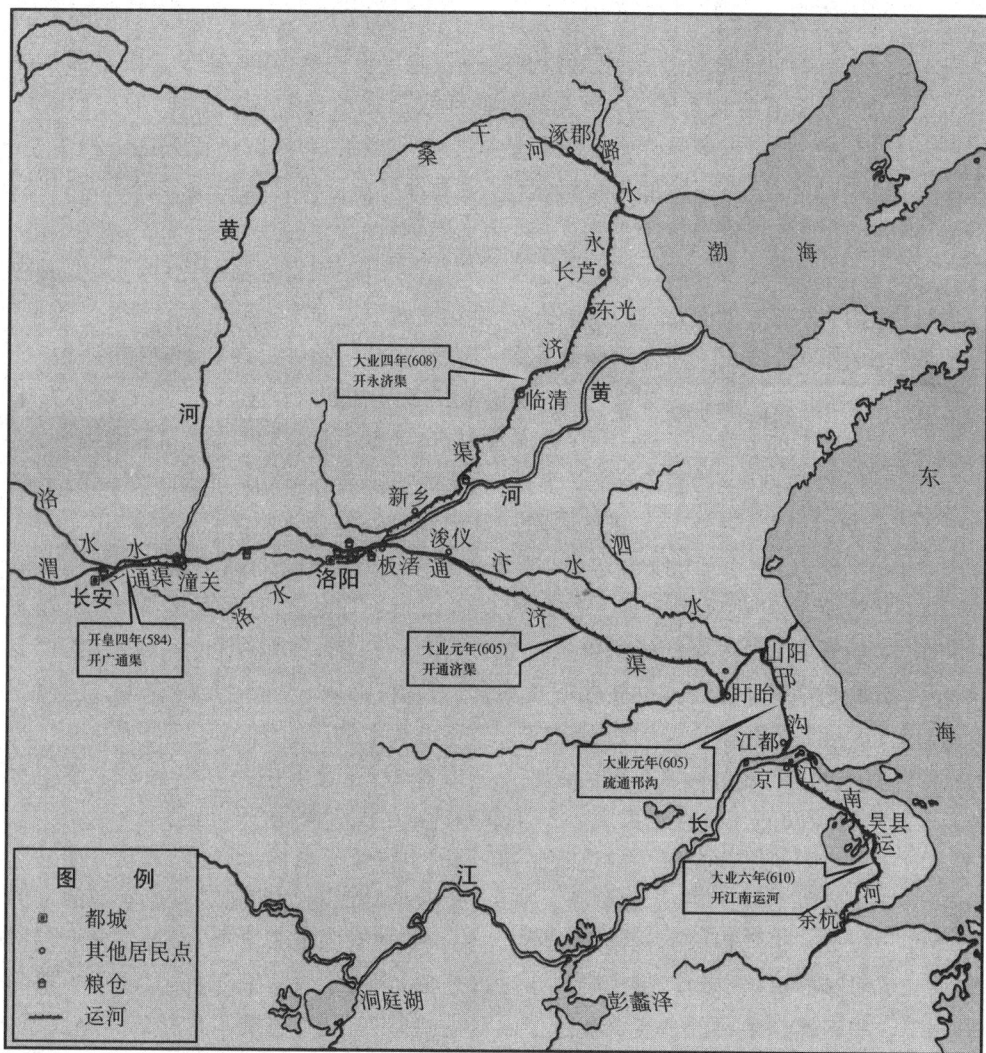

隋运河图

（三）经营西域。北朝胡人的统治给中国带来新的血液与尚武精神，刺激新王朝的开疆拓土精神。大业三年（607年）隋炀帝派吏部侍郎裴矩驻扎张掖，负责西域事务。裴矩根据见闻写成《西域图记》三卷，介绍西域政治、经济、交通情况，指出北道出伊吾（哈密），中道出高昌（吐鲁番），南道出鄯善（若羌），作为西域门户的重要地位，描述了四十多个地区的特点与贸易路线，希望利用隋朝的财富和威望尽量争取这些地区臣服。大业五年，隋炀帝亲自领兵击败吐谷浑，在今青海及新疆一带设置西海（治伏俟城，今青海湖西端)、河源(治赤水,今青海兴海县东南)、鄯善(今新疆若羌)、且末(今新疆且末南)四郡。原来受突厥控制的伊吾吐屯设内附,在其地设置伊吾郡。高昌(今新疆吐鲁番东南)国王麹伯雅到张掖朝见隋炀帝。这样,通往西域的南、中、北三道的门户全在隋朝掌握之中。当年六月,隋炀帝在巡游用的"观风行殿"(下有车轮的巨型活动房屋)上设宴招待伊吾吐屯设、高昌王和其他来朝的各族首领三十多人。

经过文帝、炀帝两代的发展,隋朝呈现出一派富庶强盛之势。人们或许会因为隋二世而亡,国祚短促,而断定它既贫且弱,其实不然。隋的"国富"历来为传统史家所津津乐道,最有代表性的要数马端临《文献通考》所说"古今称国计之富者莫如隋","隋炀积米其多至二千六百余万石"。马端临并未夸大其词。隋文帝在卫州(今河南卫辉)置黎阳仓,洛州(洛阳)置河阳仓,陕州(今河南陕县)置常平仓,华州(今陕西华阴)置广通仓,屯储从各地运来的粮食物资。隋炀帝又在洛阳附近置洛口(兴洛)仓及回洛仓。洛口仓周围二十多里,有三千个地窖,每窖可藏粮八千石;回洛仓周围十里,有三百个地窖,每窖可藏粮八千石。仅此两仓所储粮食即达二千六百多万石,此外太仓、永丰仓、太原仓所储粮食也在数百万石以上,各地遍布的以积谷备荒为职责的义仓(社仓)也储存不少粮食。长安、洛阳、太原等地的仓库中还储存了几千万匹布帛。到唐朝初年,这些仓库中的粮食布帛还未用尽,如并州(太原)在隋亡后第四年还存放十万匹布帛,以及可供几万军队吃十年的粮食;长安的储藏直到贞观十一年(637年)还没有用完。

隋何以能在短期内迅速致富,原因也许是复杂的,不过以下几方面显然最值得重视。其一,北魏至北齐、北周时期均田制的实施对农业生产的发展起到了相当积极的作用,它不仅使农业劳动者固着于土地,而且牛耕也获得明显的进展。均田令规定耕牛可以受田,刺激了农家饲养耕牛、使用牛耕的积极性。牛耕的发展又促进了农具的一系列革新,形成了牛耕的完整体系:犁、耙、耢、耧犁、锋、構,出现了"具牛"的耕作形式,一具牛"两个月秋耕,计得小亩三顷"。在中国农学史上具有重要地位的《齐民要术》一书的问世,本身就意味着北方农业生产已达到了一个新水平。其二,"大索貌阅"和输籍之法的实行,使魏晋以来大族荫庇的民户成为编户齐民,政府直接控制的纳税人口和纳税耕地骤然增加。隋取代北周时,在籍民户450万户,大业二年(606年)增至800万户;开皇九年(589年)耕地近2亿亩,大业五年(609年)增至5亿多亩。杜佑在《通典》中说,隋朝的繁盛是由于实行了输籍之法,每年几百万匹绢帛大都由关东地区提供,而关东地区编户的增多,为绢帛粮食征收提供了更多的来源,是"库藏皆满"的一个重要原因。其三,江淮以南经过三国以来几百年的发展,逐渐成为经济重心,南朝宋时,江淮以南已呈现富庶景象:"地广野丰,民勤本业,一岁或稔,数郡忘饥","丝绵布帛之饶,覆衣天下"。大运河的开凿,把政治中心长安、洛阳与江淮以南财富之地联系起来,在转输物资方面起了很大的作用。《通典》说:"西通河洛,南达于淮";"交、广、荆、益、扬、越等州,运漕商旅往来不绝"。皮日休《汴河铭》说:"北通涿郡之渔商,南运江都之转输,其为利也博哉。"运河保证隋朝能获取最富饶地区的资源,其后唐朝的繁荣在很大程度上可以归因于这一运河体系。

既然"古今国计之富莫如隋",那么为何隋朝只存在了三十七年便灭亡呢?古往今来的史家都在探究其中的奥秘。

值得注意的是,隋的国富,一方面固然反映了经济的发展,另一方面也反映了统治者面对经济的发展而忘乎所以,推行过分聚敛财富的政策。这种聚敛财富的政策忽视藏富于民而只注意藏富于国,形成了"国富民穷"的虚假富庶景象。开皇十四年(594年)关中大旱,百姓以豆屑杂糠充饥,政府"不怜百姓而惜仓库",为了聚敛财富而不顾百姓死活,便是典型的事例。

明末清初思想家王夫之在《读通鉴论》中总结历史经验,十分反对国家聚敛财富,而主张"藏富于民"。他说:"财散则民聚","财聚则民散";"大损于国者","莫甚于聚财于天子";"聚钱布金银于上者,其民贫,其国危;聚五谷于上者,其民死,其国速亡"。这是很精辟的见解,从中也揭示了隋虽富而短命的道理——国富民穷,基础是脆弱的,一旦动乱,立刻崩溃。何况隋炀帝自恃国富而滥用民力,加速了崩溃的进程。《隋书》说:"(炀帝)内恃富强,外思广地,以骄取怨,以怒兴师,若此而不亡,自古未之闻也。"

隋炀帝这个人自负才学比别人高,刚愎自用,从来听不得批评,容不得不同意见。隋炀帝刚愎自用的最大危害,是好大喜功,炫耀国威,滥用民力。营建东都洛阳本是好事,但为了满足其追求豪华奢侈的虚荣心,每月役使丁男多达二百万人,从江南征调木、石、花、草、禽、兽,运至洛阳,布置宫苑。所造西苑,周围长达二百里,极尽奢华之能事,炀帝月夜骑马带宫女数千人游玩。开凿大运河本是好事,但为了满足其对江南富庶生活的向往,他率一二十万人出游江都,乘坐四层龙舟,背纤的壮丁多至八万余人,船队数千艘前后相接,长达二百多里。所到之处,五百里内百姓得贡献食物。到了江都,每次出游的仪仗队长达二十多里。经营西域本是好事,但为了炫耀国威邀请西域各国前往洛阳,沿途郡县对国宾招待备至,耗费巨资,无所顾惜。正如范文澜所说,大业六年(610年)炀帝在洛阳接见西域各国使节和商人,正月十五夜,在皇城端门外大街上设置规模巨大的戏场,演出百戏,戏场周围灯火辉煌,如同白昼。这种盛大的招待国宾的文娱活动持续了半个月。外宾在市肆上吃喝不必付钱,还夸耀说:中国富饶,酒食照例不要钱。

炫耀国威、滥用民力的最大危害是对外发动侵略战争,其中最突出的是攻打高句丽。高句丽的统治者高汤,北周武帝封为东郡公、辽东王,隋文帝封为高丽王,视为藩属。7世纪初,高丽国占有今辽河东部和朝鲜半岛北部,国都平壤,朝鲜半岛的西南部是百济,东南部是新罗。隋朝建立后,东、北亚的国际关系发生了变化,隋和高句丽的关系由以前名义上的关系向实质性的君臣关系过渡,隋远征高句丽就出现在国际关系这种大转变的背景之下。

隋文帝晚年就已表现出开疆拓土的愿望,开皇十八年(598年)出兵高句丽,就是这种扩张主义的集中体现。隋炀帝侵略高句丽,是文帝开疆拓土方针的继承与发展。本来炀帝出兵高句丽是为了挽回文帝兵败高句丽的面子,结果适得其反,大业八年(612年)隋朝大军在炀帝率领下分水陆两路进攻高句丽,渡过鸭绿江的隋军主力三十万,在萨水(清川江)大败,逃回辽东城(今辽阳)只剩下三千七百人,进攻平壤的四万水军也全军覆没。炀帝恼羞成怒,不顾一切地再次发动更大规模的战争,终于酿成不可收拾的后果。大业九年(613年)炀帝下诏大规模征兵,发动第二次侵略高句丽的战争,适逢农民起义和贵族杨玄感兵变,半途而废。次年发动了第三次侵略高句丽的战争。当时农民起义蓬勃发展,被征调的军队多失期不至,困难重重。炀帝一意孤行,总算捞回了一点面子:在高句丽国王求和的情况下,班师回朝。然而战争给人民带来巨大的灾难,真所谓"天下死于役,而家伤于财",使正在振兴的社会很快濒于绝境,特别是山东、河北、河南和江淮一带,受破坏更甚:"黄河以北则千里无烟,江淮之间则鞠为茂草。"

齐郡邹平(今山东邹平县)人王薄聚众占据长白山(今山东章丘、邹平境内),自称知世郎,作"无向辽东浪死歌",利用百姓的反战情绪号召起义:"譬如辽东死,斩头何所伤!"几年之间,各地大小起义军增至一百三十多支,义军人数达三四百万,隋王朝土崩瓦解了。618年,禁军将军宇文化及发动兵变,在江都拿获隋炀帝,指责他轻动干戈、游玩不息、穷奢极欲、专任奸邪、拒听忠言、使万民失业死亡沟壑等罪状,把他处死。

从581年到618年,仅三十七年,隋朝在历史上匆匆一现迅即消逝。何以隋朝在经济发展、府库充实、国力强盛的鼎盛时代,会猝然灭亡呢?其中蕴含着深刻的历史教训,而隋炀帝"负其富强之资,思逞无厌之欲"则是最值得注意的。

46. 唐太宗与贞观之治

建立唐朝的李渊出生于北方山西地区一个有着汉人与胡人混合血统的贵族之家,他是西魏贵族李虎之孙,本人又世袭唐国公,凭借自己的政治优势,利用隋末动乱的形势,取而代之,重建新朝。西魏宇文泰创府兵制时,最高军事长官有八柱国、十二大将军,杨坚父杨忠为十二大将军之一,李渊祖父李虎是八柱国之一。而且这三者通过突厥望族独孤信维系着一种联姻关系:独孤信的大女儿嫁给了宇文泰之子(即北周明帝),四女儿嫁给了李虎之子李昞,七女儿嫁给了杨忠之子杨坚(即隋文帝)。李渊通过其母独孤氏,与北周及隋两家皇室有着紧密的关系。所以李渊的取代隋,犹如杨坚的取代北周,是贵族政治的产物。

李渊世袭唐国公,大业十二年(616年)任太原留守(指挥部设在晋阳),执掌军政大权。次年,他见隋已无可挽救,便率部从太原起兵,南下占据长安及渭水一带。这就是历史上所谓太原起兵(或晋阳起兵)。旧史所说,李世民暗中在晋阳部署宾客,准备起兵,而李渊不知此事,等到李世民以计划相告,李渊大为惊骇,甚至要执李世民送朝廷治罪,不足为信。由于李世民是杀兄逼父取得帝位,不合乎伦理,即位后便致力于修改国史,为自己辩护,御用文人把太原起兵时的李渊写成无所作为,李世民成了唐朝的缔造者。其实李渊绝不是庸碌之辈,而是一个有政治远见和军事才能的开国君主。

李渊从太原起兵到占领长安、关中,仅一百二十天,一个重要原因是隋朝主力军被起义军吸引在东方,关中兵力空虚。为了把贵族团聚到自己的旗帜下,李渊暂时捧出隋炀帝的孙子作傀儡,以掩人耳目。进入长安后,李渊迎代王侑即皇帝位,遥尊隋炀帝为太上皇,李渊则成为事实上的皇帝。在贵族政治时代,他的这种策略很容易奏效:"三秦士庶,衣冠子弟,郡县长吏,豪族兄弟,老幼相携,来者如市。"第二年(618年)隋炀帝被处死,李渊便正式称帝,建立了以自己的封号唐国公命名的唐朝。李渊是建立唐朝在先,兼并各割据势力在后,唐朝实际上并不是作为隋朝的对立面出现的,而是作为其继承者出现的。

新王朝的首要任务是建立一统之基,在这一过程中,李渊之子李世民起了重要作用。

唐高祖李渊的皇后窦氏生有四子,三子李元霸早死;长子李建成通常留居长安,协助高祖处理军国大事;次子秦王李世民领兵出征,统一全国。随着李世民在征战中屡建功勋,威望日增,李世民与李建成兄弟二人争夺皇位的斗争日趋明朗化。在这场斗争中,四子齐王李元吉一直站在李建成一边。

李建成与李元吉企图除掉李世民,高祖同意这一预谋,由于军事行动未停,不便下手。武德九年(626年)李建成、李元吉加剧了预谋活动,想以李元吉作出征元帅,削夺李世民的兵权,然后除去李世民。李世民获悉后,与他的亲密顾问、内兄(妻兄)长孙无忌等人商量,采取先发制人的对策,发动玄武门之变(因发生在长安宫城北门玄武门,故称玄武门之变),杀死李建成、李元吉,逼唐高祖立自己为太子。这一事变充满血腥且令人触目惊心,李建成被李世民射死,李元吉则死于埋伏之手,建成、元吉的儿子也牵连被杀。到了葬礼之日,李世民在众人面前"哭之甚哀"。两个月后,唐高祖可能是由于被胁迫而放弃皇位,李世民成了唐朝第二个皇帝——唐太宗,改年号为贞观,唐高祖被尊为太上皇。

唐太宗像

唐太宗即位后,鉴于隋亡于暴政的教训,采取与民休息、不得罪民众的明智政策,这是取得为史家所称道的贞观之治的根本原因,也是他成为历史上屈指可数的英明君主的根本原因。他一即位就声明,要"去奢省费,轻徭薄赋,选用廉吏,使民衣食有余"。他对隋亡引为鉴戒,他说:"天子者,有道则人推而为主,无道则人弃而不用,诚可畏也";"为君之道,必须先存百姓,若损百姓以奉其身,犹割股以啖(dàn)腹,腹饱而身毙"。他的谋士魏徵(谏议大夫)认为,大乱以后可致大治,民众遭战乱之苦,教化容易奏效。唐太宗根据魏徵的政治见解,偃武修文,使政治安定,百姓乐业。贞观时期君臣之间的纳谏和直谏,是中国历史上少见的良好政治风气,唐太宗以隋炀帝拒谏饰非为鉴,虚怀博纳,从谏如流,大臣们多能直言极谏,面折廷诤。正是在这种良好的政治氛围中,唐太宗与他的大臣长孙无忌、房玄龄、杜如晦、魏徵、萧瑀、褚遂良、李靖、李世勣,联手缔造了持续二三十年的太平盛世——贞观之治(627—649年)。这一政绩记录于《贞观政要》一书,告诫后人"克遵前轨,择善而从"。

唐太宗在高祖创业的基础上,强化帝国的制度建设。

首先是加强官僚机构,提高政治效能。唐承隋制,中央设三省六部。全国军政大权集中于三省,皇帝颁布政令,需要通过中书省和门下省付署才算合法。凡国家大政方针，先由中书省研究，作出决定；再由门下省审核，如有差失，可以驳回；尚书省下辖吏、户、礼、兵、刑、工六部，执行中书省和门下省通过的政令。中央政府设立政事堂，作为宰相的议事机构，一切重大事务，包括五品以上官员的任免，都要由政事堂会议讨论，经皇帝批准后颁行。三省的首长——中书令(中书省)、侍中(门下省)、左右仆射(尚书省)，都是宰相，以后凡参加政事堂会议的其他官员也是宰相，他们都带有参知机务、参知政事等衔，所以参加政事堂会议的宰相多至一二十人。钱穆在《国史新论》中说："汉代宰相是首长制，唐代宰相是委员制。最高议事机关称政事堂，一切政府法令，须用皇帝诏书名义颁布者，事先由政事堂开会议决，送进皇宫画一敕字，然后由政事堂盖印中书门下之章发下。没有政事堂盖印，即算不得诏书，在法律上没有合法地位……在唐代，凡遇军国大事，照例先由中书省中书舍人(中书省属官)各拟意见(五花判事)，再由宰相(中书省)审核裁定，送经皇帝画敕后，再须送门下省，由给事中(门下省属官)一番复审，若门下省不同意，还得退回重拟。因此必得中书、门下两省共同认可，那道敕书才算合法……皇帝不能独裁，宰相同样不能独裁。"这是很独到的见解。唐代中央官制的特点在于，相权较重，在一定程度上限制了君主专制，参酌众议，皇权比较合理化；又因宰相是政事堂集体议事，三省又互相牵制，避免了个别宰相专权。

地方行政机构也沿袭隋制，分州县两级，共三百余州，一千五百余县。唐太宗为了加强对地方的控制，把全国分为十个监察区，即十道：关内、河南、河东、河北、山南、陇右、淮南、江南、剑南、岭南。道不是一个新的行政单位，没有常设机构和常任官员，只是便于皇帝派出观察使不定期地视察道内各州地方行政工作的巡行区或监察区，与汉朝的刺史部约略相当。

其次是重视官员的培养与选拔。唐太宗注意按照"才行兼备"的标准选用官员，而不拘关系的亲疏和资格的深浅，科举制度正在逐渐冲破传统的贵族政治格局。贞观元年(627年)，唐太宗"盛开选举"，此后又通过科举考试选取才士。常举的科目有秀才、进士、明经、明法、明书、明算等六科。明法、明书、明算是关于法律、书法、算学的专门科目，取士有限，而且难以进入政界；秀才科须高才博学的人才能应考，唐太宗时此科几乎濒于废除；真正成为常举科目的，是明经与进士两科。明经科主要考帖经、经义及时务策；进士科主要考时务策、经义，唐高宗时加试杂文(诗赋)，至玄宗时改为考诗赋为主。进士科日益受到重视，大官多出身于进士科，故多擅长诗赋文章。《唐摭言》说："进士科始于隋大业中，盛于贞观、永徽之际，缙绅虽位极人臣，不由进士者，终不为美。"贞观晚年唐太宗扩大进士科，提高了进士的晋身之阶,起到了推动作用。唐人赵嘏(gǔ)有诗曰"太宗皇帝真长策,赚得英雄尽白头",反映了进士科登第之难。士子考取进士后,还需由吏部复试,复试合格,才可授官充当州县长官的幕僚,或经朝官推荐,以候补官员的资格正式入仕。

科举考试的发展与健全,是历史的进步。它原则上规定,除了官户、部曲、杂户等贱民阶层,一般平民都可以参加考试,这就改变了魏晋以来州郡中正官垄断选士的状况,把选人、用人权收归中央,打破了士族门阀把持政权的局面,为才士开辟了入仕的途径。尽管当时科举考试仍然讲究门第,但随着考试制度推行日久,平民社会的清寒子弟,栖身僧寺,十年寒窗,也可跃登上第。西方学者对中国的科举制度给予肯定,认为是西方文官考试的滥觞。费正清、赖肖尔在《中国:传统与变革》中说:唐代科举制度是作为中国文明伟大成就之一的量才录用的文官制度的真正开端。汤因比在《历史研究》中说:中国的科举文官制度是历史最悠久的帝国行政样板。

再次是完善宽简的法制建设。武德元年(618 年),唐高祖鉴于隋炀帝法烦刑苛导致的严重后果,宣布废除《大业律令》,命大臣依照《开皇律》修订新法,于武德七年颁布以宽简为原则的《武德律》。唐太宗即位后,多次组织名臣研究立法的方针,并采纳魏徵的建议,确立宽仁、慎刑的宗旨,命长孙无忌、房玄龄等修订法律,经过十年,于贞观十一年(637 年)正式公布《唐律》(即《贞观律》)五百条,基本内容有名例、卫禁、职制、户婚、厩库、擅兴、贼盗、斗讼、诈伪、杂律、捕亡、断狱等。唐高宗时,由长孙无忌领衔,对唐律条文加以注疏,编成《唐律疏议》十二篇三十卷,对当时高句丽、日本、安南等国有重大影响,也是宋、明各朝法典的范本。毫无疑问,唐律所创导的良人与贱民在法律面前的不平等性,也被以

《唐律疏议》书影

后各朝法律继承。例如：作为贱民的部曲、奴婢，法律地位低于良人，《唐律疏议》的"斗讼律"规定："诸部曲殴良人者（官户与部曲同），加凡人一等（加者，加入于死），奴婢又加一等"；"诸主殴部曲至死者，徒一年，故杀者加一等"；"其有愆犯决罚至死及过失杀者，勿论"。法律的不平等性于此显露无遗。

唐律体现了唐太宗再三强调的法律的划一性、稳定性、简约性，以死刑条目为例，比前朝法律几乎删减了一半，也比号称宽简的《开皇律》更为宽简，减斩刑为流刑九十二条，减流刑为徒刑七十一条，还废除了鞭背酷刑与断趾等肉刑。断狱律还规定，徒刑以上罪断案后犯者不服，可以提出再审，死罪要经三复奏，三日后才可执行。据说，贞观四年（630 年）全国断死刑才二十九人。法简刑轻，往往是太平盛世的一个标志。贞观一代，君臣上下守法成风，出现了治世，《贞观政要》说："……由是官吏多自清谨。制驭王公、妃主之家，大姓豪猾之伍，皆畏威屏迹，无敢侵欺细人。商旅野次，无复盗贼，囹圄常空，马牛布野，外户不闭。"

由于轻徭薄赋，与民休息，政治清明，社会安定，贞观二三十年间，出现了天下大治的盛况。《新唐书》说："至四年，米斗四五钱，外户不闭者数月，马牛被野，人行数千里不赍粮，民物蕃息。"《通典》说："自贞观以后，太宗励精为理。至八年、九年，频至丰稔，斗米四五钱，马牛布野，外户动则数月不闭。至十五年，米每斗值两钱。"

黄仁宇在《赫逊河畔谈中国历史》中指出，公元 7 世纪的初唐，可算得中国历史上令人振奋的一段时期。630 年李靖破突厥，唐太宗李世民被四夷君长推为"天可汗"。当日高祖李渊已退位为太上皇，仍在凌烟阁置酒庆贺。上皇自弹琵琶，皇帝当众起舞，这种场面，在中国历史上绝无仅有。我们可以补充说，在这种氛围下培育出来的太平盛世，以后也不曾再现。

47. 从武则天到唐玄宗

雄才大略的唐太宗为安排他的接班人而煞费苦心，终不能如意。太宗的长孙皇后生三子：长子承乾有足疾，第九子晋王治软弱无能，太宗都不满意；第四子魏王泰爱好文学，深得太宗宠爱。魏王泰谋作皇统继承人，承乾力图保持太子地位，矛盾尖锐化。后来承乾以"谋反"被废，太宗虽不满意晋王治软弱无能，但不得不立他为太子。因为魏王泰图谋夺太子位，如立他恐为后世仿效。

贞观二十三年（649 年）李治继位，是为唐高宗。母舅长孙无忌，老臣褚遂良等遵守贞观遗规，执掌朝政。唐高宗是优柔寡断的庸才，臣下奏事，他"端拱无言"，都须宰相出主意。幸亏前有贞观老臣辅佐，后有皇后武则天参与朝政,政治并未倒退,贞观之治仍得以继续。

武则天是中国历史上罕见其匹的女政治家。她于贞观十一年(637年)十四岁时成为唐太宗的才人(嫔妃),太宗死,她依例出宫到感业寺削发为尼,本应与世隔绝度过一生。早已为其美貌所吸引的唐高宗即位不久,把她召入宫中,封为昭仪(嫔妃),不仅改变了她的命运,而且使她成为父子两代皇帝的妻子,因而不断遭到非议。比高宗大四岁的武则天素多智计,精通文史,在与王皇后、萧淑妃争宠中,渐占上风,颇得高宗宠信,立为皇后。在立她为后的过程中,朝廷内外斗争激烈,以长孙无忌、褚遂良为首的一派认为武氏出身不是名门大族,不配册封为皇后。后来骆宾王代徐敬业写《讨武氏檄》,劈头就说:"伪临朝武氏者,性非和顺,地实寒微。"显然,出身寒微是反对派攻击的主要把柄,因为武则天父武士彟(huò)做过木材商人,后来虽然当过工部

武则天像

尚书,但在贵族们眼中仍是寒门出身。其实她的出身并不寒微,其父是太原地方的望族,其母是关陇贵族中显赫的隋皇室杨氏家族的后裔。近代史家把反对或拥护武则天的两派定为关陇集团与非关陇集团,或贵族集团与新兴地主、商人集团,似乎有点简单化。

为了巩固自己的政治地位,武则天严酷无情地打击反对派。显庆五年(660年),苦于高血压影响视力的高宗委托她处理朝政,从此政柄落入皇后武则天之手,"天下大权,悉归中宫,黜陟杀生,决于其口,天子拱手而已,中外谓之二圣"。高宗想禅位给太子李弘(武则天所生长子),武则天不顾母子之情,用毒酒杀害李弘,改立次子李贤为太子。李贤有才干又有文采,在士人中有声望,武则天又把他废为庶人,立第三子李显为太子(即后来的中宗)。高宗死,中宗即位,武则天以皇太后名义临朝称制,次年废中宗为庐陵王,立第四子李旦为睿宗。武则天以"革命"、"维新"为旗号,借助佛教宣扬她受命于天,唆使一批人上表"劝进",于690年正式宣布废睿宗,改唐朝为周朝,号称圣神皇帝。她那铁腕政治家本色显示得淋漓尽致,先后以果断手段镇压了徐敬业的扬州叛乱、琅邪王李冲的聊城叛乱、越王李贞的汝南叛乱。为了大权独揽,她干脆摒斥宰相议政,依靠宠臣和女儿太平公主,以及

号称"北门学士"的顾问集团,任用索元礼、周兴、来俊臣等酷吏主持司法部门,以严刑苛法对付反对派。不过平心而论,所杀的都是官僚,打击最重的是贵族的头面人物,很难称为"暴政";反而在历史上留下了积极的影响,西魏以来垄断中央政权的关陇贵族完全失势了。

武则天反对贵族政治,大力发展科举制度,采用"糊名"方式来确保科举考试的客观性,使候选人的身份和社会出身不致影响选拔的结果,使更多的寒族参与政治。她特重进士科,为了表示对选拔人才的重视,亲自策问举人,开创了殿试的先例。武则天注意选拔人才,《资治通鉴》说:"挟刑赏之柄以驾御天下,政由己出,明察善断,故当时英贤亦竞为之用。"玄宗时期的名相,如姚崇、宋璟等,就是这一时期发现并选拔的人才。她的政敌的代言人骆宾王,写檄文攻击她,言辞极其刻薄,什么"秽乱春宫,潜隐先帝之私,阴图后房之嬖",什么"掩袖工谗,狐媚偏能惑主"。她却不加计较,很赞赏骆宾王的文才,说不用此人是宰相的过失。政论家陆贽说她"知人善任",是客观公允的评价。武则天最为后人所非议的有两点,其一是她任用酷吏,搞恐怖政治;其二是她的私生活颇不检点,有男宠(面首)多人,外间传闻颇为不堪入耳。这当然是按照儒家伦理标准来衡量的。不囿于这一成见的人对她却颇有好评,不仅陆贽称赞她,明朝的李贽和清朝的赵翼也从左右两面对她赞扬备至,绝非偶然。

武则天虽篡唐改周,但贞观之治仍得以延续,社会经济仍是向上发展的。她的最大贡献在于,顺应历史潮流,打击贵族垄断政治的局面,把政权向一般庶人开放,魏晋以来崇尚门第的贵族政治,从此一蹶不振,在历史发展中是有进步意义的。

705年,宰相张柬之等利用武则天老病的机会,发动宫廷政变,迫使武则天退位,扶助她的儿子中宗李显复位,复国号唐。唐中宗封她一个尊号"则天大圣帝"。八十二岁的武则天就在这一年死去,在遗嘱中说:"去帝号,称则天大圣皇后",表示还政于唐,她本人仍是大唐的皇后,颇有一点自知之明的政治家风度。

从武则天之死到唐玄宗即位,前后不过八年半,政变不断。唐中宗昏庸,皇后韦氏残暴、淫荡而又野心勃勃,她与安乐公主、武氏近亲结成一个集团,控制朝政。景龙四年(710年)韦后毒死中宗,窃取政权,妄图模仿武则天,然而此人不及武氏远甚,把朝政弄得腐败不堪,"公私俱竭"、"十室九空"。睿宗之子李隆基是个颇有政治眼光的人,利用禁军的不满情绪,发动军事政变,杀韦后、安乐公主及武氏宗族,恢复睿宗李旦的帝位。睿宗无能,其妹太平公主把持朝政,欲除掉太子李隆基;712年,李隆基合法继位,是为唐玄宗。次年太平公主发动政变,失败后赐死,至此政局才趋稳定。

　　二十八岁登上皇位的唐玄宗李隆基,善骑射,通音律、历象之学,擅长书法,多才多艺,他在开元年间(713—741 年)励精图治,把唐朝的繁荣盛世推进到了顶点。唐玄宗为求国内政治的安定,表现出卓越的政治才干,所用宰相,先后有姚崇、宋璟、张嘉贞、张说(yuè)、李元纮、杜逻、韩休、张九龄等,堪称一时名流,各有所长,都能直言谏诤,富有革新精神,因而开元时期政治清明、经济繁荣,被后人誉为盛世。

　　开元前期,唐玄宗求治心切,重用贤相姚崇、宋璟,求谏纳谏,革除弊政,抑制奢靡,取得了所谓“贞观之风,一朝复振”的业绩。姚崇提出抑权幸、爱爵赏、纳谏诤、却贡献、礼大臣;宋璟善择人才,刑赏无私,又敢于犯颜直谏。姚宋执政时期赋役宽平,刑罚清省,天下富庶。从政治上看,开元之治不过是对贞观之治的学步而已。

　　首先,恢复贞观时期“以宽仁为理本”的法治原则,把行仁义作为治理天下的第一要务,废止武则天时期的酷吏政治和严刑峻法,表彰用法平直的官员,禁止酷刑和滥刑。据记载,开元二十五年(737 年)全国判死刑仅五十九人,大理寺狱院里一片冷落景象,乌鹊竟在树上筑了巢。可见“以宽仁为理本”取得了类似贞观之治的成效。在法制建设中最值得注意的是,唐玄宗下令编纂《唐六典》——中国现存最早的行政法典,这部三十五卷的巨著,历时十六年,于开元二十六年编成,成为开元盛世政治体制完备化的集中反映。

　　其次,体现贞观时期轻徭薄赋原则的检括户口和赋役改革。唐承隋制,继续实行均田制以及与此相配套的租庸调制。租庸调制是一种以人丁为对象的赋役制度,因而政府对户籍、丁口极为重视。由于社会条件的变化,均田制在唐朝逐渐成为一纸具文。《资治通鉴》的编者之一刘恕说:“魏、齐、周、隋,兵革不息,农民少而旷土多,故均田之制存。至唐承平日久,丁口滋众,官无闲田,不复给授,故田制为空文。”依附于均田的租庸调制便发生问题,首当其冲的是逃户增多。唐玄宗试图在局部地区对逃户采取检括措施,并且辅之以恢复常平仓、义仓的积谷备荒功能,以缓解这个社会问题。监察御史宇文融拟议检括逃户的具体方法,唐玄宗任他为推勾使,依据簿籍检括逃户,并且公布优惠条例——免征六年徭役、租庸调,使逃户重新附籍。这一举措使近百万逃户重新成为国家的编户齐民,为开元盛世奠定了基础,杜佑《通典》把括户的成功与开元盛世联系起来,是独具卓识的。

　　再次,在政治方面推行一系列改革。例如,皇室宗亲及功臣被封为亲王、郡王之类,虽不实得封地,却可“食实封户”,此类封户在中宗末年已达一百四十万以上,造成“国家租赋大半入于私门”的反常现象。开元三年下令不准贵族、功臣直接向封户索讨租调,改由政府统一征收,封主向政府领取。

又如，由于韦后和太平公主干政，官僚机构臃肿，玄宗即位后，裁汰机构，精简官员。最引人注目的举措，是开元十一年改政事堂为中书门下，内置吏房、枢机房、兵房、户房、刑礼房，增置翰林学士，选心腹官员充任，专掌"内命"，使中央政府显得精干、有效。

开元时期政治的清明与安定，导致经济发展，形成唐朝的黄金时代。杜甫在《忆昔》中描绘开元盛世的状况：

　　　　忆昔开元全盛日，小邑犹藏万家室。

　　　　稻米流脂粟米白，公私仓廪俱丰实。

　　　　九州道路无豺虎，远行不劳吉日出。

　　　　齐纨鲁缟丝班班，男耕女桑不相失。

这并非夸张之词，而是实录。武德中期，全国在籍编户仅200万户，贞观初期也不满300万户，不及隋朝最高户数的三分之一；到开元二十八年（740年）增至841万户、4814万口，天宝十三载（754年）增至906.9万户、5288万口。武德、贞观时期，"土旷人稀"、"率土荒俭"，到开元、天宝时期，"耕者益力，四海之内，高山绝壑，耒耜亦满"，耕地面积达八亿亩左右。天宝八载（749年）中央政府直属的北仓、含嘉仓，储存粮食达1245万石。考古发掘表明，这些粮食来自苏州、徐州、德州、邢州、冀州等地。开元年间人说"人家粮储皆及数万"，可见民间藏粮也极丰富。这是连年丰收所带来的一派富庶景象，据杜佑《通典》记载，当时天下无贵物，两京（长安、洛阳）米价每斗不过二十文，面粉每斗三十二文，青、齐等州谷每斗五文，绢每匹二百一十文。按唐初一匹绢换一斗粟的比价来衡量，反映了粮食价格的大幅下跌趋势，因此"海内富安，行者虽万里，不持寸兵"。

长安有人口百万，不仅是全国的政治中心，也是商业中心，它有东西两市，是商贩店肆集中的区域。两市各有二百二十行（行业），西市又是胡商（外商）聚集之地。洛阳是运河的起点，设有三市（南市、北市、西市），南市有一百二十行，三千余店肆；北市"天下之舟船所集，常万余艘，填满河路，商贩贸易，车马填塞"，是洛阳最繁华的地方。长江流域的扬州、成都是东西两个商业中心。扬州位于长江与运河交叉点上，是东西与南北的交通要冲，也是外贸港口，日本及南海来船可直抵扬州。随着经济重心的南移，扬州在商业上的地位更加突出，号称"富甲天下"，超过了长安、洛阳。《太平广记》卷二七三"杜牧"条引《唐阙文》说："扬州，胜地也。每重城向夕，倡楼之上，常有绛纱灯万数，辉罗耀烈空中。九里三十步街中，珠翠填咽，邈若仙境。"王建《夜看扬州市》说："夜市千灯照碧云，高楼红袖客纷纷。"扬州夜市的兴旺是长安、洛阳望尘莫及的。成都在商业上的地位仅次于扬州，民间谚语说"扬一益二"，即"天下之盛,扬(州)为首,而蜀(成都)次之"。此外,广州自汉代以来就是与海外通商的城市,唐代对外贸易更加兴旺,当时大食、波斯、天竺、昆仑等地大批海船来到广州,广州成为南方重要外贸中心。东南沿海的泉州、明州,北方沿海的登州,是与新罗、日本的贸易口岸。

由于商业的发展,出现了柜坊,又称僦柜,或称寄附铺、质库、质舍,类似后世的当铺,又有点类似后世钱庄的功能。由于经济交往的加深,铸钱转送不便,于是出现了汇兑票证——飞钱,在长安出售货物的商人,把货物交给进奏院、诸军、诸使或富家,以他们开给的交券在本地提款。这种飞钱(又称"便")盛行于长安及扬州、成都之间,反映了商业繁荣的一个侧面。

48. 盛 唐 气 象

唐人既不是魏晋以前汉人的简单延续,也不是胡人单向地融入汉族,而是汉胡互化产生的民族共同体。这个民族共同体在唐朝近三百年中,又继续不断地与域内和周边的胡人,以及来唐的外国人混融互化,不断汲取新鲜血液,因而更加生机勃勃,充满活力,从而以气吞日月的磅礴声势,海纳百川的博大胸怀,刻意求新的独创精神,缔造出中华文明史上光彩夺目的高峰。

唐朝前期充满了文化宽容精神,跨越国界的贸易远远超过了汉朝的盛况,与周边及远方国家的文化交流也跃上了一个新阶段,表现出对外来文明异乎寻常的热烈欢迎。唐文化特别是盛唐文化的繁荣昌盛,离不开当时奉行立足于我、夷为我用的文化开放政策,在继承传统文化的基础上,大量吸收外来文化,为唐文化提供了融合的广度与深度,在这方面以乐舞、服饰的引进与更新最为突出。

唐初的祖孝孙融合南乐与北曲,协调"吴楚之声"和"周齐之音",作《大唐雅乐》。唐太宗平定高昌,引进高昌乐,成为唐的十部乐,其中燕乐、清商乐是传统的雅乐、古乐,其余如龟兹乐、天竺乐、西凉乐、高昌乐、安国乐、疏勒乐、康国乐、高丽乐都是从边疆或域外引进的。开盛唐音乐风气之先的是《秦王破阵乐》,奏乐时,"擂大鼓,杂以龟兹之乐,声震百里,动荡山岳"。据当代学者黎虎的研究,广泛流行于中国民间的狮舞,并非出于中原本土,而来自西域,约在曹魏时传入中原。唐玄宗时的十部伎分为坐部伎和立部伎,狮舞属于立部伎中的龟兹部。龟兹虽然不是狮舞的发源地,却是西域狮舞引进中原的重要中转地。

唐玄宗是个音乐皇帝,元稹、白居易都推崇他"雅好度曲",一生作曲制谱为盛唐之冠。他嗜好乐舞大曲及法曲,进一步吸收来自西域的胡乐,称胡部新声,加速了华夷之音的渗透与胡音唐化的步伐。唐玄宗不仅完成了佛曲的改制,而且发展为舞曲,使唐代的胡音一跃而为纯粹的唐舞。千古传颂的《霓裳羽衣曲》便是其代表作。它源于《婆罗门曲》(印度佛曲),开元间由边将引进,玄宗立足于传统的清商乐,对原曲进行改编,形成了唐乐舞的杰作。《霓裳羽衣曲》描写仙女奔向人间,把天上与人间、神话与现实融为一体,创造了格调极美的仙境,使人有亲临天宫的艺术感受。如果说从《婆罗门曲》到《霓裳羽衣曲》是唐玄宗的创作,那么从乐曲到舞蹈则要归功于杨贵妃。据舞蹈史专家的研究,杨贵妃是《霓裳羽衣曲》的编舞者。舞姿极为优美,正如白居易《霓裳羽衣歌》所描绘的那样:

飘然转旋回雪轻,嫣然纵送游龙惊。

小垂手后柳无力,斜曳裾时云欲生。

烟蛾敛略不胜态,风袖低昂如有情。

传说杨贵妃的侍女张云容,"善为霓裳舞",贵妃赞颂备至,赠诗一首:

罗袖动香香不已,红蕖袅袅秋烟里。

轻云岭上乍摇风,嫩柳池边初拂水。

当时盛行来自西域的"胡舞",舞步轻快,旋律活泼,风靡一时。例如出于西域康国的胡旋舞,以迅急旋转而著称。杨贵妃与安禄山都擅跳此舞,安禄山体重三百多斤,腹垂过膝,跳起胡旋舞来,捷如旋风。白居易《胡旋女》说:"天宝季年时欲变,臣妾人人学圆转;中有太真外禄山,二人最道能胡旋。"颇有意思的是,唐玄宗的女儿(寿安公主)的生母,是一个名叫曹野那姬的胡人女子。《新唐书》、《酉阳杂俎》、《唐语林》都记载,寿安公主为曹野那姬所生。曹野那姬是何许人呢?她很可能是开元年间西域粟特人进贡给唐玄宗的"胡旋女";因为擅长胡旋舞而又仪态万方,为唐玄宗喜爱,生下了寿安公主。这反映了那个时代盛行的"胡风",已然波及宫廷内部,乃至皇室的婚姻。

胡旋舞
(敦煌壁画局部)

唐朝音乐舞蹈集前代之大成,并吸收西域、中亚、印度之精华,达到前所未有的高度。敦煌莫高窟壁画反映的乐舞极多,相当部分从外国传入,如220窟的乐舞是阿弥陀净土变,所跳的胡腾舞来自中亚,天女们佩缨珞,缠飘带,上身半裸,微扭腰身,舞姿曼妙之极。莫高窟壁画所绘乐器达四十多种,打击、吹奏、弹拨、拉弦乐器种类俱全,琵琶、阮咸(弹拨乐器)、箜篌(弹拨乐器)、筚篥(簧管乐器)、埙(吹奏乐器)、羯鼓、答腊鼓等,或自古有之,或从西域传入。

长安、洛阳等地胡风盛行,元稹有诗曰:“女为胡妇学胡妆,伎进胡音务胡乐。”盛唐引进外来文化,胡服与胡妆也是一个重要方面。这股胡化浪潮延续达半个世纪之久。天宝九载(740年),高仙芝远征中亚,传入柘枝舞,舞女服饰是“香衫窄袖裁”,入唐的胡旋舞女穿窄口裤,脚着“小头鞋履”,这更促使贵族和士民“好为胡服及胡帽”。随着“天宝末年时世妆”风行一时,时髦人士崇尚中亚的“小头鞋履窄衣裳”。唐玄宗并不停留在服饰的胡化上,进而支持胡服唐化的变革,杨贵妃喜欢“披紫绡”,其姐虢国夫人也爱穿“罗帔衫”,祖肩露颈,一变初唐宫人掩蔽全身的装束,使中原服饰趋向开放。杨贵妃有“鸳鸯并头莲锦裤袜”,又名“藕覆”,是时髦打扮,类似今日的连裤袜。一时间,从上到下,新潮服饰大为流行。

这种对外来文化兼收并蓄、为我所用的胸襟与气度,是唐朝有别于其他朝代的高明之处。正如鲁迅所说:“那时我们的祖先们,对于自己的文化抱有极坚强的把握,决不轻易动摇他们的自信力;同时对于别系的文化抱有恢廓的胸襟与极精严的抉择,决不轻易地崇拜或轻易地唾弃。”“凡取用外来事物的时候,就如将彼俘来一样,自由驱使,绝不介怀。”

唐朝是古典诗歌的繁荣时代。唐以进士科取士,作诗成为获取功名的正路。唐诗与诗赋取士同步并盛,高宗时进士科加试“杂文”(诗赋),是以诗文茂美者入选之始。中宗时进士科有策论试、经义试、诗赋试,及至盛唐诗赋取士更见推重,玄宗朝的进士及第者或位极卿相者,如苏颋(tǐng)、张说、张嘉贞、张九龄等,都是精于诗赋的。唐朝的文人几乎无一不是诗人,诗作数量之多实在惊人,清康熙时的《全唐诗》,有诗48900多首,作者达2300多人。

诗赋可以作为士子入仕的敲门砖,李白刚从四川来到京城,没有什么名气,便把自己的诗作带去晋谒礼部侍郎兼集贤院学士贺知章,贺知章看了他的《蜀道难》,扬眉赞道:“公非人世之人,可不是太白星精耶?”于是把他推荐给玄宗,得以“供奉翰林”,从此名满天下,慕名者接踵而至,以得李白品题为进士中举之捷径。有个叫魏万的人从河南跟踪李白,奔波三千里,终于得到李白的《还山诗》一首,魏万沾李白的光,居然金榜题名。

唐朝前期的皇帝几乎都擅长诗赋,有作品传世。玄宗的祖母武则天与伯父中宗倡导宴饮赋诗,群臣应制,有时一次多至百篇。不能作应制诗,便难参与朝会。武则天本人是一个诗人、书法家。武则天的私人秘书、专掌制命实拥宰相权力的上官婉儿,是闻名的女诗人,《全唐诗》中有她的三十二首作品,五言律诗在她的倡导下,趋于定形,成为考试体裁、正统格式。通过策论入仕的高官,即使逃脱了诗赋试这一关,也难蒙混应制诗这一关,这就迫使不善诗赋的朝臣非工诗不可。

开元时期天下安定,有人写出好诗,立即四方传抄诵唱,有的还被采入乐府,名登朝廷,作诗愈加成为得名的途径,几乎全部文人都用全力作诗,大诗人接踵而出,诗人们大都得到社会的尊重和优厚的生活待遇。开元、天宝年间一切都达到极盛阶段,诗也不例外,成为唐诗的高峰,诗人辈出,而以李白、杜甫为佼佼者。

李白离蜀入长安,诗名大振,他并无官职,但士人经他品题,便能进士及第。他娶四妻,晚年又有歌妓金陵子和歌奴丹砂为伴,生活优哉游哉。他是反映道家思想的杰出诗人,追求长生不死,以仙人自诩,诗作往往飘飘欲仙,天真而放荡不羁。道家的返璞归真、师法自然、自由自在、无拘无束,为李白的仙气化带来了灵感,其艺术特征是内容溢出形式,不受形式的任何束缚局限,是一种还没有确定形式,无可摹效的天才抒发。就此而言,盛唐乃至整个古代只出了一个李白,无人可以仿效。

杜甫和李白不一样,可学可仿,有法可循,成为唐诗的宗师,促成七律成熟,树立可供仿效的典范。他是正统儒家思想的信奉者、捍卫者,他的政治抱负是"致君尧舜上,再使风俗淳"。但是四十岁以前应试屡次落第,四十岁以后也不过当了几回闲官散吏,一生困顿,没有"立登要路津",当然无法"致君尧舜上"了,大抱负无法施展的矛盾成了他诗歌的丰富内容。从治乱角度来看,李白的佳作多在开元治世,杜甫的名篇则在天宝乱世,《羌村》、《北征》、《三吏》、《三别》和歌颂开元盛世的《忆昔》形成鲜明对照。儒家美学思想指导下的杜诗,以"应须饱经术"为准绳,要求形式服从内容,形式与内容严格统一,为盛唐诗歌创作的规范化、严密化奠定了基础。

书法在盛唐时代也登上了艺术的高峰。初唐书坛极力推崇王羲之的瘦硬峻峭笔法,出现了欧(阳询)、虞(世南)、褚(遂良)、薛(稷)四大家,都从师法王书入手,融会贯通。唐太宗激励人们学习王羲之的真、行、草书体,简化笔画,书写省力,使王书从艺术鉴赏品扩散到文牍部门,进而流布于市井社会,这是唐初简化书体的一次大普及。

及至盛唐,书法为之一变。张旭、颜真卿的书法创新,形成本朝一代新风。张旭,字伯高,吴(今江苏苏州)人。他的草书与李白的诗歌、裴旻的剑舞,时称三绝,大约都以狂放恣肆为特征。张旭师法张芝的草书——"世上谓之一笔书",推陈出新,其书法放浪恣张,乘势连笔,一气呵成,一派飞动,宛如天马行空,纵横驰骋,被誉为草圣。韩愈称赞他:"喜怒、窘穷、忧悲、愉佚、怨恨、思慕、酣醉无聊、不平,有动于心,必于草书焉发之。观于物,见山水崖谷,鸟兽虫鱼,草木之花实,日月列星,风雨水火,雷霆霹雳,歌舞战斗,天地事物之变,可喜可愕,一寓于书。"张旭对草书入迷到这种程度,因此人称"张癫"。颜真卿,字清臣,京兆万年(今陕西西安)人,官至吏部尚书、太子太师,封鲁郡公,人称颜鲁公。颜真卿的书法破旧立新,融篆、隶法入行、楷,方正雄健、浑厚庄严,一扫唐前期虞、褚娟媚之习,变娟为工,易媚为拙,改瘦为肥,创造了盛唐的新书体。由于颜字立有法度,有法可循,比学王书、张草的神来之笔只可意会"不可端倪",来得容易,适应了社会发展的需求。不仅终唐之世盛行不衰,而且宋元明清都奉为正统书体。

唐代画苑色彩缤纷,名家辈出,有姓名可考的画家达四百人之多,其中尤以盛唐吴道子最为出色。吴道子,又名道玄,阳翟(今河南禹州)人,曾向张旭、贺知章学习书法,后专工画。开元间被召入宫中为宫廷画师,在长安洛阳作壁画,观者如堵,声名远播。吴道子生活在文学艺术空前繁荣的盛唐,为他的艺术成就提供了良好的社会条件。张彦远《历代名画记》赞扬他"古今独步,前不见顾(恺之)、陆(探微),后无来者",他画的人物,"虬须云鬓,数尺飞动,毛根出肉,力健有余"。苏东坡推崇吴道子的画,"出新意于法度之中,寄妙理于豪放之外",并把他与诗人杜甫、散文家韩愈、书法家颜真卿并立,反映了盛唐时代生气勃勃的艺术作风。吴画的真迹宋朝已罕见,流传至今的《送子天王图卷》、《道子墨宝》、《宝积宾伽罗佛像》,多为摹本。

盛唐社会的自由开放、放任自流,艺坛的思想奔涌、百花齐放,培育了一大批艺术天才,这个时期的诗歌、音乐、舞蹈、书法、绘画都是空前绝后的,它们交相辉映,勾勒出美妙绝伦的盛唐气象。

49. 佛教的兴盛

佛教认为人生是个生、老、病、死的过程,自始至终贯穿了一个"苦"字,一切皆苦,人世间是苦海,是火宅,是秽土。芸芸众生都按照前世自业的高下优劣,在苦海中无止境地六道轮回。佛教所谓"六道轮回",说的是由于善恶业力的不同,来世生命受到不同的因果报应,即阿修罗、人、天的"三善道",地狱、饿鬼、畜牲的"三恶道"。佛经以地狱、饿鬼、畜牲为三个轮回之所,叫做"三恶道",人若不出淤泥,则"常在三恶道,宛转如车轮"。实叉难陀所译《地藏菩萨本愿经》中描绘了地狱："其水涌沸,多诸恶兽,尽复铁身,飞走海上,东西驰逐。见诸男子女人百千万数,出没海中,被诸恶兽争取啖食。又见夜叉,其形各异,或多手多眼,多足多头,口牙外出,利刃如剑,驱诸恶人使近恶兽,复自搏攫,头足相就。"又说,此海之东又有一海,其苦倍此;彼海之东,又有一海,其苦复倍;三海之内是大地狱,其数百千,大者十八,中者五百,小者千百。这种耸人听闻的说法,意在使每个活着的人对死后产生无穷的恐惧感,为了超脱,必须虔诚信佛,荫功积德。佛经指出脱离苦海的道路是苦、集、灭、道的"四圣谛",其中最重要的是灭谛,又叫涅槃,意即经过长期修炼,能"寂灭"一切烦恼,"圆满"一切清净功德。在佛教徒看来,涅槃是一种状态,即无土无水无火无气,无无尽空间域,无无尽意识域,无虚无域,无认识域,不是来也不是去。实在是一种不可捉摸的玄虚状态。因此西方学者如此评述:除了释迦牟尼之外,这种绝对的遁世境界恐怕无人达到过,或者至少从未有人永久地保持过这种状态。

教人们安于今世、寄希望于来世的佛教,因而受到各色人等的普遍信仰。个人主义者希冀一种超世宗教来逃避现实,寄托心神;集体主义者希冀一种超世宗教来刺激新生,恢复力量。南北朝时期,南方佛教与南朝玄学相适应,重视义理;北方佛教与北朝经学相适应,重视戒行和禅定。隋统一后,南北融通,形成重视教理与实践的风气。佛教在唐朝进入了全盛时代,正如任继愈在《汉唐佛教思想论集》中所说,佛教的政治作用不下于儒教,影响的广泛甚至在儒教之上。因此,唐代的佛教,尤其是佛经的翻译与佛教宗派的形成,特别值得研究。

佛经翻译首推玄奘。玄奘(602—664年),俗姓陈,名祎,洛州缑氏(今河南偃师县南缑氏镇)人。十三岁出家于洛阳净土寺,法名玄奘。贞观元年(627年),他从长安出发,经凉州,越玉门关,到达高昌,取道焉耆、龟兹,过铁门(今乌兹别克南部布兹嘎拉山口),入吐火罗(今阿富汗北部),最终抵达佛教发源地印度,先后巡礼佛教的六大圣地,在那烂陀寺拜戒贤为师,学习五年。以后遍访各地,讲习佛法。贞观十五年春,他携带六

玄奘像

百五十七部佛经回国,于贞观十九年初回到长安。唐太宗命宰相率朝臣前往迎接,并在洛阳接见他,随后下令组织规模宏大的译场,调集高僧协助玄奘翻译佛经。玄奘先后共译佛经七十五部,一千三百三十五卷。在译经过程中,玄奘培养出了一批弟子,如圆测(新罗人)、窥基、慧立、玄应等。

唐朝政府非常重视译经,译场由官方主持,从唐初到元和年间的近两百年中,译经工作不曾间断。玄奘以外,还有义净、实叉难陀、菩提流志、金刚智、不空、般若三藏等著名译经家。

唐朝佛教,师徒之间不仅传习本派佛学,庙产也由嫡系门徒继承,形成宗法式的嗣法世系,结成佛教宗派。它们各有自己的宗教理论体系、宗教规范制度,有自己的寺产所有权和宗内继承权,每宗各有自己的势力范围和传法世系,并且都凭借一所大寺院作为该宗派的传教中心。主要宗派有净土宗、天台宗、唯识宗、华严宗、禅宗。

敦煌莫高窟 148 窟释迦牟尼涅槃像(盛唐)

净土宗

创始人是善导(613—681 年)。这一宗派认为,靠个人的力量企图解脱现实世界的苦难是不可能的,必须依靠佛力的接引、援救,才能脱离现世的秽土,往生西方净土。这是鼓吹成佛最容易的一个法门,它宣称:若一念称阿弥陀佛,即能除却八十亿劫生死之罪,即得八十亿微妙功德。善男信女不必苦念佛经艰涩的字句,只要不断念称南无阿弥陀佛("南无",梵音读作

na mo,意为崇拜;"阿弥陀",梵语译音,意为无量,"阿"读作 e 或 o)。因为简易,在民间下层广为流行。它认为人世是秽土,而阿弥陀佛世界是极乐世界,没有一切身心忧苦,唯有无量清净喜乐,这就是西方净土。它还宣称人世间穷苦人今生有聋哑盲痴之苦,是前世不肯为善的报应,而有钱人享受优越生活,都是前世慈孝、修善积德所致;提倡大修功德,营造塔庙,往生西方净土。善导之师道绰传净土宗教义于玄中寺(在今山西交城县),玄中寺后来成为净土宗的祖庭。日本圆仁和尚入唐求法,把净土宗传入日本。

天台宗

实际创始人是陈、隋之际的智颛(yǐ)(531—597 年),因常住浙江境内的天台山,故名天台宗。该宗派以《法华经》为主要经典,又称法华宗。其教义主张一切事物都是法性真如的体现,以中、假、空的观点解释世界,认为一切事物都没有客观存在的物质基础,只是因缘和合的假想。例如说:"一空一切空,假中皆空;一假一切假,空中皆假;一中一切中,空假皆中。"仿佛是文学游戏,是戏论,是诡辩。它提倡止(坐禅)、观(理论)并重,止是定,观是慧,定慧双修,便可以见佛性,入涅槃。修止的方法是把心系在鼻端或肚脐(丹田)处,使心静止,无思无虑,进入半睡眠状态(入定),但又不完全睡熟(痴定)。日本最澄和尚入唐求法,把天台宗介绍到日本,成为后来日莲宗的前身。

唯识宗

创始人是玄奘。它以阐明"万法唯识"、"心外无法"为宗旨,世俗人所谓外界事物为真实存在,其实那不过是"识"所变现出来的,宇宙万物不过是由心识之动摇所现出之影像,内界与外界、物质与非物质,无一非"识"所变现。认识,不是主观与客观发生关系,只是人们的心认识自己的过程。因此,称为唯识宗。由于此宗以分析法相入手,以表达"唯识真性",故又称法相宗;人们也因玄奘弟子窥基常住长安慈恩寺,通称此宗为慈恩宗。该宗认为,用唯识观(万法唯是识所变现)的方法,可以洞察三相,即"依他起相"(万法皆依他种种因缘而起)、"遍计所执相"(凡夫普遍妄计所迷执为有)、"圆成实相"(圆满成就的真实体现),达到转染(识)成净(智)而成佛。这种过分玄虚深奥的教义,不易为一般人所接受,三传即衰微。日本道昭和尚、玄昉和尚入唐求法,法相宗由此传入日本,一直存在至今。

华严宗

实际创始人是法藏(643—712 年),受武则天赏识,赐号为"贤首大师"。此宗以《华严经》为最高经典,故名华严宗,自称为"一乘圆教",超越当时一切宗派。它强调宗教灵异,鼓吹人人都能进入宗教幻想的极乐世界,又说天国并非渺茫之幻影,而是在现世,如果人们能够改变看法,就能进入天国。其教义繁琐,如提出"六相"、"十玄"、"四法界"等,阐明法界缘起——从"理体"和"事相"两方面观察宇宙万物的互融、互具,并彼此互相为缘,因此流传一百七十多年即趋衰微。它强调"理为性"、"事为相"的观点,对宋朝的理学有一定影响。华严第二祖智俨门下新罗和尚义湘把华严宗传到朝鲜,被称为海东华严初祖。

禅宗

北魏时,天竺僧侣佛陀来到中国,他擅长禅法,受到孝文帝的礼遇,为他建造寺庙。寺庙建在少室山茂密的丛林中,所以称少林寺。以后禅宗初祖菩提达摩来到少林寺,在传授禅宗佛法的同时创造了少林拳法,但影响不大。禅宗真正形成是在唐朝,实际创始人是慧能(638—713 年)。据说其师弘忍选择传人,神秀作偈曰:"身是菩提树,心为明镜台,时时勤拂拭,勿使惹尘埃。"慧能以为神秀对佛的真谛理解不深,请人代笔一偈曰:"菩提本无树,明镜亦非台,本来无一物,何处惹尘埃。"深得弘忍赏识。慧能宣称,佛性即在心中,心外本无一物,不必修行、布施,便可顿悟成佛。这是发自本性的内省,是幡然省悟,是大彻大悟。慧能以下的禅宗,在精神上、在意志上改造佛教,实在算得上是一场宗教革命。它在各宗派中特别具有中国特色,适合士大夫口味。它以专修禅定为主,故名禅宗。禅定,是佛教修行法之一。禅,是梵文 Dhyana(禅那)的略称,禅定就是安静而止息杂虑之意。以静坐敛心,专注一境,久

菩提达摩像

而久之达到身心轻安、观照明净的状态,即成禅定。禅宗分为北派渐悟说、南派顿悟说,后世南派顿悟说盛行,主张不立文字,教外别传,直指人心,见性成佛。它把佛教的"空"与魏晋玄学的"无"相结合,使佛教儒学化。范文澜说,禅宗僧徒所作语录,除去佛徒必需的门面语,思想与儒学少有区别。禅宗比较彻底地变成中国化、世俗化的佛教,教门兴旺,流行日广,影响及于宋朝理学,所谓"佛向性中作,莫向身外求",以及"净心"、"自悟",与理学极相近似。净心即心绝妄念,不染尘埃;自悟即一切皆空,没有烦恼。能净,能悟,顿时成佛。以为佛性即在心中,心外本无一物,只要有坚定的主观信仰,相信自己内心,即可解脱苦难,有此觉悟,自然立地成佛。禅宗强调佛在每个人的心中,采用非经院方式的口头传教,崇尚自然、简朴,使佛教带上明显的道家色彩,很自然地成为文人学士从事文学艺术创作的重要灵感来源,使它在高层次的知识分子阶层中广为流行。新罗信行和尚入唐求法,北派禅宗传入朝鲜;以后新罗道义和尚入唐求法,传回南派禅宗,

成为朝鲜禅宗的主流。

由于佛教的兴盛,石窟艺术得到大发展。云冈石窟和龙门石窟中最大的洞窟,都开凿于唐朝。坐落于敦煌鸣沙山断崖上的莫高窟,其中大部分洞窟也开凿于这一时期。唐朝是莫高窟建窟最多的时代,有二百三十二个之多,几乎占了现存洞窟的一半。著名画家吴道子、阎立本、李思训、周昉等画派的作品,在莫高窟壁画中都有反映。其彩塑佛像更加写实、优美。唐朝的敦煌佛教艺术呈现出丰盛、博大、雄浑的气势,反映出健康的精神状态和宽广的文化胸怀。

50. 长安:东西方文明的交汇

费正清和赖肖尔在《中国:传统与变革》中指出:长安城是高度集权的唐帝国的中心和象征。作为横跨中亚陆上商路的东端终点以及有史以来最大帝国的都城,长安城内挤满了来自亚洲各地的人。长安的整个规划和结构表现出唐朝对社会的严密控制,城市的规模和壮丽体现了唐王朝的力量和财富。7世纪的中国雄踞于当时的天下,超过了汉朝,与地中海世界并驾齐驱。唐朝作为当时

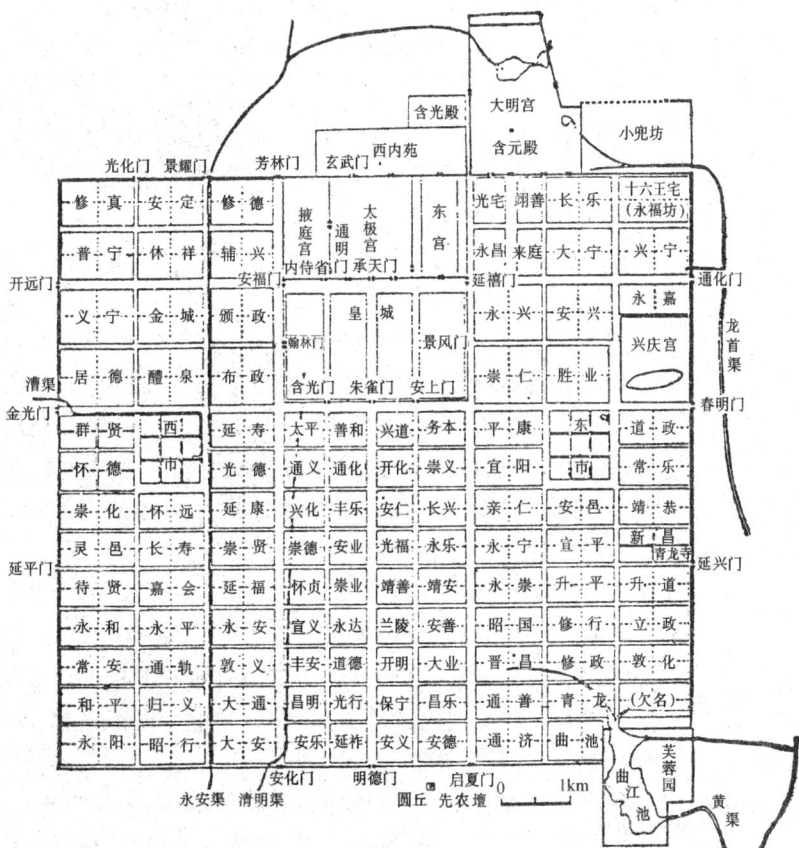

唐长安城郭布局示意图

最大帝国受到许多邻近民族的极力仿效。人类中有如此大比例的人注意中国,不仅把它视为当时首屈一指的军事强国,而且视为政治和文化的楷模,这在唐以前从未有过,以后也不曾再有。

唐朝的首都长安,是在隋朝的大兴城基础上扩建而成的,包括宫城、皇城和郭城三部分。宫城居北,为皇宫所在地;皇城位于宫城之南,为中央政府机构所在地;郭城位于宫城、皇城的东、南、西三面,为官民住宅及工商市肆所在地。全城呈规整的长方形,周长 36.7 公里,南北长 8.6 公里,东西宽 9.7 公里,面积为 84 平方公里。其规模之大,在当时世界上堪称首屈一指。

整个郭城有十三座城门。东、南、西三面各有三座城门,南面正门明德门最大,有五个门道,其他城门均为三个门道。全城有南北向街道十一条,东西向街道十四条,其中贯穿东南西三面城门的有六条主要大街,南北向的正中朱雀大街最宽,达 150～155 米,为整个城郭的中轴线,把郭区划分为东西两半,东半区有五十四个坊和东市,西半区有五十五个坊和西市。

坊的制度沿袭汉魏以来传统,是居民住宅区。多数的坊都是四面各开一门,坊内有十字街,分成四个区,每区又有十字形小巷。不是三品以上大官或特殊身份的人家,不准凿开坊墙,向大街开门。街上设有街鼓,天明和日暮时分,坊门随鼓声而开关。坊内除官民住宅外,还有官衙和寺观。天宝年间以前,共有僧寺六十四座,尼寺二十七座,道观十六座,胡祆寺四座,波斯寺二座。一些大的寺观独占一坊之地,如保宁坊的昊天观、靖善坊的大兴善寺。

市的制度也沿袭汉魏以来传统。长安的东市和西市,分设在皇城的东南和西南,各占两坊之地,面积都为 1 平方公里左右。四面围墙各开两门,内有东西向、南北向大街各两条,形成交叉的井字形格局,把全市划分为九区,每区四面临街设置各种店铺,中间有管理市场和物价的市署和平准局。东市内商业门类有二百二十行之多,由于东市周围的坊大都居住达官贵人,又与尚书省的选院相近,应选的人每多在此停憩,因此春明门大街一带,“昼夜喧呼,灯火不绝”。西市周围居住着大批西域胡商,其繁荣程度超过东市,有波斯人开的酒店,胡姬当垆沽酒,诗人李白经常“笑入胡姬酒肆中”。他有诗曰:“胡姬貌如花,当垆笑春风,笑春风,舞罗衣,君今不醉将安归?”

长安不仅是唐朝的首都,全国的政治、经济、文化中心,而且是一个举世闻名的国际都会,东西方文明的交汇中心。这与它的特殊地位密切相关:它是东西方交通的枢纽,西域各国和唐朝来往,必经长安;东亚、南亚各国经陆路与西域交往,也必经长安;它是首都,各国使节频繁来此进行政治活动,向这里传播域外文化,又从这里带回唐朝文化;它作为文化中心,四方儒士云会于此，又有左右两教坊，善歌工舞，域外传来新声佳曲，经教坊上演，传遍京城，影响全国。

由 2 万多公里的驿道和 1639 所驿站编织成的交通运输网络，其辐射中心是长安。向东出潼关，经洛阳、开封、齐州达河北或泛海至辽东；向东南经商州、均州、荆州、鄂州、江州、洪州以达广州；向北经太原、娘子关、范阳到北方各地；向西南出凤翔、汉中以达成都；向西经兰州、敦煌以达西域。各国的使节、商人、僧侣凭借这个交通网络经常往来于长安，周边邻国派学生来长安留学，于是在长安出现了东西方文明交汇的灿烂图景。

丝绸之路在唐朝进入了全盛时期。唐朝的西部疆域超过了汉朝，在伊州、西州、庭州设置了相当于内地的州县，在碎叶、龟兹、疏勒、于阗设置了所谓安西四镇，驻兵防守，由安西都护府管辖；以后又分置北庭都护府，统辖西域各地的羁縻州府，为丝绸之路的畅通提供了有力的保障。丝绸之路东起长安，西到地中海以达欧洲，东段自玉门关或阳关至葱岭（今帕米尔），西段自葱岭往西。高宗至玄宗时期，从事国际商贸的昭武九姓，承担着东西方交流的中介使命。

前往中国的西域商队

所谓昭武九姓，是中亚粟特地区来到中原的粟特人或其后裔的泛称，有康、安、曹、石、米、史、何、穆等姓。粟特人素以经商著称，长期操纵着丝绸之路上的转运贸易。当时的碎叶、蒲昌海（罗布泊）、西州、伊州、敦煌、肃州（酒泉）、凉州（武威）、长安、洛阳等地都有昭武九姓的聚落。他们不仅在经济交流而且在文化交流中都起着重要作用，祆（xiān）教（拜火教）、摩尼教以及中亚音乐舞蹈与历法的传入中原,中原丝绸、造纸术的传入西方,昭武九姓是重要媒介。他们中不少人久居长安,带来了深受中原人喜爱的音乐舞蹈,隋朝的七部乐中的安国乐,唐朝的十部乐中的安国乐、康国乐,石国的胡腾舞、柘枝舞,康国、米国、史国的胡旋舞,都是经由他们之手,盛行于长安的。

当时世界上的许多国家都与唐朝长安有频繁的交往。美国学者谢弗(C. H. Schafer)在《唐代的外来文明》中说:"在唐朝统治的万花筒般的三个世纪中,几乎亚洲的每个国家都有人曾经进入过唐朝这片神奇的土地……前来唐朝的外国人中,主要有使臣、僧侣和商人这三类人。"他还说,在长安城的外来居民的数量相当大,主要是北方人和西方人,即突厥人、回鹘人、吐火罗人和粟特人,也有许多大食人、波斯人、天竺人。

进入长安的成千上万的外国人带来了他们的信仰和宗教,波斯的祆教 6 世纪已传入中国,它和伊斯兰教、摩尼教、景教(基督教聂斯脱利派)一起在初唐广泛传播。阿拉伯人的大食帝国与唐朝大致建于同时,永徽三年(651 年)阿拉伯帝国的第三任哈里发奥斯曼派使节来到长安,朝见唐高宗,这是伊斯兰国家和中国的第一次正式外交往来。伊斯兰教随之传入中国。东罗马帝国(拜占庭帝国)唐朝称为拂菻(lǐn),唐朝长安与拂菻之间,西突厥汗廷与拂菻之间,都有使节和商旅往来,景教随之传入中国。贞观九年(635 年)景教僧侣阿罗本将此教传入唐朝,唐太宗诏书中说:"波斯僧阿罗本,远将经教来献上京",并下令在长安城中义宁坊为之建立寺院。当时称景教寺为波斯寺,唐玄宗时改称为大秦寺。建中二年(781 年)吐火罗人伊斯出资在长安义宁坊大秦寺建立《大秦景教流行中国碑》,为历史留下了宝贵的一页。7 世纪中叶,波斯为大食占领,萨珊朝波斯王伊嗣侯为大食所杀,其子卑路斯栖身于吐火罗(位于今阿富汗北部),求援于唐,唐朝皇帝任命他为波斯都督府都督。7 世纪 70 年代,卑路斯来到长安,唐高宗授予他武卫将军头衔。长安醴泉坊的波斯胡寺,就是应卑路斯请求而建立的,成为在长安的波斯人礼拜集会的场所。卑路斯后来客死长安,谱写了中波交往史上一段佳话。源出于波斯琐罗亚斯德教的祆教,又称火教、火祆教、拜火

大秦景教流行中国碑

教，波斯萨珊朝时被奉为国教，南北朝时已传入中原。唐朝前期与中期，来经商的胡商日益增多，长安、洛阳两京都有火祆祠——祆教寺院，供胡商从事宗教活动。

贞元十年（794年）南诏归服于唐，骠国（缅甸）王雍羌几度派遣使节来唐朝。贞元十七年，骠国王由南诏王引荐，派遣其子率乐队和舞蹈团抵长安表演，据《新唐书·骠国传》记载，乐舞有十二曲名：佛印、赞娑罗花、白鸽、白鹤游、斗米胜、龙首独琴、禅定、甘蔗王、孔雀王、野鹅、宴乐、涤烦（笙舞）。白居易《骠国乐》诗，对此有形象的描绘。

据谢弗《唐代的外来文明》说，唐朝长安的官方天文历算学，实际上被印度的专家所垄断，最著名的是在玄宗时担任过太史监的瞿昙悉达，他把印度的《九执历》翻译成中文，而且把更精确的预测日食、月食的方法，及零符号的使用以及正弦函数表介绍到唐朝。唐朝通行的许多天文历算著作也都以西方的分类体系为根据。天文学家一行和尚——他曾参与过水力浑天仪的建造，这种浑天仪的摆轮结构能够显示天体运动——在他的天文著作中使用了近东的行星名称。

唐朝与东邻朝鲜、日本的交往显得更为密切。朝鲜半岛长期分裂为高丽、百济、新罗三国，7世纪中叶，新罗先后灭掉百济、高丽，建立统一国家。唐文化东传朝鲜，佛教起了媒介作用，其中圆光和尚的贡献最值得注意。他俗姓朴，在南朝梁敬帝太平元年（556年）来到金陵受戒，隋时至长安，逗留四十年。回国后，他深得新罗国王信任，传播佛教，被尊为圣人。他主张五戒（事君以忠，奉亲以孝，交友以信，临阵勿退，慎于杀生），把儒家政治伦理融入佛教教义之

日本奈良东大寺

中。佛教盛行，原先的花郎（贵族少年）深受影响，身体力行"世俗五戒"，形成影响后世的"花郎魂"。唐朝和新罗之间互遣使节，不仅在史籍中留下了记录，而且也在诗人们的酬唱中留下了痕迹。钱起《送陆侍御使新罗》诗有"受命辞云陛，倾城送使臣"句，张籍《送金少副使归新罗》诗有"久为侍子承恩重，今佐使臣衔命归"句，反映两国频繁交往中结下的深厚情谊。新罗不

断派遣留学生来唐,据估计,新罗先后派遣到唐朝来留学的学生,达两千人之多,而同一时期在唐之留学生也多达一二百人,如开成二年(837年)来唐留学的新罗学生就达二百多人,从长庆元年(821年)到唐末的几十年中,在长安的科举考试中金榜题名的新罗学生有五十八人,"登唐科第语唐音",归国后在新罗传播唐文化。新罗积极吸收唐朝律令、科技、佛教、儒学、学校、科举等政治文化之精髓,例如模仿唐国子监,建立国学制度,兼及经学与专业教育(算学),借鉴唐制而予以简化,并且与传统的花郎教育相结合。新罗与唐朝的民间商业交往也十分兴旺,因而在沿海地区形成

日本奈良唐招提寺

了新罗侨民的聚居地,以经商与运输为业。据日本圆仁和尚所著《入唐求法巡礼行记》,唐朝后期的登州、莱州、密州、青州、泗州、海州、楚州、扬州、长安,都有新罗侨民居留,在这些地方分别存在新罗村、新罗院、新罗坊、新罗馆等。唐朝政府对他们采取优惠政策,规定"化外人于宽乡附贯安置",可免去十年赋税;还规定"诸化外人,同类相犯者,各依本俗法;异类相犯者,以法律论"。这显然是对外国侨民的保护性措施。

新罗在各方都深受唐朝的影响,以至于西方汉学家把新罗看作是唐朝的微型翻版。无独有偶,7世纪至8世纪的日本,也被看作是另一个唐朝的微型翻版。

日本的遣唐使、留学生、学问僧前往长安,更是不绝于途。早在隋朝,日本已有"遣隋使"前来,著名的小野妹子使团,有随行的学问僧、留学生多人,于唐初学成归国,成为孝德天皇大化二年(646年)下诏革新的中坚力量,模仿隋唐政治制度。其后为进一步汉化,大规模派出遣唐使。据日本学者研究,日本曾派出十九批遣唐使,其中两次任命遣唐使,一次任命"送唐客使",仅限于任命而未成行,余下的十六批中,又有三批是"送唐客使",一批是"迎入唐大使",因此正式遣唐使为十二批。从唐中宗到唐玄宗的五十年间,派出的四次遣唐使规模最大,随行人员超过五百人的就有三次,都在开元、天宝年间。遣唐的正使、副使等官员,随行的有水手、神职人员、医师、画师、乐

师、翻译,还有学问僧、留学生。从舒明天皇二年(630年)第一次遣唐使到天智天皇八年(669年)第五次遣唐使,随团的留学生、学问僧等专业人员前往长安学习唐朝的政治制度、文化及佛法。从文武天皇大定二年(702年)到孝谦天皇天平胜宝四年(752年),第六次遣唐使到第九次遣唐使,正值开元盛世,大唐帝国成为亚洲乃至世界瞩目的大国。

日本在政治上仿效唐朝的三省六部设二官八省,根据唐律制订《大宝律令》,参照唐朝的均田和租庸调制,实行"班田收授法"。遣唐使的随员学习唐朝文化,吸收天文、历法、音乐、美术、建筑、雕刻以及生产技术,形成天平时代唐文化输入的极盛期。709年,日本迁都奈良,仿照唐朝都城长安设计建筑,也有朱雀大街、东市、西市等。以后迁都平安,仍仿照长安的街市布局。大化改新以后,日本进入全面学习唐代的时期,一应制度都以唐朝为楷模,甚至服饰也不例外,规定礼服、朝服、制服完全模仿唐人,祭祀先皇要用"唐物",赏赐臣下要用"唐国彩帛"。源于印度的"迦陵频伽"乐舞,在长安颇为流行,通过遣唐使的船队带到了日本。861年在奈良东大寺为毗卢遮那佛举行开光仪式时,表演了迦陵频伽乐舞。从唐朝传入日本的乐舞中最新颖最有趣的是"泼胡乞寒戏"。这种冬至时节表演的舞蹈,在喧闹的音乐声中,戴着古怪面具的舞者互相用冷水泼洒,透露出一丝原始的粗犷气息。

入唐留学生有姓名可考的有二十余人,学问僧见于文献的多达九十余人。吉备真备,在唐学习十七年,由留学生而任遣唐使,回国后官至右大臣,致力于推广唐文化。留学生阿倍仲麻吕,中国名晁衡,在唐朝担任官职,与李白、王维等诗歌唱和。唐玄宗时,随遣唐使藤原清和回国。学问僧空海,在长安三年,潜心学习,回国后采用汉字偏旁创造日本字母(片假名)。他们的事迹,被后人传为佳话。有意思的是,几年前,一块唐代墓志在西安市古玩市场被偶然发现,引起中日两国学

鉴真和尚像

者的关注。它记载了 1300 年前与遣唐使一起来到长安的日本留学生井真成的事迹。墓志的复制品送到东京,竟然吸引天皇夫妇前来一睹风采。井真成的原籍地大阪,特地在住吉神社举行"恭迎安灵"仪式,他的故乡藤井寺市则选择风水宝地把墓志永久供奉。这段中日交往的细节,引来逝者与生者的对话,令人感动之至。

733 年,日本僧人荣睿、普照随遣唐使入唐,邀请鉴真和尚东渡传法。鉴真经过十二年努力,第六次东渡成功,抵达日本。754 年鉴真在奈良东大寺设立戒坛,为日本佛教僧徒正规受戒之始,鉴真也因而成为日本律宗始祖。他创建的唐招提寺至今依旧光彩夺目。弘扬佛法十年以后,鉴真在唐招提寺圆寂,他的雕像至今依然供奉在唐招提寺的开山堂,让后人瞻仰。

当时,和唐朝交往的国家有七十多个。唐朝在世界上享有盛誉,后世外国称中国人为"唐人"。北宋朱彧(yù)《萍洲可谈》说"蛮夷呼中国为唐"。《明史·真腊传》说:"唐人者,诸蕃呼华人之称,凡海外诸国皆然。"这种传统一直延续到今天,海外华人聚居的地方被称为"唐人街"。

九、从唐的衰落到五代十国的割据

51. 由盛转衰的各个侧面

开元之治"依贞观故事",但唐玄宗不如唐太宗,不知"守成难",不知"慎终如始",一旦取得了盛世的成就,便忘乎所以,在一片"万岁"声中,忙于封禅泰山,大搞"乖于礼度"的"千秋节"(唐玄宗的生日节庆)。他身边的宰辅大臣,一味谄谀奉承,推波助澜,使他逐步走上骄纵昏庸的道路。正如《资治通鉴》所说,开元晚期,唐玄宗"在位岁久,渐肆奢欲,怠于政事",至于天宝时期,无非是开元晚期政治的继续恶化。唐玄宗由"明"趋"昏"的转折点,以重用奸相李林甫为标志。

出身于李唐宗室的李林甫,小名哥奴,年轻时品行不佳,但机灵乖巧、善于钻营,由御史中丞、刑部侍郎步步高升。当时人人皆知李林甫口蜜腹剑、阴险奸诈,而又"巧言似忠",唐玄宗却忠奸莫辨。开元二十二年(734年)李林甫拜相,任礼部尚书、同中书门下三品,两年后,他整垮了张九龄,登上了中书令要职,直到天宝十一载(752年)病死,专擅朝政达十六年之久。唐朝由盛转衰,急剧滑坡,李林甫难辞其咎,唐玄宗更难辞其咎。当了二十多年皇帝的唐玄宗,暮气沉沉,不肯亲理朝政,一心想纵欲享乐。李林甫一味迎合上意,杜绝言路,排抑异己,使玄宗由骄纵而昏庸。一言以蔽之,唐玄宗的骄纵助长了李林甫的奸恶,李林甫的奸恶助长了唐玄宗的昏庸。

此时唐玄宗身边又出现了绝代佳人杨玉环。杨玉环,高祖父是隋朝名臣杨汪,是名门望族弘农杨氏的后裔,由山西徙居四川又来到洛阳。唐玄宗第五次巡幸东都洛阳,为其子寿王李瑁选妃,选中了芳龄十六的美女杨玉环,不仅轰动洛阳,而且成为杨玉环一生的重大转机。开元二十八年(740年)二十二岁的杨玉环与五十六岁的唐玄宗在骊山温泉宫相会,一见钟情。唐玄宗为了跨越公公与儿媳这一难关,别出心裁地把寿王妃杨玉环度为道士,道号太真。此后,她以女道士或女官身份出入宫闱,不到一年,就成为玄宗宠爱的太真妃。天宝四载(745年)刚过六十一岁生日的唐玄宗宣布,把二十七岁的杨玉环册立为贵妃。杨贵妃的娇艳玉容、雍容大度博得了玄宗的倾心,共同的音乐歌舞素养、爱好又使他们情趣相投。正如白居易《长恨歌》所吟咏的那样:"回眸一笑百媚生,六宫粉黛无颜色";"春宵苦短日高起,从此君王不早朝";"承欢侍宴无闲暇,春从春游夜专夜;后宫佳丽三千人,三千宠爱在一身"。虽然杨贵妃并不曾干预朝政,但她的特殊地位所形成的裙带风,使其远房堂兄杨国忠得以脱颖而出。天宝十一载(752年)李林甫死,唐玄宗用杨国忠填补了这个空缺。

杨国忠,原名杨钊,他的祖父与杨玉环祖父是兄弟,他与杨玉环是从祖兄妹。此人从小行为放荡,品行恶劣,他的踏上仕途,一方面固然是"因缘椒房之亲"——得益于杨贵妃的裙带关系,另一方面也由于他本人颇有聚敛财富的手段,深得唐玄宗赏识。天宝十一载,他成为右相,取代李林甫,一步登天。这个政治暴发户当了宰相后,身兼四十余职,常对人说:我偶尔碰上这个机会,谁知日后是什么下场,不如眼前享受极乐。他善于迎合上意,又精于搜刮民脂民膏,很受玄宗信任,朝政一天比一天败坏。如果说李林甫是"养成天下之乱",那么杨国忠便是"终成其乱"。他为人强辩而轻躁,专擅朝政,一个人说了算,"公卿以下,颐指气使,莫不震慑"。他迎合玄宗旨意,用他善于"钩校"的手段,奉行刻剥百姓、聚敛天下财富的政策,使正在蓬勃发展的经济,埋下了既深且广的隐患。宋人苏辙在议论历代兴亡时指出:"(宇文)融既死,而言利者争进。韦温、杨慎矜、王铁日以益甚,至杨国忠而聚敛极矣。故天宝之乱,海内分裂,不可复合。"李林甫专权时聚敛之风已愈演愈烈,出现了韦坚、杨慎矜、王铁这些聚敛之臣,到杨国忠专权时,聚敛趋于极端,终于导致天宝之乱后"海内分裂,不可复合"的后果。

唐初,完备了隋朝的三省制度,皇帝与三省互相制约,共同治政,构成了相对和谐的政治体制。唐初宰相多至一二十人,重大事务都由政事堂会议讨论,何以开元、天宝之际会形成李林甫、杨国忠擅权的局面?变乱制度的正是唐玄宗。史载,玄宗即位之后"尤注意于姚崇、宋璟,引见便殿,皆为之兴。去辄临轩以送。其他宰臣优宠莫及",唐前期的三省长官合议制,至此向宰相专权化方向发展。玄宗用姚崇、宋璟而成开元之治,是选相和专委成功的统一;此后,只专委而不重选相,终于造成李林甫、杨国忠专权用事之弊。唐崔群说得极为精当:"臣以为开元二十年罢贤相张九龄,专任奸臣李林甫,理乱自此已分矣。"出现了宰相的宰相(或曰当国宰相、宰相之长),使宰相制度发生变化,正如杜佑所说,"备位者众,然其秉钧持衡,亦一二人而已"。终于使皇权跌落和三省制度变形,一方面皇帝不亲理朝政,另一方面又舍弃三省合议制原则,转而委用个别亲信宰相裁决政事。如委用得贤,固然无妨,一旦委用得奸,必然导致政局败坏。

唐玄宗自以为国力雄厚、军队强盛,一味追求开边扩张,不断挑起边境战争,为此目的,不断加强边镇节度使的军备。唐初为了控制边境,先后设立若干大都督,统率精兵屯戍镇守。高宗以后,大都督并可带使持节,代表皇帝的威权,称节度使,其职权限于兵马战守。以后节度使逐渐增置,职权一再扩大。到开元年间,边境共设十个节度使:

平卢节度使,设于营州(今辽宁朝阳);

范阳节度使,设于幽州(今北京);

河东节度使,设于太原;

朔方节度使,设于灵州(今宁夏灵武);

河西节度使,设于凉州(今甘肃武威);

陇右节度使,设于鄯州(今青海乐都);

北庭节度使,设于庭州(今新疆吉木萨尔);

安西节度使,设于龟兹(今新疆库车);

剑南节度使,设于益州(今四川成都);

岭南经略使,设于广州。

他们不仅兼统几个州郡,而且大都兼任按察、安抚、度支等使,"既有其土地,又有其人民,又有其甲兵,又有其财赋",政权、军权、财权统于一身,形成半独立的地方割据势力。限于当时的国力,节度使很少得到中央政府的津贴,必须由自己在防区内自给自足地筹措招兵买马、屯粮制械的费用。这种做法的负面效应是明显的,节度使对中央政府的离心力日渐增大。

范阳一镇兵力最强,主动出击臣属唐朝的奚、契丹;陇右、河西两镇兵力仅次于范阳,多次挑起对吐蕃的战争。杜甫《兵车行》诗说"边庭流血成海水,武皇开边意未已","纵有健妇把锄犁,禾生陇亩无东西",写的正是这个时代穷兵黩武的实况。

开元、天宝之际,国家殷富,西京长安、东都洛阳以及各地州县仓库都堆满了粮食布帛。唐玄宗被这种畸形繁荣冲昏头脑,从倡导节俭转变为奢侈浪费,挥金如土。《资治通鉴》说他"视金帛如粪壤,赏赐贵宠之家,无有限极",曾把全国各地一年进贡的物品全部赏给李林甫;杨国忠则犹有过之而无不及,史称"开元已来,豪贵雄盛,无如杨氏之比"。唐玄宗开边求功,消耗军费节节上升,在所不惜。由于府兵制的崩溃,开元十一年(723年)改行募兵制,实行募士宿卫的新办法,召募来的职业兵称"长从宿卫",不久改称"彍骑",这种雇佣兵,官给资粮,军费成为一项重要负担。开元初军费二百万贯,开元末军费增至一千万贯,天宝末军费增至一千五百万贯。一个"盛世"如何禁得起几次三番的折腾!

阿拉伯文献中的怛罗斯战役图

外患伴随着内忧悄悄袭来,天宝年间边患一天比一天严重。天宝十载(751年),唐朝军队在怛(dá)罗斯河畔被大食军队打败,中亚各国全为大食控制,唐朝在西域的威信顿时一落千丈。唐朝为了应付日益严峻的边防危机,在中央兵力不足的情况下,势必仰赖边镇节度使的重兵,节度使渐渐尾大不掉、骄横跋扈。中央与边镇的力量对比发生了剧变。唐初的方针是内重外轻,以关中制驭四方;高宗以后边镇军队不断增加;开元、天宝年间边军占全国总兵力的85%以上,东北、西北更是猛将精兵集中之地。

唐初,蕃将是不委以统帅重任的。天宝初年,唐朝倾全力对付吐蕃,分不出兵力来对付东北的奚、契丹,于是用蕃将安禄山为平卢节度使,到天宝十载安禄山已是一身兼平卢、范阳、河东三镇节度使,率二十万精兵的边镇统帅。另一方面,最初的节度使一般由文官担任,他们在边境任职期满(正常任期为三年)之后,即返回朝廷升任高官。这就是所谓"不久任,不遥领,不兼统"原则。战功卓著者往往入朝为相。口蜜腹剑的李林甫唯恐大臣"出将入相",于己不利,而蕃将不识汉文,不能任相,不会危及自己的权位,便大量以蕃将任节度使,如哥舒翰、高仙芝、安思顺、史思明之流,因而边镇蕃将势力愈加膨胀。西北军阀以哥舒翰为首,东北军阀以安禄山为首,不断发生倾轧、摩擦。李林甫、杨国忠各自勾结亲信藩镇为援,使军阀之间的争斗更加激烈。藩镇尾大不掉之势终于形成,安禄山、史思明利用这一形势发动兵变,有其必然性。

52. 安史之乱与全盛时代的消失

安禄山是营州柳城(今辽宁朝阳)混血胡人,生父是康姓粟特族人,生母是突厥族巫师阿史德,因祈祷于战神轧荦山而生此子,故取名为轧荦山(一作阿荦山);后因母改嫁突厥人安延偃,改姓安,名禄山。初任幽州节度使帐下"捉生将"(骁将称号),以骁勇善战著称。他虽出身行伍,又是胡人,却精通升官诀窍:贿赂与取媚。开元二十九年(741年)他升任营州都督,贿赂李林甫,巴结杨贵妃,进贡奇珍异宝,博得唐玄宗的宠信。

安禄山深得唐玄宗的信任与重用,自有其缘故。一是他善于献忠心以取媚。此人官运亨通身体发胖,腹垂过膝,唐玄宗问:"此胡腹中何所有?其大乃尔!"安禄山答:"更无余物,正是赤心耳!"如此阿谀奉承地表忠心,唐玄宗当然舒坦得很。为了获得皇帝的宠信,安禄山在杨贵妃身上下工夫,最突出的一例就是四十五岁的他竟成为二十九岁的杨贵妃的"养儿"(义子)。《资治通鉴》说:杨贵妃收安禄山为义子,"贵妃以锦绣为大襁褓裹禄山,使宫女以彩舆昇之",玄宗为此特赐贵妃"洗儿钱"。这是"外若痴直,内实狡黠"的安禄山极高明的手腕。二是东北边疆的奚、契丹时服时叛,唐玄宗束手无策,安禄山出兵征讨奚、契丹,唐玄宗喜出望外,多次嘉奖,还说"不示殊恩,孰彰茂绩?"称赞他为"万里长城,镇清边裔"。自称"年事渐高"的唐玄宗追求逍遥,一手把朝廷政务"委以宰臣",另一手把边防军务"付之边将",与宰相李林甫、杨国忠获宠的同时,安禄山成了边将中最得宠的人。在唐玄宗心目中,这个胡人边将的地位与宰臣不相上下,故而可以常常从边关来到京都,出入宫禁。

由于这种缘故,安禄山天宝元年(742年)任平卢节度使,两年后兼任范阳节度使,七年后又兼任河东节度使,占全国节度使的近三分之一。此外,他又兼任尚书左仆射,升骠骑大将军,管辖今河北、山西及其附近的广大地区,号称"兵雄天下"。据天宝初年的统计,河东节度使兵力5.5万,范阳节度使兵力9.14万,平卢节度使兵力3.75万,三镇兵力合计18.49万,当安禄山于天宝十载身兼三镇节度使时,兵力可能已超过20万。而当时十镇兵力约49万,中央直辖军不过10万而已,安禄山的地位已经举足轻重了。史称:"禄山恃此,日增骄恣","包藏祸心,将生逆节"。他积极囤贮武器、马匹、粮草,还蓄养了一支由八千胡人壮士组成的私家部队,名曰"曳落河",绝对效忠于他个人。李林甫死后,安禄山加紧了谋叛的步伐。杨国忠便拉拢另一胡人边将哥舒翰,让他以陇右节度使兼任河西节度使,赐爵西平郡王,以与东平郡王安禄山相抗衡。杨国忠多次向唐玄宗指出,安禄山必反,唐玄宗根本不信,天宝十四载七月还派中使带"玺书"给安禄山:"朕与卿修得一汤(温泉)故召卿。至十月,朕待卿于华清宫。"邀请他来华清宫同洗温泉浴,以示对他宠信如故。好昏庸的快活天子,大祸临头还浑然不觉。

天宝十四载(755年)十一月初九,安禄山率领十五万大军,在蓟城(今北京西南)南郊誓师,举起叛旗。他利用杨国忠发动对南诏的两次战争的失败,以"忧国之危","奉密诏讨杨国忠"之名,在范阳起兵南下"平祸乱"。特凿汤池要为安禄山洗尘的唐玄宗于十一月十五日得到安禄山反叛的消息,既震惊又愤怒,立即任命安西节度使封常清为范阳、平卢节度使,作守御准备;紧接着任命他的第六皇子、荣王李琬为元帅,右金吾大将军高仙芝为副元帅,率师东征。

然而,河北州县望风瓦解,守令或逃或降,河南三道防线顷刻瓦解。安禄山从范阳起兵,到攻陷洛阳,只花了短短三十四天,十二月十二日,东都洛阳陷落,遭到了一百几十年来未曾有过的浩劫。守卫洛阳的封常清与驻屯陕州的高仙芝一起退守潼关。唐玄宗听信监军宦官的诬告,以"失律丧师"罪,在潼关处斩高仙芝、封常清。临阵斩帅的严重失误,是平叛战争的不祥之兆。唐军兵败如山倒,叛军如秋风扫落叶般节节胜利,正如白居易《长恨歌》所说:"渔阳鼙鼓动地来,惊破霓裳羽衣曲。"

天宝十五载正月初一,安禄山在洛阳称帝,国号大燕,改元圣武。这一来叛乱谋反的面目毕露,先前所谓奉密旨征讨杨国忠云云,不过是骗人的幌子,因此攻陷洛阳以后便停滞不前了。一方面,颜杲卿、颜真卿兄弟在河北联络各地忠义之士,抗击叛军,切断了从洛阳到范阳的驿路,给安禄山带来后顾之忧;另一方面,朔方节度使郭子仪、河东节度使兼河北节度使李光弼奉朝廷调遣,出兵平叛,取得嘉山战役的大捷,再次切断安禄山大本营洛阳与根据地范阳之间的通道,使其军心动摇。

这就为唐朝方面取得喘息的时机。唐玄宗在处死高仙芝、封常清之后,任命哥舒翰为统帅,镇守潼关。哥舒翰出身于突骑施部落,此时身兼河西、陇右节度使,威名显赫,且与安禄山、安思顺兄弟素有宿怨,由他镇守潼关,足以与安禄山相抗衡。然而唐玄宗的战略指导思想有问题,他想尽快平定叛乱,哥舒翰赴潼关时,发去的敕令是"天下四面进兵,会攻洛阳";给郭子仪、李光弼的敕令也是"发兵进取东京"。到六月初,潼关已稳守半年,唐玄宗更加迫不及待地要哥舒翰出潼关,进攻洛阳。在当时形势下,潼关宜守不宜出。在河北战场的郭子仪、李光弼向唐玄宗指出:"若潼关出师,有战必败。关城不守,京室有变,天下之乱,何可平之!"他们主张直捣安禄山的范阳老巢,才是出奇制胜妙策,唐玄宗拒不接受。杨国忠出于对哥舒翰的猜忌,一反原先主张固守潼关的态度,极力怂恿唐玄宗命令哥舒翰出关东征。这一错误决策,无异于自投罗网,二十万大军一战即溃,以致全盘皆输。当哥舒翰狼狈地逃回潼关西驿时,被部将抓获,献给叛军,哥舒翰鉴于高仙芝、封常清兵败被杀的先例,在洛阳向当面骂过"野狐"的安禄山投降。

潼关陷落,长安震惊,唐玄宗精神全面崩溃,于六月十三日凌晨逃离长安。次日中午抵达马嵬驿(今陕西兴平西北二十三里),皇帝的扈从部队发动兵变,杀死奸相杨国忠,迫使唐玄宗命太监高力士在佛堂缢死杨贵妃。当时唐玄宗已七十二岁,杨贵妃才三十八岁。旧史家渲染杨贵妃是政治败坏的祸水,意在为唐玄宗开脱,其实天宝变乱责任全在唐玄宗。当地父老希望唐玄宗不要西行,担负起征讨逆贼的责任,唐玄宗置之不理。太子李亨看到人心所向,与父皇分道扬镳,在太监李辅国的扈从下,奔往朔方节度使所在的灵武(今宁夏灵武西南)。七月十三日,李亨即皇帝位,是为唐肃宗,改元至德,遥尊唐玄宗为太上皇。

长安陷落后,郭子仪、李光弼率五万步骑兵从河北赶赴灵武,壮大朝廷声势;河西、北庭、安西节度使也派兵前来会合。叛军内部则明争暗斗,分崩离析,至德二载(757年)正月,双目失明的安禄山被儿子安庆绪收买的宦官砍杀。安禄山从范阳起兵至此不过十四个月,落得这样的下场,可谓咎由自取。安庆绪即帝位后,只知纵酒为乐,给唐军反攻提供了可乘之机。同年九月,广平王李俶与郭子仪统率各路大军十五万之众,攻克长安,沦陷达一年多的长安百姓夹道欢呼。郭子仪挥师出潼关东征,于十月收复东都洛阳,安庆绪率残部逃往邺城(今河南安阳)。

就在这时,留守范阳的安禄山部将史思明不愿受安庆绪的节制,以所部八万兵降唐,唐朝封他为归义王,任范阳节度使。时隔半年,乾元元年(758年)史思明在范阳反叛,安庆绪与他遥相声援,战火重新燃起。十月,唐军包围邺城,安庆绪以让皇位为条件向史思明求援。史思明解邺城之围后,设计杀死安庆绪,留下儿子史朝义守邺城,自己引兵北还,乾元二年四月在范阳称大燕皇帝。以史思明称帝为标志,安史之乱进入了新阶段。经过半年的准备,史思明发动新的攻势,攻占洛阳。东都洛阳再度沦陷,形势又趋严峻。上元二年(761年)三月,叛军内讧,史朝义杀死其父史思明。唐军乘叛乱集团分崩离析之机,于宝应元年(762年)十月收复洛阳。史朝义逃至范阳,为守将所拒。广德元年(763年)正月,走投无路的史朝义自缢而死。长达七年零三个月的安史之乱终于平息。

安史之乱的爆发,是开元、天宝之际政治腐败的必然产物。它带来的巨大破坏,使百姓人心思唐,促成了平叛战争的胜利。但是叛乱并不是在决定性战役取胜的情况下结束的,肃宗和代宗都积极鼓励叛军首领自动投降,准许他们继续为唐朝效力,在原辖地任官。因此,与其说是中央政府镇压叛乱,不如说是以妥协方式结束叛乱。这种妥协的代价是昂贵的,它使全国处于混乱多事和分裂的状态之中。军事化已经大规模实行,武将支配地方行政;地方行政的结构被改组,节度使成为中央政府与州县之间的常设权力纽带;国家的财政结构已经崩溃。安史之乱是唐朝由盛转衰的关键,战乱虽然平息,但安、史部将依然存在,藩镇割据局面以此为契机而形成不可逆转之势,迭经战争骚乱破坏的中原地区经济急剧衰落,唐朝的国力大大削弱,全盛时代一去不复返了。

53. 藩镇割据与财政改革

安史之乱爆发后,为了抵御叛军进攻,边地军镇制度扩展到了内地,重要的州设立节度使,指挥几个州的军事;次要的州设立防御使或团练使,扼守军事要地。于是中原地区出现了不少的节度使、防御使、团练使等大小军镇,以后又扩展到全国各地。这些军事官职成为地方上的军政长官,是州以上一级权力机构,即所谓藩镇(亦称方镇)。藩镇并非全是割据势力,在今陕西、四川以及江淮以南的藩镇大都服从朝廷指挥,向中央贡纳赋税,但在今河北地区的所谓河朔三镇,割据一方,不受朝命,不纳赋税;在今山东、河南、湖北、山西一带也有类似河朔三镇的割据势力。这就是所谓藩镇割据。藩镇的弊端在于"地擅于将,将擅于兵",地方军队、财赋为节度使专擅,朝廷难以过问;而节度使又受制于骄兵悍将,如果失去了部下的拥戴,不是被杀就是被逐。这样的藩镇割据造成的后果,只能是社会的动乱和瓦解。

藩镇割据本质上是安史之乱的延续与发展。安史之乱是边地藩镇反对中央的斗争,安史之乱平定后,那些参加平叛战争的藩镇拥兵自重,有意保存安、史旧部,与中央讨价还价。中央无力收回兵权,只好接受安、史部将名义上的归降。另一方面内乱造成人力物力的巨大损失,加剧了国力的空虚,边患乘虚而起,吐蕃占领了陇右、河西之地,威胁长安。中央既无力消灭安、史余部,又不得不把原来边地节度使扩大到内地,以至藩镇相望,"大者连州十余,小者犹兼三四"。这就严重影响了中央的财政收入,而主要依赖于江淮一带。于是迫切需要整顿财政、改革税收制度,在这方面起了重要作用的是刘晏。

刘晏,字士安,曹州南华(今山东东明县东北)人,唐肃宗、代宗时期长期担任有关财政的度支使、盐铁使、转运使，先后与第五琦、韩滉分掌全国财政。他在二十多年中作了一系列改革。

第一，关于盐法。肃宗时盐铁使第五琦改食盐征税为官卖，有利于财政收入的增加，却产生盐吏扰民的弊端。代宗上元元年（760年）刘晏任盐铁使兼任转运使，在产盐地区设官，把盐加价卖给商人，再由商人转销各地；在距产盐区较远的地方设常平盐仓，调剂盐价；又在各地设巡院十三所，查禁私盐。盐税从原来的四十余万缗上升到六百余万缗，居国库收入的一半。

第二，关于漕运。安史之乱后，唐朝财政仰赖江淮。为了解决转输问题，刘晏视察运河，疏浚河道，并按江、淮、河、渭各段水力特点，建造合适的运船，分段转运，十艘为纲，派军将督率，降低运费，提高效率，每年运到长安的粮食达数十万石，多时超过一百万石。

第三，关于平抑物价。刘晏以十三处巡院为据点，召募大批干练的"疾足"，置驿相望，及时报告各地物价动向，"四方物价之上下，虽极远不四五日知"，以便及时采取措施，保持物价基本稳定。他还在各地设立"丰则贵取，饥则贱与"的常平仓，以调节丰歉，平抑粮价。

刘晏的改革旨在扩大税收，缓解中央政府的财政困难，收到了明显的成效。全面的赋税制度改革则是在唐德宗建中元年（780年）杨炎进行的。

杨炎，字公南，凤翔天兴（今陕西凤翔）人，大历十四年（779年），唐德宗即位，从贬所召回，出任门下侍郎、同中书门下平章事（即宰相），对赋税制度进行全面改革。唐朝中央财赋本来储存于太府寺所属的左藏库。安史之乱后，移贮于宫廷的大盈内库，由宦官掌管，账目混乱，弊端百出。杨炎入相后，首先提出国家财赋不能变成皇帝私产，建议把大盈内库财赋仍拨归财政部门管理，蒙德宗采纳。建中元年他进一步倡议废除租庸调制，代之以两税法。

两税法实行按资产征税的原则，征税对象一为户、二为地，户税按资产定等级，地税按亩数征收。两税法以户税、地税为内容，而其得名却由于分夏、秋两次征收（后来宋朝的两税法，专指地税，并无户税，仍分夏秋两次征收，故仍称两税）。原先的租庸调实际已转化为户税、地税，按丁征收的租并入按亩征收的地税之中，按丁征收的庸调并入按户征收的户税之中，所以两税法实行时正式宣布"其丁租庸调并入两税"。两税法的特点是简单化与合理化，先前的租庸调本质上以人丁为本，两税法宣布"人无丁中，以贫富为差"，以资产为本。赋税由人丁向资产的转移，是社会的一大进步。

当然，两税法绝不仅仅限于赋税制度的改革，它其实也是财政会计制度的改革，包含了重编国家预算，划定地方预算收支的范围与规模，建立预算管理体制等财政分配内容。两税征收后，分成三个部分：留州、留（送）使、上供,都要量出为入。中央采取以支定收的方法,严格核定州、使两级地方预算的收入项目及数量,以满足州、使两级的行政与军事的财政开支。中央财政完成了与地方财政划分收支的程序,理顺了安史之乱以来中央与地方之间混乱不堪的财政收支关系,有利于削弱地方割据倾向。

安史之乱平定后,朝廷无力消灭安、史余部及其党羽,便以赏功为名,授以节度使名号,让他们分统原安、史所占之地,这就是李怀仙的幽州节度使、李宝臣的成德节度使、田承嗣的魏博节度使,于是形成了所谓河朔三镇,割据今河北地区及山东、河南、山西一部分地区。唐德宗时,由于先前持续多年的财政改革,中央财力物力有所加强,便决心削藩。建中二年(781年)成德节度使李宝臣死,其子李惟岳要求继任,遭到唐德宗断然拒绝。李惟岳联合魏博、淄青等发动四镇叛乱。唐德宗派河东节度使、昭义节度使及神策军(中央禁军)联手进剿。淄青节度使李正已死,子李纳要求继位,唐德宗坚决拒绝,并派宣武节度使等进剿。由于唐朝中央政府采取以藩镇打藩镇的策略,在河北、山东削藩取得胜利之后,引发了参与平叛战争的节度使之间的利害冲突,他们借口朝廷处置不公,相互携手共抗朝命,四镇节度使公然称王(幽州节度使朱滔称冀王、成德节度使王武俊称赵王、魏博节度使田悦称魏王、淄青节度使李纳称齐王),与朝廷分庭抗礼。淮西节度使李希烈以平叛有功,向朝廷讨价还价,自称天下都元帅。正当朝廷调兵进剿李希烈时,泾原节度使发动兵变,攻入长安,唐德宗逃往奉天(今陕西乾县),叛兵拥立原泾原节度使朱泚为帝,不久李希烈也称帝。一时间闹得乌烟瘴气。后来虽然平定了朱泚、李希烈之流,河北、山东四镇也表示服从中央,但唐德宗经过这场危机后,放弃削藩政策,转而采取姑息政策,求得暂时的安定。

唐宪宗即位后,由于两税法取得明显成效,中央财政状况有所好转,从而可能扩大和强化中央禁军,决心"以法度制裁藩镇",加强中央集权,形成"元和中兴"(806—820年)的局面。宪宗是唐朝后期几乎重建太平盛世的皇帝,他选拔的宰相如武元衡、李吉甫、裴垍(jì)、李绛、裴度,都有所建树,一时朝廷鼎盛。宪宗鉴于德宗四面出击方针的失败,改变削藩策略,先弱后强,各个击破,孤立元凶;选择易于攻取、基础薄弱的西川节度使、浙西节度使开刀,然后使"五十年不沾皇化"的魏博镇表示归顺朝廷,接着集中全力对付强大的淮西节度使。由于名相裴度和名将李愬(sù)运筹帷幄,使中央与藩镇的大决战取得最后胜利。平定淮西,引起强烈震动,诸镇纷纷献地献质表示归顺。《资治通鉴》说:"自广德以来,垂六十年,藩镇跋扈河南、北三十余州,自除官吏,不供贡赋,至是尽遵朝廷约束。"宪宗出色地达到了他的目的，成为唐朝后期唯一有成就的皇帝。这有主客观两方面的原因。客观上，他从德宗那里继承了重新充实的国库和一支强大的中央军队；主观上，他深刻地了解全国的政治、军事形势，使他能制订有效的策略，无怪乎后人要称颂他"自古中兴之主无人及之"了。

宪宗虽使藩镇归顺中央，但并不能铲除其根基，"尽遵朝廷约束"的局面是难以持久的。何况长期的战争，使中央财政状况又趋恶化。穆宗即位以后，实行"销兵"（裁减兵员）政策，以节省财政开支，被裁士兵无以为生，形成新的乱源。宪宗死，穆宗即位，宰相以为河北已没有问题，掉以轻心，结果河北三镇再度叛乱，直至唐末都难以平定。此后割据势力愈演愈烈。藩镇增加到六十一个，甚至长安附近也设置了凤翔节度使，朝廷可控制的不过山南、剑南、岭南、河西四道而已。

54. 宦官与党争

唐初政治清明，宦官只能主管宫内守卫、洒扫等事，并无政治权力。唐太宗曾下诏规定，宦官任职不能超过三品。为时不久，宦官逐渐扩大权力范围。唐玄宗晚年宠信宦官高力士，让他审阅大臣送来的奏章。从此四方奏章必先经高力士过目，小事自行裁决。玄宗也心安理得，说："力士当上（值日），我寝乃安。"李林甫、杨国忠、安禄山之流都与他勾结，高力士已炙手可热，太子李亨（后为肃宗）叫他"二兄"，诸王公主叫他"阿翁"，驸马叫他"爷"，非同一般。不过此时宦官势力虽已抬头，但对皇帝还是唯命是从，高力士在玄宗面前仍是一个"老奴"。

安史之乱后，宦官掌握了军权、财权，逐渐尾大不掉，使皇帝大权旁落。宦官李辅国扶肃宗在灵武即位，由元帅府行军司马事升兵部尚书；宦官鱼朝恩任观军容宣慰处置使，前线将领连著名的郭子仪、李光弼都受他节制，鱼朝恩统率神策军（中央禁军）兼全国总监，军权明显落入宦官之手。安史之乱后，统兵将领在京师任意支用左藏库（收藏朝廷财赋的机构）的钱财，主管机构无法约束。盐铁使第五琦向肃宗建议，把财权收归皇帝，实际上由宦官掌握。从此以后，宦官控制了朝廷的财政大权。

唐朝宦官专权始于肃宗、代宗时期，其代表人物是李辅国和程元振。

李辅国本名静忠，曾充当高力士的仆役，后入东宫侍候太子李亨。安史之乱中，李静忠扶助肃宗即位有功，升为太子家令、判元帅府行军司马，赐名为护国，四方奏事、御前符印军号皆委其掌管；后随肃宗至凤翔，授太子詹事，改名辅国。肃宗返抵长安，拜李辅国为殿中监，身兼数职，后又加开府仪同三司,进封郧国公。此时的李辅国不仅专掌禁军,而且专擅朝中一切大权,百官奏事都由他上达裁决。以后肃宗又任命李辅国为兵部尚书,开创宦官正式担任六部尚书的先例。肃宗病危,李辅国与另一宦官程元振合谋,拥立太子李豫即位(是为唐代宗),李辅国骄横不可一世,公然对代宗说:"大家(指皇帝)但内里坐,外事听老奴处置。"代宗虽然怒其不逊,但因他手握兵权,奈何他不得,尊称他为"尚父",事无巨细都由他参与裁决。

唐代宗利用程元振除去了李辅国,不料继之而起的程元振专权跋扈犹有过之而无不及。他取代李辅国判元帅府行军司马,专制禁兵,加镇东大将军、右监门卫大将军,封保定县侯,充宝应军使,不久又加骠骑大将军,封邠国公,权势远远超过李辅国。勋臣、宰相、名将屡遭程元振迫害,使朝廷文武百官人人自危,那些拥兵自重的节度使对朝廷存有戒心,不肯为朝廷出力。

唐德宗时,宦官不仅控制禁军,而且藩镇的节度使多从禁军将领中擢用,朝廷的将相由宦官任免,台省的清要官职须买通宦官关节方能任命。德宗死,顺宗即位,王叔文、王伾裁决宫中大事,引进柳宗元、刘禹锡、韩泰等人,着手革除弊政,企图削夺宦官权力。由于宦官势力已盘根错节难以动摇,加之藩镇与宦官相互勾结,导致改革中途夭折。宦官俱文珍、刘光琦与剑南西川节度使韦皋、荆南节度使裴均、河东节度使严绶串通,发动宫廷政变,废顺宗,立宪宗,王叔文、王伾被贬,柳宗元、刘禹锡、韩泰、陈谏、韩晔、凌准、程异、韦执谊等八人先后被贬往边远地区。这就是所谓"二王八司马"事件。

由于宦官掌握大权,藩镇多引为内援;宦官为了增加自己的实力,以便控制皇帝,也多引藩镇为外援。两股势力勾结的结果是,从宪宗起到唐亡,皇帝都形同傀儡,十个皇帝除了最后一个是军阀朱全忠所立,其余九个都是宦官所立,有两个为宦官所杀(宪宗、敬宗)。皇帝成了宦官的傀儡,宰相、大臣当然成了宦官的附庸,"南衙"(外朝)成为"北司"(内朝)的附属机关。政见与利益的分歧,形成朝廷中的派系、集团互相对立,这就是所谓朋党。

崔瑞德等《剑桥中国隋唐史》指出,所谓朋党的"党"(factions),绝不是今天意义上政党的"党"(parties),它只是政治人物们的松散结合体,产生于难以确认的复杂的个人关系网络,它没有很强的核心结构,成员的属性也不固定。中国传统的政治理论通常都认为,如果准许在朝廷结成朋党,那么人们所期待的能实现长治久安的道德和社会秩序便要受到损害。因此,"朋党"中这个"党"字表示道德败坏,它对指控者和被指控者都有威力,都可能遭受贬谪。

　　晚唐时期的朋党之争，通常被史家们称为"牛李党争"，即牛僧孺为首的"牛党"与李德裕为首的"李党"之间的政争，从穆宗朝开始，经敬宗朝、文宗朝、武宗朝，到宣宗朝持续达四十年之久。斗争的形式是两党交替掌权，文宗时代两党参差并用，武宗时代是李党全盛时期，宣宗时代是牛党全盛时期。一党掌权，不问敌党有无人才，一律全盘排斥；不问敌党政策是否可取，一律更张，完全是门户之见，意气用事，把朋党利益置于国家社会利益之上。朋党之争的结果，是政治的越发腐败。

　　所谓牛李党争复杂微妙，史家在评述时众说纷纭。

　　陈寅恪《唐代政治史述论稿》很注意分析唐朝统治集团的社会背景，按照他的解说，牛党的权力以通过科举入仕为基础，而李党则是世家大族的堡垒，用世袭的荫庇方式取得做官的资格。从表面上看，牛李两党似乎是重视进士科与反对进士科的斗争，是世家大族与非世家大族的斗争，其实不然。尽管上述假设颇有迷惑力，牛党领袖牛僧孺、李宗闵都是进士出身，李党领袖李德裕并非进士，而且嘲笑科举取士。但是日本学者励波护的实证研究《从牛李党争看中世贵族制的崩溃与辟召》指出，两个朋党在科举出身和世家大族出身的人数上是旗鼓相当的，这就使朋党双方泾渭分明地有所谓拥护科举的一方和反对科举的一方的说法不攻自破了。

　　一种颇为流行的观点认为，"不论牛党或李党当政，对于当时人民来说，都没有什么区别"。这种观点显然过于偏激，牛李两党还是有所区别的。李党领袖李德裕是晚唐时期有远见的政治家，虽然他入仕初期就卷入了牛李党争，但他反对朋党，甚至发誓说："一旦触群邪犯众怒，为一孤臣，独生正言，无避矣。"他主张打击藩镇并恢复中央集权；抗击外族入侵，保卫边疆安全；裁汰冗官，精简官僚机构；赞成阻遏佛教势力的泛滥，增加国家收入，都是从实际出发，于国于民有利的。对于科举，他不主张取消，而主张针对考试中的弊端（如"关节"、"呈榜"、"温卷"）加以改革，奖拔"孤寒"之士。

　　会昌六年（846年）武宗死，宣宗即位，用牛党要员白敏中、马植、周墀、令狐绹等为相。李德裕罢相，贬至崖州，大批与他政见一致的官员都被逐出朝廷，而牛僧孺、李宗闵、杨嗣复、李珏、崔珙等牛党要员重新起用。牛李党争以牛党最后胜利，李德裕彻底失败而告终。

　　基于上述原因，后人多对李德裕寄予同情。王士禛《香祖笔记》说，牛党"皆小人"，李党"皆君子"，并非毫无根据。李德裕在大和年间就建议文宗破除朋党，任用中立无私之人，他在文宗、武宗时期两度为相，都能把"中立无私"作为用人标准。无怪乎一些学者要说，李德裕不存在朋党问题，无所谓李党。宋人李之仪说:"武宗立,专任德裕,而为一时名相,唐祚几至中兴,力去朋党,卒为白敏中、令狐绹所中伤。"这种对历史的反思,卓有见地。不过话得说回来,尽管李德裕自认为没有朋党,事实上还是卷进了朋党之争的漩涡,因为政治斗争不以个人意志为转移。

宣宗以后,牛、李两派的领袖人物相继死去,朋党之争终于停息。官僚之间的派系倾轧以另一种形式展开,而且随着政治腐败而日益加深。本来朋党之争受到宦官派系的影响,宦官集团如两派同时并进,则外朝大臣也两派同时并进;宦官集团如一派进一派退,则外朝大臣也一派进一派退。宣宗以后,宦官因"甘露事变",感到内部分裂容易受到外来打击,便团结一致对付外朝大臣;内朝既"合为一片",外朝大臣也相机应变,于是内朝外朝之争便取朋党之争而代之。斗争的结果,宦官集团获胜,从此,"天下事决于北司,宰相行文书而已"。这种混乱局面一直延续到唐末。宦官专权成为晚唐难以摆脱的痼疾,顺宗、文宗、武宗、宣宗、昭宗等皇帝,都受宦官控制。要想改变局面,只有借助节度使的武力,铲除宦官势力。昭宗采纳宰相崔胤建议,借汴州节度使朱全忠的力量铲除宦官势力,结果宦官虽除,中央军政大权却落入朱全忠之手,崔胤等外朝大臣和昭宗本人都相继为朱全忠所杀,唐朝离开灭亡只有一步之遥了。

55. 唐朝的分裂

唐文宗时的刘蕡在贤良方正对策中指出当时的形势是:"官乱人贫,盗贼并起,土崩之势,忧在旦夕。"唐僖宗时的翰林学士刘允章在《直谏书》中指出农民的"八苦",使他们"冻无衣,饥无食"。社会危机以这种形式表现出来,预示着唐朝的统治已危在旦夕了。

长江下游的骚乱和反抗一天比一天激烈,唐朝的地方政府仍然尽力在这一地区竭泽而渔,搜刮尽可能多的赋税,使得这个原先最安定的地区变得越来越富有爆炸性,出现一次又一次武装暴动。其中最为严重的是宣宗大中十二年(858年)宣州(今安徽宣城)康全泰的武装暴动,迫使唐朝军队纷纷从淮南、浙东调来镇压,宣州的秩序才得以恢复。康全泰的暴动对于次年发生于浙东的更为严重的暴动来说,不过是一个序曲。

江浙一带是唐朝后期财赋所出的重要地区,所谓"国家用度尽仰江南",过度的搜刮,激化了社会矛盾,浙东裘甫起义是一个信号。裘甫是一个出身微贱的"盗匪"团伙的首领,他所领导的起义把大批农村"盗匪"团伙融合为一支统一的军事政治力量,把被压迫的农民组成一个战斗集体。宣宗大中十三年（859年），裘甫在浙东起义，攻下象山，次年攻下剡（shàn）县（今浙江嵊州）。消息传开后，"山海之盗及他道无赖亡命之徒，四面云集"，部众增至三万人。一名谏官向即位不久的懿宗解释起义为何发展如此迅速的原因时指出，"兵兴以来（指安史之乱以来），赋敛无度，所在群盗，半是逃户"，说明这是社会危机蓄积已久的一次爆发。唐朝对于这个财赋重地当然不会等闲视之，唐懿宗派王式为浙东观察使率兵前往镇压。裘甫的部将建议，先夺取越州，再夺取浙西（今浙江西部和江苏南部），进而攻占扬州，把宣州、歙州（今安徽歙县）以东的江南所谓"国家贡赋之地"置于义军控制之下。裘甫犹豫不决，丧失时机，战败被俘，持续九个月的起义终于失败。

咸通九年（868年）爆发的庞勋起义虽然远在岭南，但它的根源却在连接政治中心长安、洛阳与江淮财赋重地的运河——汴渠（即通济渠东段）流经的武宁，为了确保这条供应线，此地由重兵戍守。由于戍军不断发生兵变，武宁节度使束手无策，朝廷决定在那里裁军，把几千名士兵调往岭南戍边。于是由徐州、泗州农民组成的戍军被派往桂州（今广西桂林），约定三年轮换，便可返回家乡。但是政府违背承诺，到期不如约轮换，士兵们便在咸通九年哗变，推举粮料判官庞勋为首领，结队北还。庞勋一行攻占宿州、徐州，附近农民应募参军，部众增至万余人；附近的小股暴动武装力量都前往归附，声势大振，攻占泗州、淮口，切断了唐朝的经济命脉——江淮漕运。唐军统帅康承训调集了沙陀（突厥）、吐谷浑等民族的军队前往镇压，并且让沙陀首领朱邪赤心指挥十镇节度使所提供的讨伐军。咸通十年九月，庞勋在撤往蕲州途中被唐军追及，战败而死，起义失败。在这场战争中沙陀（突厥）起了重要作用。朱邪赤心被皇帝赐名为李国昌，他的儿子李克用后来在镇压黄巢起义后，在山西建立了割据政权。庞勋起义虽然失败，却暴露了最后导致唐朝崩溃的许多潜在危机，《新唐书》说得好："唐亡于黄巢，而祸基于桂林（指庞勋）。"

唐朝后期的财赋主要来自江淮、关东，成为矛盾的焦点，终于继江淮之后，在关东爆发了更大规模的反抗。僖宗乾符二年（875年），濮州（今属河南范县）王仙芝在濮阳县起义，攻取濮州、曹州，部卒达数万之众。王仙芝发布檄文，指责唐朝"吏贪沓，赋重，赏罚不平"，表明了起义的宗旨。冤句（今山东曹县北）人黄巢聚众数千人，响应王仙芝，"民之困于重敛者争归之"。

王仙芝、黄巢都是"贩盐白丁"（私盐贩子），武装贩运私盐，与长江流域的"茶盐盗"关系密切。黄巢家有资财，好骑射，略通诗书，起义前曾作《咏菊》诗抒发了他的霸气：

待到秋来九月八，
我花开后百花杀。
冲天香阵透长安，
满城尽带黄金甲。

不久，王仙芝派部将尚君长向唐朝的招讨都监请降，尚君长被杀，请降未成。乾符五年二月王仙芝在黄梅（今湖北黄梅西北）兵败被杀。尚让率王仙芝余部归附黄巢。

黄巢号称"冲天大将军"，横扫各地，他采取避实捣虚战术，流动作战，打击财赋重地。他在和州渡过长江，转战长江、闽江、珠江流域，先后攻占杭州、越州、福州、泉州、潮州；乾符六年（879年）攻下广州，俘获了岭南东道节度使李迢，试图透过李迢与朝廷谈判，以谋取节度使之职，遭到李迢拒绝。黄巢在暴怒之下杀死李迢，并洗劫了广州，使这座富有活力的港口城市化为废墟，大批来自东南亚、印度、波斯和阿拉伯的商人被杀。

不久黄巢挥师北上，攻下东都洛阳之后，又破潼关，攻占长安，唐僖宗逃往成都。黄巢完全没有能力控制他的部队，失控的部队连续几天洗劫了这座世界上最富庶的城市。

广明元年十二月十三日（881年1月16日），黄巢在长安含元殿登上皇帝宝座，改国号为大齐，年号为金统。在暴力的扫荡下，公卿达官、名门显贵，死亡逃散，消灭殆尽，正如韦庄的诗中所说："天街踏尽公卿骨"，"甲第朱门无一半"。五代时，后唐政权在北方寻找唐朝宗室、名门望族，竟无处寻觅，可见打击之惨。

由于长安城内粮食严重不足，引起恐慌，加之黄巢部将同州（今陕西大荔县）防御使朱温叛变（后改名为朱全忠），形势陡变。唐朝方面招沙陀族李克用率兵从雁门（今山西代县）南下，进攻长安。黄巢不得不放弃长安东撤。中和四年（884年），黄巢退至泰山狼虎谷（今山东莱芜市西南），被沙陀兵追击，自杀而死。

黄巢横渡长江四次、黄河二次，是历史上空前的"流寇"，虽然这场延续九年的动乱随着黄巢的死亡而结束，但其后果是严重的：导致了统一王朝的大分裂。黄巢虽没有灭亡唐朝，却使它土崩瓦解了。唐朝名义上还苟延残喘地存在了二十多年，已名存实亡，唐朝的辖地几乎全被各种割据势力所分割。

这些军阀互相争斗、火并，终于形成三个最有势力的集团：以汴州为中心的朱温，以太原为中心的李克用，以凤翔为中心的李茂贞。

天祐四年（907年），朱温（即朱全忠）废唐哀帝，自立为帝，改国号为梁，改元开平,历史进入了五代十国时期。中央集权统治彻底瓦解,情况比东汉末年更为严重,中国的大部分地区被以前的节度使所瓜分,他们每个人都在觊觎皇帝宝座。

56. 五代更迭,十国割据

从 907 年朱温灭唐建立梁,到 960 年赵匡胤灭周建立宋,前后五十四年,是五代十国时期。

所谓五代,是指在黄河流域地区相继建立的梁、唐、晋、汉、周五个王朝,为区别于先前已有的王朝,史称后梁、后唐、后晋、后汉、后周。这五代政权以中原王朝的正统自居,后世史家也奉为正统,传统史家写五代史,有五代本纪、十国世家,即以五代为正统,十国为僭伪。其实所谓"正统"的五代,武夫专权,政治腐败,除后周之外,很少可取之处;而所谓"僭伪"的十国,却颇有起色,令人刮目相看。

梁——907 年朱温在汴州(开封)建立,除今山西大部和河北北部外,基本统一了黄河中下游地区。由于连年用兵,征敛苛重,导致民众暴动,梁渐趋衰微,河东的沙陀人李克用、李存勖父子,与梁对抗,终于取而代之。

唐——923 年,李存勖在魏州(今河北大名东北)建立后唐王朝,派兵南下,攻占开封,梁末帝朱友贞自杀,存在了十六年的后梁王朝灭亡,后唐统一了华北地区。不久,后唐迁都洛阳。随着内部危机的加深,唐庄宗李存勖死于兵变,李克用养子李嗣源继位(即唐明宗),推行与民休息政策,出现了五代少有的小康景象,然而也只是昙花一现,很快便消失在内乱之中。

晋——唐明宗的女婿、河东节度使、沙陀人石敬瑭,乘后唐内乱,以割让幽云十六州(北京至山西北部一线)之地为代价,引契丹兵马推翻存在了十三年的后唐王朝,于 936 年建立后晋王朝,从太原还都于开封。四十五岁的石敬瑭为了夺取帝位,竟恬不知耻地称三十四岁的契丹耶律德光为"父皇帝",自称"儿皇帝"。石敬瑭把包括北京在内的长城以南十六州割让给契丹,使国境地带门户大开,左右了以后四百年以上的中国命运,游牧集团把这一地带变成了农业训练场,支持其南进扩张。"儿皇帝"的日子并不好过,由于内部不安定,外部难以应付"父皇帝",动辄遭到斥责,他在位六年,忧患成疾而死。石敬瑭死后,其继承者石重贵改弦易辙,"父皇帝"耶律德光便发兵攻下开封,灭亡了存在十一年的后晋王朝。次年,耶律德光在开封称帝,改国号为辽,然后引兵北返。

汉——947年,后晋的河东节度使、沙陀人刘知远在辽太宗耶律德光引兵北返后,在太原称帝,建立后汉王朝,随后南下定都开封。

周——中原遭契丹掳掠,经济凋敝,后汉朝廷内部又夺权内讧,隐帝刘承祐欲谋害邺都(今河北大名东北)留守郭威。郭威带兵南下,进入开封,隐帝被乱兵所杀,存在仅四年的后汉王朝灭亡。951年郭威即帝位,改国号为周。周太祖郭威为了扭转政治、经济方面的颓势,着手进行改革,局面为之一振。

以上为五代更迭的概况。

在五代的更迭中,有一个几乎横跨五代,历仕后唐、后晋、后汉、后周和辽的人物,颇值得注意,那便是冯道。此人历五朝八姓十一帝,不离将、相、三公高位,晚年自称"长乐老",颇受传统伦理道德的"忠节"观所非议,以为他容身保位、八面玲珑,毫无气节可言。欧阳修在《新五代史》中斥冯道为"无廉耻者"——"不廉则无所不取,不耻则无所不为"。其实大可不必以道德评价凌驾于历史评价之上。在那样一个"置君犹易吏,变国若传舍"的时代,出现冯道式的大臣,并非咄咄怪事。他负命出使辽朝,契丹主欲郊迎,大臣劝阻道:"天子无迎宰相之礼。"他死后,周世宗柴荣为之"辍视朝三日,册赠尚书令,追封瀛王,谥曰文懿"。这些君主对他的看法,恐怕不是单凭冯道阿谀逢迎就能得到的,其中一定有才学与功业令人景仰的地方。简而言之,一是没有使已经混乱不堪的五代政治朝更加混乱的方向发展,二是忍辱负重地阻止了已进入汴梁的契丹军队的一场大屠杀。他的作用在当时是无人可以替代的。他的自况诗写道:"道德几时曾去世,舟车何处不通津,但教方寸无诸恶,狼虎丛中也立身。"由此人们不难对他作出全面而宽容的评价了。王赓武《冯道——论儒家的忠君思想》一文中说:冯道在与他同时代的许多人心目中是一个有操持的儒者,一个有节制的人,甚至是一个"模范丞相";在他死后近一百年间,这样的美名仍有人传颂。但是后来宋代两位大史学家(欧阳修与司马光)的评论逐渐占据上风,从此冯道便成为典型的贰臣,成为许多有关忠贞的笑话中的嘲笑对象。

所谓十国,是指在南方建立的九个割据政权——吴、南唐、吴越、前蜀、后蜀、闽、南汉、楚、南平,以及在山西的北汉。十国之中,吴和南唐,前蜀与后蜀是前后相继的。

吴——892年据有长江下游与淮南的杨行密,被唐朝任命为淮南节度使,拥有淮南二十八州之地;902年又被唐朝封为吴王,都城在广陵(今江苏扬州),势力范围为今江苏、安徽、河南(淮河以南)、湖北(东部)、江西

（大部）。

南唐——921 年杨行密子吴王杨溥称帝。937 年大将徐知诰废吴帝杨溥，自己称帝，把国都迁至金陵（今江苏南京），自称是唐宪宗之子建王李恪之后，改姓名为李昪（biàn），改国号为唐，史称南唐。吴、南唐是南方各割据政权中最强大的，号称"地大力强，人才众多"，经过二十多年与民休息、轻徭薄赋，经济有所发展。943 年李昪死，其子李璟继位，国力鼎盛，蔚为大观，而后由盛转衰，958 年向后周称臣。961 年李璟死，其子李煜即位，975 年被宋朝灭亡。南唐元宗李璟、后主李煜，都有极高的文学造诣。李后主亡国后当了俘虏，写出绝妙好词，隐约地透露出亡国的哀怨，其代表作《虞美人》写道：

> 春花秋月何时了，
> 往事知多少。
> 小楼昨夜又东风，
> 故国不堪回首月明中。
> ……
> 问君能有几多愁，
> 恰似一江春水向东流。

吴越——唐末时镇海、镇东两镇节度使钱镠辖有浙东、浙西十一州之地，902 年被唐朝封为越王，904 年又被唐朝封为吴王，907 年被后梁封为吴越王。他以杭州为都城，据有太湖周边十三州之地，即今浙江及江苏南部地区，知小国处境危难，睡不安枕，以小圆木作枕，稍动即醒，称为"警枕"。他发动民众筑捍海石塘，置龙山、浙江两闸，以遏潮水内灌。著名的钱塘、六和塔以下的钱塘江石堤，即兴建于此时。他把都城杭州的城

钱镠像

郭加以开拓，修筑了周围七十里的罗城，西起今闸口以北的秦望山，沿钱塘江到今候潮门一带，又沿西湖到宝石山，东北至今艮山门一带，城内的街道、河流、市场、民居等也作了相应的扩建。随着杭州城市的扩大，西湖成为城市不可分割的一部分，钱镠组织了一千人的"撩湖兵"，从事西湖的疏浚工作。西湖风景区的开发也在此时初具规模，除了东晋创建的灵隐寺此时有所扩建，还新建了昭庆寺、净慈寺，以及九溪的理安寺、灵峰的灵峰寺、云栖的云栖寺、赤山埠的六通寺、上天竺的法喜寺、月轮山的开化寺等。闻名遐迩的西关外雷峰塔、月轮山六和塔、闸口白塔、宝石山保俶塔，都兴建于此

时。杭州在吴越建都的几十年中有了很大的发展,为一百多年后南宋在此建都奠定了基础。

前蜀——黄巢攻占长安,唐僖宗逃奔成都时,忠武军将领王建随驾入蜀,僖宗返回长安后,王建为神策军(禁军)将领。887年王建再度入蜀,击败西川节度使陈敬瑄,据有四川之地,903年被唐朝封为蜀王。907年王建称帝,改国号为蜀,以成都为国都,史称前蜀。其辖境除四川外,兼及甘肃东南、陕西南部及湖北西部一带。唐末动乱之世,大批文人学士投奔四川,王建多予以重用,社会治平,经济稳定发展。925年为后唐所灭。

后蜀——前蜀灭亡,后唐任命孟知祥为西川节度使。孟知祥整顿吏治,减少苛税,社会安定,力量大增,于932年杀东川节度使,兼有东川之地。933年后唐封孟知祥为蜀王,次年孟知祥称帝,国号蜀,史称后蜀。孟知祥、孟昶父子统治时期,社会经济稳定发展,成为五代十国时期可与南唐相媲美的两大经济文化发达地区。后蜀宰相毋昭裔自己出资营建学馆、雕版刻印"九经"(儒家经典著作),他还与赵崇祚一起编辑唐五代词《花间集》,史称:"由是蜀中文学复盛"。965年为宋所灭。

闽——唐末王潮率众在南安(今福建南安东)发动兵变,渐次占有泉州、福州、汀州、建州、漳州,形成武装割据,唐朝任命王潮为福建观察使、威武军节度使。王潮死后,其子王审知继立,906年后梁封王审知为闽王。王审知鉴于闽中五州之地,势单力薄,难与吴、吴越等邻国相抗衡,果断采取保境息民的立国方针,对中原王朝称臣纳贡,对邻国友好相处,致力于内部整顿,发展地区经济文化,大力促进泉州、福州的海外贸易,打开海上门户,为此后宋朝海外交通的发展奠定了基础。史载,王审知的侄子王延彬在泉州任刺史三十年,"仍岁丰稔,每发蛮舶,无失附者,人因谓之招宝侍郎",当时"陶器、铜铁远泛蕃国,取金贝而返,民甚称便"。945年闽为南唐所灭。

南汉——唐末清海军(岭南东道)节度使刘隐,后梁时被封为南平王、南海王。刘隐充分利用南下避难的各类人士,发展势力,平定各割据集团,控制了岭南东西两道。刘隐死后,其弟刘䶮(yǎn)于917年在番禺称帝,国号大越,次年改为汉,史称南汉。刘䶮推行文人政治,各州刺史都由文官担任,并开科取士,录用进士、明经出身的人担任官职,防止了武将跋扈之患,南汉政权一度颇有起色。由于统治者过分聚敛,激起民变,国势渐衰。971年为宋所灭。

楚——唐末湖南节度使马殷,907年被后梁封为楚王,927年被后唐封为楚国王,以潭州(今湖南长沙)为国都,拥二十余州之地,相当于今湖南全境、广西东北、广东西北以及贵州东部一带。楚在吴（其后为南唐）的威胁中求生存，不得不向中原王朝称臣纳贡，并得到中原朝许可，在襄阳等地设置邸店，以茶叶换取中原的丝织品、战马；另一方面，楚国不征商税，吸引四方客商纷至沓来，物流畅通，不仅获利可观，而且刺激了境内经济发展。为了增强国力，马殷致力于开发湖南中部、西部，鼓励种桑养蚕，农民可用绢帛代钱纳税，促进了丝织业的兴盛。马殷之子继位后，政治渐趋腐败，951 年为南唐所灭。

南平——907 年朱温即帝位后，派其部将高季兴出任荆南节度使。荆南镇原辖十州之地，唐末时被邻镇瓜分，高季兴的荆南节度使仅辖荆州（江陵）一城而已。924 年后唐封他为南平王，此后陆续控制归州、峡州，一度控制了夔州、忠州、万州，又被南唐收回。南平的辖境只有荆州、归州、峡州弹丸之地，是十国中最小最弱的一国。如此小国能在强国林立的时代安然无恙，是耐人寻味的。一方面，南平不仅尊奉中原王朝为正朔，而且对其他各国一概上表称臣，保持低姿态，维持政治、经济的正常关系；另一方面，南平地处南北与东西的要冲，是各国避免直接冲突的缓冲地带，又是南方诸国向中原朝进贡、南北方陆上贸易的必经之地，所以它一直四面受敌，却始终未被吞并。大量的贸易收入足以维持这个小国的生存，直到 963 年，南平才被宋所灭。

北汉——十国中唯一在北方建立的政权。郭威夺后汉建后周，后汉刘知远之弟刘崇割据山西，建号称帝，以太原为国都，与后周对抗，史称北汉。

以上是十国割据的概况。

从上面叙述中不难看出，五代十国是唐末藩镇割据的继续与发展。正当中原小朝廷忙于内战、改朝换代之际，南方诸国却处于相对和平状态，它们的立国分治赢得了社会的稳定与经济的发展。中唐以来南方经济有所发展，使一个很小的地域有足够的人力物力，为割据政权的生存提供了条件；各割据政权为维持生存，不被吞并，竞相发展经济，促使南方经济获得了前所未有的发展，与历经战争摧残、经济严重衰退的北方形成强烈的反差。在中国历史上，北方开始落后于南方，其转折点可以追溯到五代十国这半个世纪。

南方各国经济不受北方剥夺，有利于发展本地区经济，割据局面则刺激了各自增强经济实力的需求，有利于区域的开发。形成了以苏州、杭州为中心的江浙地区、以成都为中心的四川地区、以扬州为中心的江淮地区这些新兴的蓬勃发展的经济中心，福建、湖南、岭南也在此时获得显著的开发。

57. 从柴荣改革到赵匡胤统一

五代的统治腐败不堪,后梁虽革除了唐朝的一些弊政,但战乱不断;后唐一度出现开明政治,后晋、后汉两朝武夫专断朝政,一味蛮干,乱成一团糟。后周取代后汉,黑暗的政治才透露出一线光明与转机。

周世宗像

出身贫寒、颇知民间疾苦的周太祖郭威,改革以前各朝的苛政,给民众一些好处。例如,停止各地贡献珍贵食物与土产品,免除正税以外的加派,以及长期存在的"牛租"。又如,废除政府的营田,把田分给原先耕种营田的佃户,充作永业;听任农民开垦无主荒地为永业。继任者周世宗柴荣进一步改革,一方面改善政治,一方面准备统一。

柴荣,邢州龙冈(今河北邢台)人,随其姑母柴氏(即郭威之妻)长大于郭威家,以谨厚见爱于郭威,从内侄而成为养子。史称其"器貌英奇,善骑射,略通书史黄老,性沉重寡言",是五代乱世中难得的政治家。为了改善政治,周世宗柴荣首先整顿纪纲,严惩贪污,对贪官污吏施以重刑。与此同时,他针对五代时一面沿袭唐朝法律一面又新增许多条文,不仅重复而且前后矛盾,他下令对现行法律进行整理,删繁就简,编成《大周刑统》,使全国遵守统一的法律。《大周刑统》还成为宋朝初年所编律书《宋刑统》的蓝本。此外,在经济方面推行了一系列的改革措施。

第一,限制佛教势力,一律废除"敕额"(朝廷给予寺名)以外的寺院,禁止私自剃度僧尼,废除了非朝廷特许的佛寺 2336 所,使寺院僧尼还俗成为编户齐民。

第二,奖励开垦无主荒地,谁开垦归谁所有,如果原业主在三年内回归的,归还一半耕地;五年内回归的,归还三分之一耕地;五年以外回归的,除坟地外,一律不归还。这一政策招徕大批外逃人口,开垦了大片荒地。

第三,改革中最有成效的是"均田"——实际是均税。显德五年(958

年)周世宗为了均税,夜读时见唐元稹《均田图》,慨然叹道:"此致治之本也,王者之政自此始。"便下诏颁其图法,使吏民习知此法,然后派遣三十四名官吏分行各地,均定田赋,查出不少隐匿的耕地,平均摊派田赋。

统一,是周世宗的政治目标。他自称,做三十年皇帝,十年开拓疆土,十年休养百姓,十年致太平。然而他英年早逝,在位仅五年半,主要精力用于开疆拓土,为统一作准备。

周世宗即位之初,为了回击北汉兴兵进攻潞州,率军亲征,击退了北汉与辽的联军。此后出兵攻后蜀,收秦(今甘肃秦安北)、凤(今陕西凤县东)、成(今甘肃成县)、阶(今甘肃武都东)四州;又三次亲征南唐,得江北、淮南十四州之地;随后于显德六年(959年)乘辽朝内部纷争之机,率军分水陆两路北伐,收复瀛(今河北河间)、莫(今河北任丘北)、易(今河北易县)三州及瓦桥、益津、淤口三关。这年五月,正当他乘胜向幽州挺进时,突患重病,被迫班师回朝,六月与世长辞,年仅三十九岁。

柴荣主张先取北方,直捣幽、燕,以辽为主要打击目标,然后再回师统一南方。这是显示雄才大略的决策,也是完成统一的正确战略方针。不幸的是,他无法实现这一抱负。

柴荣死后,年仅七岁的儿子柴宗训继位,即周恭帝。后周的归德军节度使兼禁军首领、殿前都点检赵匡胤,制造辽与北汉合兵南下的假情报,后周宰相范质等人匆忙派遣赵匡胤率禁军前往抵御,行军至开封北二十里的陈桥驿(今河南封丘东南陈桥镇)发动兵变。赵匡胤弟赵匡义(后改名为光义)和归德军掌书记赵普授意将士把黄袍加在赵匡胤身上,拥立他为皇帝。显德七年(960年)正月四日,赵匡胤率军回到京城开封,逼周恭帝禅位,顺利地改朝换代,建立宋朝。习惯上称1127年前的宋朝为北宋,1127年后的宋朝为南宋。

赵匡胤,祖籍涿郡(今北京西南)。后唐天成二年(927年)生于洛阳夹马营。其人容貌雄伟,器度豁如,学骑射辄出人上,曾训劣马,不用衔勒,马逸上城斜道,额触门楣坠地,起身追马腾上,一无所伤。应募至周太祖郭威帐下,逐步升为滑州副指挥,周世宗柴荣即位后升任禁军指挥官——殿前都点检。《宋史》对他赞颂备至:"五季乱极,宋太祖起介胄之中,践九五之位……及其发号施令,名藩大将俯首听命,四方列国次第削平,此非人力所易致也。"此诚赵匡胤之英雄本色,然而在成就统一大业的谋略方面,他比柴荣略逊一筹。宋朝建立时,北方有强大的辽朝,以及与之联手的北汉,南方分布着南唐、吴越、后蜀、南汉、南平(荆南)等割据政权。宋太祖赵匡胤没有周世宗柴荣的谋略与雄心,不敢与辽针锋相对,夺回幽云十六州。他放弃了柴荣的先北后南、先难后易的统一方针,而采取先南后北、先易后难的统一方针,使已成惊弓之鸟的辽获得重整旗鼓的机会。从当时辽与中原力量对比的状况估量,收复幽云十六州之地的时机是存在的,而且宜速不宜缓,错过时机,幽云十六州之地终不可复,酿成华北平原上契丹铁骑纵横驰骋,汴梁以北无屏障可守的政治后遗症,赵匡胤难辞其咎。

赵匡胤没有乘胜北征辽朝,而是派少量兵将防御辽与北汉,集中优势兵力去统一经济富庶的南方各国。

平荆湖——建隆三年(962年)湖南周行逢死,子周保权继位,大将张文表起兵独立,周保权向宋求援,正好给宋朝提供了出兵的借口。乾德元年(963年)宋军根据宋太祖的部署,假道荆南,攻取湖南,一举平定荆湖。初战获胜,宋朝占领了荆、湖这块战略要地,西进可逼后蜀,东进可胁南唐,南下可取南汉。

平后蜀——平荆湖后,宋太祖为平后蜀作了周密策划,在截获后蜀给北汉的密信(商约联手对抗宋朝)后,于乾德二年(964年)十一月从凤州、归州两路进攻后蜀,破夔峡、剑门天险,于次年平定后蜀,国君孟昶投降。

平南汉——开宝三年(970年)宋太祖发兵南下岭南,南汉国此时腐败不堪:"兵不识旗鼓,人主不知存亡。"宋军连战连捷,于次年兵临南汉国都广州城下,国君刘铱出城投降,南汉灭亡。

平南唐——宋朝建立后,南唐元宗李璟派使臣带厚礼向宋太祖祝贺,其子李煜继位后,每年都向宋朝进贡。宋平南汉后,李煜向宋太祖上表,自动削去南唐国号,企图以"江南国主"的称号苟延残喘。宋太祖要完成统一大业,岂能容忍"江南国主"的存在,于开宝七年(974年)发兵征伐江南。次年十一月,宋军攻占金陵,俘获李煜,南唐灭亡。

平吴越——宋朝建立后,吴越王钱俶遣使祝贺,此后每年都朝贡不断,并出兵助宋攻南唐。南唐灭亡后,钱俶奉命前往东京朝见宋太祖,实际上已纳土归附,只是名义上还保留吴越国王的称号。

平福建——割据漳州、泉州等地的留从效死后,牙将陈洪进夺得兵权,遣使向宋朝进贡,被宋任命为平海军节度使。南唐、吴越次第平定后,陈洪进纳土归附于宋。

宋太祖用了十三年时间,统一了南方各个割据政权。他的继承人宋太宗赵光义,继续完成统一大业,在接受陈洪进纳土归附、削去吴越国号后,把统一的方向转移到北方。太平兴国四年(979年)宋太宗率军亲征山西,攻下太原,平定了最后一个割据政权——北汉。至此,延续了二百多年的割据分裂局面终于宣告结束,代之以新的统一局面。但是,幽云十六州之地始终未能克复,留下了隐患。

十、北宋
——划时代的新阶段

58. 北宋的官僚政治

宋史专家邓广铭说："宋代物质文明和精神文明所达到的高度,在中国整个封建社会历史时期之内,可以说是空前绝后的。"此话也许是一些历史学家的共识。公元960年宋朝勃兴时,中国的物质文明进入了划时代的新阶段。货币流通(纸币)的进一步扩大,火药及火球投掷机的发明,罗盘针用于航海,炼铁高炉的发明,利用水力的纺织机的发明,造船技术中防水隔壁的发明等,都出现在宋朝。这是中国历史上光辉灿烂的一个时代。

宋朝确实是中国历史的一个重要转折时期,经济迅猛发展,经济重心南移,传统的科学技术呈现出前所未有的巅峰状态;反映在政治上,官僚政治取代了贵族政治。这不能不说是一大进步,然而也有它的新形势与新问题。官僚政治体制的确立是以吸收晚唐、五代弊政的历史教训为前提的,为了严密防范文臣、武将专权独裁,制订出一整套集中军权、财权、政权、立法与司法权的"祖宗家法";建立起适合本朝需要的严密的中央决策系统以及相适应的运行机制。然而,它的代价是沉重的,或者可以说是利弊参半的。

一介武夫出身的赵匡胤,为了防止唐末五代藩镇割据的重演,尽力削弱地方权力,一切收归中央。矫枉过正,带来了新的弊端,中央大权独揽,统得过死,形成国家积贫积弱的负面效应。

唐末以来,一向是"兵权所在,则随以兴;兵权所去,则随以亡"。五代军阀公然声称兵强马壮就做皇帝。即以赵匡胤而论,从军校进而掌握禁军大权,然后夺得帝位,也是如此。所以他即位后,第一步就是整顿禁军,实际是剥夺为他打天下的将领们的兵权,又不想效法刘邦大杀功臣,而是用高官厚禄作为交换条件,一手策划了所谓"杯酒释兵权"的闹剧。据《宋史·石守信

传》记载,这一闹剧极富戏剧性:

赵匡胤因晚朝,与石守信等大将饮酒。

宋太祖像

酒酣,赵匡胤说:"我非尔曹不及此。然吾为天子,殊不若为节度使之乐。吾终夕未尝安枕而卧。"

石守信等顿首说:"今天命已定,谁复敢有异心?陛下何为出此言耶?"

赵匡胤说:"人孰不欲富贵?一旦有以黄袍加汝之身,虽欲不为,其可得乎?"

石守信等说:"臣愚不及此,惟陛下哀矜之。"

赵匡胤说:"人生驹过隙尔,不如多积金、市田宅以遗子孙,歌儿舞女以终天年。君臣之间无所猜嫌,不亦善乎!"

石守信等说:"陛下念及此,所谓生死而肉骨也。"

次日,石守信等都称病请假,乞求皇帝解除兵权。赵匡胤欣然同意,立即下旨那些开国元勋以清闲官衔享受优厚待遇,并为他们建造府第,赏赐厚礼,让他们去享清福。于是,把与他一道打天下的禁军将领石守信、王审琦等人的兵权削夺干净,另换资望较低的人去统领禁军。这还不够,必须从制度上予以巩固,从几个方面对禁军采取整顿措施。

降低禁军统帅的地位。原来禁军分殿前司与侍卫司,殿前司长官正副都点检权力很大,于是罢免正副都点检,以地位较低的正副都指挥使统辖;又把侍卫司分为侍卫马军司、侍卫步军司,使禁军统帅地位降低、权力分散。

削弱禁军统帅职权。把禁军的招募、屯戍、调发之权,划归枢密院的枢密使,使禁军统帅只负训练之职。

疏远禁军将兵关系。改变原先禁军中将领与士兵关系密切的状况,实行更戍制,轮番到各地戍守,经常换防,使将不专兵,兵无常将。

削弱地方军事力量。在削弱禁军统帅权力的同时,收地方精兵充实禁军,尽力削弱地方兵力。全国军队分为四种:禁军(中央军)、厢军(地方军)、乡军(民兵)、蕃军(边境少数族兵)。禁军多而强,待遇最好;厢军待遇坏,从不训练,乡军不是正规军,更不如厢军。重内轻外的结果是军队战斗力大大削弱,面临不断出现的外患时,暴露出始终无法解决的大问题——"积弱"。正如汤因比在《人类与大地母亲》中所说:宋代统一中国的统治者们陷入了进退维谷的境地。他们首先关注的是防止帝国再次因为地方军阀的兴起而分裂,他们成功地避免了这种分裂,其代价却是牺牲军事实力,这使宋朝在处理他们与富于进攻性的蛮族邻居的关系时,处于不利的地位。

宋朝又把过去的征兵制改为募兵制,禁军和厢军的兵员是由政府招募来的职业兵。据邓广铭统计,北宋建国初的九十年中,兵员数量直线上升:

968—976 年	37.8 万
995—997 年	66.6 万
1017—1021 年	91.2 万
1041—1048 年	125.9 万

国家养兵百万,消耗了财政收入的大部分,使财政状况长期陷于拮据,是导致国家"积贫"的一个重要原因。这些招募来的士兵不乏游手好闲、流氓无赖之徒,"仰食于官",并无士气。另一方面士兵待遇过差,只有上等士兵的收入可维持全家温饱,厢军士兵收入不足以糊口,不得不兼营他业。因此军队纪律松弛,骄惰成性,毫无战斗力可言。

赵匡胤的政策方针是"制其钱谷,收其精兵",收精兵的基础是制钱谷,即集中财权。晚唐以来,地方把正式税收分为上供、送使、留州三项,藩镇往往扣押或多留,使自己经济实力雄厚,养军队对抗中央;而中央财力渐少,无力养军,于是形成地方强、中央弱的局面。宋初改制,把各地税收机关收归中央掌握,地方税收除留一部分供地方开销外,全部上缴。宋初设置诸道转运司,专主财赋与漕运;以后又把全国分为十五路(十五个行政区划),转运司便成为北宋一代地方最高一级行政区。

令人困惑的是,财权过分集中,并未造成"国富",恰恰相反,由于挫伤了地方的积极性,带来了普遍"积贫"的负面效应。从北宋中叶起,地方州县的财政已呈现入不敷出景象,并且日趋严重。其根源在于,中央政府向地方征调的数量持续增长,中央政府一直不想调整赋税制度,以及中央与地方的财赋分配格局,于是乎只能默许州县政府超越制度许可范围去开辟财源,以致造成吏治败坏与财政拮据的恶性循环。

最能反映北宋官僚政治特点的是行政权的集中。唐朝的宰相"事无不统",权力很大,赵匡胤反其道而行之,分割宰相权力。以同中书门下平章事为宰相,又设参知政事为副宰相;并以枢密院(首长为枢密使)分其军权,使宰相与枢密使文武分立,宰相的政事堂与枢密院号称"二府";又分其财权给三司(盐铁、度支、户部合称三司),号称"计相"。宰相主政,枢密院主兵,三司主财,三权分离,各不相知,一切都要通过皇帝。同时又提高御史台、谏院等监察机构的权力和地位,纠举、弹劾各级官员,迫使宰相不得不屈从于作为皇帝耳目的台谏官。

伊佩霞(Patricia Buckley Ebrey)在《剑桥插图中国史》中指出:中国帝制政府总是力图在中央与地方官吏之间平衡权力,即在集权于一身的君主与依附君主命令行事的文武官员之间保持一种权力平衡;宋朝时这种权力平衡有向中央政府和文官倾斜的趋势,军事危机有利于朝廷集权。行政权的过分集中,形成了官僚政治体制的弊端——官僚机构空前庞大。

一方面,宋朝官僚制度中有"官"、"职"、"差遣"的区分。所谓"官",实际是一种等级待遇,作为叙级、分等、定薪的依据,即"寓禄秩,序位品"。官称与职务相脱离,上自仆射、尚书,下至员外郎,都不担任与官称相符的职务,官名只用来表示官位和俸禄的高低,称为寄禄官。这些官并不管事,只依品级领取俸禄。所谓"职",不是职务,而是加官,只是一种虚衔,授给某些有名望官员,例如学士、直学士、待制等清高头衔。上述两种官僚,"有官无权","有职无权",真正负实际责任、有实际权力的是"差遣"。所谓"差遣",也称职事官,是官员们担任的实际职务,如侍中、中书令为官,而同中书门下平章事、参知政事为差遣,握相权;又如刺史为官,知州为差遣,握地方权。由于官僚制度的离奇,造成"居其官不知其职者,十常八九"的怪现象。

另一方面,宋太祖、太宗两朝建立了新官制,并没有全部消除旧官制,长期保留唐、五代遗留下来的许多官位职称。集中权力的结果是大批官僚无所事事。中央三省六部二十四司,大都不管本司事务,只是领取高薪、享有崇高政治地位而已。在国家机器中,旧官和新官,有权的官和无权的官,朝廷派遣的官和地方的官,机构重叠、臃肿、庞大,效率又出奇的低下,官僚政治的一切弊端显露得淋漓尽致。由恩荫(任子)、科举、进纳、军功、胥吏出职等途径进入官僚队伍的人不断增多。宋真宗时,文武百官9700人,宋仁宗时增至17000人,宋英宗时增至24000人,这还不包括正官之外等候差遣空缺的候补官僚,如果把他们也统计在内,那么数量将猛增数倍,因为"一位未缺,十人竞逐,纡朱满路,袭紫成林"。苏轼在当时尖锐地指出:"国家自近岁以来,吏多而阙少,率一官而三人共之,居者一人,去者一人,而伺之者又一人,是一官而有二人者无事而食也。且其莅官之日浅,而闲居之日长,以其莅官之所得,而为闲居仰给之资,是以贪吏常多而不可禁,此用人之大弊也。"

官不管事,却享受极优厚的俸禄,有正俸、禄粟、职钱、春冬服、从人衣粮。例如正一品宰相每月有正俸钱三百贯,每月禄粟一百石,每年有绫四十匹、绢六十匹、绵一百两。除"职钱"、"从人衣粮"外,还有茶酒、厨料、薪蒿、炭盐、饲马刍粟、米面等各项(包括每月薪柴一千二百束,炭一百秤,每年盐七石),是薪给制与供给制的混合,甚至他们的随从人员(七十名)的衣粮也由国家包了下来,又有额外的赏赐及恩荫。外官在正俸、职钱、禄粟之类以外,还有公使钱、公用钱(其实是私使钱、私用钱)、职田、茶汤钱等。这些官僚,在职时俸禄既厚,退职时又有祠禄,还有各种特权,形成一个特权阶层,当时称为"形势户"或"形势之家"。

据宋朝法令汇编《庆元条法事类》,所谓形势户,除了品官之家外,还包括各路按察官司,即帅(安抚使)、漕(转运使)、仓(提举常平)、宪(提典刑狱)衙门的吏人,以及州役人、县役人等。不过形势户的主体是品官之家(即官户),是指一个或几个品官为中心的聚居家族,如品官本人已死,他的品级、地位够得上荫及子孙,这个家族还可称为品官之家。法律明文规定,品官自一品到九品,可以享有"议"、"请"、"减"、"赎"、"免"、"当"等特权,犯了法可以从轻发落或免予追究。不仅品官本人,而且其家庭成员都可以享有免役特权,不少地主诡称把田产典卖给官户,借此逃避差役。当时入仕门径有恩荫一途,宋太祖起于民间深知荫补的弊端,他曾说:"资荫子弟但能在家弹琵琶、弄丝竹,岂能治民!"所以禁止荫补入仕者出任地方官。到太宗、真宗时代,不断扩大荫补的范围和名目,荫补入仕大为泛滥,全由高级官僚包占,一个官僚可以荫补五六人至一二十人为官,于是一批又一批纨绔子弟,不论贤愚,都窃居禄位。约占宋朝总户数千分之一二的官户,成了政治腐败的渊薮。

"冗官"、"冗兵"、"冗费"与日俱增,国家越来越陷于"积贫"、"积弱"之中,不能自拔。

59. 庆历新政,王安石变法

由于豢养着庞大的官僚与军队,日久年深,财政不胜负荷,"积贫"初露端倪;由于一贯采取"守内虚外"的政策,与辽、夏的几次战争,暴露了军事上的无能,"积弱"也初露端倪。积贫积弱成为统治者忧心忡忡的潜伏危机,第三代皇帝真宗时,朝廷中关于挽救统治危机的主张已经议论纷纷。扬州知州王禹偁(chēng)主张对辽和夏州(即后来的西夏)采取"谨边防,通盟好"的政策,以缓和边患;与此同时应改革内政,减少冗官、冗兵,减轻税收,严格选举,使官吏选拔不至于过滥。到仁宗时,这种议论更有所发展。就在庆历新政的前四年,有个叫宋祁的官员上疏指出,国家财政亏空根源在于"三冗三费"。所谓"三冗",一是有定官而无限额,官员比以前增加五倍;二是几十万厢军坐耗军饷;三是僧尼、道士无限增多。所谓"三费",一是道场斋醮,百司供费无数;二是京师多建寺观,多设徒卒,增加政府开支;三是大臣罢职后仍带节度使衔,靡费公用钱。

庆历三年(1043 年)被内忧外患搞得束手无策的宋仁宗起用范仲淹为参知政事(副相),富弼、韩琦为枢密副使,欧阳修、蔡襄、王素、余靖等同为谏官,责成他们针对当世急务,进行改革,达到"兴致太平"的局面。范仲淹等是作为集团而出现在庆历新政的政治舞台上的,在他们看来,为了扭转内外交困的局势,只有从整顿官僚机构,完备官僚制度入手,进行广泛的政治改革。范仲淹(989—1052 年),苏州吴县人,大中祥符八年(1015 年)进士,历任地方官,宋与西夏开战后,任陕西帅臣,仕途坎坷不平,八九年中遭三次贬逐,然而其政治抱负与抗夏业绩,使其声望日隆,在士大夫群体中影响极大。庆历三年被仁宗召为枢密副使,不久改任参知政事。以"兴致太平"为己任的范仲淹上任伊始便与富弼联名向皇帝提出《答手诏条陈十事》的奏疏,

范仲淹像

指出当世急务十事:

(一)明黜陟——改革官员单纯论资排辈升迁的磨勘法,注重以实际的功、善、才、行提拔官员。

(二)抑侥幸——限制"恩荫"(官僚子弟不必通过科举考试即可为官)、"任子"(官僚在重大节庆时可"荫"子孙为官)特权,防止权势子弟无能者占据要津。

(三)精贡举——改革科举考试的内容与形式,把专以辞赋、墨义取士的旧制,改为着重策论(政治实务)与经义(政治理论)。

(四)择官长——加强各路府州县长官的选派,废除循例差除制,改为逐级推荐制。

(五)均公田——把官吏职田加以调整,保证低级官吏的职田数量,以资养廉。

(六)厚农桑——兴修水利,发展农业,以救水旱、丰稼穑、强国力。

(七)修武备——召募京畿卫士五万人。

（八）减徭役——合并州县建置，减轻民间徭役负担，使人自耕作。

（九）覃恩信——督责地方官落实朝廷恩泽。

（十）重命令——严肃政令，改变朝令夕改旧习。

富弼向皇帝进呈当世之务十余条及安边十三策，以进贤退不肖、止侥幸、除积弊为本。韩琦也向皇帝提出当先行者七事及救弊八事，大抵有关选拔人才、整顿边防、节约财政、慎选将帅等。

宋仁宗采纳后，著为诏令，颁行全国，号称新政。新政的第一道诏令是把保守宰相吕夷简革职，并派按察使赴各大行政区视察地方官的政绩，革去不称职官吏；第二道诏令是责令各县查究逃税；第三道诏令是改革论资排辈升迁官员的磨勘法（文武官员任职满三年或五年给予磨勘迁秩）；第四道诏令是停止两府（政府、枢府）、两省（尚书省、门下省）以上大官子弟亲戚"陈乞"馆职（文学侍从）；第五道诏令是改革"恩荫"制度，受恩荫者一律在半年内到尚书省参加考试，中选后还须三名京官保举，才可以出任地方低级官吏；第六道诏令是限制职田，把宗室贵族职田削减一半，拨给没有职田的下级官吏；第七道诏令是各州县都设立学校，规定士子必须在学校学习一定时间，才许参加科举考试。

庆历新政涉及官僚阶层的财产、权力再分配问题，触犯了既得利益集团，震动极大。这是一个文官群体试图按照理想主义的政治设计，在皇帝授予的有限职权范围内，实行革故鼎新的努力。由于他们对难度与阻力估计过低，操之过急，引来了一片反对声浪，"任子恩薄，磨勘法密，侥幸者不便"，"论者藉藉"，"众心不悦"。保守派猛烈反扑，对新政的谤议一时甚嚣尘上，把范仲淹、韩琦、富弼、欧阳修等人斥为"朋党"。原先寄希望于新政"兴致太平"的宋仁宗动摇，于庆历五年（1045 年）初，把范、韩、富、欧阳等人相继罢官，持续一年零几个月的庆历新政，犹如昙花一现，迅即凋零。到头来，范仲淹除了高吟"先天下之忧而忧，后天下之乐而乐"的格言，替家乡苏州办几件善举之外，已无所作为了。他所遗留下来未曾解决的政治问题，只得由王安石来接手了。

中国历史上的改革运动，如果把当权者及其既得利益作为打击对象，那么没有不遭惨败的，因为他们只能容忍不触及自身根本利益的小改小革。庆历新政夭折后，随着社会危机的加深，有识之士的改革呼声日趋高涨。在范仲淹等人被罢官十三年之后的嘉祐三年（1058 年），由提点江东刑狱被召入朝的王安石向宋仁宗上万言书，要求对宋初以来的法度进行全盘改革，以扭转积贫积弱的局势。他尖锐地指出："以古准今，则天下安危治乱尚可以有为，有为之时莫急于今日"，如不进行改革，汉亡于黄巾、唐亡于黄巢的历史必将重演。

王安石(1021—1086 年),字介甫,号半山,抚州临川(今江西抚州)人。庆历四年(1044 年)进士,历任淮南、鄞县、舒州、常州等地方官。他在万言书中大声疾呼的改革主张在暮气沉沉的朝廷中没有引起什么反响,仁宗及其继承者英宗都不重视。英宗死,年轻的神宗即位,王安石以翰林学士侍从之臣的身份与神宗议论治国之道,君臣之间取得了共识,熙宁二年(1069 年)神宗任命王安石为参知政事,让他放手进行变法。王安石执政后,立即建立起一个主持变法的新机构——制置三司条例司,即皇帝特命设置的制定三司(户部、度支、盐铁)条例的专门机构,任用了一批新人,包括原真州推官吕惠卿、大名推官苏辙,参与草拟新法。

王安石像

首先推出的新法是均输法和青苗法。

均输法——颇类似于汉武帝时代桑弘羊的平准均输法,基本精神是民不加赋而国用饶足。它针对民众纳税增多,朝廷财政依然窘迫,富商大贾却从中获利的状况,设发运使官,总管东南六路赋税收入,凡籴买、税敛、上供物品都可以“徙贵就贱,用近易远”,做到“国用可足,民财不匮”。

青苗法——针对“兼并之家”趁农民青黄不接时发放高利贷,从中盘剥的状况,由各县政府每年分两次贷款或粮食给农村主户(自耕农),按户等高低规定借贷数额,半年后加利息二分(20%)归还。出发点是企图以政府借贷抵制民间高利贷,但措施过于简单化——采取“散俵”(散发)“抑配”办法,带有强制性,对于不想借贷的农户而言,无形中多了一种变相的税收,可谓利弊参半。

熙宁三年(1070 年)十二月,王安石升任同中书门下平章事(宰相),此后变法达到高潮,先后推出的新法有免役法、市易法、方田均税法等。

免役法——宋代职役名目繁多,有衙前(主典府库辇运官物)、里正、户长、乡书手(课督赋税),耆老、弓手、壮丁(逐捕盗贼),承符、人力、手力、散从(供官府驱使奔走),主要是主户中的上三等户承担,然而实施中下等户的稍富裕者无不充役,往往被职役压得倾家荡产,形成应役人户千方百计逃避职役,"贫者不敢求富"的反常现象。免役法针对这种状况,提出"使民出钱雇役"的改革方案:(一)凡当役人户按户等高低出钱——谓之免役钱;(二)凡有产业物力而不承担职役的人户出钱助役——谓之助役钱;(三)州县所需役钱视雇役多少而定,在此数额外多征二成(20％)——谓之免役宽剩钱。

这个方法有利于下等主户,而不利于坊郭户(主要是商人),因为他们原先不承担职役;也不利于品官之家,因为他们可凭特权免役,所以引起这些人的强烈反对。马端临在《文献通考》中说:"助役法行,坊郭、品官之家尽令输钱,坊场酒税之入尽归助役,故士夫豪右不能无怨,而实则农民之利。"这种评价是平直公允的,但反对派置此于不顾,抓住实施中出现的弊端(多敛役钱、广积宽剩、超升户等),拼命攻击。

市易法——针对商业行为中存在的市无常价,富商大贾从中操纵取利的状况,在京师开封设立市易务,管理市场,物价贱时增价收购,物价贵时减价出售,并要商人以产业作抵押向市易务贷款,年利二分(20％)。以后在几十个大城市都设立了市易务,把开封市易务升格为都提举市易司,作为市易务的总机构。这一办法把富商大贾的商业利益加以分割,增加了政府收入。

方田均税法——庆历新政时,大理寺丞郭咨、秘书丞孙琳等奉命清查田亩税收,在洺州肥乡县推行千步方田法,量括田地,"除无地之税,正无税之地",查收了数额巨大的逋赋(逃欠税收)。方田均税法是千步方田法的继续与发展,丈量田地面积后,根据田地肥瘠分五等均定土地税,各种隐瞒面积、逃避赋税的田地一并改正。方田均税法在一部分地区实行后,成效显著,纳税田地有大幅度增加(主要是新垦田地及隐匿田地被清查出来),据已方田的开封府、京东路、河北路、秦凤路、永兴军路的统计,纳税田亩比原先增加达一倍多。这当然对于合理分摊土地税(即所谓均税)、保证政府的土地税征收,是有利的,但也使那些隐匿田亩、逃避赋税的形势之家极为反感。

此外,还有军事方面的保甲法——十户一保、五十户一大保、十大保一都保,由主户上等户为保长、大保长、都保正,训练壮丁,成立地方武装;保马法——京东、京西、河北、河东、陕西五路,保甲养马,袭逐盗贼;将兵法——置将练兵,将领统军,自专军政,改变将不知兵的旧制。并且辅之以裁军并营、精兵简政、改进武器装备,推荐科学家沈括兼管军器监。所有这一切,意在与新法相配合,达到富国强兵的目的。史载"熙宁、元丰之间,中外府库无不充衍,小邑所积钱米亦不减二十万",富国的目的达到了,强兵的目的部分地达到了,一度扭转了先前被动的局面。

由于变法的涉及面广,阻力很大,熙宁七年(1074年)王安石被罢免宰相职务,次年复相,九年再度罢相,退居江宁,直到病死。元丰八年(1085年)神宗死,哲宗即位,改元元祐,罢废新法,史称"元祐更化"。

"元祐更化"的关键人物是宰相司马光,他与吕公著、文彦博等元老大臣"以复祖宗法度为先务",攻击新法"舍是取非,兴害除利,名为爱民,其实病民,名为益国,其实伤国"。然而元祐更化与熙丰新法是异中有同的,两者之间存在着渗透、承袭的成分。司马光与王安石的分歧,只是运用什么手段摆脱积贫积弱的分歧。王安石说,他与司马光"相好之日久,而议事每不合",是由于"所操之术多异故也";司马光也说,他与王安石"趣向虽异,大归则同"。宋人吕陶在谈及元祐之政时说:"元丰之法不便,即复嘉祐之法(即变法前的旧法)以救之,然不可尽变,大率新旧二法并用,贵其便于民也。议者乃云:对钧行法。"认为元祐时期"大率新旧二法并用",是独具慧眼的深刻见解,当时的实际情况正是如此:"择新法之便国益民者存之,病民伤国者悉除之。"

王安石主张"用于君则忧君之忧,食于民则患民之患",用儒家的经术来处理世务,"损有余以补不足","去重敛,宽农民"。王安石如此解释他的理财思想:"合天下之众者财,守天下之法者吏也。"有了完善的法律和守法的官吏,就可以使天下的财富得到合理的使用,就可以凝聚民众。否则的话,势必导致这样的后果:"有财而莫理,则阡陌闾巷之贱人,皆能私取予之势,擅万物之利,以与人主争黔首,而放其无穷之欲。"着眼点始终不离儒家的"均贫富"。因此,他对《周礼》一书特别重视,说"一部《周礼》理财居其半",不少新法都从《周礼》找到了理论根据,这与他以经济管理手段处理国事并使之制度化的尝试,不免自相矛盾。在变法时期,王安石撰写的诠释《周礼》、《诗》、《书》的著作《三经新义》,不拘泥于章句名物,他关注的焦点是:"圣人之术,在于安危治乱。"《三经新义》在熙宁八年由朝廷颁行,作为学校教材,此后所谓荆公新学风靡一时。日本东洋史学先驱内藤湖南,1920年代在京都大学的讲义中说:"自古以来中国的历史家,都认为实行《周礼》毫无价值,而最近读了一些社会主义书籍的人,则对其实施的一些社会政策的做法表示欣赏。但这两者都不符合事实。《周礼》中的政策,是根据当时的理想而制订的……应用《周礼》第一个失败者是王莽,第二个失败者是王安石。"

如果说司马光是一个保守的现实主义者,那么王安石便是一个激进的理想主义者,他把实现儒家的道德理想作为追求的目标,因此后世对他的评价是多有分歧而变幻不定的。《中国:传统与变革》的作者费正清和赖肖尔对王安石变法作如是观:他的一些改革如等级土地税、低息贷款制度以及完全放弃劳役等,显然是在经济和行政上向前迈出的步子,而其他的措施例如调价、政府控制商品以及集体担保和民兵制度,只是以前制度的恢复。王安石像汉代的王莽一样,宣称他的改革符合古代经籍的内容;与王莽相仿的另一方面是王安石被作为"社会主义者"受到指责或赞扬,但其动机并不比他的著名前辈具有更多的社会平等思想。《世界文明史》的作者伯恩斯和拉尔夫甚至说,王安石的利农主张成为近代各国政府推行某些措施的先声,他的总纲领接近于一种"国家社会主义"。

60. "田制不立"与井田限田论

宋朝把全国的编户齐民区分为主户和客户两大类,但与前朝的主户客户概念颇不相同。

魏晋以来,已有"客户"一词,指人口附着在世家大族户籍中的"私属"——佃客、部曲之类。中唐以后,客户往往与主户(或土户)相对称,其意已非"私属",而是"客籍户",以与"土著户"的主户相区别。主户是编附本贯的有产户,也叫编户、居户、实户、正户;客户则是浮寄于本贯以外的人户,其中有有产户,但以无产户居多,也叫浮寄户、浮户等。两税法施行后,规定户不论主客,一律"以见居为簿",在所在地编入户籍,征收两税。久而久之,客户的客籍户性质逐渐消失。到宋朝时,客户与主户的差别主要在于是否拥有土地和资产,主户不再是先前的土著户而是有产户。客户不再是先前的客籍户而是无产户。客户中坊郭客户为数甚少,主要是乡村客户,而乡村客户又以佃客(佃户)为主体的贫下农户,所以当时人常把客户作为佃客的专称。当然,细究起来客户是不完全等同于佃客的。在宋朝户口统计中,各地区的主客户比例参差不齐,大体而言,客户约占总户数的三分之一左右。

占总户数三分之二左右的主户,一部分是坊郭主户,大部分是乡村主户。乡村主户依据土地资产划分为五等,大致一等户是占田几百亩至几千亩以上的大地主,二等户是占田几百亩以下的中地主,三等户是占田百亩至五十亩的小地主或自耕农,四等户是占田五十亩以下二十亩以上的自耕农,五等户是占田二十亩以下的自耕农。因此一、二、三等户又称乡村上户,四、五等户又称乡村下户,乡村下户是主户的主体,常占十分之八九,他们是国家赋税和徭役的主要承担者,也是社会稳定的主要因素。所以统治者尽力增加主户,使客户转化为主户,颁布法令,客户只要置买田产,便可立为主户。

然而这是不依人们意志为转移的。伴随着土地买卖与租佃关系的发展,兼并盛行,贫富分化,土地占有不均的社会现象十分突出,不少下等主户沦为客户,引起有识之士的担忧,他们把这种社会问题归结为"田制不立",意思是宋朝不像前朝,没有确立一种如井田制、均田制之类的土地制度。在他们看来,如果人为地确立一种田制,以复古的手段把蓬勃发展的小农经济限制在古老的模式中,那么社会问题似乎就迎刃而解了。这当然是不切实际的。

然而,有宋一代,井田论、限田论如同沉渣泛起一般,几乎连绵不断。日本学者周藤吉之对此作过精深的研究。

北宋建立不久,太宗赵光义鉴于现存的土地问题而对井田制流露出无限羡慕之意。他对宰相说:"井田之制实为经国之要道,后世为天下者,不为井田,则贫富不均,王化何由而行!"太常博士直史馆陈靖的方案就在这种背景下提了出来:计丁分配田地,上田每丁授田百亩,中田每丁授田一百五十亩,下田每丁授田二百亩;一家如有三丁,则三丁皆授田,五丁之家给三丁之田(三百亩),七丁之家给五丁之田(五百亩),十丁之家给七丁之田(七百亩),以十丁为限,即最多一家七百亩。宽乡还给住宅地、桑田、菜田。这分明是杂糅了井田制与均田制的某些要素而制订的理想化方案。太宗看了正中下怀,命陈靖为劝农使,在京西路推行他的方案。其失败的后果是可想而知的。马端临在《文献通考》中对此法未能实行深表惋惜,对李安世的方案在北魏可以实行,陈靖的方案在北宋不能实行,百思不得其解,以为是"费多而难行"。其实不然,两者的社会背景根本不同,在小农经济与租佃关系充分发展的时代,企图人为地改变原有的土地关系,重新平均分配,只能是一种不切实际的空想。

既然井田、均田行不通,于是人们就大谈限田。仁宗时有个官僚鉴于土地兼并的严重,指出:若不禁止,则天下田畴半为形势(户)所占,因而主张罢任官僚购置田产不得超过五顷(五百亩),诡名占田者,许他人告发。颇有一点汉朝"限民名田"的意味,但毕竟是纸面上的设想,在土地所有权的买卖、让渡合法地进行的时代,要想限制土地兼并肯定是徒劳的。然而人们对此却津津乐道。欧阳修的《原弊》就是颇有代表性的议论,他在论及兼并之弊时说:"古者计口而受田,家给而人足,井田既坏而兼并乃兴。今大率一户之田及百顷,养客数十家……夫百顷而出税赋者一户,尽力而输一户者数十家也,就使国家有宽征薄赋之恩,是徒益一家之幸,而数十家者困苦常自如也。"显然,欧阳修把土地兼并归结为井田制崩溃的结果,于是他的主张便是"夫井田什一之法不可复用于今,为计者莫若就民而为之制",仍然是井田不可行而行限田的老调重弹。

对田制甚有研究的苏洵,在论及现实土地问题时,也把根源追溯到井田的废止。他说："井田废，田非耕者之所有，而有田者不耕也。"他的医治药方是恢复井田制："井田复，则贫民有田以耕，谷食粟米不分于富民，可以无饥；富民不得多占田以锢贫民，其势不耕则无所得食。"他也深知一千年前王莽企图恢复井田的托古改制已遭到惨败，何况今日；他更深知时人所谓"夺富民之田以与无田之民"，是不可能的，唯一可行的还是限田。他的限田方案是一种温和折中的缓冲方案——"不禁其田尝已过吾限者，但使后之人不敢多占田以过吾限"，企图以一种渐进的、听其自然的办法，使土地占有趋于均匀化，在土地私有化、商品化程度日趋加深的时代，这显然是可望而不可即的幻想。

井田限田论的泛滥一直持续到南宋。因为土地兼并较前更甚，淮西宣抚使张俊罢将归家后，置买大量田产，"岁收租米六十万斛"。以每亩租米一斛计，其所占田地即达六十万亩。更有甚者，据淳祐六年（1246年）殿中侍御史兼侍讲谢方叔说："今百姓膏腴皆为贵势之家，租米有及百万石者。"即有占田达一百万亩的"贵势之家"。在这种背景下，一些忧国忧民之士再次高唱井田限田论，企图从中寻求对策。

首倡此论的是广州州学教授林勋。他在建炎三年（1129年）向朝廷上《本政书》十三篇，提出医治社会问题的药方——"宜仿古井田之制"。他的井田方案完全照抄西周，什么"步百为亩，亩百为顷，顷九为井，井方一里"之类，以此为基本构架，制订一个土地分配方案：一井九顷，以一顷为居宅场圃，其余八顷每家一顷。显然，这是一种过于迂腐的设想，他自己也知道无从下手。于是他提出了一个折中办法，企图在不改变土地私有及租佃关系的前提下，采取限制土地占有数量，限制土地买卖，使土地占有自然而然趋于平均，以达到一夫占田五十亩的理想模式。这并不比他的井田方案更现实些，当然无助于实际问题的解决。

但是令人不解的是，林勋的《本政书》居然获得不少知名人士的喝彩。朱熹说，林勋"说得甚好"。张栻说，林勋《本政书》"其说亦着本可贵"，"殊惜其不得施用也"。薛季宣说，林勋"引古以验今，即今以求古"，"居今之世，求古之制，识其真则难能矣"。陈亮说，林勋"考古验今，思虑周密，世之为井牧之学，所见未有能易勋者"。可见林勋的药方虽然脱离实际，但针对现实土地问题的弊端，所以在思想界引起了极大的反响。试图寻找一个解决土地问题的方案，已成为思想界殚心竭虑的焦点，这是无可非议的，问题在于大家都不约而同地向后看，从恢复井田的思路上去寻找出路，必然于事无补。其实，以历史的眼光看，田制不立，土地兼并，乃是小农经济蓬勃发展的必然现象，传统农业正是在这种矛盾运动中创造出骄人业绩来的。

61. 传统农业的新发展

　　根据葛剑雄主编《中国人口史》的研究,北宋以前人口增长缓慢,西汉元始二年(公元 2 年)全国有 6000 余万人,此后因分裂和战乱,人口总数几经起落,到唐朝人口峰值阶段的天宝十四载(755 年)约有 7000 余万人。经过唐末五代的动乱,太平兴国五年(980 年)只有约 3540 万人。随着经济的发展,百余年间人口迅速增长,到 12 世纪初的北宋末年进入峰值阶段,当时在北宋、辽、西夏、大理等范围内,总人口达 1.4 亿。在人口增长与土地兼并日趋激烈的压力下,农户都为扩大耕地而努力,除了开垦荒地,还开山为田、围湖为田;政府为了扩大课税耕地,贵势之家为了占有更多田产,也多致力于各类田地的垦辟。

　　淤田——主要分布于黄河流域,河水冲刷的淤泥,用决水法引入田内,使土质肥沃。仁宗嘉祐年间,河东路提点刑狱兼河渠事程师孟,劝绛州正平县南董村民出钱买地开渠,引马壁谷水淤瘠田五百余顷。原来每亩收谷五至七斗,改为淤田后,每亩收谷二三石,地价猛涨三倍。因此程师孟又在其他九州二十六县内开渠筑堰,淤贫瘠田地,使之成为沃壤,造良田一万顷。神宗熙宁二年(1069 年)秘书丞侯叔献鉴于汴河两岸大片牧马地及公私废田二万余顷,弃而不耕非常可惜,建议改造为淤田。神宗采纳其议,命其从事淤田工作。此后汴河两岸的中牟、祥符、陈留、雍丘、商丘等地淤田大量出现,使瘠土变为良田。各地都起而仿效,成效显著,政府专设一个淤田司机构来负责此事。

　　沙田——多分布于江淮间及浙东沿海一带,由于江水或海水的顶托作用,沉积泥沙露出水面,附近农户开垦为田。田土肥沃,产量颇高。为了鼓励农户开垦新涨沙田,政府实行短期免税政策,使沙田日渐增多。到南宋时,沙田已成为一种颇具地位的农田,与高田、山地、陆地同时成为推广种麦的田土,盛行稻麦二熟制。政府控制的沙田成为一个很重要的财源。

　　潮田——主要分布于福建路、广南东路、广南西路沿海一带。由于气候炎热,雨水充沛,种植早稻、晚稻,一年二熟,产量极为可观。福州所属闽、侯官、怀安三县,有潮田大片,每岁早稻、晚稻两熟。马益《福州诗》说:“两熟潮田世独无。”卫泾《福州劝农文》说:“负山之田岁一收,濒海之稻岁两获。”广南东、西路也是如此,南海、番禺、增城、东莞、新会、香山等县,大半为潮田,“潮田宜无荒岁”,“谷尝再熟”。

山田——多在福建路、江南西路、荆湖南路、广南东西路等地。唐朝农民在山地从事旱作,采用刀耕火种的原始耕作法,称为畲(shē)田。范成大说:"畲田,峡中刀耕火种之地也。春初斫山,众木尽蹶。至当种时,伺有雨候,则前一夕火之,藉其灰以粪。明日雨作,乘热土下种,即苗盛倍收。无雨反是。"随着经济开发的深入展开,农户改变原先那种落后的耕种方法,筑成梯田,或称山田,引水灌溉,可以种植水稻。韩琦诗形象地描绘山田的耕作:"千峰疑绝路,一径俯容车,山鸟过云语,田夫半岭锄。"

圩田、围田、湖田——圩田与围田、湖田属于同类型水利田,大抵因地区不同而有不同称呼,江东路、淮西路多称圩田,浙西路多称围田,浙东路多称湖田,其实大同小异。杨万里说:"江东水乡,堤河两涯,而田其中,谓之圩。农家云:圩者围也,内以围田,外以围水。"

圩田始见于五代,太平州芜湖县有秦家圩,系土豪秦氏所筑,南唐政权把它改为官田,宋仁宗时修复后,改名为万春圩,堤岸宽六丈、高一丈二尺、长八十四里,圩中有田一千二百七十顷。圩田有不怕旱潦、土质肥美的优点,随着北方人口向南迁移,圩田大量构筑,例如太平州当涂县利国圩、广济圩,宣州宣城县惠民圩,太平州芜湖县陶新圩、政和圩等。

江南各处低洼沼泽地围垦后,即成围田,有私田,也有官田。平江(即苏州)城北民周氏,以卖面营生致富后,买入沮洳陂泽,作围田,便是私人围田之例。大多是官府勒逼百姓围田,设官庄经营。华亭县围田颇多,专设围田局管理。此种围田,土质肥沃,灌溉便利,种植水稻常获丰收。

江南湖塘遍布,农业经济发达,人多田少,官府与形势之家填湖造田,称为湖田。例如:官府填越州(绍兴)鉴湖,造低田二万余顷;官府填明州(宁波)广德湖为田,从每年租米一万九千余石可以推知,面积当在二万亩以上。湖田的大量垦辟,破坏了水利灌溉系统与生态平衡,得不偿失,政府不得不废田复湖,修治湖塘。

各类田土垦辟,扩大耕地面积,是一种外延式的发展,与此相比,讲究精耕细作、集约化经营这种内涵式发展显得更为重要。

据日本学者天野元之助的研究,作为主要粮食作物的水稻,在宋朝不仅种植地区扩大,而且耕作技术与经营方式有了长足的进步。这主要表现在以下三方面。

第一,占城稻的引进与推广。作为早稻优良品种的占城稻,宋初时引进,在福建路种植。真宗大中祥符三年(1011年)朝廷遣使至福建取占城稻种三万斛,分送给江南、淮南、两浙等路,在高仰易旱之田种植,并将种植法张榜公布,予以推广。占城稻色白味甘,耐旱、早熟,也称旱稻、旱籼或早稻、早占城。经过一百多年的推广,到南宋时江南各地十之八九种占城稻,普及于淮南、江南东西、两浙、荆湖等路。由于早熟的占城稻的推广,浙东路在南宋时已有早稻、中稻、晚稻的区分,显示水稻栽培技术的明显提高。

第二,从直播法到移植法。水稻的直播法是粗放的栽培方法,宋朝农民把直播法改造成移植法,是一大进步。它改变了过去那种直接把稻种撒播在田里的做法,先把稻种在秧田上加以培育,然后移植(即插秧)到大田上栽培。移植法注重浸种、整治秧田、插秧几个环节,民间有"浸种二月初,插秧四月中"的谚语。为了减轻劳动强度,不少地方的农民制作了"秧马"这种插秧工具,曹勋诗说:"归途只欲自治荒,久习田间兴益长。插秧方能骑秧马,触藩遽复叹羝羊。"

第三,精耕细作。秋收后即耕田,务求再三深耕,过冬时让霜雪冻结,使土壤疏松细碎,并积入腐草败叶。第二年春,又再三耕、耙,土细如泥,且暖且爽。耕田,用牛犁也用踏犁。踏犁是耕牛缺乏地区所使用的人力耕具,北宋曾两次推广踏犁,以缓解发生牛疫地区的耕田困难,据说踏犁之用可代牛耕之半功。秧苗生长已高,便须耘草,出现了节省劳力的耘爪、耘荡等工具。水稻的种植对水利灌溉要求很高,这一时期水利灌溉有较大发展。四川用筒车、桔槔、水梭等进行灌溉。江南、两浙一带随着圩田、围田、湖田的增多,原先的桔槔、戽斗受地势拘束,普遍改用效率更大的龙骨车(翻车、踏车),可以把水抽到一二丈高的田中,范成大诗写道:"下田戽水出江流,高垅翻江逆上沟,地势不齐人力尽,丁男长在踏车头。"

精耕细作的结果是,水稻的单位面积产量较前有明显的增加。高斯得说:两浙一带的高产区,"上田一亩,收五六石。故谚曰:'苏湖熟,天下足。'虽其田之膏腴,亦由人力之尽也"。

除水稻外,其他农作物的种植与加工也有了较快发展。

其一,江南麦作的推广与稻麦二熟制。麦原以北方为主要栽培地区,唐至北宋间逐渐推广至长江以南,到北宋中叶开始在江南出现稻麦二熟制,到了南宋,江南麦作有了更大的进展。北宋末南宋初,北方人口大量南下,带来了面食的习惯,一时间对小麦的需求量激增,价格日趋高昂,刺激了南方农民种麦的积极性。另一个值得注意的因素是,在稻麦二熟制的普及过程中,租佃契约仍按原先每年秋熟收租旧例,佃户只在秋收稻米中按规定额缴租,而所种之麦并不征租,全部归佃户所有。经济的法则在江南麦作的普及中起了决定性的作用。麦的普遍种植,改变了过去单一种稻的耕作制度,确立了稻麦轮种的先进耕作制度,标志着农业生产技术水平的一大进步。

其二，经济作物的种植与加工。随着粮食生产的增长以及商品经济向农村的渗透，经济作物的种植与加工有相当大的发展，农村中出现了专门经营蚕桑、茶、菜、漆、花、果、蔗等的专业户，从事个体小商品生产，冲破了传统农业的自给自足经济模式。最值得注意的是蚕桑业。宋朝是桑蚕业重心南移的时代，新形成的南方蚕桑区在养蚕、缫丝、织造诸方面都远远超过了北方。这得归功于蚕桑丝织业已从传统的家庭副业中分离出来，形成了新的农业分支。楼璹《耕织图》关于南方农村蚕桑经营有生动的记录，画中从事蚕桑丝织的人物七十四人，其中成年男子二十四人，少年男子三人，表明蚕

桑丝织业已从农村家庭副业中独立出来，形成专业化生产，男子才参与此业，与传统的"男耕女织"截然不同。太湖流域的湖州在这方面遥遥领先，嘉泰《吴兴志》说"山乡以蚕桑为岁计，富室育蚕有致数百箔，兼工机织"；陈旉(fū)《农书》记载湖州农家"唯藉蚕办生事"，一方面表明蚕桑经营在农家经济中已占据了重要地位，另一方面表明农家养蚕后缫丝、织绢，作为商品投入市场，换回货币维持生计。按照陈旉的记载，十口之家养蚕十箔可以

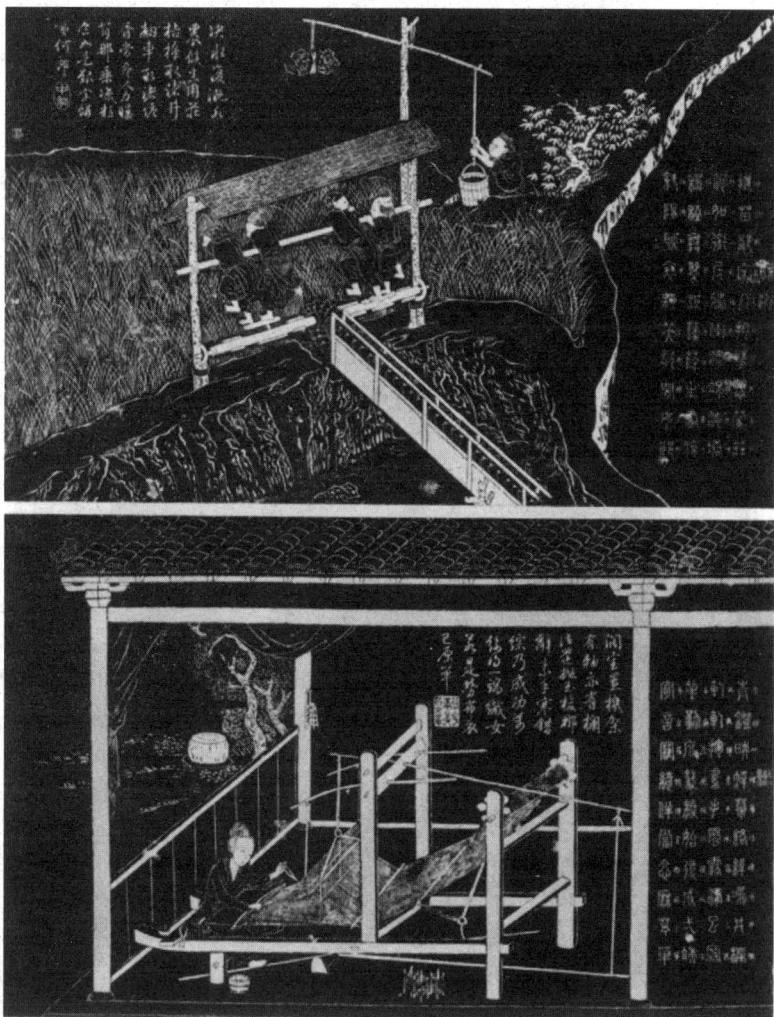

耕织图（南宋）

获茧一百二十斤，收丝一百五十六两，可织小绢三十一匹，以一匹绢易米一石四斗的比价计算，三十一匹绢相当于四十三石四斗米，按当时最高亩产三石米计，需十四亩四分七厘优质水田一熟的产量，才可与之相抵。无怪乎陈旉《农书》如此重视蚕桑经营，要说"唯藉蚕办生事"了。

62. 巅峰状态的科学成就

李约瑟（Joseph Needham）的《中国科学技术史》指出，中国科学技术发展到宋朝，已呈现巅峰状态，在许多方面实际已经超过了 18 世纪中叶工业革命前的英国或欧洲的水平。这确实是引人刮目相看的。

印刷术、指南针、火药、造纸术四大发明是中国对世界文明史作出的巨大贡献，其中的三项——印刷术、指南针、火药，在宋朝有了划时代的发展。

唐、五代时期开始应用雕板印刷术印书，北宋时有了进一步的发展，国子监刻印的书称为监本，各地民营书坊刻印的书称为坊本。北宋初，成都刻《大藏经》十三万板，国子监刻印经史十多万板，规模巨大，工程浩繁，印刷大部头著作十分不便。沈括《梦溪笔谈》记载，宋仁宗庆历年间（1041—1048 年）布衣（平民）毕昇发明活字印刷术：用胶泥刻字，使字画凸出，每字单独成为一印，用火烧硬，制成字印；另用铁板，上敷松脂、蜡、纸灰，印刷时把一颗颗字印排列、镶嵌于铁板，再用火烤板，使松脂、蜡熔化，用另一平板从上面压平，便可刷墨印书。毕昇的这一发明，包含了制作活字、排版、印刷三道工序，成为近代活字印刷的先声，后世的木活字、铜活字及铅活字印刷术正是在这个基础上发展起来的。1991 年在宁夏贺兰县拜寺沟方塔发现的西夏木活字印本《吉祥遍至口合本续》，是世界上最早的木活字印本。活字印刷术既方便又省时，促进了文化的传播，受到普遍的重视，后来陆

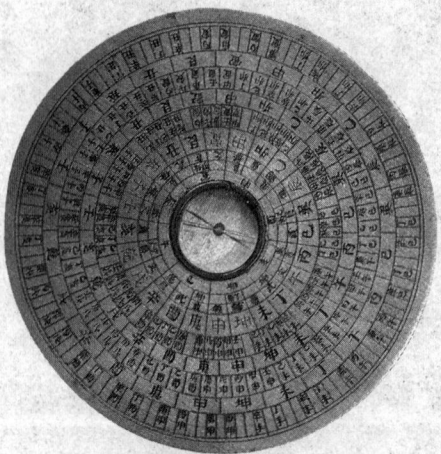

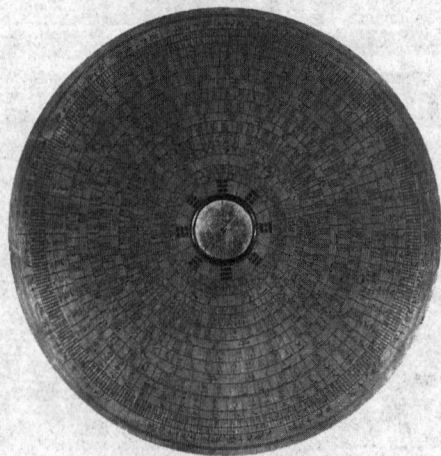

指南针

续传到朝鲜、日本、埃及和欧洲。布罗代尔在《15 至 18 世纪的物质文明、经济和资本主义》中说："毕昇于 1040 年至 1050 年发明了活字印刷术,使印刷术面目一新……这种活字几乎未被推广……但在 14 世纪初,使用木活字已经流行,甚至传到了土耳其斯坦。15 世纪前半期金属活字在中国和朝鲜均有改进,并在美茵茨人谷登堡发明活字印刷术(15 世纪中叶)之前半个世纪得到广泛的传播。"

早在战国时就有人利用磁石指南的特性,发明了"司南",即"司南之勺""其柄指南"。后来人们又用钢针在磁石上摩擦,使钢针带有磁性,制成指南针。这大概是兵家或阴阳家(方术之士)的发明。北宋庆历年间成书的《武经总要》已记载"出指南车及指南鱼以辨方向"的夜间行军方法。沈括《梦溪笔谈》记载了地磁偏角,用天然磁石摩擦钢针,使之磁化为磁针,可以指南;并介绍了四种支挂磁针的办法。宋军用"指南鱼"(磁化薄铁片制成)在阴天和夜晚判断行军方向;后来又发展成磁针和方位盘的一体化装置——罗经盘(即罗盘)。曾三异在《因话录》中记载的"地螺",是一种水罗盘。北宋宣和元年(1119 年)朱彧写成的《萍洲可谈》,记载了当时海船上使用指南针的情况:"舟师识地理,夜则观星,昼则观日,阴晦观指南针。"徐兢《宣和奉使高丽图经》也说"若晦冥则用指南针以揆南北"。这种指南针,也即水罗盘。从中可以推断,至迟在北宋后期,指南针已用于航海。南宋时,阿拉伯商人经常搭乘中国海船,学会了使用指南针,并把它传入欧洲。

火药是一项古老的发明,古代炼丹家发现硫磺、焰硝和木炭的混合物有爆炸能力。唐末开始把火药用于战争,出现了"火药箭"(箭头上绑有火药和引线的弓箭)、"发机飞火"(即投掷火药包的抛石机)。北宋初火药广泛使用于战争,灭南唐时用过火炮、火箭,以后又有火球、火蒺藜(内装有带刺铁片的火药包)。曾公亮主编的《武经总要》,记载了火药的三个详细配方,可见当时军事部门生产火药已达到相当规模。据此书记载,火箭是"施火药于箭首",火球、火鹞、烟球是点燃后用炮射出。当时出现了类似近代炮弹的铁火炮,仍用抛石机投掷;以后又发明了突火枪(用粗毛竹制成,内装火药和"子窠",火药点燃后发出冲力,射出"子窠"),这是世界上最早的管形火器,为元、明时代出现的金属管形火器——铳和炮,奠定了基础。制造火药的技术是在 1230 年由波斯传入阿拉伯的,阿拉伯人称火药为"中国盐"、"中国雪"、"巴鲁德"。以后火药又从穆斯林统治下的西班牙传到欧洲。火药和火药武器广泛使用,对欧洲历史产生了深远的影响。布罗代尔以历史学家特有的严谨、客观态度指出:一种西方民族主义正怂恿科技史专家们否认欧洲对中国的借鉴或者缩小这种借鉴的重要性。不论优秀的科技史专家阿尔都·米埃里(Aldo Mieli)如何强词夺理,中国人发明火药毕竟不是一种"神话"。他们从 9 世纪起已用硝土、硫磺和炭屑制造火药,最早的火器同样也是中国人在 11 世纪制成的。

对于印刷术、指南针、火药的发明与传入欧洲,近代"科学方法论之父"弗兰西斯·培根(Francis Bacon)在 17 世纪初作了高度评价:"我们应当观察各种发明的威力、效能与后果,最显著的例子便是印刷术、火药和指南针……这三种发明都曾改变了整个世界的全部面貌和状态! 第一种在知识传播的文献方面,第二种在战争上,第三种在航海上,并且随着这些发明的利用又引起了无数的变迁。由此看来,世界上没有一个帝国,没有一个教派,没有一个星宿,比这三种发明对于人类发生过更大的力量与影响了!"从培根的话中可知,印刷术的利用使知识超越了中世纪经院教士的控制而趋于普及,从此改变了教育与知识生活的面貌。火药的利用给战争提供了火器,取代了中世纪的战争方式,使中世纪统治阶级垮台,使社会结构发生根本变化。指南针的使用导致了航海技术革命,从而促成了 15 世纪、16 世纪的地理大发现。简言之,三大发明导致欧洲结束中世纪时代而进入近代文明时代。

三大发明之外,宋朝其他科学技术也有骄人的成就。

在天文学方面,仁宗朝编制的崇天历,所取得的数据比较接近天文实际,至和元年(1054 年)四月朔有一次日全食,用崇天历推算食甚时间在申正一刻二十分,食分为九分半弱,与当时汴京观测所得("日蚀既,至申乃见,蚀九分之余")相差无几。当时进行了多次较全面的恒星观测,元丰年间观测的结果,于元祐三年(1088 年)绘成星图。南宋淳祐七年(1247 年)把黄裳的天文图在平江府(今苏州)刻石,称为"天文图",这件保存至今的古代天文图,对于研究天文学史有极高的价值。

元祐年间(1086—1094 年)苏颂和韩公廉等人创造了世界上第一台天文钟——水运仪象台,这是把测量仪器、表演仪器和计时仪器融为一体的划时代创造。这个天文钟分三层,高三丈,上层放浑仪,中层放浑象,下层是传动机械装置。最有创意的是报时装置——五层木阁,当时一天有十二时辰共一百刻,一夜有五更,一更有五筹,都能准时报告出来,其中关于擒纵原理的发现与运用,与近代钟表构造极为近似。它以水力转动,通过擒纵器使仪象台有节奏地按时转动,把报时、观象、测天同时表达出来。这个高约 12 米的庞然大物,十分精细,可以按时、刻、辰、更自动打鼓、摇铃、击钟、鸣锣,并举木牌报时;其浑象仪通过齿轮和枢轮轴相连,使之转运,与天体运动一致。

这座天文钟设在 11 世纪末的开封，是当时世界上首屈一指的杰作：一天 24 小时误差小于 100 秒，并且有追踪观测天象的功能。500 年以后，当 1598 年耶稣会士利玛窦（Matteo Ricci）把西洋的自鸣钟献给万历皇帝时，被视为新发明，殊不知我们的祖先早已发明了比它要复杂得多的天文钟！苏颂的"水运仪象台"完工后，写了一部《新仪象法要》，书中虽然附了许多图，但后人仍无法完全掌握其中关键。李约瑟早年尝试复原水运仪象台的关键部位枢轮，没有成功；日本筑波博览会上只复原出枢轮及报时部分。台湾的科学博物馆的专家不仅复原了水运仪象台，而且使它能在水力推动下，运转庞大的浑仪、浑象以及报时系统。

在数学方面，北宋中叶的贾宪提出了"开方作法本源"图，即指数为正数的二项式定理系数表，从商除、平方、立方、四次方至六次方的系数列成一个图，世称贾宪三角形，比西欧相同的帕斯卡三角形早了 600 年。他的"增乘开方法"，是解一元多次方程求正根的一种简便方法，与西方数

水运仪象台

学家霍纳的方法大致相同，但早了 700 多年。南宋秦九韶在《数书九章》中发展了贾宪的增乘开方法，解一个一元十次方程式，并附有算图。算图中列算式井然有序，后人称为"秦九韶程序"。他还发明了整数论中一次同余式组的普遍解法——"大衍求一术"，成为闻名于世的中国剩余定理。方豪在《宋代的科学》一文中指出：宋代数学家中，当以秦九韶为最突出。哈佛大学的科学史专家沙顿（G. Sarton）认为："在中国数学家中，不但是当时，就是永久，（秦九韶）也可算得是最杰出的一位。"

在宋朝科学家群体中，沈括是最为耀眼的一颗明星。李约瑟认为，沈括"或许是全部中国科学史上最有趣味的人物"，他的代表作《梦溪笔谈》是"中

国科学史上的一个里程碑"。沈括（1031—1095 年），字存中，浙江钱塘（今杭州）人。嘉祐八年（1063 年）进士，曾参与王安石变法，后任延州（今陕西延安）知州。晚年移居润州（今江苏镇江）梦溪园，撰写《梦溪笔谈》，涉猎天文、地理、物理、化学、生物、数学、医学等。他提出了十二气历的编制方法（以立春为元旦，按节气定月份，大月 31 天，小月 30 天，大小月相间），虽然没有实行，但在历法史上无疑是一项卓越成就，对农事安排十分有利，比英国类似的历法早 800 多年。他对 1064 年陨星的观测，留下了翔实的记录，并在历史上第一次提出陨星为陨铁的解释。他是最早使用"石油"这一名称，并意识到石油用途与价值的科学家。他发现陕北自古就有"石油"流出，当地人称为"脂水"，用来烧烟制墨，他预言"此物后必大行于世"，因为"石油至

沈括像

多，生于地中无穷，不若松木有时而竭"。北宋时期许多科学发明，例如活字印刷、指南针应用等，都借助他的著作记载而得以流传，彪炳于史册。为了纪念这位举世闻名的科学家，1979 年 7 月 1 日，中国科学院紫金山天文台把该台于 1964 年发现的一颗小行星（编号 2027）命名为"沈括"。

63. "商业革命"面面观

宋朝经济发展的水平在世界上处于领先地位，达到了前所未有的高峰。西方汉学家把宋朝的转折点称为一次"复兴"或一次"商业革命"，是毫不为过的，特别是与同时代的欧洲相比，更显现出开风气之先的独特风采。费正清、赖肖尔的《中国：传统与变革》第六章第四节的标题就是"商业革命"四个字。他们指出，宋代经济的大发展，特别是商业方面的发展，或许可以恰当地称之为中国的"商业革命"。这一迅速发展使中国的经济发展水平显然高于以前，并产生出直至 19 世纪在许多方面保持不变的经济和社会模式。斯塔夫里阿诺斯的《全球通史》在"宋朝的黄金时代"的标题下写道：除了文化

上的成就外,宋朝时期值得注意的是,发生了一场名副其实的商业革命,对整个欧亚大陆有重大意义。

北宋的首都东京(开封)与唐的首都长安在都城结构上有很多不同,根本的一点在于:不再有先前那种坊、市之间的严格区分。日本的中国经济史专家加藤繁在几十年前就指出了这一变化,他在《宋代都市的发展》中指出:"坊的制度——就是用墙把坊围起来,除了特定的高官等以外,不许向街路开门的制度——到了北宋末年已经完全崩溃,庶人也可以任意面街造屋开门了。"杨宽在《中国古代都城制度史研究》中进一步补充道:"我们认为五代末年后周扩建东京外城的新规划,已经承认沿街居民可以任意当街开门,如同坊中沿巷居民可以任意向巷开门一样。"因此可以断定,五代至宋初,随着东京的逐渐繁盛,不再有坊市之间的严格区分。这种变化在社会与经济的发展中有着巨大的意义,它适应了商品经济的趋势,把商业活动从封闭的坊中解放出来,扩散到了大街小巷的沿线,形成了近代都市商业街的雏形,为都市商业拓展了新空间。于是出现了前所未有的商业新景观:乾德三年(965年)宣布不禁夜市,商业活动不再有时间限制,开封城内十字大街有所谓"鬼市"——五更点灯营

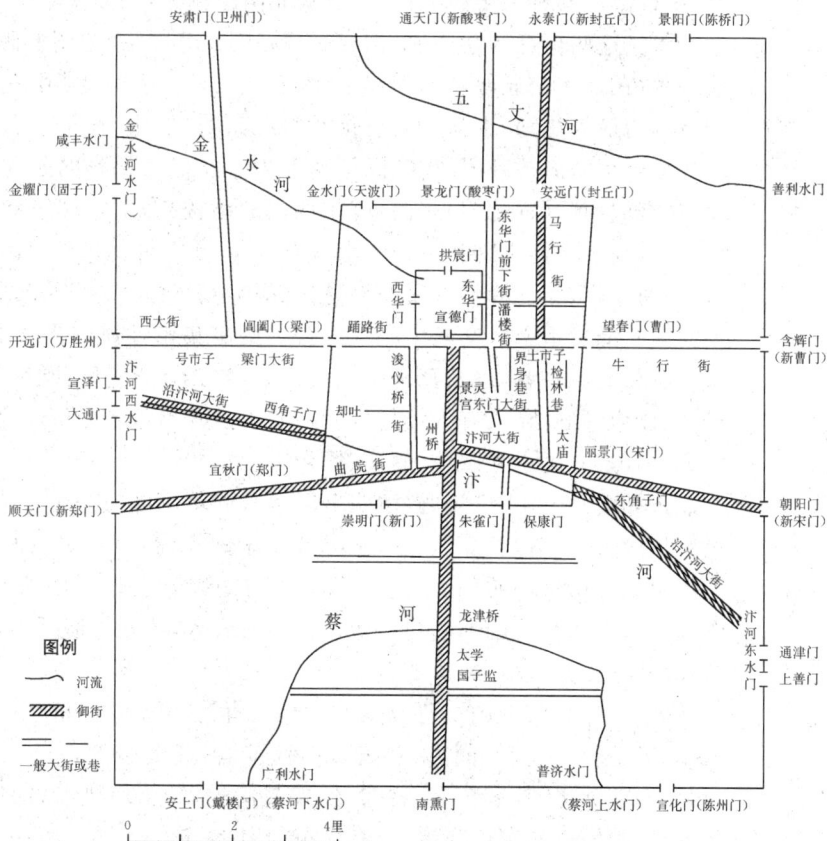

北宋东京示意图

业至天明;马行街北至新封丘门大街,夜市营业至三更,到五更时分又再开张,至于"要弄去处"(娱乐场所),营业"通宵不绝"。

这是一个了不起的变革。从汉代到唐代,政府在城市中指定集市贸易地点,商人们集聚到那里做生意。依照惯例,集市贸易要到中午才开始,傍晚之前就结束。杨联陞在《中国制度史研究》中说:"唐朝时,集市在中午以200下鼓声而告开张,在日落前七刻钟以300下铜锣声而告结束。这个规矩从9世纪逐渐松弛下来了,到12世纪时,大城市的商业活动从一大清早持续到夜是很常见的,商人们在时间和地点上都不再受到限制。"从一个侧面展示了唐宋之间的社会变革。

东京开封街巷的格局,源于后周,宋初进一步作了规划,四条大街作为御街,与南面的南熏门、西面的新郑门(即顺天门)、东面的新宋门(即朝阳门)、北面的新封丘门(即永泰门)相连接;此外还有东西向的横街,如潘楼街、牛行街、踊路街、梁门大街,以及南北向的直街,如浚仪桥街、相国寺东门大街等。这些街都与巷连通,构成有规则的街巷网络,把商业区与居民区打成一片,在许多交通便利的街巷中,都有繁华的"街市",其中尤以东南西北四条御街最为热闹,由新兴的行市、酒楼、茶坊、食店、瓦子以及日用品商店组成一个个摩肩接踵、昼夜喧闹的商业中心。最为繁华的是北面御街的街市,从宫城南门(宣德门)东去,有东西向的潘楼街,从宫城东南角的东角楼向东,直到十字街头,叫土市子,南有界身巷,是金银绫帛的交易所,"屋宇雄壮,门面广阔,望之森然。每一交易,动即千万,骇人闻见",是适应商业新发展而兴起的货币金融交易中心。潘楼街既有集市性质的潘楼酒店,又有金银行所在的界身巷,以及瓦子中最大的桑家瓦子。马行街既有马市和庄楼、杨楼、任店等酒楼,又有大小货行所在的东西两巷,以及医行、药行。新封丘门大街有州北瓦子和茶坊、酒肆、饮食店。

张择端画于1126年的《清明上河图》,形象地再现了东京鼎盛时期的街市繁华景象。这幅长5.25米、宽0.255米的长卷,描绘清明时节前往汴河一带游览的情景。明朝弘治、正德年间内阁大学士李东阳所写《清明上河图》跋文,是研究此画的心得。他说:"上河云者,盖其时俗所尚,若今之上塚然,故其盛如此也。图高不满尺,长二丈有奇,人形不能寸,小者才一二分……人物则官、士、农、贾、医、卜、僧道、胥隶、篙师、缆夫、妇女、臧获之行者、坐者、授者、受者、问者、答者、呼者、应者、骑而驰者、负而戴者、抱而携者、导而前呵者、执斧锯者、操畚锸者、持杯罂者、袒而风者、困而睡者、倦而欠伸者、乘轿而搴帘以窥者、又有以板为舆,无轮箱而陆曳者……店肆所鬻,则若酒若馔,若香若药,若杂货百物,皆有题匾名氏,字画纤细,几至不可辨

清明上河图（局部，北宋·张择端）

识。"画卷由东水门外虹桥以东的田园起始,接着描绘汴河上的市桥及周围街市,再描绘城门口的街市、十字街头的街市,画了各色人物七百七十多人、房屋楼阁一百多间、大小船舶二十多艘,蔚为壮观,令人目不暇接。画面上一座华丽高大的城门以内,有一队满载货物的骆驼队正从此门向东出城;城门内西面不远处,有一座三层建筑物——孙家正店,门前有彩楼欢门,十分富丽堂皇;街市上随处可见商店的幌子,如"王家罗锦匹帛铺"、"刘家上色沉檀栋香"、"刘三叔精装字画"、"孙羊店"之类丝绸店、香药店、裱画店、饮食店,以及豪华的招商旅馆——"久住王员外家"。值得注意的是,东京的大酒楼号称正店,有七十二家之多,它们兼具商品交易的功能,有些就是商人同业组织开设的,如马行开设的庄楼、牛行开设的牛楼、小货行开设的时楼、矾行开设的白矾楼,作为同业商人看验商品质量、商定价格、签订契约的场所,具有后世同业公所及交易所的性质。东京的酒楼、茶坊适应商业大潮,它们与娱乐场所——瓦子,都通宵营业,有"应招女郎"——"浓妆妓女数百,聚于主廊檐面上,以待酒客呼唤";有"陪酒女郎"——"为酒客换酒斟酒"的,叫做"焌糟";有"卖唱女郎"——叫做"扎客"或"打酒坐"。凡此种种,无不显示东京开封迥然有别于昔日长安的新潮特色。

当时东京以经商为业的有两万多户,其中六百四十家资本雄厚的商户,分属一百六十行,经营米、茶、盐等商品贸易。各种商业中以金银绦帛的交易额最大,而数量最多的是酒楼,除了上述号称"正店"的七十二家大酒楼,还有三千家左右称号"脚店"的小酒楼,而更小规模的脚店则"不能遍数"。东京不但有数量众多的商店、摊贩,还有集中的贸易市场,以相国寺庙市最为著名,据《燕翼诒谋录》说:"东京相国寺,乃瓦市也。僧房散处,而中庭两庑可容万人。凡商旅交易,皆萃其中。四方趋京师,以货物求售,转售他物者,必由于此。"这个市场每月开放五次,即初一、初八、十五、十八、二十八,大抵是由庙会发展而成的。大山门内卖飞禽走兽,第二座山门内卖"动用杂物";广场上设彩幕、露屋、义铺,出售家用器物如蒲盒、簟席、屏帏、洗漱器皿、鞍辔、弓剑、时果、腊脯等。近大殿(弥勒殿)处,出售老字号名牌产品:王道人蜜饯、赵文秀笔、潘谷墨。两廊出售绣作、领抹、花朵、珠翠首饰、幞头帽子等。大殿后、资圣阁前,出售书籍、古玩、图画、土产、香药之类。每逢庙市日子,万商云集,算命卜卦、杂技女乐也来此献艺,相国寺成了一个大型百货商场和游乐场。此外,还有遍布于全城的酒楼、茶坊集市(夜市)、城门口街头和桥头集市(早市)、瓦子集市等。

东京依汴水建城,汴水北通黄河,南通淮河、长江,因此东京市场上有来自江淮的粮食、沿海各地的水产、辽与西夏的牛羊，以及来自全国各地的酒、果品、茶、丝绢、纸、书籍，还有日本的扇子、高丽的墨料、大食的香料与珍珠。东京浓厚的商业气息，昭示着北宋的商业已进入一个新的历史阶段。据黄仁宇《中国大历史》说："现有的书籍每说到宋朝，总离不了提及公元1021年的国家收入总数为15000万，每一单位代表铜钱1000文。其原文出自《宋史·食货志》会计部分……然而根据当日折换率，以上总值黄金1500万两至1800万两之间，粗率地以今日美金400元值黄金一两计算，则上数相当于美金60亿至70亿。当时全世界没有其他场所，国富如此大数量地流通。"此后，他在《黄河青山》中，再次重申上述观点，指出："其他地方看不到这样富足的政府财政。"

在这种背景下，货币也发生了突破性的变革——出现了世界上最早的纸币。

北宋货币以铜钱为主、铁钱为辅，金银作为货币的流通量不大。当时每年铸造的铜钱已是唐朝的一二十倍，大约有1.5万多吨，仍旧满足不了日益增长的商品流通的需求，出现了"钱荒"。何况铜钱、铁钱体积大、分量重，对于长途贩运贸易或巨额批发交易，十分不便。于是纸币应运而生，宋真宗初年，益州（今四川成都）十六户富商联手发行一种钱券，称为"交子"。这种交子是由商业中的信用关系（俗称赊）孕育出来的一种容易携带的轻便货币。宋仁宗天圣元年（1023年）政府收回发行纸币的权利，在益州设立"交子务"，负责印刷、发行交子，改变了先前私家发行时没有固

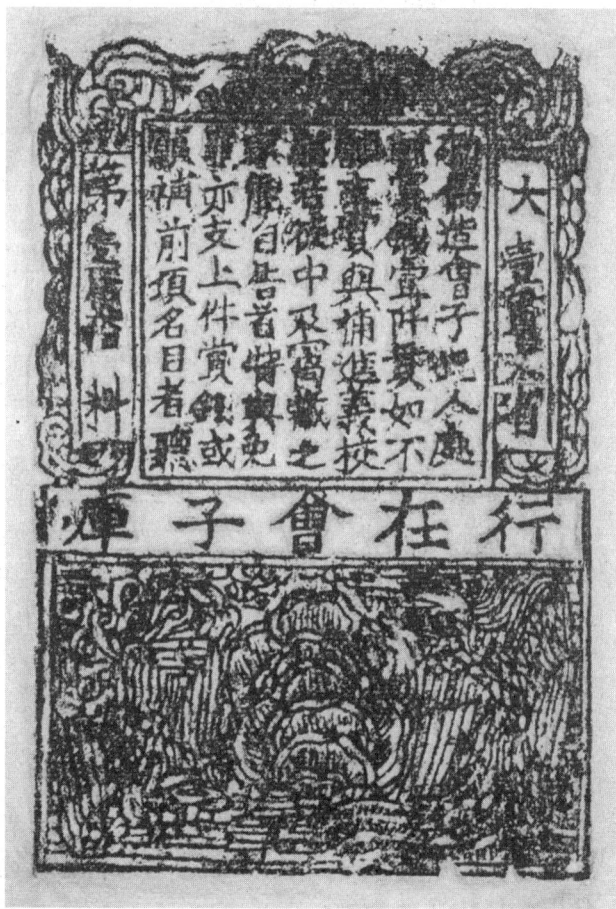

会子铜版（南宋）

定面额和流通期限、没有资金准备与兑现保障的缺点,规定每两年一界,每界发行额为一百二十五万余贯,备本钱三十六万贯铁钱,以便持交子者在取现钱时兑取。这种政府发行的纸币的特点是,面额固定并盖有官印,用户纳入现钱换取交子时,要把商业字号登记入簿,兑现时按字号销账,以防伪造;用户纳入现钱兑换交子时,要扣下三十文钱入官,作为纸墨费,不同于民间交子兑现时才收利息;它有一定流通期限,有固定机构负责印刷、发行和回笼。起初交子只在川峡路流通,后来扩大到陕西路、河东路,政府便在开封设置交子务,负责面向全国的交子的发行事宜。南宋时由于铜钱大量外流,钱荒愈加严重,纸币逐渐成为主要货币,有四川钱引、湖广会子、两淮交子(以铁钱为本位)、东南会子(以铜钱为本位)。所谓"会子",原先叫"便钱会子",是市场金融关系中自发产生的,"便钱"即汇兑,"便钱会子"当是汇票、支票之类的票据,大约在 12 世纪四五十年代,才发展成为兼有流通职能的铜钱兑换券。

交子、会子由于机制的不完备,出现了许多弊端,但它作为最初的纸币在商业和金融发展进程中的历史意义是不容低估的。在欧洲,瑞典是发行纸币最早的国家,时间在 1661 年,比中国纸币的出现晚了600 多年。

宋朝商业呈现"网络状"分布格局,即以大都市为中心,城镇市场为拱卫,乡村集市墟场为外围的分布状态。城镇环绕都市,集市环绕城镇,形成区域市场。漆侠《宋代经济史》认为,宋朝商品流通有两种运动形式:一是农副产品的"求心"运动,即粮食、布帛等来自农村的产品通过镇市向城市集中;一是手工业产品的"辐射"运动,即手工业产品在某一产地大批量生产后,由商人运往各地经销。商业与服务行业的发展,促使人口向城市集聚,坊郭户在当时单列户籍,标志着城市经济的发达和非农业人口的增加。人口向城市的集聚,既为农产品创造了市场,又刺激了农村商品生产。随着商业的突飞猛进,宋朝商人人数增多,资金雄厚,开封城中,坊郭户的资产"百万者至多,十万而上,比比皆是"。于是商人的社会地位明显提高,商人可以入仕,致使官商一体。人们的观念也在发生变化,李觏(gòu)在《富国策》中阐述了"商人众则入税多"的观点,与荀子倡导的"工商众则国贫"的传统观点截然相反。

以上关于商业革命的粗略一瞥,显示了宋朝经济发展水平在世界上的领先地位,由于契丹、女真、蒙古的相继南下,连年不断的战争阻断了这一发展势头。

64. 契丹的兴起与辽的二元化体制

契丹族与秦汉时的东胡,魏晋南北朝的乌桓、鲜卑有着渊源关系,游牧于辽河流域。安史之乱后,唐朝在北方的统治衰微,契丹趁机发展,9世纪后期日益强大。

当时契丹的社会是以地域关系为基础的民族联合体,逐渐形成部落联盟。联盟首领是由部落酋长议事会选举产生的。此后,又在联盟首领外设立了军事首领"夷离堇"。9世纪末,联盟首领由遥辇氏世袭,军事首领由耶律氏世袭。

世袭军事首领耶律氏在对外征战中扩大了权力,积累了财富,拥有大量人口、牲畜的耶律阿保机,在907年推翻了遥辇氏,任契丹部落联盟首领。916年耶律阿保机建立契丹国,称帝建元,即后人所称辽太祖,年号神册,都城临潢府(今内蒙巴林左旗),成为中原最大的威胁,左右五代兴亡的重要外来因素。五代与契丹的对峙时期,石敬瑭把幽(今北京)云(今大同)十六州割让契丹,更加助长了契丹对土地的贪欲。944年契丹从幽州、云州两路南下,946年再次南下,进占后晋都城开封,耶律德光于947年在开封举行即位仪式,改国号为大辽。一个北方民族皇帝的即位仪式选择在中原的开封举行,其意味是深长的。虽然耶律德光不久即北撤,但此后辽与中原王朝的对峙局面一直持续了很久。幽云十六州的割让间接地对五代以后的一二百年历史带来了严重的后果,这一地区是北方边防重镇,沿线有燕山山脉、古长城,地势险要,易守难攻;南面则是暴露无遗的平原,骑兵可长驱直入,石敬瑭的余毒流害了几百年。

辽的版图大约相当于今东北、蒙古、河北及山西北部一带。契丹之名随其势力的西渐而远扬,中世纪俄国人称中国为 Kitai,与此有密切的关系。

辽境内生产与生活方式不同的民族有两类:一类是"耕稼以食,城郭为家"的汉族和原渤海国人;一类是"渔猎以食,车马为家"的契丹族和其他北方民族。为了适应这种情况,辽制定了蕃汉分治的二元化政治体制。辽的中央官制有南面、北面之分,"以国制治契丹,以汉制待汉人"。主管蕃事的北面官治契丹宫帐、部族、属国之政,办事衙门设在皇帝牙帐之北;主管汉事的南面官治汉人州县、军马、租赋之事,办事衙门设在皇帝牙帐之南。这就是《辽史·百官志》所说:"蕃不治汉,汉不治蕃,蕃汉不同治。"这种二元化政治体制在辽的国号上留下了深深的烙印。辽朝建国初期称"大契丹";辽太宗时实行双重国号,在农业区称为"大辽",在草原地区称为"大契丹";在契丹文和女真文中,辽朝始终称为"契丹"。

辽所统治的版图,从经济形态上分,大体是三个区域:游牧区、游牧农耕混合区、农耕区。辽的统治者采取以游牧民族为主、以农耕民族为辅的二元化体系,上述政治制度二元化就是以此为基础的。辽的皇帝与统治中枢始终留在契丹兴起的上京临潢府一带及中京大定府一带;契丹民族长期保留游牧民族的习气,斡鲁朵、捺钵的存在就反映了这种状况。

辽君主的居所称为斡鲁朵(Ordo)。斡鲁朵一词,在突厥语、蒙古语、通古斯语中几乎是共同的,意为帐篷。《金史》作斡里朵,《元史》作斡耳朵,《元朝秘史》作斡儿朵,《长春真人西游记》作兀里朵、窝里朵,《黑鞑事略》作窝里陀,都是同一词的不同音译法。北方游牧民族居住毡帐,君主常居中央,所以君主的毡帐称为斡鲁朵,即宫帐、宫卫。斡鲁朵是辽君主的常驻地,也是他死后陵寝的所在地,往往成为部落集团驻屯地的中心点。统治者的骑兵弓箭手被组织在斡鲁朵中,成为营帐卫士,这种近卫军由二千人发展到五千至七千人,是最精锐的骑兵。

君主的行营(或行在、行宫),称为捺钵,它适应了游牧迁移的需要,由毡帐、车辆构成。它是"四时行在之所",春夏秋冬四时,皇帝率大臣、军队各处移动,有春捺钵、夏捺钵、秋捺钵、冬捺钵。

斡鲁朵与捺钵所在之处,都必须占地,不论俘掠户还是军队都必须分配土地,由于流动性较大,所以土地关系是不固定的。斡鲁朵领有的大量土地,构成皇帝及其后妃的私人领地,称为"御庄"。在这些领地上服劳役的生产者是宫户,宫户包括契丹本部及汉人、渤海人及其他俘户,进献生口或犯罪没入人户,还有自愿加入宫籍的人户。宫户不仅是斡鲁朵的一切经济负担的承当者,而且也是战时编制宫卫骑兵的承当者。

在向南的扩张中,在由游牧经济向农耕经济的过渡中,契丹贵族大量地俘掠人口,并把俘掠到的人口强制性地与土地结合

蓟县独乐寺观音阁(辽)

起来,建立起属于自己的私城,即头下州军。所谓"头下",也称为"投下",两者同音同义。这种头下,是诸王、后妃、公主、驸马、外戚、功臣及诸部酋长的领地、领民。构成头下州军的主体,是俘掠来的奴婢化、部曲化的农民,即头下主的私户,契丹领主的依附领民——农奴,以其所提供的劳役来供养领主统率的各种军队。领主的领民既要承担本主的课税,又要承担朝廷的课税,于是头下户逐渐演变成二税户。

随着圣宗、兴宗、道宗统治时期(10世纪末至11世纪)经济的发展与民族的融合,农耕经济日渐兴旺而游牧经济日趋衰落,于是辽朝统治者为适应这一趋势,把游牧与农耕的二元化体制变为以农耕为主的一元化体制,契丹的部族制渐次消失。

辽圣宗以后,汉族的高度文明为契丹贵族所接受,融入了辽的文化之中。辽圣宗时重修云居寺(位于今北京房山县),发现隋唐时代开凿的石室、石经,辽圣宗命僧人继续刊刻经板,补缺续新,刻完《大般若经》、《大宝积经》,与原存石经《涅槃经》、《华严经》合称四大部经,是对佛教经典的一次校勘整理。兴宗时开始校印佛经的总集《大藏经》,用木板雕印,共五百九十七帙,为与宋太宗时成都雕印的大藏经(宋藏)相区别,辽印本通称"丹藏"(契丹藏经)。现存天津蓟县独乐寺观音阁,建于辽圣宗统和二年(984年),是三层重叠的木构建筑,继承了唐的框架法建筑传统。现存北京天宁寺砖塔、宁城(辽中京)砖塔、山西应县木塔,都是实体,八角层檐,是一种创新。

由于汉化程度的加深,见于记载的辽朝文学作品多用汉字书写。但辽朝创造了契丹文字,称为契丹大字、契丹小字,久已失传。契丹大字和小字是根据汉字字体而改作的拼音字。大字是以几个音符叠成契丹语的一个音缀,在形体上仍仿汉字合成一个方块字;小字笔画稍简,又称"小简字"。1932年在辽皇陵(今辽宁白塔子)出土道宗与宣懿皇后的哀册刻石,是用契丹字写的,于是契丹文字引起学者们的关注。近年来,又陆续发现了一些墓志、铜镜都有契丹文字,其中有一些目前还不能通解其含义。

为了抵制汉化,契丹人尽力保持自己的制度、礼仪乃至生活方式,他们自觉地不说汉语,以免被淹没在汉族的汪洋大海之中。然而无法预料的是,他们最后不是败于汉族之手,而是败在自己身后的另一个后进民族。

65. 党项羌与西夏

党项是羌族的一支,但并非纯粹的羌族共同体,至少融合了鲜卑与羌两个民族,所以文献称为"杂虏"。原先居住在今青海省东南部的黄河河曲一带,隋唐时期逐渐向外扩展。8世纪、9世纪间,党项受吐蕃侵逼,逐步向甘肃东部、宁夏及陕西北部迁移,其中迁到夏州(今陕西横山县)的一部叫拓跋部,受唐朝赐姓李,从此夏州拓跋氏改称李氏。宋朝建立后,加封夏州政权的掌权者李彝殷为太尉,死后又赠封夏王。银州防御史李光俨之子李继迁,在势力逐渐壮大之后,向辽圣宗称臣请婚,辽朝册封他为夏国王,从此李继迁和辽结成掎角之势,困扰宋朝。李继迁之子李德明嗣位后,一面向宋朝纳贡求和,一面向辽朝请求册封。景德三年(1006年)宋真宗任命李德明为定难军节度使,封西平王,并赐银一万两、绢一万匹、钱三万贯、茶二万斤。辽朝也封李德明为大夏国王。李德明之子李元昊嗣位后,不断开疆拓土,于1038年正式称帝,国号大夏。这时夏国的疆域,东临黄河,西尽玉门关(今甘肃敦煌西小方盘城),南迄萧关(今甘肃环县西北),北抵大漠。景宗元昊完成了河西地区的统一,使疆域扩大为二十个州;以后西夏疆域最后定型时,按唐末建置有二十二州之地,加上实际领有的若干州,共有三十二州之地。

元昊模仿宋朝制度建立政府机构,行政机关叫中书,军事机关叫枢密,财政机关叫三司,监察机关叫御史台,此外,管理首都事务的叫开封府,管理宿卫的叫翊卫司,管理官吏任免的叫官计司,管理仓储收支的叫受纳司,管理农田水利的叫农田司等。夏的官制与辽一样,也是蕃汉并行,蕃汉分治。

党项族男子十五岁成丁,平时从事农牧业生产,战时应征入伍,堪称全民皆兵,总计可征兵额约五十余万。兵丁自备弓矢甲胄,自带粮草,由官府发给马、驼各一。每当征发兵丁时国君以银牌召部落首领面受约束,部落首领各统领本部兵应召;出征前各部落首领刺血盟誓,由国君率领他们进行射猎仪式,让他们发表战略战术意见。元昊又设立十万"擒行军"——以俘获人口为职责,是夏国的精锐武装力量,装备精良,把旋风炮置于骆驼鞍上,发射石弹攻击敌人。这种军队战斗力十分强劲,宋与夏发生战争,每每夏方取胜,这是一个重要原因。

党项人一向从事游牧业,自从李继迁提倡农耕、兴修水利以来,农业生产有所发展,河西、陇右地区农牧两旺。夏的中央政府设有主管畜牧业的群牧司,官营的畜牧业是政府收入的重要来源。它的手工业很有特色,尤其是冶铁业与兵器制造业十分发达,因此从夏输入宋的物资中首推兵器。例如神宗熙宁年间传入宋境内的"神臂弓",制作精良,以优质木料制成弓身、弓鞘,还以"铁为枪镗,铜为机,麻索系扎丝为弦","能洞(穿)百扎"。以后韩世忠仿照"神臂弓"制造了"克敌弓",威名盖世。又如夏国制造的佩剑,被宋人誉为"天下第一",宋钦宗曾"佩夏国宝剑",于此可见一斑。它外表美观,锋利无比，"试人一缕立褫魄，戏客三招森动容"。

西夏统治西北地区，以其称帝立国计，达一百九十年，以"虽未称国而王其土"计，则历三百四十七年，在境内改年号、订官制、建都府、更礼乐，俨然西陲一大国。西夏确有一批雄才大略的统治者，故能以西陲之地先后与辽、金、宋相抗衡，当时宋朝倾全力未能挫其锋灭其锐。它在短暂的时期内创造出的文化，有着独特的意蕴，至今仍令世人瞩目。

西夏文化深受汉文化影响，其统治者多喜爱汉文化，大量翻译汉文典籍，或依据汉籍编译新著，涌现出一批对汉文化颇有造诣的文人学士。如儒家斡道冲，诗人濮王仁忠，撰修夏国实录的焦景颜、王剑，编纂《番汉合时掌中珠》(夏汉对照双解词集)的骨勒茂才，写作《夏国谱》的罗世昌等。西夏从宋输入"九经"(《易》、《书》、《诗》、《春秋》、《左传》、《礼记》、《孝经》、《论语》、《孟子》)，始终奉行宋朝历法，随着汉化的加深，夏人"读中国书籍，用中国东服"，宋朝"许夏国用汉衣冠"，每年十月派人"押时服赐夏国"。

西夏文化中最独特之处是创造了自己的文字。夏景宗元昊和野利仁荣等创制的西夏文字称为"国书"，模仿汉字，字形方整。字体的创制，多用汉字六书的会意法。西夏国书创制后，公私文书都用国书书写，但汉字仍通行，夏给宋的公文，多用西夏文和汉文并列书写。随着西夏文字的广泛应用，出现了不少说明西夏文字音韵、字义、结构的著作，以及译成西夏文字的儒家经典，如《孝经》、《论语》、《孟子》等。蒙古灭亡西夏之后，曾辉煌一时的西夏文化遂湮没无闻，六百年后重见天日，引起了世界的惊叹。

1908年至1909年俄罗斯探险家彼·库·科兹洛夫一行受皇家地理学会委派，对淹没于荒漠之中的昔日西夏王朝重镇——黑水城故址进行考古发掘，发现了大批文物，特别是在西城外一座高约10米、底层面积约12平方米的佛塔内，发现了层层叠叠的书籍、簿册、经卷、佛画、塑像等，他们惊呼简直是找到了一个中世纪的图书馆、博物馆。1909年秋天，这批珍宝运抵圣彼得堡，藏入俄罗斯科学院东方研究所圣彼得堡分所。由于西夏王朝被蒙古所灭，西夏文字成为今人难识读的死文字，十分庆幸的是在黑水城文献中发现了西夏王朝后期学者骨勒茂才编的《番汉合时掌中珠》，以及另一本西夏著作《文海宝韵》，使识读西夏文字成为可能。

黑水城文献中西夏文典籍主要有以下一些。

(一)语言文字类，除了《番汉合时掌中珠》、《文海宝韵》，还有收录6000个西夏文字(全部)的字典《音同》，表示西夏语语音体系的《五音切韵》，同义词词典《义同》等；以及识字读本《新集碎金置掌文》、《三才杂字》，仿《艺文类聚》体例的类书《圣立义海》等。

西夏刻本佛经

（二）政治法律类，有《天盛改旧新定律令》（简称《天盛律令》），继承唐律、宋律并有所拓展；有《亥年新法》，对《天盛律令》中关于佛教寺院的规定有所增补修订。

（三）古籍译文类，如宋人吕惠卿注《孝经》，久已佚失，可由西夏文译本窥其原貌；又如唐人于立政所编《类林》也已佚失，可由西夏文译本恢复其原貌。

（四）佛教典籍类，西夏文佛典是黑水城文献中数量最多的一种，有译自汉文的佛经，也有译自藏文的佛经，还有卷帙浩繁的西夏文大藏经。

值得注意的是，黑水城出土的汉文残历书是活字印刷本，这是毕昇发明活字印刷术以后，留存于世的最早的活字印刷书籍。对此，史金波《黑水城出土活字版汉文历书考》有深入的分析。

西夏灭亡后，大批文物毁而不存，海外学者惊叹丝绸之路上的一颗明珠消失了。随着时间的推移，西夏王国之谜越积越多。近几年来《俄藏黑水城文献》陆续出版，现在终于可凭借黑水城文献去破译早已消亡的西夏王国之谜了。

66. 宋对辽、西夏的妥协

宋太祖曾两次发兵进攻北汉，未能取胜。太平兴国四年（979 年）宋太宗又率军攻北汉，包围太原，击败前来援救的辽军，迫使北汉投降。为了完成统一大业，收复石敬瑭割让给契丹的幽云十六州之地，宋太宗决定乘胜北伐辽国。虽然初战告捷，连克易州（今河北易县）、涿州（今河北涿州市），但在高梁河（今北京西直门外）一战遭到惨败，宋太宗中箭，乘驴车撤退，辽军转败为胜。

雍熙三年（986 年）宋军再度北伐：东路军由曹彬率领，由雄州（今河北雄县)北攻涿州；中路军由田重进率领，由飞狐(今河北涞源)北攻蔚州(今河北蔚县)；西路军由潘美、杨业率领，出雁门(今山西代县)，攻山后诸州。宋朝方面的作战方针是一厢情愿的，企图以东路军牵制辽的主力，使西路、中路能攻下山后诸州，然后合击幽州。辽国方面却始终把幽州作为战略重点，制订了重点防御、伺机反击的作战方针。因此，宋西路军攻下寰州(今山西朔州东)、朔州(今山西朔州)、应州(今山西应县)、云州(今山西大同)，中路军攻下蔚州，东路军却受到重创，惨败于岐沟关(今河北涞水东)，西路军、中路军被迫撤退。潘美、杨业奉命掩护云、应、寰、朔四州民众内迁，杨业提出了一个可保万全的撤军方案。据常征《杨家将史实考》说，按照杨业提出的这条路线，宋军由代州经繁峙直插应州，切断攻占寰州辽军的后路，必然迫使辽军退兵争寰州，云、朔、应三州民众便可趁机撤离。但是监军王侁(shēn)等人反对这一方案，诋毁杨业有"他志"，迫使杨业冒险迎敌。杨业自知此战必败，临行前泣求潘美等在陈家谷口(今山西朔州南)布置援兵接应，以防全军覆没。潘美等以为辽军败走，违约擅离陈家谷口。杨业遭辽军伏击，退回陈家谷口，不见援兵，拼死力战，士兵死伤殆尽，他自己身负重伤，坠马被俘。他坚贞不屈，绝食三日而死。

杨业(？—986年)，原名重贵，麟州新秦(今陕西神木)人，青年时为后汉河东节度使刘崇部将，刘崇建北汉政权时，改名为继业，赐姓刘，擢建雄军(今山西代县)节度使，与辽军交战屡建战功，号称无敌。宋太宗攻北汉时，随北汉主降宋，复姓杨，名业，为左领军卫大将军。一代名将杨业之死，朝野震惊，宋太宗下令追赠他为太尉、大同军节度使，潘美降三级，王侁除名编管。杨业之子杨延昭，号称六郎，其孙杨文广(延昭子)继承遗志，在抗击辽、西夏的战争中，功勋显赫。民间传说中，延昭子宗保，宗保子文广，杨氏四代英雄业绩当时即被传颂，后经评话、戏曲、小说渲染成杨家将故事。

宋太宗两次北伐失败，放弃收复幽云十六州的计划转而对辽采取守势。由于幽云以南无险可守，只能在平原上疏浚沿边河道，筑堤贮水，种植榆柳，设置寨铺，抵御辽军南下。而辽方则由守势转为攻势，从此契丹骑兵不断南下纵横驰骋，宋军被动挨打，连遭败绩。

宋真宗景德元年(1004年)辽军在承天皇太后和辽圣宗率领下，借口收复瓦桥关(今河北雄县旧南关)以南十县之地，侵犯宋境。由于辽军善于野战，不善于攻城，绕开宋军固守的城镇，直扑黄河沿边的澶州(今河南清丰西，古称澶渊)城北，威胁东京开封。朝廷上下惊慌失措，有的主张迁都昇州(今江苏南京)，有的主张迁都益州(今四川成都)，新任宰相寇准力排众议，敦促宋真宗亲往澶州前线督师。寇准起用在对辽战争中屡建战功的杨嗣和杨延郎(即杨业之子杨延昭),宋军在澶州前线用伏弩射死辽南京统军使萧挞凛,辽军的嚣张气焰顿时受挫,双方陷入相持局面。

辽军此次南下,本意是掠夺财物、进行政治讹诈,无意于攻城略地,一旦受挫便表示愿与宋朝议和。宋真宗对于此次出兵抗击原本缺乏信心,获悉辽方的议和信息,正中下怀,立即派官员到澶州辽营求和,只要辽军尽快北撤可以不惜任何代价。这次宋辽会盟史称澶渊之盟,双方约定:(一)宋朝方面每年向辽朝缴纳银十万两、绢二十万匹;(二)沿边州军各守疆界,两方不得交侵,不得收容对方逃亡者;(三)双方不得创建城堡、改移河道;(四)辽帝称宋帝为兄,宋帝称辽帝为弟。

宋方以如此沉重的代价换得辽方的撤兵,美其名曰:"以风土之宜,助军旅之费。"宋真宗还大喜过望,庆祝胜利。原先主张迁都昇州的王钦若,此时摇身一变,在宋真宗面前攻击寇准把皇上当作"孤注",订立"城下之盟",致使寇准罢官而去。真宗的继承者仁宗仍然奉行屈辱求和方针,不修边防,辽兵扬言南下立即派官求和,答应每年增加银十万两、绢十万匹,以此来谋求边境的苟安。黄仁宇认为,澶渊之盟是一种地缘政治的产物,表示两种带竞争性的体制在地域上保持力量的平衡。其实不然,因为这是以妥协换来的虚假平衡。

宋对辽如此屈辱忍让,反映了朝廷上下缺乏抗敌信心,深惧辽军。仁宗时曾两度赴辽交涉,坚拒割地的富弼也不得不承认:"契丹委实强盛,兵马略集,便得百万,来则无以枝梧。"主张富国强兵的王安石也提醒神宗:"今河北未有以应契丹,未宜轻绝和好。"澶渊之盟是宋对辽屈辱外交的开端,虽然换来了河北二十多年的和平,却后患无穷。初时对辽是否能长期信守盟约疑虑不定,由于几次边界骚动后来都归于无事,宋对盟约的疑虑渐释,君臣边将戒心日弛,防务荒废。到了北宋末年,河北官兵士气荡然无存,一向被视为天下根本的河北防务名存实亡,为日后的"靖康之变"埋下了祸根。

和辽成犄角之势的西夏也是宋朝的一大威胁,宋朝把对辽妥协的手段运用到西夏,如法炮制。

李继迁接受辽的册封称夏国王之后,宋太宗给赐姓李改名保吉,授予银州观察使官衔,李继迁不接受,不断骚扰沿边各州县,夺取宋军押赴灵州(今宁夏灵武西南)的粮草,并发兵攻打灵州。宋军分五路解灵州之围,始终不能取胜。李继迁子李德明嗣位后,倾全力向西攻取河西一带,决定与宋朝改善关系。景德三年(1006年)宋真宗册封李德明为定难军节度使、西平王,每年以"赏赐"名义给李德明银一万两、绢一万匹、钱三万贯、茶二万斤,换回西北边界三十年的安定。宝元元年(1038年)李元昊称皇帝,建立大夏国,撕毁和约,向宋进攻,朝廷大臣面面相觑,无人肯表态。宋朝西北边境三四十万驻军,在不占优势的夏军冲击下,全面崩溃。1040 年延州之战,1041 年好水川之战,1042 年定州之战,连连战败。

宋仁宗命延州知州庞籍向西夏求和,庆历四年(1044 年)双方达成和议:宋册封元昊为夏国主,宋夏名义上君臣相称,宋每年以"赏赐"名义给夏银五万两、绢十三万匹、茶两万斤,此外还得在节日赠夏银二万二千两、绢帛二万三千匹、茶一万斤。以妥协换取西北边境的苟安。

宋对辽、西夏的妥协,反映了宋的积弱已相当严重了。斯塔夫里阿诺斯《全球通史》中戏称:宋朝皇帝每年要向游牧民"送礼",是宋朝一个致命的弱点,游牧民入侵十分容易,"送礼"政策实行了一个半世纪。

拥有强大经济与科技实力的宋朝,在与辽、西夏的战争中始终处于下风,令人百思不得其解。西方学者说,游牧民族的惊人战斗力来自结合在一起的许多因素。例如:在战斗中一个骑兵拥有三匹马(两匹供轮换),他们身穿盔甲,带两把弓、一把斧、一把剑、一根绳和一些干粮,具备持续的战斗力。在开阔的平原地带,契丹武士发明了连锁阵,由十人、百人、千人为组合,有先锋、两翼、中心和皇帝卫队。他们一般不用优势兵力发起近战,而是采用切断敌方供给以及伏击、诱敌战术。再如:一个技术上的因素是使用了铁马镫,它使骑兵有一个牢固的踏脚之处,可以骑在马上箭无虚发。这种骑兵在军事战术上胜过中原的步兵。直到近代火器传入之前,亚洲的军事技术天平都倾向于骑兵。

67. 女真的兴起与辽的灭亡

女真即隋唐时的靺鞨。粟末靺鞨建渤海国,五代时被契丹吞灭;黑水靺鞨也臣服于契丹。后来称为女真的就是黑水靺鞨。

契丹为了加强对女真的统治,把生活在辽阳一带逐渐接受辽文化的女真部落,编入辽的户籍,称为熟女真,又称为"曷苏馆女真"(意为篱笆内的女真);生活在松花江以北宁江州(今吉林扶余)以东的女真部落,保持本族习俗,不编入辽户籍,称为生女真。他们向辽朝交纳贡品,并以马匹毛皮与辽人交换商品。生女真没有文字历法,依靠草木生长来计算季节的更替;没有房屋,只是架木于崖坎上,用土覆盖,"夏则出,随水草以居;冬则入处其中,迁徙不常"。他们主要依靠狩猎和游牧维持生活。

11 世纪初定居在黑龙江的支流阿什河(旧名按出虎水)流域的生女真完颜部,开始种植五谷,砍伐树木,制造车船,修建房屋,又掌握了烧炭冶铁等技术。完颜部运出砂金、东珠、马匹、貂皮、人参等,换回武器,扩充军备,势力日渐强大,吞并了女真各部,即白山部、耶悔部、统门部、耶懒部、土骨论部,以及"五国部",组成部落联盟,其他各部也陆续加入联盟。完颜部的首领乌古乃死后,各部落间相互掳掠、争斗不断,徒单部另组十四部联盟,乌古论部组成十四部联盟,蒲察部组成七部联盟,这三个联盟联合攻打完颜部的十二部联盟。完颜部的联盟长盈歌、国相撒改、盈歌之侄阿骨打起兵迎战,击败了三联盟,组成统一的部落联盟,盈歌命阿骨打通告各部:此后不准再自称"都部长"(联盟长)。完颜部盈歌为首的联盟成为女真各部统一的联盟,盈歌按照阿骨打的建议,禁止各部自置牌号,统一于联盟,以完颜部的法令作为联盟各部落的统一法令,奠定了此后建立金朝的基础。

完颜部阿骨打(汉名完颜旻)是金朝的开国皇帝,祖父乌古乃、父劾里钵是完颜部首领,叔父颇刺淑、盈歌是部落联盟的联盟长。盈歌死,阿骨打长兄乌雅束任联盟长;乌雅束死,阿骨打继任联盟长,称都勃极烈。当阿骨打了解辽朝内部虚弱的信息,决定起兵反辽,摆脱辽的控制,于1114年向辽统治下的宁江州(今吉林扶余东南小城子)进攻,不久又在出河店(今黑龙江肇源西南)大败辽军,乘胜攻占宾州(今吉林农安东北红石垒)、咸州(今辽宁开原老城镇)等地,声威大振。

辽天庆五年(1115年)正月初一,完颜阿骨打称帝,建国号大金,立年号收国,定都于会宁府(今黑龙江阿城南白城子),正式建立了与辽朝相对抗的金朝。之后阿骨打率军攻克辽北重镇黄龙府(今吉林农安),并在护步答冈(今黑龙江五常以西)大败辽天祚帝的亲征大军。次年,夺取辽东半岛以东地区,年底加号大圣皇帝(太祖)。

金朝建立后,阿骨打废除原来的部落联盟长制度,代之以皇帝制度,废除部落联盟时的"国相"制度,代之以勃极烈制度(勃极烈,女真语意为大臣)。中央由勃极烈

女真骑士图

四人组成辅政机构,阿骨打弟完颜晟(吴乞买)为大勃极烈,原国相撒改为诸部统帅勃极烈,辞不失为第一勃极烈,阿骨打弟完颜杲为第二勃极烈。

猛安谋克是女真社会中值得注意的一种组织形式,早期的猛安谋克与部落氏族关系极为密切。女真人平时在称为"孛堇"的部长领导下从事生产,战时这些"孛堇"带上猛安或谋克的称号,率其部出征。猛安,女真语的音译,其意为"千",故《金史》译为千夫长;谋克,女真语的音译,其意为"百",引申为百夫长。女真人"壮者皆兵",兵民合一,生产与保卫合一。阿骨打即位的第二年(1116年),始命以三百户为谋克,十谋克为猛安。契丹人也编为猛安谋克,以后又把汉人、渤海人编入猛安谋克,这是为了经略南方在军事上采取的权宜手段。这种部落兵战斗力极强——"辽人尝言:'女真兵若满万,则不可敌。'"

金朝建立后,继续不断地向腐败不堪的辽朝发动攻击,连连告捷。

宋朝方面见金战胜辽,错误估计形势,幻想"以夷制夷",从中渔利。宋徽宗与大臣蔡京、童贯密谋,决定联金灭辽,趁机收复幽云十六州。1118年武义大夫马政带着这一使命,以买马为幌子,从海上乘船去金朝探听虚实。此后宋金使者频繁接触,终于在1120年签订了宋、金海上之盟,双方约定:宋、金南北夹攻辽,金取长城以北的中京大定府(今内蒙古赤峰市宁城县境),宋取长城以南的南京(燕京)析津府;辽灭亡后,宋把原来贡献给辽的"岁币"如数给金。

不久,金军对辽展开了全面的攻势,相继攻克中京大定府、西京大同府以及南京(燕京)析津府。至于宋朝方面一心只想"以夷制夷",根本没有认真备战。尽管这时的辽朝已陷入灭顶之灾,由昏庸的童贯、蔡攸为正副统帅的宋军,依然不是辽军的对手,根本不堪一击,连战连败,把熙宁、元丰变法以来积存的军需全部折损殆尽。金太祖阿骨打攻下燕京后,责备宋方不出兵夹攻的同时,提出交还燕京的条件:宋朝向金朝缴纳燕京代租钱一百万贯。宋徽宗只得照办,每年除向金缴纳"岁币"四十万以外,又增加了一百万贯"燕京代租钱"。金军撤退时把燕京城内的财物人口掳掠一空,宋朝以如此沉重的代价换回来的是"城市丘墟,狐狸穴处"的一座空城,以及附近六州残破之地。

令人啼笑皆非的是,宋徽宗和王黼(fǔ)、童贯之流竟把上述行径吹嘘成"不世之功",是收复失地的大"凯旋",自欺欺人地陶醉在云里雾里。然而此时危机已经逼近,宋、金夹击辽的过程把宋朝的虚弱暴露无遗。金太祖阿骨打死后,其弟金太宗继位,继续发兵攻辽,1125年俘虏辽天祚帝,辽朝宣告灭亡。至此,宋、金之间的缓冲地带已不复存在,宋就成为金的下一个侵略目标。宋、金海上之盟的教训是深刻的,其中之一便是,把敌人的敌人视作朋友是危险的外交策略,往往玩火自焚。不料南宋时又重蹈了这样的覆辙。

十一、南宋与金的对峙时期

68. "靖康耻"与岳飞抗金

"元祐更化"后，变法与反变法的争议演化为朋党之争，意气用事，置国家社会利益于不顾。这种斗争一直持续到北宋的灭亡。

元符三年(1100年)七月，宋徽宗赵佶亲政，两年后打出恢复熙宁新法的旗号，改年号为崇宁，以示崇法熙宁。蔡京重返朝廷，受到徽宗重用，出任右相，与童贯、王黼、梁师成、杨戬、朱勔(miǎn)、李彦、高俅相勾结，专权跋扈，把朝政搞得一团糟。宋徽宗宠信蔡京之流，让他们把持朝政，自己却沉迷于道教与书画之中，自称为"教主道君皇帝"，是"神霄玉清府长生帝君"(上帝长子)降生，下令在开封及各地普建道观，设二十六个等级的道官，人数近二万，与官吏支领同样的俸禄。此公擅长"瘦金书"及工笔花鸟画。然而他做皇帝极不称职，腐败无能，祸国殃民，不但毁了自己，也使自己的书画才华黯然失色。

蔡京以推行新法为幌子，大搞派系倾轧，打击异己势力。他早年追随变法派，司马光"元祐更化"时，转而反对新法，绍圣时章惇恢复新法，又转而依附章惇。一旦大权在握，蔡京又以变法派面貌出现，把文彦博、吕公著、司马光、苏辙、程颐等一百二十人定为"元祐奸党"，又把元符三年向太后(宋神宗皇后)执政时主张恢复旧法的官员与之合为一籍，共计三百零九人，由宋徽宗书写后刻石立碑，称为"元祐党籍碑"，进行政治迫害，或流放，或罢官，或降职，其中包括与蔡京意见不合的变法派章惇等人。无怪乎刘子健要在《中国转向内在》中慨乎言之：徽宗朝尽管打着新政的旗号，却失去了改革的本来精神，只剩下改革的缺点和腐败搅和在一起。

蔡京之流借口"不患无财，患不能理财"，以推行新法为名，行聚敛财富之实。恢复免役法，意在多征役钱；恢复方田均税法，意在额外增税；大改茶法、盐法,意在增加茶税、盐税。因此宋徽宗颇为得意地说:"此太师(蔡京)送到朕添支也。"对蔡京为朝廷聚敛财富赞扬不已。得到赞扬的蔡太师更加起劲,在杭州设造作局,由大宦官童贯主管,集中东南工匠几千,制作奢侈品,上贡朝廷;在苏州设应奉局,搜集东南花石草木以满足徽宗之爱好,由朱勔主管。以后规模扩大,从各地调集大批船只,每十艘编为一纲,号称"花石纲",劳民伤财,流毒东南十二年。

蔡京之流还运用职权公开卖官纳贿,官位各有定价,当时谚语说:"三千贯,直秘阁;五千贯,擢通判。"由"花石纲"得势的朱勔父子,"货赂公行,其门如市",中外官吏"由其父子以进者甚众"。

政治的腐败导致民怨沸腾,民间流传的歌谣一语双关地唱道:"打破筒(童),泼了菜(蔡),便是人间好世界。"在这种背景下出现了宋江起义和方腊起义。

宋江起义发生在山东郓州寿张县梁山,梁山在梁山泊之中,周围数十里。当时大搞括公田,把梁山泊括归政府所有,农民打鱼采蒲苇都要按船向政府交租,"泊旁之人无所衣食,强者结集为寇盗,弱者转徙乎沟壑"。宣和元年(1119年)宋江等三十六人率众在梁山泊起义,转战河北、山东一带。

方腊起义发生在浙江西路的睦州(建德)青溪县(淳安)。此地接近徽州,是商贾辐辏之地,盛产林木、竹、漆,造作局、应奉局每年苛索不断。宣和二年(1120年)方腊以声讨朱勔为名发动起义,宋徽宗不得不一面下令撤销造作局、停运花石纲,并把朱勔父子罢官,一面命令童贯率十五万精兵前往征讨。

宋朝陷入了内外交困之中。宋金海上之盟及以后发生的宋金交涉,充分暴露了宋朝的政治腐败与军事无能。金朝在灭辽后,立即掉转锋芒,直逼宋朝。宣和七年(1125年)十一月,金军两路南下:西路军由完颜宗翰(粘罕)率领,从大同府(今山西大同)直插太原府;东路军由完颜宗望(斡离不)率领,从平州(今河北卢龙)直插燕山府,然后合师围攻东京开封府。西路军被阻于太原城下,东路军攻下燕山府,长驱南下,渡过黄河,矛头直指东京开封府。宋人以为澶渊之盟可恃,河北毫无防务可言,金兵南下所向披靡,斡离不十一月十九日发兵,十二月十日攻陷燕京,不过二十余天,次年正月初三日渡过黄河兵临东京城下,距燕京陷落也不过二十余天。

宋徽宗听到金兵南下的消息后,不敢亲自承担抵抗的重任,匆忙传位给太子赵桓(即宋钦宗)。宋钦宗即位,改年号为靖康,尊徽宗为太上皇。太学生陈东等上书,指责蔡京、王黼、童贯、梁师成、李彦、朱勔"六贼异名同罪",应"传首四方,以谢天下",朝野舆论纷纷揭露"六贼"的滔天罪行,宋钦宗不得不下旨,王、童、朱斩首,李、梁赐死,蔡流放岭南。钦宗仓促即位,毫无政治经验，全凭朝议左右。当时廷臣分化为两派：一派以宰相白时中、李邦彦为首，主张避敌锋芒，借口京城难守，钦宗应出避襄阳、邓州一带，徐图恢复；另一派以太常少卿李纲为首，主张迎战御敌，认为天下城池未有如京城之坚固者，且为宗庙、社稷、百官、万民所在，舍之何往？他引证澶渊之盟的历史经验说："昔者契丹拥百万之师，直抵澶渊，当时若从避幸之请，坚壁之言，岂得天下太平百有余年！"

靖康元年（1126 年）正月宋钦宗下诏亲征，任命李纲为兵部侍郎、亲征行营使，部署京城防御。完颜宗望兵临东京城下，要宋朝派亲王、宰相前往议和。李纲奉命主持京城防务，却无兵可调，只得临时张榜召募敢死队，但兵力不敷分配，当金兵攻城时，令百姓上城协助防守。在这种情况下，守城御敌的李纲无可奈何地感叹道："吾大兵未集，固不可以不和。"勉强留在京城的钦宗，派郑望之等赴金营求和。钦宗给议和使者的条件是：增加岁币三五百万两、犒军银三五百万两。孰料完颜宗望向宋使提出，以金五百万两、银五千万两、牛马各万匹、绸缎百万匹，割让太原、中山、河间三镇，以亲王、宰相为人质，作为议和条件。宋钦宗答应了赔款、割地的要求。金军见东京备战气氛高涨，各路勤王军又陆续赶来，便撤军北归。这时各路勤王之师已到达，面对孤军深入的金军，完全可以决一死战，居然让金军从容北撤。这种懦弱的表现，助长了金军的嚣张气焰。靖康元年八月，金军再次南下。此时政府中主和派占上风，不仅主张割地，而且主张遣返各地勤王军，撤除东京外围的防御工事。金方得寸进尺，提出宋、金以黄河为界，宋钦宗全盘接受，亲自下诏给河北、河东两路臣民，要他们"归于大金"，企图以此来保住东京。然而事与愿违，金军乘虚而下，一举攻破京城，宋钦宗亲自前往金营求和，降表上写着："微臣（钦宗自称）捐躯而听命。"金军在京城内大肆掳掠，于靖康二年（1127 年）四月初一日俘虏徽、钦二帝和后妃、皇子、宗室贵戚以及朝廷宝玺、舆服、礼器等，一起挟带北去。北宋覆灭了。这就是所谓"靖康耻"。徽钦二帝后来死于五国城（今黑龙江依兰县）。

金军北撤时，宋皇室成员全被俘虏，仅徽宗第九子康王赵构以兵马大元帅身份在河北部署军事，得以侥幸漏网，宋廷旧臣拥戴赵构于 1127 年 5 月在南京应天府（今河南商丘）即位（宋高宗），改元建炎，这一年以后的宋朝，史称南宋。

宋高宗对金极度恐慌，虽然起用了李纲为相，任命李纲推荐的宗泽为东京留守、张所为河北西路招抚使、王瓅为河东经制使，但并不想收复河北、河东失地，拒绝宗泽的出兵北伐、常驻开封的建议，倚重投降派黄潜善、汪伯彦之流，在金兵毫无南下迹象时，放弃南京应天府，南迁扬州。这一退，反而招致金兵的追击,直逼扬州。高宗仓皇渡江,逃往杭州,金兵又进逼杭州。高宗又奔越州(绍兴)、明州(宁波),逃往定海、温州。建炎四年(1130年)春,金兵在饱掠以后北撤。退保长江口一带的御营左军统制韩世忠,在金兵北撤时,率水军八千在镇江江面阻击,把金兵逼进黄天荡(今南京东北江边),与金将完颜宗弼激战,其妻梁氏击鼓助战,一时传为佳话。金兵被堵四十余天,才得以退回建康(今江苏南京)。岳飞率部收复建康,金兵退至长江以北,以宋高宗为首的南宋朝廷才得以在杭州(临安)苟安下来。

宋高宗为了苟安于东南半壁江山,回到杭州之初,一年之内就几次向金朝上书乞哀,说什么"前者连奉书,愿削去旧号,是天地之间皆大金之国而尊无二主,亦何必劳师远涉而后快哉!"当金兵在江南受挫北归后,改用"以和议佐攻战"的办法。建炎四年(1130年)金朝把秦桧(huì)放回。

秦桧(1090—1155年),字会之,江宁(今江苏南京)人,徽宗政和五年(1115年)进士,官至御史中丞,靖康之变时随徽、钦二帝被俘虏北去,屈膝投降,大倡和议,故被放回南宋。秦桧到了杭州,几个月后就受到高宗信任,官至宰相。他为了瓦解南宋政府与军队,提出"南人归南,北人归北"主张,引起朝野震动,群情激愤,欲"食其肉而寝其皮"。高宗也大为不快,说:"桧言'南人归南,北人归北',朕北人,将安归?"便把秦桧逐出政府。

绍兴元年(1131年)宋将吴玠在大散关附近的和尚原,重创金兵,金将完颜宗弼身中两箭。绍兴四年吴玠又在仙人关(今甘肃徽县南),再次大败完颜宗弼。与此同时,岳飞率部连克郢州(今湖北钟祥)、随州(今湖北随县)和襄阳府(今湖北襄樊),又攻克邓州(今河南邓州)、唐州(今河南唐河)、信阳军(今河南信阳),屯兵鄂州(今湖北武昌),南宋建立以来第一次大规模收复失地。之后,岳飞又率军连破河南许多州县,兵临蔡州(今河南汝南)。绍兴七年(1137年)高宗重新起用秦桧,出任枢密使,秦桧与宰相张浚劝说高宗收回由岳飞并统淮西军的成命,招致淮西军哗变投敌,致使朝野震惊,形势急转直下,金朝向宋高宗诱降。次年,高宗任用秦桧为相,力主和议,以迎请徽宗尸体为名,表示向金投降之意。金朝使节抵达杭州,要宋朝取消国号、帝号,称藩属,方可允许送回徽宗尸体。秦桧力主"屈己就和",代表皇帝在金使面前跪拜,全盘接受各项条件。

此时金朝内部发生政变,强硬派完颜宗弼(即兀术,一作乌珠)得势,撕毁条约,于绍兴十年(1140年)夏大举南侵。岳飞不顾秦桧阻挠,率军北上,迎击金军,连战连捷。岳飞率领岳家军从湖北出发,很快进入河南中部,收复了颍昌府(今河南许昌)、淮宁府(今河南淮阳)、郑州、西京河南府(今河南洛阳),并派遣梁兴等深入黄河以北,袭击金军后方。金朝都元帅完颜宗弼乘岳家军兵力分散之机,率精锐骑兵直插岳飞驻地郾城。岳飞令其子岳云率轻骑攻入敌阵,往来冲杀,又遣背嵬亲军和游奕军骑兵迎战正面重甲骑兵"铁浮图",以及左右两翼骑兵"拐子马",并派步兵手持麻扎刀、大斧,上砍敌兵,下砍马足,使"铁浮图"、"拐子马"遭到惨败。岳飞部将杨再兴单骑突入敌阵,打算活捉完颜宗弼。完颜宗弼大败而逃,胆战心惊地说:自我起兵北方以来,没有像今日这样挫败过。"撼山易,撼岳家军难",金军从此闻风丧胆。

正当完颜宗弼打算从河南撤军时,宋高宗下令要岳飞班师回朝,并且撤回了两翼的军队,使岳家军陷于两面受敌的困境,岳飞眼看着"十年之功废于一旦",班师回朝。随后,宋高宗又解除了岳飞、韩世忠、张俊三将的兵权,彻底解除武装,向金献媚。金乘机要挟,必须割让淮水以北大片土地,杀岳飞,方可谈判。绍兴十一年(1141年)十一月,宋金双方达成和议:(一)宋向金称臣,"世世子孙,谨守臣节";(二)划定边界:东以淮水为界,西以大散关(今陕西宝鸡西南)为界,宋朝割唐、邓二州全部及商、秦二州大半给金朝;(三)宋每年向金纳银二十五万两、绢二十五万匹。

这就是所谓"绍兴和议"。在议和的过程中,一个陷害岳飞的阴谋正在悄然展开。早在这年七月,秦桧指使右谏议大夫万俟卨(Mòqí Xiè)首先向高宗上疏诬陷岳飞不战弃地,致使岳飞罢官。秦桧又指使岳飞的部下王俊诬告岳飞部将张宪、儿子岳云

河南汤阴岳飞庙

谋反，张宪、岳云被逮捕入狱，然后又把岳飞从庐山骗到杭州，以谋反罪关入监狱。绍兴十一年十二月二十九日（1142 年 1 月 27 日），在没有任何证据的情况下，岳飞、岳云父子及张宪以谋反罪处死。据宋人杜大珪《名臣琬琰集》卷十三所载"韩忠武王世忠中兴佐命定国元勋之碑"记载，在处死前，已罢官的韩世忠质问秦桧，秦桧回答说："飞子云与张宪书虽不明，其事体莫须有。"韩世忠怫然变色说："相公，莫须有三字何以服天下！"

陷害岳飞的阴谋，在前台布置的是秦桧，幕后操纵者是宋高宗。王曾瑜《荒淫无道宋高宗》一书揭示了历史真相：岳飞蒙冤入狱后，主审官御史中丞何铸听了岳飞的辩白，天良发现，向秦桧力辩岳飞无辜。秦桧对他说了至关紧要的话："此上意也！"尔后万俟卨代替何铸对岳飞刑讯、逼供，无所不用其极。岳飞宁死不屈，拒绝自诬，万俟卨便通过秦桧向高宗请示，高宗随即下旨："岳飞特赐死！"岳飞是死于他为之"尽忠"的皇帝之手的。无怪乎明代文徵明《满江红》词中说："但徽钦既返，此身何属？千载休谈南渡错，当时自怕中原复。笑区区一桧亦何能？逢其欲。"明人陆容《菽园杂记》也有类似的看法，说得更为直白："宋与金人和议，天下后世专罪秦桧。予尝观之，桧之罪固无所逃，而推原其本，实由高宗怀苟安自全之心，无雪耻复仇之志。桧之奸，有以窥知之，故逢迎其君，以为容悦，以固恩宠耳。"宋高宗最怕岳飞北伐成功，钦宗南返，他自己的帝位不保，秦桧的所作所为正中高宗下怀。因此，当人们在杭州西湖畔的岳坟缅怀岳飞时，首先应该声讨的是宋高宗。

岳飞竟如此这般以"莫须

岳飞手迹

有"的罪名被处死,当时年仅三十九岁。岳飞(1103—1142年),字鹏举,河北西路相州汤阴(今属河南)人,宣和四年(1122年)参军。宋高宗在南京应天府即位时,上万言书反对南迁,被削夺军职,后随宗泽守开封。此后历任江淮宣抚使司右军统制、通泰镇抚使、承宣使、节度使、宣抚使、枢密副使,在抗金战争中功勋卓著。在攻克襄阳等六郡,屯兵鄂州时,作黄鹤楼词,其末尾几句为:"何日请缨提劲旅,一鞭直渡清河洛。却归来,再续汉阳游,骑黄鹤。"他的《满江红》词中的名句"三十功名尘与土,八千里路云和月","驾长车,踏破贺兰山缺","待从头,收拾旧山河,朝天阙",一直为人们所传颂。他那精忠报国的赤胆忠心,永远彪炳于史册,成为民族危难时期鼓舞人民的崇高精神力量。

69. 金朝统治下的北中国

1127年,金灭亡北宋后,立宋宰相张邦昌为傀儡,建楚国,作为收拾时局的方案,但这个傀儡政权很快自行瓦解。1130年,金朝又立宋朝降将刘豫,建齐国,作为金朝属邦,以大名府(今河北大名东北)为首都,以后迁都于开封。

随着版图的不断扩大,金朝统治下的居民有女真人、契丹人、渤海人和汉人,原先中央的勃极烈制度、地方的猛安谋克制度,已不能适应形势的需要。金熙宗在朝廷设立尚书、中书、门下三省,综理政务。1137年他又废除了傀儡政权齐国,在汴京开封设行台尚书省,次年又把燕京枢密院改为行台尚书省,由行台尚书省负责对北中国的统治。这种行台制度并无新奇之处,就是把旧领土与新领土加以区别,分作两部分加以统治。所谓行台制度,是设置与中央的尚书省平行的行台尚书省,治理新的领土。金熙宗又把会宁府(今黑龙江阿城南白城子)作为都城,修建宫殿,号称上京,并制定了朝仪制度,颁布了新文字——女真小字。

海陵王即位后,对政治制度加以改革:废除了汴京行台尚书省,政令统一于中央;废除了形同虚设的中书省、门下省,由尚书省总理政务;废除了军事机构都元帅府,改为枢密院,尚书省与枢密院成为中央最高政治、军事机构。与此同时,海陵王派人到燕京营建都城,在1153年把首都从上京会宁府迁至燕京,号称中都。为了加紧消灭南宋,海陵王又在1161年把首都从燕京迁至南京开封府。当海陵王率兵大举南下时,金朝内部发生政变,拥立完颜雍为帝(金世宗)。金世宗仍以中都燕京为首都,继续推行海陵王制定的各项制度,大批任用非皇室的女真人和契丹人、渤海人、汉人参政,实行比较开明的政治,因此金世宗被称为"小尧舜"。

随着女真人汉化的逐渐加深,金朝逐步走上了由盛转衰的进程。

由于经济关系与阶级地位的变化,女真统治集团逐渐由原先生气勃勃的征服者向腐朽衰颓的寄生者道路上走去,长期不耕不战,耕稼技术未能学得,作战能力却丧失了,骁勇善战的女真军队也失去了它赖以生存的土壤。海陵王时代,女真朝野上下先前那种尚武质实的习俗已日益衰退。世宗即位后,企图改变这一趋势,采取了一系列措施,强调"女真、汉人其实则二",反对学习汉人风俗,主张"依国家旧风"。大定二十四年(1184 年)五月,世宗率领皇室子弟和文武百官回到他们的发祥地上京会宁府,召集女真族故老演习女真歌舞,并亲自以女真语歌唱祖先创业的艰难。金章宗即位后,一反世宗所为,大力倡导汉化,他本人酷爱汉字书法、绘画、图书,成为汉文化素养最高的一个皇帝。在他的倡导下,女真贵族醉心于研习汉文化,猛安谋克户耽于享乐,尚武之风荡然无存。

金朝的经济基础是极其薄弱的。黄河下游迁入大量猛安谋克户,从汉人手中夺取土地,作为牛头地和其他官田,因而使纳税民田大量减少,影响了金朝的财政收入。仅占全部耕地一半的民田,由于军费激增而负担过重的课税,成为一个很尖锐的矛盾。金宣宗时遥领陇州防御使王扩指出:"久不改图,徒使农民重困,而军户亦不得妥帖","彼皆落薄失欢,无所营为,唯有张口待哺而已"。这样一个脆弱的政权,是难以长期维持的。

在这战乱不息的时代,原先北宋发达的经济文化的发展势头受到影响,能在某些方面得以延续,实属不易。河北东路、河北西路北宋时号称"衣被天下之地",金朝统治下,这些地方名牌优质纺织品依然相当有名,例如相州的"相缬"、河间的"无缝绵"、大名的绉縠和绢、平阳的卷子布,此外还有东平的绫锦和绢、辽阳的师姑布、平州的绫、涿州的罗。北宋发达的印刷业,此时仍在各地延续,中都、南京、平阳是刻书中心,官营或民营的刻书作坊遍布各地,著名的赵城《大藏经》七千一百多卷,由民间集资雕版印刷,持续达二十多年,堪称巨大文化工程。由于战争的频繁,火药应用与火器制造在北宋基础上有所发展。有所谓"铁火炮",这些用生铁铸成的炮,发射时声如霹雳,后来又改进为"震天雷",用铁罐装上火药,"炮起火发,其声如雷"。又有所谓"飞火枪",用十六层纸做枪筒,筒内装上火药、铁屑,作战时喷出火焰,远达十多步。在文化方面,北宋流行的"说话"与"诸宫调",此时广为流行。其代表作有董解元的《西厢记诸宫调》,用琵琶伴奏说唱,标志着"诸宫调"的成熟。此外又出现了"院本",作为一种戏曲样式,与诸宫调一起孕育了北曲杂剧,是金朝文化的一大创造。

70. 举棋不定的和与战

"绍兴和议"成功,秦桧以左相加封太师,又排挤了掌枢密院大权的张浚,独揽军政大权,进而打击抗战派将领。韩世忠罢官后,自称清凉居士,念经诵佛。岳飞部将牛皋对和议不满,秦桧指使党羽把他毒死。顺昌大捷战功显赫的刘锜,被秦桧削夺兵权后又遭罢官处分。秦桧其人卖国求荣的同时还不忘图谋私利,命考官将其子秦熺录取为状元,升礼部侍郎,升知枢密院事;又命考官将其孙秦埙(xūn)录取为状元,任礼部侍郎,颇有点想搞家天下的架势。此人贪污贿赂无所不为,每年贪赃达几十万贯之巨,据说他的家财比朝廷的国库还要多。

绍兴二十五年(1155年)秦桧病死。宋高宗的表现令人不解,他一方面在秦桧病危时下令秦桧祖孙三代退闲,使秦桧企图由儿子秦熺继承相位的野心化作泡影;另一方面又接受秦桧在遗表中提出的主张——"固邻国之欢盟","杜邪党之窥觎",还为死去的秦桧赐谥号"忠献",并任命秦桧的党羽万俟卨为相,汤思退为知枢密院事,推行没有秦桧的秦桧主义。高宗还欲盖弥彰地下诏声明:与金和议"断自朕志","故相秦桧但能赞朕而已","近者无知之辈遂以为尽出于桧,不知悉由朕衷",今后"如敢妄议,当置重典"。

然而和议是不可靠的,当宋高宗君臣一意信守绍兴和议时,金朝海陵王征调四十万大军,于绍兴三十一年(1161年)分兵四路南下:一路由海上攻临安,一路由宿、亳攻淮泗,一路由唐、邓攻荆襄,一路由秦、凤攻四川,企图一举灭宋。金军从海上攻临安的舰队,在山东沿海遭到宋朝水军的抗击,宋军首次把火箭用于海战,全歼金朝舰队。由海陵王亲率的主力在渡长江时,在采石(今安徽马鞍山境内)遭到宋朝水军狙击,宋军在船上施放霹雳炮,烟雾和石灰弥漫江面,金军无法抵挡,又遭宋军快速的车船(轮船)追击,只得败退江北。金军的失败,激发了金朝又一次政变,东京留守完颜雍南下夺取政权,自立为帝(金世宗),海陵王在扬州被部将杀死。

在这有利形势下,宋高宗仍一味主张乘胜求和,不惜继续对金称臣,以换取河南的皇室陵寝之地,而又无法实现。绍兴三十二年(1162年)宋高宗不得不宣布退位,让太子赵眘(shèn)继位(宋孝宗)。

宋孝宗即位后,面临宋金对峙的新形势,金朝国力由盛转衰,无力发动大规模的南侵战争。南宋君臣在战与和的两难选择中举棋不定,一派主张北伐收复失地,另一派主张维持现状苟安江南。孝宗决意抗战,召见抗战派官员张浚,任命他为江淮东西两路宣抚使,以后又提升为枢密使。与此同时,孝宗毅然为岳飞平反昭雪,追复岳飞、岳云的官爵,依礼改葬;并且斥逐朝中的秦桧余党,召回受秦桧诬陷的官员。一时间朝廷内外正气为之一振,令人耳目一新。

枢密使张浚出师江淮,准备北上抗战,宰相史浩反对出击,被孝宗罢官。隆兴元年(1163年)张浚派濠州李显忠、泗州邵宏渊分兵出击,李显忠收复灵璧、宿州。初战告捷,孝宗大喜过望,写信给张浚说:"近日边报,中外鼓舞,十年来无此克捷。"孝宗论功行赏,任命李显忠为淮南京东河北招讨使,邵宏渊为副使。邵宏渊因无战功,对李显忠起妒忌心。当金军向宿州反扑时,李要邵夹击金军,邵却按兵不动。金军攻至宿州城下,李全力抵抗,邵擅自撤退,迫使李率军败退。宋军在符离(今宿州市符离镇)被金军追及,全军覆没。

符离战败使先前的大好形势发生剧变,孝宗动摇,起用秦桧余党汤思退为右相,同金议和。汤思退派秦桧余党王之望出使金朝,割地求和,遭到抗战派官员强烈反对。孝宗任命张浚为右相兼枢密使,汤思退为左相,张浚回到江淮整军备战,迫使金军撤退。汤思退指使党羽攻击张浚,孝宗再次动摇,罢免了张浚。汤思退下令解散万弩营,停造战船,拆除张浚修筑的防御工事,撤退海州(今江苏连云港)、泗州(今江苏盱眙)宋军,并暗通消息,要金军南下胁迫议和。金军再度南下,连陷楚州、濠州、滁州等地。朝野舆论哗然,孝宗撤去汤思退职务。太学生七十多人联名上书,要求斩汤思退及求和使节王之望、尹穑三人。汤思退在去永州途中路过信州,获悉这一消息,心惊胆战,一命呜呼。然而孝宗并无意抗战,派使节到金营,承认金朝对商州、秦州的占领,之后又派使节渡过淮河向金朝求和。隆兴二年(1164年)的宋金和约规定:宋对金不再称臣,改称侄皇帝;宋金之间仍维持绍兴和议确定的疆界,宋每年给金的"岁贡"改称"岁币",银二十五万两、绢二十五万匹各减为银二十万两、绢二十万匹;宋承认商州(今陕西商洛市商州区)、秦州(今甘肃天水)为金的领土。这就是所谓"隆兴和议"。此后,宋金休战三十年。

隆兴和议后,宋孝宗不安于现状,起用主张抗战的虞允文为右相兼枢密使,虞允文向孝宗推荐范成大出使金朝,向金方索取北宋皇帝陵寝之地,金方断然拒绝。宋孝宗要虞允文积极策划北伐,后因虞允文病死,北伐计划中途夭折。此后宋孝宗虽然在整军和理财方面有所建树,但积重难返,难以有所作为,在当了二十七年皇帝后,传位给儿子宋光宗赵惇。孝宗死后,宗室赵汝愚和外戚韩侂(tuō)胄共同策划,请太皇太后(孝宗母)下诏,迫使患精神病的光宗退位,立其次子赵扩为帝(即宋宁宗)。

韩侂胄(1152—1207年),字节夫,相州安阳人,北宋名臣韩琦曾孙,父娶宋高宗皇后之妹,他以恩荫入仕,宋孝宗末年官至汝州防御使。宁宗即位后,他把赵汝愚逐出朝廷,从此掌握朝廷军政大权十三年,由枢密都承旨步步高升,成为太师、平章军国事,立班丞相之上。韩侂胄在宁宗的支持下,继孝宗给岳飞加谥号武穆之后,追封岳飞为鄂王,并削去秦桧的王爵,把他的谥号改为谬丑,在声讨秦桧的制词中指出:"一日纵敌,遂贻数世之忧;百年为墟,谁任诸人之责?"成为大快人心之举。

韩侂胄为了"立盖世功名以自固",发动了著名的"开禧北伐"。开禧二年(1206年)韩侂胄在准备不充分的基础上命军队渡淮北伐,镇守四川的吴曦在此时叛宋降金,使金军无西顾之忧,集中优势兵力于两淮,宋军连战连败,金军反守为攻,淮西全被金军攻占。督视江淮兵马丘崇与金军秘密和谈,金方提出宋称臣、割地、杀韩等条件,暂时停战。当韩侂胄筹划再次出兵时,礼部侍郎史弥远(史浩之子)与宁宗皇后杨氏、后兄杨次山合谋,突然袭击,杀死韩侂胄,把他的头颅送到金朝,签订和约,全部接受金方条件:增岁币为三十万,犒师银(赔款)三百万两。这种无耻行径引起舆论界极大反响,太学生作诗讽刺朝廷:

> 自古和戎有大权,未闻函首可安边。
>
> 生灵肝脑空涂地,祖父冤仇共戴天。
>
> 晁错已诛终叛汉,于期未遣尚存燕。
>
> 庙堂自谓万全策,却恐防胡未必然。

此后形势急转直下,于宋更不利了。

71. 经济重心南移的最终完成

江南经济的发展是一个漫长的过程。东汉以来长江流域的社会经济已呈现上升趋势。昔日地旷人稀的面貌正在逐渐改变。从永嘉之乱、十六国到南朝时期,长江中下游社会经济在原有基础上迅速发展。北方移民的南下为扩大江南的耕地面积提供了有利条件,江南湖泊纵横的自然条件为扩大耕地提供了来源。陂、塘、渠、堰的兴修,生产技术的改进,使火耕水耨的粗放耕作向精耕细作迈进。隋唐时期继承南朝以来的发展趋势,江南经济有了较快的增长,成为重要农业生产区域。唐朝后期,当时人已说:"军国大计,仰于江淮。"可见这一带已成为粮食生产基地。五代十国的割据局面,刺激了区域经济的开发与进展,江南的吴越尤其如此,太湖流域的农业生产得到显著的发展。北宋时,"国家根本,仰给东南",已成定局。到了南宋,江南农业经济有了突飞猛进的发展。其最明显的标志便是"苏湖熟,天下足"格局的形成。

关于"苏湖熟，天下足"，几乎是南宋人士的普遍共识，人们异口同声地指出了这一经济现象。范成大《吴郡志》说：民间谚语曰"苏湖熟，天下足"。陆游《渭南文集》说："而吴中又为东南根柢，语曰：'苏湖熟，天下足。'"高斯得《耻堂存稿》说得更为清楚而深刻：两浙一带高产区，"上田一亩，收五六石，故谚曰：'苏湖熟，天下足。'虽其田之膏腴，亦由人力之尽也"。显然这与人口增加、集约化经营有着密切的关系。美国经济学家珀金斯（Dwight H. Perkins）所写的《中国农业的发展（1368—1968 年）》，结论之一是：人类农业史是一个从粗放走向集约的过程，从多年一收的刀耕火种农业发展到一年三收的水稻经济，便是一个因人口因素而集约化的例子。

宋金对峙时期，北方人民大量南迁，他们与南方人民一起，共同促进经济重心的南移。靖康之乱后北方人口南迁，是继永嘉之乱、安史之乱两次南迁高潮之后的第三次高潮。靖康之乱对黄河中下游造成了惨重的破坏，北方人民自发地向秦岭—淮水以南的南方地区迁移。南宋政府也多次号召北方人民南下，加以安置。据葛剑雄等著《简明中国移民史》的研究，靖康之乱后出现第三次人口南迁高潮，仅两浙路、江西路、江东路，绍兴三十二年（1162 年）已有移民及其后裔约 581.2 万，估计在绍兴和议签订前（即 1141 年前）大约有 500 万北方移民迁入并定居南方。如此大量的北方移民迁入南方，对南方经济发展起了巨大作用。南方开发进入新阶段，经济发展较前加快，与北方因战争破坏、人口减少而经济发展缓慢，形成强烈反差。

偏安于江南的南宋，为了维持与北方的金朝对峙的局面，必须致力于农业资源的开发，以及农业技术的提高，因此劝农政策便成为当务之急，提上议事日程。在这种形势下，从朝廷到地方政府都十分重视农业技术的总结、推广与指导，形成了历史上罕见的刊印农书与劝农文的热潮。当时印刷出版了北魏贾思勰的《齐民要术》和唐韩鄂的《四时纂要》，编纂了反映当时农业生产新水平的农书，其中陈旉《农书》与楼璹《耕织图诗》至今仍有流传，曾安止《禾谱》、曾之谨《农器谱》等均已失传，仅在王祯《农书》中保留了一小部分。与农书大量刊印相配合的是地方官颁发的以宣传农业科技为宗旨的劝农文。如朱熹在淳熙六年（1179 年）为南康军所写劝农文，宣传秋收后应犁田翻土，越冬后再犁耙平细，以及稻秧长高后耘草与靠田（排水晒田）的重要性。又如黄震在咸淳九年（1273 年）为抚州写的劝农文，着重介绍水稻高产区的经验：田须秋耕春耙，并勤于灌溉排水，要求抚州农民改变"耙轻无力"及"一切靠天"的旧习俗。显然，农书与劝农文旨在提倡精耕细作、集约化经营，南宋农业生产的长足进步与此不无关系。

手工业的发展也显出同样的势头。南宋在苏州、杭州、成都设置了织锦院(官营丝织机构),各有织机数百架、工匠数千人,所生产的丝织品十分精美。私营作坊更多,能织造白缎、纱绢等,吴兴(湖州)的樗蒲绫,武康与安吉的绢,安吉和纱,武康的鹅脂绵,均属上品,嘉善魏塘宓家所织画绢,远近闻名。与丝织业中心已由北方移到南方同时,浙江的龙泉、江西的景德镇已成为全国著名的制瓷业中心,产品远销各地。

由于北方沦陷,对外交往必须通过海道,因此泉州、广州、明州迅速发展,成为三大对外贸易港口。南宋政府在这些地方设立市舶司,宋高宗在位的晚期,市舶司的收入达二百万贯,超过北宋最高额一倍,约占南宋政府年度财政总收入的二十分之一。由此可见,南宋对外贸易的繁盛已超过了北宋,形成了通向日本、高丽、东南亚、印度、波斯、阿拉伯的海上丝绸之路。

这不仅因为中国的丝绸成为外商争购的商品,而且因为南宋政府为了防止钱币外流,明令以绢帛、锦绮、瓷器等物交换外国舶来品,丝绸实际上就等于收买外国商品的货币(一般等价物)。据《诸蕃志》记载,由海路传往占城(越南中部)、真腊(柬埔寨)、三佛齐(苏门答腊东南部)、细兰国(斯里兰卡)、故临国(印度奎隆)、层拔国(桑给巴尔)等地的丝绸有:绢扇、绢伞、生丝、锦绫、皂绫、白绢、五色绢、丝帛等。

据《岭外代答》、《诸蕃志》的记载,当时来南宋通商的国家有五十多个。这些国家的商人每年夏至以后乘海船前来,抵达南宋各贸易港口,十月以后陆续启程回国。南宋商人去海外贸易的国家达二十多个,大抵每年十一月至十二月由广州、泉州出发,在苏门答腊贸易并过冬,然后再横渡印度洋,抵达波斯湾沿岸的阿拉伯国家。阿拉伯商人从波斯湾航行到中国,要经过两个转运中心:一个是印度的港口故临(印度奎隆),另一个是印度尼西亚的三佛齐(苏门答腊)。海上丝绸之路的兴旺发达,使偏安于半壁江山的南宋依然与世界各国保持密切的经济文化交流,并且在这种交流中保留着举足轻重的地位。

南宋的首都临安(杭州)是当时世界之冠的大都市,西方学者把它看作9世纪至13世纪发生在中国的商业革命、都市革命的标志。一般著作都说,杭州在北宋时不过是一个39万人口的中等城市,南宋初年皇室与中央政府迁至此地,人口一下暴增至124万,规模超过了北宋的东京开封。需要说明的是:(一)上述统计数字是南宋咸淳间临安(杭州)府所属九县的户籍人口,即主客户共39.1万多户,124万多口;至于临安(杭州)城即钱塘、仁和两县主客户共18.6万多户,43.2万多口,占全府人口的三分之一。(二)杨宽《中国古代都城制度史研究》指出,宋朝的"口"是男丁数,每户平均以五人计,附郭的钱塘、仁和二县,即杭州城的人口 90 多万,如果把驻扎的军队及其家属 20 多万统计在内,杭州城的总人口当在 120 万左右。日本学者斯波义信《宋代江南经济史研究》推定南宋的杭州(城)有 150 万人口,其中城内 90 万、城外 60 万。具体化为:城内有皇族、官户、吏户、僧道户、军户、绅衿、工商经营者等 74 万人,工商业及杂业劳动者 16 万人;城外有军户、农户、官户、吏户、僧道户 48 万人,以及职业人口(包括工匠、商业与运输业劳动者、蔬菜专业农户) 12 万。由此可见,杭州全城的人口已超过 100 万是不成问题的。它不仅是南宋的政治中心,也是经济、文化中心。

皇城(即大内)建在凤凰山东麓的案山(即吴山),号称周围九里,北起凤山门,西到万松岭,东到候潮门,南到江干。从大内和宁门往北是一条用石板铺成的御街。御街与东西向的

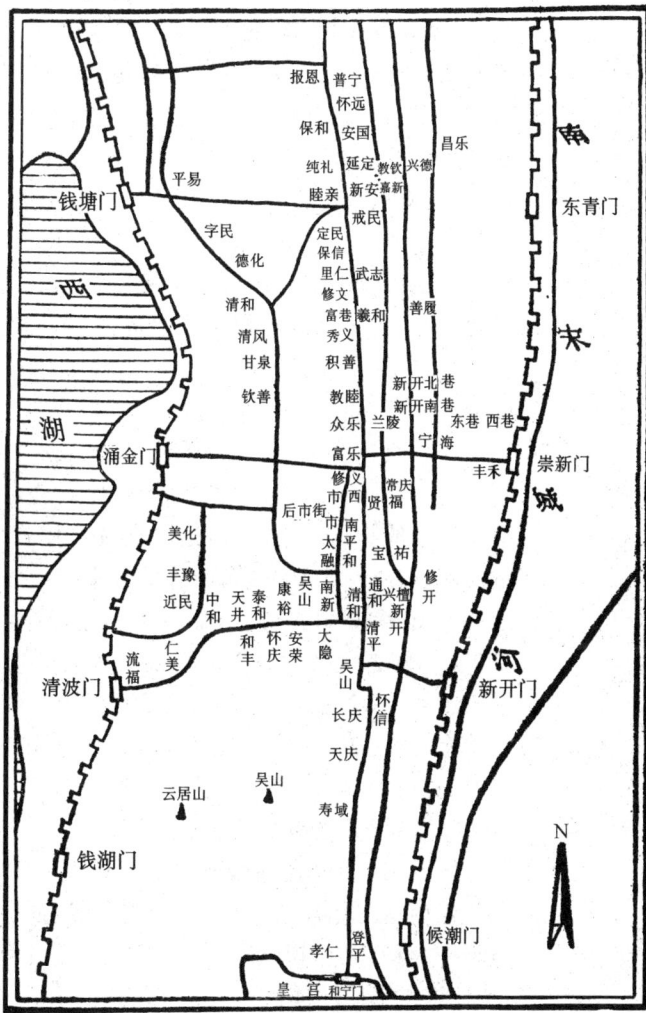

南宋临安(杭州)城郭示意图

荐桥街、三桥街相交,与后市街平行,东面又有贯穿全城的市河(小河)、盐桥运河(大河),因此御街就成为全城最繁华的商业街。御街两侧的街面全是商店以及称为"行"、"市"的商业机构,正如《梦粱录》所说:"自大街及诸坊巷,大小铺席,连门俱是,即无虚空之屋";"大抵杭城是行都之处,万物所聚,诸行百市,自和宁门杈子外至观桥下,无一家不买卖者"。

御街南段的街市,以大内宫廷与中央官署为供应对象。御街中段(从朝

天门到寿安坊〔俗称官巷〕)是街市最繁华的处所,据《都城纪胜》说:"以至朝天门、清河坊、中瓦前、灞头、官巷口、棚心、众安桥,食物店铺,人烟浩攘。其夜市,除大内前外,诸处亦然……买卖关扑,酒楼歌馆,直至四鼓后方静。而五鼓朝马将动,其有趁卖早市者,复起开张。"御街中段酒楼茶坊云集,"市"、"行"、"团"等商业组织众多,有珠子市、花市、方梳行、销金行、冠子行等,最引人注目的是五间楼至官巷口的金银盐钞引交易铺。这是南宋新设的交易所,与北宋东京的金银绵帛交易所有所不同。所谓盐钞引是官府发给商人支领和运销盐茶之类管制商品的证券,持有证券的商人到这里开设的一百多家金银盐钞引交易铺进行交易,这些交易铺门口陈列金银器皿和现钱(称为看垛钱),交易后,到官府的榷货务清算钞引。御街南段(修文坊、义和坊至观桥)的街市,稍逊于中段、南段,但众安桥的下瓦子(俗称北瓦子)是全城最大的瓦子,周围的商业十分兴旺。

1999 年 7 月 8 日杭州涌金路、定安路的交叉路口施工场地,出土了南宋金铤 32 件、金牌 3 件。据文博工作者考定,确认是南宋时期的黄金货币。南宋钱币博物馆馆长表示,这次发现将使长期以来海内外众多学者争论不休的话题终于找到了一个明确的答案:黄金在南宋时已作为货币流通于世。这些金铤、金牌制作规范,金铤为一两(约合今 4 克),金牌为一钱(约合今 0.4 克),两者保持 10∶1 的兑换关系。这批金铤、金牌两面都刻有文字,分别表示铸匠、金银铺、成色以及信誉担保。隆兴二年(1164 年)杭州官价:每一钱金兑换三贯铜钱。这些金铤、金牌并非宫内的"赏赐钱",而是民间自由流通、兑换的货币。这次发现,以实物印证了《梦粱录》、《武林旧事》、《西湖老人繁胜录》关于南宋黄金货币的记载。

城内的市河、盐桥运河在清河坊以南沟通,向南直达江干的钱塘江,向北与江南运河相连接,成为水上交通线与商品集散地,因此沿河近桥的街市也是一大特色。当时民间谚语把"杭州之日用"概括为"东菜西水南柴北米"(或曰"西门水,东门菜,北门米,南门柴"),都以这些沿河近桥街市为集散地。

作为都城的杭州,定居人口已超过百万,流动人口更多,服务性行业的规模达到前所未有的程度,酒楼、茶坊、瓦子鳞次栉比,林林总总。酒楼中少数是官酒库开设的酒楼,如丰乐酒、和乐楼、春风楼、太和楼;多数是私营酒楼(称为市楼),如武林园、嘉庆楼、聚景楼、花月楼、双凤楼、赏心楼、月新楼等。大酒楼门前彩画欢门,设红绿权子,门口有绯绿帘幕和巾金红纱灯笼。夜市尤为热闹,灯火辉煌,人声鼎沸。茶坊四壁张挂字画、安设花架,供应香茗,冬天又有七宝擂茶、葱茶、盐豉汤,夏天则有冷饮——雪泡梅花酒、缩脾饮、暑药冰水。这是借饮茶品茗之机进行社会交际的公共场所。另有所谓"花茶坊",带有歌馆(妓馆)性质,正如《武林旧事》所说:"清乐茶坊、八仙茶坊、珠子茶坊、潘家茶坊、连三茶坊、连二茶坊……莫不靓妆迎门,争妍卖笑,朝歌暮弦。"

瓦子,又名瓦肆、瓦舍,是娱乐场所。据《武林旧事》记载,杭州城内外共有瓦子二十三处,城内有五处,其中北瓦最大,有勾栏(百戏演出场地)十三座,分别演出史书、小说、戏剧、相扑、傀儡戏(有杖头傀儡、悬丝傀儡、水鬼傀儡等)、说唱、说诨话和学乡谈(类似相声、滑稽)、皮影戏、棍棒、教飞禽等,昼夜不息地演出,观众多时达千余人。

杭城西南的西湖风景区,更使杭州博得了人间天堂的美誉,繁华程度远远超过了东京开封。时人林升《题临安邸》诗曰:

山外青山楼外楼,西湖歌舞几时休。

暖风熏得游人醉,直把杭州作汴州。

72. 朱熹新儒学与浙东学派

朱熹(1130—1200 年),字元晦,一字仲晦,号晦庵,徽州婺源人。生活在高宗至宁宗时代,绍兴十八年进士,曾任泉州同安主簿,任满后向程颐的三传弟子李侗学习程学。朱熹一生坎坷,十四岁丧父,仕途也不顺利,先后做地方官五任,最荣耀时任宁宗皇帝侍讲,不过四十六天而已。加在一起,为官仅九年,其余时间多在书院讲学。他的一生主要精力用于著书讲学,完成儒学的复兴,使儒学的更新运动在学术上作出总结,集中了前人(特别是程颐系统)的儒学研究成果,形成了与汉唐经学不同的新儒学体系,后人称为理学、道学或新儒学。国际学术界认为,朱熹是孔、孟以来中国最大的思想家,也是孔、孟以后综合了新儒学思想,在新基础上建立哲学体系的最重要人物。他的思想从 14 世纪开始产生广泛的影响,15 世纪影响朝鲜,16 世纪影响日本,17 世纪引起西方注意,1714 年在欧洲翻译出版了《朱子全书》。西方汉学家认为,朱熹的方法论基本上是经验主义的唯理论者的方法论,他对儒教世界的影响,可与托马斯·阿奎那对基督教世界的影响相比拟。

如所周知,孔子创建了"六经"系统。秦灭亡以后,《乐经》佚失,"五经"成为汉唐经学的主体。朱熹对经学的最大贡献,是把以"五经"为主体的经学,改造为"四书五经"体系,并把重心从"五经"转移到"四书"。在朱熹看来,儒家道统在孔子、曾子、子思、孟子之间相传,因而《论语》、《大学》、《中庸》、《孟子》组成的"四书"理所当然地成为经学的主体。朱熹的创造性正在于此,称为"儒学复兴",原因也在于此。

相传为朱熹对镜写真的自画像

朱熹是宋朝理学的集大成者,在他之前,周敦颐引用道家思想阐释儒学,建立理学的宇宙论,其代表作《太极图说》便是《易经》与道家观念的混合体。张载则从《易经》出发,解释宇宙万事万物都由"气"聚合而成,而万事万物的形成规律便是所谓"理"(即道)。程颢、程颐兄弟进一步指出,宇宙间有一定不变之"理",推之四海而皆准。朱熹把"理"作为自己哲学体系的基本范畴,从"理"与"气"的关系上探讨关于天地万物的哲学意义。他认为"理"先于"气","气"依"理"而存在;事物的"理"就是该事物最完全的形式与标准;万物有万理,万理的总和就是"太极"。要了解"太极",必须从格物致知做起,多穷一物之理,就能多了解事物之理的全体。万物的形成依赖于"气","气"是"理"的表现。气的流动形成阳气,凝聚形成阴气,"阴阳是气,五行是质,有这质所以做得事物出来"。在《朱子语类》中记录了他与学生关于这方面的问答,既抽象又不乏兴味。

其一,问:"太极不是未有天地之先有个浑成之物,是天地万物之理总名否?"曰:"太极只是天地万物之理。在天地言,则天地中有太极;在万物言,则万物中各有太极。未有天地之先,毕竟是先有此理……"

其二,问:"昨谓未有天地之先,毕竟是先有理,如何?"曰:"未有天地之先,毕竟也只是理。有此理,便有此天地。若无此理,便亦无天地……"

当学生问他究竟是否理在先、气在后时,他又认为不应该如此简单化理解。

其三,或问:"必有是理,然后有是气,如何?"曰:"此本无先后之可言,然必欲推其所从来,则须说先有是理。然理又非别为一物,即存乎是气之中,无是气,则是理亦无挂搭处……"

其四,或问:"理在先,气在后。"曰:"理与气本无先后之可言,但推上去时,却如理在先、气在后相似。"

其五,问:"有是理便有是气,似不可分先后?"曰:"要之,也先有理。只不可说是今日有是理,明日却有是气,也须有先后。且如万一山河大地都陷了,毕竟理却只在这里。"

看来,朱熹关于理与气的学问奥妙无穷,以往的中国哲学史家据此断定他是主张意识先于物质的客观唯心主义者,实在是过分简单化的做法。冯友兰说:"朱子之学,尚非普通所谓之唯心论,而实进于现在所谓之新实在主义。"日本学者山田庆儿通过宇宙学、天文学、气象学方面的考察后发现,朱子学体系的主要构成具有鲜明的古希腊哲学中的自然学性质。确实如此,朱熹有渊博的学识与精密的分析方法,使他在自然科学方面也有创见,例如他从高山上残留的螺蚌壳论证此处原为海洋,由于地质变迁才隆起为陆地。《朱子语类》中说:"尝见高山有螺蚌壳,或生石中,此石即旧日之土,螺蚌即水中之物,下者却变而为高,柔者却变而为刚。"有如此学养的朱熹,绝非冬烘先生,气与理的关系,必须从另一层面上给予合理的解释。

陈荣捷在《朱学论集》中指出:理必须用以阐释事物之本质与普遍性,理为形而上,为一,为永恒与不变,为一致,为事物本质之构成,为不灭。气则必须用以阐释形而下,个别性,以及事物之变化,气为器,为多,为暂时与多变,与众殊,为事物结构之构成,为可灭。陈来《朱子哲学研究》认为,朱子的理气学说,是论证宇宙本体与万物之性的同一性,论证本原与派生的关系,论证普遍规律与具体规律的关系,论证理与事物的关系。

朱熹把儒学的伦理纲常加以新的阐释,赋予新的内容。董仲舒那种近乎神学的三纲五常学说,经过朱熹的发挥,才理论化、具体化、通俗化。他把《大学》中所说的"格物致知正心诚意修身齐家治国平天下",作为理论根据,构建上自皇帝下至各个家庭的一整套周密的社会秩序。

朱熹重视理学的普及化、通俗化,他编著《四书集注》,用理学思想重新解释《大学》、《中庸》、《论语》、《孟子》,使理学透过四书而深入人心。他编《小学》,教育青少年遵循三纲五常的道德规范,他编《论语训蒙口义》、《童蒙须知》,对儿童的衣着、语言、行为、读书、写字、饮食都作了道德规定。例如,穿衣,要颈紧、腰紧、脚紧;说话,凡为人子弟必须低声下气、语言详缓;读书,要正身体对书册,详缓看字;饮食,在长辈面前,必须经嚼缓咽,不可闻饮食之声,如此等等。这就是正心、诚意、修身,否则就谈不上齐家,更遑论治国、平天下了。

然而朱熹学派在当时被诬为"伪学",遭到禁锢,成为南宋文化思想界最引人注目的咄咄怪事。用行政命令手段禁锢一个学派、一种思想,一向是排斥异己的政治手段,在以往的历史上屡有所见,在南宋这个内外交困的时代,就更为敏感了。在此之前,有绍兴年间的程学之禁,那是一个官僚对程颐的弟子有意见,上疏声称程学"狂言怪语,淫说鄙喻",请加禁止,高宗采纳了。后来又有阿附秦桧的官僚攻击反对和议的程学、洛学,说是"专门曲学",应"力加禁绝"。可见禁锢学派并非意识形态上的分歧,不是一般的学派之争或学术之争。

对朱熹学派的禁锢也是如此。朱熹从"修政事,攘夷狄"的观点出发,在淳熙年间对孝宗即位以来的腐败政治给予抨击,希望有所转变,为"复中原灭仇虏"奠定基础。他在出任地方官时,在权力所及范围作了种种努力,他连上六章弹劾贪赃枉法的台州知府唐仲友,便是突出一例。唐仲友是宰相王淮的姻亲,朱熹此举得罪了王淮,王淮授意吏部尚书郑丙攻击朱熹。朱熹的为政之道无隙可乘,郑丙便选择了他的道学(即理学)作为突破口,上疏攻击朱熹说:"近世士大夫所谓道学者,欺世盗名,不宜信用。"孝宗轻信此言,"道学"之名从此成为一个政治罪状而贻祸于世。

宁宗即位后,宰相赵汝愚推荐朱熹为侍讲,朱熹对宁宗提醒防止左右大臣窃权。韩侂胄由此怀恨,先是把朱熹排挤出宫,又以道学之名打击,以后又感到道学两字不足以构成罪状,索性就把道学称为伪学。朝廷大臣惮于清议,不敢显斥朱熹,韩侂胄不满,任命亲信沈继祖为监察御史,罗织朱熹的"罪状"(如霸占友人死后的家财、引诱两个尼姑作妾等),使朱熹罢官而去。从此以后,朝中攻击朱熹日甚一日,甚至有人公然上书要求处死朱熹。在政治高压下,朱熹上表认罪,违心承认"私故人之财","纳其尼女",说要"深省昨非,细寻今是"。他的不少门生朋友惶惶然不可终日,特立不顾者,屏伏丘壑;依阿巽懦者,更名他师,过门不入;更有甚者,变易衣冠,狎游市肆,以自别其非党。结果牵连了所谓"伪学逆党"五十九人。庆元六年(1200年),朱熹在忧心忡忡中病逝,政府还提心吊胆地视朱熹为大敌,预防门人吊丧时会聚,唯恐他们"妄谈时人短长,谬议时政得失"。一代大师竟落得这样的下场,是善良的人们难以想象的。

这场冤案,九年之后终于得到昭雪。朝廷为朱熹恢复名誉,他的学说不再是"伪学",他的门生朋友不再是"逆党"。宝庆三年(1227年),宋理宗发布诏书,追赠朱熹为太师、信国公,提倡学习"有补治道"的《四书集注》。此后朱熹学说作为官方正统学说,流传数百年而不衰。政治对于学术的干预,莫此为甚!

与朱熹同时代的浙东学派有着同样耀眼的光芒。在学术上,吕祖谦、薛季宣、陈傅良、陈亮、叶适等人,被称为浙东学派。他们在研究学问的途径上,趋向大致相同,从经史百家、礼乐兵刑、典章制度到舆地边疆、农田水利等,都要"通其委曲,以求见诸事功",反对空谈道德、性命、理气之类的抽象问题。

叶适(1150—1223年)在《习学记言》中对董仲舒倡导的"正其谊不谋其利,明其道不计其功",明确表示不同的见解,说此话"初看极好,细看全疏阔","后世儒者行仲舒之论,既无功利,则道义者乃无用之虚语尔"。他对传统儒学进行全面反思,贯穿了"以利和义"、"利义合一"的思想,鲜明地主张"善为国者,务实而不务虚"。

陈亮(1143—1194年)于乾道五年(1169年)向孝宗上《中兴五论札子》,对南渡后遵守祖宗旧法,没有多少改革的局面,极为不满,建议迁都建康(南京),驻重兵于荆襄,力图恢复。他认为"江南之不必忧,和议之不必守,虏人之不足畏,而书生之论不足凭",与朱熹那种不内修政事以固邦本,则恢复无望的估计相比,要乐观得多,积极得多。淳熙九年(1182年)他去婺州、衢州访问朱熹。此后几年中他与朱熹书信往返,就"王霸义利"展开辩论。他批评一些儒士以"义"和"王道"相标榜,而把汉唐时代的成功归之于"利"和"霸道",是"义利双行,王霸并用"。陈亮很欣赏"执赏罚以驱天下"的"霸者之术",而不赞成单纯的儒家王道主义。这场"王霸义利之辨"在文化界引起了强烈的反响。

十二、元
——蒙古建立的王朝

73. 蒙古的兴起与成吉思汗

唐朝时,分布在大兴安岭北段的室韦诸部中有一支蒙兀室韦部,蒙兀即蒙古的异译。唐末,蒙古一部迁到斡难河(今蒙古鄂嫩河)上游,进入草原后,蒙古由原先的森林狩猎发展为放牧牲畜,与中原地区的联系也日益密切,社会经济获得明显发展。

在 11 至 12 世纪时,大漠南北草原上,分布着许多游牧部落:蒙古部、塔塔儿部、克烈部、乃蛮部、蔑里乞部、弘吉剌部、汪古部。在诸部为了掠夺人口、牲畜和扩大地域的争战中,蒙古乞颜氏贵族铁木真的势力逐渐强大。

铁木真(1162—1227 年),姓孛儿只斤,其父也速该有"勇士"(蒙语为拔阿秃儿)之称,在与塔塔儿部的战争中,儿子降生,便以俘虏的塔塔儿首领铁木真的名字为儿子命名。成年的铁木真借助札木合的力量聚集蒙古部众,建立自己的斡耳朵(即《辽史》所谓斡鲁朵,意即行帐、行宫),约在 12 世纪 80 年代,自称为汗。12 世纪末至 13 世纪初,铁木真在克烈部支持下打败蔑里乞部,又消灭了蒙古部内部的对手,以后陆续降服了塔塔儿部、弘吉剌部、克烈部、汪古部、乃蛮部,完成了漠北草原的统一,从此就统称草原各部为蒙古。

1206 年,铁木真在斡难河源头召开最高部族会议——忽里台大会,树起九旒白旗,登上蒙古大汗的宝座,被尊为成吉思汗。成吉思汗经过十多年的征战,终于建立起一个草原帝国,它的国号蒙古语叫"也客忙豁勒兀鲁思",意即"大蒙古国"。

成吉思汗是骁勇善战的军事天才,他把整个蒙古社会全盘军事化,并且开始了世界历史上最令人震惊的一系列征服战争。他把目光瞄准了南面的中原王朝,首当其冲的是西夏。在初战告捷后,于 1209 年大举入侵,决黄河堤岸水淹西夏首都中兴府(今宁夏银川),迫使西夏求和。第二个目标是金朝。蒙古原先臣服于金,成吉思汗即位后仍向金称臣纳贡,当成吉思汗看到庸懦的卫绍王即帝位后,便断绝了原来的臣服关系,于 1211 年率军大举攻金,夺取五十多州县,逼近其中都燕京(今北京),金军虽有"震天雷"、"飞火枪"等新式武器,但当时政治腐败、经济凋敝,将领们毫无斗志,据守野狐岭的金军号称四十万,一触即溃,在浍河堡战役、缙山战役中,金军精锐主力被全歼。金朝不得不送公主及童男童女,外加马匹、金银、绸缎,乞求和平。1214 年心有余悸的金宣宗为了避免后患,从中都(今北京)迁都南京(今河南开封)。成吉思汗借口金宣宗对他抱怀疑态度,于 1215 年发兵占领中都。此后金的领土大大缩小,黄河以北之地几乎全为蒙古所有,灭金已指日可待。

在此以前,成吉思汗突然把攻击的矛头转向西方,形势发生了富有戏剧性的变化。成吉思汗命大将木华黎率偏师去对付金朝,自己集中主力准备西征,在灭亡了西辽后,便把矛头直指中亚细亚的花剌子模。摩诃末国王

成吉思汗铜像

统治下的花剌子模是一个不稳定的军事政治联合体,内部矛盾重重,战争一开始摩诃末便率先逃跑,在强大的蒙古军队凌厉的攻势下,缺乏统一指挥的孤城,被各个击破,花剌子模的新都撒麻耳干(今乌兹别克撒马尔罕)、旧都玉龙杰赤(今乌兹别克乌尔根奇)都被蒙古军队攻占。成吉思汗指挥下的蒙古军队横扫中亚细亚至波斯、印度的广大领域,于 1224 年启程东归。

1225 年成吉思汗回到漠北,见西夏不屈从于他,决定一举灭亡它。这时的西夏早已由盛转衰,面临来自蒙古的严重威胁,皇室内部一再出现争夺皇位的事件,为了维持摇摇欲坠的局面,时而附金抗蒙,时而降蒙侵金,终于和金朝一起被蒙古所灭。

然而成吉思汗灭亡西夏的战争进行得异常艰苦。1226 年成吉思汗亲

率大军从北路侵入西夏,攻破黑水城、兀剌海城,在进攻沙州时,遇到顽强的抵抗,蒙古大将阿答赤差一点被活捉,经过一个多月的伤亡惨重的攻坚战,才拿下沙州。肃州、甘州的战争也十分酷烈,尤其是成吉思汗亲率大军围攻灵州之战,其酷烈的程度为蒙古军作战史中所罕见。西夏的末代统治者帝睍(xiàn)在中兴府被蒙古军队围困达半年之久,于 1227 年 6 月向蒙古投降,一个月以后献城,不仅帝睍被杀,全城军民都遭到了残酷的屠杀。西夏王朝在历史上存在了 190 年,至此宣告灭亡。

成吉思汗就在西夏献城的前夕,在军中得病,死于漠北,结束了他六十六岁的辉煌一生。他临死前提出了联宋灭金的战略方针。

他的继承人窝阔台继承遗志,发兵灭金。窝阔台是成吉思汗正妻的第三子,由忽里台大会承认为蒙古第二代大汗,他在契丹人耶律楚材的辅佐下,制定了堂皇的中国式朝仪制度,奠都于哈剌和林(今蒙古国后杭爱省哈拉和林),然后从南北两路攻金,北路由孟津渡黄河攻洛阳,南路假道南宋领土,经邓州抄袭开封。金放弃开封逃往归德、蔡州。

南宋统治者再次重犯北宋海上之盟"以夷制夷"的错误,与蒙古达成协议:联合进攻金朝,金灭亡后,河南的领土归宋,河北的领土归蒙古。此举显然中了蒙古的圈套。当宋军由襄阳攻下唐州,向息州进军时,竟被小股金军所击败。金哀宗派使节与宋朝和谈,一针见血地指出:"蒙古灭国四十,以及西夏,夏亡及于我,我亡必及于宋。唇亡齿寒,自然之理。若与我连和,所以为我也是为宋。"遭宋朝方面拒绝。宋理宗端平元年、金末帝天兴三年(1234年)正月,蔡州城被蒙古军攻破,金朝灭亡。其实留着金朝可以作为蒙、宋的缓冲地带,对南宋有利。金亡,蒙古与南宋接壤,灭宋不过是一个时间问题。

成吉思汗统一了蒙古,发动了西征,使蒙古显赫一时,还在蒙古地区建立分封制度,颁布法典《大札撒》,而且命人创造了蒙古文字。可见他并非"只识弯弓射大雕"的"一代天骄"。成吉思汗说:读书的糊涂人,终究要超过生性聪明的人。他任用畏兀儿人塔塔统阿,以畏兀儿字母书写蒙古语,教授太子及诸王,创制了畏兀儿体蒙古文。忽必烈即位后,命八思巴创制蒙古新字——脱胎于藏文的拼音文字。元亡后,八思巴蒙古字不再通行,畏兀儿体蒙古字不断演化,沿用至今。

13 世纪蒙古草原上的牧民与牧地,都属于各级领主。成吉思汗把他所属的亲兵(那可儿)和归附于他的各部首领分封为万户那颜、千户那颜、百户那颜。那颜可译作官人,也可译作领主,他们按照等级有数量不等的牧地和牧民。成吉思汗把份地分封给自己的儿子及近亲们,据《元朝秘史》记载,获得份地的有其正妻孛儿台所生四子,以及诸弟。其四子的份地在按台山以西,总称西道诸王,后来逐渐扩展,形成长子术赤之子拔都建立钦察汗国,次子察合台的后王建立察合台汗国,四子拖雷之子旭烈兀建立伊利汗国。其诸弟的份地,据一些学者考证,或在兴安岭以西,或在兴安岭以东,或在女真边墙一带(即今西乌珠穆沁旗),总称东道诸王。

成吉思汗作为蒙古国的大汗,国家和人民就是他那个氏族的领土领民,也就是说,在蒙古国范围之内的人民,都是成吉思汗及其氏族的兀纳孚·孛斡勒。成吉思汗氏族的男性子孙,就是拥有世袭领地领民的可卜温——诸王。可卜温一词在蒙古语中原意为儿子,诸王是它的引申义。每一个可卜温有分地分民的权利,既是份地的领主,又是蒙古大汗的臣子。

成吉思汗在任命左手万户、右手万户、中军万户作为最高领兵官的同时,又把原来的护卫军扩充为一万人,包括一千宿卫、一千箭筒士、八千散班,保卫大汗并跟随大汗出征,平时分四队轮番入值,称为四怯薛。大汗直接掌握这支称为怯薛的护卫军,成为大汗权力的基础,加强了对在外诸王及那颜的控制。怯薛由游牧主的"伴当"演变而来。所谓伴当是氏族社会衰落过程中形成的游离分子,归属于一个游牧主人。符拉基米尔佐夫认为伴当与主君的地位是平等的,日本北亚史专家护雅夫认为主君与伴当之间存在一种主从关系,这种主从关系来自家产制度,美国社会学家克瑞德(Lawerence Krader)也持有与此近似的看法。成吉思汗在建立以其"黄金家族"为核心的蒙古国时,怯薛的贡献极大,成为大汗行使其权力的重要手段。

成吉思汗初起时曾说:"哥哥弟弟每商量定,取天下了呵,各分土地,共享富贵。"他的继承者征服金朝后,仿照传统制度,把农业区的人口和土地分给成吉思汗氏族的诸王、功臣。这种领地,依契丹的用语,称为投下(或头下),有所谓十投下、五投下之类。太宗窝阔台根据耶律楚材的建议,在此等分地上设置达鲁花赤,赋税由朝廷所遣官吏征收,年末颁赐领主。

斡耳朵即《辽史》所谓斡鲁朵,意即行帐、行宫,是蒙古君长的住地。成吉思汗有四斡耳朵:第一斡耳朵(大斡耳朵)即庐朐河行宫,第二斡耳朵即萨里川哈老徒行宫,第三斡耳朵即土兀剌河上黑林,第四斡耳朵即斡难河行宫。太宗窝阔台、定宗贵由、宪宗蒙哥都有各自的斡耳朵。世祖忽必烈以前宫殿即斡耳朵,宫殿之外无斡耳朵;世祖以后斡耳朵与宫殿分离,宫殿之外另有斡耳朵,对于蒙古而言,这是一大进步。

汤因比在《人类与大地母亲》中指出:成吉思汗的财富,就是他的谋士们的才能,就是在马背生活中反复灌输到游牧民族战士心中的尚武精神和军事纪律,还有他个人叱咤风云的胆略。成吉思汗的个性和组织能力,加上蒙古人的好战性格,以及他们从近邻吸取的文明气息,就是蒙古人在其领袖成吉思汗的激励下取得惊人的军事和政治成就的原因。

74. 混一亚欧的大蒙古国

蒙古在灭金后,继续对外征战,目标有二:灭南宋和远征西域。太宗窝阔台与成吉思汗一样,醉心于西征,暂缓灭亡南宋的进程。

窝阔台一直跟随成吉思汗南征北战,战功显赫,1219 年成吉思汗西征前,被确定为大汗继承人。成吉思汗率军西征时,窝阔台与哥哥术赤、察合台围困讹答剌城,攻克该城后与成吉思汗会合于撒麻耳干(撒马尔罕),并受命协调术赤、察合台两军攻克玉龙杰赤(乌尔根奇)。1227 年他又随成吉思汗征西夏。1229 年经忽里台大会选举,他成为蒙古国的第二代大汗。灭金后的第二年,即 1235 年他召开大会,作出西征的决定:远征钦察、斡罗思(俄罗斯)、孛烈儿(波兰)、马札儿(匈牙利)以及这一带所有未服之国;要各系宗王长子统兵,万户以下各级那颜也以长子从征,以拔都(成吉思汗长子术赤的次子)为西征军统帅,大将速不台(成吉思汗亲信那可儿)为先锋;率军从征的诸王还有窝阔台长子贵由、拖雷长子蒙哥等。

1236 年秋,拔都命速不台攻下不里阿耳国,又命蒙哥攻钦察、阿速,于次年初擒杀伏尔加河下游的钦察部首领,随后征服莫尔多瓦国。1238 年初,拔都攻下斡罗思的莫斯科城;次年冬,攻下阿速国都蔑怯思城;1240 年秋攻下乞瓦(基辅);1241 年拔都分兵两路向西,一路攻入孛烈儿(波兰),另一路攻入马札儿(匈牙利)。蒙古远征军在里格尼茨(今波兰南部)大败波德联军,欧洲为之震动。1242 年拔都获悉窝阔台已死,便率军东返,留驻于伏尔加尔河下游大营,统治所征服的钦察、斡罗思诸国,建立了东起哈萨克草原,西到斡罗思,南起巴尔喀什湖、里海、黑海,北到北极圈附近的钦察汗国(或称金帐汗国)。这里原先是成吉思汗划分给长子术赤的封地,当时划定的范围是:也儿的石河(额尔齐斯河)以西、花剌子模以北,直至蒙古骑兵所到之处。术赤的次子拔都征服了乌拉尔河以西伏尔加河流域,迫使斡罗思各公国臣服后,建立起这个庞大的汗国,以伏尔加河上游的拔都萨莱城(今阿斯特拉罕附近)为国都。拔都去世后,其弟继位,钦察汗国名义上仍对蒙古大汗称藩,实际已经成为独立国。

1246 年窝阔台长子贵由被立为大汗(蒙古国第三代大汗)。1248 年贵由死于讨伐拔都的西行途中。1251 年成吉思汗幼子拖雷的长子蒙哥继任汗位,成为蒙古国第四代大汗。蒙哥鉴于此前多年中汗位争夺的激烈,即位后致力于强化大汗的权威,然后任命其弟忽必烈总领漠南汉地军政事宜,并任命其弟旭烈兀总领波斯之地,统兵西征,于是发动了第三次西征。

1253 年,旭烈兀率西征大军出发,经过两年多的战争,消灭了伊斯兰教亦思马因派在里海以南的木剌夷国。1257 年旭烈兀率军西进,矛头直指黑衣大食的首都报达(今伊拉克巴格达)。阿拉伯帝国阿拔斯王朝,崇尚黑色,唐朝史籍称为黑衣大食。报达(巴格达)不仅是黑衣大食的首都,也是整个伊斯兰教阿拉伯世界的都城。1258 年蒙古军用炮火攻下此城,伊斯兰教最高教主哈里发投降。1259 年,旭烈兀又分兵三路,侵入叙利亚。次年春,旭烈兀获悉蒙哥的死讯,便回师波斯,又获悉忽必烈已继任大汗,决定不再东返蒙古,表示拥护忽必烈为汗。忽必烈遣使传旨,把阿母河以西的波斯国土及其人民划归旭烈兀统治。于是旭烈兀建立了又一个汗国,东起阿母河和印度河,西面包括小亚细亚大部分地区,南至波斯湾,北抵高加索。由于旭烈兀自称伊利汗,这个汗国便称为伊利汗国,以蔑剌合(今伊朗马腊格)为首都。

钦察汗国、伊利汗国、察合台汗国、窝阔台汗国,合称四大汗国。察合台汗国是成吉思汗次子察合台的封地——从畏兀儿境一直延伸至河中的草原地区,最盛时其疆域东至吐鲁番、罗布泊,西至阿母河,北至塔尔巴哈台,南至兴都库什山。窝阔台汗国是窝阔台后王海都所建的汗国,西至可失哈耳(今新疆喀什)与答剌速河(今塔拉斯河),南至天山南麓诸城,西至哈剌火州(今新疆吐鲁番),北至也儿的石河(今额尔齐斯河)上游,以伊犁河与答剌速河流域为中心。它的存在对元朝与西方诸汗国的联系、东西方交往都产生了巨大的影响。

蒙古军事远征的结果是出现了一个横跨亚欧大陆的大蒙古国。蒙古语成为这广袤领土上最权威的官方语言。虽然它是一个不稳定的政治军事联合的共同体,缺乏统一的社会经济基础,第三代大汗时已经开始分裂,表面上承认元朝皇帝(大蒙古大汗)是他们的宗主,实际上都已独立地统辖自己的领土,不久就演化为若干个相对独立的国家,但是在整个元朝的对外关系与经济文化交流中起着明显的积极作用。

首先,这些汗国仍尊奉元朝皇帝为大汗,称之为"一切蒙古君主的君主","四海万民之君和成吉思汗家族之长",它们承认元朝皇帝为其宗主,它们是元朝的"宗藩之国",朝聘使节往来不绝。这些汗国的汗位承袭,要得到大汗——元朝皇帝的认可,例如伊利汗国的旭烈兀死,遗命由其子阿八哈继位,阿八哈推辞说:没有叔父忽必烈的命令他不能即位,直到 1270 年元朝使节抵达后他才举行即位典礼。现存 1279 年阿八哈的敕令盖有汉字"辅国安民之宝"方印,便是忽必烈颁赐给他的。这些汗国与元朝保持一种宗主国与藩属之间的关系,通过赐予和朝贡保持往来。每一批使者其实就是一支庞大的商队,可以使用官方的驿站交通。早在窝阔台时就设置了通往拔都营帐的驿道,以后这条驿道日趋完善,西方使节、商人东来多通行于此驿道,经过伏尔加河下游的钦察汗国都城萨莱,阿母河下游的玉龙杰赤,河中地区的不花剌、撒麻耳干,抵达阿力麻里,并由此前往岭北行省的首府和林。萨莱等城市因此成为东西方的交通枢纽,当地与元朝的人才与物资交往十分频繁。

其次,从成吉思汗西征以来,大批军政官员与工匠被掳东来,以后又有大批中亚商贩、旅行家络绎来到元朝,他们中有回回人、西域人、大食人,统称"色目"人。他们在元朝从政经商,也带来阿拉伯的科学和文化。例如,忽必烈曾下令颁行的《万年历》,编制人是回回天文学家札马鲁丁;元朝在太医院下设的广惠司,制作回回药物,创建者是叙利亚人爱薛;为修建大都城作出贡献的茶迭儿局诸色人匠总管府达鲁花赤也黑迭儿是大食人。在整个元朝,波斯、阿拉伯天文历法、数学、医学、史地类书籍大量传入中国。

由于东西交通的发达,大量蒙古人、汉人迁往中亚、西亚各地。旭烈兀西征时,有上千汉人工匠随行,其中有使用火药的炮手,火药就由此途径经阿拉伯传入欧洲。随旭烈兀西征的天文学家、医生,后来留在了波斯。伊利汗国丞相拉施都丁编写历史名著《史集》时,关于蒙古与元朝的历史,主要得益于1283年奉命出使伊利汗国的元朝丞相孛罗。

横跨亚欧大陆的大蒙古国的建立,仅仅凭借武力是难以想象的,势必要有高度的文化作支撑,蒙古的草原文化在畏兀儿(回鹘)文明的渗透下发荣滋长。畏兀儿文明传入蒙古从塔塔统阿开始。塔塔统阿原先是乃蛮太阳汗的掌印官,乃蛮灭亡后投降蒙古,为成吉思汗掌管钱谷,蒙古文字的出现,即与塔塔统阿有关。《元史》说:"塔塔统阿,畏兀人也,性聪慧,善言论,深通本国文字。乃蛮大扬,可汗尊之为傅,掌其金印及钱谷……帝曰:'汝深知本国文字乎?'塔塔统阿悉以所蕴对,称旨。遂命教太子诸王以畏兀字书国言。"此后畏兀儿人参与成吉思汗的创业,以及忽必烈的建国。

75. 蒙古对中国的统治
——元朝

宋与蒙夹击金,重蹈宋与金夹击辽的覆辙。宋企图乘机收复黄河以南之地,抢占开封、洛阳,蒙军反扑,宋军只得退出洛阳,蒙军又决黄河灌开封城,宋军弃开封南逃。南宋帮助蒙古灭亡金朝的结果,是使自己面临着更强大的敌手。此后,蒙古军队在四川、襄樊、蕲黄以及江淮之间,对南宋展开了全面的攻势。

蒙哥大汗命其弟忽必烈从吐蕃进攻四川,并吞大理,完成对南宋的包围。尔后忽必烈回到漠南,治理漠南汉地民户。1257 年蒙哥率大军征伐南宋,次年进入四川。1259 年初蒙哥包围合州钓鱼山(今重庆市合川区东),连攻五月僵持不下。忽必烈奉命率师南下,围攻鄂州(今武汉),南宋权臣贾似道在鄂州向忽必烈求和,表示愿意向蒙古称臣纳币。此时忽必烈获悉蒙哥死于钓鱼山下,急欲北返争夺大汗之位,就秘密与贾似道签订和约,撤兵北归。

中统元年(1260 年)三月,忽必烈在开平召开忽里台大会,即大汗位,建元中统,建立中书省及负责汉地政务的燕京行中书省,其后不久,以开平为上都,加号燕京为中都,巩固了在中原地区的统治。然后派郝经去南宋要求履行和约。贾似道秘密议和后谎称大胜蒙古,此时恐真相毕露,把郝经拘留在真州。这就成了蒙古大举南侵的借口,定下的战略方针是,先夺取上游的襄阳、樊城,然后顺江而下,攻取杭州,消灭南宋王朝。

至元八年(1271 年)十一月忽必烈诏告天下,采纳谋臣刘秉忠的建议,采用《易经》"大哉乾元"的卦辞,定国号为大元,正式建立元朝。第二年升中都燕京为大都,作为元朝的首都。蒙古国时期以哈剌和林为都城,忽必烈即位后以大都(今北京)为都城,上都(开平)为并立的都城,哈剌和林成为岭北行省的治所。蒙古人把大都叫作"汗八里"(Khan—baliq),意即汗的都城。定国号为"大元"以后,原来的"大蒙古国"称号并没有取消,蒙古文献中称为"大元大蒙古国"。

至元十二年(1275 年)元朝名将伯颜从建康、镇江分兵三路直插宋都临安,次年正月,南宋年幼的恭帝投降。早从临安逃出的宰相陈宜中与张世杰、陆秀夫在福州拥立益王赵昰(shì)为端宗,作最后的抗争;后为元朝军队所逼,逃往海中,死在硇洲(今广东吴川市南海中)。南宋大臣文天祥、陆秀夫继立卫王赵昺(bǐng)为帝,流徙于南海中的崖山(今广东江门市新会区崖门山)。至元十六年(1279 年)元朝遣大将张弘范率水师追击,文天祥抗击于潮阳,兵败被俘。张弘范派人要文天祥写信劝降,文天祥抄自己的诗"人生自古谁无死,留取丹心照汗青",断然拒绝。崖山被切断饮水,陆秀夫背赵昺投海而死,张世杰也溺水自尽,南宋王朝至此灭亡。被俘的文天祥于至元十九年十二月九日(1283 年 1 月 9 日)在大都(北京)从容就义,临刑前拒绝了元世祖忽必烈的劝降,坦然答道:"天祥为大宋状元宰相,宋亡,只能死,不能活。"临刑时赋诗明志:"天荒地老英雄丧,国破家亡事业休。惟有一灵忠烈气,碧空长共暮云愁。"与他在囚禁时所写《正气歌》——"天地有正气,杂然赋流形。下则为河岳,上则为日星。于人曰浩然,沛乎塞苍冥"一样,令人肃然起敬。

宋亡后,中华大地上再度出现一个王朝统治的格局。元朝是蒙古建立的王朝,不可避免地带有民族压迫的色彩,但它继承并发展了历代中原王朝的传统,因而与其他王朝有着承上启下的一致性,它对中国的治理是卓有成效的。元朝的创建者元世祖忽必烈,在藩王时代便热心于学习汉文化,向刘秉忠、元好问、张德辉等文士请教儒学治国之道;在担任总理漠南汉地职务时,加深了对实践汉法的认识;在即大汗位后,提倡文治,改革蒙古旧制,实行汉法。因此他一手创建的元朝总体上取法于中原王朝的传统政治体制,当然也保留了一些蒙古旧制。正如萧启庆《蒙古国号考》所指出的那样,建立"大元"国号后,蒙古人并没有放弃"大蒙古国"的蒙语国号,有时径称"大元大蒙古国"。元朝的皇帝对于汉族臣民是皇帝,而对于蒙古民众仍然是一个大汗。以下对最有特色最有影响的几个方面略作介绍。

(一)中书省与行中书省。元朝中央政府主要由中书省、枢密院和御史台构成。中书省相当于金朝的尚书省,领六部,总理全国政务,枢密院掌管全国军事,御史台掌管全国监察。中书省长官中书令由皇太子兼任,未立皇太子时则空缺,所以实际长官是右丞相、左丞相(各一员),另有平章政事(四员)为副丞相,右丞、左丞(各一员)、参知政事(二员)为执政官。中书省又称都省,它直辖称为"腹里"的地区(约相当于今河北、山西及河南、山东、内蒙古一部分),吐蕃地区则由宣政院兼管,此外全国的一级行政区都由中书省的派出机构——行中书省管辖。行中书省简称行省或省,是元朝的创制,一直沿用至今。忽必烈即位初期,有十路宣慰司,又委派重臣以中书省官"行某处省事"名义,到地方行使中书省职权。至后来行省逐渐由临时性的中央派出机构定型为常设的地方一级行政机构。根据李治安的研究,世祖末、成宗初,随着大规模征服战争的结束,行省由临时派出处理军政事务的机构,逐步过渡为地方最高政府,但仍长期保留着派出机构的性质。除了腹里与吐蕃外,全国共设十一个行省:陕西行省、甘肃行省、辽阳行省、河南江北行省、四川行省、云南行省、湖广行省、江浙行省、江西行省、岭北行省、征东行省。前面的九个行省从其名称大体可判定其地域范围,唯后面两个行省需略加解释:岭北行省——其地域相当于今内蒙古、新疆一部分和今蒙古国全境、俄罗斯西伯利亚地区;征东行省——设于高丽,行省丞相由高丽国王兼任,保留其原有政权机构和制度,赋税也不上缴中书省,与其他行省有所不同。

(二)对吐蕃的管辖和边疆的统一。在蒙古灭金前,吐蕃部分地区已对蒙古表示臣服。灭金后，窝阔台的次子阔端进驻河西走廊，和吐蕃发生密切的接触。阔端一面派军队深入吐蕃地区，一面召请吐蕃宗教领袖，笼络地方势力。1247年喇嘛教萨斯迦派首领班弥怛·功喜监藏代表各部僧俗官员在凉州会见阔端，表示归顺蒙古。此后功嘉监藏通告吐蕃各地，确认吐蕃是蒙古大汗管辖下的领土，要清查户口，建立驿站。1251年功嘉监藏去世，八思巴（本名罗古罗思监藏）继为萨斯迦派法主。中统元年（1260年）忽必烈即帝位，封八思巴为帝师，总领天下释教（佛教）。至元元年（1264年）忽必烈又命八思巴掌管总制院，管辖全国佛教和吐蕃政务，这一机构以后改称宣政院。《元史·百官志》说："宣政院，秩从一品，掌释教僧徒，及吐蕃之境，而隶治之。遇吐蕃有事，则分院往镇，亦别有印。如不征伐，则令枢府议。"第一任帝师八思巴喇嘛（blama）入灭后，忽必烈追封他的名号中有"佑国如意，大宝法王，西天佛子，大元帝师"等字样，表明他是弘扬佛法的西天佛子，也是佑国佑民的法王。《元史·释老传》说："及得西域，世祖以其地广而险远，民犷而好斗，思有以因其俗而柔其人，乃郡县吐蕃之地，设官分职，而领之于帝师。"元朝中央政府把吐蕃地区作为宣政院辖地，在那里分设了三个宣慰使司都元帅府。宣慰使司都元帅是当时吐蕃地区的最高官吏，直接由朝廷任命，元朝通过他们推行中原实施的各项制度，清查户口，制定赋税，设置驿站。西藏地区在元朝正式成为中国行政区划的一部分。

八思巴见忽必烈壁画

元朝对其他边疆地区的统一也是卓有成效的。蒙古灭大理后，在当地设立了十九个万户府进行统治；忽必烈即位后，在那里改设云南行省，行省之下分别设立宣慰司、宣抚司和路府州县。云南地区从南北朝以来长期割据的局面至此结束。在北方蒙古草原,设立和林宣慰司,后改为岭北行省。在西北的阿力麻里地区,忽必烈派遣自己的儿子镇守。在哈剌和州(吐鲁番)、别失八里(吉木萨尔)和斡端(即和田)等地,分别设立中央派出的元帅府、宣慰司等机构。元朝设立澎湖巡检司,是中原王朝在澎湖列岛建立政权的开始。总之,元朝的统一,使中国广大地区处于一个中央政权的直接控制之下。

(三)建立民族等级制。二三百万的蒙古人为了统治 7000 万左右的汉族人口,把全国人口分为等级。这使元朝的统治带有浓重的民族歧视色彩,把全国人民按照民族和被征服的先后,区分为四个等级:蒙古人、色目人、汉人、南人。第一等级蒙古人是统治民族,当时称为"国族",享有一切特权和自由。第二等级色目人,即"各色各目"的"诸国人",是指蒙古以外的西北各民族乃至中亚、西亚、欧洲各民族,包括吐蕃、乃蛮、汪古、回回、畏兀儿、钦察、阿速等,其地位、待遇仅次于蒙古人,其中有不少是军队将领、政府官员、富商大贾。第三等级汉人(又称汉儿),是指淮河以北原金朝统治下的汉人、契丹人、女真人,以及高丽人。第四等级南人(又称蛮子、新附人),是指原南宋统治下的遗民。

这种民族等级制度,也是一种身份制度,正如《至正直记》所说:"色目与北人以右族贵人自居,视南人如奴隶。"中书省的丞相必用蒙古人,平章政事多用蒙古人、色目人;各行省的丞相、平章也大都如此。元朝忌讳汉人掌军权,枢密院长官除少数色目人外都用蒙古人。在法律面前各等级是不平等的,法律规定:"蒙古、色目殴汉人、南人者不得复";蒙古人殴死汉人只征烧埋银、断罚出征,不必偿命。根据至元十七年(1280 年)的户口调查,蒙古人、色目人仅占总户数的 3%,汉人占 15%,南人占 82%,可见享有特权的蒙古、色目人是一个很小的数目。

不过占总户数的 97% 的汉人、南人中的上层人物,也是统治阶层中的成员。《元典章》所载大德年间(1297—1307 年)内外官员状况:朝官中蒙古人、色目人 938 名,汉人、南人 1151 名,汉人与南人占 55.23%;京官中蒙古人、色目人 155 名,汉人、南人 351 名,汉人与南人占 70.15%;外任官中蒙古人、色目人 5689 名,汉人、南人 14216 名,汉人与南人占 71.42%。汉人史天泽在 1261 年至 1266 年曾任中书省右丞相,是中书省最高长官(中书令虚设);汉人充任各路达鲁花赤的人数更多。当时人说汉人中的上层人物"无爵邑而有封君之贵,无印节而有官府之权"。这表明,民族问题说到底是一个阶级问题,民族歧视本质上是阶级歧视。

(四)宽容的宗教政策。元朝领土辽阔,治下民族众多,宗教信仰不一,元朝统治者采取兼容并蓄的政策,允许自由传播与信仰,因此也里可温、答失蛮、佛、道都十分流行。

也里可温即基督教(聂思脱里派),也即唐初传入中原的所谓景教,后遭禁锢,辽金时期仅盛行于西北游牧民族地区。随着蒙古西征,大批西方信仰基督教的各色人等进入中国,元初仅大都一地就达三万多人。大都附近房山的基督教教堂"十字寺"一直留存至今。之后,天主教徒也大批东来,大都就有教堂两所。元朝中央政府专设"崇福司"掌管也里可温。

答失蛮即伊斯兰神职人员,伊斯兰教当时也称回教。元朝东西交往频繁,中亚、西亚伊斯兰教徒大量东来,在各大城市都有他们的聚居区。当时把阿拉伯的穆斯林译作木速蛮,通常叫作回回。从陆上丝绸之路进入中国的伊斯兰教带有明显的波斯文化痕迹,而从海上丝绸之路进入东南沿海地区的伊斯兰教则带有强烈的阿拉伯文化色彩。答失蛮、木速蛮与也里可温、和尚、先生(道士)可以享受豁免赋役的特权。元朝中央政府设"回回哈的司",掌管伊斯兰教事务。

蒙古人原来信奉原始的萨满教,后来又尊奉喇嘛教(藏传佛教),被它那种华丽的仪式和神秘的祈祷所折服。藏传佛教在大都留下了许多凝固的痕迹,如居庸关南口红门的过街塔,镌有梵文、藏文、蒙文、畏兀儿文、西夏文、汉文书写的陀罗尼经咒语。大都城内的释迦舍利灵通塔(俗称喇嘛塔),与居庸关过街塔形制相同,一切由吐蕃喇嘛设计。但蒙古人并未因为自己信仰喇嘛教而压制其他宗教,表现出很宽容的态度。

76. 劝课农桑与"棉花革命"

蒙古军队南下灭金、灭宋的战争,对农业生产破坏很大,中原膏腴之地弃而不耕者十之三四;另一方面蒙古人进入中原后占夺民田现象十分严重:"王公大人之家,或占民田近于千顷,不耕不稼,谓之草场,专放孳畜",把农田当作牧场,反映了两种生产方式、社会形态之间的反差。元世祖忽必烈即位后,蒙古贵族重游牧、轻农业的政策有所改变,逐渐废除重游牧政策,采取重农桑政策。大臣许衡上疏:"北方之有中夏者,必行汉法乃可长久。"基于此,忽必烈认识到"欲保守新附城堡,使百姓安业力农",于是下诏天下:"国以民为本,民以食为天,食以农桑为本。"

为了劝课农桑,把金朝的村社制度加以改革,于至元七年(1270年)建立司农司的同时颁布立社的法令。从《元典章》劝农立社的记载可以较全面地看到当时立社的一般情况:五十家立一社,推举年高通晓农事且家有劳力者为社长,专门教劝本社之人勤于农桑,一社之内互助耕种,建立积谷备荒的义仓。以劝课农桑为宗旨的社,强调社内各户之间、社与社之间农业生产中的互助合作关系,向受灾农户提供的互助劳动是无偿的,"社众各备粮饭、器具"。在北方创始的社,灭宋后,渐次推广到南方,显示了元朝政府为了劝课农桑所做的努力。

为了统一蒙古贵族的思想,元世祖采取了一系列措施,例如:

其一,禁止蒙古贵族、军队侵占农田为牧场,下令把一部分牧场恢复为农田。中统元年(1260年)正月,禁诸道戍兵及势家纵犯桑枣禾稼者;四月,又禁征伐军士及势官毋纵畜牧伤害其禾稼桑枣;次年七月又申蒙古军不得以民田为牧地。至元十三年(1276年),针对东平布衣赵天麟所上《太平金镜策》提及蒙古王公大人占民田为牧场,元世祖特下诏处理此事:"凡军校及守土官吏有以势力夺民田庐产业者,各还本主。"

其二,设立农官,劝课农桑。中统二年(1261年)设立劝农司,后又设巡行劝农司,"专以劝课农桑为务"。各地方官吏都以"劝课农桑"系衔,州县衙门两壁都绘制耕织图,且以劝课农桑成绩好坏作为考核官吏的重要标准,劝课农桑无成效者,御史台按察究治。

其三,总结和推广农业生产技术。至元七年颁布农桑之制十四条,至元十年以后各类官修、私修农书相继问世,主要有大司农司辑《农桑辑要》、王祯《农书》、鲁明善《农桑衣食撮要》、罗文振《农桑撮要》等。

《农桑辑要》七卷,成书于至元十年(1273年),内容有典训、耕垦、播种、载桑、果实、竹术、药草、孳畜、岁用典杂事等。除汇编历代农书如《齐民要术》、《务本新书》、《岁时广记》,还依据北方农业生产实际经验予以增订。司农司派官员巡察各地督促农桑、推广技术时,主要依据此书,可见这部农书是元朝政府作为恢复、发展农业生产的一项措施而出版的,很受地方政府官员的重视。

《农桑衣食撮要》二卷,刊印于延祐元年(1314年),仿《四民月令》体例,以月令为纲,分系条别,按月列举应做的农事,包括农作物的栽培,家畜、家禽、蚕、蜂的饲养,以及农产品的加工贮藏等,文字通俗,简明扼要,非常实用。

《农书》二十二卷,集中地反映了元朝农业生产所达到的新水平,在当时与后世都有巨大影响。王祯,字伯善,山东东平人,元贞元年(1295年)任安徽旌德县尹,在任六年,大德四年(1300年)调任江西永丰县尹。他在旌德县尹的任内编成了《农书》,于皇庆二年(1313年)刊印。农书是当时亲民官必须颁行的书,相当于宋代地方官颁发的劝农文。王祯《农书》在南宋农书、劝农文的基础上,又吸收了《农桑辑要》的精华,综合南北方的经验,使之体系化。全书分三大部分:卷一到卷六是农桑通诀,涉及授时、地利、耕垦、耙劳、播种、锄治、粪壤、灌溉、收获等;卷七至卷十是百谷谱,介绍各种农作物、菜蔬、瓜果、竹木等的种植法,其中以棉花的种植与推广最有价值,反映了当时农业的最新成就;卷十一至卷二十二是农器图谱,这是《农书》中最具特色、最值得重视的部分,作者绘制了306幅农具、农机、灌溉工具、运输工具、纺织机械图,每幅图后附有文字说明,介绍其结构、性能、使用方法。其中不少是当时创制的新式农具和机械,尤以新兴的棉纺织业的杆、弹、纺、织机械最为新颖独特。特别是"水转大纺车"极为引人注目,它是一种水力纺纱机,书中不仅介绍结构与性能,而且还配以图像,生动地展现了技艺的高超。这种水转大纺车比英国的水力纺纱机早出现了四百年。另外值得注意的是,书末还附载了《活字印书法》,系统记录木活字印刷的新成就。

华裔美国学者赵冈在《中国土地制度史》中说,王祯《农书》集中国传统农业生产工具之大成,直到民国初年,中国农村使用的农具很难有一两件是王祯《农书》中所未载者。可见此书在中国农学史上的地位。

元朝农业发展史上最值得大书特书的是棉花种植的推广。

据《吠陀经》记载,棉花最早种植于印度。大约在公元前2世纪传入中国,但始终局限于边疆少数民族地区,直到宋代以前未在中原地区推广。宋代以降,棉花始由印度次大陆通过两个途径传入中国:陆路由中亚移植于陕西一带,海路由海南岛移植于福建、广东一带。清乾隆年间松江府上海县的棉花专家褚华所写《木棉谱》提及棉花的传入,很赞同明朝邱濬的意见,指出:"汉唐之世木棉虽入贡,中国未有其种,民未以为服,官未以为调。宋元间传入其种,关、陕、闽、广首处其利,盖闽广海舶通商,关陕接壤西域故也。"宋朝文献中关于棉花的记载已零星可见,例如:宋仁宗时筠州高安人彭乘《续墨客挥犀》提及福建、岭南种植棉花并纺织成布的事;宋孝宗时任广南西路桂林通判的周去非在《岭外代答》中提及两广地区及海南岛所生产的棉布质地"绝细而轻软洁白,服之且耐久"。

宋末元初是棉花种植推广的重要时期。司农司《农桑辑要》说:"木棉亦西域所产,近岁以来,苎麻艺于河南,木棉种于陕右,滋茂繁盛,与本土无异。"王祯《农书》说:"(木棉)其种本南海诸国所产,后福建诸县皆有,近江东、陕右亦多种;其种艺制作之法,骎骎北来,江淮、川蜀既获其利,至南北混一之后,商贩于此,服被渐广,名曰吉贝,又曰棉布。"可见宋元之际棉花迅速推广,江东、江淮、陕右、川蜀均已大量种植,棉布作为商品的流传也渐次扩大。元世祖至元二十六年(1289年)设置了浙东、江东、江西、湖广、福建木棉提举司,负责每年征收十万匹棉布的税收事宜,反映了当时棉花种植已相当普遍化了。

在这方面颇有建树的是一代纺织巨匠黄道婆。黄道婆,松江府上海县乌泥泾镇人,年轻时流落到海南岛崖州(今三亚市)。学习了海南黎族的棉纺织技术,于元成宗元贞年间(1295—1297年)返回故里乌泥泾,把黎族先进的棉纺织技术传授给乡亲,并作了一系列技术革新,使乌泥泾镇这个贫困之乡很快走上家给人足之途,成为先进纺织技术的传播中心,带动了它所在的松江府及邻近地区棉纺织业的繁荣,终于掀起了被海外学者所称誉的持续数百年的"棉花革命"。

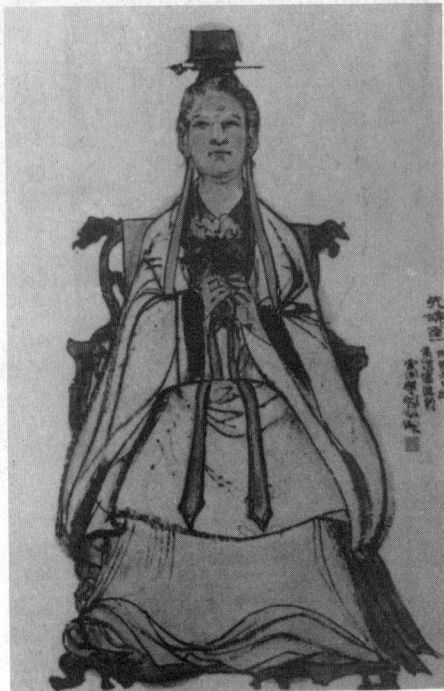

黄道婆像

乌泥泾一带在宋末元初从闽、广引进棉花种子,广为栽培,因而乌泥泾畔便成了松江府各乡村中最早栽种棉花的地区。陶宗仪《辍耕录》称:"闽广多种木棉,纺织为布,名曰吉贝。松江府东去五十里许,曰乌泥泾,其地土硗瘠,民食不给,因谋树艺,以资生业,遂觅种于彼。"褚华《木棉谱》补充道:"邑(指上海县)产棉花自海峤来,初于邑之乌泥泾种之,今遍地皆是。"正德《松江府志》也说:"木棉,宋时乡人始传其种于乌泥泾,今沿海高乡多植之。"因此,把乌泥泾镇看作"棉花革命"的策源地,是当之无愧的。

刊行于至元二十五年(1288年)的《至元嘉禾志》记载当时松江府特产除丝绸外,还有木棉与布,还特别注明"布(松江者佳)"。宋末元初浙江天台人胡三省在给《资治通鉴》作注时,曾写到江南种植木棉并从事纺纱织布的状况,然而他也指出江南的布不如闽广,"自闽广来者尤为丽密"。乌泥泾的情况便是一个有力的证据,黄道婆返回故里之前的乌泥泾,纺织技术是相当原始的,据陶宗仪亲身见闻,当时乌泥泾的棉纺织业:"初无踏车、椎弓之制,率用手剖去子、线弦、竹弧置案间,振掉成剂,厥功甚艰。"没有轧花的踏车,也没有弹花的椎弓,而是用手剥去棉籽,用竹弓绷上线弦,在桌子上弹花,然后搓成棉条,再纺纱、织布,费时费工,十分艰苦。黄道婆推广了先进技术,教农家"做造杆、弹、纺、织之具,至于错纱、配色、综线、挈花,各有其法"。

这一具体成果便是当地人王逢《梧溪集》所说的"崖州被"或"乌泥泾被"的生产。所谓"崖州被",是海南岛崖州的一种特色花布,据方勺《泊宅编》说,海南岛黎族所织棉布,"上出细字,杂花卉,尤为工巧",故而王逢有诗赞道:"崖州布被五色缫,组雾细云絷花草。"黄道婆教乌泥泾乡民生产"崖州被",千余家乡民仰食于此,生产出品质精良、花色艳丽的棉布远近闻名,于是更名为"乌泥泾被"。此外还有乌泥泾番布、象眼布、三纱(三梭)布、飞花布等优质棉布。

关键在于黄道婆对棉纺织技术作了全面革新,包括杆、弹、纺、织以至于错纱、配色、综线、絜花的全过程。例如纺车,据棉纺织专家研究,海南岛黎族所用的竹轮纺车直径为 30~40 厘米,有一种大轮也只 61 厘米。黄道婆从崖州引进的就是这种小纺车。她加以改进,成为三锭脚踏纺车,当地称为"一手三纱,以足运轮,名脚车"。

黄道婆的技术革新带动了乌泥泾镇经济起飞,刺激了邻近地区对于种植棉花与纺纱织布的积极性。到了元末明初,松江府已经成为全国闻名的棉布产地,所生产的精线绫、三梭布、漆纱方巾、剪绒毯等,"皆为天下第一",畅销天南海北,从而形成"绫布二物,衣被天下,虽苏杭不及"的繁荣景象。

棉花的广泛种植与棉纺织业的蓬勃兴起,导致松江府及其周边地区农业经济与农家经营发生了革命性变化,一方面,棉作压倒稻作,这一地区农作物种植出现了"棉七稻三"乃至"棉九稻一"的新格局;另一方面,棉花的种植以及对棉花的深加工——纺纱、织布,为农家带来了巨大的经济效益,其经济收入日益超过粮食作物,成为农家的主要经济来源。

77. 富有特色的工商业

成吉思汗和他的继承者们,对手工业工匠特别重视。在西征中,每攻下一城,照例都要俘虏工匠,在花剌子模都城撒麻耳干及地方首府玉龙杰赤俘工匠数万,全随蒙古军队东返。工匠分为两种:军匠专门制造武器,民匠则制造民用工业品,有专门的户籍,称为匠户。除临时拘括一部分工匠暂隶匠籍(工作完毕遣返)外,匠户都是世袭的。元世祖忽必烈进攻南宋时,向伊利汗国的阿八哈征调工匠,回回炮手阿老瓦丁、亦思马因奉命东来。元朝政府从全国各地拘括工匠,成立回回炮手军匠万户府,在阿老瓦丁、亦思马因指导下制造回回炮。

灭南宋后,大批搜罗江南民户为工匠,选其中有技艺的十余万户为匠户,以后又籍四十多万户,立局院七十余所,在首都、地方分别设诸色人匠总管府及提举司,管理造作。这类人匠称为系官匠户。匠户世守其业,身份地位与普通民户不同。系官匠户土地在一顷以下可免除赋税,不承担杂泛差役,每人每月可支给口粮二斗五升至四斗,钞一两五钱,盐半斤,以及冬夏衣装。但匠户有较强的人身隶属关系,有强制的专业分工,生产技术世袭传承,法律规定:"诸匠户子女,使男习工事,女习黹绣。"类似匠户的是盐户(制盐)、冶户(冶炼),在官吏监督下从事官手工业生产。

手工业中兵器业尤为发达,上述回回炮,能发射一百五十斤重的巨石,比原有的抛石机性能优良,据《元史·阿老瓦丁传》说,发射时"声震天地,所击无不摧陷,入地七尺"。金朝已有以纸为筒的火炮,到元朝时制造了以铜为筒的火炮,用火药在金属管内爆炸产生的冲力发射弹丸。现存中国历史博物馆的元至顺三年(1332 年)制造的铜炮,长 35.3 厘米,口径 10.5 厘米,重 6.94 公斤,是近代管形火器的先驱。富有西域特色的毡毯业也很引人注目。北方游牧民族用毡毯制作帐幕,入居中原后把毡毯工艺发展到新阶段,据记载,诸色人匠总管府制作的地毯质地精良、名目繁多,有剪绒花毡、脱罗毡、雀白毡、半青红芽毡、染青毡、回回剪线毡等。

蒙古人重视商业。1218 年成吉思汗命诸王、大臣各派部属二三人组成一支四百五十人的大商队,赴花刺子模贸易,商队成员全是木速蛮(穆斯林)。随着西征的胜利,钦察汗国、伊利汗国的建立,驿道的畅通,蒙古对西域商人的种种优惠,商业日趋繁荣。元朝中期商税收入相当于全国货币收入的十分之一,超过以往任何时代。据陈高华研究,元朝商税是一种交易税,只有住税而没有过税,税率是三十取一,主要取之于全国三四十个大中城市。

元朝商业的一大特点是政府对许多商品采取专卖手段垄断经营。一种形式是政府直接经营,如部分金、银、铜、铁、盐等;一种形式是政府卖给商人经销,如茶、铝、锡和部分盐等;一种形式是商人经营、政府抽分,如酒、醋、农具、竹木及部分矿业等。这是一种站在商人立场上的官营商业,即所谓官商,这与历任财政长官如阿合马、桑哥、卢世荣都是商人出身或精于商业有密切的关系。

元朝商业的另一特点是斡脱商人活跃。斡脱是蒙古语 ortoq(意为"合伙")的音译,后来泛指经营高利贷商业的官商,正如当时人所说,他们是"见赍圣旨、令旨,随处做买卖之人"。中亚的木速蛮(穆斯林)素以善于经商闻名,早在蒙古兴起之前他们就来往于蒙古、西域与中原之间,操纵贸易。成吉思汗时代,许多木速蛮(穆斯林)商人投充为蒙古贵族的"斡脱",为之经商放债。当时的高利贷年利率百分之百,次年息转为本,利上加利,一锭银十年后本利可得 1024 锭，称为羊羔儿息，或斡脱钱，它由政府机构管理，故又称斡脱官钱。斡脱商人从政府那里获得许多特权，手持圣旨、令旨，可以使用官方的驿站交通，有官军护卫，可减免税收。显然，斡脱官商的横行不利于民营商业的正常进行。

商业的繁荣要求货币随之作适应性变化。蒙古入主中原初期，以银、丝为货币。1236 年窝阔台下令发行纸币——交钞，忽必烈即位之初，也发行交钞，这是一种以丝为本位的货币。中统元年（1260 年）正式发行中统元宝交钞，以银为本位，钞二贯等于银一两。至元二十四年（1287 年）改发至元通行宝钞，钞十贯等于银一两。武宗至大二年（1309 年）发行至大银钞，钞面用银计值，不久即废除，仍通行中统钞、至元钞。实行钞法，是元朝在宋、金纸币的基础上的一大创举，使商品流通顺畅，节省大量铸钱费用，还使政府获利。民以昏钞兑换新钞，收 30％手续费；民以钞兑银时，按法定比价二贯等于银一两之外加价五分。但解决不了贬值问题，至元宝钞、至大银钞的发行，想用抬高票面价值的办法解决通货膨胀，没有什么效果，关键在于无法限制发行数量，导致自身贬值。交钞最初发行时，每年不超过十万锭（五十贯为一锭），以后逐年增印至一百多万锭至二百多万锭。滥发纸币的结果，是使民间钞不能兑银，实际成为无本虚钞。钞的发行总额在至元二十四年已达饱和状态，此后仍在不断增加，钞法终于崩溃。每日印钞不可计数，舟车装运，舳舻相接，通货膨胀。元末时，京师用钞十锭（五百贯）换不到一斗米。民间交易拒绝用钞，以物易物，歌谣唱道："人吃人，钞买钞，何曾见？"

元朝建都于大都（北京），为解决官俸、军饷及宫廷需求，于至元十九年（1282 年）初次由海路运送漕粮。海运是由朱清、张瑄草创的。朱清为崇明人，张瑄为嘉定人，生长于长江口，当过私盐贩、海盗，南宋末聚集一批人航行于沿海地区。元初，丞相伯颜招纳了朱、张等人，命他们把宋库藏图籍由崇明经海路运往大都。至元十九年，朱、张等人造平底船六十艘，运粮四万六千余石，历时两月才抵达直沽（天津）。当时政府还未看到海运的长处，漕粮北运主要是河运；后因新开运河无法满足京师的需求，才全力从事海运，成为漕运的主要方式。

海运路线，从刘家港（太仓浏河）入海，至崇明东行，入黑水洋（黄海），由成山角（荣成）转西，到刘家岛（威海）、登州（蓬莱）沙门岛（长岛），于莱州大洋（莱州湾）入界河口至直沽（天津）。如风信有时，不过旬日即达。海运船舶，起初载重大者不过千石、小者三百石，以后有载重八九千石的大海船。每年运粮数量也由四万余石增加为三百万石以上。元朝海运的发达，为明初的海运与远洋航行奠定了基础。

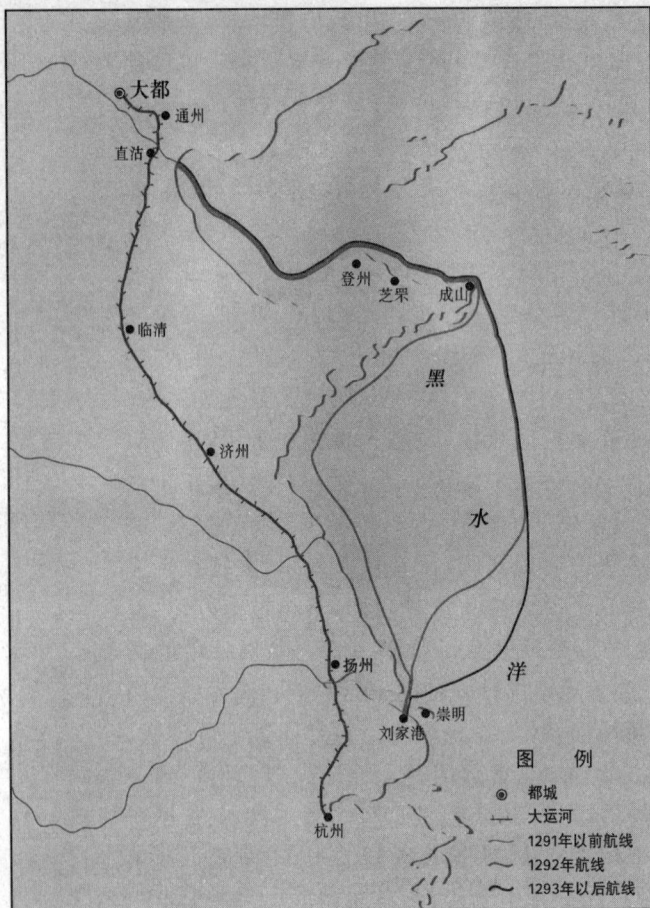

元代的运河与海运

与海运相辅而行的是河运。从江南到大都，元初可以经由隋以来所开凿的运河转辗北上。淮河以南，邗沟与江南河迭经整治，仍可通行；淮河以北，可由泗水抵达山东境内，又可由御河（卫河）抵达直沽（天津），再由直沽经白河抵达通州。全线独缺山东境内泗水与御河之间约四百里的一大段，以及通州至大都之间五十里一小段，没有河道可通，漕运至此必须由陆路转运，费力甚艰。至元二十年（1283年）开济州（今济宁）河一百五十里，河成后，南来漕船自淮溯泗，由此出大清河涉海，趋直沽。至元二十六年（1289年）开会通河二百五十余里，自山东梁山县北抵临清，下接济州河，上由御河（卫河）入津。

南来漕船无需远涉渤海，可直抵通州。至元二十八年（1291年）又开通惠河，这是采纳水利工程专家郭守敬的建议，并由他亲自设计施工的，从通州至大都全长一百六十四里，引京西昌平诸水入大都城汇积水潭，东北从通州入白河。这样就形成了南北大运河的新格局，经过明清两代的发展一直沿用至今。

78. 对外交往的扩大

蒙古三次西征，跨亚欧大陆，东起太平洋，西达波罗的海，南临波斯湾，蒙古大汗的金牌可直达各地，往昔阻塞不通的道路为之辟通，使东西交往盛极一时。

　　1245 年，罗马教皇英诺森四世派遣天主教圣方济各会创建人普兰诺·卡尔平尼（Giovanni de Plano Carpini）大主教，携带教皇致蒙古大汗的书信，出使蒙古，于次年七月抵达和林，十一月带着蒙古大汗贵由的复信西归。他用拉丁文写的出使报告《蒙古史》，成为研究早期蒙古史和东西交往史的重要文献。1920 年在梵蒂冈档案中发现了贵由致英诺森四世的书信原件，用波斯文写成，上盖蒙古大汗的印章。

　　1253 年，法国国王路易九世派圣方济各会教士卢布鲁克（Guillaume de Rubruquis）前往蒙古境内传教，先在伏尔加河畔谒见拔都，后在和林南面的冬季行宫谒见蒙哥。次年七月，卢布鲁克带着蒙哥给路易九世的国书西归。不久，他用拉丁文写了出使报告——《东方行纪》，成为有关 13 世纪蒙古的重要文献。正如汤因比所说，蒙古帝国使得许多区域性文明发生了迅速的相互接触。在那一度秩序井然的欧亚大平原上穿越往返的使团，在文化上的作用远较政治上的成果重要得多。

　　最有影响的西方使者是意大利人马可·波罗（Marco Polo，1254—1324 年）。1260 年前后，威尼斯人尼哥罗·波罗兄弟至钦察汗国都城萨莱（今阿斯特拉罕附近）、不花剌（今乌兹别克布哈拉）经商，后随旭烈兀使臣抵达上都，受到忽必烈的接见与询问，并派他们出使罗马教廷。1271 年马可·波罗随尼哥罗兄弟前往蒙古复命，沿着丝绸之路东行，于 1275 年到达上都，以后侨居中国十七年。他深得元世祖忽必烈赏识，出任元朝官职，奉命出使各地，游历了大都、京兆（西安）、成都、昆明、大理、济南、扬州、杭州、福州、

马可·波罗晋见忽必烈图

泉州，对所见所闻有生动的记录。例如他于 13 世纪末来到昔日南宋都城杭州时，不禁为之惊叹："世界最名贵富丽之城"。劫后余生的杭州，当时依然人口众多、产业发达、市面繁荣，马可·波罗说："此城有大街一百六十条，每街有房屋一万"；"城中有大市十所，小市无数"；"上述十市，周围建有高屋，

屋之下层则为商店,零售各种货物,其中有香料、首饰、珠宝"。正是由于他的记载在欧洲的传播,杭州这座花园城市在当时已闻名于世。

1289年伊利汗阿鲁浑因元妃死去,派使者至大都请求续娶,元世祖忽必烈命马可·波罗随伊利汗的使者一起护送阔阔真公主去伊利汗国。他们一行于1291年初从泉州启程,1293年到伊利汗国的阿八哈耳,马可·波罗等动身回国,于1295年抵达威尼斯。

马可·波罗在威尼斯与热那亚的战争中被俘,在狱中讲述游历东方的见闻,被同狱小说家鲁思梯谦记录成书——《世界的描述》(或曰《世界印象》)。此书有多种传抄本,中译本有《马可·波罗行纪》(冯承钧译)。《马可·波罗行纪》记述东方各地见闻,其中以中国部分最为详尽,对忽必烈时期的一些重大政治事件、风俗习惯、宗教信仰、物产商业等都有详尽记录。马可·波罗称北中国为"契丹",称南中国的居民为"蛮子",称北京为"可汗的大都",称杭州为南方汉人的"行在"。他看到纸币(交钞、宝钞)大为惊叹,更惊叹于中国人开采煤炭作为燃料。

1981年英国大英图书馆中文部主任伍芳思(Frances Wood)在《泰晤士报》上发表文章,对马可·波罗到过中国表示质疑。1995年11月13日她的著作《马可·波罗到过中国吗?》在英国出版,其主要论点是:威尼斯商人马可·波罗从未到过任何接近中国的地方,在历史上不朽的《马可·波罗行纪》完全是杜撰之作。她关于马可·波罗从未到过中国的惊人之说,已得到几位研究中世纪史的专家的支持。

我国元史专家杨志玖针对《泰晤士报》的文章,在《环球》杂志1982年10期发表了《马可·波罗与中国——对〈马可·波罗到过中国没有?〉一文的看法》,指出:中国的历史书籍中确实到目前为止还没有发现马可·波罗的名字,但并不是没有一些可供考证的材料。伊利汗阿鲁浑(Argon)的后妃死后,派遣三位使臣到元朝,请忽必烈大汗(元世祖)赐给他一个和亡妃同族的女子为妃。元世祖把一个叫阔阔真(Cocacin)的公主交给他们,三位使臣请马可·波罗一家作伴,从海道护送他们回伊利汗国。杨志玖从《经世大典·站赤》中找到了阿鲁浑所遣三使臣(Oulatai 兀鲁䚟、Apusca 阿必失阿、Coja 火者)回国的记载,人名、时间都和马可·波罗所说相符。伊利汗国历史学家拉施都丁的《史集》中也有和马可·波罗书中基本相同的记载。汉文、波斯文与欧洲文的记载完全相同,不是偶然的巧合,马可·波罗确实到过中国。

此外还可以找到其他的证据。《马可·波罗行纪》中提到镇江府有两所基督教堂是由当时镇江府长官、基督教徒马薛里吉思修建的,与《至顺镇江志》记载相合,他在瓜州看到江中的寺院,便是著名的金山寺,也与《至顺镇江志》相合。《马可·波罗行记》有一章专讲元朝用树皮造纸,印制钞票,通行全国,信用程度之高,"竟与纯金无异","伪造者处极刑"。这点由 1963 年河北出土的"至元通行宝钞"的铜版正中刻有"伪造者处死"五个大字,获得证实。轻易否定马可·波罗到过中国是难以令人信服的。

1997 年杨志玖又在《历史研究》上发表论文——《马可·波罗到过中国:对〈马可·波罗到过中国吗?〉的回答》,再次对伍德博士进行反驳。他指出:伍德虽多方论证,但说服力不强,《游记》中确有一些错误夸张甚至虚构之处,但准确可靠者也不少,若非亲见便难以解释。

蒙古重用色目人的政策,促进了大食(阿拉伯)商人东来,东西方贸易日趋频繁。当时泉州对外贸易特别发达,有"蕃舶之饶,杂货山积"之称。在泉州经商的大食人蒲寿庚最为有名,世代经营海上贸易,南宋末任泉州提举市舶使,降元后,先后出任江西行省参知政事、福建行省左丞,负责与海外各国通商事宜。此后蒲寿庚父子擅市舶之利达三十年,富甲东南,成为传奇人物,其长子蒲师文任宣慰使左副元帅兼福建道市舶提举海外诸道宣慰使。当时世界上最大商港泉州是与巴格达齐名的国际城市,来往于两地的

泉州清真寺(元)

阿拉伯商人众多。南宋时泉州的海外贸易已凌驾于广州之上,元朝在此设市舶司,城南设番坊,供各国商人、教士居住,当时阿拉伯侨民数以万计,与当地人通婚,死后安葬在那里。今日泉州一带蒲、丁、郭等姓,就是当年阿拉伯人的后裔。

著名的阿拉伯旅行家伊本·拔图塔(Ibn Battuta)曾访问泉州、广州、杭州等地,回国后,奉摩洛哥国王之命口述其旅行见闻,由国王所派书记官伊本·术扎伊用阿拉伯文笔录,著成《伊本·拔图塔游记》一书。对泉、广、杭这些城市的风貌、民情、海舶、中阿海上交通、贸易往来以及中国制瓷技术等,作了详细的描述,此书至今仍是研究 14 世纪中阿交往史的重要历史

文献。

蒙古与沿海邻国的关系是由征服战争开始的。

1218 年成吉思汗要高丽每年献纳贡赋：粮食一千石，以及大批方物（金银、绸布、獭皮等）。成吉思汗西征时，高丽与蒙古处于交往中止状态。1231 年蒙古进兵高丽，在那里短暂设置了一批达鲁花赤。1254 年宪宗蒙哥发动对高丽的战争，要求迁都江华岛的国王返回原都城，并派太子到蒙古朝廷为人质。忽必烈即位后，致力于改善与高丽的关系，在高丽国王死后，派兵护送太子王倎回国继位，这就是高丽的元宗。至元十一年（1274 年）元宗死，子愖（chén）继位，娶忽必烈之女为妻，高丽国王成了忽必烈的驸马，依附关系加深，此后元朝在高丽设驿站，而高丽国王成了征东行省的丞相。

至元二年（1265 年），高丽人赵彝等向忽必烈建议："日本可通。"次年，忽必烈派兵部侍郎黑的（赫德）、礼部侍郎殷弘带了大蒙古国皇帝致日本国王的诏书，出使日本，不得要领而返。激怒了忽必烈，要高丽动员军队，造巨船一千艘，准备讨伐日本。在此期间，忽必烈对日本有过多次"招谕"，第六次前往日本"招谕"的赵良弼于至元十年（1273 年）归国时，向忽必烈提出不可攻打日本的建议，他说：舟师渡海，海风无期，祸害莫测。忽必烈不听，加紧征战准备，把高丽的济州岛作为远征日本的基地。至元十一年（1274 年）元军第一次远征日本，在博多、箱崎遭到日本武士顽强的抵抗，又遭到台风的袭击，战舰破损、沉没，士兵溺死，远征失败了。次年，元又派出礼部侍郎杜世忠、兵部郎中何文著为使节前往日本，日本方面以国书的无礼之辞而斩了来使。至元十八年（1281 年）元朝发动了第二次远征，由高丽方面出东路军四万，庆元（浙江宁波）方面出江南军十万。战争开始时，元军以优势兵力强行登陆。七月末八月初北九州正处在台风圈内，强大的台风摧毁了元军，日本方面称为"神风"。

蒙古骑兵在陆上驰骋纵横，所向披靡，然而海战却一败涂地。忽必烈先后派兵侵入安南、占城、爪哇、缅国，也都以失败而告终。此后的元朝统治者不得不正视现实，与沿海邻国保持友好关系，开展正常的经济文化交往。

元朝庆元（今宁波）市舶司的海外贸易特别繁荣，浙江等地的丝绸、瓷器、茶叶等商品由庆元向东运销日本、高丽，向南运销东南亚、南亚乃至阿拉伯各国。这些国家的沙金、黄铜、人参、药材、香料、珠宝、象牙、犀角等珍品也运至庆元港再转运各地，其繁荣状况正如当时文人所描写的那样："是邦控岛夷，走集聚商舸，珠香杂犀象，税入何其多。"元朝商船经常往来高丽，棉花、火药武器也于此时传入高丽。日本商船多至庆元停泊，由市舶司依例抽分后，即许自由买卖。

元人汪大渊所写《岛夷志略》,对中国丝绸瓷器等商品通过南海航路以贸易方式传播作了详细记录,人们把这条传播丝绸和瓷器的航路称为"海上丝绸之路"。

79. 郭守敬与关汉卿

吸收了希腊和印度学问的伊斯兰科学,曾有过世界的"最高峰时期"。关于阿拉伯文化的全盛期,欧洲人给予高度评价:光明是从东方来的。阿拉伯文化不仅影响了欧洲,也影响了中国。元世祖忽必烈曾征召穆斯林星象学家,波斯的著名天文学家札马鲁丁应召来到大都(北京),向元朝有关部门进献了七件天文仪器:浑天仪、方位仪、斜拉仪、平律仪、天球仪、地球仪和观象仪。科技史家哈特纳(W. Hartner)在《札马鲁丁的天文仪器与马拉加天文台的仪器比定及其关系》中指出,这些仪器是伊利汗国的大汗从波斯阿塞拜疆的马拉加(Maragha)天文台送到中国的。札马鲁丁还进献了新的纪年法《万年历》。这就是《元史·天文志》所说,至元四年(1267 年)西域人札马鲁丁"撰进《万年历》"、"造西域仪象"。至元八年元朝设立回回司天台,以札马鲁丁为提点,吸收了不少西域天文学者在其中工作。札马鲁丁在大都与元朝天文学家郭守敬进行业务交流,因此郭守敬对阿拉伯天文历法成就已有相当深刻的了解。据专家研究,俄罗斯普尔科沃天文台收藏了两份手抄本,一份是阿拉伯和波斯文,一份是汉文,都是从 1024 年算起的日、月、五大行星动行表,很可能是札马鲁丁和郭守敬合作完成的。

郭守敬(1231—1316 年),字若思,邢州(今河北邢台)人,祖父郭荣是知名的数学家、水利学家。郭守敬有家学渊源,后又师从刘秉忠。元初使用辽和金的《大明历》,误差很大,刘秉忠因此提出改历的建议。天文学、地理学泰斗刘秉忠,是郭荣的朋友,郭守敬有机会

郭守敬建立的登封观测站

参与刘秉忠的改历事业。至元十三年(1276 年)元世祖根据刘秉忠生前建议,命张文谦等主持修订新历,郭守敬等奉命进行实测,他提出"历之本在于测验,而测验之器莫先仪表",制造了简仪、高表、仰仪、正方案等近二十件天文仪器,大大提高了观测的精确度。其简仪简化了浑仪,只保留两套观测用环,一个测量赤道坐标,一个测量地平坐标;其圭表比旧表高五倍(高四十尺),使测量日影长度的相对误差减少到五分之一;其高表设置了景符,能测量到太阳圆面中心的精确位置。

至元十六年,太史局(天文台)扩建为太史院,郭守敬任同知太史院事,领导了全国范围的天文测量,设立 27 个观测站,地理纬度为北纬 15°～65°,最北的观测站在西伯利亚北部,最南的观测站在西沙群岛(一说在占城)。次年(1280 年),郭守敬继承传统历法并参考了阿拉伯历法编成新历,命名为《授时历》。郭守敬在给元世祖的奏报中说,《授时历》对天文数据重新测定七项,对天文计算改革五项。《授时历》推算一回归年长度为365.2425 日,这个数据和地球实际绕太阳一周的周期只相差 26 秒,与南宋统天历相同,也与现代通用的格里高利历

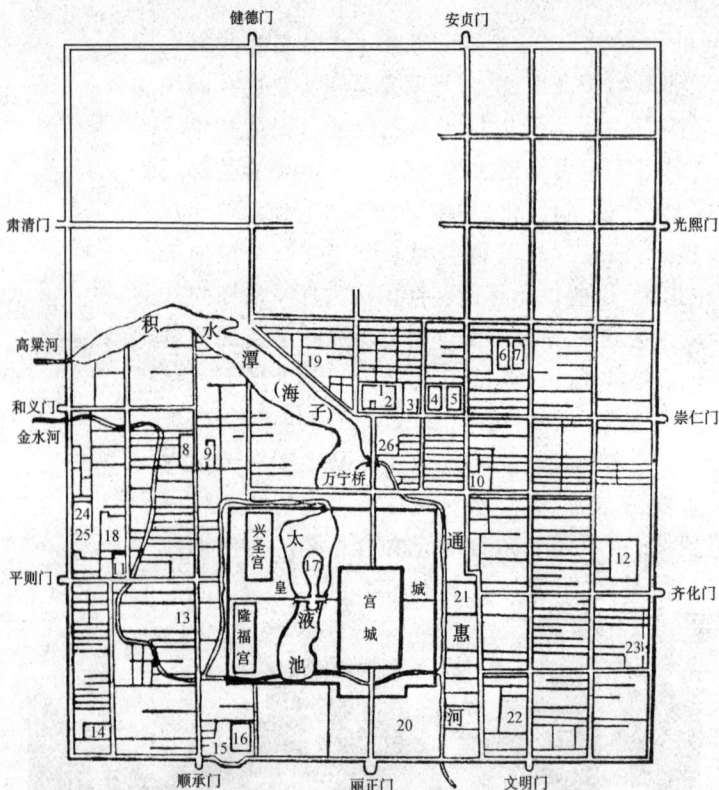

元大都布局示意图

图例 ══大街 ──胡同 ▅▅城垣 ＝河流

1——大天寿万宁寺;2——中心阁;3——倒钞库;4——巡警二院;5——大都路总管府;6——国子监;7——孔庙;8——大承华普庆寺;9——崇国寺;10——太和宫;11——大圣寿万安寺(白塔寺);12——太庙;13——万松老人塔;14——城隍庙;15——海云、可庵双塔;16——大庆寿寺;17——琼华岛;18——社稷坛;19——北中书省;20——内中书省;21——枢密院;22——御史台;23——礼部;24——大天源延圣寺(黑塔寺);25——大永福寺(青塔寺);26——也里可温十字寺。

相同。格里高利历是 1582 年罗马教皇格里高利十三世时制定的,比《授时历》晚了 300 年。郭守敬的天文成就与 300 年后的丹麦天文学家第谷(Tycho Brahe,1564—1601 年)先后交相辉映,明末来华耶稣会士汤若望(P. J. Adam Schall von Bell)称赞郭守敬为"中国的第谷"。其实郭守敬比第谷早三个世纪,应该说第谷是欧洲的郭守敬才确切。日本科学史家山田庆儿说:元代的授时历"代表中国天文学的最高水平"。

郭守敬最初是作为水利学家受到忽必烈重用的。中统三年(1262 年)因刘秉忠的同学、左丞张文谦推荐,向忽必烈面陈水利建议六条,被任命为提举诸路河渠之职,次年升副河渠使。至元元年(1264 年)郭守敬奉命浚治原西夏境内的唐来、汉延等古渠,使当地农田得到灌溉,事成后升任都水少监。以后他又为元大都(今北京)的城市建设奠定了基础。

据侯仁之研究,元大都的兴建,放弃了莲花池水系上历代相沿的旧址,而在它的东北郊外选择新址重建新城。新城的城址是以金朝离宫——太宗宫附近湖泊(即今中海和北海)为设计中心。这一片湖泊属于高梁河水系,选址于此出于都城建设的长远考虑,一是金中都在战乱中已遭破坏,二是莲花池水源供不应求,三是为了解决漕运问题。今日北京的给水工程用京密引水渠,自昌平经昆明湖到紫竹院西北一段,基本上还是沿用郭守敬当初的路线。元朝面临的漕运比金朝更为繁重,每年要从江南运送数以百万石计的粮食到大都。在忽必烈到大都(即金中都)的第三年,郭守敬就提出改造旧闸河,另引玉泉山水以通漕运的计划,得到忽必烈批准后付诸实施,引白浮泉循西山山麓入瓮山泊,然后汇入积水潭(今什刹海)再接闸河,其故道所经,正在泰宁宫附近。这就是叫做通惠河的新运河。不仅根据大都的地形地貌解决了通惠河的水源,而且按地形地貌变化及水位落差,在运河中设闸坝、斗门,解决了水量和水位问题。

在中国文学史上,汉的赋,唐的诗,宋的词,元的曲,分别标志着它们那个时代文学的突出成就。元曲以杂剧(北曲)为主,它来自民间,金末元初,杂剧在院本和诸宫调的基础上逐渐形成。杂剧的兴起与宋、金时代城市经济文化的繁荣有密切的关系,城市中的瓦子勾栏有固定的演出场所,可供杂剧艺人登台献艺;更多的杂剧艺人则随处作场演出,从露天舞台发展到室内舞台,由四面观发展到一面观。元朝工商业畸形繁荣,王公贵族、官僚商人群聚城市,为了满足这些人的文化需求,城市中广设剧场,为杂剧提供了肥沃的土壤。另一方面,宋朝是科举至上主义时代,读书人都把参加科举考试,进士及第作为梦寐以求的人生目标。蒙古贵族起于漠北,不重视科举,灭金后,只举行过一次科举考试,此后废去科举考试近八十年。汉族知识分

忠都秀作场图(元)

子失去了人生的目标,遭到沉重的打击。一位经历宋、元之际社会变革的学者说:"自宋科废,而游士多……盖士负其才气,必欲见用于世。不用于科则用于游,此人情之所同。"而且蒙古、色目、汉人、南人的四等级制,使汉族知识分子的地位空前沦落。根据当时文献的记载,汉族人民又分为十等,其序列是这样的:一官、二吏、三僧、四道、五医、六工、七匠、八娼、九儒、十丐。历来以天下为己任的儒生的地位,在娼妓之下、乞丐之上,排行第九。中国知识分子的"臭老九"帽子,其实在这时已经戴在头上了。科举的废止,知识分子地位的低下,使那些本来可以有所作为的一流文人,不得已踏入戏剧行列,创作演出的脚本。杂剧作家辈出,而关汉卿是其中的佼佼者。

关汉卿(约 1220—1300 年),号己斋,大都(今北京)人,《录鬼簿》说他隶籍太医院户,大约是系籍医户出身,但长期在大都从事杂剧脚本创作,与教坊、勾栏的歌伎、演员如珠帘秀等交往密切,被称为"杂剧班头"、"梨园领袖"。他一生写过六十多种杂剧,保留下来的有《窦娥冤》、《单刀会》、《哭存孝》、《蝴蝶梦》、《调风月》、《救风尘》、《金线池》、《望江亭》、《绯衣梦》、《拜月亭》、《鲁斋郎》等十八种。其中《窦娥冤》尤为成功,成为几百年来久演不衰、震撼人心的一部悲剧。孤女窦娥因父亲欠下高利贷无力偿还,被卖给蔡家作童养媳,遇上地痞恶棍张驴儿父子的胁迫与诬陷,又遭昏庸愚蠢、草菅人命的地方官错判而冤死。反映了关汉卿对当时社会生活的深刻理解,也反映了他卓越的艺术表现能力。他在剧本中对当时腐败而黑暗的政治进行抨击:"这都是官吏每无心正法,使百姓每有口难言。"他透过窦娥临刑前愤怒的控诉,对王朝统治支柱的"天地"、"鬼神"表示了极大的否定:

> 有日月朝暮悬，
>
> 有鬼神掌着生死权。
>
> 天地也，
>
> 只合把清浊分辨，
>
> 可怎生糊突了盗跖、颜渊！
>
> 为善的，受贫穷更命短，
>
> 造恶的，享富贵又寿延。
>
> 天地也，
>
> 做得个怕硬欺软，
>
> 却原来也这般顺水推船。
>
> 地也，你不分好歹何为地！
>
> 天也，你错勘贤愚枉做天！

关汉卿的杂剧触及时弊，不畏强暴，自称："我是个蒸不烂煮不熟捶不扁炒不爆响当当一粒铜豌豆……你便是落了我牙歪了我嘴瘸了我腿折了我手，天赐与我这几般儿歹症候，尚兀自不肯休！"是非常难能可贵的。1958年关汉卿被列为世界文化名人。

与关汉卿一起号称元曲四大家的还有白朴、马致远、郑光祖。白朴的代表作有《墙头马上》、《梧桐秋雨》，马致远的代表作有《汉宫秋》、《荐福碑》，郑光祖的代表作有《倩女离魂》、《伲梅香》。王实甫虽不在四大家之列，但他写的《西厢记》五本二十一折，是少见的长剧，是元杂剧中影响最大的名作，以董解元《西厢记诸宫调》为蓝本，发展成精致的典范之作，剧中的张生、崔莺莺、红娘都有鲜明的性格特征，栩栩如生，以优美的语言渲染出一幕爱情的千古绝唱：

> 碧云天，黄花地，
>
> 西风紧，北雁南飞。
>
> 晓来谁染霜林醉？
>
> 总是离人泪。

日本学者吉川幸次郎《元杂剧研究》指出："元杂剧是中国现存脚本最早的戏剧"，"元杂剧作为现存中国口语文学资料也几乎是最早的"。他认为，"杂剧的用语为市井语言，所写之事也多为市井琐事，但它的语言，特别是唱词的语言是经过千锤百炼的。杂剧的不朽名声正是在此基础上建立起来的。"

十三、明
——古代中华文明的余辉

80. 朱元璋与"胡蓝党案"

朱元璋(1328—1398年),祖籍金陵句容(今江苏句容)朱家巷,祖父朱初一带儿子朱五一、朱五四逃荒到江北泗州盱眙县,其后父亲朱五四在濠州钟离县(今安徽凤阳)孤庄村定居。他本名重八(两房中排行第八),后名兴宗。十七岁那年,淮北大旱,继以瘟疫,父、母、兄长先后病死,"殡无棺椁,被体恶裳"。朱元璋因生活困难,便到皇觉寺当了行童(小和尚)。皇觉寺当地人叫於(乌)觉寺,以后改称龙兴寺,位于凤阳城北。皇觉寺长老打发和尚出门云游度荒,朱元璋一顶破笠帽、一个木鱼、一个瓦钵,出门做了游方僧。游方,即化缘,社会上称为叫化。几年中,朱元璋走遍了淮西,开了眼界,增长了才干。

二十一岁时,他又返回皇觉寺。这时濠州已在红巾军占领之下,为首的是郭子兴。朱元璋想去投奔,又怕风险。小时放牛伙伴汤和从红巾军中写信来劝他前往,他有点犹豫不决,又怕走漏风声,不得已卜卦求助。二十年后当了皇帝的他亲笔写了《皇陵碑》(现仍立于凤阳皇陵边),回忆这段往事说:

> 友人寄书,云及趋降,既忧且惧,无可筹详。旁有觉者,将欲声扬。当此之际,逼迫而无已。试与知者相商,乃告之曰:果束手以待罪,亦奋臂而相戕?知者为我画计,且默祷以阴阳。如其言,往卜去守之何祥,神乃阴阴乎有警,其气郁郁乎洋洋,卜逃卜守则不吉,将就凶而不妨。

至正十二年(1352年)闰三月,二十五岁的朱元璋投奔郭子兴部下当兵。郭子兴死后,朱元璋任左副元帅,成为事实上的主帅(主帅郭天叙年轻无权)。在此后几年中,他顺利地攻占皖南、浙东大部分地区,之后击败割据一方的陈友谅、张士诚,据有东南半壁江山,并以此为基础北上伐元。在"驱逐胡虏,恢复中华"的口号声中,徐达、常遇春挥师北伐,于至正二十八年(1368年)八月攻占大都,推翻了元朝。

在此之前,中书省左丞相李善长率文武百官在应天(南京)上表,请朱元璋即帝位。十天后,朱元璋搬进了新盖的宫殿,祭告上帝:"诸臣皆曰生民无主,必欲推尊帝号,臣不敢辞,亦不敢不告上帝皇祇……如臣可为生民主,告祭之日,帝祇来临,天朗气清。如臣不可,至日当烈风异景,使臣知之。"精通天文地理的刘基早已看好天象,至正二十八年正月初四日天气晴好,果然"天朗气清",朱元璋获上帝批准,"可为生民主",当了皇帝,宣布王朝的国号为大明,改元洪武。

朱元璋是中国历史上出身最为卑贱的皇帝,只有"庶民皇帝"刘邦可以与他相比拟,然而刘邦是亭长出身,朱元璋则一贫如洗,起于社会最底层。他识字不多,却勤奋好学,对历史特别爱好,《汉书》《宋史》都是常读的书。他自学成才,写的诗文颇有特色。他起义时写的《咏菊花》诗:"百花发时我不发,我若发时都吓杀。要与西风战一场,遍身穿就黄金甲。"与黄巢的咏菊诗有异曲同工之妙。他写的公文,常用与众不同的口语体,如给大将军徐达的手令:"说与大将军知道:……这是我家中坐着说的,未知军中便也不便,恁(nín,同'您')只拣军中便当处便行。"洪武三年(1370年)为了

明太祖像

建立户帖制度,他下了一道圣旨,也是用这样文体:"说与户部官知道:如今天下太平了也,止是户口不明白哩!教中书省置天下户口的勘合文簿户帖。你每户部家出榜,去教那有司官将他们所管的应有百姓,都教入官附名字,写着他家人口多少,写得真,著与那百姓一个户帖……"在他的倡导下,口语公文习惯成自然,成为明朝的一大特色。

明太祖朱元璋对全国大小政务都要自己亲自处理,唯恐大权旁落,他不

仅大权要独揽，连小权也要独揽，在面临皇权与相权、将权的矛盾时，他以一种独特的方式加以处理。

朱元璋即帝位后，李善长为左丞相，徐达为右丞相，徐达带兵在外作战，实权操于李善长之手。由于淮西集团权力过分膨胀，皇权与相权的矛盾逐渐明朗化。朱元璋曾与御史中丞刘基讨论另择丞相人选，提及杨宪、汪广洋、胡惟庸，刘基都以为不可，朱元璋要刘基为相，刘坚决推辞，说"臣疾恶太甚，又不耐繁剧"，其实他深知在淮西集团当权的情况下，很难在朝廷中站住脚。后来李善长罢相后，汪广洋虽居相位，却无实权，李善长仍在遥控，并把自己的亲信胡惟庸推荐给朱元璋。洪武十年（1377 年），朱元璋升胡惟庸为左相，汪广洋为右相，一方面依靠胡惟庸办事，另一方面要汪广洋充当耳目监视胡惟庸。

朱元璋以为胡惟庸是个人才，很宠信他。胡惟庸很会逢迎，"曲谨当上意"，形成了一人独相的局面，专擅朝政，对于官员生杀升降大事，往往不奏报就独断专行；官员向皇帝上疏奏事，必先经他审阅，对自己不利的便押下不送。他权倾一时，四方躁进之徒都向他纳巨贿走门路。大将军徐达深恶其奸，把其劣迹上告朱元璋。胡惟庸得知，利诱徐府门房福寿，企图陷害徐达。对于这场权力斗争，刘基似乎早有预料，他于洪武四年急流勇退，告老还乡，隐居山中，不预闻政治。胡惟庸获悉刘基在帝前言其无能，怀恨在心，指使言官诬陷刘基，以后又毒死了他。胡惟庸的大权独揽、飞扬跋扈，使相权与皇权的矛盾尖锐化。

洪武十三年（1380 年），朱元璋以"擅权植党"罪处死了胡惟庸。平心而论，胡惟庸的被杀是咎由自取，但受"胡党"罪名牵连的功臣们却是无辜的。

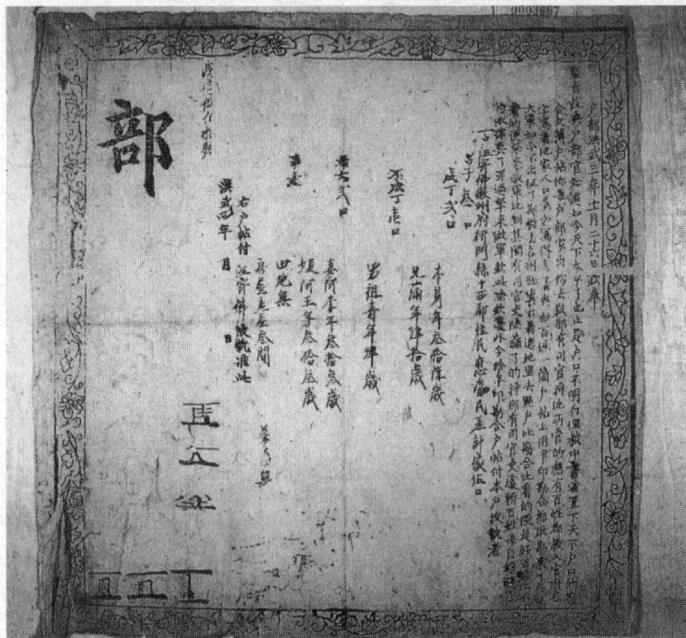

明初户帖

随着胡惟庸罪状的逐步升级,由擅权枉法到"私通日本",又到"私通蒙古",到洪武二十三年,即胡惟庸被杀十年之后,又定胡惟庸串通李善长谋反罪,朱元璋说:"善长元勋国戚,知逆谋不发","狐疑观望怀两端,大逆不道"。于是找到借口,把淮西集团一网打尽。李善长其时已七十七岁,一门七十余人被杀。一年后有人上书为其申冤,解缙起草《论韩国公冤事状》,由郎中王国用冒死呈上,大意是李善长为陛下打天下,为勋臣第一,假使帮胡惟庸成事,也不过如此。况且善长年迈,根本无此精力,何苦如此?朱元璋无话可驳,可见是枉杀。至于叶昇、宋濂之受牵连,更是如此。朱元璋下令肃清逆党,坐诛者三万余人,以《昭示奸党录》布告天下,株连蔓引数年未清。后世史家对胡惟庸党案持怀疑态度,王世贞说得较为含蓄,谈迁说得很明确:"惟庸非叛也",乃"积疑成狱",可谓一语道破。

吴晗写于 1934 年的《胡惟庸党案考》深刻地指出:"胡惟庸的本身品格,据明人诸书所记是一个枭猾阴险专权树党的人。以明太祖这样一个十足地自私惨刻的怪杰自然是不能相处在一起。一方面深虑身后子懦孙弱,生怕和他自己并肩起事的一般功臣宿将不受制驭,因示意廷臣,有主张地施行一系列的大屠杀,胡案先起,继以李案,晚年太子死复继以蓝案。胡惟庸的被诛,不过是这一大屠杀的开端。"

蓝玉党案也是如此。蓝玉是开平王常遇春的妻弟,初隶遇春帐下,临敌勇敢,所向皆捷,多次立功,升为大将军,进封凉国公。但他居功自傲,骄横自恣,家中多畜庄奴、义子,霸占民田,擅自驱逐前来按问的御史,并在军队中按己意进退将校,引起朱元璋的极大反感。于是便有洪武二十六年(1393年)锦衣卫指挥出面诬告蓝玉谋反,说他与景川侯曹震等公侯企图趁朱元璋出去参加籍田礼仪时起事,这当然是捕风捉影之说。审讯的结果,连坐族诛者一万五千多人。朱元璋下诏公布了《逆臣录》,列名其中的有一公十三侯二伯。

胡蓝两人固然咎由自取,但牵连之广令人震惊,胡蓝之狱使开国功臣几乎一网打尽。这既反映了新王朝建立后皇权与相权、将权的矛盾,也反映了朱元璋对开国功臣的疑忌。向朱元璋建议"高筑墙,广积粮,缓称王"的朱升,早就预感到朱元璋疑忌功臣,于洪武二年请老归山,顾虑到日后父子(朱同)不能老死林下,请朱元璋赐给他们"免死券"。朱升以七十二岁而善终,其子朱同还是死在朱元璋手下——赐自缢。开国第一功臣徐达,洪武十八年生背疽,忌吃蒸鹅,病重时,朱元璋特赐蒸鹅,徐达流泪当使臣面吃下,不多日就死了。洪武十九年,汤和获悉朱元璋"不愿诸将久典兵",主动交出兵权,向他请长假:"犬马齿长,愿得归故乡,营骸骨之墟。"朱元璋大悦,赏给钱钞,让汤和告老还乡。一个游方僧出身的人当了皇帝,权力欲如此强烈,大张旗鼓地杀戮功臣,实为历史上所罕见,此人的心态值得细细研究。

杀功臣的根本起因是排除潜在威胁,强化皇权。洪武十三年杀了胡惟庸,朱元璋下了一道诏书,把他的动机暴露无遗:"自古三公论道,六卿分职,不闻设立丞相。自秦始置丞相,不旋踵而亡。汉、唐、宋虽多贤相,然其中多小人,专权乱政。今罢丞相,设五府、六部、都察院、通政司、大理寺等衙门,分理天下庶务,事皆朝廷总之。以后嗣君,毋得议置丞相,臣下敢以此请者,置之重典。"显然是在为废除中书省、左右丞相寻找借口,其实要害不在设丞相"不旋踵而亡",也不在"专权乱政",而是中书省及丞相权力太大,分割并削弱皇权。为了强化皇权,朱元璋变更旧制,废除中书省和丞相,"事皆朝廷总之",其实是由皇帝兼丞相,大权独揽。这不仅是变更了元朝的制度,而且是变更了由秦创始经唐、宋完备化的丞相制度,形成空前的君主专制体制。皇帝权力高度集中的结果,使朱元璋成为历史上最繁忙的皇帝,以洪武十七年九月为例,从十四日到二十一日,要批阅诸司奏章 1660 件,平均每天要处理 200 多件。他曾对侍臣说:"朕自即位以来,尝以勤励自勉,未旦即临朝,晡时而后还宫,夜卧不能安席。"

皇帝兼行丞相职权,毕竟难以持久,他的继承人明成祖朱棣不敢违背祖训(毋得议置丞相),却作了一些变通,把朱元璋时期备顾问的殿阁大学士选拔入值文渊阁,在皇帝授意下参与机务、批答奏章,从而确立了明朝通行二百多年的内阁制度。当然这时的内阁,"不置官属,不得专制诸司,诸司奏事亦不得关白";其后内阁制度不断完善,阁臣裁决机宜、票拟谕旨,俨然汉唐宰相,只是没有相名而已。

推行特务政治,也是朱元璋强化皇权的一大创举。在监察机关都察院以外,设立了检校、锦衣卫,承担着监视官吏的特殊使命。

检校的职责是"专主察听在京大小衙门官吏不公不法,及风闻之事,无不奏闻",专作告发他人的勾当。朱元璋说:有这几个人,譬如人家养了恶犬,则人怕。连开国元勋也怕他们,日夜提心吊胆。因为检校无孔不入,到处刺探,一举一动都报告皇帝。吴晗《朱元璋传》中有这样一个故事:被征去编《孟子节文》的钱宰,写打油诗发牢骚:"四鼓冬冬起着衣,午门朝见尚嫌迟,何时得遂田园乐,睡到人间饭熟时。"第二天朱元璋就得知此事,对他说:昨日作的好诗,不过我并没有"嫌"啊,改作"忧"字如何?吓得钱宰出了一身冷汗,连连磕头请罪。

胡惟庸案发后,权力争夺激化,朱元璋于洪武十五年(1382 年)设立新的特务机构——锦衣卫,掌侍卫、缉捕、刑狱之事,权力凌驾于刑部、大理寺之上,是一个军事特务机构,由皇帝直接指挥。锦衣卫所设监狱,称为"诏狱",意即由皇帝批准逮捕入狱。《明史·刑法志》说:"明锦衣卫狱……幽系惨酷,害无甚于此者。太祖时,天下重罪逮至京者,收系狱中,数更大狱,多所断诏,所诛杀为多。"处理胡蓝党案,锦衣卫起了很大作用。

洪武三十一年(1398 年)朱元璋去世,葬在南京城外钟山,这就是有名的明孝陵。他在遗诏中说:"朕膺天命三十一年,忧危积心,日勤不怠,务有益于民。奈起自寒微,无古人之博知,好善恶恶,不及远矣。"颇有一点自知之明,他确实"忧危积心,日勤不怠",但不能"好善恶恶",过分严酷。

81. 朱棣与"靖难之役"

洪武二十五年,皇太子朱标病逝,法定接班人死了,由谁来继承皇位?明太祖朱元璋十分欣赏四子燕王朱棣,因为性格脾气作风都与他酷似,想立他为皇储。翰林学士刘三吾期期以为不可,理由很简单:把二子秦王、三子晋王置于何地?他建议立朱标长子即皇太孙朱允炆为皇储,那样的话,"四海归心,皇上无忧"。朱元璋采纳了这个利弊参半的建议,"利"的方面是,体现了嫡长子继承的原则,可以服众;"弊"的方面是,那些藩王都是皇太孙的叔叔,能够容忍一个年轻的侄儿做皇帝吗?燕王朱棣尤其难以摆平,在二哥秦王、三哥晋王相继死去后,他自以为是理所当然的接班人。洪武三十一年朱元璋去世,皇太孙即位,成为明朝第二个皇帝,年号建文。于是,建文帝与燕王的矛盾逐渐明朗化。

种种迹象表明,机敏过人的朱元璋是有所预料的,事先留下遗诏,关照分封各地的藩王不得前往南京哭灵,意在防止争夺皇位的宫廷政变。

燕王朱棣得到父皇驾崩的噩耗,立即带领军队从北平赶往南京奔丧,快到淮安时,建文帝派人带来先帝遗诏——"诸王各于本国哭临,不必赴京",只得悻悻然退回北平。

野史传闻,朱元璋甚至考虑到一旦发生宫廷政变,预先给皇太孙留下锦囊妙计,放在红色的宝匣之中,去世前交代说:如有大难,可以打开。建文四年(1402 年),朱棣的反叛军队进入南京金川门。建文君臣在危难之际打开这个宝匣,里面有三张度牒(和尚的证件),以及袈裟、僧帽、僧鞋、剃刀、银元宝等物,要建文君臣化装成和尚潜逃出宫。还有如何脱身的预案:朱允炆从鬼门出宫,其余人等从水关御沟出宫,薄暮时分在神乐观会合。朱元璋的这种预感,出于对四子朱棣的了解,他与皇太孙的较量不可避免。

皇太孙在即位之前也已经感受到叔父的潜在威胁,他向太常卿黄子澄请教,如何化解这个威胁。黄子澄援引汉景帝平定吴楚七国之乱的历史典故,示意削藩——削夺藩王的权力。即位以后,在齐泰、黄子澄的辅佐下,建文帝加快了削藩的步伐。他在"削燕王属籍"的诏书中明确指出:先皇帝在世时,朱棣"包藏祸心,为日已久",现已祷告太庙,将他废为庶人。

燕王朱棣打出"清君侧"的幌子,指责奸臣齐泰、黄子澄等,"假陛下之威权,剪皇家之枝叶",发兵南下,夺取久已觊觎的皇位。同样是藩王反叛朝廷,汉朝的吴楚七国之乱、西晋的八王之乱都以失败告终,而明朝燕王的"靖难之役"却胜利了,朱棣成了明朝第三个皇帝——成祖,年号永乐。

朱棣当上皇帝之后,为了粉饰夺取帝位的合法性,摆脱篡位的嫌疑,必须制造舆论,否定建文帝的合法性,把建文四年改称洪武三十五年,表示他是太祖高皇帝的直接继承者。与此同时,对主张"削藩",抗拒"靖难之役"的建文朝大臣,实施残酷的大屠杀。孟森在谈到"靖难后杀戮之惨"时,用了一句分量极重的话:"皆人类所不忍见闻者。"这在他的著作中是极为罕见的。

永乐初年,再现了洪武年间胡惟庸党案、蓝玉党案大屠杀的一幕,其残酷程度有过之而无不及。孟森分析道,朱棣篡位成功,臣民以为他毕竟是太祖的儿子,夺位不过是帝王家事,没有必要为建文报仇,非口诛笔伐不可。在这种情况下,他完全可以豁达大度,对建文旧臣不予追究,未必会有什么后患。即使要杀几个建文亲信,也不必株连他们的亲属,连妇女儿童也不放过。但是朱棣没有这样的雅量,因为篡位心虚,必须造成无人敢于议论的威慑恐怖气氛,在这点上,他深得乃父"以重典驭臣下"的真传。

对方孝孺的惩处,最为典型地暴露朱棣的心虚。攻占南京,进入紫禁城后,他当即召见被谋士僧道衍誉为"读书种子"的方孝孺,希望由他来起草"即位诏书"。这份"即位诏书",如果由建文旧臣、德高望重的方孝孺起草,可以起到意想不到的作用,洗刷篡逆的恶名。方孝孺这个"读书种子"偏偏不领情,宁折不弯,不为所动。他披麻戴孝来到宫中,为建文帝号啕大哭。

朱棣有些尴尬,讪讪地为自己辩解道:我是仿效周公辅佐成王。方孝孺反问：成王在哪里？朱棣回答：他自焚而死。方孝孺追问：为何不拥立成王的儿子？朱棣回答：国家仰赖年长的国君。方孝孺紧追不舍：为何不拥立成王的弟弟？朱棣被追问得理屈词穷，从座位上走下来，好言相劝：这是我们家的事，先生不必过于操心，即位诏书非先生起草不可。语气毫无商量的余地。

方孝孺在威胁利诱之下屈服了吗？当人们看到他拿起笔往纸上落下时，以为他要起草"即位诏书"了，全神贯注地盯着看。方孝孺从容不迫地在纸上写了四个大字："燕贼谋反。"把笔一丢，边哭边骂：死就死，诏书决不起草！朱棣威胁道：难道你想快点死？难道不顾虑株连九族？方孝孺应声答道：即使株连十族，也奈何我不得！

朱棣恼羞成怒，下令武士把他的嘴割破，使他无法讲话，关进监狱。然后四处逮捕他的亲族、朋友、门生，当着方孝孺的面，一一处死。历史上的株连九族，是指父族四、母族三、妻族二，株连十族是在九族之外加上朋友门生一族，是朱棣的一大发明。受到株连而死的有八百七十三人，充军边地而死者难以计数。他的妻子郑氏和两个儿子自缢而死，两个女儿投秦淮河而死。那些受株连的人显然是无辜的，他们的后裔经受了长期的凌辱。万历十三年(1585 年)，朝廷宣布大赦受方孝孺牵连而充军者的后裔，竟然有一千三百人之多！

方孝孺本人被押往聚宝门外，凌迟处死，就义前留下了一首绝命诗："天降乱离兮孰知其由？奸臣得计兮谋国用犹。忠臣发愤兮血泪交流，以此殉君兮抑又何求？呜呼哀哉兮庶不我尤！"

铁铉之死比方孝孺更为惨烈。兵部尚书铁铉率军死守济南，给燕王军队沉重打击。兵败后被俘，押解到宫中，不愿正面向朱棣称臣，背身而立，正气凛然。朱棣下令割去他的耳朵、鼻子，继而下令割他的肉，塞入他的口中，问道：甜不甜？铁铉傲然回答：忠臣孝子的肉，当然是甜的。

朱棣无计可施，下令当场凌迟处死。在行刑过程中，铁铉始终骂声不绝。朱棣命令武士扛来一口大锅炉，把铁铉的尸体投入翻滚的沸油中，然后把尸体捞出，让他面向朱棣站立，竟然办不到。朱棣大怒，命令太监用铁棒挟持，使他面孔朝北。朱棣笑道：你今天也不得不朝见我了。话音未落，尸体身上的沸油突然飞溅，太监吓得弃棒而逃，尸体仍然反背如故。野史传闻如此活灵活现，令人惊叹不已。他的两个儿子被处死，妻子杨氏和两个女儿发配教坊司为娼。杨氏病死，女儿始终不肯受辱，赋诗明志：教坊脂粉洗铅华，一片闲心对落花，旧曲听来犹有恨，故园归去已无家。

朱棣在惩处景清时又有一大发明,叫做"瓜蔓抄"。景清是个奇人,《明史》说他"倜傥尚大节,读书一过不忘"。建文初年,以都察院左都御史身份出任北平参议,燕王与他交谈,言论明晰,大为赞赏。不久,被召回都察院。南京陷落后,他与方孝孺等相约,以身殉国。然而,他却单独向朱棣表示归顺之意,得以留任原官。此举颇受建文旧臣的非议,其实错怪了他。原来他想潜伏下来,乘机行刺朱棣。此事的案发,据《明史》所说,颇有一点戏剧色彩。主管天象的官员向朱棣报告:"异星赤色犯帝座甚急。"迷信天象的朱棣信以为真,立即怀疑景清图谋不轨。上朝时,他看到景清身穿红衣,神色异常,马上命人对他搜身,果然查获随身携带的凶器。景清奋起喊道:"欲为故主报仇!"当然,仇来不及报,就被处死了。

景清死得很惨,斩首后,还要剥皮。朱元璋当年为了"以重典驭臣下",搞了不少酷刑:刷洗、秤杆、抽肠、剥皮,听起来都汗毛凛凛。官吏贪赃银子六十两以上,先斩首,后剥皮。州县衙门左边的城隍庙,就是剥皮的刑场,剥下的皮囊塞进稻草,吊在旗杆上示众。朱棣下令把景清剥皮实草,悬挂于长安门。无巧不成书,朱棣的轿子经过长安门,悬挂皮囊的绳索忽然断了,景清的皮囊掉落在轿子前面,状如扑击,朱棣大吃一惊,下令烧毁。

一日,朱棣午睡,梦见景清手拿利剑追杀过来,吓得他出了一身冷汗。醒来后惊叹:想不到景清死了还这么厉害!下令诛杀他的九族以及乡亲,一共株连了几百人。他的乡亲全部被杀,村庄化为一片废墟。这就是令人毛骨悚然的"瓜蔓抄"。

"瓜蔓抄"并非孤立的事例。大理寺少卿胡闰,与齐泰、黄子澄昼夜策划军事,南京陷落后,不肯归附朱棣,与儿子一起被处死。他的家乡江西饶州城西硕辅坊,乡亲二百十七人被牵连处死。吕毖《明朝小史》描写那里的惨状:"一路无人烟,雨夜闻哀号声,时见光怪。尝有一猿,独哀鸣彻晓。东西皆污池,黄茅白苇,稍夜人不敢行。"御史高翔颇有军事才干,朱棣闻名召见,高翔却穿了丧服前来,出言不逊。结果,除了本人处死,株连亲族之外,朱棣还搞了一点新花样。《明朝小史》写道:"帝没御史高翔田产,给诸百姓,皆加税,曰:'令世世骂高御史也。'又,发其先墓,杂牛马骨焚灰扬之,而以其地为漏泽园。"

朱元璋晚年意识到"法外加刑",使得人人自危,告诫他的继承者:"非守成之君所用常法。"有鉴于此,他取消了锦衣卫诏狱。朱棣登上皇帝宝座以后,把它恢复了。正如孟森所说,锦衣卫诏狱是"以意杀人","不由法司问拟,法律为虚设,此皆成祖之作俑也"。

不仅如此，朱棣还建立另一个特务组织——东厂。《明史·刑法志》说："东厂之设，始于成祖。"朱棣在北平时，为了刺探南京情报，收买建文帝左右的宦官为耳目，即位以后，特别倚重宦官，东厂就是由宦官掌控的机构。从此厂卫横行，流毒无穷。《明史·刑法志》还说："盖明世宦官出使、专征、监军、分镇、刺臣民隐事诸大权，皆自永乐间始。"毫无疑问，朱棣把特务政治推向了一个新高度。

82. 航海史上的壮举
——郑和下西洋

明成祖朱棣，《明史》说他"智勇有大略"，"智虑绝人，酷类先帝"。他在位二十二年中，把很大的精力放在防范和解决残元势力上，为此逐渐把政治、军事中心由南方移向北方，把首都从南京迁到北京。他先后七次率师出塞，永乐二十二年（1424年）最后一次亲征班师之际，在途中病死，年六十五岁。由于他的努力，出现了"永乐之治"，是15世纪初明朝经济、文化趋向繁荣，中华文明远播海外的辉煌时期。郑和下西洋正是在这一背景下进行的。

从永乐元年（1403年）起，明成祖就积极开展外交活动，这一年六月派使臣到安南、暹罗等国访问；八月派使臣到高丽、占城、琉球、真腊、爪哇、苏门答剌等国访问；九月派使臣到满剌加、爪哇、苏门答剌、琐里、柯枝等国访问。他对主管外事的礼部大臣们说："太祖高皇帝时，诸番国遣使来朝，一皆遇之以诚。其以土物来易者，悉听其便……今四海一家，正当广示化外，诸国有输诚来贡者听。"表明他要遵循太祖奠定的外交方针。太祖把高丽、日本、琉球、真腊、安南、占城、暹罗、三佛齐、爪哇、百花、彭亨、苏门答剌、渤泥等十五个国家，列为"不征之国"，告诫道："吾恐后世子孙倚中国富强，贪一时战功，无故兴兵，杀伤人命，切记不可。"成祖遵循这一祖训，对大臣们强调："朕今休息天下，惟望时和岁丰，百姓安

明成祖像

宁。至于外夷,但思有以备之,必不肯自我扰之,以疲生民。"

北京街市图(明)

郑和下西洋的主要目的,用明成祖的话来说就是"宣教化于海外诸番国",用《明史·郑和传》的话来说就是"示中国富强",其政治目的是第一位的,即为了在海外各国扩大政治影响,显示天朝大国的富庶与强盛。它既不是一次单纯的商业贸易活动,也不是一次征服性殖民活动(至于野史传闻,明成祖派郑和下西洋是为了寻找建文帝的下落,毕竟过于离奇,令人难以置信)。因此郑和一行的访问受到普遍的欢迎。在占城,国王乘大象,其他酋长骑马,来到城郊迎接郑和,前后拥戴着一支五百人的队伍,有的拿着锋刃短枪,有的舞着皮牌,有的打着鼓、吹着椰壳筒,举行欢迎仪式。在榜葛剌,国王派大臣率几千人马到港口迎接,并陪到王宫。王宫门口站着仪仗队,有穿戴盔甲、手执兵器的士兵,还有一千多人的马队,殿前还有一支几百头象组成的象队。国王高坐在殿上,拿着银拄杖和金拄杖的大臣接引郑和等人徐徐入殿,双方互赠礼物后,国王设宴招待郑和一行。

郑和,本姓马,云南昆阳人,回族。据近年来对《郑氏家谱》、《赛典赤家谱》的考证,专家们认为,郑和是元朝政治家、中亚布哈拉贵族赛典赤赡思丁的六世孙。《元史·赛典赤赡思丁传》说:"赛典赤赡思丁,一名乌马儿,回回人,别菴伯尔之裔,其国言赛典赤,犹华言贵族也。"据精通阿拉伯文的专家训释:赛典赤意为"尊贵的圣裔",赡思丁意为"宗教的太阳",乌马儿意为"长寿",别庵伯儿意为"领袖",专指先知穆罕默德的后裔。美国《百科全书·郑和条》说:"郑和家自称为一名早期蒙古的云南统辖的后代,并系布哈拉国王穆罕默德的后裔。马姓来源于中文对穆罕默德的音译。"是言之有理的。在赛典赤的后裔中,马氏并不显眼。明军攻入云南后,郑和被俘,送入燕王府为太监,因参加"靖难之役"有功,被明成祖擢为内官监太监,并把马姓改为郑姓,别名三宝(三保),也称三宝太监。

郑和下西洋,前后七次,持续达二十八年之久。永乐三年(1405年)六月十五日第一次下西洋,27800多人,分乘208艘船,由太仓刘家港(今浏河镇)出发;宣德五年(1431年)闰十二月初六日第七次下西洋,27550人,分乘61艘船,由南京起航,经刘家港、福建长乐出发,于宣德八年(1433年)驰返刘家港。由于操劳过度,在从东非返航到印度古里时,与世长辞,终年六十二岁。

这里所说的西洋,是指加里曼丹(婆罗洲)以西海域,正如《明史·婆罗传》所说:"婆罗名文莱,东洋尽处,西洋所自起也。"它的范围包括南中国海西部至印度洋的广大区域。

据随郑和出使的马欢所撰《瀛涯胜览》、费信所撰《星槎胜览》、巩珍所撰《西洋番国志》的记录,郑和率领的船队在二十八年中到达三十多个国家和地区。其中有占城(越南南方)、真腊(柬埔寨)、暹罗(泰国)、渤泥(文莱)、爪哇、旧港、苏门答剌、阿鲁、南渤里(以上五处均属今印度尼西亚)、苏禄(菲律宾苏禄群岛)、满剌加(马来西亚马六

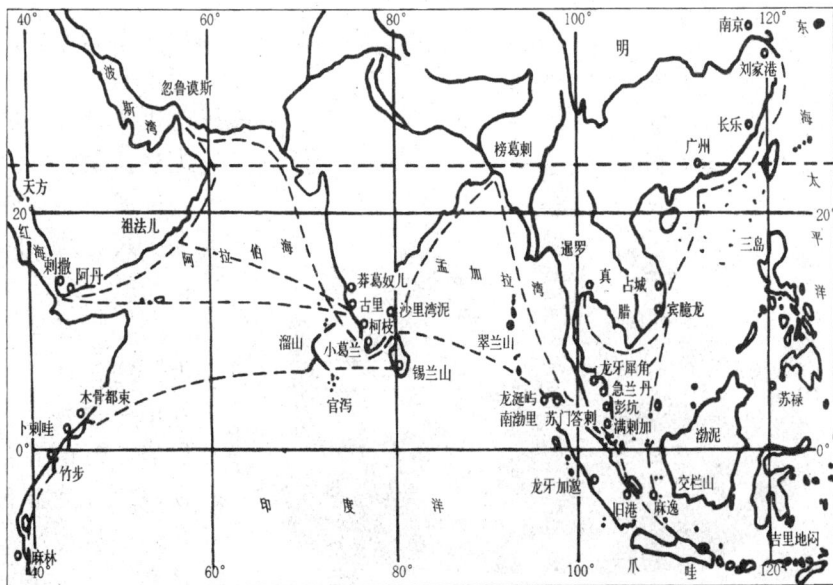

郑和下西洋示意图

甲)、锡兰山(斯里兰卡)、溜山(马尔代夫)、榜葛剌(孟加拉)、琐里、加异勒、柯枝、古里(以上四处均属今印度)、忽鲁谟斯(伊朗霍尔木兹)、剌撒(阿曼湾口)、阿丹(也门亚丁)、祖法儿(阿曼苏哈尔)、天方(沙特阿拉伯麦加)、卜剌哇(索马里布腊瓦)、竹步(索马里准博)、木骨都束(索马里摩加迪沙)、麻林(肯尼亚马林迪)。

　　郑和每次远航都到过满剌加(马六甲),它控制着马六甲海峡,是太平洋与印度洋的交通咽喉,是郑和船队屯储物资、维修船只、候风待航的停泊基地。据《马来纪年》记载,明朝曾把公主嫁给满剌加苏丹。至今此地仍有三保山、三保井、三保祠、三保亭等古迹。苏门答剌(印尼苏门答腊)是郑和船队的转运中心,是从东南亚往南亚的前进基地。印尼的伊斯兰学者哈姆加在《郑和》一文中指出:"印尼和马来西亚伊斯兰教的发展,与中国的一位穆斯林有着密切的关系,这位穆斯林就是郑和将军。"古里(今印度科泽科特)也是郑和船队每次都到达的重要中转站,它是当时印度洋上的繁荣商港。郑和在此刻石立碑,上写:"其国去中国十万余里,民物咸若,熙暤同风,刻石于兹,永昭万世。"费信《星槎胜览》有诗:"古里通西域,山青景色奇。路遗人不拾,家富自无欺。酋长施仁恕,人民重礼义。"郑和远航忽鲁谟斯前,特邀精通阿拉伯语的西安大清真寺掌教哈三同行。马欢《瀛涯胜览》对这个国际商业中心给予高度评价,有诗曰:"忽鲁谟斯近海傍,大宛米息通行商,曾闻博望使绝域,何如当代覃恩光。"

　　据文献记载,郑和宝船大型的长四十四丈四尺,阔一十八丈;中型的长三十七丈,阔一十五丈。在没有机器动力的帆船时代,如此庞然大物是令人惊讶的。那种长四十四丈四尺(138米)、阔十八丈(56米)的大型宝船,据船舶专家计算,排水量约为14000吨,载重量在7000吨以上。这种远航巨舶的制造地在南京龙湾的龙江船厂。龙江船厂始建于明初,到永乐时期因建造宝船下西洋,又称宝船厂。据专家在宝船厂遗址考察,该处存在建筑宝船的船坞。近年来探索郑和宝船之

郑和宝船模型

谜的各学科的学者通力合作，制作成功接近当年郑和宝船原貌的模型。模型按大型宝船长四十四丈四尺、阔十八丈的百分之一比例制作。船首为虎头图案，两边雕绘白眉毛金龙与龙目各一；船尾装饰自上而下彩绘太极图、鹢鸟、旭日东升、海浪、吉祥如意。船面九桅十二帆，火炮十八门，甲板以上五层舱室，顶部设天妃宫，天妃宫前为点将台，两侧各竖旗杆一根，日挂旗，晚挂灯，作为航行测量天体和指挥标志。船上装备四只舵帽、四只小艇、一只大艇、十七部绞盘、四十台绞棍。

郑和下西洋不仅留下了文字记录，而且对航海路线作了详细描述，绘制了航海图，即所谓《郑和航海图》，原名《自宝船厂开船从龙江关出水直抵外国诸番图》，载于茅元仪的《武备志》中，有地图二十幅。全图采用一字展开式，自右至左，首起南京龙江宝船厂，出长江口，向南沿江、浙、闽、粤沿海，最远到达非洲东岸肯尼亚的慢八撒（今蒙巴萨）、西亚的阿丹（今亚丁）、忽鲁谟斯（今霍尔木兹）。据专家们的研究，航海图是郑和第六次下西洋后绘制的，以明初的航海实践和历代海道图籍为依据，吸收域外（主要是阿拉伯）海道图的某些方面，综合而成。它对航向、航程、停泊港口、暗礁浅滩都作了可靠记录，是中国第一部航海地图。

郑和下西洋是世界航海史的创举，他的第一次远航，比哥伦布首航美洲早87年，比达·伽马开辟东方新航路早93年，比麦哲伦航行菲律宾早116年。他的船队规模之大，船舶之巨，在当时世界上罕见其匹：哥伦布的船队，仅88人分乘三艘帆船，最大的"圣玛利号"载重量只有250吨；达·伽马的船队也仅四艘三桅帆船，最大的"圣迦尔利尔号"载重量不过120吨。有鉴于此，汤因比在《人类与大地母亲》中感慨系之地写道：在15世纪后期，这些中国船是世界上无与伦比的，所到之处的统治者都肃然起敬。如果坚持下去的话，中国人的力量能使这个国家成为名副其实的全球文明世界的"中央之国"。他们本应在葡萄牙人之前就占有霍尔木兹海峡，并绕过好望角；他们本应在西班牙人之前就发现并征服美洲的。

然而，下西洋的壮举耗费巨额人力物力，当时就有人对它的劳民伤财有所非议。焦竑《玉堂丛语》便是一例。成化年间，宪宗皇帝派太监到兵部搜索郑和下西洋留下的档案，"查西洋行程"，企图如法炮制。兵部郎中刘大夏抢先一步，把档案藏匿他处。兵部尚书项忠命保管档案的官员查了三天三夜，杳无影踪。刘大夏在旁微笑说："三保下西洋时，所费钱粮数十万，军民死者亦以万计，纵得珍宝，于国何益？此大臣所当切谏。旧案虽在，亦当毁之，以拔其根，尚足追究有无邪？"项忠听了肃然起敬，向刘大夏作揖表示感谢。这一段掌故，以往学者很少注意，却是值得深长思之的。

83. 海上走私贸易与倭寇

　　明朝建立后,实行严厉的"海禁"政策,除了政府与海外国家保持朝贡贸易关系外,其他民间海上私人贸易一概禁止。洪武时期一再下令:"禁濒海民不得私出海";"禁濒海民私通海外诸国";"申禁人民无得擅出海与外国互市"。明成祖时稍有松动,但依然视"海禁"为祖训。从永乐到嘉靖年间,海禁时紧时松,总的趋势是以禁为主。随着商品经济的发展,海外贸易的需求日益增长,与海禁政策形成了强烈的矛盾。嘉靖二年(1523年)发生的"争贡"事件,使这种矛盾尖锐化。所谓争贡事件,是嘉靖二年日本大内氏贡使与细川氏贡使为了争夺朝贡贸易特权,在宁波港发生械斗。明朝政府以此为借口,关闭市舶司,中止日本与明朝的朝贡贸易。正常的官方贸易断绝,民间走私贸易便取而代之。当时走私贸易的对象以日本为主,向日本人提供棉布、生丝、丝织物、陶瓷器、铁锅、水银、药材、书籍之类商品,海禁愈严,价格愈贵,获得愈厚,铤而走险者愈多。嘉靖以前冒禁下海走私贸易的大都是沿海小民与商人,他们为谋生计,秘密与外商在海上交易。嘉靖以后走私规模扩大,一方面在闽浙大姓势家操纵下,私枭船主与土豪相结合,挟制官府,包庇窝藏,公然大张旗鼓地走私;另一方面海盗与沿海贫民结舶走私,与上层走私集团遥相呼应。那些大姓势家不但窝藏私货,掩护走私,而且坐索贿赂,要挟私商。私枭船主不堪受其勒索,起而报复,海上走私贸易逐渐与沿海寇乱混而为一。

　　海上武装走私与海盗劫掠在东南沿海声势大盛,浙江、福建、广东沿海大批无业游民、渔民为经济利益所驱使,纷纷加入走私贸易队伍,成为社会治安一大问题。嘉靖二十六年(1547年)浙江巡抚兼福建军务提督朱纨来此查禁,革渡船,严保甲,搜捕奸民,他认为:去外国盗易,去中国盗难,去中国濒海之盗易,去中国衣冠之盗难,乱源在于闽浙大姓通倭。所谓"衣冠之盗"就是沿海的大姓势家,他们一方面向走私商人筹借造船经商的资本,另一方面又提供自己的旗号供走私商船张挂,以逃避官府稽查。他捕办通倭富豪奸商,触犯了闽浙大姓,遭到朝廷中闽浙籍官僚攻击。朱纨不久便罢官回家,悲愤自杀。朱纨为官清正,死得有点冤,但他不明时势一味以禁绝为能事,正如徐光启在《海防迂说》中所指出的那样,朱纨"冤则冤矣,海上实情实事果未得其要领,当时处置果未尽合事宜也"。朱纨的失败,使东南海上走私贸易更趋猖獗。嘉靖二十八年明朝政府首次把王直集团骚扰沿海地区称为"倭人入寇",起因于一时不明真相的地方官"仓皇申闻"。嘉靖三十一年明朝政府又在此设巡视大臣，推行严厉的海禁政策，走私集团则采取武装对抗的态度，终于形成了所谓"倭患"。

以往某些史著对"倭寇"一词望文生义，以为是日本海盗的同义词，其实是一种误解，至少是过于表面化、简单化的解释。1994年版《日本史大事典》中说：在朝鲜半岛、中国大陆沿岸与内陆、南洋方面的海域行动的包括日本人在内的海盗集团，中国人和朝鲜人把它们称为"倭寇"，它本身带有"日本侵寇"或"日本盗贼"的意味，但是由于时代和地域的不同，倭寇的含义是多样的，作为连续的历史事象的倭寇是不存在的。该书还指出，因为依托于勘合船的日、明间的交通中途断绝，中国大陆沿岸发生了大倭寇，最激烈的是所谓"嘉靖大倭寇"。这时期的倭寇，日本人参加的数量很少，大部分是中国的走私贸易者以及追随他们的各色人等。

倭寇对中国沿海的骚扰始于元中叶以后。后来，明永乐十七年（1419年）总兵刘江在望海埚（辽宁盖州市西南）打击的倭寇，嘉靖时期东南沿海的倭寇，成分发生了很大的变化。参加平倭的兵部侍郎胡宗宪在《筹海图编》中说："今之海寇，动计数万，皆托言倭奴，而其实出于日本者不下数千，其余则皆中国之赤子无赖者入而附之耳。"南京湖广道御史屠仲律说，当时所称"倭夷"，夷人仅占十分之一，大都是明朝的编户齐民。清初史家谈迁在《国榷》中说："动以倭寇为名，其实真倭无几。"因此，明朝对于倭寇一词的使用并不严格，把与日本通商的走私贸易商人如王直集团等也称为倭寇，而真正的日本海盗反而要用"真倭"一词，以示区别。

从嘉靖时期的倭患看来，倭寇的首领大都是中国人。嘉靖初期有闽人李光头，歙人许栋，其党徒有王直、徐惟学、叶宗满等人；嘉靖中期的倭寇以王直为首，徐海次之；嘉靖后期的倭寇以闽粤的张琏为代表。作为"倭寇王"的王直，是徽州海商出身，经营海上走私贸易，嘉靖三十一年（1552年）吞并了另一股海盗后，横行海上，成为海上走私集团的领袖，由于要求通商遭到拒绝，便抢掠浙东沿海。嘉靖三十二年遭官军围剿，无法在沿海容身，逃往日本萨摩之松浦津，以五岛列岛为根据地，还在平户建造了邸宅，拥有一支庞大的船队，自称五峰船主，又称净海王。他不时从日本前往浙闽沿海，以宁波、泉州港外的双屿、浯屿为据点，进行大规模走私贸易和海盗活动。在王直的队伍中确有一批真倭，他们是受王直集团雇佣的，如《倭志》所说，王直"以财物役属勇悍倭奴自卫"；《明史·日本志》也说，王直等人"以内地不得逞，悉逸海岛为主谋。倭听指挥，诱之入寇"。因此之故，王守稼在《嘉靖时期的倭患》中说："大量史料证明，历史的真实情况似乎与以往流行的说法相反，嘉靖时的'真倭'，反而倒是受中国海盗指挥，处于从属、辅助的地位。"

那么为什么长期以来把倭患说成是日本海盗的入侵呢？原因是复杂的。其一，倭寇中确有一部分真正的日本人，即所谓"真倭"，正如《明史·日本志》所说："大抵真倭十之三，从倭者十之七。"其二，王直等人有意制造混乱，以假乱真，保护自己。曾参与胡宗宪平倭的茅坤指出，海寇每船约二百人，首领大都福建及浙江温州、台州、宁波人，也有徽州人，"所谓倭而椎髻者特十数人"，"此可见诸寇特挟倭以为号而已，而其实皆中州之人"。王直等人每攻掠一地，必放出风声，诡称为"岛夷"所为，以致明朝官方不明真相，误以为日本海盗入侵。其三，明朝平倭将领为了冒报战功，虚张声势。在作战失利时谎称倭寇进犯，夸大敌情；稍有斩获，便把一般海盗冒充真倭上报。因为官方规定：擒斩"真倭贼首"一名可升三级或赏银一百五十两，擒斩"真倭从贼"一名可升一级或赏银五十两。无怪乎当时人要说："尝闻吾军斩首百余，其间止有一二为真贼者"；"官兵利于斩倭而得重赏，明知中国人而称倭夷，以讹传讹，皆曰倭夷，而不知实中国人也"。

由于倭患严重，明朝政府倾全力平定。嘉靖三十三年（1554年）任命南京兵部尚书张经总督江南、江北、浙江、山东、福建、湖广诸军前往征讨，在嘉兴大镇王江泾一役取得大胜后，遭督察军务的严嵩亲信赵文华与浙江巡抚胡宗宪诬陷，被逮捕入狱。继任总督胡宗宪设计诱杀了王直、徐海、陈东，但闽浙沿海倭患依然如故。在平倭战争中取得决定性胜利的是戚继光、俞大猷。戚继光（1528—1587年），字元敬，号南塘，山东登州（今蓬莱）人，出身将门世家，世袭登州卫指挥佥事。嘉靖三十四年调浙江都司充参将，分管宁、绍、台三府，后改台、金、严三府，招募金华、义乌剽悍壮丁，练成一军，教习击刺法，更新火器兵械，戚家军因此名闻天下。与倭寇作战连连告捷，平定浙东倭患后，又进援福建，与总兵俞大猷平定福建倭患，又与俞大猷平定广东倭患。平倭战争终于在嘉靖四十三年（1564年）宣告结束。

然而真正解决倭患的关键，是明朝政府逐步放弃了海禁政策。从某一角度看，嘉靖时期的倭患，从侧面反映了海禁与反海禁的斗争。当时影响最大的王直集团，因"求通互市，官司弗许"，才从事海上走私、劫掠沿海，成为倭寇的代表；以后他又向政府表示如果允许通商，可以杀贼自效。主持平倭的胡宗宪、赵文华也认识到"以海禁太严，生理日促，转而从盗"；"滨海细民，本藉采捕为生，后缘海禁过严，以致资生无策，相煽以盗"。随着平倭战争的胜利，开放海禁便成为最高当局的唯一选择。嘉靖四十五年（1566年）明世宗去世，成为一个契机，先后继位的明穆宗、明神宗及其辅政大臣都主张实行比较开放灵活的政策。由于海禁的开放，刺激了海上贸易的发展，私人海上贸易进入了一个新阶段，呈现出一片繁荣景象，所谓"倭患"也就烟消云散。

鉴于这种背景，我们不得不钦佩万历时福建长乐人谢杰在《虔台倭纂》中对倭寇的分析之高明：第一，成为中国大患的倭寇，其实多是中国人——"倭夷之蠢蠢者，自昔鄙之曰奴，其为中国患，皆潮人、漳人、宁绍人主之也"；第二，由于政府实行严厉的海禁政策，海商转而为海寇——"寇与商同是人，市通则寇转为商，市禁则商转为寇"；第三，政府推行政策的偏颇是导致倭患愈演愈烈的根本原因——"由海商之事观之，若病于海禁之过严"。

最突出的例子是福建漳州府的月港。由于海道交通方便，月港早在海禁时期已成为走私贸易的中心，许多人都从那里私自出洋前往吕宋（今菲律宾）诸岛进行贸易，月港因走私贸易而繁荣，号称"小苏杭"。嘉靖四十五年（1566 年）政府终于承认既成事实，把月港升格为海澄县的县治，次年（即隆庆元年）正式开放海禁，准许人民航海前往东洋、西洋贸易，由海防同知向商船征收引税及关税，使私人海上贸易合法化。全汉昇《略论新航路发现后的海上丝绸之路》指出：所谓东洋是以菲律宾群岛为中心的海洋，往返东洋的人多到菲律宾吕宋岛或其中的马尼拉港，他们运到马尼拉的货物以生丝和丝绸为主。当时中国一担值一百两银子的湖丝（浙江湖州的生丝）运到马尼拉，至少可以卖到二百两银子。除了西班牙人，有时日本商人也到马尼拉采购湖丝，致使湖丝价格猛涨，每担高达五百两银子。由于国内和吕宋售价的悬殊，把生丝和丝绸运到那里卖的中国商人常常得到巨额利润。中国商人到马尼拉后在市东北部集中居住，形成一个贸易市场，西班牙商人称为生丝市场。马尼拉的生丝市场，小部分在当地销售或向日本输出，绝大部分都由大帆船——"丝船"运往美洲，于是形成了一条与往昔不同的海上丝绸之路。

当时政府规定，凡华船下海通番，在出口前应先"请引"，缴纳名为引税的特许金，此外又征收三种具有关税性质的水饷、陆饷、加增饷。水饷相当于船钞，按船的大小征收；陆饷是货物进口税；加增饷是一种特加税，专向从菲律宾返回的船舶征收。据全汉昇《明季中国与菲律宾间的贸易》，漳州府海澄县每年的外贸税收迅猛增长：隆庆年间（1567—1572 年）银三千两，万历初（1573 年）银六千两，万历四年（1576 年）银一万两，万历十一年银二万两，万历二十二年银二万九千两。万历二十二年的税收几乎等于二十年前的十倍。这是处理海外贸易成功的一例，与海禁时期相比，其利弊得失不言而喻。中菲贸易的发展,双方各蒙其利。中国的手工业品及农产品在菲扩展销路的结果,使国内的工农业能够转变为"外向型"——为国外市场而生产,商人能够为对外贸易而服务,无形中增加了不少就业机会,从而有助于国内相对过剩人口的生计问题的解决。

84. 商品经济的高水平发展

以苏州府、松江府、嘉兴府、湖州府为中心的长江三角洲地区,从 15 世纪末 16 世纪初以来,农业经济的商品化倾向以引人注目的态势发展着,农家植棉、纺纱、织布或栽桑、养蚕、缫丝这种原先的农家副业,逐渐取代种植粮食作物的农家正业,出现了棉作压倒稻作、蚕桑压倒稻作的新趋势。这种经济的变化,为苏、松、嘉、湖地区市镇的发展提供了极大的推动力,而市镇的发展又反过来促进了农业经济商品化程度的加深。根据发展经济学的研究,

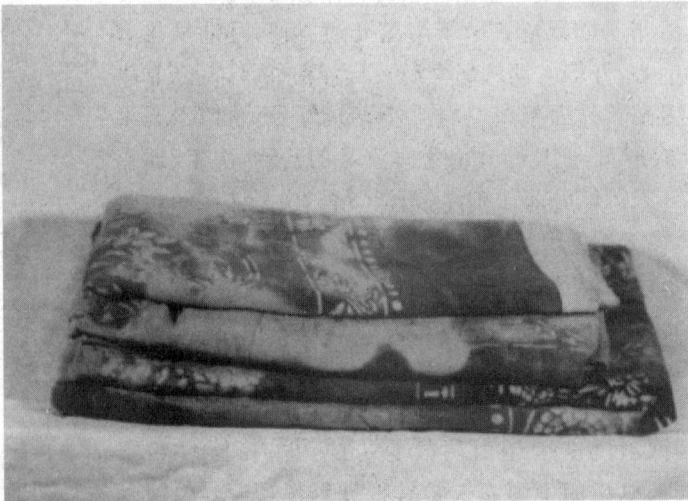

上海马桥出土的明代蓝花布

历史上的经济发展经历了漫长的历程,首先是扩张式的农业发展,每个生产者的平均生产能力不变,由于人口和耕地的不断增长而使生产扩张;其后是农业的商业化和技术进步,以及农产品加工业的建立;再往前一步便进入了工业化阶段。明中叶以后的长江三角洲的经济发展正相当于上述的第二阶段。

明代初期,松江冈身以东地带已普遍种植棉花,上海县人顾或《竹枝词》说:"平川多种木棉花,织布人家罢绩麻,昨日官租科正急,街头多卖木棉纱。"就是生动的写照。其后,棉花种植逐渐向冈身以西推移。松江府属各县及苏州府属嘉定、太仓、昆山、常熟等县,都成了著名的产棉区,农家"多种木棉","专业纺织",棉作的收入成为农家的主要经济来源。这种变化对传统农业经济是一个很大的冲击,农家的经济收益主要仰赖于不供自己消费

的棉花及其纺织品，这种产品只有在市场上作为商品出售后，其收益才能在经济上获得实现。当时的地方志中说："田家收获输官偿息外，未卒岁室庐已空，其衣食全赖此"；"邑之民业首藉棉布……家之租庸、服食、器用、交际、养生、送死之费，胥从此出"，都反映了这种变化。

显然，植棉、纺纱、织布的收入是超过了纯农业经营的。嘉靖时松江人徐献忠说："邑人以布缕为业，农氓之困藉以稍济。"这与农家经营的商品化有很大的关系。农家把棉花纺成纱带往市镇出售，这种出卖棉纱的农家除将自种棉花纺成纱，还从市镇买回棉花从事加工，纺成纱再出卖，这在松江很普遍："里媪晨抱纱入市，易木棉以归，明旦复抱纱以出，无顷刻闲。"不少农家纺纱后还织成布，再送到市镇上出售，通宵达旦，"率日成一匹"。号称"衣被天下"的松江所产的优质棉布，如尤墩布、三梭布、标布、飞花布、紫花布，以及号称"苏布名重四方"的嘉定、常熟一带所产的药斑布、棋花布、斜纹布、缣丝布等，都出于农家之手。

明末清初上海县人叶梦珠对以松江为中心的棉布输出作了说明，所产棉布有标布、中机、小布三种。上阔尖细者称标布，以出于三林塘镇为最精，周浦镇次之，县城更次，由陕西、山西商人及徽州商人（新安商人）运销至秦、晋、京、边诸路。较标布稍阔而长者称中机布，由徽商运销至湖广、江西、两广诸路。他说，明代标布盛行，"富商巨贾操重资而来市者，白银动以数万计，多或数十万两，少亦以万计，以故牙行奉布商如王侯，而争布商如对垒"。苏州府的嘉定、常熟所产棉布也很畅销，"商贾贩鬻，近自杭、歙、清、济，远至蓟、辽、山、陕"。吴承明在《中国资本主义的萌芽》一书中估计：清中期苏松地区年产棉布约 4500 万匹，其进入长距离运销的，总也有 4000 万匹。明朝的情况应该与此相差不远。

在这种背景下，苏、松一带经济繁荣、规模宏大、商贾云集的市镇，大都以经销棉布为支柱产业。

朱泾镇——四乡盛产棉花，又精于纺织，所产标布质地精细，优于远近闻名的尤墩布，时人有诗描绘棉布交易的兴旺："万家烟火似都城，元室曾经置大盈，估客往来多满载，至今人号小临清。"其自注云："明季多标行，有小临清之目。"所谓标行，即从事标布贸易的牙行；所谓估客，即各地前来贩布的客商，他们挟带巨资来此购买棉布，使朱泾镇生意兴隆，可以与山东运河沿线的著名商业城市临清相媲美，故号称"小临清"。当地人顾公燮《消夏闲记摘抄》说："前明数百家布号，皆在松江枫泾、朱泾乐业，而染坊、踹坊、商贾悉从之。"

朱家角镇——万历年间已号称"商贾辏聚，贸易花布，为今巨镇"，成为标布贸易中心，"京省标客往来不绝"。每当棉布购销旺季，镇上"布肆黑夜燃灯为市"，一片兴旺景象。全国各地前来购买标布的客商（即所谓标客）云集于此，"东市明纪场，茶楼酒肆，为京洛标客居停之所"。当时人的《衢歌》如此写道："鱼米庄行闹六时，南桥人避小巡司，两泾不及珠街阁，看尽图经总未知。"此处所谓"两泾"即朱泾镇与枫泾镇，珠街阁即朱家角的雅称，"两泾不及珠街阁"，并非夸张之词，《松江府志》称它"商贾贸易甲于他镇"，是与事实相符的。

罗店镇——明中叶已成为棉布集散中心，"徽商凑集，贸易之盛几埒南翔"。从万历以来，罗店镇作为一个棉布贸易中心吸引了大批徽州商人，其繁华程度堪与邻近的南翔镇相媲美，因此当地人常说："罗店素称饶富，有金罗店，银南翔之名。"全镇交易以棉花、棉布为大宗，经营花、布交易的牙行（花行、布行）遍布，成为左右经济发展的枢纽。

其他如七宝镇、安亭镇、外冈镇、娄塘镇、钱门塘市、金泽镇、黄渡镇等也都是以棉布交易为主的商业中心。

湖州府、嘉兴府及苏州府、杭州府一带是栽桑养蚕的传统地区。进入明朝以来，蚕桑业、丝织业不仅产量、品种有所增加，而且产地和从业人员范围也日趋扩大，农家经营的蚕桑压倒粮食种植，蚕丝之丰歉成为有岁无岁的决定因素。这与洪熙、宣德、成化、弘治年间丝织业由城镇向乡村推广有很大关系，正如乾隆《吴江县志》所说："绫绸之业，宋元以前惟郡（指苏州府）人为之，至明熙、宣间，邑（指吴江县）民始渐事机丝，犹往往雇郡人织挽；成、弘以后，土人亦有精其业者，相沿成俗。于是，震泽镇及近镇各村居民，乃尽逐绫绸之利，有力者雇人织挽，贫者皆自织。"这里所反映的情况是有代表性的。由于丝织业向乡村推广，农家栽桑养蚕外还兼营丝织，这对于丝织业的发展是一个很大的促进因素，同时也必然加深农业经济的商品化程度。湖州府各地出现了这样的盛况："隆（庆）、万（历）以来，机杼之家相沿比业，巧绌百出，有绫有罗，有花纱、绉纱、斗绸之缎，有花有素，有重至十五六两，有轻至二三两，有连为数丈，有开为十方……各直省客商云集贸贩，里人贾鬻他方，四时往来不绝。"

从栽桑开始，农家经营就与市场发生密切联系，卷入商品经济中。王道隆《菰城文献》说："立夏三日，无少长采桑贸叶，名叶市。"此种叶市的价格变动很快，受供求关系与节令制约，朱国祯《涌幢小品》说："其叶价倏贵倏贱，谚至谓'仙人难断'。"从事桑叶买卖的牙行——青桑叶行，经营桑叶的期货贸易，称为现销或赊销：其预立约以定价，而俟蚕毕贸丝后偿还价款者，叫作赊销；其有预先付款，俟叶大后交易，叫作现销。一般而言，赊销价要高于现销价四分之一左右。毫无疑问,丝、绸与市场的关系就更密切了。每到小满之日,必有新丝上市,于是商贾云集市镇,收购名满天下的优质湖丝,故时人说:"湖丝虽遍天下,而湖民身无一缕。"

太湖周边兴起了一大批以丝绸贸易为支柱产业的繁荣市镇。

南浔镇——四乡所产湖丝极负盛名,吸引各地客商,"每当新丝告成,商贾辐辏","列肆喧阗,衢路拥塞"。镇南栅的丝行埭,丝行"列肆购丝","商贾骈毗,贸丝者群趋",一方面"乡农卖丝争赴市",另一方面"客船大贾来行商",南浔镇成为湖丝的主要集散中心。

苏州附近市镇图

乌青镇——四乡所产蚕丝以西乡为上,号称辑里(七里)丝。小满新丝上市时,镇上丝行十分繁忙,"各处大郡商客投行收买",平时则有震泽、盛泽、双林等镇"各地机户零买经纬自织",又有贩子"贸丝诣各镇,卖于机户"。

菱湖镇——四乡盛产蚕丝,万历《湖州府志》说,湖丝"属县俱有,惟出菱湖洛舍者第一"。小满后新丝市最盛,列肆喧阗,衢路拥塞,菱湖前后左右三十里内所产蚕丝,由农家摇船运至镇,牙行临河收丝,"四五月间,乡人货丝船排比而泊",十分热闹。牙行收购后,转售外来客商,"镇人大半衣食于此"。

濮院镇——明初时人口已达万家,以织绸贩绸为业。此地所产濮绸十分著名,万历年间,"改土机为纱绸,制作绝工,濮绸之名遂著远近,自后织作尤盛",镇上街巷"接屋连檐,机声盈耳"。机户从事丝织业,分工极细,有络丝摇纬、牵经、运经、刷边、织手、拽花等。织成后,出售给绸行,必须由"接手"居间介绍。绸行招接来自闽广、两湖及北京等地的客商,因而绸行也分为京行、建行、济宁行、湖广行等,以京行财力最为雄厚,"京行之货有琉球、蒙古、关东各路之异"。

双林镇——是著名的包头纱(绢)的产地,深受各地妇女喜爱,因而"遍行天下"。成化年间双林周围农家都精于织绢,四方商贾纷纷前来收购;隆庆、万历以来,机杼之家"巧绌百出","各直省客商云集贸贩,里人贾鬻他方,四时往来不绝"。

原先曾以全国粮仓闻名天下的苏、湖二州及太湖流域,由于商品经济的高度成长,手工业、商业的飞快发展,促使农家经营的商品化倾向日益加剧,大量耕地改种经济作物(如桑、棉之类),以适应市场不断增长的需求。农业生产格局于是变为以种植经济作物为主,使余粮区逐渐转化为缺粮区。加上这一地区人口增长较快,形成地狭人稠的压力,越来越仰赖外来商品粮的输入。于是大抵15世纪中叶,湖广作为天下的粮仓,所产粮食沿江而下,供应江浙各地,"湖广熟,天下足"的格局,取代了先前的"苏湖熟,天下足"的格局,这在社会经济发展中是一个划时代的变化。

伴随着商品的经济的高水平发展,明中叶以降,白银作为货币,在市场上广泛流通,是一个引人注目的现象。政府的财政收支,大都改用银两折纳与计算;原来以米、钞支给的官俸,逐步改用银两,本色俸米一石以银二钱五分支给;赋税也作了相应性变化,把相当大部分折成银两收缴,出现了金花银,以后又把徭役折成银两(役银);此外商税、手工业税、关税都相应地折成银两;在长江三角洲、珠江三角洲等经济发达地区,农业、手工业与商业雇工,已经用银两来支付工价,例如万历时湖州地区农业雇工的工价每年为银二两二钱。而隆庆、万历以后海禁开放,海外贸易迅猛发展,白银大量流入中国,满足了明中叶以来因普遍用银作为货币而对银的大量需求。

85. "全球化"贸易与白银资本

15世纪末16世纪初的地理大发现,冲破了传统的朝贡贸易体制,把晚明中国带进了"全球化"贸易的新潮流。

15世纪末,葡萄牙人绕过非洲南端的好望角进入印度洋,占领印度西海岸的贸易重镇果阿,随后又占领东西洋交通咽喉马六甲和香料群岛。从1524年起,葡萄牙人在中国东南沿海进行走私贸易,1557年葡萄牙人在澳

门搭建住房,营造村落,以后又通过"租借"的手段使澳门成为一个可靠的基
地。从此澳门发展为沟通东西方
经济的重要商埠,也是中国与新
航路发现后的全球经济发生关系
的中介。以澳门为中心的几条国
际贸易航线初露端倪:第一条是
澳门—暹罗(泰国)—马六甲(马
来西亚)—果阿(印度)—里斯本
(葡萄牙)航线;第二条是澳门—
长崎(日本)航线;第三条是澳
门—马尼拉(菲律宾)—阿卡普尔
科(墨西哥)航线;第四条是澳
门—东南亚航线。澳门就这样成

葡萄牙商船模型

为中国通向世界各国的枢纽,以澳门为中心的转口贸易,把中国市场卷入
"全球化"贸易的网络中,使中国经济首次面对真正意义上的全球(东半球和
西半球)经济新格局。

　　就以澳门—果阿—里斯本的贸易而论,葡萄牙人把中国的生丝、丝织
品、黄金、铜、水银、麝香、朱砂、茯苓、瓷器等商品,从澳门运往果阿,其中数
量最大的是生丝,1580—1590 年从澳门运往果阿的生丝为 3000 担,价值白
银 24 万两,利润达 36 万两;1636 年从澳门运往果阿的生丝为 6000 担,价
值白银 48 万两,利润达白银 72 万两。从果阿运回澳门的商品有白银、胡
椒、苏木、象牙、檀香等,而以白银为大宗。这些白银是墨西哥和秘鲁出产
的,由葡萄牙商人和西班牙商人运往里斯本和塞维利亚,再运往果阿,以至
于当时的欧洲商人们说,葡萄牙人从里斯本运往果阿的白银几乎全部经澳
门进入了中国。

　　这种贸易又延伸到日本长崎。葡萄牙人以澳门为中心来安排远东贸
易,每年五六月由果阿起航的商船,装载着印度等地出产的香料以及墨西
哥、秘鲁出产的白银抵达澳门,在澳门买进中国的生丝、丝织品、棉布等商
品,于第二年前往日本,起先停留于平户、横濑浦、福田港,后来集中于长
崎港。在那里把中国货出售,换回日本的白银及其他商品,返航澳门,再
用日本白银买进中国生丝、丝织品、瓷器等,在第三年秋天返航果阿。他
们在果阿—澳门—长崎—澳门—果阿的远程贸易中,获得丰厚的利润。
因此,英国学者博克瑟(C. R. Boxer)把 1557—1640 年称为澳门与日本的
贸易时代。

随之而来的是西班牙人。哥伦布发现"新大陆"后，麦哲伦绕过美洲南端进入太平洋，到达菲律宾群岛，虽然他本人死在菲律宾，但是他的船队返回了西班牙，不但证明地球是圆的，而且证明美洲是亚洲以外的另一块大陆。于是，联系美洲与亚洲的贸易成为西班牙人关注的焦点。1580 年以后，西班牙殖民当局为运到马尼拉的以生丝、丝织品为主的中国商品，找到了一条通向墨西哥的航路。此后二百多年中，"马尼拉大帆船"横渡太平洋，前往墨西哥。这就是名闻遐迩的沟通马尼拉与阿卡普尔科的大帆船贸易，"马尼拉大帆船"每两年不到就往返于阿卡普尔科与马尼拉一次。西班牙商人在菲律宾除了同土著交易外，主要致力于同中国的广泛贸易，因此可供运回墨西哥的商品十分丰富，包括中国的生丝与丝织品等。船队抵达阿卡普尔科以后，就在当地举办盛大的集市。生丝与丝织品不仅在墨西哥有现成的市场，而且还远销秘鲁、巴拿马直到智利一带。大约在 1530 年以前，西班牙美洲殖民地已有丝织业，自从"马尼拉大帆船"运来了质量精美、价格低廉的中国生丝和绸缎，当地的丝织业就此趋于衰落。1600 年西班牙当局对当地的养蚕户加以限制，断绝了本地蚕丝的供应，由源源不断输入的中国生丝为墨西哥工厂提供原料。1637 年墨西哥一处以中国生丝为原料的丝织工厂的工人达到 14000 人，可见当时运到墨西哥的中国生丝数量是巨大的。

另一方面，中国的土布（手工纺织的棉布）很快成为菲律宾群岛土著居民的生活必需品。1592 年西班牙的菲律宾总督向西班牙国王报告，中国商人收购菲律宾的棉花，转眼就从中国运来棉布，成为在菲律宾销路最大的商品。中国的棉布还由"马尼拉大帆船"销到西属美洲殖民地，从而排挤了西班牙货。

这种情况与汉唐时代的丝绸之路是不可同日而语的，"马尼拉大帆船"的运输量是那种穿越沙漠地带的骆驼商队所无法比拟的。法国历史学家布罗代尔在《15 至 18 世纪的物质文明、经济和资本主义》中，把"马尼拉大帆船"作为近代意义的跨越洲际的远程贸易，纳入全球经济的视野来考察，他说：16 世纪"各种因素协力促成的运动"是从西班牙"前往美洲"，"从贸易角度看，马尼拉大帆船代表着一条特殊的流通路线"，这是一种资本巨大的远程贸易，形成了跨越太平洋的"丝—银"对流。

随着"马尼拉大帆船"与"太平洋丝绸之路"的蓬勃发展，东南沿海的中国商人纷纷移民马尼拉，在马尼拉东北部集中居住，进行贸易，那个地方被当地人称为"生丝市场"。在"生丝市场"，价格由熟悉行情的西班牙商人和中国商人商量决定，买主则以白银作为支付手段。一切交易必须在每年 5

月底以前完成，以便中国商船返航，西班牙商人也可以把货物装上大帆船，在6月底以前运往美洲。因此史家评论：马尼拉不过是中国与美洲之间的远程贸易的中转站，"马尼拉大帆船"严格说来是运输中国货的大帆船。一部论述"马尼拉大帆船"的专著（W. L. Schurz, *The Manila Galleon*）称：中国往往是大帆船贸易货物的主要来源，就新西班牙（墨西哥及其附近广大地区）的人民来说，大帆船就是中国船，马尼拉就是中国与墨西哥之间的转运站，作为大帆船贸易的最重要商品的中国丝货，都以它为集散地而横渡太平洋；在墨西哥的西班牙人无拘无束地谈论菲律宾的时候，有如谈及中华帝国的一个省那样。

此后，荷兰人也介入了中国贸易。一位荷兰学者指出，16世纪欧洲对通称"印度货"的中国商品怀有极大兴趣，但当时操纵亚—欧贸易大权的葡萄牙人更注重亚洲内部的贸易，特别是中国与日本之间的转口贸易。荷兰人试图打破这种格局。1595—1597年，他们绕过好望角获得成功，使得荷兰贸易公司迅速崛起，进入东方贸易。1602年各公司组成统一的"联合的东印度公司"，亚洲的巴达维亚（今雅加达）成了荷兰东印度公司的货物集散中心。荷兰东印度公司对中国贸易的兴趣浓厚，《东印度公司志》的《论中国》一章，开宗明义便说：东印度公司刚成立即着眼于中国贸易，因为中国货可望在欧洲获得巨大利润。在利益驱动下，荷兰人企图结束葡萄牙人独占中国贸易的优势，但是他们没有一个据点，能像葡萄牙人占据的澳门那样与中国建立起直接贸易关系。1609年事情发生了转机，荷兰东印度公司在日本平户开设了一家商馆，打开了一直由葡萄牙人控制的中国货的日本市场，它可以根据自己的需要进口中国货，并切断葡萄牙人控制的货源。从16世纪末到17世纪40年代，东方的商业大权几乎为荷兰人所独占。在此期间，荷兰人试图占据澎湖列岛未遂，便以台湾为立脚点。1624年荷兰人在安平设立商馆，以后又在淡水和鸡笼（基隆）设立货栈，使之成为荷兰进口中国商品的固定贸易基地，也成为日本与中国沿海之间的贸易中转港。1639年日本实行锁国政策后，这一中转港地位日趋重要。

无论葡萄牙还是西班牙和荷兰，在与中国的贸易中都处于结构性的贸易逆差地位，为了弥补这种贸易逆差，不得不支付硬通货——白银。因此，持续两个半世纪之中，美洲和日本的白银，源源不断地流入中国，成为当时全球经济中一道独特的风景。西方学者弗兰克（Andre Gunder Frank）在《白银资本——重视经济全球化中的东方》中，戏称这种结构性贸易逆差为"商业上的'纳贡'"，他如此写道："'中国贸易'造成的经济和金融后果是，中国凭借着在丝绸、瓷器等方面无与匹敌的制造业和出口，与任何国家进行贸易都是顺差","外国人,包括欧洲人,为了与中国人做生意,不得不向中国人支付白银,这也确实表现为商业上的'纳贡'"。

这种历史现象理所当然地引起了学者的注意。日本学者百濑弘在《明清社会经济史研究》中,用一半篇幅来研究美洲白银流入中国的问题。他指出,流入中国的白银逐年增加,最初是每年 30 万比索(西班牙银元),1586年达到 50 万比索,以后迅速超过 100 万比索乃至 200 万比索,1604 年达到 300 万比索,1622—1644 年间大都在 200 万比索至 300 万比索之间。美国学者艾维四(William S. Atwell)长期从事明清之际白银流入中国问题的研究。他认为,从 1530 年到 1570 年,中国最重要的白银来源是日本,1570年以后美洲白银成为最重要的来源。16 世纪末至 17 世纪初,经过菲律宾流入中国的美洲白银在 57500～86250 千克之间;而且马尼拉并不是美洲白银进入中国的唯一门户,还有一部分从澳门与东南亚进入中国。

中国学者也很关注这个问题。全汉昇 1969 年发表在香港《中国文化研究所学报》的论文《明清间美洲白银的输入中国》,系统而精深地分析了这个问题。从 1565 年到 1815 年的两个半世纪中,西班牙政府每年都派遣一至四艘大帆船,来往于阿卡普尔科与马尼拉之间,每年运往马尼拉的白银在100 万比索至 400 万比索。全氏的论文引用 1765 年马尼拉检察长向西班牙国王的报告:自从菲律宾群岛被征服(1565 年)以来,运到这里的银子已经超过 2 亿比索。又据另一官员的报告,1571—1821 年间,从美洲运往马尼拉的银子共计 4 亿比索,其中的四分之一至二分之一流入了中国。全氏认为,四分之一的估计显然偏低,二分之一比较接近事实。这一研究成果受到西方学者的广泛关注,布罗代尔在《15 至 18 世纪的物质文明、经济和资本主义》中说,"一位中国历史学家最近认为,美洲 1571—1821 年间生产的白银至少有半数被运到中国,一去而不复返",便是援引全汉昇的观点。

毋庸置疑,美国学者弗兰克是关于白银流入中国问题研究的集大成者,他在《白银资本》第三章"资本周游世界推动世界旋动"的第一节"世界货币的生产与交换"中,全面地回顾这一问题的研究史,并且利用这些成果,估计17 世纪至 18 世纪世界白银产量的三分之一乃至二分之一流入中国。在他看来,这些白银并非一般商品,而是货币形态的资本。由此他得出结论,这一时期"整个世界经济秩序当时名副其实地是以中国为中心的"。

巨额白银资本的流入,势必会对中国的社会经济发生影响。出口的大宗商品生丝与丝织品以及棉布,主要来自太湖周边的长江三角洲。这种外向型经济,必然带动这一地区农业、手工业和商业的发展。全汉昇在《略论新航路发现后的海上丝绸之路》中说:"中国的丝绸工业具有长期发展的历史,技术比较进步,成本比较低廉,产量比较丰富,所以中国产品能够远渡太平洋,在西属美洲市场上大量廉价出售,连原来独霸该地市场的西班牙丝织品也大受威胁。由此可知,在近代西方工业化成功以前,中国工业的发展,就其使中国产品在国际市场上具有强大竞争力来说,显然曾经有过一页光荣的历史。中国蚕丝生产普遍于各地,而以江苏和浙江之间的太湖区域为最重要……海外市场对中国丝与丝绸需求非常大,因而刺激这个地区蚕丝生产事业的发展,使人民就业机会与货币所得大量增加。"明清之际这一地区社会经济的腾飞,由此可以获得索解。

86. 耶稣会士与早期"西学东渐"

耶稣会士是 16 世纪以来进入中国的西方传教士。以往中国的史家,激于义愤,对他们的评价是有失公允的。其实他们进入中国,不仅传教,建立教堂,也带来了西方文艺复兴以后的科学与文化,这种早期的"西学东渐",在东西交往史上是有积极意义的。据统计,明清之际进入中国的耶稣会士可考者约近五百人,使中国人透过他们见识了西方的物质文明与精神文明。

伯恩斯和拉尔夫《世界文明史》指出,在欧洲文艺复兴的后期,同时发生了另一运动——宗教改革,它包括两个阶段:1517 年发生的新教革命,其结果是北欧大多数国家脱离了罗马教会;1560 年达到高峰的天主教改革使中世纪后期的天主教的主要特征发生了变化。文艺复兴与宗教改革在某些方面有着密切的联系,两者都是破坏了 14、15 世纪现存秩序的个人主义强大潮流的产物;两者有着类似的经济背景:资本主义的发展和资产阶级社会的产生。如果没有耶稣会士的活动,天主教改革不可能彻底成功。耶稣会的创始人是巴斯克地方的一个西班牙贵族伊格那提·德·罗耀拉(Ignadio de Loyola,1491—1556 年),他在巴黎由一群虔诚信徒的支持,于 1534 年创立了耶稣会。耶稣会是 16 世纪宗教狂热所产生的最富有战斗性的修行团,他们用劝说和正确的教义来教诲人们,甚至用更为世俗的办法来扩散其影响。耶稣会士不满足于抗击新教徒和异教徒的进攻,而是急于把信仰传布到地球的遥远角落,包括非洲、美洲、印度、日本和中国。

耶稣会士于 1540 年正式获得罗马教廷认可。次年,创始会士之一方济各·沙勿略(Francisco Javier)应葡萄牙国王的要求,前往印度传教。1549 年方济各·沙勿略转往日本传教。在日本的两年中,他体会到中国对天主教在远东传播的重要性。由于倭寇骚扰沿海,明朝实行严厉的海禁政策,受罗马教皇保罗二世及耶稣会会长罗耀拉派遣的方济各·沙勿略到了广东沿海的岛屿,无法进入广州,1552 年 12 月死于上川岛。1578 年,耶稣会印度和日本教务巡阅使范礼安(Alessandre Valignani)从葡萄牙和印度调来了罗明坚(Michel Ruggieri)、利玛窦(Matteo Ricci)等四十多名传教士,到澳门学习中文和中国传统文化。据说罗明坚学会了一万两千个汉字,熟悉中国的礼仪典章,利用每年春秋两季赴广州交易之机,随商队前往传教。

利玛窦(1552—1610 年),出生于意大利马切拉塔城,在罗马学习法律,并加入耶稣会,继续学习天文历算、哲学、神学,后赴印度果阿。万历十年(1582 年)他与罗明坚等被派赴澳门,随罗明坚来到广东肇庆传教。1583 年,利玛窦与罗明坚在广东肇庆建立第一所天主教堂,掀开了中西文明接触的新篇章。利玛窦十九岁加入耶稣会,曾接受赴东方传教的培训,对中国儒学有所了解,他把传教与儒学相结合,谓之“合儒”、“补儒”、“趋儒”,一言以蔽之,尽量中国化。他一度剃去头发,穿上僧服,以后又脱去僧服,换上儒装。他不惜修改教规,默认中国人对祖先的崇拜,以圣经附会四书五经,颇受士大夫信仰。因为他了解士大夫在中国社会上的地位与影响,要博得他们的信仰,必须熟习儒学。他在广东端州、韶州先后滞留十五年,埋首钻研儒家经典,乃至过目不忘,令士子们大为惊讶,称他为“西儒利氏”。

利玛窦与徐光启像

在韶州时,瞿太素跟他学习西方数学。利玛窦一面讲学,一面传教,两年之后瞿太素接受洗礼,成为天主教徒。在士大夫怂恿下,利玛窦从广东经江西到南京,万历二十八年十二月二十一日(1601 年 1 月 24 日)到达北京,通过太监,把圣经、圣像、十字架、自鸣钟(时钟)、《坤舆万国全图》献给明神宗。

当时的礼部尚书余继登上疏指出:“《会典》止有西洋琐里国,而无大西洋,其真伪不可知。又寄居二十年方行进贡,与远方慕义献琛者不同。且所贡天主母图,既属不经,而行李中有神仙骨,夫既称神仙自能翀举,安得遗骨……乞速勒归国,勿许潜居两京,与内监交往,以致别生枝节,眩惑愚民。”反映了当时一般官僚对耶稣会士的态度。朝廷的态度却比较宽容。利玛窦等人虽未获得觐见的机会,却得到了在北京居留与传教的默许。教徒队伍迅速扩大,1603年500人,1608年2000人,其中包括了当时有名的开明人士徐光启、李之藻、杨廷筠、瞿太素。

利玛窦调和天主教与儒学的矛盾,曾直言不讳地说:把孔夫子这位儒教奠基人留下的某些语焉不详的字句,通过阐释,为我所用。耶稣会士罗明坚首先把天主教尊奉的尊神"Deus"译成"天主"。稍后利玛窦进一步主张中国先秦典籍中的"天"和"上帝",就是西方所称的"天主"。他把中国自古崇拜的天神"上帝"与圣经中的"天主"(God)等同;把天主教蔑弃现世物质利益、追求永恒天国,与儒学"重义轻利","存天理,灭人欲"等同;并对中国的祭天、祭祖、祭孔等传统持宽容态度,允许天主教徒家中保留祖宗牌位。因此很受士大夫们好感,风靡追随。利玛窦以中文写成的《天主实义》,把天主教教义与儒家学说相比附,求同存异,他解释其目的是:"八万里而来,交友请益,但求人与我同,岂愿我与人异耶!"冯应京为《天主实义》所写的序中说:"是书也,历引吾六经之语,以证其实,而深诋谭空之误。"徐光启说,他读了《天主实义》后,竟没有发现天主教与儒学有任何抵触之处,"百千万言中,求一语不合忠孝大旨,求一语无益于人心世道者,竟不可得"。由此可见,利玛窦以天主教比附儒家学说是成功的。方豪在《明末清初天主教比附儒家学说之研究》中开宗明义地指出:"一个宗教,要从发源地传播到其他新地区去,如果它不仅希望能在新地区吸收愚夫愚妇,并且也希望获得新地区的知识分子的信仰,以便在新地区生根,然后发荣滋长,那末,它必须先吸收当地的文化,迎合当地人的思想、风俗、习惯;第一步,也是最重要的一步,是借重当地人最敬仰的一位或几位先哲的言论,以证实新传入的教义和他们先辈的遗训、固有的文化,是可以融会贯通的,是可以接受的。"

1610年利玛窦逝世,明神宗下诏以陪臣礼葬于北京阜成门外三塔寺。利玛窦被后人赞誉为"沟通中西文化第

利玛窦及其十字架图

一人"。日本学者平川佑弘的《利玛窦传》称他为"地球上出现的第一位世界公民"。2010 年是利玛窦逝世 400 周年,他的故乡——意大利中部城市马切拉塔,隆重纪念这位"世界公民"。

耶稣会士龙华民(Nicolas Longobardi,1559—1654 年)接替主教职务,主持中国教区工作。他一改对中国传统宽容的态度,多次著文指出,中国典籍中的上帝(天)并不是圣经中天主(上帝)的对应词,不得混淆,使矛盾激化。万历四十四年(1616 年)礼部侍郎署南京礼部尚书沈漼上疏排教,以崇正学、黜异端、严华夷相号召,提出四条禁止天主教的理由:有窥伺之心,有伤孝道,私习历法,伤风败俗。徐光启挺身而出为天主教辩护,写《辨学章疏》护教,疏中说:"彼国教人,皆务修身以事上主,闻中国圣贤之教,亦皆修身事天,理相符合,是以辛苦艰难,履危蹈险,来相印证,欲使人人为善,以称上天爱人之意。"沈漼采取行动,发生了"南京教案"。次年,由皇帝下旨封闭天主教堂,驱逐教士。

两年后情势有了转机。明朝军队在辽东与后金作战惨败,徐光启上疏请练兵自效,皇帝采纳,派人在澳门购买西洋大炮,并把传教士与葡军请入北京,协助明军作战,使天主教又有了合法的地位。另一有求于传教士的是修订历法。崇祯二年(1629 年)徐光启受命督责龙华民、邓玉函(Joannes Terrens)、汤若望(Jean Adam Schall von Bell)等耶稣会士修订《崇祯历书》。天主教在中国布道有了强大的依托。

梁启超在《中国近三百年学术史》中说:"中国知识线与外国知识线相接触,晋、唐间的佛学是第一次,明末的历算学便是第二次。"这第二次指的是天主教耶稣会士的"西学东渐"。耶稣会士带来了西方的科学文化,在晚明的知识界引起了巨大的反响。徐光启于万历十六年(1588 年)到广东课读,在韶州会见耶稣会士郭居静(Lazare Cattaneo),初次进教堂。万历二十五年举乡试第一,二十八年(1600 年)在南京与利玛窦会晤,研究的结果是,他认为天主教可以"补儒易佛"。三年后,他再去南京时,利玛窦已入北京,便向罗如望(Joan de Rocha)学道,然后领洗,教名保禄。次年徐光启中进士。从万历三十二年至三十九年徐光启与利玛窦在北京常相过从,听教义之余,兼习西学。利玛窦早年师从德国数学家克拉维斯(C. Clarius,1537—1612 年),精通数学、天文、地理。万历三十五年(1607 年)徐光启与利玛窦合译欧几里得的《几何原本》(*The Thirteen Books of Euclid's Elements*)前半部。欧几里得是古希腊数学家,他的《几何原本》是希腊古典时期数学成就的总结性著作。利玛窦到中国后利用他的老师克拉维斯的拉丁文译注《几何原本》讲授数学,并有志于把它译成中文。万历三十四年秋,利玛窦向徐光启谈及此事,于是由利玛窦口述、徐光启笔录,翻译了这本书的前半部。已译的《几何原本》六卷,涉及三角形、线、圆、圆内外形、比例,每卷都有界说、公论、设题,是第一部译成中文的西方科学著作。《几何原本》的价值超出了几何学本身,被视为人类历史上真正代表科学理论的教科书,徐光启在当时就认识到这一点,他指出此书能使理论研究者"祛其浮气,练其精心",也能使实践者"次其定法,发其巧思","百年之后必人人习之"。

《几何原本》出版不久,利玛窦又与李之藻合作编译了《同文算指》,成为第一部系统介绍欧洲笔算的著作。《同文算指》主要根据克拉维斯《实用算术概论》和中国数学家程大位《算法统宗》编译而成,全书分前编、通编、别编三部分,系统介绍了欧洲笔算,贡献与影响是不小的,著名数学史家钱宝琮指出:"《同文算指》书在西学东渐史中与徐光启所译之《几何原本》六卷皆为极重要之著述,而所收成效尤在《几何原本》之上。"

西方地理学也随着耶稣会士传入中国,使中国人对空间形成新观念。利玛窦在中国居留二十八年中,绘制了多种世界地图,其中影响最大、流传最广的是万历三十年(1602年)由李之藻为之刊印的《坤舆万国全图》。它是利玛窦根据三方面资料,即1570年欧洲出版的地图(Abraham Ortelius 著 *Theatrum Orbis Terrarum*)、中国舆图及通志资料、他本人实测与见闻札记,绘制而成的,有四种正统版本,十种以上的仿刻本和摹刻本,流传极广。利玛窦编绘的地图,打破了中国传统的"天圆地方"观念,让人们了解到中国只是地球的一小部分,大大开拓了知识分子的眼界。但是利玛窦也作了一些迁就。《利玛窦中国札记》写道:"中国人认为天是圆地是平而方的,他们深信他们的国家就在它的中央。他们不喜欢我们把中国推到东方一角的地理概念。他们不能理解那种证实大地是球形,由陆地和海洋所构成的说法,而且球体的本性就是无头无尾的。"为了迎合中国是世界中央的观念,他把子午线从世界全图中央向左移动170度,使中国正好出现在《坤舆万国全图》中央。人们目前见到的中国历史博物馆收藏的墨线仿绘本《坤舆万国全图》、南京博物院收藏的彩色摹本《坤舆万国全图》,便是这种变通了的样子。

明朝钦天监鉴于推算日食、月食多次不准,主张修改历法。利玛窦对天文历法素有研究,向有关部门提议参加历法修改工作,未蒙批准。万历三十八年(1610年)礼部推荐徐光启、李之藻"同译西法",协助改历,也未付诸实施。直到崇祯二年(1629年)七月才正式任命礼部侍郎徐光启督修历法。主持此事的徐光启和李之藻对西方天文学已有深刻的了解,确定改历的方针是以西方历法为基础,聘请耶稣会士龙华民、邓玉函、罗雅谷(Jacques

Rho)、汤若望等参加,中外天文学家一起合作翻译大量欧洲天文学著作,以西方先进的天文学说来修改郭守敬的授时历。历时五年,终于完成了篇幅庞大的《崇祯历书》,共四十六种,一百三十七卷。严格地说,它其实是为改革《授时历》而编纂的一部丛书。它详细地介绍了第谷的《论新天象》《新编天文学初阶》,托勒密的《大综合论》,哥白尼的《天体运行论》,开普勒的《论火星的运动》。为了进行大规模测算,还根据欧洲数学家的著作,编译了《大测》、《割圆八线表》、《测量全义》。《崇祯历书》编成后还来不及刊行,明朝就灭亡了。清初,由耶稣会士汤若望加以删改,以《西洋新历法》为名,颁行于世。《崇祯历书》的意义已越出了历法修改本身,标志着中国天文学进入了一个划时代的新阶段。

此外,值得一提的还有:徐光启与耶稣会士熊三拔(Sabbathin de Ursis)合作编译的西方农田水利技术专著——《泰西水法》,进士王徵与耶稣会士邓玉函合作编译的西方机械工程学专著——《远西奇器图说》。西方的哲学著作也在此时被译介给中国读者,例如李之藻与耶稣会士傅汎际合译的《寰有诠》(亚里士多德的《谈天》),耶稣会士安文思译的托马斯·阿奎那的哲学著作《超性学要》。其中尤以傅汎际译义、李之藻达辞的《名理探》影响最为深远。该书介绍了亚里士多德的《逻辑学》,历时三年才把这部艰深的著作翻译完成,为后世留下了一批逻辑学术语,例如把概念、判断、推论译作直通、断通,把演绎、归纳译作明辩、推辩。

难能可贵的是,在华耶稣会士曾多次回国募集图书。1614 年耶稣会士金尼阁(Nicolas Trigault)返回罗马教廷述职时,成功地募集到教皇保罗五世捐赠的 500 多册书,加上他与同伴邓玉函在欧洲各国收集到的图书,约计7000 多册。1618 年金尼阁与另外二十二名耶稣会士护送这批图书返回中国。这批书后来通过各种途径流布于各地,其中不少被译成中文,向中国人宣传西方科学、文化和宗教。这批书的一部分被北京北堂图书馆收藏,现仍可在国家图书馆见到它们的身影。人们从这些西方古籍(圈内人士称为"摇篮本")身上,缅怀一段中西文化交流佳话,是别有一番滋味在心头的。

早期的西学东渐,为中国人打开了窥视西方的窗户,大开眼界。约1632 年信奉西教的浙江鄞县人朱宗光撰文把中国与西方相比较,感慨系之:"天载之义,格物之书,象数之用,律历之解,莫不穷源探委,我中土之学问不如也";"自鸣之钟,照远之镜,举重之器,不鼓之乐,莫不精工绝伦,我中土之技巧不如也";"土地肥沃,百物繁衍,又遍贾万国,五金山积,我中土之富饶不如也"。人们惊讶之余,不能不沉思:与先进的西方相比,以老大自居的中国,在科学技术方面已经开始落伍了!

87. 正统思想与异端思想

　　明朝前期、中期的思想界沉闷而无新义，科举取士都以宋儒朱熹的经注作为考试的标准，致使朱学风靡一时，学者们依托于复性与躬行，没有自觉、自由的思想。物极必反，于是乎有陈献章、王守仁的理学革命，希望把个人的思想从圣贤经书中解放出来。陈献章的"小疑则小进，大疑则大进"的主张，开自由思想的先声；而王守仁以己心为衡量是非的标准，拒绝拜倒在圣贤脚下，更是思想界的一大革命。此后，人才辈出，都以追求思想自由为旨归，形成波澜壮阔的个人主义与博爱主义思潮。美国学者狄百瑞（Wm. Theodore de Bary）在《明代思想论集》中，对此有精深的分析。

　　王守仁与朱熹不同，他发挥陆九渊的学说，认为"心外无理"，"万事万物之理不外于吾心"，"心外无物"，心是天地万物的本原。朱熹所说的绝对至上的"理"，被王守仁移植到每个人的心中去了，所以这种学说被称为"心学"。

　　王守仁（1472—1529年），字伯安，浙江余姚人，因筑阳明洞讲学而号阳明子，人称阳明先生。二十八岁中进士之后，历任兵部主事、南赣巡抚、南京兵部尚书等职，在任期间是一个颇为干练的官僚，平定江西、福建、广东三省边界"盗贼"，以及宁王朱宸濠叛乱，成为他一生中最突出的"事功"。正如他自己所说，他的一生是"破山中贼"与"破心中贼"的过程，前者是作为一个官僚的职责，后者是作为一个学者的职责。

　　王守仁受陆九渊、陈献章的影响很深。陆九渊提出了"宇宙便是吾心，吾心即是宇宙"的命题，成为他的哲学的出发点。陈献章企图打破程朱理学对人们思想的束缚，反对在圣贤经书中打圈子，要从静坐中养出个头绪来，谓之"静坐自得，以明本心"。无论陆、陈，都受禅宗影响，禅宗所说"性中万法皆见，一切法自在性"，性即心，万法即宇宙。王守仁的思想也大近禅悟。

王守仁像

王守仁提出"心外无物","心外无理",一切都是从"心"中派生出来的。他与友人外游,友人质问:先生以为"天下无心外之物",那么此花树,在深山中自开自落,与我心有何相关?他答:"你未看此花时,此花与汝心同归于寂;你来看此花时,则此花颜色一时明白起来,便知此花不在你的心外。"他以这种近乎诡辩的方法来论证"天下无心外之物"。

既然他认为"心外无理",所以"良知"就是"人心",是"人人皆有"的,因此"致良知"就是顿悟式的"不假外求"、"向内用心"的静坐功夫。他说:"心即道,道即天,知心则知道、知天。诸君要实见此道,须从自心上体认,不假外求,始得。"在他看来,认识万事万物,就是对存在于"心"中的"良知"的发现或自我体认。一个人求学目的就是"尽心","学者,学此心也;求者,求此心也"。

与此相联系,他强调"知行合一",知与行都归结于心。他反对在心外去求理,当然反对知、行分离;因为"心外无理",所以必须"求理于吾心",当然知行合一,都在心中统一起来。他说:"知之真切笃实处即是行,行之明觉精察处即是知,知行工夫本不可离。"在他那里,知与行是没有明确界限的,知到某种程度可以转化为行,行到某种程度也可以转化为知。王守仁"知行合一"与"致良知"的提出,都是在他遭到贬谪、讪谤之际,有感于社会政治风气败坏,对环境挑战的一种反应,企图凭借此种学说,先完善个人道德,再完善社会道德,根本精神是社会性的,着眼于挽救国家、社会。明末清初的学者王夫之则从纯学术的角度批评道,王守仁所说的"知"不是"知",所说的"行"也不是"行","知者非知,然而犹有其知也,亦倘然若有所见也","行者非行,则确乎其非行,而以其所知为行也","以知为行,则以不行为行"。一语击中要害,知可以取代行,取消行,行的价值便大成问题了。

王守仁的心学的最可贵之处是,强调"以吾心之是非为是非",而不必以孔子之是非为是非。他在《答罗整庵少宰书》中说:"夫学贵得之心,求之于心而非也,虽其言之出于孔子,不敢以为是也。"又说:"夫道,天下之公道也;学,天下之公学也。非朱子可得而私也,非孔子可得而私也。"沉寂、僵化的思想界出现了一股新鲜空气,令人耳目一新,反对者诋为异端,赞成者奉为新论,心学因而风靡天下。《明史·儒林传》说:"嘉(靖)隆(庆)而后,笃信程朱,不迁异说者,无复几人矣。"钱穆《略论王学流变》一文指出:"阳明良知之学,简易直捷,明白四达,兼扫荡和会之能事。且阳明以不世出之天姿,演畅此愚夫愚妇与知与能之真理,其自身之道德功业文章,均已冠绝当代,卓立千古,而所至又汲汲以聚徒讲学为性命,若饥渴之不能一刻耐。故其学风淹被之广,渐渍之深,在宋明学者中,乃莫与伦比。"

王门弟子王艮,创立泰州学派,把王学的这种倾向加以引申、发展。王艮,字汝止,泰州安丰场人,人称心斋先生。他强调"悟性",宣扬不睹不闻,不思不虑,"只心有所向便是欲,有所见便是妄;既无所向,又无所见,便是无极而太极(良知)",认为只要"于眉睫间省觉",便可当下顿悟"天机"。泰州学派把王学"不师古"、"不称师"、"流于清谈"、"至于纵肆"的倾向,发展到肆无忌惮的地步。王艮为盐商子弟,对一般人寄予相当的体察与谅解,故而有"孔子亦是凡人"的观点,他与学生把知识带到社会大众之中,使社会大众接触到儒学的真谛。他除了继承王阳明的良知学说外,更加重视实践,使王学发扬光大。王守仁死后,王学之所以能广被天下,王艮功不可没。泰州学派对礼教发起冲击,到何心隐时,思想已非名教所能羁络,其言行已如同英雄、侠客,能手缚龙蛇,随心所欲,从自我抑制中解放出来。因此,泰州学派竟被人们看作"掀翻天地"、"非名教之所能羁络"的叛逆。

如果说泰州学派是王学左派,那么李贽便是王学左派中更加激进的一员,被人们称为"异端之尤"。

李贽(1527—1602 年),原名载贽,号卓吾,又号笃吾,泉州晋江人。他二十六岁中乡试举人,三十岁被任命为河南辉县教谕,此后历任国子监博士、礼部司务等小官,五十一岁出任云南姚安知府。三年后任期未满就力辞不干,到湖广麻城龙湖芝佛院隐居著书,在将近二十年中,写出了震动当时思想界的《焚书》、《续焚书》、《藏书》。

万历十八年(1590 年)《焚书》在麻城出版。书中收集了书信、论文数十篇,以他特有的玩世不恭、嬉笑怒骂皆成文章的手法,嘲骂理学家都是"口谈道德,而心存高官,志在巨富"的两面派、伪君子,因此他说:"今之讲周、程、张、朱者,可诛也。"在《焚书》中发表了他与挚友、曾任福建巡抚的耿定向辩论的七封书信,指出耿定向"所讲者未必公之所行,所行者又公之所不讲","反不如市井小夫,身履是事,口便说是事,作生意者但说生意,力田者但说力田"。

李贽还从理论上驳斥了当时流行的正统观点——以孔子之是非为是非,言必称孔子,不敢越雷池一步,他认为这种传统习惯是没有出息的,因而反对以孔子为家法。他指出:"夫天生一人,自有一人之用,不待取给于孔子而后足也。若必待取足于孔子,则千古以前无孔子,终不得为人乎?"他又说:"夫惟孔子未尝以孔子教人学,故其得志也,必不以身为教于天下。"

这种尖锐的论述,使当时的当权者"莫不胆张心动"。当权者诬蔑他为"淫僧异道"——"勾引士人妻女,入庵讲法","一境如狂",要把他驱逐出境。

他凛然回答:"我可杀不可去,我头可断而我身不可辱。"

万历二十七年(1599年)《藏书》在南京出版。在这部历史著作中,李贽用史论的形式抒发了他的政治见解,推翻传统定论,称颂秦始皇为"千古一帝",商鞅是"大英雄",李斯是"知时识主"的"才力名臣",卓文君私奔为"善择佳偶"。这种离经叛道之论,被当权者斥为"惑世诬民"。第二年,当权者拆毁了龙湖芝佛院,迫使七十四岁的李贽前往通州投奔友人。就在这一年,礼科给事中张问达上疏控告李贽的著作"流行海内,惑乱人心","以孔子之是非为不足据","大都刺谬不经,不可不毁者也"。明神宗批复:"李贽敢倡乱道,惑世诬民,便令厂卫五城严拿治罪,其书籍已刊未刊者,令所在官司尽行烧毁,不许存留。"万历三十年,七十六岁的李贽在狱中自刎而死。

尽管李贽真心诚意地要探寻真道学,反对假道学,他在《初谭集·自序》中说:"善读儒书而善言德行者,实莫过于卓吾子也。"但是他反对以孔子之是非为是非的种种离经叛道之论,终不能为当权者所容忍,于此恰恰闪现了他的思想光芒与威力。他说:"千百余年而独无是非者,岂其人无是非哉?咸以孔子之是非为是非,故未尝有是非耳。"打破了万马齐喑的思想界的沉闷气氛,比王守仁要深刻得多、尖锐得多。

李贽以离经叛道、放荡不羁的姿态出现于思想界,他反对纲常名教及其具体化的"礼",认为这种"礼"是外加的、人为的,实际上是"非礼"。而真正的"礼"应该是出于自然,摒弃一切规范,撤尽一切藩篱,完全自由自在,"无蹊径可寻,无涂辙可由,无藩卫可守,无界量可限,无扃钥可启"。只有这样,才能随心所欲而处处合乎礼。于是他在寺庙里处理公事,落发为僧而留须,出家而饮酒食肉,嘲弄圣贤先哲。所以他提倡"童心"——"绝假纯真,最初一念之本心",主张"率性"——"以率性之真,推而广之,与天下为公,乃谓之道"。这就是他追求的真正的道学。这种思想固然有其进步性的一面,但由于掺杂了禅宗的虚寂出世,带有消极的一面,这就是王夫之所说的"玩物丧志","导天下于邪淫"。

王门后学把心学进一步禅学化。一个人可以用参禅的方式寻求顿悟,顿悟之后所获得的澄澈超然的乐趣仅限于自身,而对社会的道德伦理则弃之不顾。各人都以直觉为主宰,全然不顾儒家经典,就养成了一种崇尚空谈心性、不务实事的浮夸学风。一时间士大夫以不读书、不探讨实际学问为时髦,诵语录、参话头、背公案的空疏学风泛滥。

"现成良知"成了万灵的套话,清心静坐成了一成不变的形式。由于王学门人的执政,政界和学界一样,都在清谈。顾炎武在《日知录》中评论道:

"今日之清谈,有甚于前代者。昔之清谈谈老庄,今之清谈谈孔孟","举夫子论学、论政之大端一切不问","以明心见性之空言代修已治人之实学"。终日清谈成了官场的流行作风,不议国计民生,以不知钱谷、甲兵为荣,这种流风一直延续到明末。

88. 张居正与万历中兴

明中叶从英宗朱祁镇即位(正统元年,1436 年),到武宗朱厚照死(正德十六年,1521 年),政治日趋腐败。皇帝深居内宫,不问政事,很少与大臣商议国事。偶尔谈及,也不过片刻,徒具形式而已。皇帝不理朝政,朱批、票拟每每由宦官操纵,为宦官擅权、厂卫(东厂、锦衣卫)横行提供了条件,先后出了宦官头子王振、汪直、刘瑾专政的现象,形成天下之人"但知畏汪直而不知畏陛下","一个朱皇帝,一个刘(瑾)皇帝"的咄咄怪事。世宗朱厚熜上台后,情况有所好转,不再有宦官跋扈擅权的情况,却出现了严嵩专擅朝政达二十年之久的局面,他利用皇帝醉心于学道成仙,不问朝政之机,把持朝政,把政治搞得一团糟。

穆宗死,神宗朱翊钧即位,年仅十岁,内阁首辅张居正为了扭转颓势,展开了改革。张居正(1525—1582 年),字叔大,号太岳,湖广江陵人,嘉靖二十六年(1547 年)进士。针对嘉靖时期政治形势的严峻,他认为"非得磊落奇伟之士,大破常格,扫除廓清,不足以弭天下之大患"。隆庆二年(1568 年)与李春芳、陈以勤在内阁共事时,张居正向穆宗上《陈六事疏》,全面地阐述了他的治国主张与改革思想。他在这篇著名的奏疏开头就直率而深刻地指出:"近来风俗人情积习生弊,有颓靡不振之渐,有积重难返之几,若不稍加改易,恐无以新天下之耳目,一天下之心志。"为此提出了省议论、振纪纲、重诏令、核名实、固邦本、饬武备六项措施。但是内阁首辅李春芳务以安静称帝意,不想有所作为,此事终于不了了之。

张居正像

在内阁的纷争中,张居正脱颖而出,成为大权在握的首辅,改革的时机成熟了。在神宗的大力支持下,张居正从万历元年(1573 年)开始开展了全面的革新,这就是万历新政。

　　首先，集中精力整顿政治，改变颓风。万历元年六月，他正式提出了整顿吏治的有力措施——考成法。这是针对官僚主义、文牍主义、形式主义的一项举措。考成法规定，凡六部、都察院把各类章奏及圣旨，转行给各该衙门，都事先酌量路程远近、事情缓急，规定处理程期，并置立文簿存照，每月底予以注销。如有耽搁拖延，即开列上报，并下各衙门诘问，责令其讲明原委。巡抚、巡按拖延耽搁，由六部举报；六部、都察院在注销时容隐欺蔽，由六科举报；六科容隐欺蔽，由内阁举报。这样就形成了一个考成系统：以内阁稽查六科，六科稽查六部、都察院，六部、都察院稽查巡抚、巡按。确立起一个健全的行政与公文运作系统。在这个系统中最关键的是六科。所谓六科是明初设立的吏、户、礼、兵、刑、工六科，各设给事中，辅助皇帝处理奏章，稽查驳正六部之违误。张居正则把六科的这种职能予以扩大，使之直接向内阁负责，成为内阁控制政府的重要助手。

　　根据万历六年(1578年)户科给事中石应岳的报告："自考成之法一立，数十年废弛丛积之政，渐次修举。"可见考成法的实施是有成效的。从宏观视角看，考成法只是张居正整顿吏治的一个方面。他按照综核名实、信赏必罚的原则，强调公铨选、专责成、行久任、严考察，在官僚队伍中造成一种雷厉风行的气氛，大小臣工，鳃鳃奉职，中外淬砺，莫敢有偷心。

　　其次，为了革新政治，培养人才，张居正在万历三年(1575年)提出整顿学政、振兴人才的措施，针对王学徒子徒孙空谈心性、不务实事的恶习给予打击，规定各级学校的学官、儒生必须"著实讲求，躬行实践"，不许空谈废业；并下令毁天下书院，把书院改为政府办公机构，意在提倡实学，防止空谈误国。这一措施显得有点矫枉过正，激起众多儒生士人的反感，著名的何心隐事件便是一例。

　　万历新政取得了明显的成效，但是过于严厉，过于操切，引来诸多怨声，反对声浪一时甚嚣尘上。张居正在神宗的全力支持下，采取了一系列捍卫新政的非常措施，才使新政得以顺利进行。

　　再次，经济改革。万历新政是从政治改革入手的，政治改革取得一定成效后，转入经济改革，要面对长期积累下来的国匮民穷的老大难问题，非大动干戈不可。财政困难由来已久，嘉靖、隆庆年间国库年年亏空。为了摆脱困境，张居正理财思想的宗旨在于开源节流双管齐下，他从桑弘羊"民不益赋而天下用饶"的原则出发，提出"不加赋而上用足"的方针，具体化为"惩贪污以足民"，"理逋负以足国"，即整治贪污与欠税两大漏洞来增加财政收入。与此同时，经济改革又从以下几方面展开。

第一，抑制国家财政和宫廷财政的支出，包括削减宫廷织造项目，节约宫廷节庆与宴会开支，抑制大规模工程，削减南京官编制等。

第二，强化对于边镇的钱粮与屯田的管理，以减轻边镇军饷日趋增大的财政压力。

第三，强化户部的财政事务管理能力，对征收赋税的簿册进行大规模整理，进行边饷的实态调查，制订边饷政策，加强地方政府对户部的财政状况报告，使户部能在把握全国财政状况基础上运营财政。

经济方面最重大的改革是清丈田粮，推广一条鞭法。

张居正对田赋的侵欺拖欠极为不满，他对应天巡抚宋仪望说："来翰谓苏松田赋不均，侵欺拖欠云云，读之使人扼腕"，"不于此时剔刷宿弊，为国家建经久之策，更待何人"。经过充分酝酿，万历六年（1578 年）十一月正式以神宗名义下令在福建省首先试行清丈田粮。两年后，

明神宗像

福建清丈完毕，清丈出隐瞒逃税田地二千三百十五顷，成效是显著的。于是把福建清丈之法推行于全国，在朝廷强大政治压力下，从万历八年到十一年，清丈工作在全国各地陆续完成。这是继明初清丈之后的第二次全国规模的田地税粮清理工作，成效是很显著的。

（一）清丈之后，田有定数，赋有定额，部分地改变了税粮负担不均的状况。

（二）清丈出不少隐匿田地，使政府控制的承担税粮的耕地面积大幅度增加。如浙江衢州府西安县，清丈后不仅改变了原先田地缺额、税粮无着的状况，而且查出了隐匿田地，补足原额外，还多余田地一百十三顷二十八亩。这种情况是全国性的通例，例如山东省清丈后纳税耕地较原额增加 40％，江西一省清丈后纳税耕地较原额增加 13％。

（三）北方地区在清丈中统一亩制，改变先前存在的大亩、小亩相差悬殊的不合理现象，一律以二百四十步为一亩。南方地区在清丈中统一税粮科则，改变先前存在的官田、民田科则轻重悬殊的不合理现象，实行官田、民田税粮科则一元化。

尽管清丈田粮存在不少弊端，但成效是十分显著的，清查出了大量的隐

匿、遗漏田地,使政府控制的纳税田地面积有大幅度增长:清丈后增加了1828542.73顷,比清丈前的原额(万历六年统计)5182155.01顷增加了35.28%。这是一个了不起的成绩,虽然其中有一些虚报数字在内,但承担赋税的耕地面积大幅度增加是毋庸置疑的事实,对于政府财政收入的增加是有积极意义的。

与清丈田粮相比较,一条鞭法的推广具有更深远的意义。一条鞭法作为赋役制度的改革早在嘉靖时期已在部分地区出现,其要点是:"通将一省丁粮,均派一省徭役",即把徭役折成银两,把役银向人丁、税粮均派,把赋税与徭役简化为一次编审,即一条鞭编审,故称一条鞭(或一条编)法。张居正认为这是整顿赋役、改善财政的有力措施,极力督促各地方官推行此法。他对湖广巡按说:"此法在南方便,既与民宜,因之可也。"又对山东巡按说:"条编之法,近旨已尽事理,其中言不便者,十之一二耳,法当宜民,政以人举,民苟宜之,何分南北。"到万历九年(1581年)决定把一条鞭法推广到全国各地,使它成为全国统一的新赋役制度。这就是《明史·食货志》所说的:"总括一州县之赋役,量地计丁,丁粮毕输于官,一岁之役,官为金募。"把过去按照户、丁派役的方法,改为按照丁、粮(地)派役,也就是说,把徭役的一部分转移到税粮(土地)中去。与此同时,税粮中除漕粮中的白粮必须征米外,其他实物都改为折收银两,并由官府统一征收、解运。它部分地改变了过去赋役负担不均的状况,并且由于一条鞭编银征收,使政府的征收简便而有所保证。

一条鞭法实施后,在江南取得了明显的效果,时人评论说:"行一条鞭法,从此役无偏累,人始有种田之利,而城中富室始肯买田,乡间贫民始不肯轻弃其田矣。至今田不荒芜,人不逃窜,钱粮不拖欠。"由于南北经济情况的差异,一条鞭法推广到北方后,在短时期内必然会带来一些不便,但在总体上符合经济发展趋势,即使先前认为一条鞭法不便的人,也不得不承认实行此法后,"邑土称其便"。用历史的眼光看问题,一条鞭法是赋役制度的一大进步,它把各种徭役折成银两,不但与赋税的货币化步调一致,而且以货币(银两)征解,使赋役简单化、一元化,是符合整个社会商品经济发展趋势的。

总而言之,万历新政的经济改革的效果是明显的,财政赤字消失,史称"太仓粟米可支数年,囤寺(即太仆寺)积金不下四百余万",是有事实根据的。户部管辖的太仓收入,从嘉靖、隆庆年间每年二百万两白银,到万历初期激增至三百万两至四百万两之间。京师仓库贮存的粮食七百万石,可支给京营各卫官军两年消费,到了万历五年京师仓库贮存的粮食足可供六年的消费,增加了三倍。

这是万历新政所带来的引人注目的变化。万历几十年成为明王朝最为富庶的时期,绝不是偶然的。万历二十年(1592年)前后出现的"万历三大征",即平定宁夏哱拜之乱、平定播州杨应龙之乱、东征御倭援朝,则从另一个侧面印证了这一点。

89. 从东林到复社

万历二十年以后,神宗怠于临朝使中兴的局面渐趋消失,官场中党派林立,门户之见日甚一日,互相倾轧不遗余力。当时的吏科给事中张延登向神宗上疏剖析党争时指出:"(官员)纷然攻击,形于章疏揭牍者,不曰苏脉、浙脉,则曰秦党、淮党,种种名色,难以尽述。而目前最水火者,则疑东林与护东林两言耳。"神宗并没有意识到问题的严重性。到了齐、楚、浙三党与东林党之间的纷争日趋尖锐时,要想扭转势头,已难乎其难了。

万历三十八年(1610年),国子监祭酒汤宾尹和翰林院侍讲顾天埈,招收党徒,专与东林作对,因汤是宣城人,顾是昆山人,时人称为宣党、昆党。到了万历四十年,党争加剧,形成齐、楚、浙三党与东林党相对峙的局面。齐党以给事中亓诗教、周永春、御史韩浚为首,楚党以给事中官应震、吴亮嗣为首,浙党以给事中姚宗文、御史刘廷元为首,而汤宾尹之流暗中作为主谋,挑动党羽相互呼应,务以攻击东林、排斥异己为能事,新进的言官,无不网罗于门下,当事大臣莫敢撄其锋。

被齐、楚、浙三党视为对立面的东林党,本无所谓"党","党"的名称是齐、楚、浙三党所加的,因为它原先只是削职官员顾宪成与好友高攀龙创立的一个讲学场所——东林书院。

顾宪成(1550—1612年),字叔时,号泾阳,常州府无锡县人,万历二十二年(1594年)因讨论三王并封和会推阁臣王家屏事,与政府意

东林书院遗址

见不合,被革职为民,回到家乡无锡。在此前后,他的弟弟顾允成、朋友高攀龙也脱离官场回到无锡。仰慕顾宪成名声的士子们纷纷前来听他讲学,顾宪成兄弟建造了同人堂与学生们讲习学问。顾宪成希望有一个理想的讲学场所,有意复兴宋朝无锡人杨时的书院。时机终于出现了,万历三十年常州知府欧阳东凤复兴常州的龙城书院成功,顾宪成便在万历三十二年复兴了杨时的书院,这就是以后名噪一时的东林书院。东林书院建成后,顾宪成起草了东林会约,反对迂阔、高远的学问,反对党同伐异、道听途说,主张相互切磋琢磨、师友相得,研究学问必须躬行实践。从此顾宪成兄弟与高攀龙、安希范、刘元珍、史孟麟、陈幼学、叶茂才、张大受、钱一本、王永图等人在东林书院讲学,他们不仅在东林书院活动,而且与邻近的书院之间形成一种网络,相互自由地交流学问。

万历三十二年(1064年)十月初九至十一日,顾宪成等在东林书院大会吴越士友,盛况空前,"上自京口,下至浙江以西同志毕集"。以后每月一小会,每年一大会。次年召开了东林第二次大会,顾宪成在大会上说:"自古未有关门闭户,独自做成圣贤。自古圣贤,未有绝类离群,孤立无与的学问","群天下之善士讲习,即天下之善皆收而为吾之善,而精神充满乎天下矣"。

东林书院的办学宗旨,是要纠正王门后学"注脚六经"、"高谈阔论"的弊端,继承儒家正统学脉。东林讲会的注意力不在政治,而在儒家经典,东林会约规定:"每会推一人为主,主说四书一章,此外有问则问,有商量则商量。"意在切磋学问。东林书院力戒议论时政,它的院规明确指出:"自今谈经论道之外,凡朝廷之上、郡邑之间是非得失,一切有闻不谈,有问不答,一味勤修讲学。"东林人士强调重整道德的重要性,他们认为:"国之有是,众所共以为是也,众论未必皆是,而是不出于众论之外。"东林书院正是体现这一观念的清议中心。正如美国学者贺凯(Charles O. Hucker)所说:明末东林运动的失败,代表着传统儒家价值观念与现实恶劣政治势力斗争的一个典型,他们是一支重整道德的十字军,但不是一个改革政治的士大夫团体。

顾宪成为了扩大影响,联合淮抚(凤阳巡抚)李三才。李三才治淮有大略,裁抑矿税太监,颇得民心,官至户部尚书。当时适逢内阁缺人,有人提议应起用外僚,意在李三才,因此忌者日众,谤议四起。顾宪成写信给内阁辅臣叶向高与吏部尚书孙丕扬,力为洗刷。于是言官乘机攻击东林,使东林卷入了朋党之争。顾宪成以一个下野官僚、东林书院主持人的身份,插手朝廷政务,不仅让反对派抓住了东林书院"遥执朝政"的把柄,而且把李三才与东林人士的关系明朗化。顾宪成对此是有足够估计的,他在给友人的信中坦率地说:"漕抚(李三才)尝简不肖(顾宪成)曰:'吾辈只合有事方出来,无事便归。'痛哉斯言,堪令千古英雄流涕,不肖独何心而忍默?""故淮抚(李三才)之蒙议,明知其必不能胜多口也,明知狂言一出必且更滋多口也,夫亦日聊以尽此一念而已。"

李三才多次上疏请求辞职,上了十五疏,才得到神宗批准。然而攻之者唯恐他再次复出,追究他盗用皇木、占用皇厂土地营建私宅之事,终于在万历四十四年(1616年)遭到神宗"革职为民"的处分。李三才在狼狈不堪时,还不忘为东林辩白。他上疏神宗,希望消党祸以安天下,说:"今奸党仇正之报,不过两端:曰东林,曰淮抚。何以谓之?东林者乃光禄寺少卿顾宪成讲学东南之所也,宪成忠贞绝世,行义格天,继往开来,希贤希圣。而从之游者,如高攀龙、姜士昌、钱一本、刘元珍、安希范、于玉立、黄正宾、乐元声、薛敷教等,皆研习性命,检束身心,亭亭表表,高世之彦也。异哉此东林也,何负于国家哉!今不稽其操履,不问其人品,偶曰东林也,便行屏斥,顺人者以此恣行其奸,逸人者以此横逞其口。"

到了天启初年,形势有了转机,不少东林人士做了大官,这时的东林盛极一时,由在野转化为在朝,原先那种开明色彩却逐渐丧失,斤斤计较朋党之见,壁垒森严,凡是不合已意的都斥为异党。结果驱使齐、楚、浙三党投向魏忠贤门下,形成所谓阉党,与东林作对。

魏忠贤原是肃宁县的无赖,吃喝嫖赌倾家荡产,进京自宫为太监。进宫后勾结熹宗乳母客氏,升为司礼监秉笔太监兼总督东厂(特务机构)太监,每每乘熹宗兴致勃勃埋首于斧锯凿削的雕虫小技时,从旁传奏紧急公文。熹宗一边经营鄙事一边心不在焉地说:"你们用心去行,我已知道了。"听任大权旁落而不顾。魏忠贤终于操纵自如,俨然成了皇帝的代言人,甚至肆无忌惮地以"九千岁"自居,熹宗对魏忠贤百般容让,在诏旨中与魏忠贤平起平坐,动辄称"朕与厂臣"如何如何,所谓"厂臣"即总督东厂的魏忠贤。

东林人士副都御史杨涟有鉴于此,上疏弹劾魏忠贤二十四大罪,指出:由于魏忠贤的淫威,"内廷畏祸而不敢言,外廷结舌而莫敢奏","致掖廷之中,但知有忠贤,不知有陛下;都城之内,亦但知有忠贤,不知有陛下"。东林人士左光斗、魏大中等也都挺身弹劾魏忠贤。天启五年(1625年)副都御史杨涟、佥都御史左光斗、给事中魏大中、御史袁化中、太仆寺少卿周朝瑞、陕西副使顾大章等,被逮捕关入锦衣卫镇抚司监狱。次年应天巡抚周起元、左都御史高攀龙、吏部员外郎周顺昌以及缪昌期、李应升、周宗建、黄尊素等人,也因提督苏杭织造太监诬告而被逮入狱中。杨涟在狱中"土囊压身,铁钉贯耳",左光斗、魏大中被严刑拷打得体无完肤,魏忠贤令狱卒以尸体饲狗。诸如此类的惨状在黄大煜《碧血录》、朱长祚《玉镜新谭》中有详细记录,令人不忍卒读。

魏忠贤的爪牙编了一部《缙绅便览》，把凡与阉党作对的正人君子，都称为东林党。王绍徽又编《点将录》，把一百零八名东林党人仿《水浒传》人物名号排列，为首是托塔天王李三才、及时雨叶向高，以下有玉麒麟赵南星、智多星缪昌期、入云龙高攀龙、神机军师顾大章、黑旋风魏大中、大刀杨涟、豹子头左光斗、急先锋黄尊素等。天启六年（1626 年）在魏忠贤的授意下编了二十四卷的《三朝要典》，以重评万历、泰昌、天启三朝发生的梃击、红丸、移宫三案，编造种种诬陷不实之词，攻击东林党人。魏忠贤独揽朝廷大权，俨然太上皇，有五虎、五彪、十狗、十孩儿、四十孙等爪牙，从内阁、六部到四方总督、巡抚，都有他的党羽。

天启七年八月，熹宗死于乾清宫懋德殿，年仅二十三岁，由他的五弟信王朱由检继位，即明思宗。明思宗拨乱反正，不动声色地逐元凶、处奸党，对自称"九千岁"的魏忠贤、自称"老祖太太千岁"的客氏，作了果断处置，魏忠贤在贬往凤阳的途中在阜城县悬梁自尽。魏忠贤一死，引起政局的极大震动，阉党的土崩瓦解指日可待，但已成盘根错节之势，不连根铲除、彻底清算，势必贻留后患。在思宗的主持下，毁《三朝要典》，定阉党逆案，大张旗鼓地展开。崇祯二年（1629 年）思宗以谕旨形式公布了钦定逆案，除首逆魏忠贤、客氏已明正典刑，其余共列七类：首逆同谋六人，结交近侍十九人，结交近侍减等十一人，逆孽军犯三十五人，谄附拥戴军犯十五人，结交近侍又次等一百二十八人，祠颂四十四人，共计二百五十八人。思宗排除种种干扰，对阉党进行最大限度的清算，无论对明朝社稷，抑或对中国历史而言，都是值得称道的有声有色的大手笔。

然而崇祯年间朋党之争依然不息，它以复社与阉党余孽斗争的形式反映出来，复社因此被称为"小东林"。

复社的创始者是太仓人张溥，他与张采有志于振兴文风，被人们称为"娄东两张"。魏忠贤败，谄媚于他的内阁辅臣顾秉谦罢官归乡，途经太仓，张溥、张采率士人驱逐，写檄文声讨，脍炙人口，两人声名大振。复社是一个以文会友的文人社团，它原是一个生员的结社，其精力的相当大部分消耗在八股文中，也就是说，它的成员大都是为了制艺，为了科举考试合格，才来入社的。但是张溥以"兴复古学，务为有用"为宗旨，标榜新学。所谓新学，主张德与学分离，追求一材一艺的学问，即经世之学，也就是作为"救时之用"的"经世之术"。因此必然追慕东林之余绪，以学问触及时事，卷入政治漩涡之中。有的学者把张溥称为"在野政党的首领"，未免言过其实，因为复社充其量不过是若干文人社团的联合体而已。先有拂水文社、匡社、应社，才发展为复社,它作为一个文人社团的联合体,包括了大江南北好多社团。《复社纪略》说:"天如(张溥)乃合诸社为一,而为之立规条,定课程,曰:自世教衰,士子不通经术,但剽耳绘目,几倖弋获于有司,登明堂不能致君,长郡邑不知泽民,人材日下,吏治日偷,皆由于此。溥不度德,不量力,期与庶方多士共兴复古学,将使异日者务为有用,因名曰复社。"这是联合许多地方文社作为全国性组织的复社创立时的纲领性宣言。张溥对"登明堂不能致君,长郡邑不知泽民"的状况极为不满,与顾宪成对"官辇毂,念头不在君父上;官封疆,念头不在百姓上"的不满,几乎是同出一辙,无怪乎人们要视复社为"小东林"了。

经过崇祯二年(1629 年)尹山大会、崇祯三年金陵大会、崇祯六年虎丘大会,"复社声气遍天下",其成员张溥、吴伟业、杨廷枢、吴昌时、陈子龙等都成了进士,一般在朝要员也来拉拢复社,士子经复社两张(溥、采)推荐即可获得功名。复社领袖也借拥护者的势力,全图涉足政坛,影响朝政,于是复社便由士子读书会文组织演化为一个政治团体。内阁首辅周延儒的复出便与复社的支持有很大关系,张溥不仅支持他复出,而且给他密信谋划十余事,要他再出必行。

著名的晚明四公子——桐城方以智(密之)、阳羡陈贞慧(定生)、归德侯方域(朝宗)、如皋冒襄(辟疆),都是名家之子,成了复社的中坚人物。侯朝宗风流倜傥,冒辟疆慷慨好士,在桃叶渡大会东林被难诸孤,替东林遗孤伸张正义。东林被难遗孤如周顺昌之子周茂生、黄尊素之子黄宗羲都成了复社名士。

阉党余孽、名列逆案的阮大铖在怀宁建立中江社,与复社对抗,不久避难入南京,成立群社,招揽名流,他不惜千金,撮合侯朝宗与名妓李香君。复社对他的动机看得十分清楚,崇祯十一年(1638 年)复社名士吴应箕与顾杲(顾宪成之孙)谈及阮大铖的种种劣迹,顾表示"不惜斧锧,为南都除此大憝(duì)";吴又与陈定生谈及此事,陈也表示"未必于人心无补"。于是吴应箕在陈定生家中起草了声讨檄文,分寄各处征求复社名士支持。次年,复社人士乘金陵乡试之机,在冒辟疆的淮清桥桃叶渡河房寓所,召开金陵大会,正式发布《留都防乱公揭》,声讨阮大铖,在公揭上签名的有一百四十二人,以顾杲作为东林子弟代表而领衔,以黄宗羲作为天启被难诸家代表而次之。《留都防乱公揭》揭露阮大铖逆案祸首的老底,文章写得慷慨激昂,气势夺人:"(阮大铖)乃自逆案既定之后,愈肆凶恶,增设爪牙,而又每骄语人曰:'吾将翻案矣,吾将起用矣。'至有司信以为实然,凡大铖所关说情分,无不立应,弥月之内,多则巨万,少亦数千,以至地方激变,有'杀了阮大铖,安庆始得宁'之谣。意谓大铖此时亦可以稍惧祸矣。乃逃往南京,其恶愈甚,其焰愈张……日与南北在案诸逆交通不绝,恐喝多端,而留都文武大吏半为摇惑……杲等读圣人之书,附讨贼之义,志动义慨,言与愤俱,但知为国除奸,不惜以身贾祸。"阮大铖慑于清议的威力,不得不暂避锋芒。

90. 崇祯:攘外与安内的两难选择

清朝的建立者称其族为满洲,是女真的一支,万历四十四年(1616年)正式宣告与明朝断绝关系,在赫图阿拉(即兴京,今辽宁新宾)建立大金,史称后金,定姓为爱新觉罗,在满语中"爱新"意为金,"觉罗"意为族,表明他们乘金而起,以收拾女真诸部人心。

从此明朝就面临棘手的辽东问题。由于朝政腐败,忙于党争,战事连遭挫败,辽东大小七十余城全被后金占领。崇祯九年(1636年)努尔哈赤之子皇太极即位,改国号为清,建立了与明朝相抗衡的清朝。于是明朝陷入了内外交困之中。天启末崇祯初爆发于陕北的农民起义,此时已形成以李自成、张献忠为首的两大反明武装集团,驰骋中原。山海关外的清朝正虎视眈眈地窥探着中原的局势发展,不时地越过长城边隘,直逼北京。在整个崇祯朝的十多年中始终要面对攘外与安内的两难选择。

崇祯二年(1629年)十月下旬,皇太极率后金与蒙古兵十万之众,突破喜峰口以西长城边关,乘虚而入,兵临长城南面的军事重镇——遵化城下,京城宣布戒严,战火很快蔓延到京城外围。这就是所谓"己巳之变"。此后东北边防趋于平静,明思宗(即崇祯帝)便集中全力对付内忧,特别是崇祯八年十月凤阳祖陵遭农民军焚毁以后,更是如此。正当他下令洪承畴督剿西北、卢象升督剿东南之时,崇祯九年六月底北方的满洲铁骑突破长城要塞喜峰口,七月初三日京师宣布戒严,兵部紧急征调各路勤王兵入援北京。正在郧西与农民军作战的卢象升接到调令,以兵部左侍郎兼都察院右佥都御史身份,出任宣大(宣府、大同)总督,由安内转向攘外。

一场虚惊后,兵部尚书张凤翼畏罪自杀。明思宗环顾廷臣无一人通晓军事可堪中枢之任,便

努尔哈赤像

夺情起复正丁忧在家的前任宣大总督杨嗣昌,让他接任兵部尚书。杨嗣昌
出任兵部尚书后向皇帝提出他的治军方略:第一,必先安内然后才能攘外;
第二,必先足食然后才能足兵;第三,必先保民然后才能荡寇。最关键的决
策是"必安内方可攘外"。这是一个传统话题,远的且不说,张居正在阐述其
治国大计时,针对"固邦本"问题,就明确提出"欲攘外者必先安内"的方针。
杨嗣昌再次提出这一方针,有着现实意义:崇祯二年与崇祯九年满洲武装两
次南下所构成的外患,与正在蔓延的"流寇"驰骋中原的内忧,两者之间孰先
孰后孰轻孰重,是在战略决策时无法回避的抉择。杨嗣昌的结论是:边境烽
火出现于肩臂之外,乘之甚急;流寇祸乱活跃于腹心之内,中之甚深。急者
固然不可缓图,而深者更不可忽视。之所以说必安内方可攘外,并非缓言攘
外,正因为攘外至急,才不得不先安内。如果人们不带偏见、成见,设身处地
从明王朝的视角观察时局。那么杨嗣昌提出的攘外必先安内实在是当时唯
一可取的战略方针。

在明思宗的大力支持下,杨嗣昌的攘外必先安内方针取得了明显的成
效。由于熊文灿在湖广大力招抚,洪承畴、孙传庭在陕西围追堵截,张献忠
等部陆续受抚,李自成等部遭受重创,"十年不结之局"似乎可以看到结束的
尽头了。

与此同时,杨嗣昌为了全力对付内乱,倾向于向清朝方面施放和议试探
气球,以缓和边境压力。于是辽东巡抚方一藻派遣一名"瞽人卖卜者"周元
忠到清方透露口风。周元忠受到使节待遇,清方表示:如有确议,即撤兵
东归。

周元忠带回皇太极致辽东总监太监高起潜的信,信中说:"仍言讲款(议
和),若不许,夏秋必有举动。"杨嗣昌接到方一藻报告后,向皇帝对以和议消
祸作了说明:必须以和议换回边境三年平静,方可集中力量一举平定内乱。
明思宗对此没明确表态,廷臣又群起而攻之,此次和议终于不了了之。皇太
极既然有言在先,"若不许,夏秋必有举动",果然到了九月间,满洲兵从长城
墙子岭、青山口南下。不久,京师戒严,明思宗下令征调洪承畴、孙传庭入
卫,使中原"安内"战场的兵力陷于空虚状态。

明思宗在攘外与安内的两难选择中摇摆不定,犹豫不决,崇祯九年
(1636年)把卢象升从中原五省总理调任宣大总督已属失策,时隔两年之后
又把威震陕豫的陕西三边总督洪承畴、陕西巡抚孙传庭调往北方边防线,使
杨嗣昌精心策划的对付李自成、张献忠的"十面张网"战略功亏一篑。铸成
大错的关键就在于对"安内"形势判断失误,把李自成息马商雒、张献忠伪
降谷城,看作内乱已经平定。明思宗因京师戒严而征调洪承畴、孙传庭入

卫,待清兵出塞后,仍不把两人及所率精兵遣返原地,也反映了这种情绪。乘中原空虚之机,李自成由商雒挺进河南,张献忠谷城起兵转战湖广、四川,明朝从此在"安内"方面丧失了主动权。当明思宗意识到局势的严重性,于崇祯十二年(1639 年)八月下令杨嗣昌代替总督熊文灿,前往湖广督师时,形势已难以逆转。洪承畴驻扎在山海关一线,孙传庭则因政见分歧而下狱,杨嗣昌孤掌难鸣,终于落得个心力交瘁,病死军中的下场。明思宗除了叹息"督师(杨嗣昌)功虽不成,志亦堪闵"之外,束手无策。

在攘外方面,蓟辽总督洪承畴奉旨率十三万精兵,于崇祯十二年五月出山海关,解锦州之围。洪承畴本拟打一场持久战,无奈兵部企求速战速决,终于导致全线崩溃。内阁辅臣谢升与其他阁僚商量后,决定"款建虏(指清朝)以剿寇"。崇祯十五年(1742 年)正月初一,元旦朝贺完毕,兵部尚书陈新甲向皇帝提出了"款建虏"的建议,明思宗对山海关外松山、锦州两城的困境一筹莫展,便答道:"可款则款,不妨便宜行事。"与清朝重开和谈之事就这样定了下来。陈新甲得到皇帝的旨意,立即派马绍愉以兵部郎中二品官衔的身份前往宁远与清方接洽,这是明、清两方历次和谈中最具正式规格的一次。

明思宗原本考虑到中原"寇势正张",意欲"以金币姑缓北兵,专力平寇",为了缓和廷臣的反对,谈判是秘密进行的。不料事机泄漏,舆论哗然,内阁首辅周延儒又不肯挺身分担责任,明思宗不得已改变初衷,屈从舆论,把此次和谈的责任全部推到陈新甲身上,把他逮捕法办。平心而论,明思宗授权陈新甲秘密与清朝议和,在当时内外交困的形势下,不失为一时权宜之计,对内对外都是利大于弊的。经过此次波澜,明思宗再不敢与清朝和谈,同年十一月清兵又一次南下,明朝的困境较前更为严重。

崇祯十七年(1644 年)初,李自成在西安称王,国号大顺,年号永昌,正式表明要取明朝而代之,兵分两路合击北京。在这种咄咄逼人的形势下,明思宗与大臣们不得不集中全力,筹划了出征、南迁、勤王的对策。

所谓出征,是由刚入阁不久的李建泰代帝出征山西。明思宗对他寄予厚望,因为他是山西人,为了保卫家乡定会殊死拼搏,何况此人又是巨富,军饷不必担心。不料他刚离开北京,就听说家乡(山西曲沃县)陷落,从此进退失措,徘徊于畿南观望,还没有望到三晋大地的影子,就当了农民军的俘虏(李建泰派中军郭中杰出城投降)。

所谓南迁,是把首都从北京迁往南京,以躲避农民军的锋芒,徐图恢复的应急方案。这一决策如果立即执行,那么对于明朝摆脱行将覆灭的命运或许不失为一个行之有效的方案,因为长江中游有左良玉,长江下游又有刘泽清、刘良佐、黄得功、高杰等总兵的军队,南京比北京要安全得多。况且清朝在山海关外,李自成在陕西、山西,张献忠在四川。然而内阁、部院大臣中没有一个人有如此胆识支持南迁之议,终于议而不决,化作泡影。

所谓勤王,是把驻扎在山海关外宁远前线的吴三桂所部关宁劲旅调进关内"助剿"。崇祯十七年正月十九日明思宗首次向大臣提出这一意向,阁部大臣们深知此举意味着放弃宁远及山海关外大片国土,都虚与委蛇,推诿不决。他们借口"一寸山河一寸金",反对调吴三桂入关。二月初八日,太原陷落,京师为之震动。蓟辽总督王永吉与顺天巡抚杨鹗商议:"计莫若撤关外四城而守关,召吴帅三桂之兵亟入,以卫京师。"并联名上疏提出这一建议,阁臣陈演、魏藻德仍推诿不决。如此这般议来议去,议而不决,贻误了时机。二月二十七日明思宗毅然决定下诏征天下兵马勤王——保卫北京,三月初四日下诏封辽东总兵吴三桂为平西伯,三月初六日下旨放弃宁远,调吴三桂、王永吉率兵入卫,为时已晚。三月上旬,吴三桂徙宁远五十万军民启程,日行数十里;十六日进入山海关,农民军已过昌平;等吴三桂二十日赶到丰润时,北京已于前一日陷落了。

明思宗走投无路,于十八日后半夜,即十九日凌晨,在司礼监太监王承恩陪同下,来到紫禁城北面的煤山(景山),在寿星亭附近一棵大树旁上吊自杀,以身殉节。据说他临死前在衣服上写下遗诏:"因失江山,无面目见祖宗于天上,不敢终于正寝。"

由此可见,明之亡实亡于内忧而非亡于外患。其中原因很多,最显而易见的直接原因便是在攘外与安内的两难选择中举棋不定,或者说对杨嗣昌提出的"必安内方可攘外",缺乏足够清醒的认识。

康熙初年,张岱在《石匮书后集》中对明思宗给予相当富有感情色彩的评价:"古来亡国之君不一,有以酒亡者,以色亡者,以暴虐亡者,以奢侈亡者,以穷兵黩武亡者。嗟我先帝,焦心求治,旰食宵衣,恭食辛勤,万几无旷,即古之中兴令主,无以过之。乃竟以萑苻剧贼,遂致殒身。"他也指出了思宗的两大失误:过于吝啬和朝令夕改,"枉却此十七年之精励"。乾隆年间的历史学家全祖望写了一篇《庄烈帝论》,对他作了一个客观的评论:"庄烈(即明思宗)之明察济以忧勤,其不可以谓之亡国之君固也;而性愎而自用,怙前一往,则亦有不能辞亡国之咎者。"他认为庄烈之招祸,其中之一是拒绝与清朝议和。孟森《明清史讲义》说:"熹宗,亡国之君也,而不遽亡,祖泽犹未尽也";"思宗而在万历以前,非亡国之君也,在天启之后,则必亡而已矣"。明思宗演出了一幕并非亡国之君的亡国悲剧。

十四、清
——末代王朝的兴与衰

91. 明清鼎革之际的政局

崇祯十七年（1644 年）三月十九日黎明，马匹喧嘶，人声鼎沸，李自成领导的农民军大队人马进入北京。中午时分，李自成头戴毡笠，身穿缥衣，乘乌驳马，在一百多骑兵簇拥下进入德胜门，太监王德化带领宫内残存人员三百人在德胜门欢迎。太监曹化淳引导李自成和他的随行人员牛金星、宋献策、宋企郊等，从西长安门进入大内，紫禁城已由大明易主为大顺。

李自成为了消灭明朝在北方的残余势力，派明降将唐通带了犒师银四万两及吴三桂之父吴襄手书，前往山海关招降吴三桂。这封招降家书其实是牛金星写了底稿让吴襄誊清的，通篇说理多于抒情："……事机已去，天命难回，吾君已逝，尔父须臾。呜呼！识时务者亦可心知变计矣。"据说当吴三桂准备统兵入关接受李自成招降时，获悉其爱妾陈圆圆已被农民军首领所霸占而怒不可遏，拔剑掷案，大怒道："逆贼如此无礼，我吴三桂堂堂丈夫，岂肯降此狗子，受万世唾骂，忠孝不能两全！"于是从沙河驿纵兵大掠而东，顿兵山海城。这就是"冲冠一怒为红颜"的由来。

细细揣摩，其中不乏文人墨客的渲染与夸张成分。吴三桂的"冲冠一怒"并不仅仅为了一个红粉知己，更着眼于为君父报仇这种伦理纲常。这种根深蒂固的忠孝观念在他给父亲的复信中流露得淋漓尽致："父既不能为忠臣，儿亦安能为孝子乎？儿与父诀，请自今日。父不早图，贼虽置父鼎俎之旁以诱三桂，不顾也。"吴三桂随即一举全歼李自成派往山海关的唐通八千兵马，及其后援白广恩，这一战表明了他"移檄讨贼"的开始。他发布了一篇洋洋千言的"讨贼"檄文，亮出的头衔是已故明思宗册封的"钦差镇守辽东等处地方团练总兵官平西伯"，向远近宣布他此举是为了"兴兵剿贼，克服神京，莫安宗社"，明白无误地扛起"请观今日之域中，仍是朱家之天下"的复辟旗帜。毫无疑问，吴三桂是以先帝钦差官员的身份号召明朝遗民起来复仇，为复辟明朝而战斗，这种政治态度绝非"冲冠一怒为红颜"的儿女情长可以涵盖的。

吴三桂深知，虽有关宁劲旅在手，但要与李自成的几十万大军对抗仍感力量不足，于是，决定向清朝方面"泣血求助"。他写信给清朝摄政王多尔衮表明了此意，早先投降清朝的舅舅祖大寿、顶头上司洪承畴又为之从中斡旋，终于一拍即合。农民军方面传闻吴三桂不受招抚并发布声讨檄文后，顿时彷徨失措。密切关注关内动态的清朝迅速作出了反应。四月四日，大学士范文程向摄政的睿亲王多尔衮提议，发大军进关。四月八日，小皇帝清世祖福临作出决定，命多尔衮统领大军出动，特地声明："此行特扫除乱逆，期于灭贼。"吴三桂的抉择，正好与此完全契合。四月十五日吴三桂派副将杨坤、游击郭云龙从山海关北上递送"泣血求助"的书信，声称"乱臣贼子亦非北朝所宜容也"。这是多尔衮求之不得的，立即于次日作出答复，赞扬吴三桂"思报主恩，与流贼不共戴天，诚忠臣义士也"，以明白无误的语言劝他归降，并于二十一日率清军抵达山海关外欢喜岭。吴三桂披头散发、身穿孝服前往清营会晤多尔衮，痛哭哀恳，多尔衮答应发兵十万相助。

李自成见招降吴三桂不成，于四月七日下令部将刘宗敏、李过率军出征，但刘、李耽乐已久，殊无斗志。四月九日，李自成决定亲自东征。四月十三日李自成与刘宗敏、李过率步骑兵五万，从北京出发，随行的有明朝太子及二王（均为明思宗之子）。四月二十一日李自成的军队抵达山海关，吴三桂军佯装失利，作为诱惑之计。次日，以英王阿济格骑兵二万为左翼，豫王多铎二万骑兵为右翼的清军，向农民军发动突然袭击，农民军全线崩溃。李自成兵败后退至永平，吴三桂派人议和，提出以交出太子作为停战交件。李自成迫于无奈，派山海关防御使把太子送到吴三桂军营。吴三桂得到太子，整军向北京逼来，一路上以明朝名义发布文告："义兵不日入城，凡我臣民为先帝服丧，整备迎候东宫（太子）"；"降贼诸臣，许其反正，立功自赎"。京城内的官僚士绅们互相传播吴三桂将入京为先帝发丧的消息，加紧赶制素帻，张贴标语，扬言"即日拥戴新主，恢复前朝"。

李自成退回北京后，处死吴襄及其家属三十多人，并于四月二十九日在武英殿称帝，次日便开始撤离北京。然而当吴三桂准备进城时，多尔衮却命令他绕过北京城，向西追击李自成，不许他护送太子入京。因为多尔衮利用吴三桂的目的是乘机入关进京，由清朝取而代之，而不是恢复明朝。北京城中的官僚士绅们还蒙在鼓里，满怀希望地准备迎接"报君父之仇"的吴三桂，他们正在那里"延颈望太子至"呢！五月三日，人群熙熙攘攘，传呼着"幸太子至"的喊声。忽然有人望见远处的尘埃,于是乎大家一起俯伏在地。殊不知,进入北京的并非太子,而是身穿异样服装的清朝摄政王多尔衮及满洲铁骑。多尔衮一行乘銮舆,由骑兵护卫着,进入朝阳门,直奔紫禁城。紫禁城又由大顺易主为大清。

五月五日,多尔衮向明朝官民发布了一个政策声明:"天下者非一人之天下,军民者非一人之军民,有德者主之。我今居此,为尔(明)朝雪君父之仇,破釜沉舟,一贼不灭誓不返辙。"为了笼络人心,他还发布告示,要臣民为思宗挂孝哭灵三日,并且为思宗在帝王庙设灵堂,拟议改葬事宜。

现在再回过头来审视思宗之死在江南所激起的回响。明成祖迁都北京后,南京仍保留了一个形式上的中央政府班子,北京陷落后,南京的动向是关系到明朝国祚能否延续的大问题,因而成为遗民们目光关注的焦点。

南京方面的反应是缓慢而迟钝的,原因之一是,南北遥距千里,原先的情报传递系统在战争动乱中已运转不灵,北京事变的消息沿着运河交通线采用最原始的方式向南梯次传递,颇费时日。据日本学者岸本美绪的研究,由于北京陷落,"邸报"(当时的官方新闻纸)的发行中断,关于北京事变的消息首次到达江南的过程,最详细最重要的情报源首推从北京南下避难者的报道;另一传播媒体是军方直接派人探报的"塘报"。

从现有的文献记载来看,北京事变的消息传到南北两京之间的军事重镇淮安,大约是在三月二十九日,到了四月九日,这种疑信参半的消息得到了证实,那是京营将校抵达淮安,向巡抚路振飞报告北京陷落及"大行之丧"的消息。北京事变的消息传到南京,大约是在四月十二日至十四日间。但南京的衮衮诸公们还以为是捕风捉影,没有采取什么动作,直到四月二十五日,"北报确信",南京兵部尚书史可法才约各大臣出议善后事宜,二十七日,南京文武诸臣才告迎于奉先殿,议立新君。

新君人选有潞王朱常淓、福王朱由崧,前者相比较而言贤能而有人望,后者在皇室世系的亲疏关系上占优势。史可法倾向于潞王,凤阳总督马士英则非福王不立,高杰、刘泽清等统兵将领向路振飞征求意见,路振飞明确表示"议贤则乱,议亲则一",支持马士英拥立福王。

五月十五日,福王在南京即皇帝位,以明年为弘光元年,成了南明的第一任统治者。福王对拥戴他的马士英表示嘉奖,任用他掌兵部,入阁执政。马士英大权独揽,飞扬跋扈,把史可法排挤出南京,史可法只得上疏自请督师江上。五月十八日,史可法辞朝赴扬州,立即以督师大学士身份发布檄文,一方面追怀先帝,另一方面谴责李自成,表明他与马士英辈虽有矛盾,但在大是大非问题上是见解一致的。

马士英在五月底建议福王发出诏书，嘉奖吴三桂"借夷破贼"的功劳，封他为蓟国公，并发出犒赏银米。七月间，马士英与福王更加深信"借夷破贼"之可取，决定派左懋第为正使，陈洪范、马绍愉为副使，打着"经理河北，联络关东军务"的幌子，北上与清朝议和。为了配合议和，刘泽清、陈洪范、马绍愉分别写信给吴三桂，希望他能从中斡旋，透露了南明小朝廷与吴三桂持有完全相同的立场，因此希望吴三桂"勖勤两国而灭闯（指闯王李自成）"，还提出南明愿与清朝"订盟和好互市"，"两家一家，同心杀灭逆贼，共享太平"。这毕竟是一厢情愿的想法，清朝方面根本不想与南明合作，多尔衮在给史可法的信中明确表示："国家之抚定燕都，乃得之于闯贼，非取之于明朝也"，要南明"削号称藩"。史可法在回信中为南明辩护一番后，对清朝表示感谢："殿下入都，为我先皇帝后发丧成礼，扫清宫阙，抚戢群黎"，"此等举动振古烁今，凡为大明臣子无不长跽北向，顶礼加额"，进而请求："乞伏坚同仇之谊，全始终之德，合师进讨，问罪秦中，共枭逆贼之头，以泄敷天之忿。"

南明使节在北京的谈判是徒劳的。十月十三日，清朝礼部官员接见了左懋第一行，三位使节声明来意："我朝新天子向贵国借兵破贼，复为先帝发丧成服，今我等赍御赐银币前来致谢。"第二天谈判时，清朝代表指责南明为何"突立皇帝"，并表示没有任何讨论余地，将发兵南下。南明的求和活动终于宣告破产。史可法获悉后，上疏福王，要南明小朝廷团结一致，一面"御贼"，一面"御清"，事实证明这是一种幻想。直到清军渡过黄河大举南下时，南明小朝廷还在忙于你争我夺，江北四镇形同水火，划分势力范围，左良玉突然宣布以"清君侧"为理由，发兵沿江东下。马士英大惊，下令征调各路兵马出动堵截。不久，左良玉暴死于九江，其子左梦庚带了散乱兵马扑向南京，此时清军已占泗州，渡过淮河，史可法不得已退保扬州，不断上章告急，要抽调对付左梦庚的军队去保卫扬州。马士英抱定宗旨："北兵至，犹可议款，若左兵得志……我君臣独死耳"，"宁死北，毋死左"，按兵不动。清军长驱南下，进抵淮安时，如入无人之境。

五月八日清军渡江，九日攻陷镇江，十日夜福王逃出南京前往太平投奔黄得功，次日马士英、阮大铖逃跑，南京城中一片混乱。五月十五日，豫王多铎进入南京，南明礼部尚书兼文渊阁大学士蔡奕、礼部尚书钱谦益率官僚投降。刘良佐被俘后，为将功赎罪，赶到黄得功军营索取福王朱由崧，黄得功自刎，朱由崧"乘小轿，衣蓝袍，首披包头，油扇障面"，到南京请降，南明弘光政权寿终正寝。

六月，清军占领杭州，潞王朱常淓与巡抚张秉贞投降。闰六月，黄道周、郑芝龙等在福建奉唐王朱聿键为监国，不久称帝。鲁王朱以海也在绍兴监

国。十月,桂王之子朱由榔在广东肇庆受两广总督丁魁楚、广西巡抚瞿式耜
迎立,称监国,随即称帝,改明年为永历元年。唐王、鲁王都是短命政权,只
有桂王政权支撑的时间稍长一点。它们的存在显示了明朝皇室世系的延
续,成为人们抗清斗争的精神支柱,而真正的抗清力量却是接受南明招抚的
农民军余部,以及东南沿海的郑氏集团。在顺治十八年(1661年)吴三桂率
兵追入缅甸,俘获桂王,南明灭亡后,以农民军为主体的抗清斗争还在继续,
这就是李来亨、郝摇旗率领的夔东十三家,一直坚持到康熙三年(1664年)。
东南沿海的郑成功在士大夫张煌言等策动下,顺治十六年从海路溯长江,直
逼南京,由于孤军深入而失败,张煌言被俘遇害。两年后,郑成功率部转移
至台湾,与清朝继续对抗。

清朝军队入关、进京,打出"与流寇争天下",为明朝"雪君父之仇"的旗
号,没有遇到什么阻力就顺利地实现了改朝换代。清初沿袭明代制度,翻译
《洪武宝训》,由清世祖写序后颁行天下,自认为继承明朝统治,与天下共遵
明之祖训,是历史上改朝换代所罕见。然而它毕竟是满族建立的政权,势必
要引起汉族的反感,这种矛盾在江南反映得尤为
明显。清军席卷江南,遭到具有民族气节的一些
志士仁人的反抗,吴易、吴兆奎起兵于吴江,陆世
钥起兵于苏州,侯峒曾、黄淳耀起兵于嘉定,沈犹
龙起兵于松江,王永祚起兵于昆山,卢象观起兵于
宜兴,严栻起兵于常熟,钱栴(zhān)、钱秉(bǐng)
起兵于嘉善,虽然人少力弱,持续时间很短,政治
影响却不小。还有一些激进分子,从事密谋策划,
图谋复辟明朝,顺治四年(1647年)他们策划了吴
胜兆反正事件,清政府极为震惊,乘机把一些坚决
持不合作态度的著名人士如陈子龙、夏完淳一网
打尽。但是江南士绅中的不合作倾向依然存在,
不仅顾炎武为代表的一派采取不合作态度,就连
钱谦益、吴伟业代表的一派,虽然降清,但不愿做
官,后来被迫出来做官,也郁郁不得志,牢骚满腹。

清世祖像

而江南的豪绅在明朝就凭借特权隐匿土地、逃避赋税,在明清鼎革之际,又
大买田宅,承袭前代特权,规避赋役,与清朝政府之间的矛盾日趋尖锐。

清朝政府必须在江南采取大动作,给予制裁、打击,"奏销案"便是一个
突破口,实际是上述诸矛盾的总爆发。

顺治十五年(1658年)清世祖在给户部的谕旨中,对江南豪绅隐瞒、拖

欠钱粮极为不满,明确宣布:"文武乡绅、进士、举人、贡监、生员及衙役,有拖欠钱粮者,各按分数多寡,分别治罪。"于是从顺治十七年开始,派出官吏专门督理拖欠钱粮,对州县官钱粮奏销情况进行严格追查。次年,在苏、松、常、镇四府及江宁府溧阳一县,查出豪绅拖欠钱粮者13500多人,衙役拖欠钱粮者240人,革去功名或官职,还要"枷责",一时间"鞭扑纷纷,衣冠扫地",进而要"追比"——追交拖欠的钱粮,迫使他们抛售田产。四府一县受黜革降调处分的乡绅有2171名,生员有11346名,共计13517名,以至于江南"庠序一空",保持举贡、生员头衔的人寥若晨星。这些人还要提解至京,从重治罪,"一时人皆胆落"。显然,政府此举的目的不仅是"追比",而是迫使江南豪绅、士子就范。

与"奏销案"相伴随的是乡试舞弊案件,即所谓"科场案"。科场舞弊本来是科举考试中司空见惯的现象,清初统治者大兴问罪之师,醉翁之意不在酒,意在与"奏销案"相配合,打击江南文人。这次揭发了顺天、江南、河南、山东、山西等地科场舞弊,其中顺天、江南最严重,涉及很多江南文人。杜登春《社事始末》回忆此事说:"江浙文人涉丁酉(顺治十四年)一案不下百辈,社局于此索然,几几乎熄矣。一年之间,为槛车谋行李,为复壁谋衣食者无虚日。"顺天乡试的考官李振邺等,中式举人田耜等被杀;南闱正副主考、十六房分考官都被杀,家产抄没入官,处分比北闱重。尔后又在北京复试,考场有士兵站岗警卫,士子胆战心惊不能完卷,革去北闱举人八名,南闱举人吴兆骞等八人打四十板,家产充公,父母妻子兄弟一并流放宁古塔。可见科场案对于江南豪绅中的书香门第在政治上是一次沉重打击,阻断了他们进入官场的途径。

顺治十八年(1661年)苏州吴县发生的"哭庙案"也是如此。吴县新任知县任维初为了征收欠税制定了苛刻的措施,引起文人学士不满,二月初五日他们聚集在孔庙悼念不久前去世的清世祖,借机发泄积愤,其时江苏巡抚与许多达官贵人都在场,闹得好不尴尬。结果带头的文人学士中十一名领袖人物被监禁,其中有著名的文学评论家金人瑞(圣叹)。五月初在南京初审,八月七日行刑,财产充公,家属发配满洲。才华横溢的金圣叹成了这场政治斗争的牺牲品。"奏销案"起先只限于无锡、嘉定两县,"哭庙案"发生后,当局决定扩大到四府一县,许多头面人物如吴伟业、徐乾学、徐元文、叶方蔼等几乎全被罗织在内。

随着形势的变化,矛盾渐趋缓和。康熙三年(1664年)正式下令豁免顺治元年至十五年的拖欠钱粮,使奏销问题无形之中淡化,以后又多次减免江南钱粮。康熙二十九年(1690年)清圣祖南巡至苏州,户部尚书徐元文讲到江南欠税,清圣祖完全采取宽容态度。政治上的笼络显得更为明显,昆山徐家一门三及第,为江南士子津津乐道。徐乾学是康熙九年的探花,官至刑部尚书;徐元文是顺治十六年的状元,康熙九年充经筵讲官(皇帝的教师),官至户部尚书;徐秉义是康熙十二年的探花。这成为清初科举盛事,王士禛《池北偶谈》称:"同胞三及第,前明三百年所未有也。"除了徐氏三杰之外,受到清廷重视的江南士子还有叶方蔼、张廷书等人,康熙十七年的博学鸿词与十八年的修明史,都是他们促成的。顾炎武的学生潘耒、晚明四公子之一陈定生之子陈维崧以及尤侗、朱彝尊等通过博学鸿词科而进入官场;黄宗羲之子黄百家、学生万斯同等进入明史馆,奉命修史。这些措施,明显地改善了清廷与江南文人学士的关系。

92. 康 熙 之 治

清圣祖康熙皇帝是清朝最堪赞誉的贤明君主,武功与文治都无与伦比。平定三藩之乱(吴三桂、耿精忠、尚可喜的叛乱);遏制沙皇俄国的扩张,签订《中俄尼布楚条约》,划定中俄东段边界;平定割据台湾的郑氏集团,使台湾回归祖国;率领军队征讨厄鲁特蒙古的准噶尔部,击败它的首领噶尔丹。康熙皇帝武功中最为引人注目的几件大事,彪炳于史册而毫无愧色。

更值得关注的是他的文治,令人刮目相看。在他的倡导下,编成了收字四万九千多的《康熙字典》,一百八十卷的《大清会典》,一百零六卷(拾遗一百零六卷)的《佩文韵府》,九百卷的《全唐诗》等鸿篇巨制,并且企划了一万卷的《古今图书集成》。他还豁达大度地派遣耶稣会士到全国各地测量,制作了中国第一部实测地图《皇舆全览图》。

清圣祖像

《红楼梦》作者曹雪芹的祖父曹寅,深受康熙皇帝的器重,在他第五次南巡时,交待曹寅编辑、出版《全唐诗》的任务,这是他十分看重的大型文化工程项目,力图在显赫的武功之外,凸显自己的文治。曹寅正好是一个恰当的人选,他既是满洲亲信,又是一个在汉人文学圈内崭露头角的诗人,而且他先后担任的江宁织造和两淮巡盐御史,都是肥缺,有足够的财力资助这一文化工程。曹寅团结了一大批江南文人,在不到两年时间里,完成了收罗二千二百多诗人、四万八

千九百多诗作、篇幅达九百卷的《全唐诗》，为康熙的文治增添了浓墨重彩的一笔。

文治的另一方面是对宋学的提倡。

清朝文化中最鼎盛的部分，首先是以经学为中心的学术。这一时期经学发展到了一个新阶段，超过了两汉以来的经学，经学研究扩展到一般学者中，使之成为一门学问，具有学术性，是两汉经学所无法比拟的。以程朱理学为主的宋学成为主流，是一大特点，这与康熙皇帝的提倡有很大的关系。

在康熙以前，还没有形成真正意义上的宋学，学者们一边讲

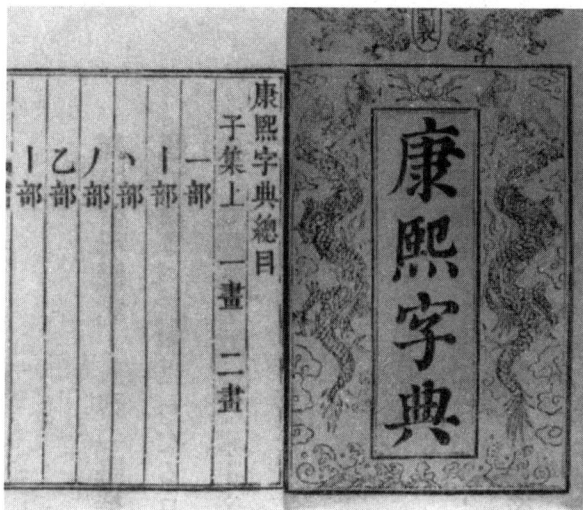

《康熙字典》书影

学一边钻研宋学，继承儒家正统学脉，阅读经典原著，进行踏实的研究。到了康熙时代，学者们停止了浮而不实的讲学（讲会）活动，专心对儒学原典进行深度探究。孟森《明清史讲义》中说，"圣祖尊宋学"，"欲集宋学之大成"，是切中肯綮的。江南名士徐乾学收集历代经学家著作，编成《通志堂经解》，就是集宋学之大成的尝试。李光地、熊赐履都是以宋学名臣而得到康熙皇帝的宠信。他们著书立说，以尊程朱、崇正学、辨道统为己任。因为这个背景，康熙一朝，宋学名臣辈出，诸如陆陇其、汤斌、张伯行、于成龙、陈鹏年、赵申乔等人，不仅对于宋学的发扬光大有所贡献，而且自身的道德、操守也成为一时的楷模。

在清朝诸帝中，康熙最值得表彰的是他以一种海纳百川的胸怀、充满自信的心态，接纳耶稣会士以及他们所带来的西学。内藤湖南在《清朝史通论》中说："康熙帝是个对西洋学术非常感兴趣的人，又有统一各民族的雄心，因此，绝对不是只尊重中国学术的人，在尊重中国学术的同时，对西洋的学术也很尊重，大量地使用西洋人。"事实确实如此。

耶稣会士南怀仁受到康熙皇帝的重用，是由于他在南怀仁身上看到了西洋人比中国人具有更精密的、实用的知识，因此要他制造新的天文观测仪器；并且规定，以后的天文历法工作，一定要由西洋人主要负责。在南怀仁的影响下，中国学者梅文鼎写了《历算全书》，成为中国人研究西洋数学的奠

基之作。康熙本人在这方面不仅大力提倡,而且身体力行。在新旧历法的争论中,他为了判明其中的是非,破天荒地努力学习西洋数学。在第一历史档案馆还保存了当年康熙的"算草"——演算数学的草稿纸,以及他使用过的三角尺、圆规、计算器。一个皇帝竟然如此认真学习西方的科学,是前所未有的,以后也不曾再有,不能不令人叹为观止。

明白了这一点,就不会对于康熙任用传教士绘制中国地图,感到意外了。以前的中国地图缺乏地理学、测量学的支撑,传教士用西洋的做法,测量土地的经纬度,确定城市的方位,用实地勘测的方法绘制的《皇舆全览图》,至今仍保存在第一历史档案馆。

中国和俄国的尼布楚条约谈判,康熙皇帝任命内大臣索额图为首席代表,同时委任传教士徐日升、张诚作为参谋官随同前往。他们两人的回忆录,记载了这一段历史,成为早期中俄关系史的珍贵文献。

康熙皇帝还大力支持西医的传入中国。传教士白晋、张诚向他讲解西洋科学知识,由于他的患病而中止,却为白晋、张诚提供了向他讲解西洋医学知识的机会。康熙病愈后,仔细阅读他们编译的西医讲义,非常赞赏。他希望传教士推荐西洋医生前来中国。康熙二十四年(1685 年)他在给大学士明珠等人的谕旨中说,鉴于南怀仁年事已高,听说澳门有同南怀仁一样熟悉历法的人才,希望你们会同礼部,请南怀仁推荐,同时推荐精通医术的人才。

南怀仁神甫察觉到这是一个传教事业的契机。在利玛窦以后,耶稣会士能够得到朝廷重用,主要得益于他们在天文历法方面的专长,参与历法的修订工作。清朝初年,汤若望神甫、南怀仁神甫接连担任主管天文历法的钦天监负责人。但是由于西洋天文学和中国天文学在理念方面的差距,使南怀仁感到,继续向中国输入西洋的天文历算,可能会影响传教事业。康熙皇帝对西洋医学的兴趣,使他预感到,派遣传教士医生可能是有助于传教事业的最佳选择。双方的共同愿望,促成了西学东渐的中心,由天文历算转向了医学。在这种背景下,出现了西医进入中国的高潮。

根据康熙皇帝的要求,精通医术的传教士陆续来到北京,进入宫廷。其中有颇受康熙器重的外科医生兼药剂师——法国耶稣会士樊继训(Pierre Frapperie),康熙皇帝御医、外科医生——意大利耶稣会士何多敏(Giandomenico Paramino),宫廷药剂师——葡萄牙耶稣会士魏哥儿(Miguel Vieira),在京行医三十二年的外科医生——意大利修士罗怀中(Giovanni Giuseppe da Costa)等人。他们在中国的行医活动,为西洋医学在中国的传播打开了局面。康熙皇帝的大力提倡,功不可没。

在这种情况下，西方传教士的传教活动也获得了很大的发展。到了康熙后期，由于所谓"礼仪之争"，显示了中西文化之间的隔阂，使得传教士的活动受到了障碍。康熙皇帝派遣耶稣会士白晋作为他的特使，随同罗马教皇特使铎罗（Maillard de Tournon）回到欧洲，解决礼仪纠纷，但是没有成功。铎罗代表教皇宣布在教会中禁止中国的礼仪，使得双方矛盾激化。清朝方面则采取了比较灵活务实的对策。康熙四十五年（1706年）的一道皇帝谕旨宣布，西洋人必须领取内务府颁发的"印票"（执照）后，才可以在中国传教，没有领取"印票"的传教士必须离开中国，但是具有西洋技艺的传教士不在驱逐之列。康熙五十八年（1719年），皇帝在接见福建的传教士时，再次重申传教士中的"会技艺人"不在驱逐之列。他还授意罗马教皇派来的神甫，写信给教皇：西洋人受大皇帝之恩深重，无以图报，今特求教皇选拔具有天文、律吕、算法、画工、内科、外科等学问的传教士，来中国效力。康熙皇帝在"礼仪之争"日趋尖锐化的情况下，依然表现出一个大国君主的宽容风度，没有盲目排外，为当时的中西文化交流留下了精彩的一页。

康熙时代，西方传教士受到了礼遇，得以深入宫廷，深入上层政坛。不仅如此，在皇帝多次南巡中，沿途都把会见天主教传教士作为重要内容。传教士普遍满意于皇帝对他们的关注，皇帝给传教士留下了令人喜爱的形象。耶稣会士白晋两次受到接见，并且陪伴南巡，使他以后有机会向皇帝介绍欧洲的科学和医学，对皇帝有了深切的了解。后来白晋写了康熙皇帝的传记，在西方引起巨大反响。传教士们把中国的真实情况介绍给欧洲，使欧洲人对中国有了前所未有的认识。在欧洲人心目中，中国是一个当时世界上最辽阔、最富饶，管理最完善，发展水平最高的国家。欧洲的启蒙思想家，包括莱布尼茨（1645—1716年）、伏尔泰（1694—1778年）、魁奈（1694—1774年），都受到了影响。给他们影响最深的是，清朝通过竞争性考试选择最有教养的人为官，使中国因此而避免了欧洲世袭贵族政治的弊端。他们认为，中国更接近欧洲从未实现的柏拉图理想——由哲学家皇帝统治的国家。西方古典经济学奠基人亚当·斯密在1776年发表的《国富论》中，根据这些记载，对18世纪的中国作了这样的评论：中国极其辽阔的国土，数量庞大的居民，气候的多样性，以及由此而形成的不同省份产品的多样性，还有大部分省份之间利用水上运输的方便交通，使得那个如此辽阔的国家，单靠自己的国内市场，就足以吸纳极大量的商品，并容许甚为重要的劳动进一步细分工。中国的国内市场在规模上大概比欧洲所有各国加在一起的市场小不了多少。

康熙皇帝在位的六十一年，奠定了清朝的盛世，无怪乎有的历史学家把他与俄国的彼得大帝相比拟。

93. 雍正："为治之道在于务实"

康熙后期,诸皇子夺嫡争储,闹得不可开交,各树朋党,形同仇敌。太子胤礽废而又立,立而又废,就是这种纷争无法调和的结果。清圣祖晚年崇尚政宽事省、无为而治,其实这位一代名君也有不得已的苦衷。到康熙晚年,各皇子的朋党逐渐分化改组,形成若干小集团,其中皇八子胤禩(sì)最强,皇九子胤禟(táng)、皇十子胤䄉(é)、皇十四子胤禵(tí)为其党羽;当胤禩为圣祖所嫌弃,继嗣无望时,此派领袖转为胤禵。皇四子胤禛,自成一派,皇十三子胤祥为其党羽。

康熙六十一年(1722年)十一月十三日,圣祖在离宫畅春园病逝,遗命由皇四子胤禛继位,这就是清世宗(雍正帝)。即位之初,宫廷内外就传言世宗继序不正,乃矫诏篡立。所谓矫诏篡立,据说圣祖原拟"传位十四子"(胤禵),被世宗改为"传位于四子"(胤禛)。孟森、王钟翰、陈捷先、金承艺、杨启樵等历史学家都对此作过考证辨析,冯尔《雍正传》认为,胤禛"盗名改诏篡位说实于理不通",传位胤禵的"材料并不可信,很难成立",他倾向于圣祖在弥留之际决定传位给胤禛(即清世宗),并从斋所召其至畅春园继位是完全可能的。

其实,所谓篡立之说是诸皇子夺嫡争储斗争的产物,其源盖出于胤禩、胤禟。由于储位虚悬,诸皇子角逐加剧,即使世宗名正言顺即位,出乎政敌胤禩之流的意料,中伤是可以预见的。退一步论,在皇子们争夺皇位的斗争中,皇四子捷足先登,是否算作篡立,也是一个问题,现代历史学家似乎不必过分纠缠于此。

清世宗胤禛在位执政仅十三年(1723—1735年),与其父清圣祖玄烨在位六十一年、其子清高宗弘历在位六十年相比,为时短暂,但其治绩颇值得注意。他严禁朋党,整顿吏

清世宗像

治,重视用人,强调务实,在雍正一朝多所建树,在不少方面实为乃父所不及。

他一即位就宣布严禁朋党,把打击朋党作为他施政纲领中的首要任务,他说:"朋党最为恶习,明季各立门户,互相陷害,此风至今未息……此朋党之习,尔诸大臣有则痛改前非,无则永以为戒。"他打击对皇权威胁最大的胤禩、胤禟、胤䄉,并穷治其党羽,即使被人加以苛刻严厉之名,也在所不顾。独揽陕甘川三省军政大权的年羹尧,身任提督九门步军巡捕三营统领、理藩院尚书的隆科多,倚仗拥立世宗的特殊地位,旁若无人,公然结党营私,也相继遭到严惩。同时,把田文镜、鄂尔泰等封疆大吏树为楷模,以澄清吏治。对历年的钱粮亏空和积欠这个老大难问题,大刀阔斧严追不休,查出从康熙五十一年(1712年)至雍正四年(1726年)积欠税收一千多万两(银),限时追缴。由于理财有方,雍正时期进入了清朝最富庶的阶段,国库存银达六千万两之多,为乾隆初年国库存银六七千万两至八千万两的盛况奠定了基础。

清世宗崇尚务实,以"为治之道在于务实,不尚虚名"相标榜,除了上述实政之外,摊丁入地、开豁贱籍、改土归流最为引人注目。

(一)摊丁入地

清初赋役制度基本上根据晚明的一条鞭法,征收地银、丁银两项,丁银的科派是不分等则一律按人丁摊派,弊端不少,所以顺治以来许多地方广泛采用"以田载丁"、"丁从地起"的方法。康熙五十一年(1712年)宣布"盛世滋生人丁永不加赋"政策,使丁银总数固定化,为摊丁入地提供了前所未有的条件。康熙五十五年广东率先摊丁入地,把全省丁银按各州县田亩分摊,每地银一两,均摊丁银一钱六厘四毫(0.1064两)。对全国范围摊丁入地影响最大的不是广东,而是直隶。雍正元年(1723年)直隶巡抚李维钧提出摊丁入地具体方案:直隶地银二百零三万余两,丁银四十二万余两,统为核算,把丁银均摊于地银之内,每地银一两,摊入丁银二钱七厘。直隶的先例一开,嗣后各省陆续开展了摊丁入地的进程,从雍正二年至七年,各省大体完成,山西、台湾、贵州迟至乾隆年间才开始实行摊丁入地。摊丁入地又叫作地丁合一或地丁并征,是一条鞭法的进一步发展。其总方针是一致的,但具体做法因地而异,较普遍的做法是把丁银平均摊入地银中征收,另一些地方把丁银按田地面积平均摊派,有的按全省通融均摊,有的按各州县分别均摊。由于田地多者分摊到的丁银也多,负担丁银者必有田地,无地少地农民不摊或少摊丁银,而且又在法律上宣布取消官僚豪绅优免特权,使赋役负担一元化、合理化,它显示了从一条鞭法开始的人丁负担向土地转移的发展趋势的终结。

（二）开豁贱籍

雍正五年（1727年）清世宗在给内阁的谕旨中说："朕以移风易俗为心，凡习俗相沿，不能振拔者，咸与以自新之路，如山西之乐户，浙江之惰民，皆除其贱籍，使为良民，所以厉廉耻而广风化也。近闻江南徽州府则有伴当，宁国府则有世仆，本地呼为细民，几与乐户、惰民相同……若果有之，应予开豁为良，俾得奋兴向上，免至污贱终身，累及后裔。"

这里所谓贱民原是特种人身隶属关系的产物，他们不完全具有人身自由，听凭主人支配，在法律地位上低于良人一等。世仆、伴当是一种奴仆化佃农，即所谓佃仆。徽州府、宁国府的伴当、世仆是很典型的佃仆，与其主人有明显的主仆名分。他们或由于租种主人田地，或由于借住主人房屋，或由于葬主人的坟山，或由于入赘于主人家中，或由于负债典押于主人，而成为伴当、世仆。他们不仅要为主人佃种田地，交纳地租，还得终身服役，世代相承。一些庄仆文书表明，他们要为主人看守坟墓、照管山场，在主人家冠婚丧祭及科举赴考时，要听唤应役。显然，他们在法律上属于贱民之列。

乐户、惰民是与世仆、伴当属于同一类型又有差异的贱民。

乐户又称乐籍，据俞正燮《癸巳类稿》考证，乐户古已有之，入乐籍即为倡优，其子孙世袭为业。清初所谓乐户，是指山西、陕西等地编入乐籍的贱民，从事歌舞吹打等业，"绅衿、地棍呼召，即来侑酒"。他们不得穿与良人一样的服装或持有与其身份不相称的用品。

惰民，又称堕民，列入贱籍。明清之际的惰民，是指绍兴府属各县分散居住的一种贱民，数以万计，其职业卑微，男的充当婚丧礼仪中的帮手、牙侩，女的充当发结、喜婆、送娘子等，禁止读书、缠足，不许与良人通婚，不得参加科举考试。

清世宗的谕旨宣布把上述这些贱民开豁为良，即除去贱籍成为良人，在法律上承认他们与良人具有同等地位。雍正年间先后开豁为良的贱民，还有苏州府常熟、昭文两县的丐户，浙江钱塘江上的九姓渔户，广东的疍户。

贱民开豁为良后，在法律上具有良人的地位，但在实际生活中他们的身份、地位仍受到原先贱民户籍的影响，捐纳、应试为官必须以三代清白为条件。可见人身隶属关系的消除，不是一二道法令可立时奏效的。但无论如何，雍正年间的开豁为良作为一个开端，其积极作用是不可抹杀的。

（三）改土归流

元明以来边疆地区（主要是西南地区）实行土司制度，授予原民族的首领爵禄名号，加封其为世袭官员，对该地区进行统治。明朝中叶以后，开始逐步改土归流——把土司改为中央政府委派的流官。改土归流有助于消除土司制度的落后性。土司借口向朝廷纳贡,把负担加倍摊派到人民头上,"其征之私橐不啻百数十倍,而输之仓库者,十不及一二,百不及二三"。土司苛索花样繁多,土司家婚丧、寿诞、生子、盖房、过节都要征派,当地百姓咒骂土司是"生补"、"穷补"、"嫁补"、"娶补"直到"死补"。恣意作恶称霸一方的土司,使得中央政府对该地区只能进行间接统治,所谓"虽在控驭直隶之内,不过供差发属羁縻而已,法令所不及也"。地处边隅的土司,"无事近患腹心,有事远通外国",致使西南边疆的统治十分不稳定。

清世宗为了加强对西南地区的统治,于雍正四年(1726年)任命鄂尔泰为云贵广西三省总督,进行改土归流,其理由正如他在雍正五年的一道谕旨中所说:"向来云贵川广及楚省各土司僻在边隅,肆为不法,扰害地方,剽掠行旅,且彼此互相仇杀,争夺不休,而于所辖苗疆尤复任意残害,草菅人命,罪恶多端,不可悉数。是以朕命各省督抚等悉心筹划,可否令其改土归流,各遵王化。"

在改土归流的过程中,一部分地区由于长期的历史发展增进了民族间的经济文化交流,当地土民痛恨土司制度,迫切要求改革,吁请早日改土归流,土司在外有清军威迫、内有百姓要求之下,被迫放弃土司职位,接受改流。另一部分地区,土司负隅顽抗,不愿改流,鄂尔泰以大军进剿,迫使其就范,这种地区的改土归流带有暴力的强制性,留下了政治后遗症。

从雍正四年到雍正九年,改土归流大体告一段落。湖南地区全部改土归流,其余地区还有数量不等的土司保留下来。在改流地区,设置了与中原地区同样的府、州、县及镇、协、营、汛,派驻官兵,以中央委派的流官代替世袭的土司统治,并着手改革许多落后的剥削方式及种种陋规恶习。以湖南为例,改土归流后的永顺府,把以前土司征收的"火坑钱"、"锄头钱"、"烟火钱"等项杂派私征加以禁革,而代之以与中原划一的制度,按田地肥瘠分别征收数量不等的赋税。改土归流后在西南地区开辟了若干交通要道,使各族人民交往日趋密切,先进的经济文化不断输入少数民族地区,"久荒之土,亩收数倍"。改土归流对于统一多民族国家的发展,对于西南边疆的巩固,自有其不可低估的意义。

清世宗即位后,积极推行密折制度,并定下缴批的规则。现存雍正朱批谕旨,就是这样保存下来的。臣下的密折,涉及政治、经济、文化、社会,小至天气变化、农业收成、米帛价格,而口才雄辩、笔锋锐利又精于书法的清世宗亲拆亲阅,用红笔写下意见(即朱批),发回具奏人阅后,才缴回朝廷。雍正十年(1732年)清世宗命臣僚选编其中百分之三四十,编印成书,即《雍正朱批谕旨》,成为研究雍正朝历史的基本史料。1949年日本京都大学宫崎市定发起《雍正朱批谕旨》研读会,其后主持人易为佐伯富及小野川秀美。一部书的研究持续近二十年,成果源源不断,足见其史料价值之高。

94. 八旗,议政王大臣会议,军机处

满兵入关以后,正规军队有八旗兵和绿营兵两种,称为额设制兵。八旗兵是满洲在关外原有的军队,它源于八旗制度。八旗制度是满洲早期的兵民合一的社会组织形式,建于努尔哈赤时期。其户口编制大致是这样的:每三百人编为一牛录(满语"大箭",汉语译为佐领),五牛录编为一甲喇(满语"队",汉语译为参领),五甲喇编为一固山,每个固山各有黄、白、红、蓝颜色作旗帜,因此汉语把固山译为旗。原先人少,只分四固山(旗),以后人口增多,又增加四固山,在原来旗帜周围镶一道边,即镶黄、镶白、镶红、镶蓝,合起来称为八固山,即八旗,约六万人,"出则为兵,入则为民","无事耕猎,有事征调"。每旗由一个满洲贵族管理,称为固山额真,译成汉语就是旗主,以后改称固山昂邦,意即都统。满洲入关时,满洲、蒙古、汉军各有八旗,实际已有二十四旗,习惯上仍称为八旗。编入八旗的人称为旗人或旗下人。顺治以后,八旗中的镶黄、正黄、正白三旗成为上三旗,因为皇帝原是这三旗的旗主,所以这三旗后来号称"天子自将",皇帝的警卫也由这三旗的子弟担任。其他五旗成为下五旗,不担任皇帝的警卫,只管贵族王公的事。

八旗兵入关时,人数不到十万,战斗力很强,统一全国,所向披靡。入关后,八旗有京营(禁旅)与驻防之分,京营任卫戍京师之责,以满蒙八旗为限;驻防负地方镇抚之责,与汉人分城而居,开始时仅驻于东北、直隶、山东、山西,后推广至各省。在军事重地设置将军、都统等职。将军位高权重,可监视总督、巡抚,分驻江宁、杭州、广州、荆州、成都、西安、宁夏、绥远。八旗兵大部分集中在北京城内外,约有十二万人,在各省驻防的约有十万人,合计二十二万多人。承平日久,享乐腐化,八旗子弟们游手好闲,不习武艺。顺治七年(1650年)以后,八旗满洲兵、蒙古兵战斗力下降,新旧汉军成为主力,顺治十四年清世祖公开承认"今八旗人民怠于武事,遂至军旅隳敝,不及曩时"。到了康熙十二年(1673年)三藩之乱时,八旗兵已毫无战斗力,只得仰赖绿营兵。

绿营兵是入关后改编或新招的汉军,因军旗绿色,又称绿旗兵。在北京的称巡捕营,隶属于步军统领,列汛分营,约一万人,各省有六十余万人,一省多者六七万,少者万余。有各省总督统辖的督标,巡抚统辖的抚标,提督统辖的提标,总兵统辖的镇标,将军统辖的军标等,标下设协,协下设营,营

下设汛。三藩之乱时,清朝统治者先后动员了绿营兵四十万,每遇战事都是绿营兵在前,八旗兵在后。清中叶以后,绿营兵也不堪战斗,不得不依靠各地的乡勇、团练。

清初,中央政府机构仿照明朝制度,设置内阁、六部、都察院。内阁由中和殿、保和殿、文华殿、武英殿、文渊阁、东阁的殿阁大学士组成,殿阁大学士满汉各二员,协办大学士满汉各一员,它是最高行政机构,其职能主要是对各级衙门的奏章草拟处理意见供皇帝裁决,即所谓"票拟"。雍正初年军机处成立后,内阁成为虚设机构,有名无实。吏、户、礼、兵、刑、工六部各设尚书满汉各一员,左右侍郎满汉各一员,意在满汉官互相牵制,其职权比明朝大为削弱,无权决定大政方针,只限于办理具体事务。都察院设左都御史满汉各一员,左副都御史满汉各二员,右都御史、右副都御史由外省总督、巡抚兼任。其职权也较明朝逊色,已无封驳诏令、巡按各省之权,仅限于稽查官府、纠察有司而已。大理寺设卿,满汉各一员,少卿满汉各一员,复审刑部重大疑案,与刑部、都察院合称三法司。此外还有理藩院(掌蒙古、西藏、新疆等地民族事务)、通政使司(掌内外奏章提送)、国子监(太学)、钦天监(掌天文历法),以及管理皇室事务的太常寺、光禄寺、鸿胪寺、詹事府、宗人府等。以上机构大抵与明朝相仿,所不同的是废除了明朝宦官的二十四衙门,设立内务府,由王公贵族为总管大臣来管理宫廷事务,由上三旗的包衣(家奴)承担宫内各项差役。

但是有关军国大事的决策权,由凌驾于内阁之上的议政王大臣会议操纵。议政王大臣会议,也称国议,全由统率八旗的满洲王公贵族组成,他们掌握兵权,经过他们研究决定的事,称议政王大臣决议,对皇帝也有约束力,内阁只是一个执行议政大臣决议的办事机构而已。这种体制很容易滋生议政王大臣擅权跋扈的倾向。

清世祖福临入关时年仅六岁,由郑亲王济尔哈朗、睿亲王多尔衮辅政。多尔衮运筹帷幄,统一全国,功高权重,被尊称为"皇父摄政王",决定大政方针,议政王大臣会议听其摆布。郑天挺《多尔衮称皇父之由来》认为,"皇父"非伦常之通称,满洲旧俗之亲贵爵禄,无其他不可告人之隐晦原因。顺治七年(1650年)多尔衮病逝,世祖亲政,皇权有所提高,议政王大臣会议的权力也有所扩大。顺治十八年(1661年)二十四岁的清世祖去世,民间传说,世祖痛悼董贵妃之死,前往五台山清凉寺出家,其子清圣祖五次去五台山寻访。这些毕竟是传说,不足凭信。清世祖对于多尔衮的独裁摄政十分恼怒,临死前留下遗诏,由四名元老重臣来辅佐清圣祖玄烨,国家大权操纵在辅政的索尼、苏克萨哈、遏必隆、鳌拜四名议政王大臣手中。鳌拜与遏必隆联手对付苏克萨哈,而索尼采取折中态度。康熙六年(1667年),索尼病死,鳌拜与苏克萨哈极端对立,发展到后来,鳌拜诬告苏克萨哈"怨望不欲归政",以二十四条大罪迫使皇帝下令处死了苏克萨哈。鳌拜终于大权独揽,擅作威福,党比营私,根本不把皇帝放在眼里。

康熙八年(1669年),十八岁的清圣祖初露雄才大略,果断地逮捕了鳌拜,以三十条罪状判处他死刑,鉴于他的武功减为终身禁锢,把鳌拜的党羽一网打尽。清圣祖在剪除鳌拜时依靠了内大臣索额图,索额图及其党羽因而得势,于是又出现了索额图擅权的局面,以后又出现了明珠擅权的局面。这使清圣祖深感有必要采取措施削弱议政王大臣的权力,加强皇权,于是他在康熙十六年(1677年)设立南书房,选择才品兼优的汉人官僚作为词臣,替皇帝起草谕旨、批答奏章,议政王大臣会议的权力受到削弱。据朱金甫的研究,南书房的职责主要是在皇帝退朝之后陪侍皇帝讲读经史、论古谈今,或从事文字翰墨方面的研讨,对康熙时期南书房的政治作用及其历史地位不宜估计过高。

清世宗即位,继续削弱议政王大臣会议的权力。首先,为了确保"天无二日,民无二主",使旗人只知有皇帝不知有旗主,削弱八旗旗主的权力,并对他们进行监督。康熙末年清圣祖派诸皇子管理八旗事务,清世宗继承这一做法,明令管理旗务的亲王、郡王为都统,把八旗的军政大权控制在皇帝手中。其次,为了打击议政王大臣恃权跋扈的气焰,清世宗在宫内建立军机房。军机房是南书房的进一步发展,选择亲信满汉大臣参与机务,处理军机大事。以后又把军机房扩大为军机处,直接听从皇帝指挥,总揽全国军政大权,成为最高决策机构。军机处由军机大臣和军机章京若干人组成。军机大臣由皇帝在满汉大学士、尚书、侍郎中挑选;军机章京从内阁和各衙门中考选。开始时,军机大臣负责起草诏令,后来改为专由军机章京承办。军机处拟好的诏令,不经过内阁直接发往各地,称为"廷寄",直接交中央各部院的称为"交片"。地方奏折也不再经过内阁直接送军机处,由军机处议复。军机处的设立,标志皇权的进一步强化。钱穆《国史大纲》说:军机处并无特出之首长,亦无权向各部及各省直接发布命令。军机处不过是清皇室的御用机关,不得目之为政府中之最高枢机。清世宗死,子弘历继位,即清高宗(乾隆帝),再无辅政大臣的擅权僭越的威胁。乾隆五十六年(1791年)清高宗为了彻底消除八旗旗主干政之权,下令取消了议政王大臣会议。

地方行政机构基本上也沿袭明制,设省、道、府(州)、县四级。全国分十八个省和五个特别行政区,十八省是直隶、河南、山东、山西、陕西、甘肃、四川、贵州、云南、广西、广东、福建、江西、浙江、江苏、安徽、湖南、湖北;五个称为藩部的特别行政区是内蒙古、青海蒙古、喀尔喀蒙古、西藏、新疆。省的最高行政长官是总督或巡抚，总督、巡抚在明朝是中央临时派往地方的差遣官，清朝成为常驻各省的最高军政长官。总督一般统辖两个以上省的军政和民政，也有单辖一省的(如直隶、四川)；而巡抚一般只统辖一省。总督、巡抚并无上下统属关系，直接向皇帝负责，有着权力制衡作用。总督、巡抚均为独任，辅佐人员有参与机要的幕友，及承办具体事务的六房书吏。各省都设承宣布政使司(藩司)，管一省钱粮；提刑按察使司(臬司)，管刑名按察。

道的长官是道员，府的长官是知府，县的长官是知县。道下设直隶厅、州，与府平级；府下设的厅、州，与县平级。京师所在地顺天府、盛京所在地奉天府，与省平级。

盛京是清朝的发祥地，定都北京后，盛京作为留都设内大臣一员、副都统二员，统辖东北地区。顺治三年(1646 年)改盛京总管为盛京昂邦章京，康熙元年(1662 年)又改为镇守辽东等处将军。在此期间，又增设宁古塔昂邦章京，统辖吉林、黑龙江地区，后改为宁古塔将军。

95. 多民族国家的巩固与发展

(一) 台湾的回归

万历十八年(1590 年)葡萄牙商船经过台湾海峡，见台湾山川秀丽，便把它称为"福尔摩萨"(Formosa)，这是西方人知道台湾的开始。天启四年(1624 年)荷兰殖民者侵入台湾。不久在那里建立了一个驻点——赤崁城。由于晚明民变蜂起，避难迁往台湾的人日渐增多。

明末侨寓日本的走私贸易商人首领李旦死后，众推郑芝龙为首。郑芝龙率百余艘商船往返于长崎、马尼拉、澳门间，从事长途贸易，并拥有自己的武装力量，成为当时中国东南沿海的海上霸主。由于他会讲葡萄牙语，充任西方商人的代理人，在西方史籍中被称为尼古拉·一官(Nicolas Iquan)。崇祯元年(1628 年)郑芝龙接受福建巡抚熊文灿招抚，当然这种"招抚"实际上是熊文灿向朝廷邀功的幌子，有名无实。郑芝龙鉴于福建大旱，向熊文灿建议，迁移饥民去台湾垦荒，渐渐在台湾形成了一些移民城镇。

郑成功(1624—1662 年)，福建南安人，是郑芝龙在日本平户与日本女子所生，幼名福松，七岁时随父回归故乡福建。南明唐王赐姓朱，更名成功，授予总统使、招讨大将军，时人尊称为"国姓爷"。顺治三年(1646 年)因阻止父亲郑芝龙降清无效，于十二月起兵抗清。顺治十六年(1659 年)为了牵制清军向云南桂王政权的进攻，联合舟山的张煌言，举兵北伐，一直打到南京城下。兵败后退回福建沿海,为持久抗清,顺治十八年郑成功派其子郑经留守厦门,自己率军数万,经澎湖,在台湾禾港寮登陆,围攻荷兰总督所在地赤崁城,击溃从巴达维亚派出的援军,并郑重宣布:"土地为我国所故有,当还我。"并于次年(康熙元年)二月一日迫使荷兰总督揆一投降。郑成功收复台湾后,设置承天府,下辖天兴、万年两县,组织政府,制定法律,课耕积谷,招徕移民,收容抗清人士,又派兵守金门、厦门,形成掎角之势。郑成功死后,其子郑经继续坚持抗清斗争。

清政府下令"迁界"、"禁海",从山东到广东沿海居民一律后撤三十至五十里,界外的房屋、城堡全部拆除,形成沿海无人地带,严禁人民擅自进入禁区,不许商民船只下海,违者处死。此后政府又派靖南王耿继茂、总督李率泰前往台湾招降,郑经提出要像琉球、朝鲜那样,清朝不派军队登岸,不剃发,不易衣冠,不受清朝制约,相对独立,结果招降不成。南明桂工政权被消灭后,郑经仍用永历年号,已由支持南明转化为地方割据。

康熙十三年(1674 年)三藩之乱爆发,响应吴三桂叛乱的耿精忠割据福建,向郑经求援,答应以漳、泉两府为酬,郑经派军队渡海而来,与耿氏集团合攻广东。后耿精忠违约,郑经请割漳、泉两府不得,用兵攻取。耿精忠兵败后,与清军合攻郑氏集团,郑经退守台湾。康熙二十年(1681 年)郑经死,郑氏集团内讧。清朝抓住时机,发兵出征台湾。康熙二十二年郑经次子郑克塽投降。清朝统一台湾后,在此设台湾府,由福建管辖,台湾府下设台湾、凤山、诸罗三县,设总兵一员、水师副将一员、陆师参将二员。

(二) 遏制沙俄扩张的尼布楚条约

16 世纪下半叶,沙皇俄国越过乌拉尔山向西伯利亚扩张,17 世纪中叶,进入黑龙江流域。1632 年俄国人第一次听说阿穆尔河(黑龙江)的存在。黑龙江满语为萨哈连乌拉,达斡尔语为卡拉穆尔,意即黑河。俄国人最初在黑龙江两岸碰到的是达斡尔人,从他们那里知道了这个称呼,因而把黑龙江称为阿穆尔河。

首先入侵黑龙江流域的是由俄国雅库次克行政长官派出的波雅科夫一行,他们越过外兴安岭,到达黑龙江口。波雅科夫回去后向莫斯科报告,只要三百人的武装就足以征服这个地区。

第二个入侵的是哈巴罗夫。这个西伯利亚富商向雅库次克行政长官提出,愿意自费招募一百五十名武装哥萨克,承担窥探黑龙江的使命,并使当地居民向沙皇缴纳贡赋。

清朝军队与当地人民多次抗击俄国入侵者:顺治九年(1652 年)乌札拉村之战,顺治十二年呼玛尔之战,顺治十五年松花江之战,其中以康熙二十四年(1685年)、二十五年两次雅克萨之战的规模最大。雅克萨是俄国入侵者在黑龙江边建筑的堡垒,经过清军的两次打击,迫使俄国同意谈判。

清方谈判代表为领侍卫内大臣索额图、都统一等公佟国纲,清圣祖在他们行前指示:尼布楚、雅克萨、黑龙江上下,及通此江之一河一溪,皆我所属之地,不可少弃之于俄罗斯;与之划定疆界,准其通使贸易;否则,尔等即还,不便更与彼议和。清朝代表与俄国代表在尼布楚河与黑龙江汇合处的尼布楚城进行。康熙二十八年七月二十四日(1689年9月7日)签订了尼布楚条约,确定了中俄两国东段边界的走向:西南沿额尔古纳河、石勒喀河、格尔必齐河为界,北面以外兴安岭为界,东面乌第河以南、外兴安岭以北为待议地区。

沙皇政府对条约是满意的,因为它不仅划定了俄国的东西伯利亚新疆界,同时还取得了与中国通商的权利。俄国首席代表柯罗文回国后被封为大贵族,受到沙皇接见与嘉奖,以后还被提升为总理外交事务大臣、海军大将。对于清朝政府而言,条约的签订使北方东段边界获得了一百多年的和平,在边界线上刻石立碑,每年五月、六月由齐齐哈尔、墨尔根、瑷珲派出边防军,分三路前往格尔必齐、额尔古纳、墨里勒克、楚尔海图等地进行巡查。清朝的瑷珲将军(黑龙江将军)、宁古塔将军(吉林将军)负责管辖黑龙江两岸直至库页岛的广大地区。

(三) 平定准噶尔部与统一回部

明末,蒙古分为漠南蒙古、漠北喀尔喀蒙古、漠西厄鲁特蒙古三大部。清初,漠南蒙古、漠北喀尔喀蒙古全归顺清朝。

漠西厄鲁特蒙古,元朝时称卫拉特蒙古,明朝时称瓦剌蒙古,据有阿尔泰山以西、天山以北,直至巴尔喀什湖东岸。它分为四部:和硕特部(乌鲁木齐附近)、准噶尔部(伊犁附近)、杜尔伯特部(额尔齐斯河流域)、土尔扈特部(塔尔巴哈台附近)。清初,准噶尔部渐强,准噶尔汗噶尔丹(曾在西藏做喇嘛)于康熙十六年(1677年)统一了四部,之后又越过天山,统一了回部,天山南北全归噶尔丹控制。他为了进一步控制漠北喀尔喀蒙古,发动了战争,在占领漠北后又进兵漠南。康熙二十九年(1690年)噶尔丹在俄国支持下率兵两万余,以追喀尔喀为名攻入漠南蒙古乌珠穆沁一带,又乘势渡过西拉木伦河,兵锋抵达乌兰布通(赤峰附近)。

这一动向引起清圣祖的密切关注,为了维护国家统一,他在康熙二十九年、三十五年、三十六年三次率军亲征,取得乌兰布通、昭莫多战役的大胜。俄国看到形势逆转,拒绝了噶尔丹提出的建立军事同盟的建议。走投无路的噶尔丹在清军围困下,于康熙三十六年(1697年)三月服毒自杀。

噶尔丹死后,其侄策妄阿拉布坦继承准噶尔汗,与清朝对抗,一度控制了西藏、青海、喀尔喀。经过雍正时期的连年征战,继之以乾隆初年的征战,准噶尔在西藏、青海、喀尔喀的势力已陆续肃清。乾隆二十年(1755年)清朝军队攻占了准噶尔部的根据地伊犁,两年后,准噶尔部的叛乱终于平定。清朝随即在新疆天山北路派驻伊犁将军、乌鲁木齐都统、塔尔巴哈台参赞大臣,又在外蒙古、唐努乌梁海设乌里雅苏台副将军、科布多参赞大臣。

新疆天山南路信仰回教的维吾尔族居住区,当时称为回部,清朝平定准噶尔部后,原来被准部俘虏的大小和卓木返归回部,举兵反清。乾隆二十三年(1758年)清朝军队进入回部,于乾隆二十五年统一了天山南路的回部,随即在喀什噶尔设置参赞大臣,统属于伊犁将军。

(四) 加强对西藏的治理

顺治九年(1652年)达赖五世到北京朝见清世祖,被封为西天大善自在佛领天下释教普通瓦赤喇怛喇达赖喇嘛。康熙二十一年(1682年)达赖五世逝世,领主第巴桑结大权独揽,支持准噶尔汗噶尔丹向喀尔喀进攻,阻挠清军进攻噶尔丹。

平定准噶尔部后,桑结阴谋败露,遭到清廷斥责。桑结不得不拥立达赖六世。藏王拉藏汗反对桑结擅权,桑结杀拉藏汗不成,又想驱逐拉藏汗。康熙四十四年(1705年)拉藏汗杀桑结。康熙五十六年准噶尔汗策妄阿拉布坦派军队入侵西藏,拉藏汗向清廷告急,清朝派安西将军率兵援救,全军覆没。康熙五十九年(1720年)清军击败准噶尔军队,清廷敕封达赖七世,并护送入藏,任命康济鼐为藏王,共同治理西藏。

雍正四年(1726年)清廷议定在西藏设置驻扎大臣,直接监督西藏政务。次年,大学士僧格、副都统马拉以首任驻藏大臣身份奉命赴藏,加强中央对西藏的治理。

乾隆十五年(1750年)驻藏大臣副统傅清、左都御史拉布敦被杀,清廷命四川总督策楞、提督岳钟琪率兵平叛。随后改革西藏政治与宗教制度,提高驻藏大臣地位,确定达赖喇嘛为宗教首领兼政治首领,受命于中央,废除藏王制度,实行驻藏大臣、达赖、班禅"互参制",达赖管理康(喀木)、卫(前藏)两地,班禅管理藏(后藏)、阿里两地。乾隆五十七年(1792年)清军击退英国指使的廓尔喀侵略军,驻藏大臣的权力进一步加强。此后实行金瓶掣签制,解决大农奴主操纵达赖、班禅的转世问题,要在驻藏大臣监督下当众抽签认定。

清朝把统一的多民族国家发展到一个新阶段,奠定了汉唐盛世都难以比拟的疆域,功不可没。

96."夕阳无限好"
——康雍乾盛世

　　康熙、雍正、乾隆时代国内的相对和平,刺激了社会经济的大发展,明清之际改朝换代的动乱时期陷于停滞的农业、手工业、商业,在新的社会安定的环境下获得了大规模、高速度的发展。

　　农业生产内部结构的变化呈现出引人注目的态势。南方各省实行水稻双季种植,一年三熟(稻、稻、麦),大幅度地提高了土地利用率及单位面积产量。一般地方稻米亩产两三石已很寻常,南方某些高产地区亩产可达五六石或六七石。明中叶以来出现的"湖广熟,天下足"的格局,到这一时期显得更加明朗化了。高产粮食作物番薯、玉米的引进与推广,在这一时期已大见成效。番薯于1576年传入中国后,首先种植于云南,稍后传入福建,成为粮食不足的东南地区农民的一种主食。1742年以前主要在南方传播,以后才传向北方。乾隆时期推广番薯种植很有成效,嘉庆以后又继续推广,使它成为主要的粮食作物之一。玉米于1531年传入中国的西南及东南地区,18世纪末及19世纪初,成为西南山区的主要作物。东南移民流入川陕豫鄂山区时,把它推广种植到那里,使这一地区玉米获得意料不到的高产。嘉庆时严如煜《三省边防备览》说:"近日,遍山漫谷皆包谷(即玉米),包谷高至一丈许,一株常二三包,上收之岁一包结实千粒,中岁每包亦五六百粒,种一收千,其利甚大。"不仅迅速开发了这里未曾开发的大片山地,而且为源源涌来的移民提供了口粮。

　　另一方面,农业经济作物种植面积也有明显增加,桑、茶、棉、甘蔗、蓝靛、烟草都成为当时极重要的商品化的农作物。原来很少种植经济作物的地区,受商品化趋势的影响,也普遍种植经济作物,例如河北的冀州、赵州、深州、定州"栽培棉花者占十之八九";又如烟草由菲律宾传入后最初种植于福建,康熙时已传到湖广、广东、直隶、河南、陕西等地。由于商品作物栽培的日趋专业化,引起了对主要粮食作物不断增长的需求,形成了一个庞大的粮食销售网络:由湖南、湖北、四川、江西、安徽运销至江苏、浙江;由台湾、浙江运销至福建;由湖南、湖北、江西运销至广东。从总体上看,依然可以概括为"湖广熟、天下足",于是湖南的湘潭、湖北的汉口,形成了兴旺的米市,成为商品粮的集散中心。湘潭是湖南内部米粮最大集散地,据乾隆《湘潭县志》说:"湖南米谷,自衡州而下,多聚于湘潭。大约视湖北、江南之时价为低昂。"湖南所产米粮集中于湘潭,再由湘潭转运汉口,沿江而下。汉口为湖南、湖北、四川米粮的最大交易市场,据赵申乔《自治官书》所载康熙四十八年(1709年)九月的一个奏折说:"湖南相距江浙甚远,本处所产之米,运下江浙者多,或在汉口地方出售,或转卖与江浙贸易之人……且江浙买米商贩多在汉口购买,而直抵湖南者无几,是湖北转运江浙之米,即系湖南下汉口之米。"《雍正朱批谕旨》中,无论封疆大吏的密折,还是清世宗的朱批,都不约而同地探讨"江浙仰给于湖广"的问题。浙江巡抚程元章说:"杭嘉湖三府属地,地窄人稠,民间以育蚕为主,田地大半植桑,岁产米谷,除办漕外,即丰收之年尚不敷民食,向藉外江商贩接济。"乾隆十三年(1748年)清高宗的上谕也说:"浙西一带地方所产之

清中叶的苏州盛况

米,不足供本地食米之半,全藉江西、湖广客贩米船,由苏州一路接济。"

湖广、四川、江西的商品粮沿长江东下折入运河南下,在长江三角洲最理想的集散地当然是当时全国首屈一指的经济中心地苏州,于是形成了以苏州为中心的米市,其中最主要的便是苏州阊门西七里的枫桥米市。枫桥米市再转运长安镇米市,向浙江各地转销,或经由上海县、乍浦镇运往福建。据全汉昇《清朝中叶苏州的米粮贸易》推算,仅雍正十二年(1734年)一年中,自湖广运往江浙的食米,为1000万石左右,于此可见一斑。据吴承明《中国资本主义的萌芽》估计,鸦片战争前全国的商品粮达245亿斤,按每石150斤计,合16333.3万石,值银16333.3万两。从中可以窥知粮食商品化的程度以及米粮贸易的盛况,而这种盛况是历史上前所未见的。

康熙、雍正、乾隆时期，作为农村副业的纺纱、织布与养蚕、缫丝、织绸，都比明朝有所推广，除了知名的长江三角洲地区外，四川、福建、山东、湖南、广东等地也正在迅速发展。南京、佛山、广州等地的丝织业，已可以与苏州、杭州相媲美，乾隆时南京城内已有织机三万台，产量相当可观。雍正时从杭州迁至广州北郊的丝织业，所产纱绫号称"甲于天下"，"金陵、苏、杭皆不及"。

值得注意的是，松江、苏州一带生产的优质棉布"衣被天下"的情况较前更胜一筹。松江人钦氏的《松问》说："冀北巨商，挟资千亿，岱陇东西，海关内外，券驴市马，日夜奔驰，驱车冻河，泛舸长江，风餐水宿，达于苏常。标号监庄，非松不办。"据钦氏估计，"松之为郡，售布于秋，日十五万焉"，松江棉布每天的销售量达 15 万匹，一个秋季（三个月）的销售量达 1350 万匹。无锡号称"布码头"，由这里销往江北淮扬高宝一带的棉布也相当可观，《锡金识小录》说："一岁交易，不下数十百万。"据吴承明《中国资本主义的萌芽》估计，鸦片战争前国产棉布的商品量为 31517.7 万匹，值银 9455.3 万两。

这种农家生产的"土布"还成为外贸的重要商品。早在 18 世纪 30 年代，东印度公司已经开始运销"南京棉布"。所谓"南京棉布"是当时洋人对上海及其附近地区所产棉布的通称，正如一个在上海附近考察的英国植物学家所说："在上海附近种植的棉花，名曰南京棉花，用它纺织成的棉布，叫做南京棉布。"这些棉布大抵是经上海港运往广州出口的，与其称为南京棉布，不如称为上海棉布或松江棉布更为合适。18 世纪 30 年代，中国的手工织造的棉布（即所谓土布）首次由东印度公司运销英国。18 世纪 50 年代以后，西班牙、荷兰、法国、丹麦、瑞典等国也开始运销中国棉布。在北美大陆，早在美国独立前，就有中国棉布输入，到 19 世纪中叶，美国已成为中国棉布的主要买主。著名学者马士（H. B. Morse）根据东印度公司的档案，研究了 18 世纪、19 世纪欧美商船从广州输出的中国棉布的详细情况：1786 年 372020 匹，1790 年 509900 匹，1792 年 402200 匹，1793 年 426000 匹，1794 年 598000 匹，1795 年 1005000 匹，1795 年 820200 匹，1797 年 573000 匹，1798 年 2125000 匹，1799 年 1160000 匹……从 1798 年至 1833 年由广州输出的棉布共计 44622739 匹。

蚕丝一向是中国驰名世界的外贸商品，进入清代以后销售势头愈旺。据乾隆《吴江县志》说，从明嘉靖年间到清乾隆年间，丝价由每两值银二分增加到银六分至八分，增长三至四倍。这种情况与国内及国际市场对丝的需求量日益增大有密切的关系。

中国对外出口的商品，就其价值而言，一直到 1720 年为止，丝与绸都是第一位的,1720年以后茶的出口价值才跃居第一位。乾隆时丝虽然成为仅次于茶的出口商品,出口数量却与日俱增。乾隆二十四年(1759年)李侍尧在一个奏折中说:"外洋各国夷船到粤,贩运出口货物,均以丝货为重,每年贩卖湖丝并绸缎等货自二十万余斤至三十二万斤不等。统计所买丝货,一岁之中,价值七八十万两,或百余万两。至少之年,亦买丝至三十余万两之多。其货均系江浙等省商民贩运来粤,卖与各行商,转售外夷,载运回国。"

从广州出口的湖丝,每年价值白银数十万两至百余万两上下。由于有利可图,太湖周边丝绸业市镇出产的湖丝,经由商人之手源源不断外销,致使国内市场丝价日趋昂贵,刺激了农民从事湖丝生产的积极性,出现了湖丝的黄金时代。乾隆二十四年李兆鹏在奏折中指出:"近年以来,南北丝货腾贵,价值较往岁增至数倍","民间商贩希图重利出卖,洋艘转运,多至盈千累万,以致丝价日昂"。鉴于国内市场丝价日益昂贵,政府申令限制出口。乾隆二十七年(1762年)清高宗颁发谕旨:"前因出洋丝斤过多,内地市价翔踊,是以申明限制,俾裕官民织纴。"所谓限制,其实是官样文章:"每船准其配买土丝五千斤,二蚕湖丝三千斤。"两年后便宣布弛禁。这固然是考虑到前任浙江巡抚庄有恭的申请,即体察杭、嘉、湖三府民情,以丝斤弛禁为便,其实恰恰反映了湖丝出口的经济趋势不以官方意志为转移。此后输出量与价格都在不断增长。马士对康熙、乾隆时期东印度公司购买湖丝的价格有详细记录,从中可以看出随着出口贸易的发展丝价上涨的一般趋势:1699年每担丝值银137两,1720年涨至150两,1750年涨至175两,1755年涨至190两,1759年涨至198两,1763年涨至250两,1768年涨至294两,1784年涨至310两。

湖丝集散中心南浔镇因此生意兴隆,一片繁华。南浔镇的丝行因其销售对象及经营方式不同,而有京行(庄)、广行(庄)、经行(庄)、划行(庄)、乡行(庄)等,时人有诗曰:"闾阎填噎驵侩忙,一榜大书丝经行,就中分列京广庄,毕集南粤金陵商。"温丰《南浔丝市行》说"一日贸易数万全金",蚕丝贸易的旺季是从小满到中秋,约四个半月,以每天贸易额数万两白银计,整个旺季的贸易额约为五百万两至一千万两白银之间。这一估算可以从另一资料得到证实,徐有珂说:南浔镇"湖丝极盛时,出洋十万包"。十万包丝的售价为白银一千万两左右,就是说,湖丝极盛时南浔镇出口额达白银一千万两左右,由此可见"一日贸易数万金",并非夸张之词。

以上从几个侧面勾画了康雍乾盛世的景象,社会经济的发展水平达到了前所未有的高度,但是"夕阳无限好,只是近黄昏"。乾隆晚期出现了清朝由盛转衰的转折,财政消耗是一大原因。清高宗模仿他的祖父清圣祖,多次出巡南游,每处供奉消耗银两动辄二三十万两,比乃祖多二三十倍。他还大造宫殿园林,是整个清朝建园林最大最多的皇帝,如扩建圆明园,增建长春园、万春园,其他如避暑山庄七十二所(分布于热河承德等地),连他的亲信大臣也不无嘲讽地说:"皇帝之庄真避暑,百姓乃在热河口。"乾隆在位六十年中,穷兵黩武,还自鸣得意,自夸为"十全武功"、"十全老人",消耗了大量军费,单是大小金川(四川西北部)两次战事就耗银七千万两,十全武功的代价可以想见!

清高宗宠信的大学士和珅担任军机大臣二十四年,擅权跋扈,卖官鬻爵,招权纳贿,督抚司道畏其气焰,无不奉迎拍马,于是官场从上到下糜烂不堪。著名的山东巡抚国泰贪污集团案,造成山东一省财政亏空达数十万两白银;甘肃侵粮冒赈案,牵连官吏达七十多人,其中贪污银子二万两以上被处死的就有二十二人,皇帝自己也不得不承认是"从来未有之奇贪异事"。然而这些人与和珅相比不免小巫见大巫。和珅在苏州建造陵墓,立享殿,置隧道,可以与皇陵相比,号称"和陵"。和珅姓钮祜禄氏,正红旗籍文生员,乾隆三十七年(1772年)始授三等侍卫,四十一年任户部侍郎、军机大臣、总管内务府大臣。他建立了一个由他控制的遍布全国的亲信集团,贪污腐败,敲诈勒索,无恶不作。嘉庆四年(1799年)正月初四日,太上皇(高宗弘历)驾崩,仁宗颙琰立即剥夺和珅之职,定其二十四大罪,十八日赐和珅自尽。查抄家产,共一百零九宗,计有赤金五百八十万两,生沙金二百万两,元宝银九百四十万两,当铺七十五家,银号四十二家,古玩铺十三家,土地八千余顷。据说和珅家产总计达白银二亿三千万两之多,相当于国库数年的总收入。学者们以为不可轻信,迄今仍是一个疑案。

盛世必由富、强两方面构成,富既不再,强也难存,必然成为衰世。嘉庆以后,一代不如一代。一次清仁宗(即嘉庆帝)南巡到杭州阅兵,士兵射箭"箭箭虚发",练骑术"驰马人坠地",这种不祥之兆,预示着衰世已经来临。

97. 文化专制与文字狱

明末,以东林、复社为代表的知识分子投身政治运动,抨击时政,开拓了新的学问之道。顾炎武、黄宗羲、王夫之等都是对现实具有批判精神的思想家。清初,统治者推行文化专制政策,迫使知识分子疏远政治。

顺治九年(1652年)政府宣布禁止学者创设书院、纠众结社:"各提学官督率教官诸生,著实讲求平常所学之经书义理,躬行实践,不许别创书院,集群作党,号召地方游食之徒,空谈废业。"清廷对于书院再度成为在野知识分子政治集会的场所是高度警惕的,为此又宣布禁止言论与出版自由:"说书以宋儒传注为宗,行文尚典实纯正,今后督学以《四书》《五经》《性理大全》、《蒙引存义》、《资治通鉴纲目》、《大学衍义》、《历代名臣奏议》、《文章正宗》等书,责成提调教官,课生儒诵习讲解……坊间书贾只许刊成文业有益诸书通行,严禁滥刻其他琐语淫词及一切窗艺社稿,违者从重治罪。"康熙时期继承了顺治时期的政策,康熙二年(1663年)重申顺治九年对书坊的禁令,康熙九年公布了取缔书坊的罚则规定。雍正时期再次重申取缔集会、结社,"文人纠众结社,大有关系于人心风俗……如生员监生等以文会结社聚众……该地方官立即拿究申革。远集各府州县之人,标榜社盟……照奸徒结盟律分首从定罪"。于是乎,形成了与晚明截然不同的社会风气,生员阶层的政治运动完全萎缩了、沉滞了。

思想钳制的另一方面是,提倡理学,科举考试以八股取士比前朝更加严格,旨在以功名利禄收买汉人,必令俯首帖耳。科举考试的第一级是黉(yín)试,三年举行两次,通过县考、省考(院考),即为生员(秀才),全国每次录取二万五千名;第二级是乡试,每省三年举行一次,考中第一名者为解元,其余为举人,全国每年录取一千四百名;第三级是会试,三年一次在首都举行,通过礼部考试,第一名为会元,其余为贡生;接着进行殿试(或廷试),中试的一甲三名(状元、榜眼、探花),二甲若干名,为进士出身,三甲若干名,为同进士出身,合计约二百名左右。这一场场的考试,注重的是背诵高头讲章,以及与国计民生毫不相干的八股文,那些状元、进士大都并无真才实学,更不知经世致用,其中不乏蠢材、庸才。这种做法本身就是一种文化专制。

还有更令人望而生畏的文字狱接二连三地袭来,以康熙二年(1663年)的庄廷鑨"明史狱"和康熙五十年(1711年)的戴名世"南山集狱"最为严厉。

庄廷鑨,湖州南浔人,家道殷富,稍有才学,顺治年间购得同乡朱国桢《明史稿》,请名士修改,并增补天启、崇祯及南明史事,以《明史辑略》的书名作为自己的著作出版,引起轰动。知县吴之荣告发,酿成大狱。庄廷鑨已死,仍处以"断棺戮尸"的刑罚。凡是为该书作序、校补、刻印、发售者,乃至与该书有一字一词牵连者,全部处死,先后死者七十多人,株连七百多家。

戴名世,安庆桐城人,康熙四十八年进士,任翰林院编修。此人一向关心明史尤其是南明史,广泛收集史料,编成《南山集》,把南明福王、桂王政权视为正统。都察院左都御史赵申乔告发,《南山集》用南明弘光、永历年号。戴名世因此被处死,祖孙三代直系、旁系亲属,年龄在十六岁以上的,统统处死,其他受株连的有几百人之多。

雍正时期汪景祺、查嗣庭、钱名世、曾静等,也因文字遭祸。汪景祺是年羹尧的幕僚，其所著《西征随笔》，不仅讥刺时政，而且对年羹尧大事吹捧，什么"洗刷数十年之陋习，整顿数千里之封疆"，誉之为罕见之功臣，这构成了年羹尧九十二条罪状中的一条。清世宗作为"奸党"的证据，在惩处年羹尧的同时，把汪景祺照"大不敬律"斩决。礼部侍郎查嗣庭出任江西主考官，被人告发所出试题（"维民所止"）有讥刺皇帝之意，又查出其日记中有"狂妄悖逆之语"，以侍讲钱名世获罪系"文字之祸"，清廷定他"腹诽朝政，谤讪君上"，把他关入监狱，死后遭戮尸处分，株连到亲属学生。侍讲钱名世因为写诗为年羹尧称功颂德，落个革职回籍的处分，清世宗亲书"名教罪人"匾额张挂于其宅第加以凌辱。著名的曾静一案卷入了当时最为敏感的政治尖端——世宗嗣位与诸王纷争的纠葛之中，从《大义觉迷录》看来，曾静的主要罪状是"遣其徒张熙授书于总督岳钟琪，劝其谋反，将朕躬肆为诬谤之词"，所谓"诬谤之词"是指诬世宗"谋父"、"逼母"、"弑兄"、"屠弟"之类。由曾静一案引起的吕留良案，影响更大。吕留良在著述中力倡夷夏之别，为反清复明造舆论。曾静劝岳钟琪谋反，宣扬吕留良的言论。清世宗下令把早已死去的吕留良戮尸示众，族人斩首，孙辈流放宁古塔，而曾静因悔过认罪，并公开写文章批判吕留良的"逆说"，而免罪释放。清高宗即位之初，便下令把曾静等人处死。乾隆三十二年（1767年）浙江天台人齐周华刊刻为吕留良鸣不平的文稿及其他"悖逆"著作，而遭凌迟处死，可见此案的余波一直延续了几十年，也可见乾隆时文网更加严酷。

戴名世处斩后五十多年，清高宗又因"南山集案"大兴冤狱，杀了七十一岁的举人蔡显，受牵连的达二十四人。因为蔡显刻印了自己的著作《闲闲录》，被人揭发其中有"怨望讪谤"之词。所谓"怨望讪谤"之词，是指蔡显引古人《咏紫牡丹》诗句"夺朱非正色，异种尽称王"，原意是说红牡丹是上品，紫牡丹称上品是夺了牡丹的正色，是"异种称王"。当局竟望文生义，指责蔡显

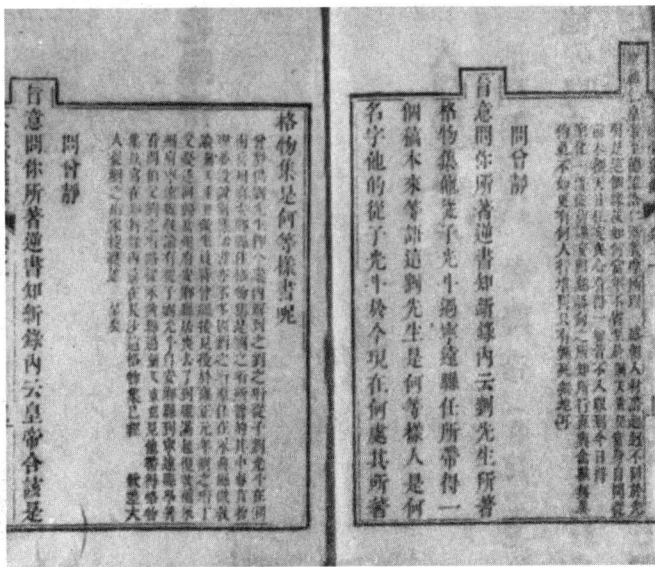

《大义觉迷录》书影

影射满人夺取朱明天下即"异种称王"。蔡显只得被迫自首,两江总督高晋、江苏巡抚明德上报皇帝,拟按大逆罪凌迟处死。清高宗看了奏折和《闲闲录》,下旨把蔡显"从宽改为斩决",同时对高晋等大加申斥,因为他们没有发现《闲闲录》中有"戴名世以《南山集》弃市,钱名世以年(羹尧)案得罪"之类大逆不道的话,是"有心隐曜其词,甘与恶逆之人为伍"。

乾隆四十二年(1777年)的"字贯案"更为离奇荒唐,也更加蛮不讲理。江西举人王锡侯编了一本字典,名曰《字贯》,删改了钦定的《康熙字典》,没有为清代皇帝名字避讳。结果不但王锡侯遭严惩,书版及书册均被销毁,而且牵连江西巡抚海成、两江总督高晋等官员,以"失察"治罪。此案的审问笔录十分滑稽,犹如一幕荒诞剧。官员问:"你身为举人,该知尊亲大义,乃于圣祖仁皇帝钦定《康熙字典》擅行辩驳,妄作《字贯》一书,甚至敢于凡例内将庙号御名排写。这是大逆不道的实迹,究竟你是何主意?据实供来!"王锡侯答:"我从前因《康熙字典》卷帙浩繁,约为《字贯》,原因便于后学。这书内将庙讳御名排写,也是要后学知道避讳,实是草野无知,后来我自知不是,就将书内应行避讳之处改换另刻了,现有书板可据,求查验……"

清高宗对文字挑剔之苛细令人防不胜防,也使那些谄媚奉承的大臣们因露骨的沽名钓誉而自讨没趣。大理寺卿尹嘉铨已经退休,乾隆四十六年(1781年)高宗巡幸五台山回京时路过保定,尹嘉铨派其子送上两本奏折,其一是皇帝曾有诗褒奖其父尹会一,请皇帝赐给谥号;其二是请求把本朝名臣范文程等与其父尹会一给予从祀孔庙的待遇。高宗大怒,下令革去尹嘉铨的顶戴、交刑部审讯,指定大学士英廉和直隶总督袁守侗负责对尹嘉铨抄家事宜,特别嘱咐要留心搜检"狂妄字迹、诗册及书信"。结果断章取义地查到其文章中有"为帝者师"字样,高宗咬文嚼字地批驳道:"尹嘉铨竟俨然以师傅自居,无论君臣大义不应如此妄语,即以学问而论,内外臣工各有公论,尹嘉铨能否为朕师傅否?"在严刑逼供之下,七十多岁的尹嘉铨叩头认罪:"只求皇上将我立置重典,以为天下后世之戒,这就是皇上的恩典。"高宗亲自作出裁决:处以绞刑,销毁其著述及有关书籍九十三种。鲁迅在《买小学大全记》中,谈到尹嘉铨之狱,议论风生:"乾隆时代的一定办法,是:凡以文字获罪者,一面拿办,一面就查抄,这并非着重他的家产,乃在查看藏书和另外的文字,如果别有'狂吠',便可以一并治罪。因为乾隆的意见,是以为既敢'狂吠',必不止于一两声,非彻底根治不可。"

据《清代文字狱档》所收录的文字狱档案,从乾隆六年(1741年)至乾隆五十三年(1788年)的四十多年中,就有文字狱五十三起,几乎遍及全国,造成一种以文招祸的恐怖气氛。清高宗由大兴文字狱进而发展到全面的禁书、焚书，开馆编纂《四库全书》的过程，就是一个禁书、焚书的过程。《四库全书》的编纂当然是一大盛举，分经史子集四大类收集三千四百五十七种、七万九千零七十卷，装订成三万六千多册，成为中国历史上最大的一部丛书，其中有内府藏本、各地藏书家的进献本、《永乐大典》的辑本，弥足珍贵。但是，四库全书馆在编书的同时承担了一项重要使命：禁书与焚书。四库全书馆从各省采进本中查出禁书，送交军机处，再由翰林院仔细审查，把"悖谬"文字逐条写成黄签贴在书眉上，或把应毁原因写成摘要，由清高宗裁定后，一并送到武英殿前的字纸炉，付之一炬。

为了禁书，首先必须征书。清高宗通过其亲信搜集江南情报，对江浙著名藏书家了如指掌，在乾隆三十八年(1773年)给两江总督高晋、江苏巡抚萨载、浙江巡抚三宝下旨，要他们对东南藏书最富之家，如昆山徐氏之传是楼、常熟钱氏之述古堂、嘉兴项氏之天籁阁、朱氏之曝书亭、杭州赵氏之小山堂、宁波范氏之天一阁征求书籍，并声明："即使将来进到时，其中或有妄诞字句，不应留以贻惑后学者，亦不过将书毁弃，转谕其家不必收存，与藏书之人并无干涉。"等到征书已全面展开，禁毁书籍的本意已无须隐晦，清高宗在乾隆三十九年诏谕各地督抚，凡在征书中发现"字义触碍者，亦当分别查出奏明，或封固进呈，请旨销毁；或在外焚弃，将书名奏闻"，而重点是明季野史、钱谦益、吕留良、屈大均、金堡等人的著作，乃至民间流行戏曲剧本诸如昆腔、石牌腔、秦腔、弋阳腔、楚腔等，都要"不动声色"地查禁。

据海宁陈乃乾《禁书总录》统计，查禁焚毁书籍中，全毁2453种，抽毁402种，销毁书版50种，销毁石刻24种。我们目前所看到的《四库全书》是付出了如此沉重的代价才保留下来的。尤其可恶的是，四库全书馆的官员奉命无端删改文字，如今所见《四库全书》中的部分著作，已非本来面目，它的文献价值是大打折扣的。《四库全书》收录3457种，销毁2453种，占十分之四；而且收录的书中，也有十分之一的字句被删改。何况它的版本选择不精，又失于校勘，为学者所诟病。叶德辉《书林清话》说："当时编检诸臣，急于成功，各韵散见之古书，既采之未尽，而其与见行刻本有异者，全不知取以校勘，甚有见行者非足本，大典中有足本，亦遂忽略检过，不得补其佚文，可知古今官修之书，潦草大都相类。"因此，曹聚仁慨乎言之："'潦草'二字，可作《四库全书》定评，用不着把这部书看得了不得的。"

98. 乾嘉学派

国学大师王国维在《观堂别集》中对清朝的学术作过透辟的分析，并概括为一句话:"国初之学大,乾嘉之学精,而道咸以降之学新。"这种博大、精深、新颖的现象与特点,与各个时期的社会背景有着密切的关系。

明末清初的社会大变动,造就了一代伟人,呼唤出众多的抱负宏大、视野宽阔的思想家,这是一个辉煌灿烂的时代。

顾炎武力挽狂澜,反对空谈,倡导实学。他处在当时的社会剧变中,对地理沿革、文字音韵等各类有用的学问给予极大的关注,并把它运用到儒家经典的解释中。在治学方法上,他提倡实事求是,无征不信,成为后世朴学的始祖。但他比乾嘉学派高明,搞综合学问,以博大为特色,并不钻牛角尖;乾嘉学派不敢过问政治,他大胆地从现实政治出发研究学问,求学是为了经世致用。

黄宗羲投身政治洪流,抨击专制政治,倡导民主思想。其父遭阉党迫害死于狱中,在父亲影响下,研究学问的同时,关注时政,明末领衔签署《留都防乱公揭》。明亡后,撰写明史,总结历史经验。他的最大贡献是民主思想,在政治上,处理君臣关系与君民关系时,以天下为主,以人民为主;在学术上,提倡学术自由,"是非决于学校",提倡百家争鸣,"殊途百虑",反对依样画葫芦。他撰写《留书》《明夷待访录》,是为了探讨当时社会的"治乱之故",涉及传统的政治经济体制,表现出相当程度的否定性倾向。

王夫之抗清失败后隐居著书,清算传统文化与思想,成为古代哲学的集大成者,从各种角度批判王守仁与朱熹,在理与气的关系上,强调气(器),"天下唯器";在知与行的关系上,强调行,反对知行合一、以知代行的观点。

这就是王国维所说"国初之学大",它与乾嘉学派的区别,一言以蔽之,一为经世之学,一为逃世之学,这种差别是时代、社会造成的。康、雍、乾时期的文化专制与文字狱,那些论时事、讲历史的人,一旦被认为有碍统治,不是杀,就是流放,其著述被视为悖逆之论,一律严禁、

顾炎武像

销毁。这使一般读书人、学者不敢议论时政,或故意远离现实,超脱于时政,埋头于故纸堆,沉潜于为学问而学问。另一方面,这一时期的统治者大力提倡汉学,也是促使乾嘉学派形成的原因。清圣祖曾对讲官张玉书说:"终日讲理学,而所行之事全与其背谬,岂可谓之理学? 若口虽不讲,而行事皆与道理吻合,此即真理学也。"又说:"凡所贵道学者,必在身体力行,见诸实事,非徒托之空言。"清高宗惩处尹嘉铨这个专门讲求义理性命的理学名臣时,

善体上意的大学士三宝奉命审讯尹嘉铨,专门以其丑行揭露理学家的假面具(如逼良家女子为妾等)。此举显然是警告那些理学家不要沽名钓誉。理学家在康熙时似乎尚有点吃得开,到乾隆时只得偃旗息鼓了。代之而起的是汉学,即汉儒注经的章句之学,亦即朴学、考据学。在学术源流上,乾嘉学派得益于朴学的奠基者顾炎武,以及先驱者阎若璩、胡渭,有着历史的传承。

乾嘉之学精,精就精在"沉潜诸经"这点上。梁启超《清代学术概论》说乾嘉学派的研究范围,以"经学为中心,而衍及小学,音韵,史学,天算,水地,典章制度,金石,校勘,辑逸,等等;而引证取材,多极于两汉",以"无征不信"为治学的根本准则,强调"通经有家法","墨守汉人家法,定从一师而不敢他徙",甚至不敢以经驳经。

乾嘉学派分为吴派与皖派。

吴派的创始人惠栋(1705—1758年),苏州吴县人,字定宇,号松崖,人称小红豆先生。师承祖父惠周惕、父亲惠士奇之学,搜集汉儒经说、各家野史,加以编辑考订,以详博见称于世,是吴派经学奠基人。他与周围的学者研究经学从古文字入手,重视声韵训诂,即从识字审音而通训诂,再由训诂而求义理。他们的另一特点是唯汉是从,其出发点本是针对宋儒对经典的任意穿凿附会,矫枉过正,走向极端,成为"凡古必真,凡汉皆好"的盲目信奉者。惠栋的代表作《九经古义》《古文尚书考》《周易述》《明堂大道录》等,陷于为考证而考证,为经学而经学的怪圈之中。然而却得到清高宗的青睐,大力提倡,要大臣保荐经术之士,刊印《十三经注疏》,汉学由此而声望大著。

吴派学者成就突出的还有沈彤、江声、王鸣盛、钱大昕等。沈彤(1688—1752年),苏州吴江人,通经学,尤精三礼,著有《周官禄田考》《仪礼小疏》《春秋左传小疏》等。江声(1721—1799年),苏州元和(今吴县)人,宗汉儒经说,精研古训及《说文解字》,著有《尚书集注音疏》《六书浅说》等。王鸣盛(1722—1797年),苏州嘉定人,主张"训诂必以汉儒为宗","治经断不敢驳经","墨守汉人家法",著有《尚书后案》《十七史商榷》《蛾术编》等。钱大昕(1728—1804年),苏州嘉定人,王鸣盛妹婿,精通训诂、词章、金石、天文、历算、历史,曾参与编写《续文献通考》《续通志》等书,著有《廿二史考异》《十驾斋养新录》等。

皖派的创始人戴震(1723—1777年),徽州休宁人,字东原,青年时求学于江永。乾隆二十年(1755年)到北京,结识名士纪昀、朱筠、王鸣盛、钱大昕等,入四库全书馆任纂修,校订《大戴礼记》《水经注》。他强调义理之学,把训诂考证与义理结合起来,因此其考证、注释经典的广度与深度都超过了同时期的学者,汪中说:"戴氏出而集其成。"他对经学、训诂、音韵、天文、历算、地理都有精深研究,反对师法汉儒,主张学宗原经,著有《孟子字义疏证》、《毛郑诗考证》、《声韵考》、《方言疏证》等。他的《孟子字义疏证》反映出考证研究对义理思想的冲击,其理论冲击力表现在以《孟子》为批评武器,向当时的正统学说挑战:"尊者以理责卑,长者以理责幼,贵者以理责贱,虽失,谓之顺。卑者、幼者、贱者以理争之,虽得,谓之逆……人死于法,犹有怜之者;死于理,其谁怜之。"因为这种关系,美国学者艾尔曼(B. A. Elman)在《从理学到朴学》中把戴震的社会批判定位为"从考证回归义理",而感叹于"戴震的社会批判学说的惊人影响为西方汉学界长期忽略"。

戴震与《孟子字义疏证》

皖派学者成就最为突出的还有段玉裁、王念孙、王引之等。段玉裁(1735—1815年),镇江金坛人,师事戴震,尤精小学、考据、经学、音韵,积数十年之精力,注释《说文解字》,王念孙在为《说文解字注》所写的序言中,称赞段注是"千七百年来无此作"。段玉裁另外还著有《诗经小学》、《古文尚书撰异》、《六书音韵表》等。王念孙(1744—1832年),扬州高邮人,师从戴震,擅长文字、音韵、考据,著有《广雅疏证》、《读书杂志》、《古韵谱》等。王引之(1766—1834年),扬州高邮人,继承其父念孙,研究音韵训诂学,世称高邮王氏父子之学,著有《经传释词》、《经义述闻》、《字典考证》等。章太炎说:"高邮王氏,以其绝学,释姬汉古书,冰解壤分,无所凝滞,信哉千五百年未有其人也。"

乾嘉时代知名学者多达六十余人,名家辈出,成绩卓著。除上述各项学术领域之外,校勘与辑佚古籍也引人注目,《盐铁论》、《白虎通义》、《华阳国志》、《水经注》的整理,从《永乐大典》、《艺文类聚》、《太平御览》、《初学记》中辑出《世本》、《竹书纪年》、《八家后汉书》、《十家晋书》等,都是颇显功力之作。

乾嘉汉学兴盛,考据风行,不免繁琐细碎,舍本求末,但其"实事求是,无征不信"的学风是值得称道的,晚明以来治学空疏之风一扫而尽,把学者穿凿附会、主观臆断的浮夸学风转变为朴实严谨的学风是乾嘉派的最大贡献。

嘉庆以降统治者对思想的统制有所放松,于是后生新进顾忌稍减,赵翼《皇朝武功纪盛》、严如煜《三省边防备览》、《苗防备览》等都是涉及当代政治事务之作,学者们开始由为学问而学问转向经世致用。至道光朝,由盛转衰已十分明显,政治问题接踵而来,无法回避,尤其是盐、漕、河三事成为关注焦点。贺长龄编《皇朝经世文编》,仿《明经世文编》体例,表明学问力图向经世致用方向转变。外来扩张势力敲打中国的大门,知识分子急欲开眼看世界,了解外国,何秋涛撰《朔方备乘》,林则徐译各国图志,徐继畲译《瀛寰志略》,一改乾嘉学者的钻故纸堆风气。

究其原因,嘉道间社会危机加深,人们深深地感受到"日之将夕,悲风骤至"的衰世已经降临,一些敏感的知识分子首先冲破汉学脱离实际的樊篱及繁琐考证的枷锁,面向现实,力图挽狂澜于既倒。章学诚、龚自珍、魏源便成为其中的佼佼者。章学诚(1738—1801年),绍兴会稽人,曾为湖广总督毕沅幕僚,助纂《续资治通鉴》。一生从事学术研究,精心编纂多部地方志,他提倡"六经皆史",孔子并非集大成者,在汉学盛行的时代,唱出了反潮流的声音,反对脱离现实、复古倒退。他认为学术应"持世而救偏",反对汉学家"趋时而好名,徇末而不知本"的倾向,主张学问应"计其实用"。龚自珍(1792—1841年),杭州仁和人,曾从外祖父段玉裁学习古文字学,又从刘逢禄学《春秋公羊传》,是嘉道间今文经学的重要代表人物,主张通经致用,反对脱离实际的繁琐考证和空谈心性的宋明理学。他反对汉学倡导的脱离社会现实、埋头考据的学风,主张继承汉朝今文经学家"微言大义"、"讥切时政"的学风,提倡经世致用。他希望形成朝廷"更法"、"改图",知识界"慷慨论天下事"的新风气。魏源(1794—1857年),湖南邵阳人,师从刘逢禄,是与龚自珍齐名的今文经学家,曾受聘于江苏布政使贺长龄,编《皇朝经世文编》,并协助江苏巡抚陶澍从事漕运、水利方面的改革。他认为汉学只知训诂音韵,不知朝章国故为何物,不知漕、盐、河、兵得失何在,过于迂阔陈腐,以致"锢天下聪明智慧使尽出于无用之途"。他写《圣武记》,以盛世武功激励人心;他受林则徐嘱托编《海国图志》,向国人介绍世界,打开眼界。这就是王国维所说"道咸以降之学新"。

99. 从海禁到闭关

清朝的对海外贸易的政策,大体上可以划分为三个阶段:第一阶段是海禁时期(1644—1683年),第二阶段是多口通商时期(1684—1756年),第三阶段是广州贸易时期(1757—1842年)。

从顺治元年(1644年)到康熙二十二年(1683年),清朝执行了比明朝更为严厉的海禁政策,这是从当时的政治军事形势出发而采取的非常措施。顺治十三年(1656年)、顺治十八年、康熙四年(1665年),清廷一再下令禁止中国商人进行海外贸易,其主要目的是企图封锁东南沿海岛屿的反清势力。康熙二十二年形势发生了很大的变化,三藩之乱平定,台湾郑氏集团投降,先前所面临的反清复明问题已烟消云散,于是清朝中央政府有必要重新检讨海禁政策。

当时围绕着是否继续实行海禁政策展开了一场激烈的辩论。主张开禁的官僚认为,开禁是大势所趋,于国于民都有利。福建巡抚吴兴祚说:"应与西洋、东洋、日本等国出洋贸易,以充军饷。"左都御史慕天颜说:"自一禁海之后,而此等银钱(指外贸收入)绝迹不见一文,即此而言,是塞财源之明验也。"当时福建、广东、浙江沿海各省地方官都从繁荣经济、有利民生着眼,主张开禁。与此对立的守旧派官僚,如明珠、李光地之流反对开禁,他们从政治着眼,为杜绝不安定因素,反对与外国进行贸易。清圣祖毕竟是一个雄才大略的君主,以远见卓识作出立即开放海禁的决定,他说:"先因海寇,故海禁不开为是,今海氛廓清,更何所待?"他以国计民生为念,毅然于康熙二十三年(1684年)宣布取消海禁,重开海外贸易。

康熙时期的开放范围是比较广的,正式指定广州、漳州、宁波、云台山(南京)设置海关,允许外国商船前来贸易,并且正式设立海关监督,规定粤海关由内务府派任,闽海关由福州将军兼任,浙海关及江海关均由两省巡抚兼任。在这些港口沿线及邻近地区也都允许进行对外贸易,例如广东的潮州、高州、雷州、廉州、琼州等四十三处,福建的厦门、汀州、台北等三十多处,以及浙江、江苏沿海多处港口都是开放的。这一开放不仅吸引了外商前来贸易,也刺激了中国商船载货到国外进行贸易,大体上江浙一带商船多来往于日本长崎和宁波、上海之间,闽粤一带商船多来往于南洋各地。当时有"商人往东洋者十之一,南洋者十之九"的说法,可见南洋贸易是当时的主流。闽粤沿海人民因远贩外洋而活跃了地区经济,也为政府增加了税收,据估计康熙时期海关税银每年至少在四五十万两上下。

然而这种开放毕竟是有限制的。事实上,从康熙二十三年到康熙五十五年,这三十二年中,与外国的海舶贸易曾在浙江的宁波(舟山)、福建的厦门、广东的广州、澳门进行;从康熙五十五年(1716年)起到乾隆二十四年

（1759年），大部贸易在广州进行，厦门贸易只有两年，宁波贸易只有三年。究其原因是宁波、厦门贸易无章可循，官吏贪污成风，经商十分不便。另一方面，对出海船只的大小规格有严格规定，以防转资海盗或盗米出洋或偷卖船料。当沿海人民不顾清廷禁令，不断移民南洋，大批船只出售给外洋各国之类事件一再发生时，引起了清朝当局的忧虑。康熙五十五年（1716年）清圣祖在与大学士、九卿等官僚谈及此事时明确表示："海防乃今日之要务"，"朕南巡过苏州时，见船厂问及，咸云：每年造船出海贸易者多至千余，回来者不过十之五六，其余悉卖在海外赍银而归"。有鉴于此，他下令："东洋可使贸易，若南洋，商船不可令往。"次年，清政府终于制订了禁止通南洋的政策，即所谓"东洋可去船，南洋不许去船，红毛（西洋各国）听其自来"。《康熙五十六年兵部禁止南洋原案》对此作了严格的限制。

这种情况一直持续到雍正五年（1727年）。地方官鉴于禁航南洋引起的一系列社会问题，都希望开禁。闽浙总督高其倬向清世宗上疏，指出：为了广开谋生之路，对地方有益，只有开洋一途，请求弛南洋之禁。广东方面的地方官也提出一体开洋的请求。清世宗便在雍正五年下诏允准开放南洋贸易。

种种迹象表明，清朝的最高统治者包括清圣祖这样的明君，对于当时世界的大势，对于发展外贸与正在崛起的西方各国展开商业竞争，是缺乏足够认识的，传统的内陆文明与小农思想指导下的对外政策，进取不足而保守有余，处处以防范为主，所谓"非我族类，其心必异"，以天朝大国乃世界之中心自居，视外国为蛮夷，居高临下地加以提防。这种防夷政策几乎是面面俱到的，第一是严禁硝磺、火药、铁器外销，第二是夷商到岸必须起卸武器，第三是务使夷商不能明了中国真相，为此规定：不准夷商在广东"住冬"，不准夷商购买中国书籍，不准夷商学习中国语言文字。清高宗即位以后愈演愈烈，逐渐收缩通商口岸，从粤、闽、江、浙四省减少到广东一省，从大小百来个口岸减少到广州一口，是有其必然性的。

乾隆二十二年（1757年）清高宗下令关闭江海关、浙海关、闽海关，指定外国商船只能在粤海关——广州一地通商，并对丝绸、茶叶等传统商品的出口量严加限制；对中国商船的出洋贸易，也规定了许多禁令。这就是人们通常所说的闭关政策。乾隆二十四年发生了英商洪任辉（James Flint）要求自由通商的案件，引起清朝政府更加严厉的防范。即使在唯一开放的粤海关，还颁布了防范外国商人的条款：（一）洋船销货后，应饬依期回国，禁止住冬；（二）洋商船毋许汉奸私行交易；（三）内地行商毋许借洋商资本；（四）洋商毋许雇内地厮役；（五）洋船泊处，守备一员督同弁兵弹压、稽查。

外国商人必须住在广州城外特别居住区域内的商馆,并且必须通过称为广东十三行的公行进行交易。公行是洋行的共同组织,洋行和公行承销一切外国进口货物,并负责代办外商所需的中国出口货物,以及承保、缴纳进口税项。所谓十三行是一个俗称,实际并非十三家,他们是官方特许经营外贸的商人,他们的行会组织是公

广东十三行

行。成立公行的目的在于共同承担官府差料、消除内部竞争、统一货价以及办理中外交涉事件。行商作为官府与外商的中介,负有照料和管束外商的责任。外商在黄埔上岸后,只能住在广州城外省河边的商馆,平时不得任意到商馆区以外走动,更不准入城。他们经商和生活所需的买办、通事、仆役,都必须由行商雇佣。外商有事要向官府递禀交涉,官府有事要通告外商,都经过行商转达。贸易季节一过,行商有责任催促外商离境,或返回澳门居住,不准在广州过冬。这种做法固然有利于对外商的控制,把对外交往控制在最低限度,但它显然与西方资本主义自由贸易制度格格不入。

直到乾隆晚期,中国还是一个出超的国家,大多数年份都有贸易顺差,许多外商都要以本国银洋来支付贸易差额。在来广州进行贸易的外商中,经过产业革命、经济蓬勃发展的英国占一半以上,他们也长期处在逆差之中。乾隆四十六年(1781 年)至五十五年(1790 年)的十年间,中国输往英国的商品,仅茶叶一项即达 96267832 银元;英国输往中国的商品(包括毛织品、棉布、棉纱、金属等)总共才 16871592 银元。据统计,18 世纪整整百年中,英国因购买中国商品而输往中国的银元达 2 亿多。

英国政府为改变这种状况,消除限制,缔结基于近代条约的国际关系,特派以马嘎尔尼伯爵(George Lord Macartney)为正使、东印度公司大班斯

当东为副使的使节团,于乾隆五十八年(1793年)秋到达渤海湾的大沽海口。这次出使目的在于扩大通商与联络邦交,其一,英国想在中国沿海获得如澳门一样的地区;其二,如中国不愿租地,就加开通商口岸,减少广州通商的限制;其三,英国可以遵守中国的鸦片禁令;其四,英国派公使驻北京,并欢迎清公使驻伦敦。对于这个使节团,清廷颇为重视,派官员专程迎接,优礼款待,希望把此次"朝聘"搞成"外夷向化"的盛典。然而双方一接触,便发生了觐礼纠纷。马嘎尔尼尽管在进京途中对清方在他的船上挂上"英吉利

马嘎尔尼觐见清高宗图

国贡使"的旗帜佯装不知,但抵达热河离宫时,拒绝向清朝皇帝行跪拜礼,要求行英国的觐礼——一足跪地,一手轻握君主之手而亲吻。清朝官员经过一番权衡,只同意一半,即一足跪地,而不同意另一半,即亲吻皇帝之手。觐见完毕后,清高宗接过马嘎尔尼呈递的国书,随即赠给英王一柄"白如意"交给马嘎尔尼。马嘎尔尼随后提出如下要求:英国派员常驻北京照管商务,允许英商到宁波、舟山、天津等地贸易,在北京建商馆贮货发卖,中国在舟山附近割一小岛供英商居住、贮货,在广州附近拨一处地方供英商居住并允许其自由出入,减免英商在广州、澳门的内河运输税,允许英国人传教,免除英国人居住税并发给许可证等。清朝政府对马嘎尔尼一行给予热情的招待,却回避实质性的交涉。清高宗一方面明确表示"天朝尺土俱归版籍,疆址森然,即岛屿沙洲亦必划界分疆,各有所属",英船不得驶至浙江、天津等地上岸交易,勿谓言之不预;另一方面,以上谕的形式告知英国:"天朝物产丰盈,无所不有,原不藉外夷货物,以通有无",考虑到对方的困难,可以承认作为

恩惠的朝贡贸易。马嘎尔尼没有达到预期的目的,于翌年三月从澳门踏上归途。

乾隆皇帝致英王乔治三世的信,译成英文在报上刊布,便成了这个样子:"我已经注意到你谦恭有理的态度……我没有忘记你们岛国被茫茫大海与世隔离开来的孤独偏远之感……但我们天朝物产丰饶应有尽有,我们不需要野蛮人的产品。"在当时英国被视为荒谬可笑的消遣和娱乐。美国学者何伟亚(James L. Hevia)的《怀柔远人:马嘎尔尼使华的中英礼仪冲突》,尽量以一种超脱的客观眼光阐释这一历史事件。他认为,这是两个扩张性帝国之间政治的而非文化的遭遇,英国方面也承认马嘎尔尼的关注不止于磕头,他们派遣使团的目的,是意识形态和经济利益兼而有之的。

嘉庆二十一年(1816年)英国再次派出以阿美士德(William Pitt Lord Amherst)为团长的使节团前来中国。上次马嘎尔尼出使在礼仪上占了便宜,加深了清朝对于英人"桀骜不驯"的印象,阿美士德出使时,清廷便不再通融了,使节团一到大沽,清朝官员就与他谈判礼仪问题,结果双方陷入僵局,使节团因此被堵在通州。最后清仁宗不耐烦了,下令召见英使,官员连夜用车把他送往北京,当英使抵达圆明园时,借口疲惫不堪要求改日觐见,不顾清方官员劝阻,拂袖而去。英使如此无礼,清仁宗大怒,下令驱逐英使,并且在给英国国王的敕谕里宣布:英国遣使前来中国,"礼义不能谙习,重劳唇舌,非所乐闻","嗣后无庸遣使远来,徒烦跋涉"。当然,阿美士德原先准备提出的要求,诸如开放宁波、天津、舟山让英商贸易,并在北京设立商馆,允许英商全年在广州城内自由贸易等,也因为双方礼仪争执不决,而根本无从谈起——谈判还未开始已告决裂。

此后清朝的闭关政策更加严厉,道光十一年(1831年)订了八条章程,把原来作为惯例的不准夷妇住馆、不准外商坐轿、不准外商私带枪炮进省等项严格地规定下来。以后又规定了防范贸易洋人的酌增章程八条,禁止外商雇佣中国员工,禁止外商进内河,外商与官府交涉须经行商(公行商人)转禀等。而英国方面为了扭转贸易逆差,进行极为卑鄙的鸦片走私贸易,据东印度公司报告,嘉庆二十五年(1820年)向中国走私鸦片4570箱,道光十年(1830年)增加至19956箱,十五年(1835年)、十八年(1838年)又分别增加至30202箱、40200箱。中国与英国之间的矛盾不断加剧,非法的鸦片贸易成为矛盾的焦点。

西方已进入资本主义时代,急于打开中国的大门,这便与闭关政策发生尖锐的冲突,以何种方式打开中国大门,只是一个时间问题。卡尔·马克思当时在英国发表的时评中说,闭关自守的中国,就像一具木乃伊,一直密闭在棺材中,不与外界接触,一旦与新鲜空气接触,就立即腐烂。后来的事态发展,充分证实了这一论断。

100. 人口压力与社会危机

中国历代政府都很注意控制人口,因为人口与赋税、徭役有直接关系,但往往关注人口中的某一部分,即所谓"丁"(成年劳动力),由于这种关系,历代人口统计一般都偏低于实际数字。自汉至明,官方统计的人口在 6000 万上下徘徊,一方面显示了农业社会人口增长缓慢,另一方面也显示统计中的误差。何炳棣的《1368—1953 年中国人口研究》首次指出:北宋的总人口已有 1 亿,南宋和金的总人口为 1.1 亿。珀金斯(Dwight H. Perkins)在《中国农业的发展(1368—1968 年)》中指出:从东汉王朝到明朝的建立,只有很少几个世纪才有持续的人口增长,而这种难得出现的增长又被蒙古人入侵的暴力毁灭殆尽;与此相反,14 世纪以后,人口以平均每年 0.4％的速度缓慢增长。他在何炳棣的研究基础上,对明清两代的官方人口统计数字作了修正,提出如下数据:

1393 年(洪武二十六年)	65～80(百万)
1600 年(万历二十八年)	120～200(百万)
1650 年(顺治七年)	100～150(百万)
1750 年(乾隆十五年)	200～250(百万)
1850 年(道光三十年)	410(±25)(百万)

葛剑雄主编的《中国人口史》进一步指出:明洪武二十六年(1393 年)全国总人口达 0.727 亿,明末全国总人口达 1.525 亿,清乾隆时全国总人口突破了 3 亿大关,1644—1851 年两个多世纪中,中国人口的平均增长率为 0.49％。

在传统农业时代,主要生产资料与生活资料的增长是缓慢的,不可能每隔一个世纪就增长一倍,于是便形成了人口的相对过剩,即人口压力。

清朝前期两个世纪中人口迅猛增长的原因,是一个复杂的问题。它很难以生产力发展来解释,因为这两个世纪中生产力并无突飞猛进般的发展,不可能导致人口爆炸。它也很难以社会相对和平稳定来解释,因为中国历史上类似的相对和平稳定时期曾多次出现,何以没有出现人口爆炸?它又很难以疆域扩大来解释,因为清朝比明朝扩大的疆域都是人口稀少的边缘地区,在全国人口总数中只占微不足道的比例。显然,人口迅猛增长的原因应从其他方面去寻找。

首先,康熙五十一年(1712年)"盛世滋生人丁永不加赋"政策与雍正元年(1723年)"摊丁入地"政策的相继颁布、执行,刺激了人口的增长。以前人丁的增加意味着赋税徭役的随之增加,具体而言,丁银的负担出于人头。因而隐瞒真实人口、年龄,便成为逃避负担的一种手段,人口的统计必然大大低于实际数字。五年一度的编审,不可能把实际增加的人丁全部登记入丁银征收册籍。宣布盛世滋生人丁永不加赋、摊丁入地以后,把人丁的负担(丁银)全部平均摊派到土地的负担(地银)上,人丁的负担以法律形式宣布取消,这一政策的社会影响是很大的。一方面,使长期隐匿的人口不再隐匿,政府的人口统计接近于实际状况;另一方面,人口增加不再带来人头税,刺激了人口的迅猛滋生。

其次,在农业生产技术近于停滞,土地关系又无多大变化的社会中,要提高土地的产量,主要的途径就是不断地增加投入单位面积土地的劳动,因而人口增长是劳动力增加、农业生产发展最便捷最重要的手段。珀金斯研究明清以来中国农业史的结论之一,就是人口增加是农业生产力提高的主要动力。他说,人类历史上农业从粗放走向集约化经营的过程,是一个因人口增加而集约化程度不断提高的过程,在农业经济中人是最主要的生产力。这一点对于理解人口迅猛增长是一个很值得探讨的层面。

再次,由于人口增长主要在农村,所以这一时期农业的发展中有几个方面是值得注意的。其中,清朝政府奖励垦荒地政策的持续贯彻,取得明显的成效,促使耕地面积不断扩大。从顺治年间到雍正年间,人口增长与耕地增长大体是相近的:

(一)晋、冀、鲁、豫、陕、甘,人口增长59.44%,耕地增长64.24%;

(二)苏、皖、川、粤,人口增长30.30%,耕地增长22.49%;

(三)浙、赣、湘、鄂、闽,人口增长6.4%,耕地增长9.64%;

(四)奉、吉、新、桂、云、贵,人口增长3.77%,耕地增长3.63%。

这就为乾隆时期人口突破3亿大关提供了一个物质基础。

农业生产本身的发展弥补了耕地面积的不足,这主要是乾、嘉、道三朝水稻的双季种植化,以及高产作物番薯、玉米的推广(前面已有叙述,此处不再重复),为新增人口提供了新的粮食来源。布罗代尔《15至18世纪的物质文明、经济和资本主义》指出:山药、芋头、白薯、木薯、土豆、玉米等原产美洲的作物,在发现新大陆后才渡海进入中国,直到18世纪才真正得到推广,那时候由于人口的急剧增长,不得不在平原地区之外开垦荒山野岭,使南北部分的人口相对地重趋平衡。

但是人口的迅猛增长毕竟给社会带来了巨大的压力,特别是乾隆五十五年(1790年)人口达到3.0148亿后,这种压力愈来愈明显了。乾隆五十八年清高宗就感到人口压力之沉重,他说:"承平日久,生齿日繁,盖藏自不能如前充裕……生之者寡,食之者众,朕甚忧之……然为之计及久远,非野无旷土,家有赢粮,未易享升平之福。"无独有偶,面对同样的社会问题,著名学者洪亮吉也在这一年提出了他的人口论,可以概括为以下三点:(一)耕地的增长不及人口增长的速度;(二)他主张以"天地调剂之法"与"君相调剂之法"来解决过剩人口,即水旱瘟疫等灾害的自然淘汰,政府人为调整与救济,如移民、开荒等;(三)他认为听任人口激增会引起社会动乱。

洪亮吉像

洪亮吉的人口论比英国经济学家马尔萨斯(T. R. Malthus)1798年发表《人口论》早了五年。马尔萨斯认为,人口增长快于生活资料的增长,如不遇到阻碍,人口按几何级数增长,而生活资料即使在最有利的生产条件下,也只能按算术级数增长,所以人口增长的速度超过生活资料增长的速度,减少人口使之与生活资料相适应的决定性因素是贫困、饥馑、瘟疫、繁重劳动和战争,主张采取各种措施限制人口的繁殖。洪亮吉的人口论虽然不及马尔萨斯那么系统、严密,但已敏感到人口问题的严重性,无论如何是难能可贵的。

随着清朝的由盛转衰,经济衰退,政府的财政收入与储备都在减少,人口压力的消极作用就更加突出了。

其一,人均耕地面积日趋减少,从17世纪中叶到19世纪中叶的200年中,人均耕地减少了一半:

年 代	人口(亿)	耕地(亿亩)	人均耕地(亩/人)
1650	1.00~1.50	6.00	6.00~4.00
1750	2.00~2.50	9.00	4.50~3.60
1850	4.10	12.10	2.95

洪亮吉说:"每人四亩即可得生计。"我们不妨把人均四亩视作"温饱常数",低于此数,社会陷于动乱是不可避免的。

其二,由于人均耕地面积下降,每人所得粮食数量也日益减少,导致粮食价格上涨。如果以 17 世纪后半期粮价指数为 100,那么其后的粮价指数:18 世纪前半期为 132.00;18 世纪后半期为 264.82;19 世纪前半期为 532.08;19 世纪后半期为 513.35。19 世纪的粮价比 17 世纪上涨了 5 倍多,粮食匮乏与粮荒日趋严重,一遇自然灾害,就出现大规模饥荒与人口死亡,不可避免地引起各种抗粮、抗租暴动和抢米风潮。不断的灾荒、战乱,使咸丰以后到清末民初,人口不再继续增长,从咸丰初年的 4 亿多下降至同治初年的近 3 亿,再由光绪初年的 3 亿多回升到清末民初的 4 亿多。人口相对过剩已构成社会动乱的一个因素,而社会动乱又反过来制约人口漫无边际的增长,反映了社会危机的一个恶性循环。

乾隆末、嘉庆初川楚白莲教起义,可以看作人口压力与社会危机的一个标志。它的背景可以追溯到明中叶荆襄地区的流民问题。大量流民进入荆襄地区,使这一地区得到开发,农业人口的相对过剩在这里获得暂时的缓解。农业人口从已开发地区向未开发地区或开发中地区流动,是当时的一个普遍现象,荆襄地区流民问题作为一个典型来剖析是很有意义的。到清中叶,这一地区的人口也达到了它所能容纳的最大限度,乾隆末、嘉庆初的川楚白莲教起义爆发在这里不是偶然的。流民的生活是不稳定的,一旦遭到灾荒,或失去生活来源,就沦为流氓无产者,成为社会的破坏力量,这在荆襄山区尤为显著,官府对此感到十分头痛:"既聚之众,不能复散,纷纷多事,防范最难。"这种特殊的社会环境提供了宗教、迷信、神秘主义的土壤,白莲教在流民中的传播是很自然的,他们自发地形成一种松散的互助组织,白莲教传入后,一拍即合,所谓"教匪之煽惑山民,称持咒念经可免劫余,立登仙佛,愚民无知,共相崇信,故入教者多"。白莲教在组织内部提倡并实行平均主义,他们"戒贪戒淫,可以成佛成仙,所取给米为数无多,而成教之人,又彼党伙,不携资粮,穿衣吃饭不分你我"。一遇灾荒,谋生无着,他们就倡导"吃大户"或聚众谋反。当地官吏说:"倘遇旱涝之时,粮价昂贵,则佣工无资,一二奸民倡之以'吃大户'为名。而蚁附蜂起,无所畏惧。"

一旦"蚁附蜂起"后,局势很难控制,"虏胁日众,不整队,不迎战,不走平原,惟数百为群,忽分忽合,忽南忽北"。这种零星的武装斗争终于酿成了乾隆六十年(1795 年)冬荆州、宜昌地区白莲教组织的大规模武装起义,他们以白布缠头,白旗为号,与襄阳、郧阳一带教徒相联络,分头举事。嘉庆元年(1796 年)二月,起义军围房县,克保康、竹山。竹溪、郧县、郧西一带流民纷起响应,汇成一场声势浩大的群众性武装反抗运动。这场斗争的爆发,实际上已充分显示出相对过剩人口对社会的压力了。这场起义前后持续了九年零四个月,至嘉庆十年五月失败,参加人数达几十万,席卷了湖北、四川、陕西、河南、甘肃五省。政府征调了十六个省的军队,消耗军费二亿两银子,才把它平定下去。这一事变使清朝由盛转衰的趋势愈益明朗化,从此盛世不再。

从嘉庆元年(1796 年)到道光二十年(1840 年)的四十四年中,《东华录》所记录的武装暴动、民众起义,达 93 次;从道光二十一年到二十九年的九年中,这类暴动、起义竟达 110 次之多,其后更加风起云涌。由于地方官无法收拾,只得隐匿不报,事实上太平天国起义前各地起事者大小约一百四五十股。19 世纪五六十年代的太平天国运动虽然并不完全出于人口压力与粮食失调,但多少反映出人口压力下社会危机的一个侧面。这场持续十多年的全国性大动乱,以几千万人死亡而告终。人口压力以这种形式得以缓解,以及随之而来的所谓“同光中兴”,有如昙花一现,并不能改变年复一年的社会动荡状态。

社会日益贫困化,是危机的一种表现。晚清社会喉舌《申报》对此曾作过深刻的评述:“乾隆年间,非徒帑库充盈,而且各省盐商与广东洋商富能敌国者不可胜数”;“至嘉庆时,虽不能如乾隆以前之盛,然亦尚未闻患贫之说”;“道光初年,而天下之繁富虽不如昔,亦不似今”;咸丰以后“民间之贫又见”;到光绪初年,“中国贫多富少,故金银一入富室,更难望有出时,是以共觉天下愈贫也”。这种天下愈贫的趋势,一方面反映按人口平均的社会财富日趋递减,另一方面反映社会财富分配的不均,即“富者愈富,贫者愈贫”,“富者则坐拥数十万者亦有之,而贫者常至家无担石之储”。在这种大背景下,社会的动乱是无可避免的。

主要参考书目
（按作者姓氏音序排列）

1. 〔美〕伯恩斯（Edward McNall Burns）、拉尔夫（Philip Lee Ralph）：《世界文明史》，罗经国等译，商务印书馆，1987 年。

2. 〔法〕布罗代尔（Fernand Braudel）：《15 至 18 世纪的物质文明、经济和资本主义》，顾良等译，三联书店，1992 年。

3. 陈寅恪：《隋唐制度渊源略论稿》，三联书店，2001 年。

4. 〔美〕崔瑞德（Denis Twitchett）等：《剑桥中国秦汉史》，杨品泉等译，中国社会科学出版社，1992 年。

5. 〔美〕崔瑞德等：《剑桥中国隋唐史》，杨品泉等译，中国社会科学出版社，1990 年。

6. 〔日〕池田温：《中国古代籍帐研究》，东京大学出版会，1983 年。

7. 戴逸等：《中国通史（彩图版）》，海燕出版社，2000 年。

8. 〔美〕费正清（John K. Fairbank）等：《中国：传统与变革》，陈仲丹等译，江苏人民出版社，1996 年。

9. 葛剑雄：《中国人口史》第一卷，复旦大学出版社，2002 年。

10. 何炳棣：《1368—1953 年中国人口研究》，葛剑雄译，上海古籍出版社，1989 年。

11. 黄仁宇：《中国：マクロヒストリー》，山本英史译，株式会社东方书店，1994 年。

12. 黄仁宇：《中国大历史》，三联书店，1997 年。

13. 黄仁宇：《赫逊河畔谈中国历史》，三联书店，1992 年。

14. 李济：《中国早期文明》，上海人民出版社，2007 年。

15. 刘炜：《中华文明传真》，上海辞书出版社、香港商务印书馆，2001 年。

16. 吕思勉：《吕著中国通史》，华东师范大学出版社，2005 年。

17. 吕思勉：《中国通史》，新世界出版社，2008 年。

18. 孟森:《明清史论著集刊正续编》,河北教育出版社,2000 年。

19. 〔美〕牟复礼(Frederick W. Mote)等:《剑桥中国明代史》,张书生等译,中国社会科学出版社,1992 年。

20. 〔日〕内藤湖南:《中国史通论》,夏应元选编并监译,钱婉约译,社会科学文献出版社,2004 年。

21. 〔美〕珀金斯(Dwight H. Perkins):《中国农业的发展(1368—1968年)》,宋海文等译,上海译文出版社,1984 年。

22. 钱穆:《国史新论》,台北东大图书公司,1984 年。

23. 钱穆:《中国学术思想史论丛》,台北东大图书公司,1979 年。

24. 瞿同祖:《中国法律与中国社会》,中华书局,1981 年。

25. 全汉昇:《中国经济史论丛》,香港新亚研究所,1972 年。

26. 〔日〕山根幸夫:《明帝国と日本》(《图说中国史》第 7 卷),东京讲谈社,1977 年。

27. 〔日〕斯波义信:《宋代江南経済史の研究》,东京大学东洋文化研究所,1988 年。

28. 〔日〕天野元之助:《中国农业史研究》,东京御茶水书房,1962 年。

29. 〔英〕汤因比(Arnold Toynbee):《人类与大地母亲》,徐波等译,上海人民出版社,2001 年。

30. 许倬云:《西周史》,台湾联经出版事业公司,1984 年。

31. 许倬云:《中国古代社会史论》,广西师范大学出版社,2006 年。

32. 〔美〕伊佩霞(Patricia Buckley Ebrey):《剑桥插图中国史》,赵世瑜等译,山东画报出版社,2001 年。

33. 杨宽:《中国古代冶铁技术发展史》,上海人民出版社,1982 年。

34. 杨宽:《中国古代都城制度史》,上海古籍出版社,1993 年。

35. 杨宽:《战国史》,上海人民出版社,1998 年。

36. 杨向奎:《宗周社会与礼乐文明》,人民出版社,1997 年。

37. 张光直:《中国青铜时代》,三联书店,1983 年。

38. 张光直:《中国青铜时代二集》,三联书店,1990 年。

39. 张荫麟:《中国史纲》,辽宁教育出版社,1998 年。

40. 〔日〕周藤吉之:《唐宋社会经济史研究》,东京大学出版会,1975 年。

附录 历代帝王建元简表

朝 代	帝王名号	帝王原名	年 号		在位时间
秦	始皇帝	嬴 政			前 221—前 210
	二 世	嬴胡亥			前 209—前 207
		嬴子婴			前 207
汉	高 祖	刘 邦			前 206—前 195
	惠 帝	刘 盈			前 194—前 188
	高 后	吕 雉			前 187—前 180
	文 帝	刘 恒	前	元	前 179—前 164
			后	元	前 163—前 157
	景 帝	刘 启	前	元	前 156—前 150
			中	元	前 149—前 144
			后	元	前 143—前 141
	武 帝	刘 彻	建	元	前 140—前 135
			元	光	前 134—前 129
			元	朔	前 128—前 123
			元	狩	前 122—前 117
			元	鼎	前 116—前 110
			元	封	前 110—前 105
			太	初	前 104—前 101
			天	汉	前 100—前 97
			太	始	前 96—前 93
			征	和	前 92—前 89
			后	元	前 88—前 87
	昭 帝	刘弗陵	始	元	前 86—前 80
			元	凤	前 80—前 75
			元	平	前 74
	宣 帝	刘 询	本	始	前 73—前 70

朝　代	帝王名号	帝王原名	年　号	在位时间
			地　节	前 69—前 66
			元　康	前 65—前 62
			神　爵	前 61—前 58
			五　凤	前 57—前 54
			甘　露	前 53—前 50
			黄　龙	前 49
	元　帝	刘奭(shì)	初　元	前 48—前 44
			永　光	前 43—前 39
			建　昭	前 38—前 34
			竟　宁	前 33
	成　帝	刘　骜	建　始	前 32—前 29
			河　平	前 28—前 25
			阳　朔	前 24—前 21
			鸿　嘉	前 20—前 17
			永　始	前 16—前 13
			元　延	前 12—前 9
			绥　和	前 8—前 7
	哀　帝	刘　欣	建　平	前 6—前 3
			太初元将	前 5
			元　寿	前 2—前 1
	平　帝	刘衎(kàn)	元　始	1—5
	孺子婴		居　摄	6—8
			初　始	8
新		王　莽	始建国	9—13
			天　凤	14—19
			地　皇	20—23
东　汉	光武帝	刘　秀	建　武	25—56
			中　元	56—57
	明　帝	刘　庄	永　平	58—75
	章　帝	刘炟(dá)	建　初	76—84
			元　和	84—87
			章　和	87—88
	和　帝	刘　肇	永　元	89—105
			元　兴	105
	殇　帝	刘　隆	延　平	106
	安　帝	刘祜(hù)	永　初	107—113

朝 代	帝王名号	帝王原名	年 号	在位时间
			元 初	114—120
			永 宁	120—121
			建 光	121—122
			延 光	122—125
	顺 帝	刘 保	永 建	126—132
			阳 嘉	132—135
			永 和	136—141
			汉 安	142—144
			建 康	144
	冲 帝	刘 炳	永 嘉	145
	质 帝	刘缵(zuǎn)	本 初	146
	桓 帝	刘 志	建 和	147—149
			和 平	150
			元 嘉	151—153
			永 兴	153—154
			永 寿	155—158
			延 熹	158—167
			永 康	167
	灵 帝	刘 宏	建 宁	168—172
			熹 平	172—178
			光 和	178—184
			中 平	184—189
	少 帝	刘 辩	光 熹	189
			昭 宁	189
	献 帝	刘 协	永 汉	189
			中 平	189
			初 平	190—193
			兴 平	194—195
			建 安	196—220
			延 康	220
三 国				
魏	文 帝	曹 丕	黄 初	220—226
	明 帝	曹叡(ruì)	太 和	227—233
			青 龙	233—237
			景 初	237—239
	齐 王	曹 芳	正 始	240—249
			嘉 平	249—254

朝　代	帝王名号	帝王原名	年　　号	在位时间
	高贵乡公	曹　髦	正　元	254—256
			甘　露	256—260
	元　帝	曹　奂	景　元	260—264
			咸　熙	264—265
蜀	昭烈帝	刘　备	章　武	221—223
	后　主	刘　禅	建　兴	223—237
			延　熙	238—257
			景　耀	258—263
			炎　兴	263
吴	大　帝	孙　权	黄　武	222—229
			黄　龙	229—231
			嘉　禾	232—238
			赤　乌	238—251
			太　元	251—252
			神　凤	252
	会稽王	孙　亮	建　兴	252—253
			五　凤	254—256
			太　平	256—258
	景　帝	孙　休	永　安	258—264
	末　帝	孙　皓	元　兴	264—265
			甘　露	265—266
			宝　鼎	266—269
			建　衡	269—271
			凤　凰	272—274
			天　册	275
			天　玺	276
			天　纪	277—280
晋	武　帝	司马炎	泰　始	265—274
			咸　宁	275—280
			太　康	280—289
			太　熙	290
	惠　帝	司马衷	永　熙	290—291
			永　平	291
			元　康	291—299
			永　康	300—301
			永　宁	301—302
			太　安	302—304

朝　代	帝王名号	帝王原名	年　号	在位时间
			永　安	304
			建　武	304
			永　兴	304—306
			光　熙	306
	怀　帝	司马炽	永　嘉	307—313
	愍　帝	司马邺	建　兴	313—317
东　晋	元　帝	司马睿	建　武	317—318
			大　兴	318—321
			永　昌	322—323
	明　帝	司马绍	太　宁	323—326
	成　帝	司马衍	咸　和	326—334
			咸　康	335—342
	康　帝	司马岳	建　元	343—344
	穆　帝	司马聃	永　和	345—356
			升　平	357—361
	哀　帝	司马丕	隆　和	362—363
			兴　宁	363—365
	废　帝	司马奕	太　和	366—371
	简文帝	司马昱	咸　安	371—372
	孝武帝	司马曜	宁　康	373—375
			太　元	376—396
	安　帝	司马德宗	隆　安	397—401
			元　兴	402
			大　亨	402
			元　兴	403—404
			义　熙	405—418
	恭　帝	司马德文	元　熙	419—420
南　朝				
宋	武　帝	刘　裕	永　初	420—422
	少　帝	刘义符	景　平	423—424
	文　帝	刘义隆	元　嘉	424—453
	孝武帝	刘　骏	孝　建	454—456
			大　明	457—464
	前废帝	刘子业	永　光	465
			景　和	465
	明　帝	刘彧（yù）	泰　始	465—471

朝 代	帝王名号	帝王原名	年 号	在位时间
			泰 豫	472
	后废帝	刘 昱	元 徽	473—477
	顺 帝	刘 准	昇 明	477—479
齐	高 帝	萧道成	建 元	479—482
	武 帝	萧赜(zé)	永 明	483—493
	鬱林王	萧昭业	隆 昌	494
	海陵王	萧昭文	延 兴	494
	明 帝	萧 鸾	建 武	494—498
			永 泰	498
	东昏侯	萧宝卷	永 元	499—501
	和 帝	萧宝融	中 兴	501—502
梁	武 帝	萧 衍	天 监	502—519
			普 通	520—527
			大 通	527—529
			中大通	529—534
			大 同	535—546
			中大同	546—547
			太 清	547—549
	简文帝	萧 纲	大 宝	550—551
	豫章王	萧 栋	天 正	551
	武陵王	萧 纪	天 正	552
	元 帝	萧 绎	承 圣	552—555
	贞阳侯	萧渊明	天 成	555
	敬 帝	萧方智	绍 泰	555—556
			太 平	556—557
陈	武 帝	陈霸先	永 定	557—559
	文 帝	陈 蒨	天 嘉	560—566
			天 康	566
	废 帝	陈伯宗	光 大	567—568
	宣 帝	陈顼(xū)	太 建	569—582
	后 主	陈叔宝	至 德	583—586
			祯 明	587—589
北 朝				
魏	道武帝	拓跋珪	登 国	386—396
			皇 始	396—398
			天 兴	398—404
			天 赐	404—409
	明元帝	拓跋嗣	永 兴	409—413

朝　代	帝王名号	帝王原名	年　号	在位时间
			神　瑞	414—416
			泰　常	416—423
	太武帝	拓跋焘	始　光	424—428
			神麚(jiā)	428—431
			延　和	432—434
			太　延	435—440
			太平真君	440—451
			正　平	451—452
	文成帝	拓跋濬	兴　安	452—454
			兴　光	454—455
			太　安	455—459
			和　平	460—465
	献文帝	拓跋弘	天　安	466—467
			皇　兴	467—471
	孝文帝	拓跋宏	延　兴	471—476
		（元宏）	承　明	476
			太　和	477—499
	宣武帝	元　恪	景　明	500—503
			正　始	504—508
			永　平	508—512
			延　昌	512—515
	孝明帝	元　诩	熙　平	516—518
			神　龟	518—520
			正　光	520—525
			孝　昌	525—527
			武　泰	528
	孝庄帝	元子攸	建　义	528
			永　安	528—530
	长广王	元　晔	建　明	530—531
	节闵帝	元　恭	普　泰	531—532
	安定王	元　朗	中　兴	531—532
	孝武帝	元　修	太　昌	532
			永　兴	532
			永　熙	532—534
东魏	孝静帝	元善见	天　平	534—537
			元　象	538—539
			兴　和	539—542
			武　定	543—550

朝 代	帝王名号	帝王原名	年 号	在位时间
西魏	文 帝	元宝炬	大 统	535—551
	废 帝	元 钦		552—554
	恭 帝	元 廓		554—556
齐	文宣帝	高 洋	天 保	550—559
	废 帝	高 殷	乾 明	560
	孝昭帝	高 演	皇 建	560—561
	武成帝	高 湛	太 宁	561—562
			河 清	562—565
	后 主	高 纬	天 统	565—569
			武 平	570—576
			隆 化	576—577
	幼 主	高 恒	承 光	577
周	孝闵帝	宇文觉		557
	明 帝	宇文毓		557—558
			武 成	559—560
	武 帝	宇文邕	保 定	561—565
			天 和	566—572
			建 德	572—578
			宣 政	578
	宣 帝	宇文赟	大 成	579
	静 帝	宇文衍	大 象	579—580
			大 定	581
隋	文 帝	杨 坚	开 皇	581—600
			仁 寿	601—604
	炀 帝	杨 广	大 业	605—617
	恭 帝	杨 侑	义 宁	617—618
唐	高 祖	李 渊	武 德	618—626
	太 宗	李世民	贞 观	627—649
	高 宗	李 治	永 徽	650—655
			显 庆	656—661
			龙 朔	661—663
			麟 德	664—665
			乾 封	666—668
			总 章	668—670
			咸 亨	670—674
			上 元	674—676

朝　代	帝王名号	帝王原名	年　号	在位时间
			仪　凤	676—679
			调　露	679—680
			永　隆	680—681
			开　耀	681—682
			永　淳	682—683
			弘　道	683
	中　宗	李　显	嗣　圣	684
	睿　宗	李　旦	文　明	684
	则天后	武　曌	光　宅	684
			垂　拱	685—688
			永　昌	689
			载　初	689—690
周	圣神皇帝	武　曌	天　授	690—692
			如　意	692
			长　寿	692—694
			延　载	694
			证　圣	695
			天册万岁	695—696
			万岁登丰	696
			万岁通天	696—697
			神　功	697
			圣　历	698—700
			久　视	700
			大　足	701
			长　安	701—704
			神　龙	705
唐	中　宗	李　显	神　龙	705—707
			景　龙	707—710
	睿　宗	李　旦	景　云	710—711
			太　极	712
			延　和	712
	玄　宗	李隆基	先　天	712—713
			开　元	713—741
			天　宝	742—756
	肃　宗	李　亨	至　德	756—758
			乾　元	758—760
			上　元	760—762

朝　代	帝王名号	帝王原名	年　号	在位时间
			宝　应	762—763
	代　宗	李　豫	广　德	763—764
			永　泰	765—766
			大　历	766—769
	德　宗	李适(kuò)	建　中	780—783
			兴　元	784
			贞　元	785—805
	顺　宗	李　诵	永　贞	805
	宪　宗	李　纯	元　和	806—820
	穆　宗	李　恒	长　庆	821—824
	敬　宗	李　湛	宝　历	825—827
	文　宗	李　昂	大　和	827—835
			开　成	836—840
	武　宗	李　炎	会　昌	841—846
	宣　宗	李　忱	大　中	847—860
	懿　宗	李漼(cuǐ)	咸　通	860—874
	僖　宗	李儇(xuān)	乾　符	874—879
			广　明	880—881
			中　和	881—885
			光　启	885—888
			文　德	888
	昭　宗	李　晔	龙　纪	889
			大　顺	890—891
			景　福	892—893
			乾　宁	894—898
			光　化	898—901
			天　复	901—904
			天　祐	904
	哀　帝	李柷(zhù)	天　祐	905—907
五　代				
梁	太　祖	朱　温	开　平	907—911
			乾　化	911—912
	庶　人	朱友珪	凤　历	913
	末　帝	朱友贞	乾　化	913—915
			贞　明	915—921
			龙　德	921—923
唐	庄　宗	李存勖(xù)	同　光	923—926

朝　代	帝王名号	帝王原名	年　号	在位时间
	明　宗	李嗣源	天　成	926—930
			长　兴	930—933
	闵　帝	李从厚	应　顺	934
	末　帝	李从珂	清　泰	934—936
晋	高　祖	石敬瑭	天　福	936—941
	出　帝	石重贵	天　福	942—944
			开　运	944—946
汉	高　祖	刘知远	天　福	947
			乾　祐	948
	隐　帝	刘承祐	乾　祐	948—950
周	太　祖	郭　威	广　顺	951—953
			显　德	954
	世　宗	柴　荣	显　德	954—959
	恭　帝	柴宗训	显　德	959—960
宋	太　祖	赵匡胤	建　隆	960—963
			乾　德	963—968
			开　宝	968—976
	太　宗	赵光义	太平兴国	976—984
			雍　熙	984—987
			端　拱	988—989
			淳　化	990—994
			至　道	995—997
	真　宗	赵　恒	咸　平	998—1003
			景　德	1004—1007
			大中祥符	1008—1016
			天　禧	1017—1021
			乾　兴	1022
	仁　宗	赵　祯	天　圣	1023—1032
			明　道	1032—1033
			景　祐	1034—1038
			宝　元	1038—1040
			康　定	1040—1041
			庆　历	1041—1048
			皇　祐	1049—1054
			至　和	1054—1056
			嘉　祐	1056—1063
	英　宗	赵　曙	治　平	1064—1067

朝 代	帝王名号	帝王原名	年 号	在位时间
	神 宗	赵 顼(xū)	熙 宁	1068—1077
			元 丰	1078—1085
	哲 宗	赵 煦	元 祐	1086—1094
			绍 圣	1094—1098
			元 符	1098—1100
	徽 宗	赵 佶	建中靖国	1101
			崇 宁	1102—1106
			大 观	1107—1110
			政 和	1111—1118
			重 和	1118—1119
			宣 和	1119—1125
	钦 宗	赵 桓	靖 康	1126—1127
南 宋	高 宗	赵 构	建 炎	1127—1130
			绍 兴	1131—1162
	孝 宗	赵 眘(shèn)	隆 兴	1163—1164
			乾 道	1165—1173
			淳 熙	1174—1189
	光 宗	赵 惇(dūn)	绍 熙	1190—1194
	宁 宗	赵 扩	庆 元	1195—1200
			嘉 泰	1201—1204
			开 禧	1205—1207
			嘉 定	1208—1224
	理 宗	赵 昀	宝 庆	1225—1227
			绍 定	1228—1233
			端 平	1234—1236
			嘉 熙	1237—1240
			淳 祐	1241—1252
			宝 祐	1253—1258
			开 庆	1259
			景 定	1260—1264
	度 宗	赵 禥	咸 淳	1265—1274
	恭 帝	赵 㬎(xiǎn)	德 祐	1275—1276
	端 宗	赵 昰(shì)	景 炎	1276—1278
	帝 昺	赵 昺(bǐng)	祥 兴	1278—1279
辽	太 祖	耶律阿保机		907—916
			神 册	916—921

朝　代	帝王名号	帝王原名	年　号	在位时间
			天　赞	922—926
			天　显	926
	太　宗	耶律德光	天　显	927—938
			会　同	938—947
			大　同	947
			（注：此年建国号大辽）	
	世　宗	耶律阮	天　禄	947—951
	穆　宗	耶律璟	应　历	951—969
	景　宗	耶律贤	保　宁	969—979
			乾　亨	979—983
	圣　宗	耶律隆绪	统　和	983—1012
			开　泰	1012—1021
			太　平	1021—1031
	兴　宗	耶律宗真	景　福	1031—1032
			重　熙	1032—1055
	道　宗	耶律洪基	清　宁	1055—1064
			咸　雍	1065—1074
			大　康	1075—1084
			大　安	1085—1094
			寿　昌	1095—1101
	天祚帝	耶律延禧	乾　统	1101—1110
			天　庆	1111—1120
			保　大	1121—1125
金	太　祖	完颜旻(mín)	收　国	1115—1116
		（即完颜阿骨打）		
			天　辅	1117—1123
	太　宗	完颜晟	天　会	1123—1135
	熙　宗	完颜亶	天　会	1135—1137
			天　眷	1138—1140
			皇　统	1141—1149
	海陵王	完颜亮	天　德	1149—1153
			贞　元	1153—1156
			正　隆	1156—1161
	世　宗	完颜雍	大　定	1161—1189
	章　宗	完颜璟	明　昌	1190—1196
			承　安	1196—1200
			泰　和	1201—1208

朝　代	帝王名号	帝王原名	年　号	在位时间
	卫绍王	完颜永济	大　安	1209—1211
			崇　庆	1212—1213
			至　宁	1213
	宣　宗	完颜珣	贞　祐	1213—1217
			兴　定	1217—1222
			元　光	1222—1223
	哀　宗	完颜守绪	正　大	1224—1232
			开　兴	1232
			天　兴	1232—1234
	末　帝	完颜承麟	盛　昌	1234
			天　兴	1234
元	太　祖	铁木真		1206—1227
	睿　宗	拖　雷		1228
	太　宗	窝阔台		1229—1241
	太宗后	乃马真氏		1242—1245
	定　宗	贵　由		1246—1248
	定宗后	海迷失氏		1249—1250
	宪　宗	蒙　哥		1251—1260
	世　祖	忽必烈	中　统	1260—1264
			至　元	1264—1294
			（注：至元八年建国号大元）	
	成　宗	铁穆耳	元　贞	1295—1297
			大　德	1297—1307
	武　宗	海　山	至　大	1308—1311
	仁　宗	爱育黎拔力八达	皇　庆	1312—1313
			延　祐	1314—1320
	英　宗	硕德八剌	至　治	1321—1323
	泰定帝	也孙铁木儿	泰　定	1324—1328
			致　和	1328
	天顺帝	阿速吉八	天　顺	1328
	明　宗	和世瓎(là)	天　历	1329
	文　宗	图帖睦尔	天　历	1328—1330
			至　顺	1330—1332
	宁　宗	懿璘质班	至　顺	1332
	顺　帝	妥懽帖睦尔	至　顺	1333
			元　统	1333—1335

朝　代	帝王名号	帝王原名	年　号	在位时间
			至　元	1335—1340
			至　正	1341—1368
明	太　祖	朱元璋	洪　武	1368—1398
	惠　帝	朱允炆	建　文	1399—1402
	成　祖	朱　棣	洪　武	1402
			永　乐	1403—1424
	仁　宗	朱高炽	洪　熙	1425
	宣　宗	朱瞻基	宣　德	1426—1435
	英　宗	朱祁镇	正　统	1436—1449
	代　宗	朱祁钰	景　泰	1450—1456
	英　宗	朱祁镇	天　顺	1457—1464
	宪　宗	朱见深	成　化	1465—1487
	孝　宗	朱祐樘(chēng)	弘　治	1488—1505
	武　宗	朱厚照	正　德	1506—1521
	世　宗	朱厚熜	嘉　靖	1522—1566
	穆　宗	朱载垕(hòu)	隆　庆	1567—1572
	神　宗	朱翊钧	万　历	1573—1620
	光　宗	朱常洛	泰　昌	1620
	熹　宗	朱由校	天　启	1621—1627
	思　宗	朱由检	崇　祯	1628—1644
南明	福　王	朱由崧	弘　光	1645
	唐　王	朱聿键	隆　武	1645—1646
		朱聿𨮁	绍　武	1646
	鲁　王	朱以海	庚　寅	1646—1655
	桂　王	朱由榔	永　历	1647—1661
清	太　祖	努尔哈赤		1583—1615
			天　命	1616—1626
			(注:天命元年定国号金)	
	太　宗	皇太极	天　聪	1627—1636
			崇　德	1636—1643
			(注:崇德元年改国号大清)	
	世　祖	福　临	顺　治	1644—1661
	圣　祖	玄　烨	康　熙	1662—1722
	世　宗	胤　禛	雍　正	1723—1735
	高　宗	弘　历	乾　隆	1736—1795
	仁　宗	颙(yóng)琰	嘉　庆	1796—1820

朝 代	帝王名号	帝王原名	年 号	在位时间
	宣 宗	旻 宁	道 光	1821—1850
	文 宗	奕 詝	咸 丰	1851—1861
	穆 宗	载 淳	同 治	1862—1874
	德 宗	载 湉(tián)	光 绪	1875—1908
		溥 仪	宣 统	1909—1911

后　记

近些年来,我一直在复旦大学为文史哲三系及文科基地班一年级学生开中国历史(上)的课程(按照传统的说法即中国古代史),所使用的是一本初编于20世纪60年代,80年代初作了修订的教材。较之于现在通行的其他同类教材,它明显地高出一筹。然而在教学实践中,历届学生都对它反应冷漠。上了一学期的课,从不看教材的并非个别学生。这是值得深思的。

有鉴于此,教务处要我编一本新教材,供一学期之用,以适应当前大学本科通才教育的改革趋势。对于编教材,我一向敬而远之,从不涉足。三十多年的教学生涯使我逐渐领悟,编教材是一项吃力不讨好的工作,看似容易,其实颇为不易,要编出一本深受学生欢迎的教材尤其不易。犹如教师人人都会上课,但要讲得令学生拍手叫好、津津乐道,实在是不容易达到的境界。

编教材,不仅要求编者对本学科领域有精深的研究、独到的见解,而且要求编者以自己的教学经验,对教学内容驾轻就熟,用深入浅出的方式表达出来,这只是最起码的要求。

教材要全面、系统地介绍本学科的基本理论、基本知识,最容易形成面面俱到、四平八稳、平铺直叙的格局。对中国历史而言更是如此。上下几千年的文明史,内容极为丰富,头绪繁多,要在一个学期内学完,并非轻而易举的事。不下一番删繁就简、去粗存精的功夫,是难以奏效的。如果把多卷本的中国通史加以压缩,成了纲目式的骨架堆砌,而没有了血肉,不但枯燥乏味,而且使人不知所云。这就需要编者兼具"直通"(通史)与"横通"(断代史)两方面的学识涵养,作出最优化的排列组合。

基于这样的考虑,决定摒弃传统教材的社会发展史模式、高头讲章的八股体裁,从结构、体系、内容、形式各个方面都力求创新,给人以耳目一新之感,从而喜闻乐见,引人入胜。确定以宏观的视野展现中华文明史的主线,设一百个专题,按时代分成十四章,连贯起来,点、线、面相得益彰,勾勒出简单明了的历史脉络。与其面面俱到而结果面面俱不到,还不如有所舍弃,突出重点,给人留下较深的印象,便算大功告成了。

一本理想的教材,必须反映本学科领域的最新研究成果,以及它所达到的前沿水平。以往的教材,在这方面下工夫不深,给人以"炒冷饭"的陈旧感。中国历史早已成为国际汉学界的研究热门,名家辈出,成果累累,对此当然不能漠然视之。在目前这个改革开放的时代,强调同国际"接轨",经济上如此,学术上何尝不是如此!为了反映新水平,本书大量吸收了近一二十年来国内外学术界的最新研究成果,有些颇具影响的重要征引在文中尽量注明,但每一处都要注明势必行文艰涩;简明教材的体例,又难以容纳大量注释。希望读者能够谅解:并非编者有意掠人之美,秘而不宣。

本教材编写的后期阶段,我被韩国高丽大学聘请为客座教授,为该校的本科生、研究生开设东洋史特讲、中国社会经济史、江南市镇研究三门课程。于是我在 1997 年 8 月中旬把本教材以《新编国史大纲》为题,打印出来,首先在高丽大学"东洋史特讲"课上使用。这纯粹是一个巧合,为复旦大学编写的教材,首先在高丽大学使用。它给了我一个机会,充分利用高丽大学图书馆吸收以前无法看到的海外研究成果,对书稿作了全面的修订,以期增加其新颖度与精深度。

本书虽是大学教材,但编写时注意到它的普遍适应性,以满足一般读者(包括海外读者)了解中国历史、提高文化素养的愿望。有此一册,放在案边手头,闲来浏览,不能自夸开卷有益,总可以看出 90 年代历史学家对历史的一种新的解读方式,或许不无启迪。

本书的许多精彩之处在于我吸收了本校同仁的研究成果,因而它反映的绝不是我个人的水平,而是复旦大学的水平。

本书的编写、出版,得到了复旦大学教务处、复旦大学出版社的大力支持,在此一并表示谢意!

樊树志

1997 年圣诞之夜于韩国

高丽大学外国人宿舍

第二版后记

本书出版以后,销路一直看好,第一版已印至 12000 册。

1998 年 11 月 9 日,香港公开大学张伟国教授来函,说他在香港的书店见到《国史概要》,"发现该书叙事详明,见解创新,适合敝校'中国人文学科基础课程'需要,故向校方推荐为指定教科书"。近日,上海大学文学院李福长博士告知,该院已决定采用本书为公共课教材。

前不久,上海市教委把本书的修订本列入了上海市重点教材建设项目之中。复旦大学出版社也有意出版此书的第二版,以满足各界的需要。有鉴于此,我对本书作了全面的修订。

修订的原则是消除差错,补充新论,并配以插图。在这方面,得益于1998 年 10 月复旦大学教务处举办的"学术沙龙"上,文、史、哲、政、法等系教授对本书所作的批评,以及今年 11 月本系的审稿会所提的意见。在此谨表谢意。

在修订的过程中,我不断从朋友们那里听到令人欣喜的消息:《国史概要》在上海书城上了"排行榜",并且被布置在"推荐书"的专栏,十分耀眼;《国史概要》在香港《亚洲周刊》、《明报月刊》上也赫然列入了"排行榜"……

这种盛况是我不曾料到的,它是可遇而不可求的。一本历史教科书引起社会如此推崇,是近年来的罕见现象。对我来说,既是鼓励,又是压力。因此我对第二版修订工作,提出了极严格的要求,务求尽善尽美,决不辜负读者们的厚爱。

樊树志
1999 年 12 月于凉城寓所

第 三 版 后 记

承蒙复旦大学出版社的好意,为我提供修订第三版的机会。此次修订,作了较大幅度的增删。原因很简单,在这个与时俱进、日新月异的时代,学术也在不断前进,我自己当然也不例外。

"导言"和"古人类的起源",重新改写;"朱熹新儒学及其学派遭禁锢"与"民族危难时期的文化界"合并,改写为"朱熹新儒学与浙东学派";腾出一节篇幅,增写了"全球化贸易与白银资本"。全书约三分之二的专题都作了文字的增删或修改。应读者要求,增加了三十余幅插图,这样,本书插图已近百幅。所增插图,部分采自戴逸、龚书铎主编《中国通史(彩图版)》(海燕出版社,2000 年)以及刘炜主编《中华文明传真》(上海辞书出版社、香港商务印书馆,2001 年),特此说明,并致谢意。

这些年来,我不断收到专业人士或非专业人士来函,给予鼓励,也给予意见,使我修订第三版有了强大的动力和信心。在此,我要说一句发自内心的话:谢谢你们的关爱!

樊树志
2003 年 12 月于凉城寓所

第四版后记

由于本书已经列入教育部重点教材，按照规定，需要作一次修订。自第三版问世以来，已有五年，自己也感到有修订的必要。

此次修订，改动较大的有："80. 朱元璋：从游方僧到开国皇帝"与"81. '胡蓝之狱'与皇权的强化"合而为一，改成"朱元璋与'胡蓝党案'"；增加"81. 朱棣与'靖难之役'"；"91. 清军入关与南明抗清运动"改成"明清鼎革之际的政局"；"92. 康熙之治"，全部重写。其他大部分篇章，都作了内容的增删与文字的修改。增补的内容，大多是学术界的最新研究成果，或者是新近重刊的前辈学者的名著，把他们的真知灼见介绍给读者，是教科书编著者义不容辞的责任。为了不使篇幅过于庞大，必须作些删减，删减的文字大多是过于艰深的段落，以及引用的史籍原文，扫除阅读的障碍。至于文字的修改，主要是使文句更加流畅，其次是改正一些错字。

《国史概要》问世至今，已有十一年，始终受到读者的青睐，对我鼓励有加。北京读者王明周 2008 年写信给我，指出了书中两个错字，还告诉我："去年购先生所著《国史十六讲》，给做工程技术工作的儿子读，我看他读得津津有味，颇欣慰。先生这两本书都是好书。"浙江大学哲学系研究生邓国均在信中说："大三时读到您的《国史概要》，文笔简洁优美，温润宏富，琅琅上口；既可增人见识，又可陶冶性情，是我大学时代所读的几本对我影响最大、屈指可数的好书之一。"本校大三理科学生余蔚在信中说："您的《国史概要》书，我不是放在书架上的，而是在枕头边，现在已经养成了一种习惯，睡觉前，躺在被窝子里，枕着床头拿出来看一下……觉得您的书除了有意思外，更主要的是发人深思……有时我感觉到自己不是在学历史，而是在学智慧,并且是大智慧。"

这些发自内心的真诚话语,令我感动,也成为我修订第四版的一个动力。

感谢喜爱本书的读者们!

樊树志

2009 年 12 月于大华寓所

图书在版编目(CIP)数据

国史概要/樊树志著. —4 版. —上海：复旦大学出版社，2010.5(2024.8 重印)
ISBN 978-7-309-07190-0

Ⅰ. 国…　Ⅱ. 樊…　Ⅲ. 中国-古代史　Ⅳ. K22

中国版本图书馆 CIP 数据核字(2010)第 059501 号

国史概要(第四版)
樊树志　著
责任编辑/史立丽

复旦大学出版社有限公司出版发行
上海市国权路 579 号　邮编：200433
网址：fupnet@ fudanpress. com　　http://www. fudanpress. com
门市零售：86-21-65102580　　团体订购：86-21-65104505
出版部电话：86-21-65642845
浙江临安曙光印务有限公司

开本 787 毫米×960 毫米　1/16　印张 26.5　字数 438 千字
2024 年 8 月第 4 版第 16 次印刷
印数 142 801—145 900

ISBN 978-7-309-07190-0/K·277
定价：55.00 元